JN117354

幕末維新の洋医
大隈重信の秘書

峯源次郎日暦

―安政二年～明治二四年―

多久島澄子 編

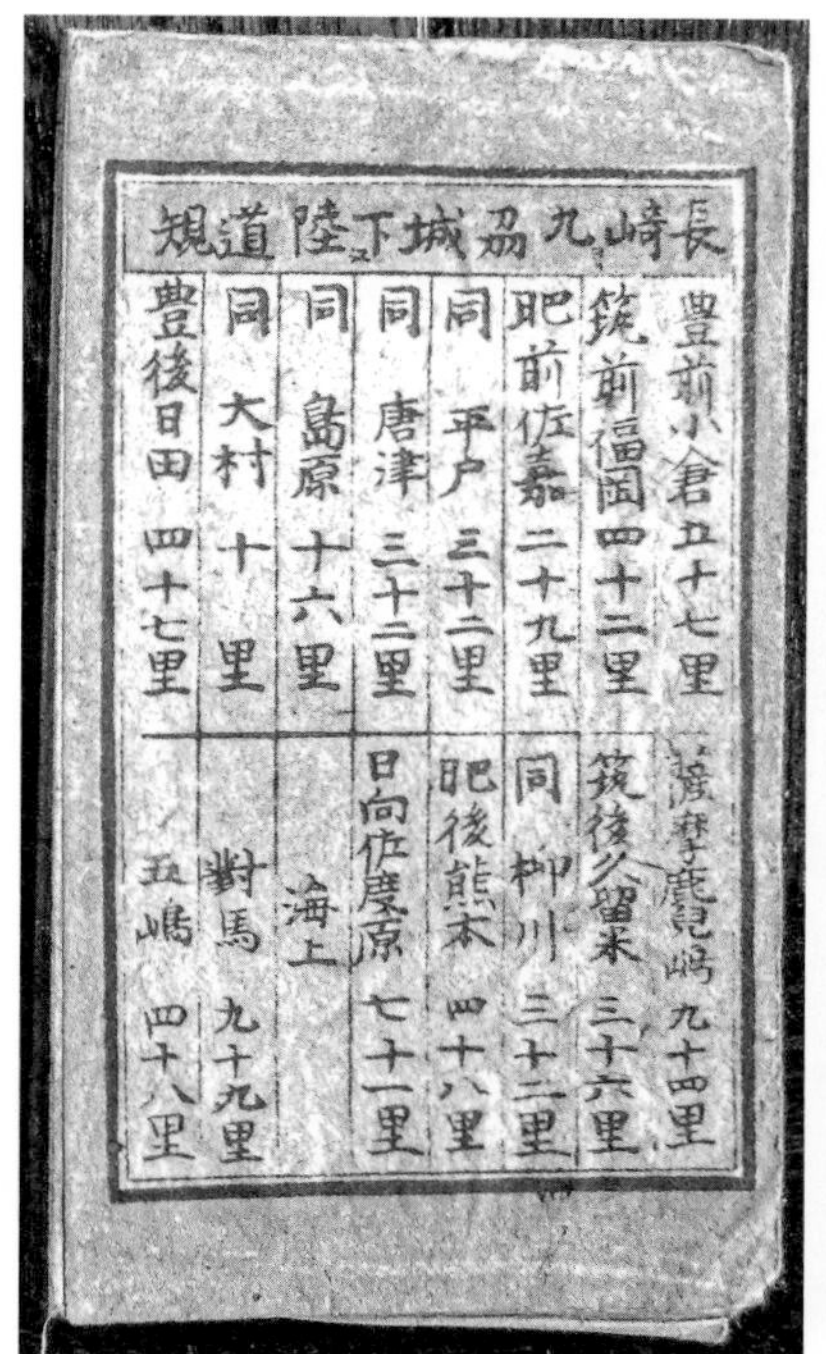

峯源次郎（幼名昌）所蔵「長崎細見之図」（峯直之氏提供）

峯源次郎日暦の一部（峯直之氏提供）

明治２年（1869）の峯源次郎（峯直之氏提供）

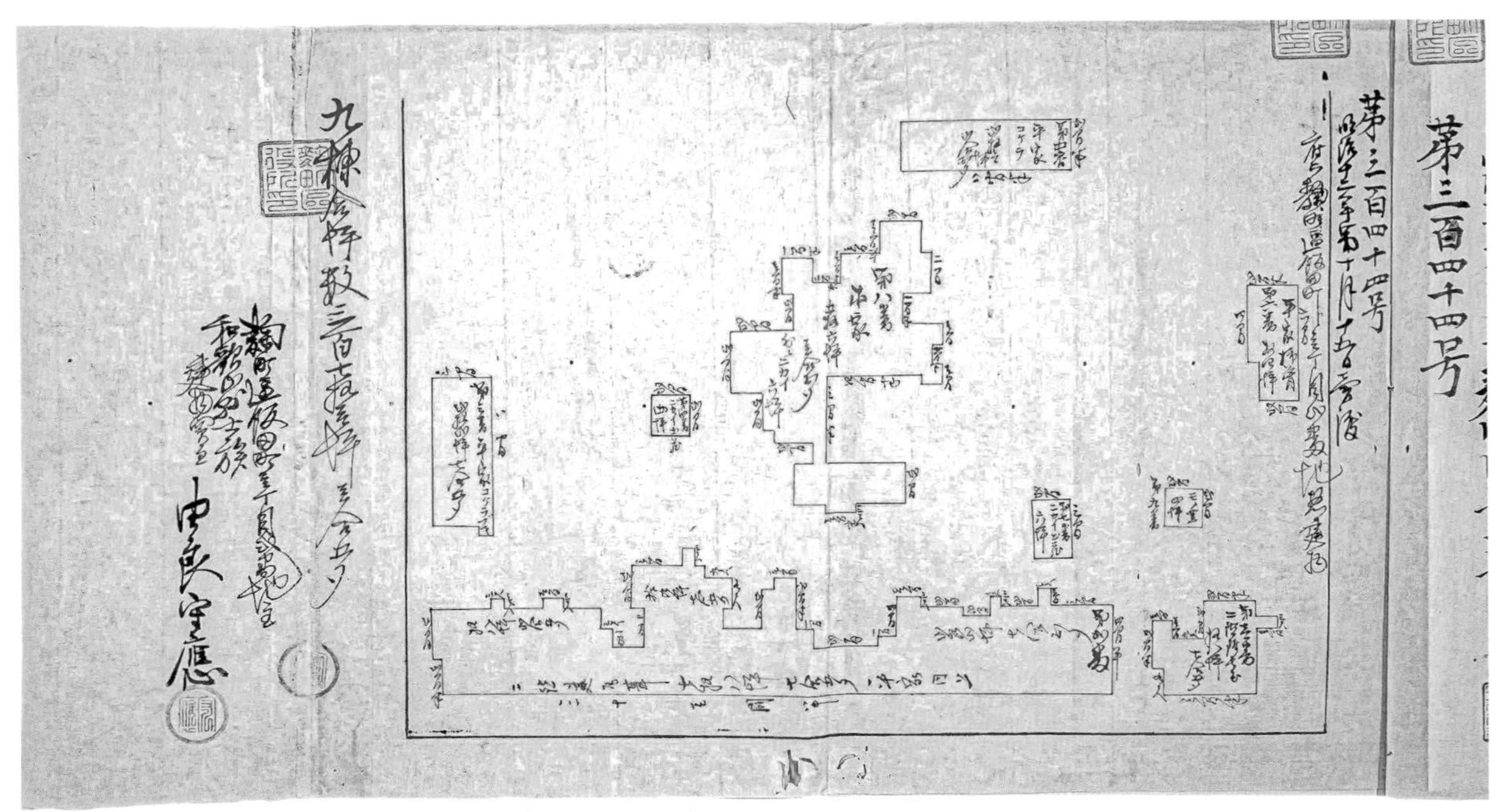

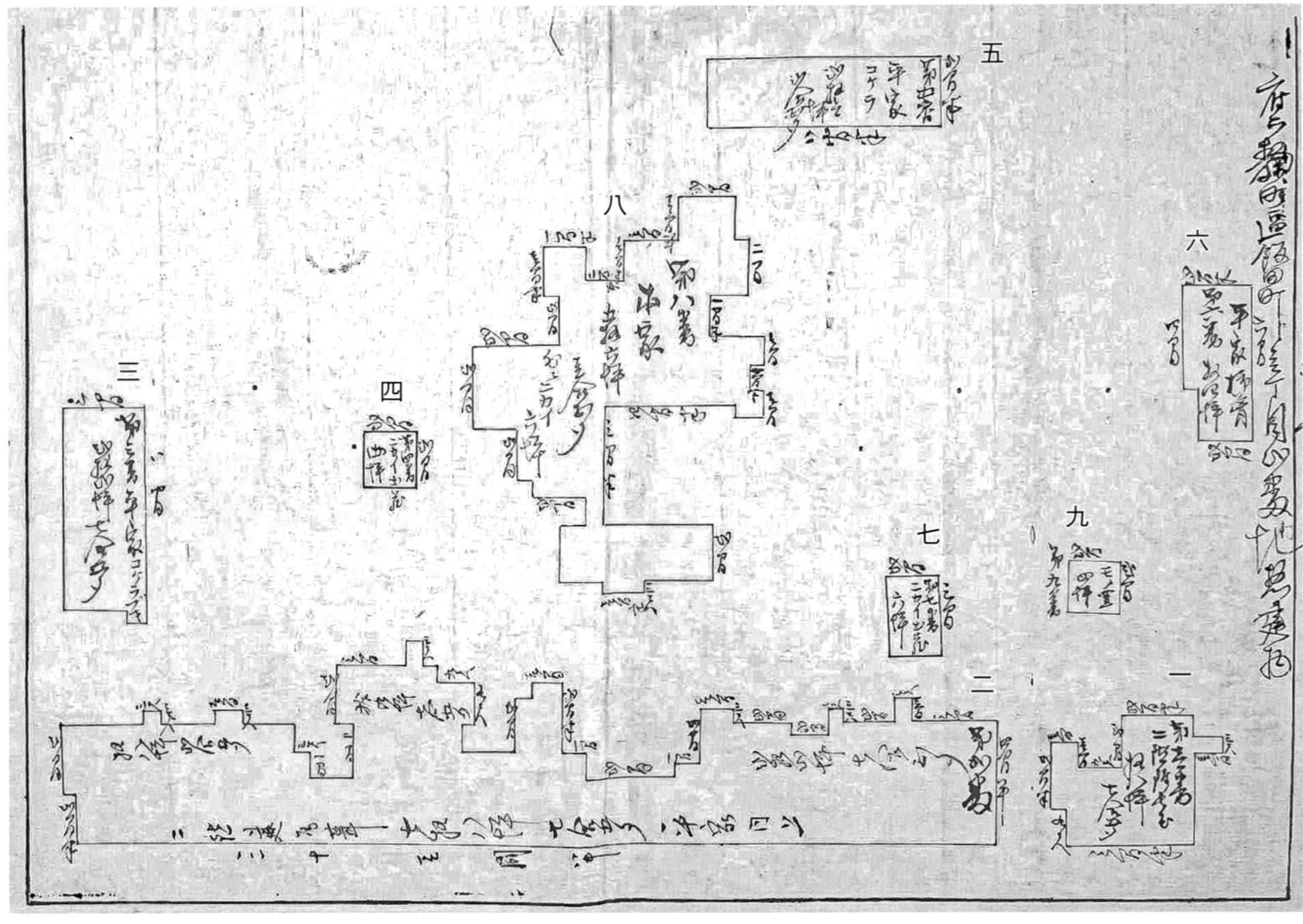

大隈家雉子橋旧邸（麹町区一丁目二番地）の建物見取図（下は拡大図）

早稲田大学図書館（イ14-A4741）大隈家旧邸宅地建物売渡証及期約証から

筆者註

第一番二階附長屋十八坪七合五勺。
第二番二階建瓦葺七十八坪七合五勺。
第三番平屋柿葺二十二坪七合五勺。
第四番二階土蔵四坪。
第五番平屋柿葺二十一坪二合五勺。
第六番平屋柿葺十四坪。
第七番二階土蔵六坪。
第八番本家五十六坪一合五勺、別ニ二階六坪。
第九番モノ置四坪。

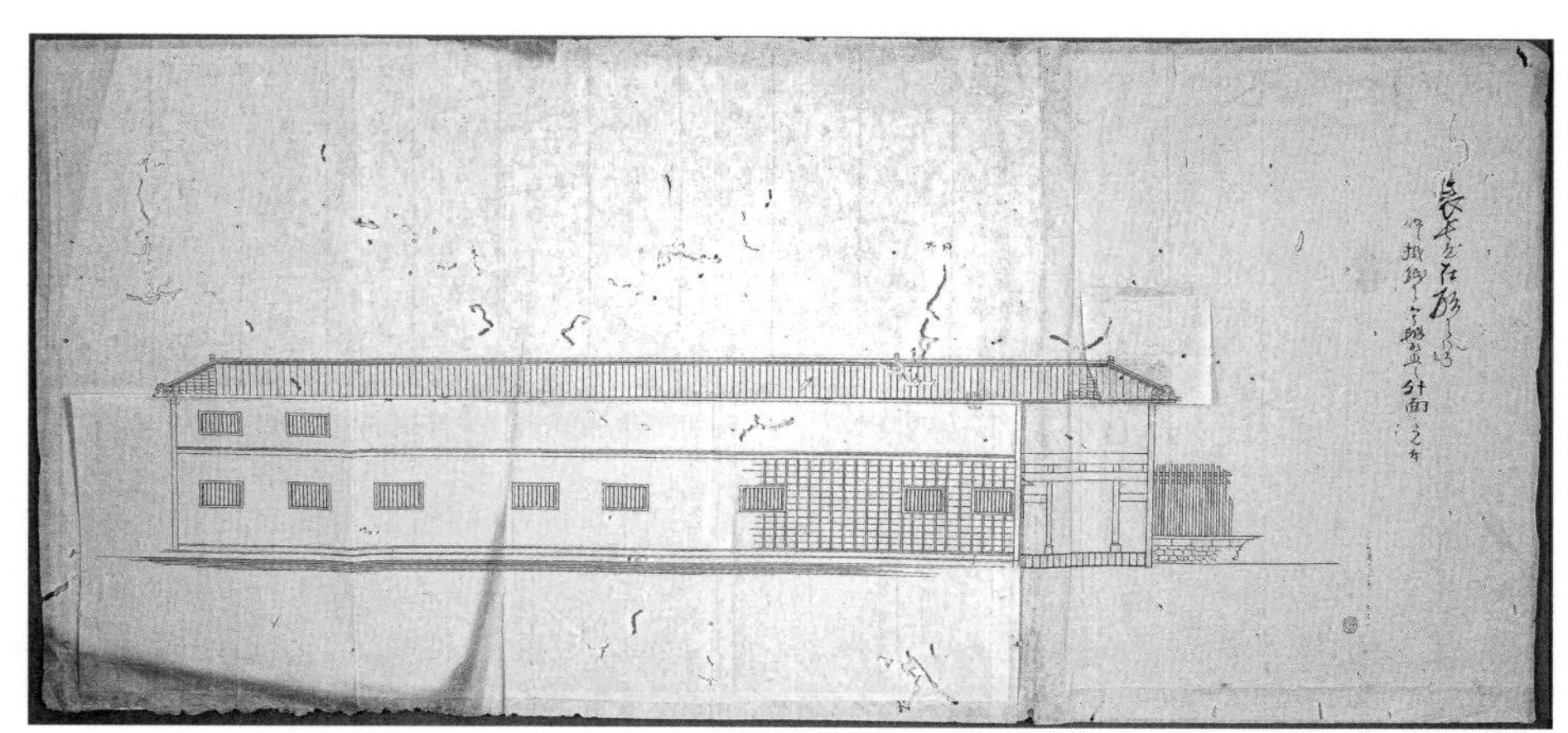

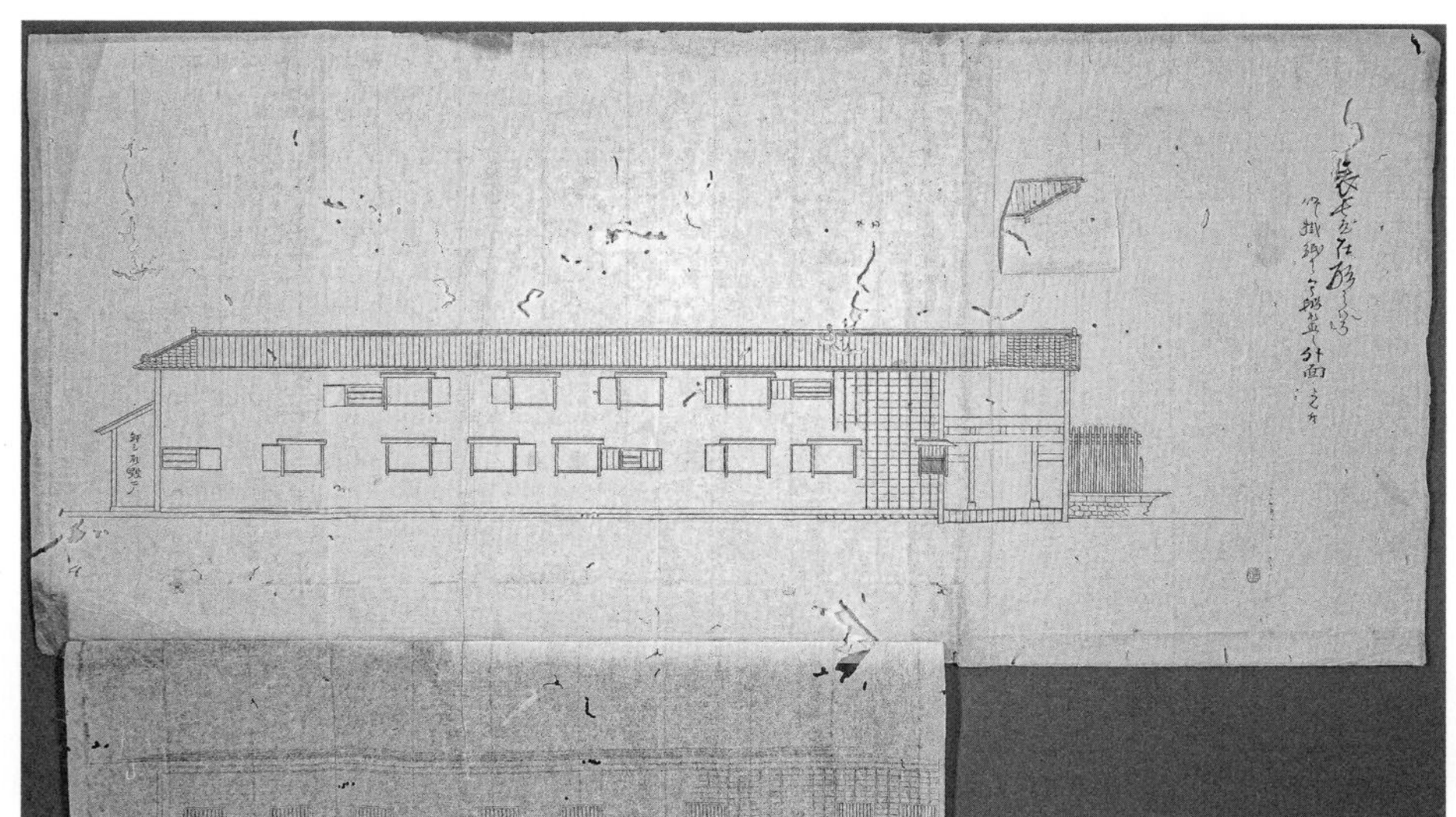

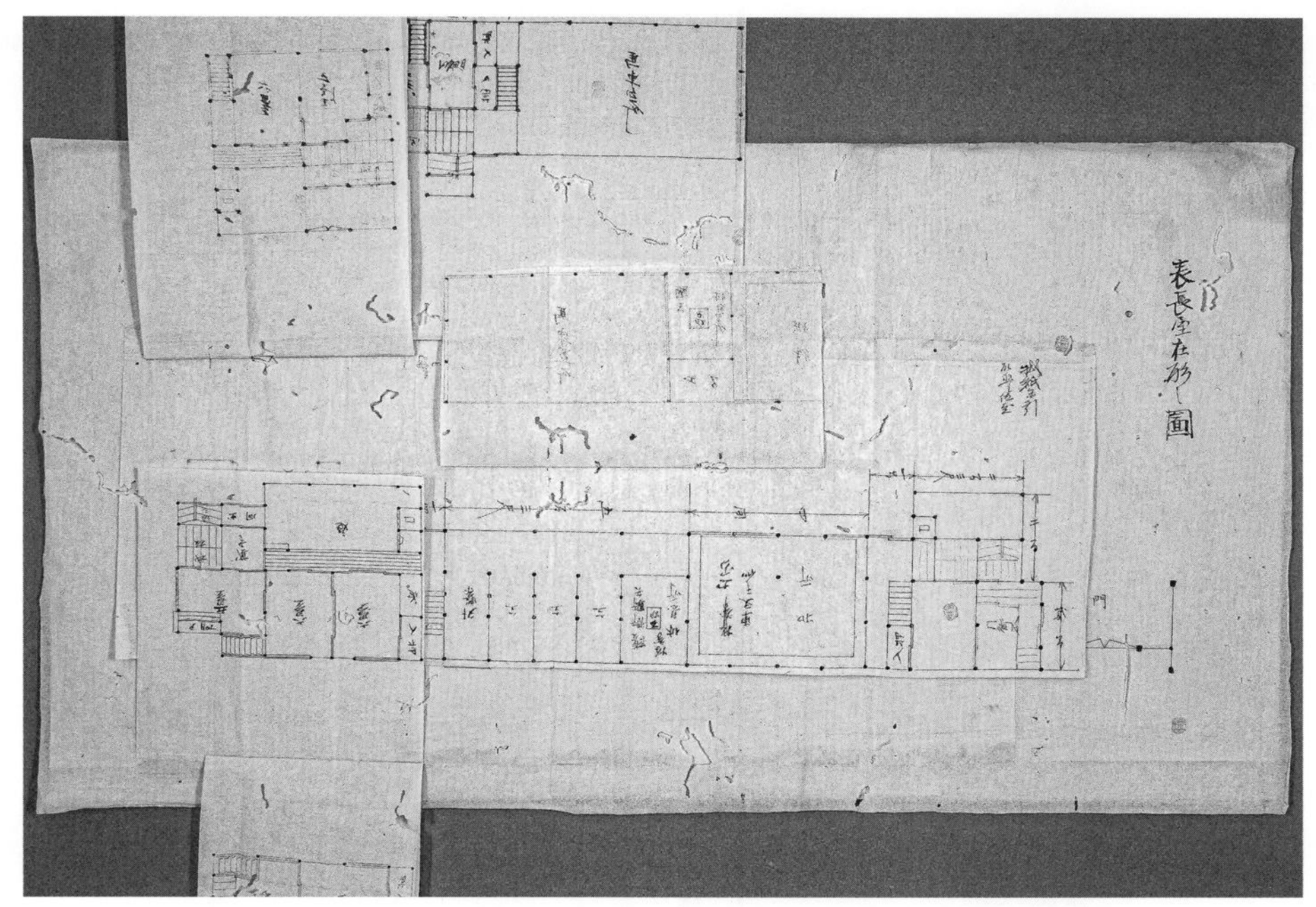

峯源次郎が住んだと思われる大隈家雉子橋旧邸の家屋

大隈家雉子橋旧邸諸建築及修繕入費等書類 第39冊から　早稲田大学図書館（イ14-A4747）蔵
上・中は側面図（上図は、中図の右端・左端の付箋をめくった図)、下は平面図。

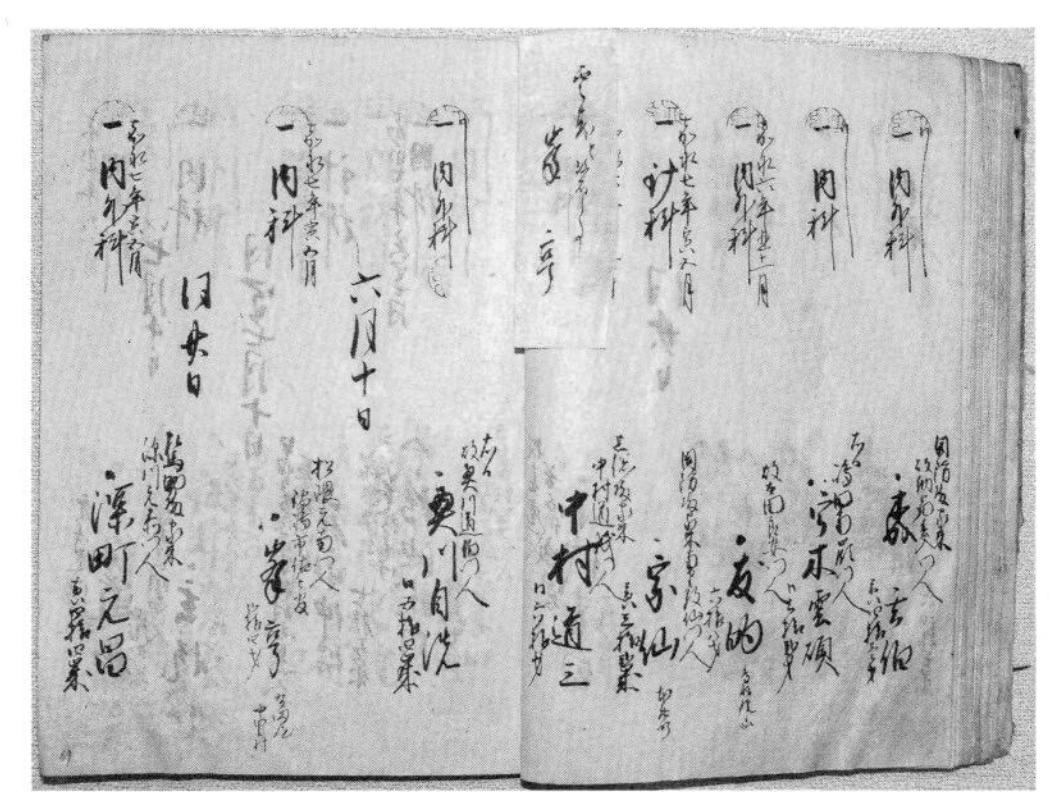

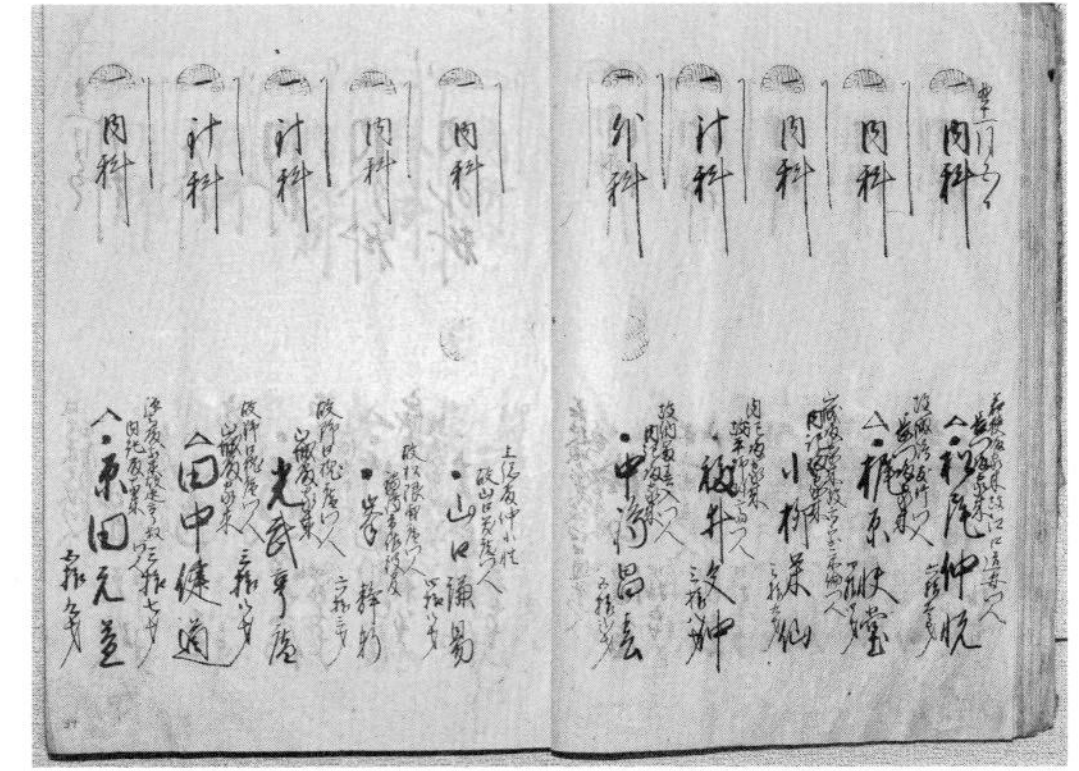

「医業免札姓名簿」の兄・峯亭（左図左２人目）と、父・峯静軒（右図左４人目）
画像提供：地方独立行政法人 佐賀医療センター好生館

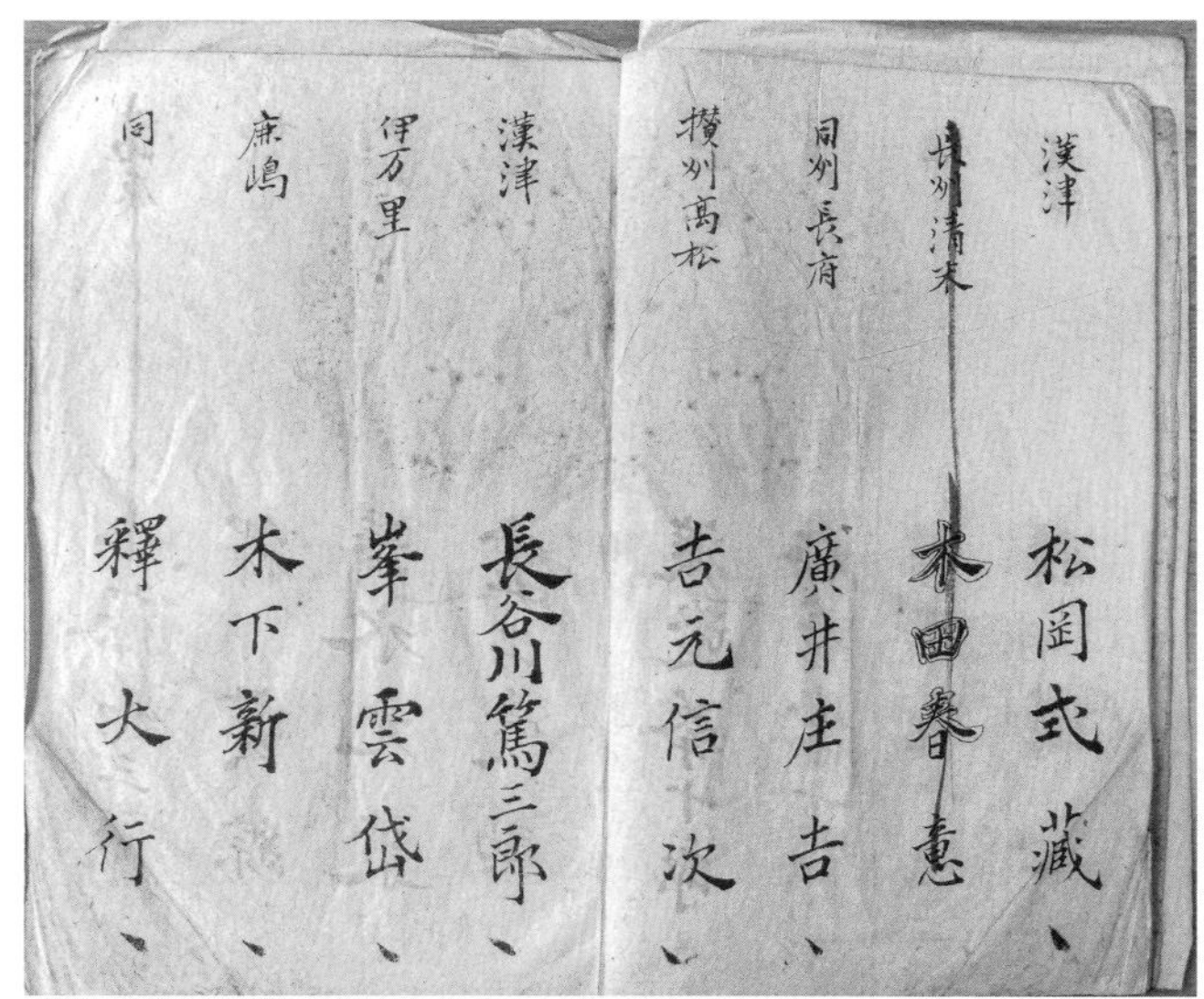

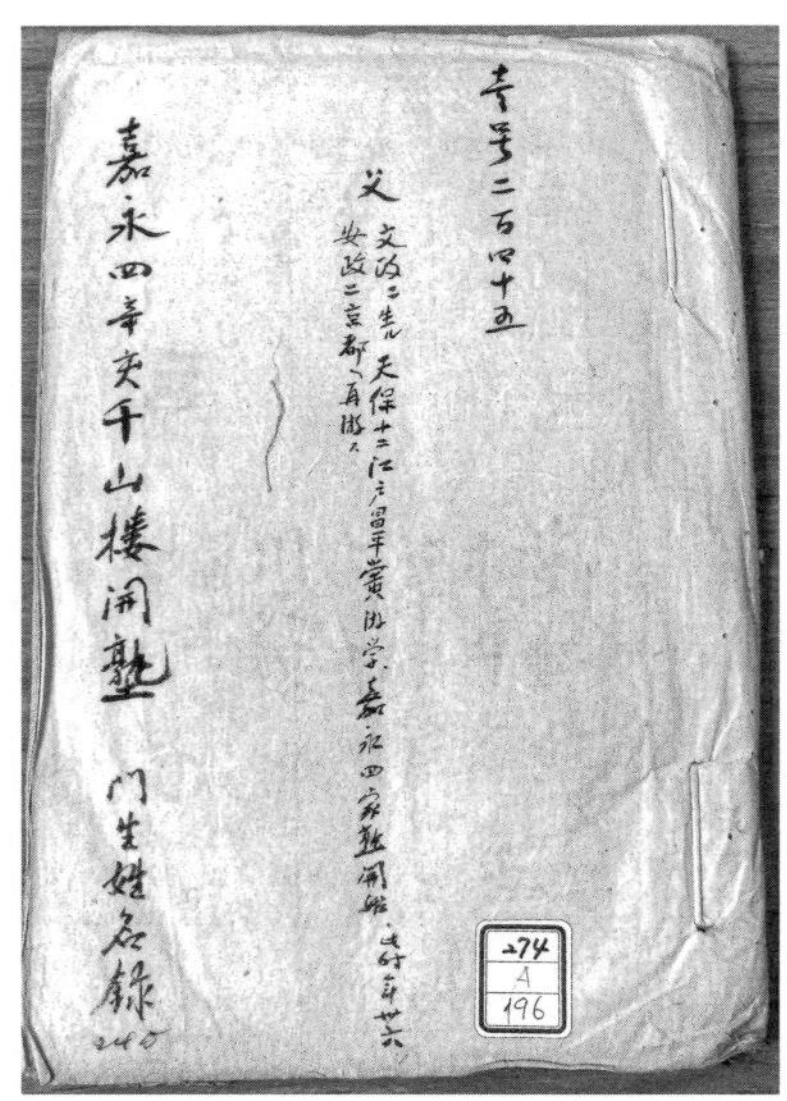

「嘉永四年辛亥千山楼開塾門生姓名録」の兄・峯雲岱（峯亭）
多久市郷土資料館蔵

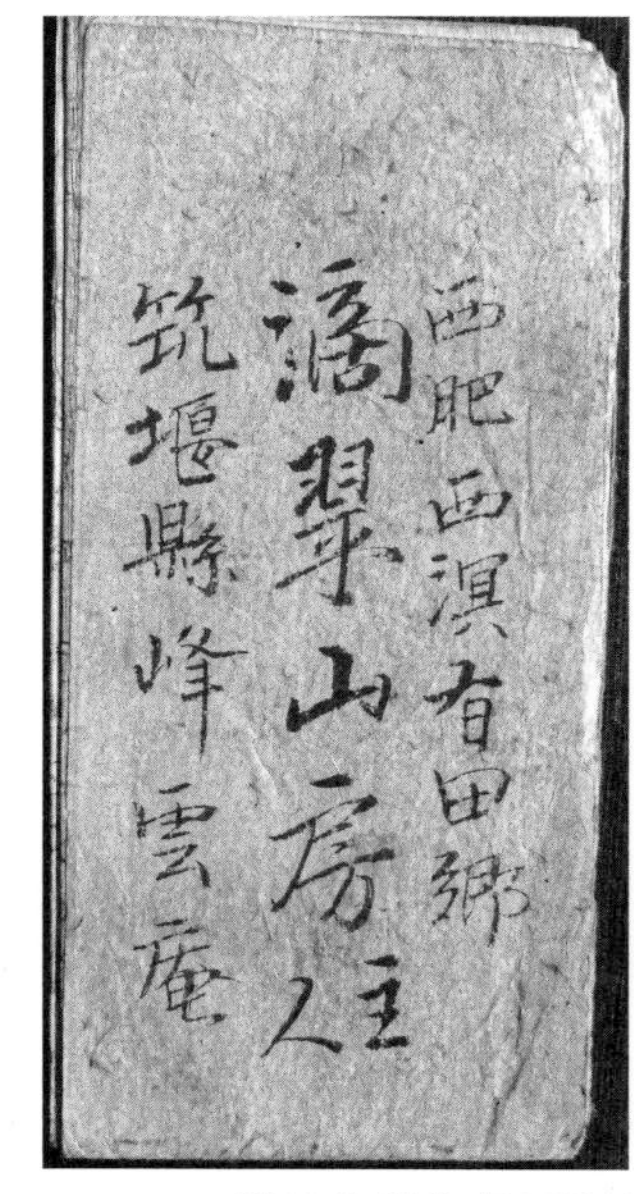

峯雲庵所蔵「肥州長崎図」（峯直之氏蔵）

明治41年（1908）３月　峯源次郎一家集合写真（峯直之氏提供）

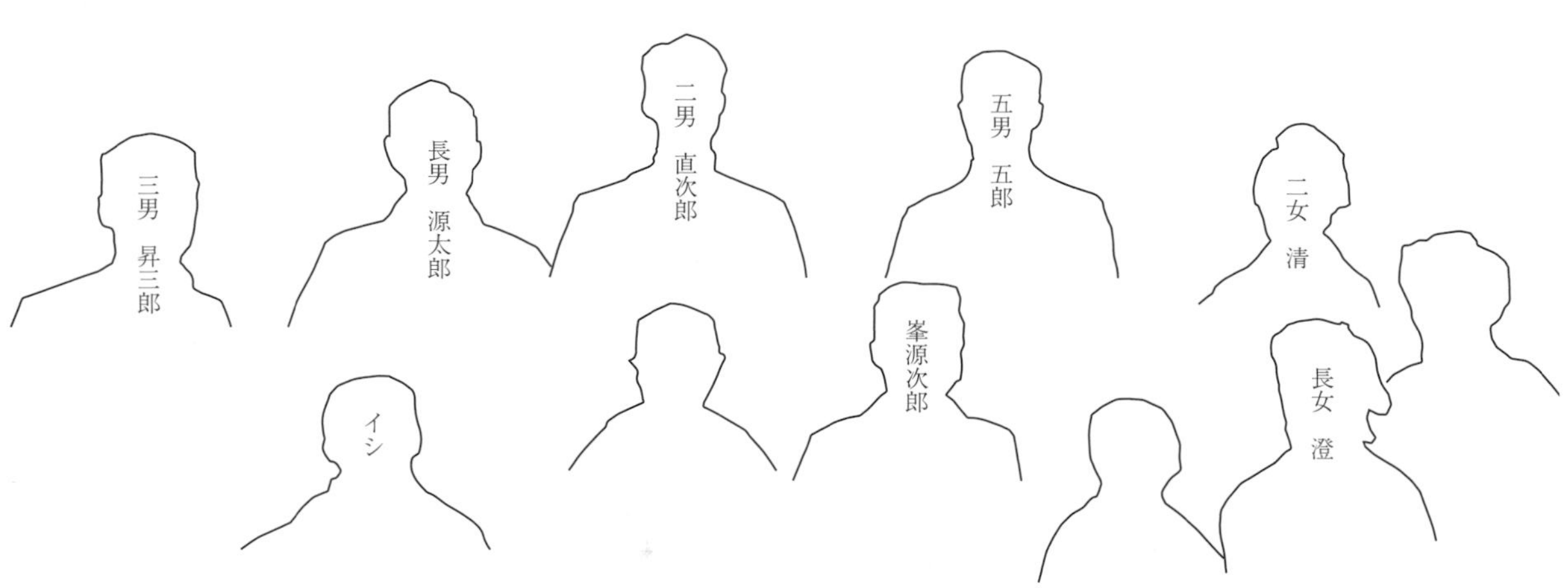

『峯源次郎日暦』の刊行にあたって

佐賀大学特命教授　青木歳幸

峯源次郎は、弘化元年（一八四四）八月一五日に有田郷中里村（現・伊万里市）に医家峯静軒の二男として生まれた。『日暦』は、安政二年（一八五五）に父の日記の清書からはじまり、安政四年（一八五七）からは、源次郎自身の日記となり、明治二四年（一八九一）まで続いた。

『日暦』には、幕末期に学んだ佐賀藩医学校好生館での解剖や種痘のことなどのほか、長崎精得館での医学治療の様子が描かれている。

明治二年（一八六九）に峯源次郎は、東京の佐賀藩出身医師相良知安のもとに寄宿して、大学東校に通学した。大学東校での解剖や交友医師らが『日暦』に記されている。明治五年（一八七二）に北海道開拓使御用掛を拝命し、翌年から札幌医学校設立に関わったが、新政府の財政難により、医学校は閉校となった。

東京に戻った峯源次郎は、大隈重信邸に家庭医として出入りし、その後、大蔵省で翻訳業務にあたっている。明治一一年（一八七八）の竹橋事件で緊張する大隈邸の様子なども『日暦』は臨場感をもって伝えている。

編者多久島澄子氏は、有田町出身で、佐賀県立九州陶磁文化館に勤務し、有田・伊万里地域の研究をつづけ、私が代表をつとめた科研費の報告書『西南諸藩医学教育の研究』（二〇一五）において、初めて峯源次郎『日暦』を翻刻し、世に出した。

このたび多久島氏は、峯源次郎『日暦』および関係資料集の翻刻と、一〇〇〇名を超す関係人物の略歴をのせて刊行するという輝かしいお仕事をされた。幕末から明治期を生きた峯源次郎の『日暦』から、当時の医療事情、医療行政のほか、近現代史に関する新しい事実がいくつも見出されるであろう。

本書の刊行を心より祝し、多くの読者のもとに届くことを願ってやまない。

目次

峯源次郎日暦解題

― 安政二年～明治二四年 ―

多久島澄子

はじめに

本稿は伊万里市在住、峯直之氏御所蔵の峯源次郎の「日暦」を底本として、安政二年から明治二四年までの三〇冊全冊を解読・翻刻したものである。「峯源次郎日暦」（以後「日暦」という）については、先行研究者田中正義氏から「峯源次郎日暦ノート」の写しを提供されて研究を始め、田中氏の許しを得て「峯源次郎日暦ノート翻刻」と題し、平成二三年から伊万里市郷土研究会誌『烏ん枕』に投稿を始めた。

「峯源次郎日暦」の本文翻刻と解説は、平成二七年に青木歳幸教授編の科研費報告書『西南諸藩医学教育の研究』に、「峯源次郎日暦の解題と翻刻」として発表したものである。その後研究を重ね、若干の「日暦」の正確な文字の発見と、解題の手直しをなすことができた。現時点での研究の集大成として、年譜と、資料七点と、付編として「人名索引」「人物解説」を加え一書とした。

一　峯源次郎とは

峯源次郎は佐賀藩有田郷中里村作井手（現伊万里市二里町作井手）に、弘化元年（一八四四）八月一五日誕生した。父親の静軒は、佐賀・熊本・京都等での苦学が実を結び、源次郎誕生後の嘉永年間には、漢方・蘭方に長じた医師として近郷に評判が高まっていた。安政二年（一八五五）一一月一二日、静軒は、一二歳の源次郎に日記の清書を命じる。「日暦」の始まりは「厳君作文余写之也」である。安政三年二月、一三歳の源次郎は静軒の長崎往診にお供をする。この後「日暦」には長崎からの往診依頼が記録されていく。往診依頼者は長崎の町役人・通事・文化人・豪商・唐人等であるが、長崎における静軒の交際範囲は多岐に及ぶ。九月には湯田原牧場（ゆだんばるまき）（佐賀藩牧場）の駒捕（こまどり）の儀（二歳駒五、六頭を藩主に納める）を一家を挙げて楽しんでいる。近郷の人々が弁当持参で朝から見物に押し寄せるほどの催事で、この日ばかりは静軒も仕事を休み、親しい友人を招き見物している。秋祭り（おくんち）には峯家の前の道には市が立ち、郷村のハレの日の浮き立つような喜びが伝わってくる。松茸狩りにも出かけている。しかし日常の医家の生活風景は地味で厳しい。霜の降りた寒い日の葛根の製造や楮皮蒸し、夜間の論語・春秋（中国の古典歴史書）・金匱（中国の古医書）等の講義、昼間は往診が常である。峯家の前には有田川が流れ、川向こうには水分（みくまり）の山腰岳（こしだけ）（伊万里富士）を望み、後方には烏帽子（えぼし）岳や国見の山が連なり、穏やかで平和な風景に囲まれ、優秀な静軒と優しい母親の膝下で、源次郎は向学心旺盛な慈愛に満ちた人格を形成していった。

二　峯静軒の日暦

先に述べたように「日暦」の始まりは父親静軒（諱喬・寛政三年九月二二日生慶応元年九月一〇日没）の作文を息子源次郎が清書することであった。これは手習いの段階を終えた源次郎に静軒が与えた教育の一環で、源次郎は静軒の文章を書き写すことで、語彙を増やし、静軒の学問に近づいていったのである。

安政二年一一月一二日の冒頭部分から興味深い記述がある。峯家から六キロメートル程離れた、「楠久の松本喜一が『列氏』・『老子』・『徂徠集』を借りに来た」という。楠久は佐賀藩・小城藩の御舟屋が設けられ、安政六年五月六日には佐賀藩の蒸気船電流丸が長崎から石炭を積み込みに来航している。楠久の経済・文化を担った松本家は明治二七年士族授産社から四軒屋地先海面築堤工事の権利を譲り受け翌年完成させた（『山代町史』）。

翌一一月一三日、「贈磁器数個於亭（阿兄之名也）于京師」、つまり京都の亭に磁器を贈ったとある。亭は阿兄、すなわち源次郎の兄であるという。一一月一五日には源次郎は自分のことを、「昌（不肖之名）」と解説している。

本草学者で儒医山本亡洋が京都で開いた塾、山本読書室の「門人番号七六一号に安政二年三月二七日入門・肥前・峯雲庵・寄宿」とあり、紹介者は秋元龍伯である。「日暦」安政三年一二月一一日の村田玄洞は、峯雲庵が紹介者となり、山本読書室に入門した人物で、更に玄洞の子周一は明治二四年五月一五日の「日暦」に登場するのである（『佐賀医学史研究会報』六一号・一六六号）。

『草場船山日記』には弘化二年（一八四五）八月三日、「晩峯静軒携男見過」。翌八月四日、「静軒男文太入学」とあり、源次郎が生まれた翌年に静軒は源次郎の兄を船山の塾に入門させていることが分かる。弘化三年一月一三日「峯静軒過宿」、嘉永三年（一八五〇）四月二五日に「西目峰文太郎来過」とあり峯家と草場家の交際は継続している。安政二年、上京した船山は、五月一日、京都木屋町借宅で峰雲菴の訪問を受ける。この後五月二三日、六月二三日、九月三日、一〇月二〇日、一一月一五日、一二月二一日・二五日、安政三年一月一〇日・一八日、に峰雲菴の記事が見える。

峯家には「西肥西濵有田郷、滴伊万里翠山房主人、筑堰縣峰雲庵」と署名された古い長崎地図が存在する。これらの資料から安政二年三月二七日に京都山本読書室に入門した峯雲庵とは、幼名文太郎、諱亭と称す静軒の長男で、源次郎の兄である。京都遊学から戻った雲庵は、雲臺と改称していることが、安政三年八月二〇日の「日暦」に出ている。

草場船山の日記の峯文太郎入門前後には、静軒と交友の深かった有田郷の西岡仲厚・正司泰助、伊万里郷の前田作次郎の名前が頻繁に記録されている。安政三年九月八日には、静軒が前田子義（作次郎）と連れ立ち西岡仲厚（治左衛門）の墓参りをしている。これにより静軒・子義・仲厚の三人が親密であったことが窺える。安政三年八月三〇日には船山の叔父西鼓岳が書生二人を連れて来泊している。鼓岳はこの後、翌安政四年二月に太良山上で遭難死する。

安政二年一一月二四日には松井善三郎が泊り、翌日静軒は国雅（和歌）を二首鹿島の人物に贈っている。和歌を好んだ静軒には有田に松井善三郎、佐賀に古川松根・野中氏が、伊万里に今泉千秋、小城に柴田琴江等と藩内あちこちに友人が居た。静軒の国雅の師中島廣足については、平成二九年佐賀大学地域学歴史文化研究センター『研究紀要』一二号に「峯家所蔵の中島廣足書簡─峯静軒と中島廣足の交流─」と題して発表した。

同一一月二九日には静軒が源次郎に菊・蘭・竹の絵を画くように命じ、そのできばえを佳と評している。この日は初めて作詩も命じた。同十二月一日夜には源次郎と太閤記を読むとあり、静軒が源次郎に注ぐ眼差しが伝わってくる。

同一一月一七日、硫黄島の木塚英仙から手紙が届き、甚だ懇意の人とある。佐賀藩『医業免札姓名簿』には、安政二年五月二一日・内科・木塚英仙五六歳・肥後藩深水玄門人・甲斐守殿家来とある。

同年一二月六日佐賀大庭雪齋に書を贈るとあり、同月一三日には佐賀材木町野中氏から書が届く。これからは佐賀随一の蘭学者大庭雪齋との交友が知れ、佐賀藩御用達の野中氏（元右衛門）との交友も窺われる。

静軒は門人を住み込ませており、その精一と源次郎を連れ、一二月一八日往診する。これは、源次郎が静軒の供をして往診に出かけた始ではないかと思われる。大晦日には大穴持之神像を壁に掛けて新年を迎える準備をする。日暦に記録された峯家の年中行事は、静軒が安政三年秋に明文化した家訓通りに行われていたのであった。

家訓

一、毎晨拝太神宮次松園社次父母

二、朔望拝師家

三、松園社毎歳以四月初子祭祀朔望供酒食

四、以人之報糈蓋家生活焉以故人病則急趨而救療勿視貧富

五、疾病性命之所係毉之任最重矣愼旃之上

六、毉醎励干養生之道不可無愛育之心周礼列医推春官其意可矣

七、鳥獣魚鼈不許猥殺焉孫思邈莫用且不殺生

八、燕閑常本文之書時或国雅或絲竹以養性情

九、千金方曰若与常人混其波瀾則庶事隳壊使夫物類将何傳焉内是言之学者当屛棄俗情凝心於此則和鵲之功因茲可満致也

十、恐忝祖先夙孜孜肄業者必有冥福

安政丙辰之秋　喬誌

家訓領解

一、毎朝太神宮、次いで松園の社、次いで祖先、次いで父母を拝せよ

二、毎月一日、十五日には師家を拝せよ。

三、松園の社は毎年春四月を初子祭とし、毎月一日と十五日には酒食を供え礼拝せよ。

四、人の報糈で生活をしている。だからこそ人の病の時には急ぎ赴き、救療に勉め、貧富の差など考えてはならない。

五、人の性命に係わる病を治すのが医者としての最重のつとめである。この条銘記せよ

六、医者は進んで養生の道を励み、愛育の心を養うべし。医者は又古来より礼法や祭ごとを掌るお役目も戴いている。感謝と自覚を持って、その意を忘れてはならない。

七、鳥、獣、魚、亀をみだりに殺してはならない。遠く子孫をおもい鳥獣に限らず殺生は避けねばならない。

八、閑を得たなら本分としての医業はもとより、或る時は国雅や琴、笛に依って心を養え。

九、尊い道の言葉に「常に人に交われば自分で意識せずとも誰かに波瀾を与えている。それは全てをやぶりくずすことでもある。まして物質欲のことなど何をか言わんである」と言ってあります。この言葉の内に学ぶことは、俗情におぼれてはならないということである。これすなわち、我が国古来の名医の言葉に依るのであるから、日常生活に生かすようにしなければならない。

十、祖先をはずかしむるを恐れ、朝に夜に、倦まざる努力をすれば必ず冥福があろう

（峯英夫・峯孝『源姓峯氏家系・略伝並家訓領解』、昭和三七年九月一四日）。

右家訓の四・五・六条については、医師の仁者たるべきことを説いているが、注目すべきは、八条である。「暇があれば医師としての勉強はもとより和歌や琴・笛を嗜み心を養え」と言っているところは、佐賀藩の医学教育の必要性を訴えた古賀穀堂の文言、「学問なくして名医になること覚

束なき儀なり」・「医者とてももとより経書歴史その外にも通ぜねば叶わぬこと」の影響を思わせる。今回、峯源次郎が書いた「峯静軒先生畧傳」を資料集に収めた。

儒学者谷口藍田は、父親を診てもらった経験から静軒の「人となり」について絶賛した文章を遺し（藍田谷口中秋大明著・谷口豊季章編『藍田谷口先生全集』巻一、一九二四年）、その後は静軒と篤く親交を結んでいる。

峯家帰依寺：浄誓寺（じょうせいじ）の宗門改の記録である。

一向宗
鍋島市佑被官
松浦郡中里村　峯　静軒
　同　女房
　同娘よし
　同娘きく
　同　母親
　同子文太郎*
右六人当寺担那之儀
実正也宗門於出入者
拙僧可承候　以上

（原口静雄「桃川浄誓寺襖の下張り」『烏ん枕三八号』、一九八七年）。

＊筆者註、文太郎は天保二年生れ、母親は天保五年頃逝去。

安政六年の「中里村竃帳」には静軒一家のことが次のように記録されている。

浄誓寺　鍋島市佑子ヒ官
一向宗　醫師　六十九　峰静軒
一田方壱反壱畝十三歩　五十九　同女房
米五斗八升四合　右同断二十九　同子文太郎
一屋敷一畝十四歩　十六　同子栄
米七升三号　三才　同子是一郎
一畠方壱反六分　弐才　同子儀一
米弐斗六升五合　居村勘右衛門娘
御山方　下女壱人
一畠方八畝
米六升四合（『伊万里市史』近世・近代編一七六頁、二〇〇七年）。

これによれば源次郎は、父静軒五三歳、母四三歳のときの子であり、兄とは一三歳離れている。

源次郎が清書した静軒の「日暦」は安政二年と三年で、同四年からは静軒のことを家君と表現しているので、これより実質「源次郎日暦」となる。

三　峯家系図（xv項参照）

峯家略系図を先の『源姓峰氏家系・略伝並家訓領解』から作成した。

①河原左大臣融公（嵯峨天皇第七皇子）家紋は菊に三星、清和天皇より初めて源姓を賜る…⑦渡辺綱⑧久渡辺源太夫判官・家紋は三星一つ引龍…㉗正峯五郎波多三河守鎮公に属し朝鮮役に従軍鎮公奥方御嫡男を供奉し佐賀に仕う㉘持峯源兵衛㉙宥峯源右衛門勝茂公の代御納戸勤仕中無調法となり浪人被仰付有田郷中里村に居住す、宥の母親が於長様（龍造寺山城守息女）に勤仕の節、萬金丹腎気丸等の薬調合法を聞き習い置きしを渡世の業とする慶安二年（一六四九）己丑十月三日卒す法名浄改㉚峯久左衛門㉛峯三左衛門㉜峯久左衛門㉝峯甚左衛門㉞峯伊右衛門後に周菴と改む専ら醫を

以業とす寛延三年庚午六月二二日卒法名了伯㉟周峯道菴・醫を以て父の業を受く郷里に慈恤の徳望あり文政一二年一二月二七日卒㊱喬峰静軒寛政三年九月二二日生慶應元年九月一〇日卒　○静軒姉・伊万里町浦郷家に嫁す○静軒長女よし吉永伊左衛門に嫁す○静軒次女きく徳久太兵衛（多久長門守家臣）に嫁す○静軒長男亨峯完一・妻は佐賀藩士下村治平の姉、長男晋峰俊蔵（明治一九年夏長崎病院医員）、二男恒次郎後に下村求（母氏を継ぐ）、三男季三郎

㊲栄峯源次郎（静軒二男）○妻は伊万里武富栄助二女ナカ（嘉永元年九月一〇日生明治二九年四月二九日没）○長男源太郎（慶應二年二月二五日生昭和一九年一月二五日没）○二男直次郎（明治元年九月二六日生昭和一三年三月七日没）○三男昇三郎（明治三年八月二六日生昭和五年一月二三日没）初め大隈重信の世話で渋谷良次夫人の実家渡邊家養子となったが田代家養子を経て明治三四年櫻井かくへ入夫○四男為四郎（明治六年一月二三日生明治三五年九月二三日没）吉永家の養子となる○五男五郎（明治一〇年一月三日生昭和一八年一〇月一五日没）大正八年武富信太郎の二女コトと婚姻○長女澄（明治一二年七月一八日生昭和二〇年七月一四日没）○二女清（明治一五年八月一六日生昭和三九年五月一八日没）○三女栄（明治一九年九月二〇日生同年一〇月二七日没駒込追分町西教寺支配地に埋葬）

右のように峯家は松浦党源久の流れを汲む。静軒は安政六年、大里（現伊万里市二里町大里乙一一六六番地）のどうかん屋敷（松浦党本宗八代丹後守勝・法名月叟道鑑が建てた地頭役所）に「源太夫判官久公之古蹟」の石碑を建立して今も現存する。

（多久島澄子「峯源次郎日暦ノート翻刻三」『烏ん枕』八九号、二〇一二年）

四　峯家の医師免許記録

嘉永四年に始まった佐賀藩医学寮（好生館）における免許制度実施に伴う静軒とその長男亨の免許記録は、次のように記されている。

○嘉永六年丑十一月五日　故松隈甫庵門人　鍋島市佑被官　内科　峯静軒　六十三歳

○嘉永七年寅五月「（貼紙）雲台と改名之事　峯亨」松隈元南門人　鍋島市佑被官　内科　峯亨　有田郷中里村　二十四歳

（青木歳幸「佐賀藩『医業免札姓名簿』について」佐賀大学地域学歴史文化研究センター『研究紀要』三号）

源次郎の免許取得は、「日暦」の明治二年一一月二九日と同三〇日に書かれている。

○一一月二九日、「好生館試業余肝臓炎也」

○一一月三〇日、「依医局令状往医局、及第、医局授医術開業免状、嗚呼、余甫十七歳自志斯学已十年、和蘭之文未得精読、然今得開業免状、可謂小成者」

源次郎の好生館卒業試験の課題は「肝臓炎」で、無事合格した源次郎は、試験の翌日に好生館医局から医術開業免状を授与された。「日暦」には、喜びよりも未だオランダ語の文の精読も満足にできないことを恥じている。この思いは、予ねての永松東海の勧めに従いすぐさま上京して東校へ進む原動力となった。

「源姓峰氏家系」から源次郎の兄亨とその長男晋の履歴について書く。

○亨峰完一　父の醫學を受け又藩の侍醫松隈元南氏に就いて漢醫の古法を得業し尋て京師に遊び帰て西洋醫學に熱心す。遂に藩主の命を蒙り醫學校に入り西洋醫學の科第を履み試験を経て卒業す。平素其執心の篤きに

より文久二年壬戌九月藩の属卿鍋島安房公徴用せられ侍醫となる。明治二年己巳十月本藩に擢出せられ同三年庚午二月陸軍醫に命せられ同九月海軍小病院長に轉任し六等官を賜ふ。廃藩後同八年九月北松浦郡平戸町の商納谷平一より聘せられ其病を療し寄寓す。同十五年三月同郡田助湊駆楳院長の縣命を受け奉職す。同十八年十一月廃院に付同湊の検楳醫に命せらる。妻は藩士下村治平の姉貞である。

○晋峰俊蔵　齢十五年の八月朔旦、藩主直大公の謁見を賜ひ始て峰家の嫡嗣たることを蒙る。翌二日洋學の正則を命せられ御雇蘭人ピンヤトルに従學す。爾後醫学校に入り又長崎醫学校に遊び縣命によりて開業醫の鑑札を授かる。明治十九年の夏長崎病院の醫員となり奉職す。

○峯源次郎の医籍登録は、明治二二年七月であった（日本杏林要覧）。中里村留守宅での開業鑑札紛失で登録が遅延したことが「日暦」でうかがえる。

○峯直次郎の医籍登録は資料集「履歴書」に次の通り明記されている。

「明治二三年八月二九日醫術開業免状下附（四八六五號）」。

直次郎の後に峯家で医師となったのは、直次郎の長男静夫（明治三〇年生一〇月三日生昭和三二年二月一七日没）と静夫の長女堪子（大正一四年五月一〇日生）であった。静夫は東京の浅草区で開業し、堪子が継いだが、先年亡くなり廃院となった（峯直之談）。『源姓峰氏家系・略伝並家訓領解』は昭和三二年に五九歳で没した医学博士故峯静夫の三回忌に期し、直次郎の二男英夫（明治三四年生）と三男信夫（明治三七年生）の子孝が刊行した私家版である。その扉には「故峯静夫医博の霊前に捧ぐ」とあり、孝はその序文に「家訓を通して静軒翁と邂逅出来た喜びは筆舌に尽くし難い」と書いている。

現在一族の中には源次郎の二女キヨの子孫に女性医師がひとり存在し、嬉野市で活躍中とのことである。

五　峯源次郎日暦とは

1　日暦前半の源次郎

「日暦」は安政二年から明治九年六月一二日までの前半と、明治九年六月一三日、大蔵省出納寮雇として就職し明治二四年帰郷するまでの後半部分に大別することができる。前半は源次郎一二歳から三三歳までの二一年間で、「弘化元年生まれの一二歳の少年が如何にして二七歳で佐賀藩好生館医局から医術開業免状を授与されるに到ったのか、その後どのようにキャリアを積もうとしたか」の物語である。

静軒が源次郎に講義した医学を『傷寒論』を例にとると、安政五年、源次郎一五歳の九月に始まり、安政七年三月に会読を卒業する。源次郎が初めて家を離れるのは安政六年九月、有田の儒学者谷口藍田への入門で、翌年春まで在塾した。継いで四月二九日、佐賀の大庭雪斎の門に入り、これが万延元年、一七歳となった源次郎のオランダ語の学び始めであった。一旦家に戻った源次郎は同年七月、静軒に連れられ長崎に留学する。その年の一二月に帰郷し、万延二年二月、再度大庭雪斎に学ぶ。文久元年九月六日、初めて好生館に通い始め、同二六日には寄宿生となる。大庭雪斎塾入門・長崎留学・渋谷良次塾入門を経て好生館入学を果たしたのである。

文久二年は源次郎にとってその後の人生を左右する大きな出来事があった。兄の亨が須古領主鍋島安房（十代藩主直正の庶兄）の招聘に応じたいと静軒に訴えたのである。既に亨は安政七年閏三月一日、西洋医方の勉強を希望して妻と子惟一（後の俊蔵）を残して佐賀へ出ていた。静軒は鍋島安房への仕官に反対したが、そのとき静軒と亨の調停をし、亨の希望を通してやったのは亨の冠父（寄親）、伊万里の豪商石丸源左衛門であった。この結果、亨は渋谷良次に就き西洋医としてさらなる修業の道に進み、峯家家督は源次郎が継ぐことに決した。文久二年一〇月三日のことであった。ちなみに源次郎の冠父は有田皿山の豪商川原善助で、この年の七月に病死していた。

源次郎の結婚は慶応元年八月二一日、静軒の病をおして挙行された。「堀七」の屋号で高名な伊万里商人武富家の分家、武富栄助の二女仲を迎えた。九月一〇日静軒は逝去し源次郎に家督は相続された。

文久三年一〇月一四日、二度目の長崎留学中、「余亦心私動、遂学英書」と源次郎は蘭学から英学への転換の決意を書く。長崎においては既に人々は英学に一新していたのである。この後、慶應元年一一月、渋谷良次に入門し好生館の勉強と並行して続く。好生館での記事には豚の解剖など枚挙にいとまが無いが、慶応三年「ウンドルフ治療書五冊（二四両一分二朱）が江口梅亭（長崎在カ）から送られてきた」こと、相良知安に生理書の質問をしたこと、正井村の秀島文圭の家を訪ねた等の具体的な記事は大変面白い。

慶応二・三・四年と好生館で勉強の結果、慶応四年六月一九日の試験では「昇進一等」の結果を得た。同月二七日、東京の永松東海から大学東校への進学勧誘の手紙が届き、七月一日には進学の決意を固めた。明治二年一〇月、親族会議の末、源次郎の東校進学が決まった。同一一月三〇日、医術開業免状を授与され、同一二月六日、源次郎は東京へ出発した。両親は既に亡く、妻と長男・二男を残しての東京遊学であった。同一二月一九日、横浜上陸の際問題が生じた。当時刃傷事件が横行していて、帯刀者は外国人の居るような場所には立ち入ることができなかった。そこでたまたま同船していた佐賀藩大辨務深川亮蔵に相談したところ、深川氏は小姓ということにして源次郎を無事上陸させ、馬車に同乗させ定宿に宿泊までさせてくれた。更に東校の改革を任されていた、大学権大丞相良知安の家に寄宿できるよう話をつけてくれたのである。こうして後に鍋島家家令となる深川亮蔵との縁ができたのだった。これは源次郎のその後の運命を左右する重大な出会いであった。

このようにして東校入学を果たした。が、東校はドイツに変革した。源次郎は今度はドイツ留学を志した。明治四年五月、横浜港を出発したが、この留学の実現には先の鍋島邸の深川氏の力添えが想像される。ドイツ留学は途上のニューヨークで六月一四日、無念の帰国を余儀なくされ、同年一一月一九日、横浜に帰着した。何故か源次郎はその理由を詳しく書いていない。その源次郎に相良知安は開拓使の仕事に就けるよう推薦してくれた。明治二年一二月二五日寄宿以来、源次郎が相良知安へ貢献した結果であった。明治五年八月、開拓使で「月給五〇円・札幌病院詰」の辞令を受けて北海道に出発する。しかし、札幌も安住の地では無かった。

英学への精進の希望を持ち上京し東校（医学校）に進学した源次郎であったが、皮肉にも師の相良知安によって東校はドイツ医学導入が決定しドイツ留学に方針を変えた。しかし、ドイツ留学は成就することなく途中で帰国した。次に医学校の教授として英学を教え臨床にも従事しようと北海道へ渡った源次郎が直面したのは、恩師渋谷良次と共に明治六年一月二一日、開校式に漕ぎ着けた札幌医学校の廃止であった。開拓使は経費削減の対象として同七年三月三一日、医学校の廃校を断行した。次々と同僚が辞めていく中最後まで残った源次郎であったが、やむなく帰京する。失意の帰京であった。「日暦」前半の明治四年以降はめまぐるしい展開と大きな挫折の連続である。その中でアメリカから帰国後、お雇外国人医師ヨングハンとの契約執行並びに東京より好生館へ付き添い送る任務は、源次郎にとって明るい出来事であった。源次郎の希望は英学の更なる精進と医学校で教えることであった。

2 日暦前半の注目点

源次郎は、静軒の療法を記録している。安政三年一一月四日煮藁熱蒸法、この治療の目的は同四年一〇月一六日にあり、通風の患者に蒸気で発汗させ軽快させたとある。結核では安政六年十二月三日の記事がある。同年八月には天行暴瀉流行の記事があり、文久二年七月二五日に静軒の虎狼利治療法が「硫黄滑石二味或は阿片」と記されている。文久三年三月一八日に源次郎は天然痘患者を初めて診ている。また、佐賀藩の種痘医師の名前が出てくる。安政六年八月二日三田道筑、文久三年三月一八日楢林蒼樹、同三月二五日相良寛哉、同四月八日島田東洋、同四年五月四日島田芳橘、同五月二七日楢林蒼樹と延べ六名の記録がある。文久三年六月一四日には伊万里医会が開催され、森永見有・檀文逸・赤司雪斎・吉田柳軒（藤山柳軒）・馬場有適の名前が記されている。

源次郎の運命を変えるような人物との出会いを次に挙げてみる。文久元年四月一日渋谷良次、文久二年三月二〇日吉武桂仙、文久二年九月二五日相良元貞、元治元年一〇月二四日相良知安、慶応二年五月一四日永松東海、慶応三年八月二九日久布白宗碩、明治二年一二月一九日深川亮蔵、明治三年四月二六日大隈重信、明治九年一二月二八日中村敬宇。

この他に長崎留学中の通詞をはじめとする人名、好生館における先生及生徒の人名等貴重な記述が多数続く。源次郎の「日暦」の優れた点は人物の改名を詳細に記述している点で、これは大いに役立つ、例えば鹿島医生久布白宗碩は、嗽石と改め、上京後は勝太と改名している。

安政四年六月、佐賀藩精錬方が山代郷長浜村の植松に鉄製吹場（たたら）を建設したが、地元民はこの場所を白幡と呼んでいる。それは山代郷長浜村植松と有田郷大里村白幡の丁度境界に建てられたからである（拙著「幕末佐賀藩山代郷長浜村のたたら」『幕末佐賀科学技術史研究』第七号、二〇一二年）。「日暦」には三度、白幡鉄山の記載がある。安政四年一〇月二〇日、静軒は有田の「久富橘齋（屋号蔵春亭は藩主から賜る）等を白幡鉄山に於て饗した」とある。鉄山運営を任されていたのが石丸源左衛門で、亭の冠父である。静軒は建ったばかりの鉄山見物に有田の友人達と酒食持参で訪れたのである。安政七年三月八日には源次郎と住込みの門人仲栄・文圭の三人が「白幡の製鉄」を見物している。文久四年一月二六日には佐賀から遊びに来た医学生野口寛哉・宮田春岱・沢野宏哉・深川文圭の四人を源次郎が白幡鉄山に案内している。

文久三年三月二八日の条は甚だ興味深い歴史のひとこまである。「長崎荒木善三郎伴荒木伊助家族数人（十六人）来投、蓋避外国交戦也」、つまり前年の生麦事件にたんを発し、長崎にも外国船が攻めてくる風説が起きたため長崎の荒木一族十六人が静軒宅へ疎開してきたのである。彼らは四月二二日に鎮定した知らせを受けて長崎に帰っていく。峯家が十六人を収容できる家屋であったことや、静軒と荒木家との親密度が窺える記事である。

3 日暦後半の源次郎

「日暦」の後半は、源次郎が大蔵省官吏となった三三歳から四八歳まで、すなわち明治九年六月一三日から明治二四年一二月三一日までの一五年間である。特記すべきことを先に書くと、源次郎は前田正名の国内産業調査に同行している。これは平成三〇年、「前田正名の「上州出張記憶書」と「卑見」―大隈重信のイデオローグが書いた調査報告書」と題して、佐賀大学地域学歴史文化研究センター『研究紀要』一三号に発表した。明治一二年結城・宇都宮の小調査の後、翌一三年三月一七日から四月二七日までの記録は「西轅紀行」と称し別にあることが日暦に記されている。次に、明治一一年八月二三日の竹橋事件で、反乱決起した近衛兵部隊は大隈重信邸にも発砲した。源次郎は、この事件を別途一文にしている。この「近衛兵暴挙について」は今回、資料集に収めた。

英学を究めたい志を捨てられない源次郎であったが、開拓使を辞めて収入の道は鎖され、修学を続けることは困難となる。そこで相良知安を頼り、大隈重信に就職を頼んだ。その結果、大蔵省出納寮雇・横文翻訳の職を得たのが明治九年六月一三日である。同一〇年一一月から「徃学」の記事が出てくるが、中村敬宇に入門したものと思われる。徃学は大蔵省勤務の傍ら継続し、同二〇年四月三日の同人社同窓会に出席した。往学は二四年六月五日まで記録されている。六月七日の中村敬宇先生死亡で、同人社を辞したものと思われる。

妻子を呼寄せることができたのは明治一一年五月のことで、飯田町一丁目雉子橋大隈邸内の長屋であった。その後、この家には伊万里・有田から上京して来た人々が移り変り訪問する。明治一五年資本金三七万円で開業する伊万里銀行は、岳父武富栄助が創業者の一人であったこともあり、代表の松尾貞吉・石丸源左衛門は、源次郎に大隈重信との面会をはじめ諸事仲介等を依頼する。鍋島邸への頭取人事の折衝もそのひとつでこれは同二四年に帰郷するまで続く。明治一七年二月二五日、大隈重信は雉子橋から早稲田へ転居した。邸内長屋の住人、源次郎・横尾金一・南隈雄・杉本軾之助の四人は交代で空家となった屋敷の宿直を続け防犯に務める。それは二〇年二月、大隈邸が外務省に売却される迄続いた。そして四人は大慌てで転居先を探さねばならなかった。源次郎と大隈家との繋がりは、或時は家庭医として避暑の添乗をし、或時は大隈の母堂や弟の病を診て、或時はベルツ受診斡旋等を図る。大隈の甥、相良大八郎の同人社入門にも関わる。大隈は、源次郎の三男の養子縁組や東京専門学校入学の世話をする。勿論、公務においてもしばしば大隈のため登庁せず在宅で急ぎの仕事をする源次郎の様子が読めるのである。

大蔵省生活後半になると大蔵省内の中堅として同僚のため奔走する事も多くなる。源次郎の人柄でもあったのだろう。ひたすら誠心誠意尽している。シーボルト兄弟も何かといえば源次郎を呼びつけ頼りにしている。明治一一年から二四年まで記録されたシーボルトへの対応は重要である。

大蔵省勤務となっても好生会（好生館の東京支部同窓会）には参加している。好生会は、明治一五年五月には源次郎と相良知安が幹事となり神田明神境内開花楼で開催され、翌一六年七月には松隈謙吾の家で会合がもたれている。源次郎の帰郷まで永松東海・渋谷良次・相良知安との往来は絶えることはなかった。

大隈重信が明治一四年下野後、改進党を創立するに当り、要となった壬午銀行と修進社、報知派、毎日派の四派との人物との交流も興味深い。壬午銀行頭取中山信彬は、大隈が実質運営した佐賀藩洋学校「致遠館」の執法五人（中山嘉源太・中野剛太郎・堤喜六・中島秀五郎・副島要作）の中の一人、中山嘉源太である。修進社の北畠治房・牟田口元學、報知派（議政会派）の矢野文雄、鷗渡会の高田早苗と天野為之は「日暦」に書き留められている。

旧佐賀藩大隈重信の後輩である牟田口元學は、大隈の改進党設立時から掌事として党務に尽し、修進社の一員として訴訟鑑定に従事し経済面からも党を支える。この牟田口元學と峯源次郎は、共に弘化元年生まれで、共に大隈重信のために働いている。

明治二四年三月、源次郎は非職の辞令を受ける。忘れてならないのは大蔵省在職中の一五年間の翻訳実績である。その成果は帰郷荷物に積込まれた。準備が整い東京を出発するのは同一一月二八日となった。一家は汽車で西へ向かった。京都に立寄った源次郎は「先考（静軒）苦学之旧地」を訪ね亡父を偲んだ。十二月七日、作井手の家に戻った源次郎は、早速峯医院を再開する。開業免許を取得した直次郎が一緒であったことは何より心強かったであろう。日記の最終ページ、明治二四年一二月三一日には、天気は晴、「源次郎は山谷へ直次郎は長濱に往診」と記されている。

六　おわりに

安政二年から明治二四年までの三六年間の「源次郎日暦」を読み通しての感想は大叙事詩の中に揺蕩う心持である。「日暦」には人の悪口は出てこない。「仁・義・礼・智・信」の五常と「父子・君臣・夫婦・長幼・朋友」の五倫を着実に愚直に実行する毎日の記録である。そのことが悲壮感を覆している様に思える。しかし、本当に辛い場面「相良知安逮捕」は欠落し、「札幌医学校渋谷良次罷免」のいきさつは書かれていない。日暦どころではなかったのか、醜い場面を敢えて避けたのかはっきりしない。「日暦」中最大の謎はドイツ留学途上の明治四年六月十四日のニューヨークでの出来事で、「中山一郎・馬渡作十・村地某・香月桂五郎之諸氏有故抑止余赴欧洲、余不辨而止」の記述である。この不辨とは源次郎に財力と能力が無いことをこの四人が誹謗したのであろうか。源次郎の身分は佐賀藩着座鍋島市佑の被官であるから陪臣で、しかも私費留学生である。他は中山・馬渡・村地・香月をはじめ皆直臣で公費の留学生である。正当な手続を踏み許可を取り、しかも藩公から「太政官紙幣弐百円」の餞別を拝領して留学途上の源次郎に立ちはだかったものは何であったのだろうか。留学準備の段階から親しく、同行しているはずの吉武桂仙と浅田逸次の名前が出てこないのも不可解である。間違いなく言えることは、峯源次郎は、ニューヨークから引返したからこそ、長生きして八八歳の天寿を全うした。相良元貞、大石良乙はドイツ留学から帰国したが、早世した。吉武桂仙は帰国すらできずに死去した。「人間万事塞翁が馬」という諺をつくづく噛締める次第である。

ともあれ「峯源次郎日暦」が医学史のみならず、大隈重信等あらゆる方面の研究に寄与できることを願って止まない。

峯家系図（『源姓峯氏家系・略伝』、「峯源次郎日暦」、峯家資料から作成）

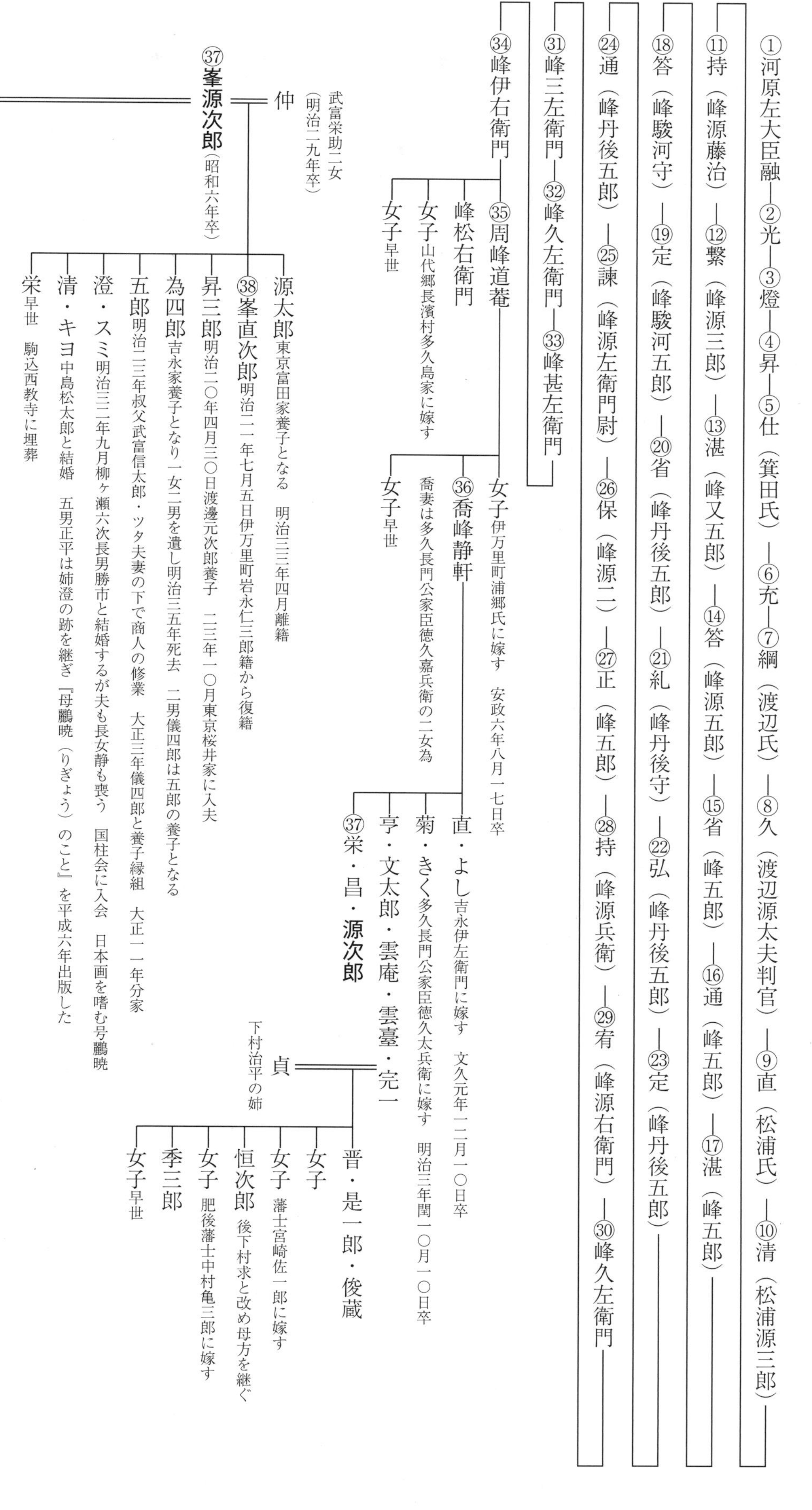

武富家系図・峯源次郎一家

前山博「伊万里陶商の基礎的研究（一）〜（三）─武富家文書・記録」（佐賀県立九州陶磁文化館『研究紀要』一号・二号、平成二年三月）より

本家屋号「堀七（ほりしち）」：堀端の七太郎の謂　田中時次郎「陶器商ききがき」（二）『烏ん枕』二六号、昭和五六年より

長太夫（明和四年没）── 五兵衛（寛政三年没）── 九兵衛（文化九年没）＝妻（安永二年没）── 七太郎（天保五年没）＝妻やす（明治三年没・八〇歳・今勘女）

── 茂十（弘化三年没）＝妻（天保一五年没）── 熊助（大正一一年卒・八六歳・実岡田新十次男）＝妻まつ（大正一一年卒八四歳）── 茂助（明治三〇年卒 四〇歳）＝妻みね（大正二年卒・五一歳 松尾貞吉長女）── 国一（昭和三四年卒 八〇歳）── 敏夫

　　茂助の子 ── 七太郎（明治三九年卒）

── 栄助

分家（武富栄助）伊万里市教育委員会社会教育課『伊万里市の町家武富家住宅』（昭和五四年、九州大学出版会）

栄助（明治二二年一一月二日卒 六八歳 文政四年生（一八二一））
- 信太郎（明治二八年四月九日卒）嘉永三年生カ ── 亀吉（昭和三二年一月二七日卒）
- 源三郎（明治三一年二月二一日卒）
- 米（伊万里銀行横浜支店丹羽豊七の妻）
- 仲・ナカ（嘉永元年九月一〇日生・明治二九年四月二四日卒・慶応元年四月一〇日入籍武富栄助二女）

＝ **峯源次郎**（弘化元年八月一五日生　昭和六年九月七日卒）
明治四一年九月二五日イシ（嘉永六年生）と再婚　大正六年三月二六日卒

長男	源太郎	慶応二年二月二五日生	昭和一九年一月二五日卒 東京富田家養子
二男	直次郎	明治元年九月二六日生	昭和一三年三月七日卒 陸軍軍医峯家を継ぐ
三男	昇三郎	明治三年八月二六日生	昭和五年一月二三日卒 東京桜井家へ入夫
四男	為四郎	明治六年一月二三日生	明治三五年九月二三日卒 中里村吉永家養子
五男	五郎	明治一〇年一月三日生	昭和一八年一〇月一五日卒 大正一一年分家
長女	澄・スミ	明治一二年七月一八日生	昭和二〇年七月一四日卒 嗣子正平（清の五男）
二女	清・キヨ	明治一五年八月一六日生	昭和三九年五月一八日卒 中島松太郎と結婚
三女	栄	明治一九年九月二〇日生	明治一九年一〇月二七日卒 駒込西教寺に埋葬

＊峯源次郎・仲夫妻一家については峯家資料から作成

峯源次郎日暦　翻刻

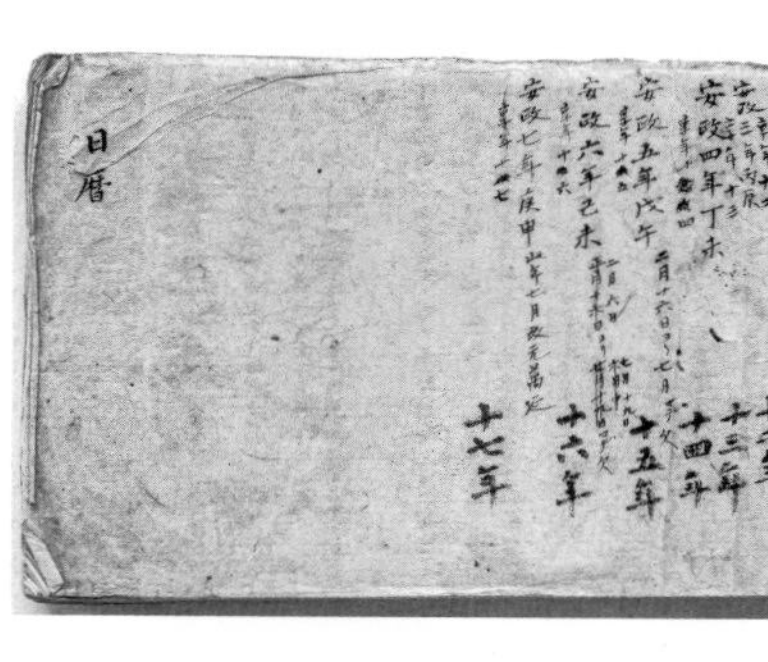

〔表紙、原寸、縦一三cm、横一三cm〕

安政二年乙夘日記始于茲十二年

享年十二

安政三年丙辰　**十三年**

享年十三

安政四年丁未(巳)　**十四年**

享年十四

安政五年戊午二月十六日ヨリ七月マデ欠　七月十九日

享年十五　十五年

安政六年己未正月十六日ヨリ九月十九日マデ欠　二月六日　六月中

享年十六　十六年

安政七年庚申　此年七月改元萬延

享年十七　十七年

日暦

厳君作文余写之也

安政二年乙夘　享年十二

自**十一月**十二日始矣盖厳君作文使不肖書之也

十二日晴、楠久喜一（中酒屋松本氏弟）来借列子・老子・徂来集、早岐冠屋病婦遣使乞来診有故不往

十三日晴、贈磁器数個於亨（阿兄之名也）于京師、晡時廣瀬山有急患乞来診有故不往、夜間共伊左エ門・太兵衛酌酒

十四日昧爽風雨至且雪微下辰後陰晴不定、池田五郎右衛門来話

十五日晴、有村後天女廟石門落成賀儀之事、昌（不肖之名）往焉、夜間黒牟田山有病婦乞来診約翌天明而寝矣

十六日晴、天明診病於黒牟田山、未後帰

十七日晴、木塚英仙致自書於硫黄島甚懇

十八日陰晴不定、夜寒甚雪

十九日陰、句讀尚書於昌

廿日陰

廿一日陰微雪

廿二日晴

廿三日陰

廿四日陰、精一（厳君門人也）自有田帰

廿五日陰後雨、使精一診於伊万里

廿六日陰終日微雪、蒸剥楮皮

廿七日陰晴不定

廿八日晴、有田松井善三郎来訪遂止宿

廿九日晴、贈國雅二章於鹿島某君

晦晴、令昌画菊及蘭竹頗佳、夜間又作詩二首（是為作詩之始）

十二月

朔晴、夜間與昌讀太閤記

二日雪

三日晴、校曽所編輯之救急方

四日晴、往伊万里宿前田作次郎家

五日晴、自伊万里帰

六日晴、贈書及大庭雪齋于佐嘉、夜宿疾発苦楚甚

七日雪、病瘥、徳久太兵衛遺鳩二供饌甚華

八日昨日来雪未霽入、夜峰長兵衛饗蕎麦與昌同往而喫甚美、後伊左エ門饗素麺妻及亨妻貞又昌倶往

九日雪未霽

十日陰

十一日陰

十二日晴、妣諱辰也、診病於楠久、前医香田玄快者来会

十三日晴入夜大雨、佐嘉材木町野中氏致書

十四日陰晴不定

十五日風雪、令門人精一診楠久

十六日雪頻

十七日陰

十八日晴、拉門人精一及児昌診病於村後、後診伊万里

十九日晴、仍逗伊万里

廿日晴、自伊万里帰々途診病于大里

村
廿一日晴
廿二日晴、診于大里又診大木宿
廿三日陰晴不定
廿四日仝
廿五日晴、拉昌診于米山携矢数本行
　與村童跳躍而喜
廿六日晴
廿七日先考諱辰也、夙興擣餅明春正
　月朔且賀儀之具也
廿八日雪、庭樹作花
廿九日陰、掃室除庭大穴持之神像於
　壁奠酒餅、昌晡前頭痛発熱入夜
　滋甚挙家酌酒以祝歳除、女直菊
　至矣

安政三年丙辰　　享年十三歳

正月

朔、温和好天気也、善協元朔挙家酌
　屠蘇酒祝平安継拝先塋
二日陰、令昌試筆且読書
三日晴、隣人来祝歳首
四日晴、嬉野文朝来宿
五日陰、伊左エ門・太兵衛為歳首供
　酒食
六日姪安兵衛・半次郎来祝歳首
七日晴、暁天隣児爆竹盖例也
八日陰
九日陰、診于大木
十日陰、門人精一帰省
十一日雨
十二日
十三日晴、薬品数種自大阪運来、又
　亨音信来自京師
十四日祝歳首於姉公于伊万里
十五日暁天診伊万里
十六日晴
十七日診伊万里
十八日診有田
十九日病婦自平戸来寓、診伊万里
廿日雨雪寒甚、病夫自平戸大島来寄
　寓
廿一日診伊万里
廿二日尚逗伊万里
廿三日同前
廿四日同前雪
廿五日自伊万里帰、遣門人精一於診
　病于楠久
廿六日晴
廿七日晴
廿八日診伊万里、又舟路診楠久
廿九日自楠久還伊万里継帰家
晦日長崎荒木昌三書到

二月

朔晴
二日晴
十日嚢崎陽有病夫延余、今日拉児昌
　登程

八月

廿六日晴、自有田帰亨猶逗伊万里
廿七日
廿八日
廿九日
晦日晴、多久西皷岳拉書生二人来宿

九月

朔陰時々雨、午後皷岳辞去
二日晴、余眩暈怏々
三日晴、病自若
四日雨、句讀周易於昌
五日陰後雨大、到山代人贈蘭與鱸
六日晴、亨診病於楠久
七日陰、伊万里前田子義（作次郎）
　来宿
八日山谷西岡仲厚（治左衛門）諱辰
　也、與子義同往詣其墓
九日適伊万里宿石丸氏
十日例以此日祭松園社同伊左衛門・
　太兵衛・龍助酌酒後上屋後山薄
　暮帰
十一日晴、昌與婢採柿
十二日晴、初刈稲
十三日陰
十四日雨
十五日陰
十六日晴
十七日姪秀女来
十八日晴
十九日晴、朝診于古子、適伊万里
廿日自伊万里帰、雲臺（阿兄亨改名）
　自楠久帰
廿一日雨、精一帰省、雲臺診有田、
　門人小川仲栄自長崎到
廿二日雨、雲臺自有田帰
廿三日晴、昌與姉菊観伊万里秋祭、
　夜半久原有急患往診

廿四日晴、猶逗久原、雲臺診於山代
　波瀬過久原因来見
廿五日陰、薄暮自久原帰
廿六日晴、在長崎門人中村藤野公道
　書到
廿七日陰、長崎友人藤村庸平（稱光
　鎮）拉姪市次者到乞其入門諾之、
　使仲栄診病於切口市次・児昌伴
　焉
廿八日晴、同光鎮・龍助・昌及門生
　等郊行
廿九日晴、挙家観湯田原牧馬撰抜
晦晴、昌従伊左エ門採松蕈於脇田

十月

朔晴、藤村光鎮氏自有田還、雲臺自
　楠久帰
二日陰晴不定
三日雨、感冒氣宇快々
四日晴、受弾筝法於藤村氏
五日陰、與藤村氏弾筝
六日霽、藤村光鎮辞去、診長浜、尋
　診伊万里、夜半護病夫適有田
七日在有田
八日仍逗有田
九日仍逗有田
十日仍逗有田與友人谷口藍田上金比
　羅山遂往大谷、帰途訪久富橘齋
　薄暮帰客舎
十一日仍逗同藍田登黒髪山遂止宿寺
　夜乗月吹笛甚愉快
十二日暁天奏笛於黒髪山祠前、継下
　山帰有田
十三日仍逗有田
十四日自有田帰
十五日晴
十六日晴、診大川内
十七日晴、自大川内山帰
十八日晴
十九日晴、拉児昌・門人仲栄植呉茱
　萸於前畦
廿日雨
廿一日晴、有事適有田、晡前伊万里
　人遣使乞来診夜到伊万里則人定
廿二日晴、在伊万里
廿三日自伊万里帰
廿四日晴、児昌・同精一・仲栄・常
　甫（市次改名）採茸於村後山
廿五日晴
廿六日陰
廿七日晴、木塚英仙・吉田兵助来候
　安
廿八日晴
廿九日晴、診大木
晦晴、診白幡

十一月

朔陰
二日山代宝積寺住持和尚及大川内
　人来乞診
三日晴霜繁、令門生製葛根
四日陰晴不定、診古子、行煮藁熱蒸
　法
五日陰晴不定、夜講論語
六日雪、診于白幡
七日講論語及金匱
八日陰晴不定、講論語及金匱
九日陰、平松梅渓来訪
十日微風雪、有故適伊万里
十一日逗伊万里
十二日午後自伊万里児昌春秋素讀卒
　業
十三日陰
十四日晴
十五日晴、門生詩会
十六日晴、村後蔵王権現祠祭
十七日晴、暖雇数人樹雲臺於後圃
十八日雨、藤村光鎮書到
十九日晴
廿日陰、児昌感冒
廿一日
廿二日陰、午後谷口藍田来訪遂止宿
廿三日晴
廿四日晴
廿五日晴
廿六日陰、夜龍助来話
廿七日晴暖、拉児昌拝先塋、入夜女
　直菊倶来徹夜巻以余家親鸞宗也
廿八日晴
廿九日晴

十二月

朔微雨、遣門人精一於有田
二日晴、蒸剥楮皮
三日陰、寫筝譜
四日陰、仲栄・常甫往有田、夜精一
　診山谷
五日雪、診山谷、晡前仲栄・常甫自
　有田帰

六日晴、拉児昌往米山検重蔵造屋、
　西山代病婦来乞診
七日晴
八日雪
九日晴
十日晴
十一日陰晴不定、有田中村養朴来訪、
　継村田玄洞来倶止宿
十二日晴、妣諱辰也拉昌拝先塋、養
　朴・玄洞辞去
十三日
十四日診天神、又診伊万里遂止宿
十五日自伊万里帰、直診有田遂宿仲
　栄・常甫帰省
十六日尚逗有田
十七日自有田帰
十八日雪、診山谷
十九日尚雪
廿日
廿一日往伊万里遂宿
廿二日風雨、自伊万里帰
廿三日晴
廿四日晴
廿五日陰
廿六日晴
廿七日晴、先考諱辰拉昌謁先塋
廿八日挙家夙興製春餅
廿九日診有田
晦日尚在有田

安政四年丁未〔巳〕　享年十四

正月

元日晴、家君尚在有田遥拝継而待慈
　母膝下奉屠蘇酒為元旦
二日雪、薄暮家君帰
三日霽、黎明家君又診有田
四日晴、家君自有田上黒髪山而帰
五日家君診伊万里
六日無事
七日家君自伊万里帰
八日晴、家君門人中村精一帰省（後
　改養安又改姓名松林昌九）
九日家君診伊万里晡前帰
十日無事
十一日無事
十二日無事家君門人平戸開作樂只来
　訪
十三日春寒甚
十四日無事
十五日家君診有田
十六日家君仍在有田
十七日家君仍在有田
十八日家君自有田長崎楢林嫗與其婢
　来宿
十九日無事
廿日無事
廿一日無事
廿二日家君診伊万里
廿三日家君診木須
廿四日家君仍逗伊万里
廿五日家君仍逗伊万里
廿六日家君自伊万里帰直復診伊万里
廿七日家君門人小川仲栄・常甫到仲
　栄呈其父仲亭書於家君書中云有
　病婦乞来診
廿八日家君診伊万里
廿九日家君診有田

二月

朔雪、家君仍在有田
二日家君仍逗有田
三日家君自有田帰
四日無事
五日家君診川東及伊万里
六日大雨
七日家君診廣瀬山及大木
八日晴、無事
九日晴、無事
十日陰晴不定
十一日無事
十二日陰
十三日晴、無事
十四日晴、無事
十五日晴、入夜長崎佐々木氏使来乞
　家君来診
十六日晴、家君取路於早岐診長崎仲
　栄従焉
十七日晴、無事
十八日陰晴不定
十九日晴
廿日晴
廿一日晴
廿二日陰
廿三日陰、精一診戸尺継而適大里
廿四日晴
廿五日晴
廿六日晴、同精一・常甫詣廣厳寺

廿七日晴、従慈母拜先塋
廿八日晴
廿九日晴
晦日晴

三月

朔感冒
二日陰、仍臥
三日陰、仍臥
四日晴、仍臥
五日晴、病小差
六日晴、仍臥
七日陰、仍臥
八日微雪、仍臥
九日晴、仍臥
十日晴、小差
十一日晴
十二日晴
十三日晴
十四日晴
十五日晴、挙家掃庭
十六日晴
十七日晴
十八日陰
十九日陰
廿日晴
廿一日陰、詣村後弘法大師
廿二日晴、厳君自長崎帰
廿三日晴、精一診伊万里
廿四日晴、精一適有田
廿五日陰
廿六日陰晴不定、厳君診伊万里精一
　自有田到
廿七日晴、厳君贈薬於長崎而後拜先
　塋
廿八日晴、同精一・仲栄・常甫登腰
　岳
廿九日晴

四月

朔厳君診有田
二日晴、使常甫呈書于厳君于有田
三日晴、有田松井藤八来宿（後改称
　善三郎号松居嗜國雅父執也）
四日晴、厳君自有田帰
五日晴、早岐人男女四人来宿
六日晴、厳君使精一・仲栄診早岐午
　後早岐人辞去
七日晴、有事家君適伊万里直帰開宴
　於家園盖日子初子而以松園社祭
　日也
八日晴、厳君診早岐同常甫・駒太郎
　及早岐人嘉太郎等詣廣厳寺
九日晴、厳君自早岐帰
十日晴、厳君診有田薄暮微雨
十一日陰
十二日大雨
十三日仍雨前川大漲
十四日雨歇厳君自有田帰
十五日陰
十六日陰嘉太郎辞去
十七日晴
十八日晴、仲栄・常甫適有田酉下雨
十九日晴、平戸佐世保人茂吉来宿
廿日伴佐世保人適伊万里晡前帰家
廿一日晴
廿二日陰
廿三日晴、精一自平尾帰
廿四日晴
廿五日陰、雇村婦数輩摘茶且製之、
　早岐嘉太郎来宿
廿六日晴
廿七日晴
廿八日晴、佐世保人茂吉賽教法寺晡
　前帰
廿九日晴、茂吉辞去早岐人来宿

五月

朔晴
二日晴
三日晴
四日晴
五日晴、早起詣村祠
六日晴
七日晴嘉太郎辞去
八日晴、呈書于厳君于有田
九日晴、厳君診伊万里
十日晴
十一日陰、厳君診有田
十二日晴、與常甫拜先塋
十三日晴
十四日晴
十五日晴
十六日晴
十七日陰
十八日晴
十九日晴、有田人十兵衛・嘉右衛門
　来訪厳君佐嘉逸人三名来宿
廿日晴、佐嘉人辞去、長崎荒木伊助・

松本善助来宿善乞厳君之診察也
廿一日晴、厳君拉崎人往伊万里晡後
帰
廿二日晴、有田人久富為助来訪厳君
廿三日晴、崎人取路於黒髪山往有田
厳君令精一為前導仲栄・常甫・
嘉太郎伴之
廿四日晴、精一自有田帰
廿五日晴
廿六日晴
廿七日晴、厳君拜先塋
廿八日晴
廿九日晴
晦日晴

閏五月

朔陰、雇数人挿秧
二日陰、厳君診有田
三日風雨
四日仍風雨
五日佐世保人茂吉来
六日陰晴不定、厳君自有田帰
七日晴、早朝精一適伊万里森永見有
来訪厳君
八日晴、早岐嘉太郎来乞薬
九日陰晴不定
十日陰
十一日陰、厳君診有田
十二日陰
十三日晴、厳君自有田帰
十四日晴
十五日晴
十六日晴、厳君診伊万里
十七日厳君自伊万里帰
十八日陰
十九日陰、原明人三名来乞厳君診
廿日陰
廿一日陰奉厳君命精一・仲栄・常甫
等捕蛙蓋為薬用也
廿二日
廿三日厳君自有田帰
廿四日厳君復診有田精一従焉
廿五日
廿六日楠久儀右衛門来訪厳君不在少
焉厳君自有田帰
廿七日
廿八日
廿九日晴
晦日晴

六月

朔晴、早朝詣村祠、継従厳君取瓜蒂
於川向
二日晴、受厳君之命同仲栄・常甫往
有田診精一母病終止宿
三日陰
五日晴
六日陰
七日陰、幾吉来宿
八日晴、厳君自有田帰尋診伊万里幾
吉従焉夜間帰
九日晴、幾吉自伊万里帰
十日晴、幾吉往嬉野
十一日晴、精一自有田帰
十二日晴、従厳君拜先塋
十三日晴
十四日晴、従厳君晒佩刀而讀所傳佩
刀記蓋厳君之所記也
十五日晴、早朝詣村祠
十六日晴、厳君診有田
十七日晴
十八日晴
十九日晴
廿日陰
廿一日陰
廿二日陰晴不定、厳君自有田帰
廿三日晴
廿四日晴
廿五日晴、長崎裁縫師新助者来宿
廿六日晴、厳君診有田
廿七日晴、精一診伊万里直帰
廿八日晴
廿九日晴、厳君自有田帰
晦日晴

七月

朔陰、隣家徳久龍助来話（龍助者徳
久太兵衛弟而好漢画解文雅風流
學和歌於厳君平生往復然茲初記
之耳後来又不一々）
二日陰
三日晴
四日晴、薄暮雨
五日晴、有田久富為助来話、後厳君
診山谷
六日晴
七日晴
八日陰
九日晴、仲栄・常甫帰省

十日晴、従慈母詣廣厳寺
十一日晴、従厳君拝先塋
十二日晴、従厳君掃先塋
十三日晴
十四日晴
十五日晴、薄暮雨少時霽拝先塋
十六日晴
十七日晴、厳君診伊万里
十八日晴、厳君帰
十九日晴
廿日晴
廿一日陰
廿二日大雨
廿三日陰厳君診蔵敷〔蔵宿〕
廿四日陰
廿五日陰
廿六日晴、奉厳君命使伊万里
廿七日晴
廿八日晴
廿九日陰厳君診蔵宿

八月

朔晴、早朝拝村祠
二日陰晴不定
三日晴、厳君診有田
四日晴
五日晴、厳君自有田帰
六日晴、厳君診伊万里
七日陰晴不定、詣大川内咽喉権現祠
八日晴
九日晴、早朝厳君診山谷尋診有田
十日晴厳君自有田診伊万里
十一日晴厳君自伊万里帰
十二日晴、精一自古湯到蓋前日所出
　遊也
十三日晴
十四日晴、厳君診山谷
十五日晴、早朝詣村祠尋従厳君詣大
　里八幡祠、帰途徴感冒
十六日晴、早朝厳君診原明後山代瀧
　川内人来乞厳君来診故使乞之於
　原明厳君有故不應、余感冒遂
　為瘧疾
十七日大雨仲栄自長崎到晡時幾吉到
十八日陰、幾吉・仲栄賽大宰府
十九日晴
廿日大雨前川大漲
廿一日晴
廿二日晴、原明眼科医木下謙一来訪
　厳君、古今野人来宿
廿三日晴、厳君弾箏謙一辞去、山代
　福川内病婦来乞診
廿四日晴
廿五日晴、厳君有事診伊万里
廿六日晴、古今野人去
廿七日晴、瘧疾小差故従厳君拝先塋
　尋診内之馬場、晡時仲栄・幾吉
　自大宰府到
廿八日晴
廿九日晴、厳君診内之馬場幾吉辞去、
　厳君有事適有田
晦日晴

九月

朔晴
二日晴、厳君自有田帰
三日晴後雨、山代鳴瀬病婦来乞厳君
　診
四日晴、有田伴右衛門来宿
五日晴
六日晴
七日晴、厳君診大里仲栄従焉
八日晴
九日晴、早朝厳君供新酒於松園祠後
　厳君詣村祠龍助余従焉
十日晴、厳君診有田余瘧疾全癒
十一日晴、自曲川村移植牡丹
十二日晴、平戸二僧来厳君書到
十三日晴
十四日晴
十五日晴、與精一拝村祠
十六日晴、厳君自有田帰
十七日晴、従厳君診龍助病
十八日晴、為助来
十九日晴、従厳君同伊左衛門・太兵
　衛・末吉等採松蕈於村
　後山
廿日晴
廿一日晴
廿二日晴、門前之道傍為山市魚鰤柿
　栗野菜山積村人来買之、蓋明廿
　三日村人為秋季佳節之具也、是
　為毎年常例、夜厳君診伊万里
廿三日晴、厳君帰陪厳君為佳節
廿四日晴、早朝厳君診有田
廿五日晴
廿六日晴厳君帰
廿七日陰晴不定

廿八日晴拜先塋

廿九日晴、従厳君同前日諸人又採松蕈於前山

晦日晴

十月

朔晴、早朝拜村祠、後従厳君同太兵衛・松之助・精一・仲栄・駒太郎等登國見山

二日晴

三日晴

四日晴、請僧修佛事後同親戚酌酒

五日晴

六日晴、同精一・仲栄採松蕈於村後山、帰路米山重蔵供酒食

七日晴

八日晴

九日晴、曲川村織吉者有病来宿、午牌厳君拉余及仲栄登黒髪山、終止宿山月朦朧此行余始作漢文紀行

十日微雨、厳君奏横笛於祠前、下山訪谷口藍田々々供酒食少頃辞去、至有田訪吉田文碩厳君止宿、余與仲栄拜辞而帰家

十一日晴

十二日晴

十三日晴

十四日晴、厳君自有田帰

十五日陰晴不定、拜村祠

十六日陰、厳君初診織吉病奔通風也因堀地深五六寸四圍三四尺別煮藁数束乗熱撒布、其内舒展席於其上使患者横臥其上厚被覆其上促蒸發、少焉蒸気大発流汗淋漓病大軽快

十七日晴、厳君書其自製國雅数章於板面奉納之於大里八幡祠、若林末吉・吉原権兵衛・精一・仲栄・余等従之張宴於祠前晡時帰家、則長崎楢林品女来宿

十八日晴、織吉病癒而辞去、品女亦辞去、午後有田久富隠居橘齋精一親父中村養朴来訪、厳君蓋計阿兄雲岱君（後改完一）盡其孝道全親子之分也、先是阿兄携妻在外既三年及一子未得安厳君之意也

十九日雨、伊左衛門適伊万里謀事、午後石丸源左衛門・浦郷喜右衛門来説厳君々々諾之、夜阿兄携妻子来始謁厳君并慈母余亦謁阿兄々々止宿

廿日晴、厳君饗橘齋等於白幡鉄山、阿兄止于家晡時帰橘齋等亦辞去

廿一日晴、厳君診大川内、阿兄携妻子帰于楠久余従焉

廿二日晴、阿兄與里正帍蔵及隣人数輩拉余泛舟於牧洲之湾余従焉

廿三日陰、大風

廿四日陰

廿五日晴

廿六日晴、従阿兄往伊万里終宿石丸氏

廿七日晴、阿兄獨自伊万里帰于楠久轉帰家

廿八日晴

廿九日晴

十一月

朔陰、阿兄到自楠久

二日晴、阿兄拉余適有田

三日晴、與阿兄取路於黒牟田山・應法山・廣瀬山而帰家継阿兄帰楠久

四日晴雇数人挿蕓薹草苗、夜原明人来宿

五日陰、原明人辞去、夜因厳君命寫医範提綱

六日厳君診伊万里

七日晴

八日晴

九日晴、厳君診伊万里

十日晴

十一日晴、厳君自有田帰

十二日晴

十三日晴

十四日晴雪初降、観角力於大里

十五日晴

十六日晴、厳君診有田、阿兄到

十七日晴、村祠祭禮也観角力於村後

十八日陰、厳君自有田復直診有田、阿兄辞去

十九日大雨

廿日晴、煮剥楮皮

廿一日陰晴不定、厳君自有田帰

廿二日晴

廿三日陰、厳君診外尾
廿四日晴、慈母賽明善寺
廿五日晴
廿六日陰、厳君自外尾帰
廿七日雨
廿八日陰
廿九日陰、厳君診有田
晦日雪

十二月

朔晴、早朝拝村祠、阿兄携妻子到
二日晴、阿兄辞去、復厳君帰自有田
三日或雪或雨或霽、厳君診野副
四日雪、厳君診有田
五日晴
六日雪
七日雪、厳君帰自有田、精一往有田
　蓋吊郷先生正司碩渓翁也
八日陰雨
九日晴
十日雨
十一日晴、従厳君拝先塋、始起大東
　武将傳漢譯之稿
十二日晴、厳君徵恙
十三日晴、歯痛甚、精一到
十四日晴
十五日晴、早朝拝村祠、仲栄帰省、
　厳君診有田
十六日晴
十七日晴、奉厳君命使阿兄家于楠久
　遂止宿
十八日晴時有微雪仍逗
十九日晴、辞帰家、厳君診伊万里
廿日雪
廿一日後山昨来雪未消
廿二日晴
廿三日晴、厳君診伊万里、阿兄到小
　時而去
廿四日雨
廿五日晴、厳君有事同隣人数輩適山
　谷
廿六日晴、早朝代厳君適大里
廿七日陰、洒掃室内掛大穴持之神像
　於壁上
廿八日晴、夙興製春餅、従厳君診伊
　万里、余奉厳君命携児童初春翫
　弄之弓矢数本配、與于村童々雀
　躍而喜
廿九日晴、厳君自伊万里帰
晦日晴、従厳君拝先塋、薄暮伊左衛
　門・太兵衛来酌酒、夜間受西寺
　樂曲於厳君両姉到

安政五年戊午　十五年

正月

朔好天気、善協元朔挙家侍厳君慈母
　酌屠蘇酒為元旦尋拝先塋并村祠
　後侍厳君歌西寺楽曲
二日陰、隣人来拝年
三日陰晴不定、阿兄来拝年於膝下
四日晴、阿兄適有田、伊万里浦郷喜
　右衛門来拝年
五日晴
六日晴、午後阿兄帰、精一帰省
七日晴、晩天隣児爆竹旧慣也、往楠
　久拝年於阿兄
八日陰、仍逗阿兄家為神農祭開宴、
　大島人喜八来宿
九日雪満山野、与喜八帰家、則精一
　到
十日昨来雪未融、喜八辞去
十一日晴、厳君診戸矢、佐世保楽只
　携小女来
十二日晴、楽只適楠久
十三日晴、厳君帰尋診伊万里精一従
　焉
十四日晴、楽只到
十五日晴、早朝拝村祠、厳君帰
十六日陰晴不定、楽只辞去、與隣家
　駒太郎適原明木下氏借日本外史
　遂宿蔵宿夜雨
十七日陰、帰家、厳君診伊万里
十八日晴
十九日晴、厳君帰自伊万里
廿日陰、晴不定
廿一日雨、薄暮龍助来話
廿二日晴、厳君診伊万里、早岐小松
　屋藤兵衛携妻来乞診
廿三日陰、厳君自伊万里帰
廿四日晴
廿五日晴、厳君診有田
廿六日晴、厳君自有田帰
廿七日晴、厳君診久原
廿八日晴
廿九日陰

二月

朔晴、早朝拝村祠
二日厳君診伊万里

三日晴、厳君帰、伊万里浦郷阿秀・
　富太郎・安次郎来拜年
四日晴
五日晴
六日晴、診鳴石
七日晴、早朝厳君診有田、漢訳大東
　武将傳畧稿成
八日晴、従慈母同隣人等観戯於有田
九日晴、仍観戯入夜
十日晴
十一日晴、厳君診伊万里尋診村後、
　此日伊左衛門為其家屋建築落成
　儀開宴挙家見邀請、後厳君診山
　谷
十二日晴、早朝厳〔君欠カ〕診村後
　余従焉、尋又診向吉野、大川内
　医師春亭先来盖産科也薄暮微恙
十三日雨、精一到
十四日晴、早朝厳君診飯盛河内
十五日晴、早朝拜村祠厳君診有田
　此間欠此間欠〔十六日から晦までを×を掛けて消してある〕
十六日晴、有田中村養安来拜年、午
後與両姉及養安適阿兄家拜年
十七日陰、皆帰家、午後両姉来話
十八日晴、夜間両姉来話
十九日晴、厳君門人水上元道帰省、厳君診伊万里、養安辞
去
廿日晴、厳君帰
廿一日晴、阿兄来
廿二日晴、従阿兄適佐嘉、少憇合混阿兄知人大庭良伯者別
東来阿兄與之談話移町遂同宿于茲、良伯者大庭雪斎翁義弟
也
廿三日晴、阿兄誘良伯相共東抵佐嘉□良伯上主君邸主君鍋
島市之允氏也夜謁主君及若君
廿四日晴、夜間又謁若君
廿五日晴、拜観佐嘉城
廿六日雨
廿七日晴、辞佐嘉阿兄仍止于茲小田宿
廿八日陰晴不定、午後到家
廿九日晴、長崎本古川町佐々木氏遣人乞厳君之来診厳君之
諾
晦晴

〔三月から七月まで欠〕

八月

朔晴、早朝拜村祠
二日晴
三日晴
四日晴、平戸大島人二名来乞厳君診
五日、晴厳君自有田帰
六日晴
七日晴、厳君診白幡
八日晴
九日晴
十日陰、厳君診伊万里
十一日晴
十二日晴、厳君自有田帰有田人三名
　来宿
十三日雨
十四日雨
十五日雨
十六日晴、有田人辞去
十七日晴、伊万里陶器買客雲州人来
　乞厳君診
十八日雨、仲栄自嬉野到
十九日雨、厳君門人元道奉命適楠久
廿日晴、外尾人来乞厳君診、夜彗星
　現烏帽子岳上少焉下降到岳腹上
　従是毎南行到冠頭岳上而没
廿一日晴、元道自楠久到彗星現
廿二日晴
廿三日晴
廿四日晴、微恙
廿五日陰晴不定、以征夷将軍甍藩侯
　令藩内遏密八音夜厳君診伊万里
廿六日雨
廿七日晴、厳君帰
廿八日晴、厳君診村後余従焉
廿九日晴、漢譯厳君所輯集之俚語救
　急法
晦日晴、阿兄自楠久到、夜彗星仍現

九月

朔晴、厳君授傷寒論及霊枢、阿兄辞
　去江湖七太郎事竣
二日晴、厳君授傷寒論及霊枢、午牌
　見有来訪厳君
三日晴、聴傷寒論及霊枢之講、後雨
　元道到
四日晴、厳君診有田、夜彗星仍現盖
　微々南行
五日雨
六日晴、厳君自有田帰
七日晴、従厳君與元道掃先塋
八日晴、聴傷寒論講後同仲栄・元道
　等採家園柿実
九日晴、以重陽佳節欲登前岡不果、

陪厳君與龍助等寫書画自遣
十日晴
十一日晴、従厳君奠蘋蘩、午前伊
万里町阿秀・楠久阿兄携妻子到
十二日晴、親戚皆到請僧修佛事式終
後同親戚酌酒
十三日晴、阿兄等辞去
十四日晴、阿秀辞去
十五日晴、早朝拝村祠、尋適炭山、
午後聴傷寒論講、晡前歯痛徹夜
不已
十六日晴、厳君欲拉龍助・仲栄・余
等登村後烏帽子岳會天陰不果、
聴傷寒論講
十七日晴、収穫禾聴傷寒論及霊枢講、
夜詩厳君詠國雅
十八日陰晴不定、霊枢卒業、聴難経
講、午後陪厳君家園呉茱萸
十九日陰晴不定、與仲栄訪古子佐嘉
福田先生来過訪厳君少焉辞去、
後長崎馬田永成来宿、阿兄自伊
万里到
廿日晴、阿兄帰楠久
廿一日晴、伴崎客馬田採松蕈於村後
之山
廿二日晴、早朝適中田、依例門外為
山市
廿三日晴、村家秋祭也、引崎客挙家
観於湯田原我公牧馬之地也
廿四日微雨、以明日厳君欲伴崎客遊
于唐津
廿五日晴、拂暁厳君伴崎客馬田永成
上途阿兄・仲栄・余等陪行従是
余別有漢津紀行作
廿六日
廿七日
廿八日
廿九日

十月

朔晴、早朝拝村祠
二日晴、馬田永成帰
三日晴
四日晴、挙家採松蕈於村後之山、適
阿兄亦到
五日晴、阿兄辞去
六日晴、厳君拉崎客適伊万里
七日晴、感冒厳君診伊万里
八日晴、佐世保茂吉到
九日晴、崎客辞去、厳君診有田、乞
僧修佛事、午後厳君門人公道到
十日晴、夜白幡失火
十一日晴、厳君自有田帰
十二日晴
十三日晴
十四日或雨或霽
十五日晴、早朝拝村祠
十六日晴、與仲栄適米山前田重蔵家
供田魚烹甚美
十七日晴
十八日晴
十九日雨
廿日晴風
廿一日晴
廿二日晴、厳君診有田
廿三日晴風夜雨
廿四日雨雪交降
廿五日晴
廿六日晴、厳君自有田帰
廿七日陰、長崎本博多町村上藤兵衛
使来宿
廿八日晴、厳君診白幡薄暮長崎藤村
庸平（称光鎮）来宿
廿九日晴、長崎村上氏使辞去

十一月

朔晴、早朝拝村祠厳君與光鎮遊于黒
川
二日陰
三日晴
四日晴、阿兄到厳君診赤坂
五日晴
六日雨、慈母詣浄誓寺吊其喪
七日晴
八日晴、厳君與光鎮適大里
九日陰、感冒
十日陰雨
十一日陰、村祠祭禮也
十二日晴、藤村光鎮辞去
十三日晴、感冒愈
十四日晴
十五日晴、龍助来話
十六日晴、厳君適伊万里
十七日晴
十八日雨
十九日晴、隣人携肴来酌酒
廿日晴
廿一日晴、薄暮書到自有田

廿二日晴、厳君適有田
廿三日晴、慈母適伊万里
廿四日雨
廿五日雨、厳君伴光鎮自有田帰、夜
　慈母自伊万里帰
廿六日晴、光鎮辞去尋厳君適伊万里
廿七日晴
廿八日晴、感冒
廿九日晴、仍臥
晦日雨、夜長崎病婦二人来宿雪

十二月

朔雨、厳君診有田
二日陰晴不定
三日晴、厳君自有田帰、夜吉永万兵
　衛来酌酒
四日晴、長崎病婦辞去
五日雪、従慈母同二姉適伊万里浦郷
　氏訪伯母病二姉留護病
六日晴、二姉帰厳君又訪伯母病
七日晴
八日風、厳君自伊万里帰余感冒
九日晴
十日晴、阿兄到、午後厳君拉阿兄訪
　伯母病
十一日晴、厳君帰、仲栄適有田
十二日晴、仲栄自有田帰尋受厳君命
　使黒川岸田永命之家夜雨
十三日霽、仲栄自黒川復命于厳君
十四日雪
十五日雪、早朝拝村祠
十六日風、厳君適伊万里
十七日晴、厳君自伊万里帰
十八日晴、仲栄帰省、大東武将畧成
十九日晴、厳君診有田
廿日雨、厳君帰、夜大同類聚方漢名
　解稿成
廿一日晴、受厳君命使伊万里
廿二日晴、帰復命
廿三日晴
廿四日晴
廿五日雪、余診白幡、厳君適伊万里
廿六日陰、早朝診切口、厳君帰
廿七日晴、従厳君拝先塋
廿八日黎明挙家製春餅、復慈母訪伯
　母病
廿九日晴、慈母帰
晦日晴、掛大穴持神像於壁間又掛自
　画廣貞康頼補仁之像於其左右夜
　万次郎重蔵来

安政六年巳(己)未　十六年

正月

朔雪、早朝拝大穴持神像継而侍厳君
　膝下酌屠蘇酒、後従厳君拝先塋、
　後余獨拝村祠、後詠國雅、夜侍
　厳君讀本居宣長所著國号考
二日晴、伊左衛門・太兵衛及龍助等
　来拝年後開宴、厳君適伊万里拝
　年於伯母
三日晴、厳君帰
四日晴薄暮微雨
五日晴、伊万里浦郷安兵衛来拝年後
　伊左エ門招飲
六日晴、吉永岩蔵（後改源兵衛）招
　飲午後龍助招飲
七日晴
八日雨午牌霽、吉永万兵衛招飲
九日晴
十日晴雪、厳君診久原薄暮帰
十一日晴雪微降、厳君以轎召前田利
　方翁（通称作次郎伊万里之郷先
　生也）蓋以其不良足有約而不能
　到焉也
十二日晴、早朝厳君診大木、前田翁
　出遊薄暮帰
十三日晴、前田翁辞去、早岐病婦来
十四日雨、診吉野
十五日霽、拝村祠同隣人数輩登腰岳
　午後帰、後受厳君命使伊万里
十六日晴、早朝自伊万里帰、有田中
　村養安来拝年、午後與両姉及養
　安訪阿兄於楠久
十七日陰、午前帰家
十八日晴、夜雨姉来話
十九日晴、厳君門人水上元道退塾、
　厳君診伊万里、養安帰、余受厳
　君命診大木・山谷
廿日晴、厳君帰
廿一日晴、阿兄来
廿二日晴、従阿兄適佐嘉、少憩合混
　阿兄知人大庭良伯適東来阿兄與
　之談話、移時適宿于■、良伯者
　大庭雪斎翁之義弟也
廿三日晴、阿兄誘良伯相共東到佐嘉、
　別良伯、上主君邸、主君鍋島市
　之允氏也、夜謁主君若君
廿四日晴、夜謁若君

廿五日晴、拝観佐嘉城
廿六日雨
廿七日晴、別阿兄辞佐嘉宿小田駅
廿八日陰晴不定、午後到家
廿九日晴、長崎本古川町佐々木氏遣
人乞厳君之来診厳君諾之
晦晴

二月

朔晴
二日晴、感冒
三日晴、仍臥仲栄自長崎到
四日雨
五日霽
二月六日ヨリ七月十九日マデ欽

七月

廿日朝雨後霽、従厳君診村後
廿一日晴、仲栄受厳君命使有田
廿二日晴、午後黒川里正岸田永命之
季子来貸名古屋城跡之図而帰薄
暮、厳君診伊万里
廿三日晴、厳君帰
廿四日陰、仲栄・文圭診米山白幡、
厳君診有田
廿五日陰晴不定
廿六日晴、厳君書到
廿七日晴、厳君自有田帰尋伊万里
廿八日晴、厳君帰
廿九日晴、仲栄・文圭受厳君之命適
伊万里

八月

朔晴、早朝拝村祠、此日村人乞僧誦
経盖祈天行暴瀉流行消滅也、薄
暮阿兄自楠久到
二日晴、阿兄會于佐賀官医三田道筑
氏種痘于古子、後三田氏来訪厳
君終止宿、三田氏好古楽與厳君
合奏厳君喜甚矣
三日晴、三田氏履星辞去厳君送之数
百歩
四日晴
五日陰、夜梅渓来訪厳君
六日朝雨後晴、侍厳君讀医事小言
七日晴、伊万里従兄浦郷政右衛門訃
音到、厳君・慈母直適伊万里、
厳君留宿、慈母帰
八日晴、厳君仍逗伊万里
九日晴、仲栄・文圭診大川内、厳君
自伊万里帰
十日晴、厳君適伊万里診伯母病帰
日終不可治
十一日晴而風、仲栄自伊万里帰、有
田養安来宿、夜厳君講医範提綱
十二日或雨、養安辞去、夜梅渓太兵
衛来話
十三日晴、厳君診伯母病于伊万里
十四日晴
十五日晴、早朝拝村祠、厳君自伊万
里
〔十六日脱〕
十七日陰晴不定、浦郷氏急使報伯母
病篤厳君即適伯母卒
十八日雨、慈母往吊、後長崎病婦（豊
島屋妻）肩輿来乞診於厳君直報
厳君、入夜慈母伴阿兄来
十九日或雨、厳君自伊万里、入夜隣
人来吊伯母
廿日陰、崎客詣大宰府、厳君診大川
内
廿一日晴、厳君帖國雅数章花下露帖
廿二日雨、今夜以伯母初逮夜慈母往
浦郷氏
廿三日仍雨午後迅雷風烈
廿四日晴、慈〔母〕[脱カ]自伊万里帰
廿五日晴、厳君微恙
廿六日晴、黎明厳君診伊万里、仲栄
因厳君命適伊万里直帰
廿七日雨、厳君仍逗
廿八日晴、同仲栄・文圭登腰岳帰則
厳君帰自伊万里
廿九日晴、厳君診有田、仲栄・文圭
診古子

九月

朔早朝拝村祠、薄暮先日崎客到自
大宰府終止宿乞治
二日晴、厳君自有田帰
三日晴、厳君診内之馬場余従焉
四日晴、早朝厳君診大川内、仲栄・
文圭診古子・内之馬場
五日晴、厳君診瀬戸、夜仲栄・文圭
診山谷
六日晴後雨、楠久人来乞診、崎客病
婦罹爆瀉直沠急使報長崎且迎有
田針医中村養朴
七日雨或晴、公道（後改雪道）到、
仲栄診瀬戸、養朴到、厳君使文
圭迎阿兄于楠久

八日晴、崎客病少軽快、厳君診瀬戸、
薄暮崎人到
九日早朝微雨、仲栄診瀬戸、長崎人
数輩到、入夜阿兄到
十日雨、養朴・雪道辞去、厳君診瀬
戸余従焉白幡乗舟帰途雨益到入
夜雨傾盆、仲栄診中田、阿兄診
切口
十一日陰、阿兄辞去
十二日陰晴不定、受厳君命使伊万里
十三日晴、吉永伊兵衛罹暴瀉阿兄亦
来診無幾而斃
十四日晴、大村人来乞診、阿兄辞去
十五日晴、早朝與仲栄・文圭拝村祠
十六日晴
十七日陰、阿兄書到
十八日雨衝雨、適有田入谷口藍田翁
塾、入夜先生同其長子精一戚族
木下愛三郎門生小野謙成及酌酒
十九日晴、聴荀子及左氏傳之講
廿日晴、書會寫唐宋八大家文集一葉、
入夜文會
廿一日
廿二日雨、詩會風衡山樓之設課也、
二之日詩會、七之日文會、十之
日書會、四之日點會、一月之中
詩會三餘皆二凡九会而其五十之
文會塾之内会也
廿三日朝陰、適川原氏此日及明日休
課盖以秋季神祭也挙塾観戯於八
幡祠
廿四日晴、終日在塾
廿五日晴、與谷口精一詣菅廟、夜文
会
廿六日晴、聴孟子講
廿七日晴、休、熊一来、入夜雨
廿八日仍雨、又吉帰
廿九日晴、孟子会讀、厳君来後謁厳
君于川原氏、入夜聴十八史略之
講
晦日晴、午後厳君来先生伴厳君携長
子精一及余等登山八衡山、夜文
会

十月

朔早朝謁先生賀朔謁、厳君于川原氏
厳君去
二日晴、午牌詩会、夜聴十八史畧之
講
三日晴、患眼疾
四日晴、夜文会
五日晴、晡時與精一及六郎詣菅廟
六日晴、午後同精一・謙成・六郎詣
菅廟、夜雨謙成・六郎共五島人
也
七日或雨或歇、孟子会讀、午後文会、
感冒乞診養朴々来診
八日雨、養朴来診、午前仲栄・文圭
来傳厳君之命、因告先生帰省、
晡前到家、入夜雨仍不歇、両姉
来話
九日風雨、訪両姉君
十日霽、伊万里阿繁・阿秀来
十一日晴風、従厳君診徳久老母病、
午後採後園之柚実
十二日晴、従厳君同龍助・仲栄・文
圭等採松蕈於村後之山、帰途米
山前田重蔵供鱈魚羹
十三日
十四日晴、與仲栄・文圭診内之馬場
十五日或雨或歇、薄暮感冒
十六日晴、仍臥、厳君適伊万里
十七日晴、病愈、阿兄到診余眼疾、
厳君帰、夜與阿兄讀厳君君之南
遊紀行
十八日阿兄辞去
十九日晴、楠久人来乞診
廿日雨、製地黄丸
廿一日晴、厳君診有田
廿二日晴、午牌與仲栄・文圭登腰岳、
入夜作記
廿三日晴、午後厳君自有田帰
廿四日晴
廿五日晴、入夜隣人数輩来酌酒
廿六日晴
廿七日晴、奉厳君命使阿兄家
廿八日晴、乞僧修佛事、阿兄携妻子
来両姉君亦来、晡時阿兄辞去
盖以急患也
廿九日晴、有田久富氏病婦来乞厳君
診、嫂携児辞去、後伊万里人携
児来乞厳君診

十一月

朔早朝拝村祠、午後厳君講孟子
二日晴、晡前歯〔痛〕（脱カ）徹夜不已
三日晴、早朝厳君診伊万里、夜厳君
講孟子

四日晴、厳君孟子之講卒業
五日晴、厳君講詩経、午後伊万里富
　太郎・安太郎来、晡前仲栄・文
　圭診伊万里、入夜楠久撰一返付
　嚢所借老子特解
六日晴、早朝浄誓寺住持僧来訪厳君
七日晴
八日朝雨後為霰、厳君診伊万里
九日晴、午後友人山谷斎藤儀三郎（後
　改儀一郎）来訪遂留宿
十日晴、儀三郎帰、厳君自伊万里帰
　薄暮雨
十一日朝雨後霰、午後早岐人遣使乞
　厳君来診厳君約明日往診、夜侍
　厳君讀古文真宝
十二日雪、厳君診早岐仲栄従焉
十三日昨来雪未消、入夜厳君自早岐
　帰
十四日霽、厳君診飯盛河内余従焉
十五日晴、早朝拝村祠、侍厳君讀大
　宰氏所著倭讀要領、午後與仲栄・
　文圭観角力於山谷儀三郎先在焉
　延余於其家留宿
十六日晴、與儀三郎詣円満寺権現祠
　辞別而帰家、有田徳太郎来
十七日晴、與龍助従厳君詣村祠、
　午後適有田藍田翁塾遂止宿
十八日晴
十九日晴、収器具暫退塾帰家
廿日晴
廿一日晴、感冒、厳君講医範提綱、
　有田久富為助来乞厳君診
廿二日或雨、為助留宿
廿三日霽、為助帰、厳君適有田
廿四日或雨或雪、慈母詣明善寺、余
　漢津紀行成
廿五日晴
廿六日晴、慈母詣明善寺、早岐人来
　乞薬、午後厳君自有田帰
廿七日晴、慈母詣明善寺、佐世保病
　夫二人来宿、夜隣人数輩来賽佛
　盖以余家属親鸞派也
廿八日晴
廿九日晴
晦日陰晴不定、雇入種藝臺草於園圃

十二月

朔雪、拝村祠
二日陰晴不定
三日晴、伊万里阿秀来
四日陰晴不定、阿秀辞去
五日晴、厳君診伊万里、夜讀遷史
六日晴雪
七日晴、蒸剥楮皮
八日雪、文圭受厳君命使楠久
九日晴、仲栄診伊万里、文圭診原明
十日晴厳霜後雨
十一日雨、厳君講傷寒論
十二日晴、従厳君拝先塋
十三日晴、患瘟毒耳下腫痛腮下結核
　鼻塞口乾唾液粘稠寒熱往来厳君
　與消毒飲
十四日晴、薄暮早岐人来
十五日厳霜、佐世保病夫辞去
十六日暁更覚厳君亦既覚擁衾談話、
　天明雨、伊万里針医某来訪厳君
十七日晴、仲栄適伊万里、午前侍讀
　峡中紀行
十八日晴雪、仲栄・文圭帰省、入夜
　阿兄到
十九日晴、阿兄帰、午後侍厳君讀十
　八史畧
廿日雪、厳君診内之馬場
廿一日晴、古子有急患厳君往診、夜
　侍厳君讀徂徠集
廿二日晴、厳君診内之馬場余従焉
廿三日晴、従厳君診北川、夜侍厳君
　讀徂徠集
廿四日晴、厳君診村後、薄暮長崎人
　来
廿五日晴午後雨、投宿崎人適伊万里
　薄暮帰、夜太兵衛来與崎人酌酒
廿六日晴、崎人辞去、厳君診伊万里、
　午後皇代署記漢訳稿成
廿七日陰、従厳君拝先塋、夜侍膝下
　讀老子特解
廿八日夙與擧家製春餅
廿九日雨、侍膝下讀徂徠集、夜太兵
　衛来與厳君酌酒
晦日或雨或歇、厳君診内之馬場余従
　焉、午後掛大穴持神像於壁間、
　夜姉到祝除夜於雙親

安政七年庚申此年七月改元萬延　　十七年

正月

朔好天気、早朝拝大穴持神像雙親膝
　下酌屠蘇酒尋従厳君拝村祠拝先

塋、夜両姉到拝年於膝下
二日晴、隣人数輩来拝年開宴欵待之
三日晴雪、阿兄来拝年於二尊
四日晴、適有田拝年於藍田翁又入塾、午後拝年於川原氏
五日晴、藍田翁開宴欵待生
六日晴、新八郎・春益・敬順・徳永幾太郎・熊一百應（明善寺南住也）又吉来
七日晴、休課
八日雪、文会以讀近思録為題
九日大雪
十日昨雪仍堆、書会
十一日晴、奉先生命與文哉使久富氏
十二日晴、詩会以送人之亜墨利加為題
十三日晴、午前幽仙来、大村人朝長新太郎来
十四日晴
十五日晴、釈奠早朝先生孝経、夜雨
十六日仍雨休課
十七日晴、文会以寄大村文学松林駒次郎為題、午後塾長精一與栄三郎遊于大村
十八日晴
十九日晴、午後感冒
廿日晴、仍臥書会
廿一日晴
廿二日晴、詩会
廿三日大雪
廿四日晴、厳君折簡召余乃告先生帰家、病夫自平戸到
廿五日雨
廿六日晴、有田人迪四郎来
廿七日晴、徳永幾太郎来訪
廿八日晴
廿九日晴
晦晴、仲栄・文圭自長崎到

二月

朔晴、龍助来因厳君意匠製湘簾
二日晴、早朝厳君診伊万里
三日晴、厳君帰、午後黒川岸田永命之季子来
四日晴、厳君診有田
五日晴
六日晴雨早岐人携児来乞診、午後厳君自有田帰
七日陰
八日微雨、午後平戸藩士西丹治来訪厳君丹治好國雅留宿
九日霽後復雨、丹治仍逗
十日雨仍不歇、厳君伴丹治適伊万里晡前帰、夜侍厳君與丹治詠國雅
十一日微雨、夜阿兄到
十二日仍雨、丹治辞去
十三日晴、阿兄辞去
十四日雨、適伊万里午後伴阿秀
十五日仍雨、午前阿兄携妻児到、夜隣人数輩来酌酒盖餞慈母遊京也
十六日黎明慈母與同伴四五輩上途余與阿兄奉送之、午後早岐人秀五郎来乞診
十七日陰、感冒秀五郎辞去、尋阿兄帰、夜太兵衛来話
十八日晴
十九日陰、伊万里安兵衛来乞診後長崎病婦来乞診晡時皆帰
廿日風雨、仲栄奉厳君命使伊万里
廿一日晴雨風、早岐人来乞薬、午後厳君適伊万里
廿二日晴而風、早朝佐世保病夫辞去、午前早岐秀五郎及其伯母来
廿三日雨後山雪
廿四日雨、薄暮厳君自伊万里帰
廿五日陰、讀遷史卒業夜讀孔子家語
廿六日雨、厳君診村後、余患疝厳君診之炳小腹下位脉左右
廿七日雨後歇
廿八日晴、阿秀帰
廿九日陰、讀家語卒業

三月

朔或雨或霽
二日陰
三日晴、侍厳君酌酒祝良辰、午後登前岡、夜姉来
四日或雨或霽、與仲栄・文圭診川向
五日晴、薄暮阿兄書到
六日朝雨
七日晴、有田人来乞診
八日晴、與仲栄・文圭観製鉄於白幡帰途訪源久公旧跡
九日雨
十日仍雨、薄暮池田五郎右衛門・太兵衛来酌酒
十一日陰晴不定、傷寒論会讀卒業
十二日陰、薄暮秀女来

十三日
十四日晴、藤八来訪厳君終止宿、夜
　與藤八侍厳君詠恭賀恩公閣陞任
　下左近中将國雅
十五日晴、厳君拉藤八詣村祠余従之
十六日晴、午後早岐秀五郎・孫三郎
　・又三郎来乞診
十七日晴、秀五郎等辞去、又三郎止、
　後早岐人携児女来乞診終宿
十八日晴、早岐人帰、厳君使仲栄伴
　之午牌阿兄携妻児到
十九日朝雨
廿日晴、阿兄適伊万里
廿一日晴、午後阿兄帰
廿二日雨、仲栄自早岐到、楠久嘉十
　到
廿三日晴、厳君拉阿兄龍助及余賞花
　於村祠、午後厳君診伊万里
廿四日晴、早朝文圭適伊万里
廿五日晴、阿兄診山代仲栄従之、午
　後今福修験来乞診
廿六日晴、與文圭賞花於村後、晡前
　阿兄等帰
廿七日晴、午後同阿兄仲栄・文圭再
　賞花於村後
廿八日陰晴不定薄暮大雨
廿九日仍雨
晦晴、與阿兄讀気海観瀾及視学一歩

閏三月

朔晴、阿兄適佐嘉盖欲學西洋医方也
　嫂及姪惟一（後改俊蔵）留于家
二日烈風雷雨
三日晴
四日晴、有田人来乞診
五日晴、厳君診川向余従焉、午後伊
　左衛門・太兵衛来酌酒薄暮雨
六日仍雨、隣人来酌酒
七日晴、午後與仲栄・文圭診古子
八日晴、朝筑前陶器商田中屋忠兵衛
　有病寄宿乞治、吉野家儀七・田
　中屋忠次郎来、後厳君診有田
九日晴、厳君帰、早岐秀五郎伴其母
　来乞診、晡前伊万里人数輩来訪
　田中屋（高椋）病
十日朝微雨、秀五郎等辞去、伊万里
　陶商家婦人数輩来訪田中屋病
十一日微雨
十二日陰、讀春秋左氏傳
十三日陰晴不定
十四日霽、午後適伊万里訪前田翁遂
　宿
十五日雨、辞帰家
十六日霽
十七日晴、與仲栄・文圭遊于前岡
十八日晴、厳君拉阿秀及嫂観紫藤花
　於古子
十九日陰而風、山代病婦来乞診
廿日晴、文圭帰省盖以母病也、晡前
　山谷斎藤儀三郎来訪遂止宿
廿一日晴、儀三郎帰
廿二日晴
廿三日雨、午前伊万里人来乞診
廿四日或雨或歇
廿五日晴
廿六日雨、阿秀帰
廿七日晴、従厳君拜先塋、後厳君診古子
廿八日晴
廿九日晴
晦陰

四月

朔晴
二日晴、接慈母自京師帰之報奉迎之
　於伊万里、阿秀亦来、夜隣人
三日晴、阿秀帰、尋浦郷喜右衛門来
　後雨
四日雨
五日雨、池田五郎右衛門・伊左衛門
　来
六日晴暖甚
七日雨、奉厳君命與仲栄使有田川原
　氏雨益甚宿川原氏、訪藍田翁塾
八日雨仍不歇、逗川原氏
九日雨、仍逗後往中村氏遂止宿
十日霽、伴中村禮蔵帰家過山谷訪斎
　藤儀三郎相伴帰家、後儀三郎帰
十一日晴、浦郷喜右衛門妻仝安兵衛
　妻来賀慈母無恙帰郷
十二日陰晴不定、伊左衛門・太兵衛
　来酌酒
十三日晴、厳君祭松園社、伊万里浦
　郷平太郎・仝安兵衛来厳君弾筝
　於祠前
十四日晴、與仲栄・禮蔵遊于龍門禮
　蔵終辞去
十五日晴
十六日晴、厳君適伊万里夜雨

十七日微雨、厳君帰夜仲栄診野副
十八日微雨
十九日晴午後雨、仲栄診野副
廿日朝雨、薄暮仲栄診金武
廿一日陰、朝厳君診野副余従焉
廿二日雨
廿三日朝雨、齋藤儀三郎来宿
廿四日雨、與儀三郎賦詩後儀三郎帰
廿五日晴、仲栄奉厳君命使伊万里
廿六日晴、暖甚
廿七日晴、乞佐嘉遊学於厳君身允
廿八日晴、午後告別二親膝下治装赴
于佐嘉、途過山形暖甚矣流汗透
衣、投宿桃川浄誓寺
廿九日陰晴不定、早辞寺抵小坂午飯
時雨、晡前抵于佐嘉大庭雪齋先
生塾阿兄在于此伴余面先生終受
業

五月

朔雨、家奴負余寝衣来、入夜雨
二日仍雨、家奴帰
三日晴、従阿兄及大倉三寿、始上藩
医学校好生館
四日雨、福島豊策来塾、午後先生講
福児屈斯理科書
五日朝雨、従阿兄謁主家、又過松隈
氏、草場佩川翁盖祝佳節也
六日晴
七日晴入夜雨
八日雨、始受和蘭學楷梯単語篇
九日晴、同中山雲仙・大庭鼎齋・高
尾安貞等観藩公練兵、晡前聽理
科書講
十日晴、讀体液究理分離則
十一日朝雨
十二日晴
十三日或雨或歇
十四日雨、晡前聽理科書講
十五日朝大雨
十六日晴
十七日晴、先生偶罹軽病與阿兄三寿
等看護、先生病間話西洋之諸事、
余私筆記之
十八日晴
十九日晴、午後先生講理科学、入夜
雨
廿日陰晴不定、阿兄有故與下村治平
適奈良崎
廿一日雨
廿二日仍雨
廿三日雨後歇
廿四日晴、先生仍講理科学
廿五日晴
廿六日晴
廿七日晴午後阿兄自奈良崎到
廿八日晴
廿九日晴

六月

朔晴
二日晴
三日晴
四日晴、晡前先生講理科学
五日晴
六日晴、先生病俄熱増進、藩大医大
石良英・島田南嶺・城島淡堂来
診之
七日晴
八日晴、先生病依然
九日晴薄暮雨夜雷雨、徹宵看護
十日霽、先生病小差
十一日晴、先生病再進
十二日雨、先生病益進
十三日霽、先生病小間
十四日朝雨、先生病小差
十五日朝雨
十六日仍雨
十七日陰晴不定、微恙因臥
十九日晴
廿日晴
廿一日晴
廿二日晴
廿三日晴、感冒
廿四日晴、仍臥
廿五日晴、仍臥
廿六日晴
廿七日晴、感冒全愈
廿八日晴驟雨
廿九日晴
晦晴

七月

朔晴
二日晴
三日晴、治装盖以明日帰郷
四日晴、早朝同行人来故辞先生及阿
兄、同塾上帰郷途宿武雄
五日晴、晩更発武雄過有田午前到家

六日晴
七日晴
八日晴、厳君診伊万里
九日晴
十日晴
十一日陰
十二日朝雨、従厳君拜先塋
十三日晴、與仲栄・文圭診古子
十四日晴、早朝文圭帰于長崎以其母
　死也、午後代厳君診浦郷氏、訪
　前田翁
十五日晴、従厳君拜村祠
十六日晴、晡前適山谷西岡氏借陸放
　翁詩選
十七日晴、厳君診大木又診有田
十八日陰晴不定
十九日陰晴不定
廿日陰晴不定、厳君自有田帰
廿一日雨
廿二日晴、夜隣人来酌酒
廿三日晴、厳君診長崎余従焉、途診
　有田、晡前抵大村音琴僦舟薄暮
　達于時津而宿焉
廿四日晴、早発時津午前抵于長崎久
　富氏午後厳君入患者松屋與兵衛
　者家診之、既而止宿知人藤村光
　鎮家、夜中島廣行中村吾道来訪
　厳君
廿五日晴、厳君診患者、適諸知人之
　家
廿六日朝陰後微雨、従厳君訪小川氏・
　荒木氏
廿七日陰、小川仲栄舎弟為三郎来訪
　（後出継栗崎氏）
廿八日陰、束修学蘭学於蘭訳司三島
　季三郎氏
廿九日霽、學和歌於中島廣行氏

八月

朔晴
二日晴、早朝往学後廣行氏来訪厳君、
　午後厳君拉余荒木昌三登稲荷岳
三日或雨或歇、早朝往学
四日雨、早朝往学、午後従厳君赴于
　和歌会
五日霽、早朝往学
六日晴、往学
七日晴、往学後従厳君観支那人祖
　先祭於晧臺寺
八日晴、早朝往学
九日晴、早朝往学後従厳君赴于
　佐々木氏招飲
十日晴、早朝往学
十一日陰、往学、夜真野康安来
十二日晴、早朝往学、薄暮従厳君赴
　和歌会、有急使自故郷来曰伊万
　里浦郷喜右衛門（厳君之姪也）
　有急患乞厳君来診厳君直帰寓
十三日微雨、厳君適患家、告故為帰
　郷之準備
十四日晴仍如昨日、厳君夜治装
十五日晴、早朝往学厳君去長崎、余
　留学
十六日晴、早朝往学午前同学佐々木
　朝（浅）次郎来話
十七日晴、早朝往学、午後中村禮蔵
　来話
十八日晴、早朝往学
十九日晴、早朝往学、後訪真野氏、
　宿佐々木氏、小川為次郎亦来宿
廿日晴、早朝往学、午後與佐々木松
　太郎観白糸瀑布、夜與其弟浅次
　郎訪小川為次郎遂宿
廿一日晴、早朝往学、後同真野文圭・
　小川為次郎・佐々木浅次郎等登
　烽火山
廿二日晴、早朝往学、午後浅次郎来
　訪
廿三日晴、早朝往学
廿四日晴、早朝往学、厳君書到直作
　報書托久富氏、適村上氏主人武
　兵衛懇欵待
廿五日晴、早朝往学、後薩藩蘭学者
　蜻洲来訪、藤村氏余始面晤之
廿六日晴、早朝往学薄暮微雨
廿七日雨、早朝往学
廿八日晴、早朝往学、午後買唐板博
　物新篇價壱分弐朱
廿九日晴、早朝往学終宿佐々木氏

九月

朔晴
二日晴、以日曜休課
三日晴、早朝往学
四日雨、早朝往学
五日雨、早朝往学
六日晴、三島氏有病故休、始面蘭訳
　西吉郎

七日雨、早朝往学、午後訪父執瘍医
　栗崎氏
八日雨、早朝往学
九日霽、以佳節休課
十日雨、仍休課訪中村禮蔵終宿佐々
　木氏
十一日晴
十二日晴、早朝往学、午前厳君書到
十三日晴、感冒
十四日雨、中村禮蔵来話且約共帰省
十五日雨、早朝禮蔵来故告別諸家午
　前、与禮蔵発長崎、晡時宿時津、
　伊万里人二三名亦在于茲
十六日晴、黎明同伊万里人等共僦舟、
　逆舟不進、晡時抵彼杵宿
十七日雨、辞彼杵午飯平瀬従是途泥
　甚越南川原嶺過南川原別禮蔵、
　晡時抵于家厳君慈母欣然有喜色、
　夜両姉到
十八日雨、午後霽、侍厳君膝下話南
　遊中之事、龍助亦来話
十九日晴、適伊万里吊浦郷喜右衛死
　去、訪前田翁宿浦郷氏
廿日晴、未明帰家、晡時與仲栄食鰡
　魚於米山重蔵家
廿一日雨、晡前長崎唐訳司李某来乞
　厳君診終止宿
廿二日雨、門外為山市秋季之例也、
　夜與李某話
廿三日晴、侍厳君膝下酌酒為佳節、
　後李某詣大宰府、中村一貫来訪
　厳君、與厳君及余等作書画為楽
廿四日晴、厳君適伊万里
廿五日晴、早朝適有田訪中村禮蔵、
　與其兄養安訪川原氏、又訪藍田
　翁不在、夜宿川原氏
廿六日晴、午前與禮蔵遊近郊、午後
　與養安帰家
廿七日晴、掛橋幸平来訪厳君
廿八日晴、養安帰
廿九日晴、仲栄奉厳君命使有田
晦晴

十月

朔晴、乞僧修佛事
二日晴、龍助来話
三日晴、早朝拜二親及両姉、又赴于
　長崎路訪木下栄三郎寓居（於曲
　川村黒川以眼科医開業）適有田
　中村禮蔵家少焉厳君到拉余過川
　原氏、夜訪藍田翁終宿塾
四日晴、朝聴先生講、過川原氏厳君
　将帰家盖以急患也、従厳君過
　中村禮蔵家奉別厳君、終宿中村
　氏
五日晴、又適塾
六日晴、朝與禮蔵発有田途逢雨、
　晡前宿彼杵
七日晴、発彼杵午牌到大村、午飯発
　大村二三里右折入小径越山薄暮
　到津水、求宿不得到具津又無逆
　旅、践月到久山終宿
八日晴、早発久山抵日見嶺、午飯午
　後入長崎投藤村氏、夜訪久富氏、
　又訪文圭訪小川氏訪佐々木氏遂
　宿
九日晴、面晤三島氏買会話篇價方金
　二
十日晴、往学
十一日雨、往学、午後與佐々木氏等
　訪清客番山馮雯郷々々饗酒食書
　扇贈、余筆談会話甚有興入夜辞
　而、宿佐々木氏
十二日霽、早朝往学、初学洋算
十三日晴、往学、午後贈書於家郷
十四日晴、往学
十五日晴、往学
十六日晴、往学、午後贈書於馮雯郷、
　夜宿佐々木氏
十七日晴、早朝往学
十八日晴、早朝往学
十九日晴、早朝往学、夜伊名砂製鉄
　所失火
廿日晴、以昨夜火災休課
廿一日晴、早朝往学、午後訪佐々木
　氏以後寓于茲
廿二日晴、早朝往学
廿三日晴、早朝往学
廿四日晴、早朝往学
廿五日晴、早朝往学
廿六日
廿七日陰、早朝往学、午後感冒
廿八日雨、仍臥、小川仲栄父仲亭来
　診
廿九日陰、病小差、往学

十一月

朔晴、早朝往学、後與西吉郎散歩近

郊
二日晴、早朝往学
三日晴
四日陰、早朝往学、後雨、買改正鑰
鍵價壱両弐分
五日晴、早朝往学、厳君書到
六日晴、早朝往学
七日晴、早朝往学
八日晴、早朝往学、與横山勇之助訪
久富氏
九日朝雨、往学、後西吉郎・藤武幾
四郎・横山勇之助・彭城（サカキ）秀十郎
等来訪、後唐訳司李忠次郎折簡
曰、明夕当支那元宵開小宴請来
会諾之
十日陰晴不定、早朝往学、夜赴于李
氏招
十一日雪、早朝往学、夜西吉郎・加
福機一来話
十二日晴、早朝往学
十三日晴、往学
十四日晴、往学単語篇卒業
十五日休課
十六日晴、初学会話篇
十七日晴、早朝往学
十八日陰、早朝往学
十九日雨、早朝往学、夜訪廣行氏光
鎮氏
廿日晴、早朝往学
廿一日晴、早朝往学
廿二日晴、早朝往学
廿三日晴、早朝往学、感冒小川仲亭
来診
廿四日大雷雨、早朝往学
廿五日陰晴不定、往学
廿六日朝晴後雨、早朝往学、帰則阿
兄書到直報之
廿七日晴、早朝往学
廿八日晴、早朝往学
廿九日陰、早朝往学
晦晴、早朝往学、後小川為次郎来話

十二月

朔雨、休、本博多町村上氏使来告曰、
尊父来盖以村上同族中有急患也、
即趨拜謁
二日雨、早朝往学
三日晴、早朝往学
四日晴、早朝往学、午牌厳君折簡召
余直往患家諸藤氏拝謁、厳君拉
余訪諸熊好足、後厳君拉余来
佐々木氏謝余寓宿
五日陰、早朝往学
六日
七日晴、早朝往学
八日晴、早朝往学
九日晴、早朝往学
十日晴早朝往学
十一日晴、早朝往学
十二日晴、早朝往学
十三日晴、早朝往学
十四日晴、辞三島氏為帰郷準備
十五日晴、治装告別諸家拜佐々木氏、
適村上氏厳君在于茲、後小川仲
亭・重道・藤村光鎮来與厳君酌
酒為別
十六日晴、早朝浅次郎来送別、従厳
君辞村上氏、時津僦舟風逆終泊
雉子崎風雨暴到
十七日天明雨仍不歇、上陸投蝸盧終
日怒涛不止夜少静解舟纜
十八日未明達早岐上陸投青木屋利助
家、余先厳君帰家、午後厳君到
十九日雨、厳君適伊万里
廿日雨、午後厳君帰
廿一日雪、厳君診桃川浄誓寺、余適
伊万里訪前田翁・浦郷氏
廿二日雪、又訪前田翁
廿三日晴、帰家
廿四日晴、仲栄帰省
廿五日雨、有田松居来宿
廿六日晴或雨、木下栄三郎来過
廿八日黎明擧家製春餅、従夜半烈風
甚雨午後前川大漲
廿九日微雨、午後池田五郎右衛門・
大里平吾来訪厳君
晦或雨或霽、掛大穴持神像於壁間

〔表紙、原寸、縦一三・五cm、横二〇cm〕
萬延二年辛酉　十八年
日暦

萬延二年辛酉　十八年

正月　Janualei

元旦雨霽、早朝拜大穴牟地神像影、
侍家大人膝下酌屠蘇酒作元旦、
後拜先塋

二日晴
三日晴
四日晴
五日晴雪、伊万里安兵衛来
六日晴、感冒
七日雨
八日晴
九日晴
十日晴、感冒愈
十一日晴
十二日晴、厳君診伊万里
十三日晴、斉藤義三郎適有田拜年於
　久富氏・河原氏并谷口藍田翁帰
　家則入夜
十四日晴、厳君帰薄暮雨
十五日雨
十六日晴、厳君診于有田
十七日晴
十八日晴
十九日晴、厳君帰
廿日雨
廿一日晴、小川仲栄到自崎陽
廿二日晴、與仲栄訪前田翁
廿三日雨
廿四日雨
廿五日晴、仲栄以其業成帰長崎
廿六日晴
廿七日晴
廿八日晴、慈母逗有田
廿九日晴、薄暮阿兄到自佐嘉

二月 Gebruaiei

朔晴、入夜慈母帰自有田
二日晴、慈母適伊万里薄暮帰
三日晴、山代鳴石北原助吉来盖従
　学阿兄也、薄暮従阿兄辞二尊発
　程盖遊学于佐嘉也、夜宿伊万里
　浦郷氏、夜以兄命使一之瀬
四日晴、辞伊万里、午飯小田、抵佐
　嘉阿兄家則人定後也
五日晴
六日晴、従阿兄面大庭雪齋翁、従是
　又入大庭氏之門也、後草場佩川
　先生
七日晴、徃大庭塾始習讀和蘭文典前
　編句読
八日陰、徃学
九日陰、徃学
十日晴、徃学
十一日晴、徃学
十二日晴、徃学
十三日晴、徃学
十四日晴、徃学
十五日晴、徃学、午後始面和歌者古
　川松根（與一）翁
十六日雨、徃学
十七日霽、徃学、夜従阿兄適扶氏経
　験遺訓讀会于三田道筑氏・芦原・
　副島・牟田・江口・溝上・相良・
　川崎・木原・高尾諸氏盖以二七
　為式日
十八日晴、徃学
十九日晴、徃学、午後南里鉄一来
廿日晴、徃学、夜大庭鼎斎・高尾安
　貞来
廿一日雨、徃学
廿二日雨、徃学夜讀会
廿三日雨、徃学
廿四日晴、徃学
廿五日晴、徃学
廿六日陰、徃学、後雨
廿七日陰晴不定、徃学、讀到男性
廿八日陰、徃学
廿九日雨、徃学
晦陰、徃学

三月 Maart of lenlemaand

朔晴、徃学
二日晴、徃学
三日晴、休
四日晴、徃学
五日陰晴不定
六日陰晴不定
七日雨、徃学
八日徃学、到女性
九日晴、徃学、同鼎斉・安貞拜城北
　聖堂
十日晴、徃学
十一日雨
十二日晴、鼎斉等登金立山途逢雨、
　帰路廻川上到兄家則日暮
十三日晴、徃学
十四日晴、阿兄家皆遊川上、余獨留
　守高尾安貞来話
十五日晴、同会讀諸氏舟行
十六日晴、徃学
十七日晴、徃学夜遺訓会読
十八日晴、徃学

十九日雨、往学
廿日晴、往学
廿一日晴、往学、午後與鼎斉遊相應
廿二日晴、往学、夜遺訓会読
廿三日晴、往学
廿四日晴
廿五日晴、往学
廿六日晴、往学
廿七日晴、往学、夜遺訓会読
廿八日晴、往学
廿九日晴、往学、午後与安貞観練兵
晦陰、往学

四月　April

朔晴、扶氏遺訓会讀社員解剖狗於五
　龍祠畔好生館教導職渋谷良次并
　指南役相良寛哉二氏亦来会、夜
　往学
二日陰、往学、夜遺訓会讀
三日晴、往学
四日雨、午後往学
五日晴
六日晴、往学
七日晴、往学、夜会読渋谷良次又来
　会
八日晴、往学
九日晴、観人体解剖
十日雨、往学
十一日晴、会読社員遊于北山金比羅
　祠
十二日晴、往学、夜会読
十四日雨、往学
十五日或雨或歇、往学
十六日晴、往学、午後写熟語集十葉
十七日雨、往学、夜会読
十八日雨、往学
十九日晴、往学
廿日雨、往学
廿一日晴、感冒
廿二日雨、往学
廿三日雨、往学
廿四日霽、往学
廿五日雨、往学、佐嘉老醫島田南嶺
　翁病没
廿六日晴、往学
廿七日雨、往学午後英人四名和蘭人
　一名支那人一名通過盖適江戸也
廿八日陰晴不定、往学
廿九日晴、往学

五月　May

朔雨、往学
二日晴、往学
三日晴、往学、蘭学寮
四日雨、往学
五日晴、従阿兄拝佳節於主家、後観
　競馬八幡小路
六日晴、午後與高尾安貞散歩
七日雨、往学
八日雨、往学
九日晴、往学
十日晴、往学
十一日晴、往学
十二日晴、往学
十三日晴、往学
十四日或雨或歇、往学、夜遺訓会読
十五日晴、往学
十六日晴、往学
十七日晴、往学
十八日晴、往学、午後適古川松根氏
　國雅会
十九日雨、往学
廿日晴、往学
廿一日晴、往学、夜南里鉄一来
廿二日晴、往学
廿三日晴、往学、午後厳君拉徳久
　駒太郎（後改太郎次）来
廿四日晴、厳君出訪旧知且宿野口氏、
　午後奉命使城島、牧、松隈、斉
　藤、草場、古川之諸氏
廿五日晴、往学、午後伴駒太郎遊于
　高傳寺
廿六日晴、往学、午後厳君来膝下咏
　國雅
廿七日晴、伴駒太郎遊視寺社、午後
　侍厳君膝下咏國雅
廿八日晴、昧爽、厳君辞去与阿兄奉
　送到嘉瀬橋奉別惓々何已、午後
　奉遺命訪古川松根氏寫書
廿九日或雨或晴、往学
晦晴、往学

六月　Juny

朔或雨或晴、往学
二日晴、往学
三日晴、往学
四日晴、往学
五日晴、往学
六日晴、往学

七日晴、徃学
八日晴、徃学、夜與相良宗達訪大木
貞斉於高木町終止宿
九日晴、早朝辞帰感冒
十日晴、臥床
十一日晴、徃学
十二日晴、徃学
十三日晴、徃学
十四日晴、徃学、午後同大庭鼎斉・
福島豊策遊小城賽祇園社終宿豊
作家
十五日晴、観千葉城址、午後帰兄
家
十六日晴、徃学
十七日晴、徃学
十八日晴、徃学
十九日晴
廿日晴
廿一日晴
廿二日晴、徃学
廿三日陰、徃学
廿四日晴、徃学
廿五日晴、徃学
廿六日晴、徃学
廿七日晴、徃学、午後観化学於精錬
方
廿八日晴、徃学
廿九日晴

七月 Jury

朔晴、徃学
二日晴、徃学
三日雨、徃学
四日晴、徃学
五日晴、徃学
六日晴、徃学
七日晴、徃学
八日晴、徃学
九日晴
十日晴、午後徃学
十一日晴、徃学
十二日晴、徃学
十三日晴、徃学
十四日晴、徃学
十五日雨、徃学
十六日晴、徃学
十七日晴、徃学
十八日晴、徃学于蘭学寮
十九日晴、徃学于蘭学寮
廿日晴、徃学于蘭学寮
廿一日晴、徃学于蘭学寮
廿二日晴、徃学
廿三日晴
廿四日晴
廿五日晴、徃学
廿六日晴、徃学
廿七日晴、徃学
廿八日晴、徃学
廿九日晴、徃学夜会読
晦晴、徃学

八月 Aumgistres

朔晴
二日晴、徃学到人代名辞
三日暴風雨、徃学
四日晴、徃学
五日晴、徃学
六日晴、徃学
七日陰、徃学蘭学寮
八日晴、徃学
九日晴、徃学
十日晴、徃学
十一日陰、徃学于蘭学寮
十二日晴
十三日晴
十四日晴
十五日晴、與阿兄訪福島豊作於小城
相共詣清水観音終宿福島家
十六日朝陰後雨、帰兄家
十七日雨、徃学
十八日晴、徃学
十九日雨、徃学于蘭学寮
廿日雨
廿一日晴訪副島要作（後改照陽）
廿二日晴
廿三日晴、徃学于蘭学寮
廿四日晴、徃学
廿五日雨、徃学
廿六日晴、徃学
廿七日晴、徃学
廿八日雨、徃学午後代阿兄診八戸溝
廿九日晴、徃学、午後診八戸溝

九月 Seftenber of Helfstmand

朔晴
二日晴、徃学
三日晴、徃学
四日晴、従阿兄適好生館乞診於大石
良英氏盖為余陰嚢腫大也

五日晴、始徃学于好生館従是以好生
館為徃学所
六日晴、徃学
七日晴、徃学
八日晴、徃学于好生館
九日晴、徃学于好生館
十日雨、徃学于好生館
十一日晴、徃学
十二日晴、徃学
十三日晴、徃学
十四日晴、徃学
十五日雨、徃学
十六日晴、徃学
十七日晴、徃学
十八日晴、徃学、和蘭文典前編句
讀卒業
十九日晴、徃学
廿日晴、徃学
廿一日晴
廿二日晴
廿三日晴、徃学
廿四日晴、徃学
廿五日晴寄宿于好生館
廿六日晴寄宿于好生館
廿七日雨
廿八日晴
廿九日晴
晦晴

十月 October

朔晴
二日晴、始授和蘭文典後編■聖■■
斯句読
三日晴
四日雨
五日雨
六日晴
七日晴
八日晴、始会業和蘭文典前編、同会
生久保栄哉・上村元儒・鶴崎良
規也以三八之日為会日
九日晴
十日晴
十一日晴
十二日晴
十三日晴、会業
十四日晴
十五日晴
十六日
十七日晴
十八日晴
十九日晴
廿日晴
廿一日晴
廿二日雨、久保三圭・平吉杏仙等為
同会
廿三日雷雨
廿四日晴
廿五日晴
廿六日雨
廿七日晴
廿八日晴後雨
廿九日雨

十一月 Novenber

朔晴
二日晴、会業
三日晴
四日晴、会業
五日或雨或晴
六日或雨或晴、鍋島公世子臨于好生
館
七日晴
八日晴
九日雨、会業
十日晴
十一日晴雨不定
十二日雨
十三日霽
十四日晴、会業
十五日晴、以秋祭休
十六日晴
十七日晴雨不定
十八日晴雨不定
十九日晴雨不定
廿日晴雨不定
廿一日晴雨不定
廿二日晴
廿三日晴
廿四日晴、会業、雪
廿五日晴
廿六日晴
廿七日晴
廿八日雨
廿九日晴、会業

十二月 Desenber

朔晴
二日晴

三日晴
四日晴、会業
五日晴
六日晴
七日晴、佐嘉陪臣医生有故集会于北山金比羅山麓入夜帰校直帰兄家
八日或雪或雨、與阿兄西帰盖以阿姉病危篤也宿武雄
九日霽、晡時抵家二尊大悦、直訪阿姉之病阿姉大悦直夜看視
十日晴、午時阿姉終易簀余感冒
十一日晴、臥床
十二日大雪、仍臥
十三日晴、仍臥
十四日晴、仍臥
十五日晴、起床
十六日晴、従家君謁亡姉之墓、午後前田作次郎拉徳永幾太郎来吊
十七日晴、午前従家君賽廣厳寺
十八日晴
十九日晴、阿兄辞帰于佐嘉、後雨雪大降
廿日晴、家君診伊万里
廿一日晴、午後有田谷口藍田翁来吊、下村大七来吊
廿二日晴
廿三日晴
廿四日晴
廿五日晴、後雨雪
廿六日雪
廿七日雪、有田針尾海太郎来吊
廿八日晴、長崎本古川町菱屋由次郎以使乞家君来診家君辞拒
廿九日晴
晦従家君拝先塋、午後徳久龍助来話

〔表紙、原寸、縦一三・三cm、横二〇cm〕

文久二年壬戌　十九年

日暦

文久二年壬戌　十有九年

正月

朔雨、従厳君拝先塋
二日晴、適伊万里訪前田翁旧友幾太郎先在話旧而帰
三日雨
四日雪
五日大雪、早朝従厳君拝先塋、後適有田拝年於川原・久富・中村・谷口等諸氏夜宿川原氏與謙吾話
六日晴、帰家
七日晴或雪、晡齋等義一郎来訪
八日大雪
九日晴
十日晩天雨後晴、夜治装以明日赴佐嘉也
十一日大雪、感冒故不発程
十二日晴、仍臥
十三日風雨或放晴
十四日霽微雪、長崎本古川町佐々木氏使来乞厳君来診
十五日晴、病差
十六日晴、辞二尊上途與徳久太兵衛同行宿多久詣聖廟
十七日晴、早朝別太兵衛、発程晡前抵佐嘉兄家
十八日晴、午後上主君邸、後訪川崎・西牟田・牧・島田・大庭・古川・楢林・金武・大中〔串カ〕・渋谷・相良之諸氏
十九日晴
廿日晴、薄暮上校
廿一日晴
廿二日晴
廿三日晴
廿四日晴
廿五日陰
廿六日晴雪
廿七日晴
廿八日晴
廿九日晴、初会業
晦晴

二月

朔晴
二日晴
三日晴
四日晴、会業
五日晴
六日晴
七日晴
八日雪
九日晴、会業
十日晴
十一日晴
十二日晴後雨雪交降
十三日晴

十四日会業
十五日晴
十六日晴
十七日晴
十八日晴
十九日晴、会業
廿日雨、会業
廿一日仍雨
廿二日晴
廿三日晴
廿四日晴、会業後感冒
廿五日雨、仍臥
廿六日晴、仍臥
廿七日晴、仍臥
廿八日晴、病愈
廿九日晴、会業

三月

朔晴
二日晴
三日晴
四日晴
五日晴
六日晴、会業前文典卒業
七日晴
九日雨
十日霽
十一日陰
十二日雨
十三日晴
十四日晴
十五日陰不定夜雨
十六日霽
十七日晴
十八日晴薄暮雨
十九日晴、午後同古賀且庵・陶山俊
　良会午且庵家于久保田
廿日晴、與吉武桂仙会飲
廿一日晴夜雨
廿二日微雨
廿三日晴
廿四日晴、初会讀後文典（成句論）
廿五日晴
廿六日晴
廿七日晴
廿八日晴
廿九日晴、会業
晦大雨

四月

朔晴、休與高尾安貞訪福島豊作於小
　城終宿
二日微雨、與豊作三人上天女山従是
　上天山々巔有古墳傳、曰肥後大
　宮司某之墓昔者大友與少弐大戦
　筑前多々良濱大敗此人僅以身逃
　自殺于茲、入夜帰佐嘉宿阿兄家
三日晴、上校
四日陰後雨
五日風雨
六日晴
七日晴、與於保蛟龍浴熊之川温泉盖
　以患疥癬也太田長一郎・志波覚
　次郎・丹羽徳三郎等先到
八日雨
九日雨、採薇於後山
十日晴、蛟龍辞去
十一日晴、辞熊之川帰佐嘉上校
十二日或晴或雨
十三日晴
十四日晴
十五日晴、相良宗達・高尾安貞来
十六日晴
十七日晴
十八日晴
十九日時々雨、訪古川松根氏盖厳君
　之命也
廿日晴
廿一日晴、同鶴崎良規・天ヶ瀬周哉
　再往熊之川入浴
廿二日晴
廿三日晴、帰佐嘉上校
廿四日晴、会業後感冒
廿五日晴、仍臥
廿六日晴、仍臥
廿七日晴、仍臥
廿八日晴、少差
廿九日晴
晦晴

五月

朔晴、訪大庭氏
二日晴
三日晴
四日晴、会業
五日晴、休課
六日晴、仍休、與江口梅亭訪古賀且
　庵於久保田
七日晴

八日晴
九日晴、寮内生多罹麻疹
十日晴
十一日晴
十二日陰
十三日陰後雨、微恙往于阿兄而臥
十四日晴、余亦罹麻疹也
十五日晴、仍臥
十六日晴、仍臥
十七日晴、仍臥
十八日雨、病小差
十九日或雨或晴
廿日陰晴不定
廿一日晴
廿二日晴
廿三日晴
廿四日或雨或晴
廿五日雨
廿六日晴
廿七日雨、初起床
廿八日晴、初入浴
廿九日雨

六月

朔晴、午後上校寮内無一人之寄宿舎盖為麻疹退寮也、故又往阿兄家留宿
二日雨傾盆
三日雨
四日晴
五日雨、午後上校
六日雨
七日或雨
八日雨
九日晴
十日晴、微恙
十一日晴
十二日晴
十三日晴
十四日晴
十五日晴
十六日晴、微恙
十七日晴
十八日晴
十九日晴
廿日晴後雨
廿一日陰時々驟雨
廿二日陰
廿三日晴或有雨
廿四日晴、患痢疾
廿五日晴、厳君以書召余以病不果
廿六日晴
廿七日晴
廿八日晴
廿九日晴
晦晴

七月

朔晴
二日晴
三日晴、午後阿兄来示厳君書曰有田川原善助病危篤速来見、故直辞校適兄家、先是山谷里正某邑人原祐平等以事在佐嘉将明日将西帰時、余病未全愈故約同行、盖川原氏余冠父也
四日晴、郷人等到辞阿兄、厘外津傚舟午牌達住之江上陸候来潮午後解纜、人定前抵高橋海上凡十里捨舟上陸冥行宿于武雄、余痢疾頓愈
五日晴、巳牌発武雄到有田、則川原氏易簀蔑及謁厳君会葬、入夜従厳君帰家時路過蔵宿村人男女数十人称佛名往来盖祈悪疫流行消滅也
六日晴
七日晴
八日晴
九日晴
十日晴、厳君診伊万里
十一日晴、厳君帰、午後長崎人荒木昌三携妻来投宿盖以有病也、晡時厳君診有田夜間帰
十二日晴
十三日晴
十四日陰、早朝適有田詣川原氏墓
十五日晴
十六日晴
十七日晴
十八日晴、侍厳君讀医事小言
十九日晴驟雨
廿日晴、侍厳君讀医事小言
廿一日晴
廿二日晴、侍厳君讀医事小言
廿三日晴
廿四日晴
廿五日晴、侍厳君聴其虎狼利病治則、

曰硫黄滑石二味為散冷水送下是
宣明論之方也、或阿片亦可用盖
天行暴瀉流行也
廿六日晴或雨
廿七日晴、侍厳君讀医事小言
廿八日微雨
廿九日微雨、厳君診伊万里

八月

朔晴
二日晴、読艾灸通説
三日晴、夜彗星又見
四日晴
五日晴
六日晴
七日朝雨、厳君診村後
八日晴、厳君診伊万里
九日晴、厳君診診野副
十日晴、厳君診波瀬
十一日晴
十二日晴
十三日晴、朝厳君又診波瀬荒木伴之
晡前帰厳君微恙
十四日晴、有田川原謙吾以其兄病乞
厳君来診
十五日晴、朝厳君診有田荒木伴之
十六日晴
十七日晴、厳君及荒木自有田帰
十八日晴、早朝厳君診飯盛川内尋診
伊万里
十九日晴、厳君帰
廿日或雨或霽
廿一日雨
廿二日或雨或晴、厳君診伊万里
廿三日霽、早朝適有田会川原氏四十
九日之佛事遂止宿
廿四日晴、辞川原氏與中村吾道帰家
廿五日晴
廿六日晴、吾道帰、午後適伊万里宿
浦郷氏
廿七日或雨或晴、在浦郷氏厳君会伯
母三週年忌佛事後帰家、厳君診
有田
廿八日晴、以厳君命適有田謁于厳君
于川原氏遂止宿
廿九日晴、夜於川原氏諸同人為追善
和歌会
晦陰、辞厳君帰家途訪齋藤義一郎相
携上唐船山而帰家

閏八月

朔雨
二日晴、朝適伊万里帰、則阿秀到、
厳君自有田帰、直診伊万里、待
慈母酌酒
三日陰、鶏鳴前起床遺書於二尊私負
笈赴于佐嘉、到桃川天漸明小坂、
午飯牛津逢雨、晡時抵阿兄家告
不告而来遊之事
四日晴、足痛不能外出
五日雨、上校
六日晴
七日晴
八日晴
九日陰後雨
十日仍雨微恙
十一日雨
十二日雨
十三日晴
十四日晴、会業
十五日晴
十六日或雨、阿兄以郷使到召余故帰
阿兄家途逢阿兄、曰、妻之母有
病吾今往診汝如何、余曰諾従行、
因共往野田診之暴瀉也殆危少焉、
余独帰阿兄家面郷使終宿阿兄家、
入夜阿兄帰直又往診
十七日晴、昧旦嫂之母斃、阿兄帰余
走吊之、入夜葬于紺屋町無量寺
帰則人定後
十八日晴、上校、午後赴于古川松根
氏三國雅会受同席人詠歌之短冊
於松根氏托郷使贈厳君、直上校
十九日晴、会業
廿日晴
廿一日雨
廿二日晴
廿三日晴
廿四日陰、会業
廿五日晴、入夜訪大城貞齋於高木町
廿六日陰
廿七日晴
廿八日晴、午後與重松玄又江口梅亭
等散歩
廿九日晴、会業

九月

朔晴
二日晴

三日晴
四日晴、会業
五日陰
六日晴
七日晴、会業
八日晴
九日晴
十日晴
十一日晴
十二日晴
十三日晴
十四日晴、会業
十五日晴
十六日雨
十七日陰
十八日晴
十九日晴、会業
廿日晴
廿一日晴、與平川儀哉石井文貞讀文
　典
廿二日晴
廿三日晴
廿四日晴、有故休会業
廿五日晴、相良元貞氏督余輩之会業
廿六日晴
廿七日晴
廿八日晴
廿九日晴、有故休会業
晦晴、会業午後阿兄来曰、頃日須古
　太夫徵余而厳君不肯故辞之、太
　夫不許、進退実谷所願汝帰郷為
　吾得厳君之允諾、余曰諾、維然
　厳君年既迫桒楡膝下無一人之侯
　起居而所以至于、今日者為藩制
　以兄弟不獲医学卒業免状也、維
　曰為学業使老衰無餘命之雙親
　矻々奔走于、職事不得一日之安
　者抑兄與弟之罪也、弟也学科前
　途悠遠無如何君也幸得卒業免状
　願速帰養安父母之心厳君待君之
　帰養一日猶千秋、請再思阿兄不
　聴

十月

朔晴、乞暇於校長西帰、時雨時至過
　十坂嶺雨霰巻楓葉宿桃川浄誓寺
二日晴、午前到家、午後厳君自有田
　帰、夜侍雙親膝下陳述阿兄之
　意、厳君曰事不得已然即石丸源
　左右（ママ）衛門意決之、石丸氏者阿兄
　之冠父也
三日晴、従厳君適石丸氏談移刻不決、
　遂及余身石丸氏曰、君代阿兄帰
　養則厳君免阿兄之任官、余曰、
　僕未知医事安得代兄養父母、況
　学業今而中止則孟母断機不啻也、
　維然父母無餘命得僕苟安其心
　則惟命従、石丸氏大喜、厳君終
　許諾阿兄之仕官
四日雨
五日陰有微雪、従厳君拝先塋、後雨
　辞雙親赴于佐嘉、従桃川與廣厳
　寺和尚同伴、川古別之宿北方
六日晴霜■雪、午前到阿兄家報厳君
　承諾之事阿兄大喜
七日晴
八日晴
九日晴、会業
十日晴
十一日晴
十二日晴
十三日晴会業
十四日晴会業
十五日晴
十六日晴
十七日朝雨
十八日晴
十九日晴、文典会業後篇卒業
廿日晴午後雨、以大石先生牧先生
　従公駕東勤於松原祠、為送別会
　兼有復文会
廿一日雨
廿二日陰晴不定
廿三日晴
廿四日晴
廿五日雨
廿六日晴、感冒
廿七日晴、仍臥
廿八日晴
廿九日晴

十一月

朔雪
二日晴
三日雨
四日晴、初会読理科原書
五日晴
六日雪

七日大雪
八日雪
九日晴
十日晴
十一日晴
十二日晴
十三日晴、訳理科書潜水鐘之条
十四日晴
十五日陰後雨
十六日晴
十七日晴、恩公臨于好生館
十八日晴、訳分析性之条物休之条
十九日晴、訳拡攘張性之条
廿日晴、感冒
廿一日晴、仍臥
廿二日晴、仍臥
廿三日晴、病愈訳疎鬆性之条
廿四日晴、会業
廿五日晴
廿六日晴
廿七日晴
廿八日晴
廿九日雨、会業
晦霽或雨、阿兄来

十二月

朔晴
二日晴
三日晴
四日陰晴不定、会業
五日風雪
六日晴、訳引力性
七日晴
八日晴
九日朝雨、会業、夜訳重力性
十日晴
十一日晴
十二日晴
十三日晴、九性質反訳卒業
十四日晴、会業
十五日朝雨
十六日微雨
十七日晴
十八日晴
十九日晴
廿日晴、冬暖同石井春齋・石井文貞・
林長庵・大城貞斉・高尾安貞等
遊于北山金比羅祠
廿一日晴
廿二日晴
廿三日晴
廿四日晴
廿五日陰、為進学官命二季上食、上
食謂食官米也、午後適教導職以
下謝之
廿六日雨
廿七日霽、以学校休暇帰宿于阿兄家
廿八日晴
廿九日陰、厳君遣書於阿兄促余帰郷

〔表紙、原寸、縦一三cm、横一七cm〕

佐嘉越年

文久三年癸亥　二十年

日暦

文久三年癸亥　二十年

佐賀越年

正月

朔陰晴不定、向郷拜雙親
二日晴、従阿兄拜年於渋谷・大中・
金武・楢林・大庭・大石・相良・
島田・上村・宮田・草場・松隈・
古賀・副島等
三日晴
四日晴、寫書午後買詩書巻帰郷準備
也
五日晴、写書、島田東洋・権藤東垣
二氏来訪、阿兄謀西遊観捕鯨阿
兄不在因誘余共西遊、中山雲仙
者従徳満同伴、牛津少憩従是右
折到別府訪尾形良益不在、晡前
過小侍関到、石門曰落宿木浦木
巌木（後筆）宿
六日晴、辞逆旅巳上到馬場、僦
松浦川、午前到鬼塚之前岸、捨
舟到鏡駅、謁志州侯墓、徒歩虹
松原渡満島未牌午飯、城下晡時
越八所坂日已没失路半里、夜
四皷前終到呼子而宿
七日晴、辰下小川島投蝸盧、晡時訪
医生藤松南齋
八日晴、午後藤松氏饗余一行
九日雨、與南斉男大還者上竹之山
十日霽、午前南齋延余等又饗酒肉
十一日晴、止茲数日以無鯨信、将辞

去時會有鯨信、登岡望之午後鯨終落漁網壮観極矣、夜食鯨肉甘膩異他時
十二日晴、巡視納屋、僦舟航壁島謁田島祠、去航名古屋探古城、宿呼子
十三日陰、発呼子唐津城下逢雨、少時雨霽宿木浦木
十四日朝後雨後快晴、発木浦木午飯徳満、午後入佐嘉別一行帰阿兄家、直上校
十五日晴、向郷拝雙親
十六日晴
十七日陰晴不定、午後観排気鐘於精錬方、又診大砲於御鋳立方
十八日雨
十九日霽
廿日晴、同江口梅亭・陶山俊良・重松玄郁・安貞等遊北山
廿一日陰晴不定
廿二日晴、感冒
廿三日晴、仍臥
廿四日晴、仍臥
廿五日晴、病愈
廿六日雨、門生試業原書也余文典轉置法也
廿七日晴、写丹心録
廿八日晴
廿九日晴、同江口梅亭・陶山俊良・重松玄郁・大串春嶺、等西遊宿武雄

二月

朔晴、発武雄到鶴之原誘樋渡元逸、到有田観陶石坑、午飯中村養安家（後改松林昌九）、到家則入夜
二日晴、伴客到伊万里、謀舟遊為風不果、遊大川内、薄暮宿伊万里客舎、秀島三英来訪（今改英健）
三日晴、伴客舟遊、薄暮宿伊万里、夜英健供酒食
四日晴、伴客帰家途逢家君診伊万里
五日晴、伴客辞家、観龍門、登天童岩、宿武雄
六日微雨、詣祐徳院、雨益甚遂宿茶店
七日雨歇、去茶店、到鹿島濱大村潟、買舟赴佐嘉、西牌舟抵厘外、別客到阿兄家
八日晴、与阿兄買家書、盖帰郷準備也、夜讀解剖書
九日晴、讀前書
十日晴、午時上校
十一日晴
十二日晴
十三日雨
十四日晴、夜買放翁詩選
十五日晴、向郷拝家親、薄暮郷使傳、厳君命促余帰郷
十六日晴
十七日晴、辞好生館以書籍器具付郷使先、余西帰而宿阿兄家、午後相良宗達・高尾安貞餞余五龍祠畔
十八日晴、寫翁体刀式
十九日陰、在阿兄家
廿日雨、阿兄家饗須古邸女妾、盖阿兄以仕官須古君也
廿一日晴
廿二日陰、買書
廿三日陰、辞阿兄、治装就帰程逢雨、日已没、宿伊万里浦郷氏
廿四日晴、抵家父母欣々然有喜色
廿五日陰、訪前田子義
廿六日晴、木下栄三郎来、午後倍家君花於村祠
廿七日晴、與山谷斉藤義一郎訪谷口藍田翁
廿八日陰
廿九日雨
晦陰、午後今泉千秋男千枝来

三月

朔雨
二日雨、無事
三日晴
四日雨、伊万里武富栄助来、午後観花於村後
五日陰、家君診伊万里
六日陰、家君帰自伊万里、侍家君詠國雅
七日陰、午後古賀・徳永幾太郎携其弟全庵来
八日雨、診村後
九日雨、診村後、家君診伊万里
十日雨、讀傷寒論
十一日霽
十二日晴、有田正司碩斉乞家君来診、

余診山谷
十三日陰
十四日雨、家君帰自有田又診伊万里
十五日晴
十六日晴
十七日雨、家君診伊万里
十八日晴、家君自伊万里召余、診天然痘余診天然痘之為第一、晡時従家君川東村吏西岡幸兵衛家、有田中村吾道・後藤祐哲等先在後佐嘉医官楢林蒼樹到着為種痘也、少焉家君辞去余留宿茲
十九日晴、種痘于明善寺
廿日雨
廿一日晴、午後同隣人等遊山代岩戸山宝積寺
廿二日晴、適伊万里謁家君
廿三日雨、前川漲家君仍在伊万里、有田人来乞来診家君、遂自伊万里診有田
廿四日晴、適伊万里、夜佐嘉医官相良寛哉来村吏徳久竜助家、蓋為種痘也往面之
廿五日晴、相良寛哉来訪去種痘于廣厳寺、家君自有田帰後、斉藤義一郎来訪
廿六日晴、長崎藤村光鎮来、余微恙而臥床
廿七日晴、仍臥床
廿八日晴、仍臥床、午後荒木善三郎伴荒木伊助家族数人（十六人）来投盖避外國交戦也
廿九日晴、無事
晦日雨、無事

四月

朔晴、診福母
二日陰、無事
三日晴
四日晴、午後伴崎客遊于前岡
五日雨午後霽、適山代天神訪角田雲亭、夜訳和蘭文範第三課
六日雨
七日晴、診赤坂、晡前佐嘉医官島田東洋来過且曰明日乞来伊万里、余曰諾
八日晴、伴島田東洋種痘于伊万里、晡時帰家、山谷斉藤義一郎来宿夜相共作文
九日晴、義一郎去、藤村光鎮亦去、晡時家君診伊万里
十日晴、崎客適伊万里
十一日晴
十二日晴、家君診伊万里、伴崎客遊于湯田原
十三日晴、祭松園祠夜伊万里人数輩来演議典
十四日陰、伊万里人去
十五日陰晴不定
十六日晴、午牌訪藤野公道者於南川原越南麓、轉適有田宿中村養朴家
十七日或雨或歇、訪藍田翁薄暮帰家
十八日晴
十九日晴、長崎善助仝昌三来
廿日晴、夜家君微恙
廿一日晴、家君病愈開宴餞崎人
廿二日晴、曩日来所寄寓之長崎人数輩帰以盖以事鎮定也
廿三日晴、侍家君讀傷寒論集成
廿四日雨、又讀集成
廿五日陰晴不定、拂園地
廿六日侍家君讀集成
廿七日晴、讀集成
廿八日晴、家君診有田
廿九日晴強風

五月

朔暴風雨午後静、晡時竜助来
二日霽、適伊万里質疑於前田翁
三日晴、家君自有田帰、夜讀集成
四日雨、讀集成
五日晴、侍家君為佳節、後拜村祠并先塋
六日晴、適有田買和蘭字彙於川原謙吾價七両
七日微雨、代家君診有田終宿中村養安家
八日仍雨、與養安診患而帰家
九日霽、家君診有田
十日陰晴不定、夜讀蘭書
十一日或雨或晴
十二日晴、午後家〔君〕（脱カ）自有田帰
十三日或雨或晴
十四日晴、家君診有田
十五日晴
十六日晴、午後家〔君〕（脱カ）自有田帰
十七日晴

十八日晴、家君診有田
十九日晴
廿日晴、家君診平戸佐々余従之、宿
　早岐後雨
廿一日晴、発早岐西行針降数里到、
　佐世保生月屋貞吉家午飯、豊女
　亦来話旧報畢辞去、過眼鏡岩東
　麓左折少憩志津町、過飯盛山南
　麓従此塔小艇迂回山麓、捨舟薄
　暮到佐々郷、里村患者福原某家
　而宿
廿二日晴、余遊于橋観音
廿三日朝大雨後歇、午後小佐々人某
　乞家君来診家君即往余従焉、従
　此里許道路嶮悪入夜帰福原氏
廿四日晴、早朝辞福原氏、越飯坂出
　中里、過佐世保家君診小林某病、
　申牌来早岐、家君又診森某之病、
　薄暮来原明、投宿眼科医木下謙
　一之家、夜烈風甚雨大雷
廿五日霽、辞去午前到家夜大雨
廿六日雨
廿七日晴
廿八日晴、平戸小佐々人来乞薬
廿九日晴、家君診有田
晦晴、夜讀蘭書

六月

朔晴
二日晴、家君自有田帰
三日晴、佐嘉人中林鎮七来
四日晴
五日陰晴不定
六日或雨或晴
七日朝雨後晴
八日晴、吉田柳軒来
九日晴
十日晴
十一日晴
十二日晴
十三日朝雨後霽
十四日晴有驟雨、赴于医会于伊万里
　森永見有・檀文逸・赤司雪斉・
　吉田柳軒・馬場有適等来会
十五日晴
十六日晴
十七日晴
十八日晴
十九日晴
廿日晴
廿一日大雨、前川大漲
廿二日晴驟雨
廿三日晴、従家君診大里
廿四日晴、赴于伊万里醫会
廿五日晴、診大里
廿六日晴、集成卒業
廿七日晴、診村後侍家君讀温疫論
廿八日晴
廿九日晴、曬書

七月

朔晴、午後伊万（里）[脱カ]関尹今泉弥次
　郎（千秋）以使乞家君来診家君
　往診
二日雨、午後家君自伊万里帰
三日暴風雨
四日晴、伊万里会業、薄暮帰家診向吉野
五日晴、診古子写大同類聚方
六日晴
七日晴
八日晴
九日晴
十日晴大同類聚方謄寫卒業
十一日晴、夜月色洵美侍家君詠國
　雅
十二日晴、従家君拝先塋
十三日雨或晴大風頃刻而歇、感冒
十四日雨、仍臥
十五日雨、仍臥
十六日雨、病愈
十七日晴
十八日晴、讀病学通論
十九日晴、適有田訪谷口藍田翁終宿
　川原氏
廿日晴、帰家
廿一日雨、従家君診向吉野、後侍家
　君讀金匱輯義
廿二日晴、診村後午後徳永幾太郎来
　訪
廿三日雨、家君診外尾、余診村後
廿四日晴、赴伊万里会業
廿五日晴、診村後家君帰
廿六日晴、家君診外尾前田儀右衛門
　病終宿
廿七日霽、従家君在外尾久富龍右衛
　門男来為其母病乞家君来診、家
　君即往診余従之、晡時帰儀右衛
　門家、此日見長崎唐訳官鄭右

十郎於中村吾道家

廿八日或雨或霽、仍在外尾、早朝、久富與兵衛・中村吾道来話、辞午前従家君辞而帰家

廿九日晴、家君診有田、余診村後

晦雨、診村後

八月

朔朝雨後晴、午後診向吉野・野副、家君自有田帰

二日晴、家君又診有田余従之、宿正司泰助家

三日晴、訪谷口翁、午後伴中村禮造誘鄭右十郎及遊碩渓塘、終宿禮造家

四日晴、同鄭右十郎及中村禮造取路於黒髪山帰家

五日晴、伴鄭舟遊于牧島湾、薄暮帰家、則有田藤八（善三郎）来

六日晴、鄭仍逗

七日晴、鄭仍逗、午後谷口翁・木下謙一来訪終止宿

八日晴、鄭・谷口・木下・中村等皆去、後家君拉藤八余及駒太郎遊牧薄暮帰家

九日晴

十日晴、藤八去

十一日晴

十二日晴、家山因内山三友之請診大里

十三日陰、朝伊万里武富栄助携其女来、同家君閑話、薄暮留其女獨辞去此日従家君診山谷

十四日晴、朝従家君診大里

十五日陰、診野副、又従家君診山谷、午後和訳西医略論外傷論、夜同慈母及阿姉侍家君詠国雅

十六日雨、夜診村後、亡姉夫伊左衛門娶後妻

十七日晴、従家君診野副

十八日晴家君自伊万里帰

十九日晴、歯痛

廿日晴、仍未止

廿一日晴、仍未止

廿二日晴、仍未止

廿三日晴、痛愈、診向吉野、野副

廿四日晴、同藤八・省適遊于村後帰家、感冒

廿五日晴

廿六日晴、與藤八訪柳軒、省適亦来訪、相携訪三友不逢去、訪檀文逸於木須、文逸供酒食、入夜到伊万里、別藤八到家則人定

廿七日晴

廿八日晴、診野副

廿九日晴

晦晴、内山三友来訪

九月

朔晴、従家君診野副

二日晴

三日晴診村後

四日晴、伊万里会業

五日晴

六日晴

〔七日欠〕

八日晴

九日晴、午後斉藤義一郎来訪相携登唐船山、入夜帰家

十日晴、夜曩日来所投宿武富女帰于伊万里

十一日晴

十二日晴、家君診早岐余従之

十三日微雨或歇、帰自早岐

十四日晴、伊万里会業

十五日陰

十六日微雨

十七日或雨或歇、大里藤山柳軒（古田柳軒今復原姓）来訪、愉家君伴竜助散歩村後

十八日晴

十九日晴

廿日晴、夜阿兄自佐嘉到

廿一日陰、診山谷

廿二日微雨、門外為市早朝従家君診山谷、夜家君又診山谷

廿三日雨、朝家君自山谷帰、早岐人来乞家君来診、故匆々為佳節儀父母兄弟一堂為佳節十餘年来発始

廿四日晴、同阿兄詣村祠又拜先塋、診山谷帰、則小城医士堤宗源者来訪少時辞去、薄暮家君帰

廿五日晴、阿兄讀気海観瀾

廿六日晴、夜診古子

廿七日晴

廿八日雨、鶏鳴阿兄辞去赴于佐嘉、午後中村禮造来為其父乞家君来

診有故謝
廿九日晴或雨感風

十月

朔晴、仍臥家君診有田
二日晴、辞家赴于長崎、先是余辞好
生館帰郷也為代阿兄侍二尊摂家
事也、故蘭学既廃不復講而志未
灰時々勃興不禁、然家事旁午不
得其志久矣、而時今以医業稍閑
欲遊長崎少讀蘭書也、南下宿彼
杵
三日晴、巳上買船未上到時津、申下
到長崎、本石灰町荒木伊助家
投宿、夜小川仲栄来訪相携訪荒
木昌三、而邂逅佐嘉士石丸寅五
郎（安世）馬渡八郎（俊邁）、
約蘭書綴受讀
四日晴、訪旧知佐々木・西・三島・
村上・藤村等諸氏
五日雨、徃学
六日晴、徃学、夜訪西吉郎旧知二三
輩亦来、会話四年前事
七日晴、徃学、夜栗崎松國来訪
八日或雨、徃学
九日晴、徃学、買内科新鋭婦嬰新説
十日陰、徃学
十一日晴、徃学
十二日晴、徃学後伴荒木昌三訪清客
沉篤斉於大浦
十三日晴、徃学
十四日晴、徃学有客数輩来会皆修英
学、余亦私動遂学英書
十五日晴、徃学、夜小川仲栄供酒食
十六日晴、徃学
十七日晴、徃学
十八日晴、徃学
十九日晴、徃学
廿日晴、徃学
廿一日晴、徃学
廿二日晴、徃学
廿三日晴、徃学、小川仲栄来話
廿四日晴、微恙臥床、小川仲栄来話
廿五日晴、徃学
廿六日晴、徃学
廿七日晴、徃学
廿八日晴、徃学
廿九日大雨、徃学
晦陰晴不定、徃学

十一月

朔雨、徃学
二日晴、徃学
三日晴、徃学
四日陰、徃学
五日晴、徃学
六日晴、徃学
七日晴、徃学
八日晴、徃学
九日晴、徃学
十日晴、徃学
十一日陰、徃学
十二日陰、徃学
十三日晴、徃学
十四日晴、與荒木伊助詣時津畔滑石（ナメシ）
神祠
十五日雪、徃学
十六日雪、徃学
十七日大雪、午後徃学、家書到促余
帰郷
十八日微雪、徃学
十九日雨、徃学
廿日雨、徃学
廿一日雨後雪、徃学
廿二日雪、徃学
廿三日晴、徃学
廿四日晴、徃学後西吉郎来訪
廿五日雨、微恙不徃学
廿六日雪、仍臥
廿七日雪、病愈午後徃学
廿八日雪、徃学
廿九日晴、徃学

十二月

朔朝晴、為帰郷準備
二日晴或雨、辞長崎、宿時津、夜有
田人久富與平自長崎来盖帰郷也
三日晴、昧旦、搭渡舩、午後抵川棚、
別與平、入夜抵家雙親大悦
四日晴、診村後
五日晴
六日晴
七日陰晴不定
八日晴適伊万里
九日陰晴不定、帰家
十日晴
十一日雨
十二日晴、夜讀黴瘡約言
十三日晴、家君診大木

十四日陰後雨
十五日晴、姪時為婚儀
十六日晴、適有田宿中村養安家
十七日雨、松井善三郎（藤八）供酒
　食
十八日雨歇、診患者帰家途診大木家
　君亦来診、後相従而帰家
十九日雨
廿日雨歇
廿一日大雪
廿二日雪
廿三日晴
廿四日晴
廿五日晴、診大木
廿六日晴、長崎荒木昌三為清客沉篤
　斉遣使家君来診家君許諾
廿七日晴、午後家君診長崎
廿八日晴、午後拜先塋
廿九日晴、掃庭内
晦陰晴不定、掛大穴牟地神像於壁間

〔表紙、原寸、縦一三cm、横一七cm〕
起文久四年甲子正月
止元治改元甲子十二月　Ｖ
　二十一年

日暦

正月
朔好天気、拜大穴牟地神像次向崎陽
　拜、家厳而侍慈母酌屠蘇作元旦
二日晴
三日晴
四日晴、適伊万里訪今泉氏、又訪前
　田翁
五日微雨
六日晴、與斉藤義一郎適有田拜年於
　谷口藍田翁又訪川原氏帰家
七日晴、平戸開作人来乞診、又山代
　浦之崎人乞来診即往診帰家則入
　夜
八日晴、診古子
九日雨、診村後
十日仍雨
十一日霽、讀医事小言
十二日晴、診古子
十三日微雨、伊勢福本良平男脩二来
　過盖頒暦者也
十四日陰
十五日晴或雨
十六日晴、平戸折尾瀬人来乞診
十七日晴
十八日晴
十九日晴、家厳以書召慈母盖以患
　者清客沉篤齋病瘥開宴也
廿日陰不定、診古子
廿一日晴、食白魚於川東
廿二日陰
廿三日陰晴不定、寒甚午後診古子
廿四日晴
廿五日晴、佐嘉医学生野口寛哉・宮
　田春岱・沢野宏哉・深川文圭来
　過止宿
廿六日晴、早朝慈母因家厳命赴長崎、
　巳牌伴客野口等遊白幡鉄山、客
　従此辞去
廿七日晴、感風臥
廿八日晴、仍臥夜、省適来訪
廿九日晴、病愈、省適来

二月
朔晴、診古子、伊万里会業病学痛論
　也
二日晴
三日晴
四日微雨
五日雨
六日雨診古、子午後診金武、夜訪省
　適詠國雅
七日霽、午後診内之馬場
八日晴
九日晴
十日晴、診古子
十一日晴、今泉弥次郎（千秋翁）同
　円通寺隠居来訪、家厳與慈母自
　長崎帰、後今泉氏等辞去
十二日陰
十三日雨
十四日晴、家厳診伊万里
十五日晴、伊万里会業
十六日晴
十七日晴
十八日晴
十九日晴
廿日晴、診伊万里
廿一日晴、樋渡元己来訪、省適亦来
廿二日晴
廿三日晴、診山谷岳

廿四日晴
廿五日雨
廿六日晴
廿七日晴
廿八日雨
廿九日晴、診切口

三月

朔、微雨
二日朝陰
三日晴、侍家君慈母酌酒作佳節、山谷斉藤義一郎来、省適亦来会、分新賦詩義一郎終止宿
四日微雨、義一郎去、今泉翁・円通寺隠居来訪家翁
五日陰晴不定或雨
六日晴
七日晴、訪前田翁携共観花於土井龍宮宮祠畔
八日晴
九日晴
十日晴
十一日晴
十二日晴
十三日晴、訪前田翁與翁遊街東山王祠、翁卒書童数輩
十四日陰、長崎寄合町西田平三郎来乞宿療病、家君許之
十五日晴、午後家厳診伊万里
十六日晴、山代久原中尾某携其妻来寄宿療養
十七日晴
十八日晴
十九日雨、阿兄自佐嘉到
廿日霽
廿一日晴
廿二日晴
廿三日陰、診内之馬場
廿四日陰
廿五日晴
廿六日晴
廿七日晴、診内之馬場
廿八日晴
廿九日晴、久原病婦病瘥而帰、午後家君拉崎陽病夫観藤花於古子、阿兄余等従之
晦晴、早朝家君診伊万里、午後同阿兄・省適訪山谷西岡三郎次

四月

朔晴、阿兄適有田、午後西岡三郎次来訪
二日晴、家君折簡招今泉翁、翁携妻子等来
三日晴、與阿兄診野副
四日晴
五日雨、阿兄東帰
六日晴、伊万里藤田常助折簡招余、盖請前田翁為詩会也
七日雨
八日晴、外尾福島喜兵衛来乞診於家君、福島善画者也、故家君招竜助開書画筵
九日陰、同福島及崎客等遊久原、太田又六郎者為小城目代、好書画画工納富介堂来宿、後余與崎客宿中尾吉次郎家
十日晴、又訪太田、後復別福島與崎客搭舟、帰家途診伊万里、抵家則今泉翁與諸岡某来訪與家厳合奏古楽
十一日陰、今泉氏等辞去診野副
十二日晴、有田松井藤八（善三郎）来宿
十三日晴、朝診飯盛河内、後同藤八伴崎客適有田観工場宿客舎、夜川原謙吾来話
十四日晴伴崎客川原氏供茶午後帰家
十五日晴
十六日晴、家君診山代里
十七日晴、祭松園社、松井藤八伴郡目付野田太吉来訪、家君野田等國雅者也
十八日晴、野田、松井辞去
十九日晴、朝診村後、又診伊万里
廿日晴
廿一日晴、崎客病夫帰
廿二日雨
廿三日晴、家君診伊万里
廿四日陰
廿五日晴、長崎藤井玄朔者来、盖訪病夫西田也
廿六日晴、藤井辞去
廿七日微雨或晴
廿八日晴、診山代里村
廿九日雨

五月

朔晴、伊万里会業

二日或雨或晴
三日晴、與内山三友診天神
四日晴、種痘医員島田芳橘来伊万里
　余会之
五日晴、従家君診山谷、福島喜兵衛・
　斉藤義一郎来賦詩作佳節
六日晴、診山谷
七日晴、診吉野及山谷岳又診山谷
八日晴、診山谷岳帰則龍菴恒助等来
九日晴、診天神、午後家君診山谷
十日微雨
十一日雨
十二日雨
十三日雨、松井善三郎来宿
十四日晴、松井去
十五日晴、伊万里会業
十六日陰、長崎西田平三郎再来乞診
　終寄宿
十七日晴
十八日晴
十九日陰、診山谷岳
廿日雨
廿一日晴
廿二日晴、従家君伴崎客遊湯田原
　観瀑
廿三日雨
廿四日晴
廿五日晴
廿六日晴
廿七日雨、佐嘉種痘医栖林蒼樹来種
　痘廣厳寺
廿八日大雨洪水
廿九日雨
晦雨

六月

朔雨、伊万里会業
二日雨
三日雨
四日雨
五日晴
六日晴
七日晴
八日晴、診中田
九日雨、診村後、診吉野
十日晴、松井善三郎来宿
十一日晴、診村後、厳君診山谷
十二日晴
十三日晴、夜半有田有急患者乞厳君
　来診厳君即往診
十四日晴、診村後、又診山谷
十五日晴、診山谷善三郎帰
十六日晴、厳君自有田帰
十七日晴
十八日晴
十九日晴
廿日晴、診飯盛河内
廿一日晴、夜省適来話
廿二日晴、診赤坂、午後訪前田翁、
　木下栄三郎・斉藤義一郎先在、
　相共陪翁納涼岩栗川
廿三日晴
廿四日晴、夜伴崎客訪三友泛舟牧洲
　徹暁帰家
廿五日晴
廿六日晴
廿七日晴、午後佐嘉野田太吉来訪厳
　君
廿八日晴
廿九日晴

七月

朔有驟雨、伊万里会業
二日晴
三日雨
四日雨
五日晴、伊万里浦郷安兵衛来乞診
六日晴
七日晴
八日晴
九日晴
十日晴、診中田
十一日晴
十二日晴
十三日晴
十四日晴
十五日晴、昧旦家君診有田、余拝先
　塋
十六日晴、山谷斉藤義一郎来
十七日雨或歇、診山谷
十八日雨或歇、診山谷夜長濱人乞厳
　君来診、不在故直迎厳君於有田
　厳君帰直往診余従之終止宿長濱
十九日晴、従厳君自長濱帰
廿日晴、診長濱、夜伴泛舟于牧洲湾
廿一日晴
廿二日晴、診中田
廿三日晴、診長濱

廿四日晴
廿五日晴、診大里
廿六日晴、診長濱、診大里、夜待月
　於廣厳寺
廿七日晴、診川向
廿八日大雨
廿九日微雨、診山谷
晦晴、診古子

八月

朔晴、診古子
二日晴
三日晴、訪前田翁、斉藤義一郎亦来
　訪相共止宿分新賦詩
四日晴
五日晴
六日晴、家君診有田
七日晴、松井善三郎来
八日陰
九日陰、善三郎帰
十日晴
十一日晴、代家君診南河原、與藤野
　雪道商議終止宿
十二日晴、帰家
十三日晴、診山谷診古子
十四日晴、平戸佐世保人早岐人来乞
　診、後長崎清水寺住僧忍達来訪
　崎客、晡時診山谷
十五日晴、伴崎客詣大里八幡祠
十六日晴
十七日晴、崎客辞去
十八日晴
十九日晴、代家君診北島源吾病於有
田
廿日晴、佐世保人来宿
廿一日晴、佐世保人帰
廿二日晴、家君不豫
廿三日晴薄暮雨、診川内
廿四日晴、家君病愈診有田
廿五日微雨
廿六日晴、夜阿兄自佐嘉到話長州
　開兵端之事
廿七日晴、診金武家君帰自有田
廿八日晴夜雨
廿九日微雨、阿兄帰
晦晴、訪徳永幾太郎於古賀遂相携訪
　前田翁止宿

九月

朔晴、伊万里会業薄暮帰家
二日晴、家君診有田、余陪従途診黒
　牟田、晡時抵有田終宿患者北島
　源吾家讀三國高僧傳有感
三日晴、帰家診村後
四日晴、午後藤山柳軒・馬場省適来
　訪誘余酌酒於省適家、柳軒終来
　宿、夜診村後
五日晴、同柳軒・省適上腰岳
六日晴、診金武、診楠久終宿患家豊
　三郎家
七日微雨、帰家
八日或雨或晴、診内之馬場、診山谷
　與義一郎約明日登観國山之事
九日晴、早朝軽装訪義一郎於山谷
　相携観國山達絶頂、天陰雨急
　下山途開晴別義一郎、晡前抵家、
夜作記
十日晴、診村後診内之馬場
十一日晴或雨
十二日晴或雨、佐世保生月屋阿豊夫
　来
十三日晴、佐世保病婦阿豊、早岐病
　婦小松屋後室帰
十四日晴
十五日晴、伊万里会業、会後訪前田
　翁、徳永幾太郎、藤山柳軒又到、
　入夜帰家
十六日晴、三友来訪
十七日晴、診二之瀬及金武
十八日雨
十九日晴、従家君診長濱又診二ノ瀬
廿日晴、診長濱夜診中田
廿一日晴、家君診有田、余診中田
廿二日晴、診長濱診二瀬
廿三日或雨或歇、佳節也、午後帰自
　有田、診長濱、夜竜助・省適来
　話
廿四日或雨或歇、早朝診長濱、面家
　君又奉命診伊万里
廿五日晴、長崎本石灰町和田伊兵衛
　携家族来乞家君診
廿六日晴、崎客去、診長濱、診川東
廿七日晴
廿八日晴、診河内、診長濱入夜帰、
　有田正司泰助、針尾徳太郎来宿
廿九日晴、有田客去、後従家君診長
　濱家君止宿、余獨帰家
晦日晴、診河内

十月

朔晴、家君診長濱、伊万里会業
二日晴、診河内
三日晴
四日陰、家君診長濱、此日修佛事佐世保人来乞診
五日晴、家君診蔵宿
六日晴、小城納富介次郎與松井善三郎来訪盖宿、余診長濱
七日晴、同納富、松井適有田宿正司翰一家
八日晴、與納富来伊万里訪前田翁、入夜家君来終共止宿于兹
九日晴、早朝家君辞去余止于兹
十日晴、仍逗伊万里
十一日晴、伴納富帰家
十二日晴、納富辞去、余診長濱
十三日晴、斉藤義一郎来訪
十四日晴、従家君診長濱、内山三友来訪
十五日陰、伊万里会業、会後訪前田翁、斉藤義一郎亦来訪遂共止宿
十六日陰晴不定
十七日晴、家君診伊万里
十八日晴、診長濱
十九日晴、以為明後日長崎之遊告別前田翁
廿日陰、入夜帰家雨
廿一日晴、朝辞二尊発程、若林末吉者為伴、晡時宿彼杵
廿二日朝雨霰交下継歇、搭渡船午後達時津、入夜抵長崎投絃伊
廿三日晴、訪荒木昌三・小川仲栄・藤村光鎮・中島廣行諸氏
廿四日陰、訪久富與平相共適養生所、面水町三省・相良弘菴（後称知安）・江口梅亭従是傍観養生所治療也
廿五日晴微雪
廿六日晴、往観
廿七日雨、往観
廿八日晴、往観
廿九日晴、往観

十一月

朔晴、西田平三郎誘余遊稲佐、藤井玄朔亦来会
二日晴、往観
三日晴、往観
四日晴、訪藤村氏佐々木
五日晴、往観
六日或雨或晴微恙平臥
七日晴、往観
八日晴、往観、夜清水寺住僧忍達招飲
九日陰、往観
十日陰、往観
十一日晴、與小川仲栄訪玄朔
十二日微雨、往観
十三日晴、往観
十四日晴、往観
十五日晴、往観
十六日晴、微恙平臥
十七日晴、仍臥
十八日晴、訪中島廣行・藤村光鎮諸氏
十九日雨、往観
廿日雨、臥病、仲栄昌三来話
廿一日雨、仍臥
廿二日陰晴不定、仍臥
廿三日晴、仍臥
廿四日晴、仍臥
廿五日晴、病愈
廿六日雨、往観
廿七日晴、往観、午後與仲栄探梅於若宮祠畔
廿八日晴、往観
廿九日晴、往観
晦微雨晴、往観

十二月

朔晴、往観、午後訪三島末太郎
二日晴、與荒木昌三訪画者某
三日晴、往観
四日陰、往観
五日雨霰交下、往観
六日陰、往観
七日雨霰交下往観
八日雪、往観、午後訪清水寺
九日晴
十日晴
十一日晴
十二日晴
十三日晴、往観
十四日晴、往観
十五日晴、往観
十六日雪
十七日晴、往観

十八日雨、往観
十九日陰、為帰郷準備告別諸旧知
廿日晴、辞本石灰紘屋荒木伊助氏（紘
　伊）宿時津
廿一日雨時津阻雨無聊甚矣
廿二日晴、搭渡舩達川棚、抵南河
　原嶺南、日已没借燈於藤野雪
　道、踰嶺四皷抵二尊大悦
廿三日雨
廿四日雪
廿五日微雨
廿六日晴、製春餅
廿七日晴、拜先塋
廿八日晴
廿九日晴、掛大穴牟地神像於壁間

〔表紙、原寸、縦一三cm、横一七cm〕

起元治二年乙丑正月
止慶應改元乙丑十二月
　　亨　二十二年
長崎浪ノ平
春浪平邊客舟
　日暦
〔ウラ〕
此秋大悟附子之適處

正月

朔好天気、拜大穴牟地神像侍二尊膝
　下屠蘇酒作元旦
二日陰
三日雨後歇
（四日欠）
五日晴
六日晴
七日晴
八日雨
九日陰晴不定、又赴長崎盖以有遺事
　也、宿彼杵
十日陰、搭渡舩航時津、雨夜抵長崎
　投遂宿
十一日晴、適久富氏
十二日雨
十三日晴
十四日雨
十五日霽入夜又雨、以事完結、発長
　崎四皷宿時津
十六日搭渡船航早岐、舟雉子崎六年
　前従家君泊舟處也、未抵早岐里
　許泊宮野村速崎候潮十一年前泊
　舟處也、半夜潮到直達早岐叩青
　木屋利助者家而宿于兹
十七日或雨或晴寒甚、発早岐晡時抵
　家
十八日晴、後山有雪、診古子、晡時
　有田中村養安到
十九日晴
廿日陰、診古子
廿一日晴、診古子家君診有田
廿二日雨
廿三日或雨或晴
廿四日或雨或晴
廿五日晴
廿六日晴
廿七日晴
廿八日晴、家君微恙
廿九日陰、家君病愈
晦晴

二月

朔陰、伊万里会業察病亀鑑
二日雨、診金武
三日晴、診金武
四日陰、正司翰一来過、診長濱又診金武
五日陰
六日雨
七日雨
八日陰
九日陰、診長濱
十日陰晴不定
十一日陰晴不定
十二日晴
十三日陰
十四日陰、診古子
十五日雨
十六日雨
十七日雨
十八日朝雨後晴
十九日晴、午後訪斉藤義一郎此日有
　媒人謀為余娶妻之事、盖云家君
　之命余謹受命
廿日雨或晴
廿一日晴
廿二日晴、診長濱
廿三日晴、媒既定以伊万里武富栄助
　長女仲配余、夜武富族三四伴仲
　女来、二尊大悦
廿四日晴、家君診有田

廿五日晴、與省適弔桃川浄誓寺
廿六日晴、家君自有田帰
廿七日雨
廿八日雨
廿九日晴、家君診伊万里

三月

朔雪、伊万里会業
二日晴、家君自伊万里帰
三日晴、侍二尊酌酒作佳節
四日晴
五日雨
六日晴、家君伴徳久太兵衛齎雁幣適
　武富氏、余診古子
七日雨、診古子、診省適病
八日晴、家君診省適
九日晴、診古子後與藤山柳軒診長濱、
　帰途片山杏益遂止宿
十日晴、同杏益三人観明星桜、此日
　武富氏贈雁幣〔結納〕
十一日晴、診古子、大道、大里
十二日雨
十三日晴、診大里
十四日晴
十五日雨
十六日晴
十七日晴、午後山谷斉藤義一郎来、
　相携遊山代波瀬観捕鯆〔いるか〕、終宿
　久原金子氏
十八日晴、波瀬観鯆
十九日晴、同義一郎舟遊于七嶼、午
　後帰途診浦河内服部氏
廿日晴、省適来話
廿一日雨
廿二日晴
廿三日晴
廿四日陰晴不定、診長濱
廿五日晴
廿六日晴、阿兄携妻子自佐嘉到、盖
　明日修王父四十九週年忌辰佛事
　也
廿七日晴、請僧脩佛事、盖以本年十
　二月為正当然家君曰、人生如朝
　露来日不可期今幸無恙今日不脩
　恐不及矣故脩之
廿八日朝陰後雨
廿九日晴、家君率家開園於先塋傍

四月

朔晴、挙家遊于湯田原入夜帰
二日晴
三日雨、祭松園祠盖以十二日為正当
四日雨
五日晴、診長濱
六日晴、阿兄携妻子帰佐嘉
七日晴、家君診有田
八日晴、診川向診長濱
九日晴
十日晴、診長濱
十一日晴
十二日晴
十三日晴、診川向
十四日晴、家君帰自有田而又診有田、
　省適招飲正司勘一来
十五日晴、伊万里会業
十六日晴、診長濱
十七日晴
十八日或雨或晴
十九日雨、診伊万里、家君帰自有田
廿日雨
廿一日雨
廿二日霽、診長濱
廿三日晴、與駒太郎訪木下子謙於原
　明、入夜帰
廿四日晴、斉藤義一郎来訪
廿五日陰晴不定、診村後
廿六日晴、従家君診有田宿久富氏、
　三畝氏、正司勘一氏来話
廿七日陰、帰家
廿八日雨、診村後
廿九日或雨或晴
晦晴、診川向後雨

五月

朔陰、家君帰自有田、伊万里会業
二日雨
三日晴、診古子、診内山三友病
四日晴、内山三悦来為其兄三友乞来
　診乃往診、夜診山谷、古子
五日晴、家君診白幡、余診山谷
六日雨
七日陰
八日陰、家君診有田、斉藤義一郎来
　宿
九日或雨或晴、診山谷、診村後、午
　後原明関吏某與木下子謙卒其従
　来過
十日雨、前川大漲
十一日晴、診山谷、診村後、午後診

大里、診白幡
十二日晴
十三日晴、診三友、診長濱
十四日晴
十五日晴
十六日晴
十七日陰、代家君診有田宿正司勘一
家
十八日晴、帰家
十九日晴、診伊万里
廿日晴
廿一日晴、午後長崎本博多町村上武
兵衛携妻来乞其診終止宿
廿二日晴、診大里
廿三日陰、家君伴崎客適伊万里
廿四日陰、家君及崎客等帰自伊万里
廿五日朝雨、早朝診内之馬場
廿六日晴、崎客辞去、代家君診有田
廿七日晴、診伊万里
廿八日晴
廿九日大雨、前川大張讀蘐文談

閏五月

朔霽、診大里、適伊万里会業員不
来、終宿安兵衛家
二日雨、早朝家君以急使召余盖為急
患者也
三日陰
四日晴、朝診古子、診村後、診大里、
有田中村吾道以好生館命召集余
等、示三題促作文、曰、僂广質
斯説并治方、曰、越列吉的尓説、
曰、動植二物説、省適・柳軒等
皆来集與中村氏、夜宿養安家
五日晴、代家君診白川、午後過伊万
里来家
六日陰、家君診伊万里、省適来
七日雨
八日或雨或晴、午後柳軒来同省適三
人訪黒髪宗碩於大木他二三醫生
来共思搆出題之文
九日霽、早朝帰家、診大里、家君帰
自伊万里
十日晴
十一日晴
十二日晴、適伊万里
十三日晴、診村後、同柳軒・省適等
適有田中村吾道家提出作文成稿、
入夜踏月而帰家、此日代家君診
白川・外尾
十四日或雨或晴
十五日或雨或晴、診村後
十六日或雨或晴
十七日晴、早朝診古子、家君診山代
鳴石
十八日晴
十九日晴、診村後
廿日晴、省適来訪、午後診村後
廿一日晴、午後今泉千秋伴小城紫朴
斎来家君大悦
廿二日雨、客辞去
廿三日雨或晴、診山代城之峯
廿四日雨
廿五日雨或晴
廿六日晴、與省適訪延亮於福母柳軒、
三友亦来会
廿七日晴
廿八日雨、診村後、診福母
廿九日晴、家君不豫盖食不進也
晦晴、早岐人来乞診

六月

朔雨、診村後
二日晴、診村後、又診飯盛河内
三日大雨
四日晴
五日晴、山代城之峯人以舟乞診余代
家君往診、白幡上舟鳴石捨舟往
診
六日雨、診村後
七日雨、家君診曲川
八日或雨或晴、診村後
九日或雨或晴、診村後
十日晴、診村後
十一日晴、診村後
十二日晴
十三日晴、代家君診有田
十四日晴
十五日晴
十六日晴
十七日晴
十八日晴、診内馬場、小城柴田琴江
来訪家君
十九日微雨、家君與琴江適伊万里
廿日時雨、診内馬場
廿一日或雨或晴、午後長崎藤村光鎮
致書於家君為紺屋町福田吉十郎
乞来診故直以其書報家君於伊万

里
廿二日晴、診内馬場、家君帰自伊
　万里面崎使諾其請
廿三日晴、家君診内馬場
廿四日晴、昧旦家君発程診長崎
廿五日晴、驟雨
廿六日晴、驟雨
廿七日晴
廿八日陰晴不定
廿九日或雨或晴

七月

朔晴、診内馬場、伊万里会業
二日晴、伊万里醫生森永見岳・本村
　陽碩来
三日晴、診金武、内馬場
四日晴、診野副
五日晴、診村後
六日晴
七日晴、診野副、納富介次郎（介堂）・
　正司勘一・松井善三郎来宿
八日晴、納富去伊万里、正司帰有田、
　松井留、余診村後、夜省適来
九日晴、診川向、診野副
十日晴、診川向、診内馬場、診野副
十一日風雨、診川向、診野副
十二日晴、介堂来、診川向、診野副
十三日晴、早朝診野副、午後訪赤坂
十四日晴、朝診野副、晡時再診
十五日晴、拜先塋、午後診野副、大
　悟附子的症
十六日陰、義一郎来宿
十七日雨、義一郎去、午後診野副、
　診山谷
十八日晴、家君帰自長崎
十九日晴、診野副、診山谷
廿日晴、診野副、診金武、夜家君不
　豫
廿一日或雨或晴、診金武及川向
廿二日或雨或晴、診金武、川向、野
　副
廿三日晴、診村後、診野副
廿四日晴、診野副
廿五日晴、家君病仍不愈然不劇症、
　右脇下肝部硬結消化不良蓋緩症
　也、唯平臥如不甚苦痛而自曰此
　秋無不起此病非一朝一夕、之故
　其来久本年春来覚特甚長崎往診、
　因非所好然以訣別旧好之意強往
　診也、忝聴此語、慈母不肖皆泣、
　共進服薬来皆屏之不服不肖輩躊
　躇苦心而已
廿六日晴、診山谷、伊万里親戚来候
　家君病、家君言笑自若如無病、
　而臥床者只飲食気力之衰耳然未
　甚也
廿七日晴、報家君病於阿兄于佐嘉
廿八日雨
廿九日晴、診金武、夜半川東西岡作
　右衛門男太平有故乞投宿、盖関
　娶妻之事家君曰可故宿也
晦雨、太平仍逗

八月

朔雨
二日雨、診金武及野副
三日雨
四日雨
五日仍雨
六日晴
七日晴、西岡太平辞去
八日晴
九日晴、阿兄自佐嘉到候家君病曰肝
　臓閉塞也、従是兄弟侍坐護病
十日晴、阿兄進蜞〔蛭〕針於患部、家君不
　聴、進水銀膏塗擦又不允
十一日晴、診廣巌寺及赤坂
十二日晴、診赤坂、診古子
十三日晴、藤山柳軒来候家君病
十四日晴、省適訪家君病、大木宗碩
　来訪病、夜診古子
十五日晴、家君病漸次増悪、有田中
　村養安来訪病、夜竜助来訪、月
　色明朗真協良宵、家君命不肖移
　床於楷椽賞月作歌、曰、来秋乃
　今宵者我乎思出天月仁毛袖乎奴
　羅志古處世免（訳曰預知明年今
　宵憶起吾月猶催涙湿衣袂）咽唖
　不能多讀、大道有急患往診
十六日晴、平戸人来乞診、養安帰
十七日陰、伊万里親戚故旧多来訪病、
　余診大道・赤坂・村後
十八日晴、診二瀬岳
十九日晴、阿兄代家君診有田、余診
　飯盛河内
廿日晴、有田久富與兵衛挙家来訪病、
　川原氏亦来訪
廿一日晴、先之余為妻娶未挙行、其

式而家君罹病無急快之徴、因親
戚相議以今夕挙其婚儀式、余心
不甚安、夜武富熊助・石丸重蔵
等同岳父倶来婚儀為其式
廿二日晴、饗四隣
廿三日微雨、猶饗四隣
廿四日陰
廿五日晴有田久富為助・針尾徳太郎
等来訪、晡前今泉千秋・柴田琴
江・松井善三郎等来訪病、乞伊
万里醫師森永見有来診森永来診
然家君不議方不服薬以其旧交之
故訣別耳
廿六日晴
廿七日晴
廿八日晴、内山三友来訪病、午後阿
兄適伊万里家君戒不肖曰、乃翁
入地下期漸迫汝従今孝順母友誼
兄勿忘不肖涙下曰謹奉教
廿九日晴、以決家君病不起阿兄期再
来帰佐嘉
晦晴、伊万里親戚来訪病

九月

朔晴、武富岳父来訪病、武富熊助・
大木寛良来訪病
二日晴、伊万里人数輩来訪病、有田
人数輩来訪病
三日晴、病日増悪気力亦日衰
四日晴、江口文禮・川東西岡作右衛
門来訪病
五日晴、黒髪宗碩・藤山柳軒来訪病、
阿兄来、家君欲針治右脇下疼痛
所即延江口文禮針治
六日晴、伊万里石丸源左衛門・筑前
吉野屋儀兵衛来訪病
七日雨、訪病数輩来
八日霽、伊万里人数輩来訪病
九日晴、家君命暫移床於庭前松下
観庭樹、訪病人陸續来
十日晴、武富熊助来訪病、浦郷安兵
衛来、家君集親戚一同傳杯訣別、
晡後病已革而入夜少間問知覚
如何則曰恍惚如夢聞之、兄弟涙
下到人定、後家君曰、令身起坐
兄弟恐病変不敢家君曰、起坐不
止故阿兄自後擁之余自前擁之、
家君開眼見壁上因問覚否則不應
次第閉眼如睡、終瞑矣悲泣旻天
無極
十一日朝雨後晴、請僧謹奉葬先塋傍
十二日晴、昧旦拝墓、今泉千秋氏来
弔、弔人数輩来
十三日微雨、弔人数輩来、拝墓
十四日晴、拝墓中村吾道、小川仲栄
来弔
十五日晴、踏星詣桃川浄誓寺
十六日晴、修初七日佛事、有田久富・
河原・古田諸氏来弔、中村勘二
来弔
十七日微雨、拝墓
十八日晴、拝墓、阿兄東帰弔人来、
晡後診大道
十九日晴、拝墓弔人来
廿日晴、拝墓弔人来
廿一日陰晴不定、拝墓弔人来
廿二日晴、早朝拝墓
廿三日晴、為病不拝墓
廿四日晴、早朝拝墓
廿五日陰、早朝拝墓、弔人来
廿六日陰、早朝拝墓、弔人来
廿七日晴
廿八日晴、早朝拝墓
廿九日雪、拝墓

十月

朔有病不拝墓乞僧修佛事
二日晴、弔人来
三日晴、拝墓弔人来、診野副、為他
医配剤附子証其効能
四日晴、早朝拝墓、診野副、伊万里
赤司雪斉・森永見岳・大川内精
記等来弔、省適亦来
五日晴、早朝拝墓
六日晴、早朝拝墓
七日晴、早朝拝墓
八日晴、拝墓
九日雨霰交降、早朝拝墓
十日雪、早朝拝墓夜為先君子初逮夜
十一日晴、拝墓、夜半診河内
十二日雨、診河内
十三日晴、拝墓
十四日晴、早朝拝墓、夜為先人三十
五日逮夜、岳父来
十五日雨、拝墓、岳父帰
十六日或雨或晴、早朝拝墓、診野副
十七日晴、為病不拝墓
十八日晴、早朝拝墓、診野副

十九日晴拜墓
廿日晴、診古子
廿一日或雨或晴、拜墓
廿二日或陰或晴、拜墓
廿三日晴、拜墓
廿四日晴、山代里村片山帯雲来訪拜
墓
廿五日晴、拜墓、與奴萬次郎検所有
地
廿六日晴、有田正司碩斉遣其男吊、
柳軒来訪拜墓
廿七日晴、拜墓
廿八日晴、拜墓、診内馬場、夜阿兄
到
廿九日晴、拜墓、乞僧修先考四十九
日忌辰佛事
晦晴、拜墓

十一月

朔或雨或晴
二日或雨或晴
三日或雨或晴
四日晴
五日晴
六日晴、夜適岳父
七日晴
八日晴
九日晴、山谷斉藤治平来、松井善三
郎来
十日晴、拜先塋
十一日陰、診川向
十二日雨、診川向
十三日雨、省適来
十四日晴
十五日晴
十六日晴、為東遊学于佐嘉之準備
十七日陰、早朝拜先塋、辞慈母発程、
過伊万里前田翁告別南去、過宮
野茆原幼時従家君経過之地也、
愴然佇立久之、有野趣依然人不
見白茆花乱暮風寒之句、武雄右
折南行数里、薄暮宿同行省適姻
戚某家夜雨
十八日雨歇、辞某家、昨日傷足不
能徒歩終宿小田駅
十九日晴、辞逆旅、抵佐嘉阿兄家、
別省適
廿日陰
廿一日晴
廿二日晴、介阿兄入渋谷良順翁門、
再讀和蘭理学書、余久廃横文
書今再對之悗覚面上隔一膜
廿三日雨、往学
廿四日晴、往学
廿五日陰、往学
廿六日晴、往学
廿七日晴、往学
廿八日晴、往学
廿九日晴、往学、午後訪大庭雪斉翁
晦晴、往学、午後旧知大木貞斉供余

十二月

朔晴、往学
二日雪、往学
三日晴
四日陰、往学
五日陰、往学
六日晴、往学
七日晴、往学
八日陰、往学
九日晴、往学
十日晴、病不往学
十一日晴、仍臥
十二日晴、仍臥
十三日晴、起床往学
十四日雨、往学
十五日雨、往学
十六日雨、往学
十七日霽、往学
十八日雨、往学且上好生館
十九日霽或雨、西帰午飯合込薄暮過
桃川詣浄誓寺、盖明日先考百箇
日忌辰也、出寺則既入夜、従是
冥行抵家人定慈母大悦
廿日雪、先考百箇日忌辰也拜先塋
廿一日雪診中田、省適来
廿二日晴
廿三日晴、診中田
廿四日晴
廿五日晴、診中田
廿六日晴
廿七日晴、早朝製春餅、診中田
廿八日晴
廿九日雨雪交降、診中、田掛大穴牟
地神像於壁間

〔表紙、原寸、縦一三・五cm、横二〇cm〕

慶應二年丙寅

二十三年

日暦

慶應二年丙寅　二十三年

正月

元旦晴、早朝拝大穴牟地神影以侍慈母酌屠蘇酒祝年、既拝先塋
二日雨
三日晴
四日晴、診村後及中田、斉藤義一郎来訪
五日雨、大川内光武俊造来訪、午後施刺絡於北川患者
六日雨歇
七日陰
八日雨
九日陰
十日晴
十一日晴
十二日晴
十三日晴、訪前田翁
十四日雨、伊勢福本脩二吊先考書到
十五日霽、拝先塋
十六日陰晴不定
十七日陰晴不定
十八日陰晴不定
十九日陰晴不定、福本脩二来
廿日晴
廿一日雨、佐嘉大庭権之助来贈其父雪斎翁吊先考國雅、終止宿
廿二日雨後歇、権之助去
廿三日晴
廿四日晴
廿五日晴
廿六日雨
廿七日晴
廿八日晴、撰救急法
廿九日晴
晦晴、診古子

二月

朔陰
二日暴風雨診野副
三日晴、診古子、内山三友来
四日陰、診古子
五日雨、妻適武富氏盖以臨月也、阿姉及産婆同伴
六日雨、有田古賀伊平来
七日雨、診古子午後診金武
八日晴、診古子
九日陰、診川内
十日晴、診古子午後診金武後拝先塋
十一日晴
十二日晴、診古子
十三日晴
十四日陰、診古子診村後
十五日或雨或晴、平戸人来乞診
十六日陰、診古子
十七日晴、訪檀文逸於木須
十八日晴
十九日晴、夜省適為其父急患乞診脳出血也
廿日雨、省適父終斃、薄暮診内之馬場
廿一日雨、診内之馬場・中田、吊省適
廿二日晴、診内之馬場
廿三日陰、診内之馬場
廿四日雨、診内之馬場及中田
廿五日雨歇、得生男子之報直適武富氏省之
廿六日晴
廿七日晴、朝診内之馬場、診中田、山代里片山帯雲来訪止宿
廿八日陰、与片山観花於内之馬場
廿九日雨

三月

朔陰
二日晴
三日晴、午後木須檀文逸義子栄一郎来借和蘭文典
四日晴、適武富氏名生男呼源太郎
五日晴
六日晴
七日晴
八日雨
九日霽
十日晴、伊万里御厨寛治、赤司雪齋、大川内精記、有田針尾徳太郎、善三郎来為先考追悼國雅会拝先塋
十一日晴、奉古訓古事記三冊於伊万里戸渡島祠盖先考遺命也、此日診野副
十二日雨
十三日晴、省適召飲

十四日晴
十五日晴、診赤坂
十六日晴、訪前田翁邂逅草場船山翁、
　石井新平相共舟遊牧洲湾
十七日晴、船山翁等来過
十八日晴、山谷西岡三郎次来同船山
　翁等遊湯田原、義一郎亦来後
　船山翁等辞去
十九日晴、診金武・赤坂・中田
廿日雨
廿一日晴
廿二日晴、拝先塋、辞萱堂、赴佐
　嘉多久夜訪船山翁
廿三日晴、発多久宿牛津
廿四日晴、午後抵佐嘉阿兄家
廿五日晴、午後適師家従是入塾
廿六日雨
廿七日雨
廿八日陰
廿九日晴
晦晴

四月

朔晴
二日雨
三日晴、阿兄因其主用使長崎盖具病
　状問處方蘭医ボードイン也、
　誘余同行余諾之、夜四皷厘外津
　解纜
四日天明雨、諫早捨舟衝雨行雨益甚
　宿矢上
五日霽、発矢上午前抵長崎適病院面
　晤江口梅亭
六日陰晴不定、訪三島氏・佐々木氏・
　藤村氏・村上氏・訪谷口藍田翁、
　夜小川仲栄招飲
七日晴、同小川仲栄・栗崎道巴飲玉
　泉亭
八日晴、與阿兄適病院
九日陰、辞長崎踰火見嶺風雨晡時宿
　諫早
十日霽、買舟発諫早風急不出、三時
　到厘外津宿兄家
十一日晴、帰塾
十二日雨
十三日陰
十四日晴、好生館会業
十五日晴
十六日晴
十七日晴
十八日晴
十九日晴、好生館会業
廿日晴
廿一日晴
廿二日晴、会業
廿三日晴
廿四日晴、会業
廿五日晴
廿六日晴、会業
廿七日晴
廿八日晴
廿九日晴、会業

五月

朔雨
二日雨、会業
三日晴
四日晴、会業
五日陰
六日雨
七日雨、会業
八日雨
九日霽、会業
十日陰晴不定
十一日雨、会業
十二日雨
十三日雨、会業
十四日雨、永松東海来盖昨帰自江戸
　也
十五日晴、永松来
十六日晴
十七日晴、永松来
十八日晴、会業
十九日陰、永松東海・鐘ヶ江文英来
　話
廿日雨、会業
廿一日雨
廿二日雨
廿三日雨
廿四日雨、会業
廿五日雨、阿兄拉侄徳久駒太郎来乞
　先生診
廿六日霽、会業
廿七日晴
廿八日雨、会業、我侯因将軍之命将
　有事于長州
廿九日霽、永松来

六月

朔雨
二日大雨
三日雨、永松来
四日霽
五日雨
六日霽
七日雨
八日雨
九日雨
十日霽、午後與永松東始讀獨乙文典
十一日晴
十二日晴
十三日晴
十四日晴
十五日晴
十六日晴
十七日晴
十八日晴、診立町
十九日晴、観長州出勢軍深堀太夫為
　隊長
廿日驟雨
廿一日雨
廿二日霽、診城北
廿三日晴
廿四日〔虫喰〕
廿五日晴
廿六日晴、病眼疾
廿七日晴
廿八日晴
廿九日晴

七月

朔晴、西帰徳久駒太郎在阿兄家為同
　伴宿牛津
二日晴、発牛津宿武雄
三日晴、発武雄午後抵家慈母大悦
四日晴
五日晴
六日晴
七日晴、寒熱
八日晴、又寒熱遂間歇熱
九日晴、仍臥
〔十日欠〕
十一日晴、仍臥、省適来、大木黒髪
　宗碩来、後英健来告前田翁病
十二日晴仍臥
十三日〔虫喰〕仍臥
十四日晴仍臥
十五日晴、假起床拝先塋
十六日晴仍臥
十七日晴仍臥
十八日晴仍臥
十九日雨仍臥
廿日晴、病瘥
廿一日晴、阿兄以脚夫傳好生館学級
　試験無事
廿二日雨
廿三日雨
廿四日晴
廿五日晴、鶏鳴辞萱堂乗轎発程赴佐
　嘉、盖以病後身体疲労而期日切
　迫也、入夜抵師塾
廿六日晴、好生館試験理学書ファ
　ンデンベルグ空気越歴也
廿七日晴
廿八日晴、後前田翁訃音作書吊之
廿九日晴、廻診近隣
晦陰

八月

朔雨
二日晴、眼疾再発
三日晴
四日晴
五日晴
六日陰
七日雨
八日霽
九日晴、好生館及第学級三等盖原書
　也
十日晴
十一日晴
十二日晴
十三日雨
十四日晴、為眼疾西帰、小坂午飯過
　桃川日既没、伊万里宿浦郷氏
十五日晴、抵家慈母大悦、夜侍萱堂
　賞月詠國雅隣家阿姉亦到、追懐
　客秋今夕侍先考賞月之事感愴無
　窮作歌曰
　此秋乃今宵は去年か想出天月に
　　も袖を濡しこそすれ
十六日晴、萱堂賽明善寺
十七日晴、診村後
十八日晴、診村後、午後拝前田翁墓
十九日晴
廿日晴
廿一日晴

廿二日晴
廿三日晴
廿四日晴、小城柴田琴江携其男納富
　介堂来宿
廿五日晴、琴江父子去
廿六日陰
廿七日晴
廿八日晴、松井善三郎来因同省適三
　人訪片山帯雲山代里終止宿
廿九日晴、片山誘余等遊親種寺晡時
　拜帰、帰途感冒
晦晴、仍臥

九月

朔晴
二日晴、診村後
三日晴
四日晴、診村後
五日晴
六日晴、診村後
七日晴、阿兄到
八日晴
九日晴、拜先塋、後武富岳父・武
　富熊助・浦郷安兵衛等到
十日晴、請僧修佛事盖先考一周忌日
　也且合祖母三十三年忌也
十一日晴
十二日晴
十三日晴
十四日晴
十五日晴、同阿兄奉萱堂登観國山
十六日晴
十七日晴、診村後、夜阿兄発程帰佐
　嘉
十八日晴、診村後
十九日晴
廿日晴、長崎村上藤兵衛及武兵衛書
　到
廿一日晴
廿二日晴、門外為市衆人来買盖明日
　当秋祭也
廿三日晴、秋祭、午後適伊万里薄暮
　帰家、途福母有急患往診省適之
　患者也、終闇止宿後雨
廿四日雨仍逗
廿五日仍雨患者少間
廿六日朝雨後晴、以患者益佳帰午後
　家、診河内、入夜又診福母終宿
廿七日晴、拜帰
廿八日晴、朝辞萱堂赴佐嘉夜小田駅
廿九日晴、早発抵佐嘉師家鹿島織田
　良益・諫早武富秀席二人在塾

十月

朔晴
二日晴、老侯有事伊万里、盖有疾以
　其故内請長崎養生所教師ボード
　イン舟路来伊万里侯就乞其診也、
　渋谷先生供奉先生拉余宿牛津
三日晴、晡前抵伊万里、與師共宿武
　富氏
四日晴、阿兄亦帯其主用来、午後饗
　渋谷先生於作井手
五日晴、診福母
六日晴、従渋谷先生発伊万里取路於
　武雄、入夜宿大町
七日晴、発大町午時帰塾
八日晴
九日晴
十日晴、夜永松到
十一日晴
十二日陰晴不定、永松・江口到
十三日晴
十四日晴
十五日晴
十六日晴
十七日晴
十八日晴
十九日微雨
廿日雪
廿一日晴
廿二日晴
廿三日晴
廿四日晴、適好生館
廿五日晴、適好生館
廿六日晴、診諸家
廿七日雨、診諸家
廿八日雨、好生館会業マイグリール
　解剖書
廿九日晴、診諸家
晦晴、診諸家

十一月

朔晴、診諸家
二日晴、診新地
三日晴、診新地、好生館会業
四日晴、診新地
五日晴、診新地
六日或雨或晴、診新地

七日晴
八日晴、於好生館解剖豚余担当消食
器事了館賜酒
九日晴
十日晴、好生館会業
十一日晴
十二日晴
十三日晴、好生館会業
十四日
十五日晴
十六日晴
十七日晴
十八日晴、好生館会業
十九日晴、以阿兄病代診諸家
廿日晴、仍為代診
廿一日晴、仍為代診
廿二日晴、夜夢先考
廿三日晴、好生館会業
廿四日晴
廿五日晴、相浦杏菴招飲
廿六日朝雨後晴
廿七日晴後雨、診諸家
廿八日晴、好生館会業
廿九日晴、診河原小路
晦晴

十二月

朔晴
二日雨
三日晴或雨、好生館会業
四日陰
五日晴、診諸家
六日晴、為婦人屍体解剖
七日晴、診古川氏
八日晴
九日雨
十日晴、診古川氏
十一日晴
十二日晴
十三日晴
十四日晴
十五日晴
十六日晴
十七日晴、同織田良益遊小城清水
十八日晴
十九日晴、與鐘ヶ江文英（後改晴
朝）讀羅説生理書
廿日晴、夜又讀罹説
廿一日晴、夜又讀罹説
廿二日晴、夜又讀罹説
廿三日晴
廿四日雨、診諸家
廿五日晴、診諸家
廿六日晴、診諸家
廿七日晴、診諸家
廿八日晴
廿九日晴、永松来交付ヒュンケ生理
書價壱両弐分
晦晴

〔表紙、原寸、縦一三・五cm、横二〇cm〕

慶應三年丁卯　二十四年
日暦

先生四十一年

慶應三年丁卯　二十四年

正月

朔元旦晴、向郷拝萱堂拝先塋、後拝
年於阿兄
二日晴早朝発程帰郷入夜抵家萱堂大
悦
三日晴
四日晴、拜先塋
五日雨、診古子
六日霽
七日晴、木下栄三郎携其侄木下蘭次
郎来宿
八日陰、診中田
九日晴
十日晴
十一日雨
十二日晴、適有田
十三日陰
十四日雨
十五日晴、診中田
十六日陰、診村後
十七日雪
十八日晴、診中田及村後
十九日晴、診村後
廿日晴、診村後
廿一日晴、診村後
廿二日晴、診村後
廿三日晴、診村後
廿四日晴
廿五日晴、診村後、診古子
廿六日晴、診中田、後山代人来乞診
廿七日晴、夜診中田

廿八日晴、診中田・古子、診福母、診河内
廿九日晴、診大道

二月

朔晴、診大道
二日晴
三日晴
四日陰、午後適伊万里整頓前田翁詩文遺稿
五日晴、片山帯雲来訪
六日晴
七日晴、診大道・川向、後同省適・柳軒・三悦等訪片山帯雲終止宿
八日晴、辞去診大道
九日晴
十日晴、拜先塋
十一日晴、平戸人来乞診
十二日晴、辞萱堂赴于佐嘉宿武雄
十三日晴、発程午後抵師家
十四日晴
十五日晴
十六日晴、好生館会業
十七日陰、横尾寛蔵招飲
十八日雨、診諸家
十九日朝雨後晴会業
廿日晴、診諸家
廿一日雨
廿二日雨、診諸家
廿三日雨後晴、診諸家、会業
廿四日晴、診諸家
廿五日雨
廿六日晴
廿七日晴、原文郁来
廿八日晴
廿九日雨、診諸家、会業
晦雨、診諸家、副島仲謙来話盖同会生也

三月

朔雨、訪原文郁讀罹説
二日陰、相良宗達・副島仲謙来
三日雨、得内人患乳房炎之報
四日或雨或晴、西帰宿武雄
五日晴、午後抵家萱堂大悦内人疾幸不甚拜先塋
六日晴
七日晴
八日晴、診村後以内人疾不甚辞萱堂赴佐嘉宿大町
九日晴午前抵師家
十日晴
十一日晴
十二日晴
十三日晴、会業
十四日雨
十五日晴
十六日晴
十七日晴
十八日陰晴不定、診諸家
十九日晴、好生館会業
廿日晴
廿一日晴
廿二日雨
廿三日晴、好生館会業
廿四日晴
廿五日晴
廿六日雨
廿七日晴、会業
廿八日晴
廿九日雨、会業

四月

朔晴
二日晴、夜草医按一章盖実験規那塩無効窒扶斯也
三日晴、会業
四日晴、伊勢人福本脩二来過
五日晴
六日晴
七日晴
八日晴、診諸家
九日晴
十日陰
十一日雨
十二日晴、診諸家隣家窒扶斯患者斃
十三日晴、会業
十四日晴
十五日晴
十六日晴
十七日晴
十八日晴
十九日晴、会業
廿日晴
廿一日雨
廿二日霽
廿三日晴、会業
廿四日晴
廿五日微雨、有故與同塾織田良益伴

師家長男庯太郎西遊盖入浴嬉野也、到山口午飯両（ママ）益甚従是左折南行宿横手村上定房盖良益弟也
廿六日霽、辞去過廻津訪野口桃雲、踰龍王嶺到鹿島宿良益家、夜微恙
廿七日晴、詣佑徳院、午後赴嬉野日晡抵嬉野宿良益叔父高柳敬右衛門家、直入浴
廿八日晴、入浴午後観支肱松
廿九日晴、辞去欲取路於伊万里帰佐嘉晡時到家悪寒
晦晴、悪寒発熱

五月

朔雨、仍臥床
二日陰、午後又悪寒発熱終為間歇熱、此日姪吉永阿時子宮出血甚有虚候、参附有効
三日晴
四日晴
五日晴、問日也、客遊于大川内伊万里駒太郎為前導晡時帰
六日晴、服規那塩
七日晴
八日陰、病大佳
九日陰、早朝診北川、辞萱堂同良益等取路於有田赴佐嘉、駒太郎亦同行有田観陶土山中村養安翁導、終宿武雄
十日雨後霽、発武雄晡時入府城駒太郎止阿兄家、余等帰塾
十一日晴
十二日陰
十三日雨、会業
十四日雨歇
十五日陰
十六日雨、会業
十七日雨
十八日雨
十九日雨、会業
廿日霽
廿一日晴
廿二日晴
廿三日雨、会業
廿四日雨
廿五日雨
廿六日会業
廿七日雨
廿八日雨
廿九日雨、会業診諸家

六月

朔雨、診諸家
二日雨、診諸家
三日霽、会業
四日晴、診諸家
五日雨
六日雨
七日雨
八日雨
九日雨
十日雨
十一日晴、老公上京発駕
十二日雨
十三日雨
十四日雨、診諸家
十五日雨、鐘ヶ江来
十六日雨
十七日雨
十八日雨、会業
十九日晴
廿日晴
廿一日晴
廿二日晴
廿三日晴、会業
廿四日晴
廿五日晴
廿六日晴、診諸家
廿七日晴
廿八日晴、会業
廿九日晴

七月

朔晴
二日晴
三日陰、会業
四日晴
五日晴
六日晴
七日晴、診諸家
八日晴会業、試業讀ヒュンケ生理書
九日晴
十日晴
十一日晴
十二日晴
十三日晴、会業
十四日晴
十五日晴

十六日晴陰晴不定
十七日晴、会業
十八日晴、診諸家
十九日晴
廿日晴
廿一日晴、診諸家
廿二日晴、診鬼丸
廿三日晴、会業
廿四日晴
廿五日晴、診諸家
廿六日晴
廿七日陰、会業
廿八日晴
廿九日晴

八月

朔晴、接長男源太郎疾危篤報、直発
　程出徳万町日既没四皷宿小田駅
二日晴、冒夜発程至合混天漸明午前
　抵家、児病少間、岳父等辞去
三日晴、児病益佳
四日雨、病益佳
五日霽、龍助・省適来訪作書画消日
六日晴、診福母
七日晴、診村後
八日晴、診福母
九日晴、診福母
十日晴、診伊万里武富熊助小児病武
　雄清水宗菴先在
十一日晴
十二日晴
十三日晴
十四日晴
十五日晴、診福母、夜武富熊助折簡
　曰児病危急請来診即往診與清水
　老医商議終止宿
十六日晴、清水辞去、病児継而斃
十七日晴時雨
十八日雨、診村後
十九日霽
廿日雨、欲発程不果
廿一日雨、診村後
廿二日雨
廿三日霽
廿四日晴、辞萱堂、取路於有田赴佐
　嘉、宿武雄
廿五日晴、発程午後抵師家
廿六日雨
廿七日晴、会業
廿八日雨
廿九日雨、夜鹿島医生久布白宗碩・
　下河辺俊益来
晦暴風雨

九月

朔晴
二日晴、会業後訪秀島文圭於正井（ショウキ）村
三日晴
四日雨
五日雨
六日雨
七日雨、会業
八日霽
九日晴
十日晴
十一日晴
十二日晴、会業
十三日晴
十四日晴
十五日晴
十六日陰晴不定
十七日陰晴不定、会業
十八日晴
十九日陰晴不定
廿日晴
廿一日晴
廿二日晴、会業
廿三日晴
廿四日晴
廿五日晴、診諸家
廿六日晴
廿七日晴、会業
廿八日晴
廿九日晴、診諸家

十月

朔晴
二日晴、会業
三日晴
四日晴
五日晴
六日晴
七日雨、会業
八日晴
九日晴
十日晴
十一日晴
十二日晴、会業
十三日晴、午後診西川内村高伝寺近

傍也
十四日晴
十五日晴
十六日晴
十七日晴、会業
十八日晴
十九日晴
廿日晴
廿一日晴、診西川内村
廿二日晴、会業
廿三日晴、診諸家
廿四日晴
廿五日晴、於好生館解剖豚余担当頭
　部
廿六日晴
廿七日雨、会業、午後診西川内村
廿八日霽
廿九日時雨、此日草場佩川翁卒
晦陰、尾形蛟南来

十一月

朔時雨
二日時雨、会業
三日時雨
四日晴
五日晴
六日晴
七日晴、会業、午後診鬼丸
八日晴
九日晴、ウンドルリフ治療書五冊全
　部到、蓋江口梅亭所送也價金
　弐拾四両壱分弐朱此書
十日陰
十一日晴
十二日晴、会業、診川原小路
十三日晴
十四日雨
十五日晴
十六日晴
十七日晴、会業
十八日晴
十九日晴、診諸家
廿日晴、診杉野氏
廿一日雨、診杉野氏
廿二日霽、会業
廿三日晴
廿四日晴、午後菊地宗菴来
廿五日晴
廿六日晴
廿七日晴、会業、午後診古川氏
廿八日晴、訪永松東海讀舎密通論
廿九日晴、診杉野氏
晦晴、永松来話

十二月

朔晴
二日晴、会業
三日晴
四日晴
五日晴
六日晴、永松・鐘ヶ江来
七日雨、会業
八日雨
九日雪、午後診石隈氏
十日晴、診石隈氏
十一日晴、診諸家
十二日陰、会業
十三日雨、永松来
十四日雨、診川原小路
十五日雨、永松来
十六日或雪或雨、永松来
十七日陰晴不定、会業
十八日陰
十九日晴、永松東海赴長崎発程、余
　與之同伴西帰、小田小憩到武雄
　分袂、過有田日既没暝行、来大
　木逢徳久太兵衛借燈於某氏、抵
　家萱堂大悦
廿日雪
廿一日陰
廿二日晴
廿三日晴
廿四日晴、辞萱堂発程赴佐嘉、山形
　逢雨、桃川買雨傘、而行宿大町
廿五日晴、発程午前抵師家
廿六日晴
廿七日晴
廿八日雨
廿九日晴、西帰午飯小田、到山形
　日全没暝行、抵伊万里宿武富氏
晦晴、抵家萱堂大悦、此日大穴牟地
　神影於壁間

〔表紙、原寸、縦一三・五㎝、横二〇㎝〕

慶應四年戊辰
明治改元　二十五年
甲乙丙丁戊己庚辛壬癸
　日暦

慶應四年戊辰　二十五年

正月

朔晴、拝大穴牟地尊神影侍萱堂酌屠
　蘇酒為元旦次拝先塋
二日晴
三日晴
四日晴
五日晴、伊勢福本脩二来
六日晴
七日雨、午後適伊万里拝前田翁墓
八日晴、公駕臨伊万里盖公朝京師也、
　渋谷先生扈従同塾織田良益従之、
　先生館京屋、父執古川與一（松
　根）館武富、夜古川為墨戯
九日晴、面晤渋谷先生、宮田魯斉・
　井上仲民両氏亦来館、皆従公駕
　東行也、晡時帰家、原明眼科木
　下梅軒・谷口藍田翁二男八戸次
　郎来
十日晴
十一日晴
十二日晴
十三日雨
十四日雨
十五日晴、外尾福島喜平来、午後織
　田良益・渋谷坤一帯先生命来
十六日晴
十七日晴、帰家、午後適有田宿横尾
　謙吾家
十八日雨、帰家
十九日陰
廿日陰
廿一日雪、診山谷、午後渋谷先生在
　伊万里以使召余令、診二三病
　客
廿二日晴、診山谷
廿三日晴、送古川渋谷二先生於伊万
　里、盖公艦以此日抜錨也、午
　後診山谷
廿四日晴、診野副・河内・古子
廿五日晴、診山谷、診伊万里
廿六日晴、柴田琴江来、斉藤治平招
　飲與琴江共往、入夜帰
廿七日雨、琴江仍逗、診野副
廿八日霽、琴江去
廿九日雨、診古子

二月

朔雨、診古子、後診山谷
二日晴、診古子
三日雨
四日雨
五日雨
六日霽
七日晴、診古子
八日晴、診楠久
九日晴、午後有田中村養安来宿、雨
十日雨、養安帰、拝先塋
十一日陰雨、午後訪木下栄三郎於大
　里、相携訪柳軒分新賦詩、薄暮
　帰家、入夜診北川
十二日陰
十三日雨
十四日風雨
十五日雨歇、辞萱堂赴佐嘉宿武雄
十六日陰、発武雄午後入佐嘉直帰塾
十七日雨
十八日霽、永松来
十九日晴、永松来
廿日陰晴不定、此日老公東朝京師、
　舟行、取路於伊万里
廿一日晴
廿二日晴、好生館会業
廿三日晴
廿四日晴、好生館会業
廿五日晴
廿六日晴
廿七日陰、好生館会業
廿八日雨
廿九日霽
晦晴、好生館会業

三月

朔晴
二日晴、好生館会業
三日雨、横尾寛蔵招飲為墨戯
四日晴
五日陰、好生館会業
六日晴
七日晴
八日晴、好生館会業
九日雨、永松来
十日晴、好生館会業
十一日晴
十二日晴、好生館会業
十三日晴
十四日晴、同永松・野中観花於川上
十五日晴、永松来

十六日晴
十七日晴、好生館会業
十八日雨、好生館会業
十九日霽
廿日晴好、生館会業
廿一日晴
廿二日雨、好生館会業、此日有田平方見有拉正司碩斉児（称福一）来、入赤司道哉門学産科也
廿三日晴
廿四日晴、好生館会業
廿五日晴
廿六日陰、好生館会業
廿七日雨
廿八日雨、久布白暾石（後改勝太）来談當世形勢
廿九日晴
晦晴

四月

朔晴
二日陰、好生館会業
三日陰、好生館会業
四日雨
五日雨、好生館会業
六日雨
七日雨、好生館会業
八日晴、面晤相良知安氏（称弘菴）
九日晴、好生館会業
十日晴、夜質問生理書疑義於相良知安氏
十一日雨傾盆、好生館会業
十二日晴、好生館会業
十三日晴
十四日晴、好生館会業
十五日晴
十六日雨
十七日晴、好生館会業
十八日晴、好生館会業
十九日晴、野田宗栄来（後改春堂）
廿日陰、好生館会業
廿一日雨、好生館会業
廿二日晴、同高尾安貞・下村晃鶴遊于熊河浴温泉宿新屋
廿三日晴、辞熊河、晡時帰塾
廿四日晴、好生館会業
廿五日雨
廿六日雨、好生館会業
廿七日陰、寫和蘭解剖書於好生館
廿八日晴、寫和蘭解剖書於好生館
廿九日晴、寫和蘭解剖書於好生館

閏四月

朔晴
二日晴、好生館会業
三日雨
四日晴、好生館会業
五日晴
六日晴、好生館会業
七日晴
八日陰、好生館会業
九日雨
十日陰、好生館会業、永松来、水町三省従軍東征
十一日雨、此日東門太夫東征
十二日晴、好生館会業
十三日晴
十四日晴、好生館会業
十五日晴
十六日晴、好生館会業
十七日陰、好生館会業
十八日雨
十九日雨、此日中小路太田大夫領部東征見兵三百、同塾野中元氏（後改吉尾秀策）従是
廿日雨
廿一日雨
廿二日晴、好生館会業
廿三日晴
廿四日陰、好生館会業
廿五日雨
廿六日霽、好生館会業、此日萱堂書信到命帰郷
廿七日微雨、発程西帰、道途泥濘没脚、夜抵家萱堂大悦
廿八日雨、大川内光武春庭来
廿九日雨

五月

朔陰
二日霽
三日晴
四日雨
五日霽
六日雨
七日霽
八日晴
九日晴、診中田
十日霽

十一日雨、省適来
十二日霽
十三日微雨後霽、正司翰一来
十四日晴、診中田、夜雨中夜甚
十五日大雨、前川大漲
十六日雨、診河内
十七日霽時々雨、辞萱堂赴佐嘉、與
　浦郷喜右衛門同行、宿武雄
十八日雨衝雨発程午後入佐嘉宿阿兄
十九日晴、適師家塾
廿日晴
廿一日晴後雨、武富岳父送金三拾両
廿二日雨
廿三日晴
廿四日晴、好生館会業、正司翰一来
　過
廿五日晴、同正司翰一及武富圯南
　翁次男禮之進等對酌
廿六日晴、好生館会業
廿七日晴、深堀左馬之助氏東征
廿八日晴
廿九日晴、好生館会業
晦晴

六月

朔陰
二日晴、好生館会業ヒュンケ生理書
　卒業
三日晴
四日晴
五日晴
六日晴
七日晴、好生館会業
八日晴
九日晴
十日晴、好生館会業
十一日晴
十二日晴、好生館会業
十三日晴
十四日晴、好生館会業
十五日晴
十六日晴、好生館会業
十七日晴
十八日晴
十九日晴、好生館会業
廿日晴
廿一日晴、好生館会業
廿二日晴
廿三日晴
廿四日晴、好生館会業
廿五日晴
廿六日雨、好生館会業
廿七日雨
廿八日霽
廿九日陰、好生館会業

七月

朔晴
二日晴、好生館会業
三日晴
四日晴、好生館会業
五日晴
六日晴、好生館試業ヒュンケ生理書
　也
七日晴、同菊地宗菴（後改忠篤）訪
　城島元長（後改陳善）
八日晴
九日晴、訪福地林橘
十日晴
十一日晴
十二日晴
十三日晴
十四日晴
十五日晴
十六日晴、訪大石良乙
十七日晴
十八日晴、好生館会業
十九日晴
廿日晴
廿一日晴
廿二日晴、好生館会業
廿三日晴
廿四日晴
廿五日雨
廿六日晴
廿七日晴、好生館会業
廿八日晴
廿九日晴、好生館会業

八月

朔雨
二日晴、好生館会業
三日晴
四日晴、好生館会業
五日雨
六日晴、好生館会業
七日晴、好生館会業
八日晴
九日晴

十日陰
十一日雨、好生館会業
十二日霽
十三日晴、好生館会業
十四日晴
十五日雨
十六日霽、好生館会業
十七日晴
十八日晴
十九日晴、好生館会業
廿日晴、西帰、小坂午飯、山口左折、
　廻津宿野口桃雲家
廿一日晴、朝辞去、過須古鳴石武雄、
　抵家則入夜萱堂大悦
廿二日晴、診野副
廿三日晴
廿四日晴
廿五日雨、診野副
廿六日雨
廿七日晴、光武俊斉（後改俊造）来
　話
廿八日陰
廿九日晴、辞萱堂赴佐嘉直入塾
晦晴

九月

朔晴
二日晴、好生館会業
三日晴、好生館会業
四日晴、好生館会業
五日晴、好生館会業
六日晴、好生館会業
七日晴、好生館会業
八日晴、好生館会業
九日晴
十日晴、好生館会業
十一日晴、好生館会業
十二日雨、好生館会業
十三日晴、好生館会業
十四日晴、好生館会業
十五日晴
十六日晴、好生館会業
十七日陰、好生館会業
十八日晴、好生館会業
十九日晴、好生館会業
廿日晴
廿一日晴
廿二日晴
廿三日晴
廿四日陰
廿五日晴
廿六日晴、好生館会業
廿七日雨
廿八日霽
廿九日晴

十月

朔晴
二日晴、好生館会業
三日晴、好生館会業
四日陰
五日陰、好生館会業
六日晴、好生館会業
七日晴、好生館会業
八日雨、好生館会業、家書到報曰、
　内人生男児、且報山谷大火全焼
九日晴、好生館会業
十日晴
十一日晴
十二日陰雨、好生館会業
十三日雨、好生館会業
十四日晴
十五日晴、於好生館解剖豚
十六日雨、好生館会業
十七日霽、好生館会業
十八日晴、好生館会業
十九日晴
廿日晴
廿一日晴
廿二日晴、午後與相良宗達訪副島仲
　謙於只江蓼橋畔之家仲謙大悦
廿三日晴、午後辞去
廿四日晴
廿五日晴、好生館会業
廿六日晴、好生館会業
廿七日晴、好生館会業
廿八日陰晴不定、好生館会業
廿九日晴
晦晴、好生館会業

十一月

朔晴、好生館会業
二日晴
三日晴、好生館会業
四日晴
五日晴、好生館会業
六日晴、好生館会業
七日晴
八日晴、好生館会業

九日晴
十日晴
十一日陰晴不定、夜織田良益帰自京
　師
十二日晴
十三日雨、好生館会業
十四日雨、副島仲謙来
十五日雨
十六日晴、好生館会業
十七日陰
十八日晴、好生館会業
十九日雪
廿日晴
廿一日雨
廿二日晴、良益帰省
廿三日晴、好生館会業
廿四日陰
廿五日晴
廿六日晴、好生館会業
廿七日晴
廿八日陰、好生館会業
廿九日霽、好生館会業、依頼城島元
　長納金七両於好生館盖洋書購入
　代價預約也
晦晴、老侯閣下取路於伊万里水路上
　京

十二月

朔晴
二日晴、好生館会業
三日晴、好生館会業
四日晴、太田大夫帰陣野中元氏従帰
　途迎之夜元氏招飲
五日晴
六日晴
七日晴、好生館会業、午後永松来盖
　昨日帰陣也
八日晴、好生館会業「ギュンニング」
　化学書卒業
九日晴、午後訪永松
十日陰、午後永松来
十一日霽、徃好生館依監厨納金九両
　於館盖洋書購入預約代價也
十二日晴、西帰晡時宿武雄
十三日朝陰後雨、発武雄晡前抵家萱
　堂大悦
十四日陰晴不定、省適来
十五日雨
十六日雪
十七日陰、適伊万里
十八日晴
十九日晴
廿日晴
廿一日雨、省適来
廿二日晴、診山谷、後光武俊斉来
廿三日雨
廿四日雨
廿五日雨
廿六日雨、診大里
廿七日晴、報鶏掃先塋
廿八日雨、診内之馬場
廿九日霽、掛大穴牟地神影於壁間

〔表紙、原寸、縦一三・五cm、横二〇cm〕

明治二年己巳　二十六年

日暦
明治二年己巳　廿六年

正月

元朔晴、早朝拝太神宮次拝大穴牟地
　命神影而侍萱堂酌屠蘇酒為元旦
　継拝先塋
二日雨
三日晴或雨
四日晴、診内之馬場
五日晴
六日晴、診野副
七日雪
八日雪
九日晴
十日晴、診野副
十一日晴、診野副
十二日晴、平戸人来乞診、此日阿
　兄書并野中元氏織田良益書到
　曰、去六日渋谷先生従公駕帰自
　京師
十三日雨
十四日雪、診野副、拝年於武富氏拝
　前田翁墓
十五日晴、晡阿兄拉其男唯一来
十六日晴
十七日陰晴不定、診赤坂、同阿兄拉
　諸侄食白魚於川東
十八日晴、與阿兄拉諸侄踰牧嶺遊
　大川内、訪光武春庭遂止宿
十九日晴、余児辞去、徃伊万里診武
　富熊助之児之病、後阿兄亦来診

廿日晴
廿一日雨
廿二日霽
廿三日晴、與阿兄巡視田畝
廿四日陰
廿五日晴、阿兄辞去
廿六日晴、辞萱堂取道伊万里赴佐嘉、途逢福本脩二、過本部逢相良宗達・副島仲謙来訪、余矣阿兄亦在路傍茶店談話少時、別阿兄、伴副島・相良還家萱堂大悦
廿七日大雨、終日三人鼎坐談話消日
廿八日雨歇、同客観煮塩長濱
廿九日晴、再辞萱堂、副島・相良取路於大川内踰山宿武雄
晦晴、朝発武雄、午後入佐嘉、別相良副島、帰塾

二月

朔晴
二日雨、大島良全来後永松来
三日雨
四日晴
五日晴
六日晴、永松来粂英健来
七日雨
八日霽
九日晴
十日陰
十一日晴
十二日雨、感冒
十三日晴、仍臥
十四日晴、仍臥
十五日晴、仍臥
十六日晴、仍臥
十七日晴、徃阿兄家臥床
十八日晴、仍臥
十九日晴、仍臥
廿日風雨
廿一日晴、帰塾
廿二日晴
廿三日雨
廿四日雨
廿五日晴
廿六日晴
廿七日晴、永松来
廿八日雨
廿九日晴
晦雨古川傳安来

三月

朔雨
二日霽、永松来
三日晴
四日晴
五日雨
六日雨、永松来
七日雨、相良貞齋来
八日晴
九日晴
十日晴、藤山柳軒来
十一日晴
十二日晴
十三日晴
十四日晴、好生館会業
十五日晴
十六日晴、午後與鐘ヶ江等店飲餞永松東海従軍之東京、夜同鐘ヶ江文英（後改晴朝）・相良宗達三人買舟於厘外津為長崎行四皷前解纜
十七日陰晴不定、舟中天巳明達諫早、捨舟矢上駅午飯、申下入長崎投逆旅、直徃病院訪大石良乙、後訪小川仲栄
十八日雨、徃病院面吉武桂仙・大石良乙帰而飲玉泉亭、邂逅馬渡八郎
十九日晴、徃病院
廿日晴、辞逆旅、矢上午飯、日没入諫早半夜買舟
廿一日晴、未及竹崎天巳命午前達厘外津、別二人帰塾
廿二日雨、鐘ヶ江文英招飲永松・相良来会
廿三日陰
廿四日雨、城島元長来（後改陳善）
廿五日晴
廿六日晴、夜永松招飲
廿七日晴
廿八日晴、老公東勤永松扈従因鐘ヶ江等送之
廿九日雨
晦陰晴不定

四月

朔晴、秀島文圭来
二日晴、鐘ヶ江来
三日晴

四日晴
五日晴
六日晴
七日晴
八日雨、公駕発府
九日霽
十日晴、因師命製硫肝
十一日晴
十二日晴
十三日晴、好生館会業
十四日雨又陰、硫肝器破裂負傷
十五日晴
十六日晴
十七日雨
十八日陰晴不定
十九日晴、為阿兄訳ウーステルシン
　薬剤書中硝酸銀条
廿日晴、好生館会業
廿一日晴、鐘ヶ江文英従軍東行余等
　送之
廿二日晴
廿三日雨、診福島禮助
廿四日霽、診諸家
廿五日晴、好生館会業
廿六日晴、診江藤新平氏
廿七日雨、好生館会業
廿八日晴、診江藤氏
廿九日晴

五月

朔晴
二日陰晴不定
三日雨、診江藤氏
四日晴、鈔訳ウキルンメール治療書
五日陰晴不定、因師命訳解毒素小冊
　子起稿
六日晴
七日晴、好生館会業
八日晴
九日晴
十日晴
十一日晴、好生館会業
十二日晴
十三日晴
十四日晴、診諸家
十五日晴
十六日晴
十七日雨、診諸家
十八日霽
十九日晴
廿日晴
廿一日晴
廿二日晴
廿三日晴
廿四日晴、訪原文郁於鍋島村南里神
　一（曾称鉄一）・山口春暢亦来
廿五日雨
廿六日晴
廿七日晴
廿八日雨
廿九日雨、診江藤新平氏

六月

朔晴
二日晴
三日晴
四日晴、診江藤氏
五日雨、診江藤氏
六日雨
七日雨
八日雨
九日晴、診福島氏・坂井氏
十日晴
十一日晴、診諸家
十二日晴、診諸家
十三日晴
十四日雨
十五日雨
十六日晴、診諸家
十七日晴
十八日晴、診諸家
十九日陰、好生館試業、午後診諸家、
　昇進一等
廿日霽
廿一日晴
廿二日晴
廿三日陰
廿四日雨
廿五日雨、診諸家
廿六日雨、鐘ヶ江文英帰自東征来話
廿七日雨、診諸家、永松書到自東京
　大学東校勧余東遊
廿八日雨、診諸家
廿九日雨、為阿兄代診其諸患家
晦晴、中毒書訳稿成

七月

朔雨、東遊之志始決

二日霽、永松書再到
三日晴
四日雨
五日晴、作書答永松
六日晴、朝浄寫訳稿時有急報云、萱
　堂昨夜罹大患投筆告師告、阿兄
　結束西帰、方寸乱傷足歩不進、
　十三塚買駄馬、山形捨馬而又歩、
　日已没既而逢使人曰、萱堂午後
　遂易簀初夜抵家後阿兄亦到
七日朝雨後晴、午後請僧営葬式吊人
　数輩来
八日朝雨後霽、拝先塋、吊人来
九日朝雨後霽、阿兄東帰、後拝先塋
十日朝雨後霽、晨昏拝先塋、有田正
　司敬蔵来吊、省適来吊
十一日晴、詣桃川浄誓寺
十二日晴、営一七日佛事
十三日晴、拝先塋
十四日晴、拝先塋
十五日雨、拝先塋
十六日陰、拝先塋
十七日晴、拝先塋
十八日陰、拝先塋
十九日雨、拝先塋二七日也修佛事
廿日雨、拝先塋
廿一日晴、拝先塋
廿二日晴、拝先塋
廿三日雨、拝先塋
廿四日雨歇、拝先塋
廿五日晴、診内之馬場
廿六日雨、修三七日佛事

廿七日晴、診古子
廿八日雨、診内之馬場
廿九日霽

八月

朔陰晴不定、診内之馬場
二日雨
三日晴、診内之馬場
四日晴、診内之馬場、夜診伊万里
五日雨
六日雨
七日陰
八日晴、有故赴佐嘉入夜到兄家止宿
九日晴、徃師家面先生、鐘ヶ江文英・
　副島仲謙・相良宗達来訪
十日晴
十一日朝雨後晴
十二日晴、徃好生館後面先生告西帰
十三日晴、昧旦辞阿兄西帰日没抵
　家
十四日陰
十五日陰、拝先塋
十六日雨後晴、夜省適来訪分新賦詩
十七日晴、次男直次郎病篤
十八日晴、仍篤
十九日晴、直次郎病少間
廿日晴
廿一日晴、有田中村禮蔵来吊
廿二日陰、晴不定
廿三日晴
廿四日晴
廿五日晴、先妣四十九日忌辰也、請
　僧修佛事、午後伊万里牛島卯助

　為其女請来診武雄清水宗菴江湖
　辻峯謙益先在焉、病則脊髄炎也
廿六日晴、診古子
廿七日晴、牛島氏請来診乃徃遂止宿
　同清水老医峰謙益話
廿八日晴、早朝辞帰口晡又徃診則清
　水既去與峰止宿
廿九日雨、帰家夜復往診與峰止宿

九月

朔晴、仍逗牛島氏盖病益進也、夜患
　者終斃即辞去
二日晴、診山谷
三日晴、診村後
四日晴、診山谷
五日晴
六日晴
七日晴
八日晴
九日晴
十日晴、診内之馬場
十一日晴
十二日晴、診村後
十三日晴、診伊万里
十四日晴、診古子、光武俊斉来訪相
　携訪内山三悦於長濱、相伴訪片
　山帯雲於里村、夜舟遊賞月終宿
　片山家
十五日晴、晏起相共訪坂田雲栄、雲
　栄大悦供酒食後又訪内山快飲、
　後別諸子適伊万里、帰家則入夜
十六日晴
十七日晴、午後米山前田重蔵来余托

之以東遊後事
十八日晴
十九日晴
廿日晴
廿一日晴、診村後、斉藤治平来相携
遊山谷村後稲荷祠、省適亦来
廿二日晴、門前為市諸人来買盖明日
秋祭之具也、後坂田雲栄来宿
廿三日晴、秋祭也平戸人来乞診、後
雲栄辞去
廿四日晴、感冒臥床
廿五日晴、仍臥
廿六日晴、仍臥
廿七日晴、仍臥
廿八日晴、仍臥
廿九日晴、仍臥
晦晴、仍臥

十月

朔晴、診長濱
二日晴、晡時坂田雲栄来
三日晴、鶏鳴蓐食赴佐嘉盖因好生館
徴状也、晡時到阿兄家宿
四日雨、面先生而往好生館館授第一
級昇達之令状
五日雨
六日晴
七日晴
八日晴
九日雨
十日晴
十一日晴
十二日晴、辞別渋谷先生、與阿兄西
帰、取路於多久入夜到多久宿草
場船山先生家
十三日晴、辞去抵家則入夜
十四日晴、武富岳父来與伊左衛門・
太兵衛等議余東遊之事議既決
十五日晴、岳父辞去
十六日晴、先妣百個日也、請僧讀経
十七日雨
十八日雨、阿兄東帰其女阿春従之
十九日晴
廿日晴
廿一日晴
廿二日晴
廿三日晴、診廣巌寺
廿四日晴
廿五日晴、藤山柳軒来訪相伴訪省適
廿六日陰
廿七日雨
廿八日雨、感冒臥床
廿九日雨、仍臥、福母有医生来請学
蘭書従此時来受句讀

十一月

朔霽、仍臥
二日晴、仍臥
三日晴、診伊万里
四日晴
五日雪、午後診伊万里過武富氏有二
客都人士也、岳父紹介余曰、是
余女婿也余企東遊諸君同行、客
諾之、客其父伊万里人而今徃東
京客名犬塚駒吉屋号称丸駒
六日陰雪、拝先塋
七日晴
八日陰、診野副
九日陰、診古子
十日晴
十一日晴
十二日雨、診野副・飯盛河内
十三日雨、診野副
十四日晴、診飯盛河内、帰則後藤祐
哲自山谷折簡招余告佐嘉医局
（好生館）之意盖後藤者管有田
郷医務者也、事最寄官事豈有以
意告人哉、帰家、診中田
十五日晴、診飯盛河内
十六日陰、診飯盛河内・野副
十七日雪、診野副及飯盛河内
十八日陰、夜省適来話
十九日雨、診野副
廿日晴、診野副
廿一日晴
廿二日陰、診中田
廿三日雨、有田正司敬蔵来宿
廿四日晴、診中田、後藤祐哲書到中
有医局之召書
廿五日晴
廿六日晴、赴佐嘉宿有田後藤祐哲家、
峯柳立先在焉是又應徴赴佐嘉
也
廿七日大雪、與峰柳立発有田、到武
雄雪霽、晡時入府、別柳立宿阿
兄家
廿八日陰、藤山柳軒来
廿九日陰、好生館試業余肝臓炎也

晦晴、依医局令状往医局、及第、医局授医術開業免状、嗚呼余甫十七歳自志斯学已十年、和蘭之文未得精讀、然今得開業免状可謂得小成者

十二月

朔陰、告別師家及阿兄同柳軒・柳立西帰、逢雨宿小田駅

二日陰、発小田追分別柳立川古、別柳軒伊万里、訪岳父、晡時帰家、直拜先塋告得開業免状之事

三日陰

四日陰

五日雪後霽、欲以明日発程東遊東京、夜岳父伴犬塚駒吉来宿、伊左衛門・太兵衛姉等皆到、開宴隣人数輩亦来会

六日陰、早朝拜先塋、留妻児、與犬塚発程、岳父及親戚故旧送者為群於河畔、別送者越南川原嶺宿彼杵

七日霽或雨、有事官鎖渡航（盖係耶蘇教徒之変也）故徒歩、大村城下買舟航、長與舟中望家郷観國山之雪如白帽高人送吾行、宿長與蝸盧、雨

八日晴、長與過浦上数十吏人領数百罪人程過蓋移異教徒於蝦夷云午前入長崎投客宿

九日晴、滞長崎盖以郵舩未到也、訪小川仲栄後訪光武春庭盖開業也

十日雨、仍滞

十一日陰、仍滞

十二日陰、仍逗、訪藤村光鎮

十三日陰、郵船紐克号入津

十四日雪、午前十時搭船、午後二時抜錨夜過玄洋

十五日晴、天明過赤間関

十六日晴、天明到神戸碇舶、上陸午飯而帰舟、此日欲拜楠公之墓関吏不許帯雙刀者救有官符出入外人居留地故止

十七日晴、午後五時抜錨

十八日晴、航遠州洋

十九日晴、天明達横濱、本藩大辨励深川亮蔵氏有事適東京藩邸為同舟随行上陸抑余之氏行也、以無官符於神戸居留地已不得出入、今於本港亦為関吏所支也、已矣故陳事情乞救護於深川氏、喫飯別犬塚氏、従深川氏馬車入東京、午後二時投芝櫻田兼房町相模屋利兵衛家、深川氏直上藩邸

廿日晴、鶏鳴深川氏帰云、昨夜九時江藤新平逢刺客幸不死於藩邸加医治相良柳菴・相良弘菴等来、故托子於弘菴、明日伴犬塚往、尋余感泣其深情、天明喫飯辞客舎、往犬塚駒吉家于深川佐賀町、犬塚氏歓迎、午後遊覧洲崎天女祠畔

廿一日晴、訪相良弘菴氏（今称知安）於下谷徒町、氏今為大学権大丞管轄東校、氏則旧知、而以有深川氏之先容懇切、許止宿

廿二日晴

廿三日晴、午後訪深川氏於兼房町客舎

廿四日晴、又後訪深川氏従氏往藩邸訪相良柳菴氏面鐘ヶ江文英

廿五日晴、往相良知安氏従氏寄宿于茲

廿六日晴、訪深川氏

廿七日晴

廿八日晴、訪深川氏

廿九日晴

晦晴

〔表紙、原寸、縦一二cm、横一七cm〕

明治三年庚午

一月ヨリ

九月十三日ニ止マル二十七年

The date

Or

De dayteekining

Door

G. T. Mine

日暦

〔ウラ〕

丁卯

戊辰

己巳

明治三年庚午　亨年二十七歳

正月

元日好天気善協元朔早朝向郷拜村祠
并先塋継拜年
二日晴、拜年於丸駒、轉拜深川氏、
又轉上公邸拜相良君・島田君而
與文英登愛宕山且散歩市井
三日晴、午後與啾石遊歩本郷
四日陰與下河辺春益聴話頗奇、大島
良全来宿
五日陰後細雨、訪深川君不逢徃丸駒
轉
六日雨、訪深川君不逢、上公邸得兄
書・坂井書亦到、訪文英而帰夜
作返簡
七日雪大満、早朝適深川氏丸駒調
銭深川君及田尻泰蔵氏兼房町、
且寄書於佐嘉并家郷、帰則人已
定
八日霽、與啾石訪深川君不逢、上公
邸訪古川先生而同中牟田源太左
衛門徃神明前為写真、帰則日晡
九日晴、無事
十日晴、無事
十一日晴、春益来同啾石三人卜店食
菓、午後文英来
十二日晴後陰午後微雨、春益来話
十三日陰晴不定、午後春益来話（改
曰静一）後與啾石散歩夜復然
十四日晴、無事
十五日陰後雨尋霽、早朝向郷拜村
祠並先塋、已下適丸駒氏、夜下
河辺来話
十六日陰、昧旦余独辞去、後勝太等
帰晡前與下河辺二人食蕎麦
十七日雪大積、無事
十八日陰、大島育造来終宿
十九日陰、午後鐘ヶ江文英来同之三
人賽浅草
廿日晴、上溜池邸訪古川先生帰途訪
丸駒氏
廿一日晴、午後復訪古川氏托書寄郷
国
廿二日晴、與勝太跨馬（余初上馬）
徃麻布鹿島邸、訪青山新太郎邂
逅郷人横尾謙吾
廿三日晴後陰、無事、夜與勝太卜店
廿四日晴、已下與勝太訪丸駒同主人
三人遊亀戸拜菅廟観梅詠国雅訪
時帰
廿五日早朝微雨後晴、請入大學東
校之門、夜下河辺静一来
廿六日晴、無事晡前與勝太散歩市井
廿七日陰後晴晡時微雨、朝初學于東
校盖始自モルレ氏英文典
廿八日晴、徃学、午後訪丸駒
廿九日晴、徃学薄暮下河邊来■此日
寄書於永松東海于大坂病院

二月

朔晴、早朝向郷拜村祠并先塋、此日
学校休盖一之日六之日休課也、
上公邸訪文英且散歩市井、英
蘭対訳字書於神明前岡田屋直三
圓一方以懐中不給徃丸駒借金再
徃而買之、帰則日既没風甚砂塵
百丈
二日晴、徃学
三日晴、徃学午後文英来散歩自両国
橋至東橋遊于浅草而薄暮帰
四日晴、徃学
五日晴、徃学、午後與勝太散歩
六日晴、休日也故不徃学、午後奉先
生命使于藩邸原口享蔵君及古川
君帰途丸駒、夜雨甚
七日晴、徃学文典卒業、晡時下河辺
静一来
八日晴、徃学読話ハムステット博物
通論、夜大島生来宿
九日晴、徃学、帰而奉師命使溜池藩
邸、而與文英散歩而帰、晡時復
使于日本橋辺
十日晴、徃学、帰而微恙故臥大島帰
十一日晴風、休日也、仍臥、晡時下
河辺来
十二日晴、徃学
十三日晴、徃学、帰而歯大痛因臥、
雨微下、午後文英来故與之卜店、
夜奉師命坪井芳洲之家
十四日晴、歯痛少差、午後独散歩于
上野山下辺、夜有雨
十五日陰晴不定、早朝向郷拜年祠并
先塋、後徃学、午後適丸駒相共
買刀盖郷人之所托也、薄暮帰家、
與久布白卜店
十六日晴、休日也、薄暮文英及松■
■人来、夜作寄郷及兄等之書
十七日陰、徃学、且奉師命使藩邸重
松壮助君之處因托書寄郷國、轉

訪文英而帰後下河辺来話
十八日陰、往学
十九日晴、往学
廿日晴、往学、午後與久布白観戯（遊歩）場及戯場街
廿一日晴、休日也、已下訪丸駒
廿二日晴、往学、晡前下河辺来話
廿三日晴、往学、午後奉師命携森之助使浅草寺畔
廿四日雨、往学、午後霽、與勝太散歩于上野廣小路辺静一来話
廿五日朝雨後霽、往学
廿六日陰晴不定、休日也、與文友上藩邸面柳菴君、而午後誘文英三人遊赤坂及新宿過四谷、別文英過神田神祠内而帰則薄暮
廿七日朝雨後霽、往学
廿八日朝雨後收、往学
廿九日朝雨後收、往学有試験
晦陰、往学、晡前使于大丸（市街）屋

三月

朔雨、休日也、早朝向郷拜村祠并先塋、已下訪丸駒帰途買英文熟語集價一刂三朱、夜起訳モレル氏英文典之草
二日晴、往学、午後下河辺来話、余微恙
三日微雨後歛、朝為微恙臥、後下河辺来、午後與之倶従師観櫻於上野山内遊観、如雲歌吹如湧実一大壮観也、終過不忍池観毘沙門堂之櫻
四日陰、為解剖休業
五日雨、往学、薄暮下河辺来話遂宿
六日霽後盖晴、朝與下河辺浴場、午後同久布白三人観櫻於上野山内
七日晴、往学帰則松岡彦四郎来曰、有病欲入院請為導因従其請而周旋焉
八日晴、往学、夜多久氏以其妾之病遣使請先生之診、余代診
九日陰後雨、往学有試問盖九其定日也
十日晴、往学、午後復往学法帰而往丸駒伊水丸駒手代米助者来、因談論家郷之事終宿
十一日晴、與米助欲上藩邸途逢本藩兵隊卒某者某傳家郷書、因復来丸駒某等亦来、終観桜於向島過浅草・上野、別某等而帰、而文英・静一来話、夜閲郷書岳父之状本月朔発、伊太及姉與小妻之状二月廿三日発也、而載小妻懐胎之事
十二日〔欠〕
十三日〔欠〕
十四日朝陰、早朝帰往学有試問
十五日朝陰後微雨、往学、午作寄郷之書
十六日陰後雨、休日也、訪丸駒
十七日晴、往学、午後適神明前途逢大串春嶺
十八日陰、往学、午後散歩
十九日雨、往学有試業午後使■丸
廿日陰、午後下河辺来、夜同久布白三人歓話
廿一日晴、無事
廿二日晴、往学、夜又與久布白遊于根津遂宿
廿三日晴、往学佐嘉吉尾秀策・渋谷文次郎書到盖二月廿八日発也
廿四日晴、往学有試業、夜同久布白鐘ヶ江三人遊歩
廿五日晴、往学、午後算學、仁戸田元静来過
廿六日陰、與文英上櫻田及溜池藩邸
廿七日雨、往学
廿八日雨、往学
廿九日晴、往学、午後訪丸駒
晦晴、往学、夜微雨

四月

朔晴、休日也、早朝向郷拜年祠并先塋、午後與文英遊于道灌山
二日陰晴不定、往学、微恙
三日陰、往学、午後訪丸駒
四日陰、往学、夜大雨詠国雅十章
五日晴、誘峯一郎君遊于浅草之奥花山
六日陰晴不定、誘峯一郎君上于藩邸過裏霞関副島先生邸而帰
七日陰、往学、午後雨
八日晴、往学、午後奉師命適浅草大代地内田九一家而寫真
九日晴、往学、午後有試問
十日陰、往学、午後上桜田藩邸訪徳島謙蔵不逢、遺書而帰且贈郷之

書
十一日雨、奉師命訪写真師内田九一、
且浅草寺畔訪相者山口千枝観観
千枝望観少久而曰、可也刻苦
惟勉哉■達矣
十二日霽、往学
十三日晴、往学、午後與勝太遊于浅
草
十四日微雨、往学
十五日晴、早朝向郷拜村祠并家親、
往学、午後與文英遊于王子
十六日雨、休日也
十七日霽、往学
十八日晴、往学
十九日晴、往学活氏博物論卒業
廿日晴、有試業
廿一日晴、従先生與司馬凌海取路於
巣鴨遊于王子
廿二日晴、往学
廿三日微雨、往学
廿四日晴、往学、午後訪丸駒
廿五日晴、チール氏化学論畢業、與
文英使于浅草大坂屋
廿六日晴、休日也、大隈先生及山口
半蔵来酌酒
廿七日晴、往学
廿八日晴、往学
廿九日晴、往学

五月

朔晴、休日也、早朝向郷拜村祠并先
塋、午後訪丸駒帰途逢大石・鐘
ヶ江・携峯一郎君来、因復渡両
国渡東橋遊于浅草遂入夜
二日晴、往学
三日晴、往学
四日晴、往学
五日晴、休課、早朝向郷〔拜〕(脱カ)村祠
并先塋、午後訪丸駒
六日晴、休日也、午後尾形蛟南来盖
扈従于其主也多久人也
七日晴、往学
八日晴、往学
九日晴、往学、午後松崎雲耕改豊来、
誘大石與余遊雁店
十日陰後雨午後晴、訪豊于御玉池多
久少辨邸
十一日休日也、夜同勝太・文英・
良乙等散歩于市街
十二日晴、往学、午後訪丸駒
十三日晴、往学
十四日陰後雨、往学
十五日雨後霽、早朝向郷拜村祠并先
塋、往学、晡前與大石君寫並立
之真
十六日晴、休日也、松崎豊来、晡時
與大石君散歩于市井過上野弁天、
入夜帰招魂場揚煙火壮観也
十七日晴、往学
十八日雨後霽、往学
十九日晴、往学
廿日晴、往学
廿一日晴、休日也、訪谷口八重次
郎於八丁堀関本氏塾
廿二日晴、往学
廿三日晴、往学
廿四日陰、往学
廿五日陰、往学、午後與大石訪松崎
豊於御玉池
廿六日陰、午後有家郷之信盖本月十
一日発也、後適丸駒嘱答書
廿七日晴、往学
廿八日晴、往学、夜両国橋有煙火之
戯遊観蟻集弦歌之舫敝河実一大
観也
廿九日晴、往学
晦朝雨後霽、朝適丸駒

六月

朔晴、早朝向郷拜村祠并先塋、午後
與大石散歩神田祠畔
二日晴、往学、晴微雨
三日晴、往学〔三、四、五日は鉛筆書き〕
四日陰往学、有故欠課晡時渡辺中村
教称孝一郎来、誘勝太與余遊歩
五日雨、朝辞去而往学、午後桐原・
石黒・足立・三宅等有故来面先
生、夜長谷川中助教来話満腔慷
慨実校中之一英雄也、此日使島
仁三郎之家
六日雨、休日也、午後与訪松崎豊於
御玉池
七日雨、往学
八日雨、往学
九日陰後雨朝往学
〔十日欠〕
十一日晴、休日也、夜與大石散歩于
両国橋上賞月納涼

十二日陰、徃学、夜同久布白・大石散歩于市街

十三日陰後晴、徃学、散歩于上野及不忍池畔

十四日陰後晴、徃学

十五日陰、早朝向郷拜村祠并先塋、徃学

十六日雨、休日也

十七日晴、徃学

十八日陰、休日、従是加三八之休日

十九日晴、徃学

廿日晴、徃学

廿一日晴、休日也

廿二日陰、徃学訪丸駒

廿三日晴、休日也、夜雨

廿四日晴、徃学

廿五日晴、徃学

廿六日晴、休日也

廿七日晴、徃学

廿八日晴、休日也

廿九日晴、徃学

七月

朔休日也、晴午後微雨、早朝向郷拜村祠并先塋

二日微雨、徃学

三日雨、休日也

四日晴、徃学

五日陰、徃学

六日晴、休日先妣忌辰也、向郷遥拜寄書於阿兄及渋谷先生

七日休日也、雨後霽

八日休日也、晴

九日晴、徃学

十日晴、徃学化学書卒業

十一日晴、休日也

十二日晴、コンペヂュム七課書肇業寫推歩金針

十三日晴、休日也

十四日或雨或晴、休日也、推歩金針卒業

十五日或雨或晴、休日也、早朝向郷拜村祠并先塋、午後診于島五位邸

十六日或雨或晴、午後與大石散歩于市井

十七日或雨或霽、使于藩邸

十八日陰、休日也

十九日雨或霽夜暴風雨、徃学

廿日晴、有故不徃学、晡時使于重松惣助寓居霊巖島帰途過丸駒

廿一日晴、休日也

廿二日朝雨後晴、徃学

廿三日晴、休日也

廿四日晴、徃学

廿五日晴、徃、学午前同大石・岡本騎馬遊于王子及千住遇雨帰途過向島梅屋敷門掛春夏秋冬花不断、東西南北客争来之句矣秋花正候可観也

廿六日晴、休日也、浅田逸次来訪盖到自大坂也相倶散歩于上野

廿七日徃学、帰則逸次来盖自今寓于此也

廿八日休日也、大石・浅田上于藩邸余面渋谷先生盖昨従于公駕而来也、得阿兄書、帰而同騎馬而散歩于近街

廿九日晴、徃学

晦晴、徃学

八月

朔晴、休日也、同大石・浅田騎馬遊于王子帰途過于向島梅屋敷

二日晴、朝訪丸駒帰則渋谷先生・相良柳菴先生来、後同大石・鐘ヶ江散歩于上野

三日晴、休日也、晡使于浅草大坂屋

四日或雨或晴、徃学夜

五日或雨或晴、徃学、晡時卜店同大石餞久布白帰郷

六日晴、休日也

七日晴、徃学

六日晴、休日也

七日晴、徃学

八日晴、休日也

九日晴、徃学

十日晴、徃学

十一日晴、休日也

十二日晴、徃学

十三日晴、休日也、三八休日止于兹

十四日晴、徃学、晡時同下川辺静一使麻布鹿島邸

十五日晴、徃学、入夜上野街賞月

十六日晴、徃学

十七日晴、徃学

十八日晴、徃学、馬使麻布鹿島邸

十九日晴、徃学、晡時使鰯屋帰則巳午夜

廿日晴、早朝同大石騎馬使大隈氏、
　晡時余使副島氏并大隈氏入夜帰
廿一日晴、休日也、夜侍先生到雞鳴
廿二日晴後陰、雞鳴騎馬使江藤中辨
　之所過九段冷月淡雲萬象一寂
　仲国可想也、後百武安太郎・
　渋谷先生来訪、晡時使麻布帰途
　微雨
廿三日晴、作書寄深川大辨務于本藩
廿四日晴、無事
廿五日晴、晡時同浅田・大石及省吾
　散歩于上野團子坂辺
廿六日晴、午前松隈先生・相良先生
　来
廿七日晴、無事
廿八日晴
廿九日雨、七課畧中分析学卒業

九月

朔晴、向郷拜村祠并家親、午後同大
　石・浅田・馬渡両国橋過、向島
　出千住経浅草而帰
二日半陰半晴、往学自是讀會話書午
　後買イージーコンフルセーシュ
　ン價一圓半方
三日陰或雨、往学、夜同大石・浅田
　ト店
四日晴、往学
五日晴、往学
六日晴、感風而臥
七日雨、仍臥
八日暴風雨、仍臥
九日或霽或雨、朝臥後起、晡前同大
　石・浅田遊歩
十日陰晴不定、往学、大石適横濱、
　余與浅田馬遊于千住及洲崎辨天
十一日晴、休日也
十二日晴、往学、夜與浅田ト店
十三日陰、往学
〔鉛筆の字が薄くて読み難い〕
　　　　日□サンフランシスコ
任幸便寸楮奉呈私義火急洋行仕存
□□□暇乞曰□□先月六日
　　就ハ出砌　存外舩便□□
元貞氏
□□　□□□□□□□□□□
□□　　　　相良氏罷在候
□□相良　松隈謙吾ト申人委細此人
帰宅希□　　　請存之通私同様
右松隈ヨリ　元貞　　仕候
一言相良江切迫仕候ハヽ、相良氏取締
　罷在候古賀元益ト申人江談
　私□□着仕候ハヽ、委細元貞
　江□□□□□□□□乱筆□
　　　　　　□□□□□
〔表紙、原寸、縦一二cm、横一七cm〕
　　　　　二十八年
起明治四年辛未正月
止仝　　　十二月
　但四月廿日ヨリ四月中欽
日暦
明治四年辛未

正月

元日晴、早朝向郷拜先塋、後訪某洋
　人獨國領事於築地
二日晴、中野健明（外務大丞而師相
　良家之親戚也）来、後與永松東
　海遊于不忍池、夜同氏招飲鐘ヶ
　江晴朝亦来会
三日晴、村田龍吉郎・石井平五郎来
四日陰、午前拜年於丸駒、後雪
五日陰、後永松東海・臣三郎来
六日陰後晴、池田専介来相共訪松隈
　謙吾於上野廣小路、後同村田龍
　吉郎・納富六郎・池田・古賀元
　益等散歩浅草
七日晴、訪教師「ワク子ル」氏於大
　学南校教師館
八日晴
九日陰後雪晡時雨
十日朝雨後霽、同沢野・池田散策于
　浅草、夜相良元貞氏書到盖旧臘
　十八日発自太洋海舟中也
十一日晴、大学南校開校早朝訪教師
　「ワク子ル」而上校、後與高木
　文種訪獨乙学教員高橋貞也
十二日陰晴不定、往学
十三日晴、往学、晡時與永松店飲
十四日晴、往学
十五日晴、午後同西牟田・浅田迎遊
　于亀戸、帰則松隈・城島・池田・
　鐘ヶ江等来
十六日晴、往学
十七日晴、往学、夜高木・納富来
十八日晴、鍋島従二位殿下薨去即就

藩邸下執事弔之
十九日晴、早朝訪「ワクネル」氏得
其紹介始面晤獨乙新教師「ホル
ツ」氏余従是寓「ホルツ」氏之
居館
廿日晴、徃学
廿一日晴、徃学
廿二日晴、徃学
廿三日晴、徃学
廿四日陰、徃学
廿五日晴、徃学
廿六日陰、上藩邸面晤深川亮蔵氏
廿七日陰夜雨
廿八日陰、午後上藩邸面晤深川氏
廿九日晴、徃学
晦晴、徃学

二月

朔朝陰後晴、向郷拜先筌、伴南校教
師「フルベッキ」「ワク子ル」「カ
トリー」「ホルツ」之諸氏拜芝山
内徳川将軍諸廟
二日晴、徃学
三日晴、徃学
四日晴、徃学
五日晴、徃学
六日晴、日曜
七日雨
八日晴、徃学
九日晴、徃学
十日晴、徃学
十一日晴、徃学
十二日晴、徃学
十三日休
十四日晴、徃学
十五日晴、徃学、夜為師家使弾正臺
盖相良知安氏坐事抑留也
十六日陰、臥病于相良氏
十七日晴或雨仍臥于相良氏吉武桂仙
来
十八日晴、帰寓南校休與同寓吉田生
話
十九日微雨、午後上藩邸
廿日晴、休
廿一日晴、徃学
廿二日晴、徃学
廿三日晴、徃学
廿四日晴、徃学
廿五日晴、徃学
廿六日雨、徃学
廿七日晴、休同吉武桂仙・納富六郎・
古賀元益観花于向島終飲于有明
樓
廿八日晴、徃学
廿九日晴、徃学
晦晴、徃学、夜雨

三月

朔晴、有故休
二日晴、徃学
三日晴
四日晴
五日雨、徃学
六日陰後雨、徃学
七日晴、徃学
八日晴、徃学
九日晴、徃学
十日晴、徃学
十一日晴、休
十二日晴、徃学
十三日陰後雨、徃学
十四日晴、徃学
十五日晴、徃学、訪相良氏
十六日晴、徃学
十七日晴、徃学、午後訪相良氏
十八日雨後霽、休
十九日晴、徃学
廿日晴、徃学
廿一日晴、徃学
廿二日晴、徃学、午後訪相良氏
廿三日晴、徃学、晡時訪相良氏
廿四日晴、徃学
廿五日晴、休、訪相良氏
廿六日晴、徃学
廿七日晴、徃学
廿八日晴、徃学
廿九日晴、徃学

四月

朔晴、休
二日晴、有故休
三日晴、休、欲獨乙公使「フヲン
ブラント」氏於横濱、晡時歩発
東京過鈴ヶ森日既没宿川崎駅
四日晴、入横濱面晤「フヲンブラ
ント」氏将帰国抜錨期已迫匆々
叙別且期再會、而帰東京南校之
寓居
五日晴、徃学、晡時訪相良氏

六日晴、往学
七日晴、往学
八日晴、往学
九日晴、往学、晡時上藩邸訪相良氏
　而止宿
十日晴、休在相良氏
十一日晴、帰南校寓舎、往学
十二日晴、往学
十三日晴、往学
十四日晴、往学
十五日晴、往学
十六日晴、往学
十七日休
十八日晴、往学
十九日雨、往学
〔廿日から欠〕

五月

朔晴、早朝向郷拜村祠并先塋、晡前
　送別浅田・吉武於木屋
二日晴、再飲
三日晴、上藩邸更外務省之契符文部
　省之免状、帰途告別ワグ子ル并
　ホルツ氏夜告別永松氏鐘ヶ江氏
四日陰或微雨、早朝辞相良氏、上鍋
　島邸告別深川亮蔵氏傳鍋島公之
　命賜太政官紙幣弐百円感拜、告
　別渋谷氏辞去買馬車日午入横濱、
　面吉武・浅田於自餘同船諸氏
五日雨、向郷拜村祠并先塋、終日寂
　寞自餘之諸氏、則盛為遊興
六日朝雨後晴、寄書於東京諸氏同
　吉武等上船、余取下等陋隘不可
　言
七日晴、無事
八日晴、無事
九日晴、無事
十日朝雨後晴
十一日晴少有風
十二日晴
十三日晴
十四日晴
十五日晴、早朝向郷拜先塋
十六日晴
十七日微陰大霧
十八日晴晡時大霧中夜霽
十九日晴
廿日晴微有風午時微陰尋入夜有風
廿一日晴有風
廿二日晴、早朝逢米國飛脚船與我船、
　互揚国紋章之旗且我船以軽舸訪
　彼少焉軽舸帰、則我船発砲而別
　船名謂支那
廿三日晴午後微雨尋霽風晡時群涛有
　聲萬里洶々
廿四日晴風仍依然鷁首上下
廿五日晴風静晡時霧微感風終日臥
廿六日晴、仍臥晡時瘥
廿七日晴
廿八日晴
廿九日霧、午前入サンフランスシコ
　港、下舟不用小艇乃馬車投逆旅
　「グランドホテル」、夜初入浴快
　不可言

六月

朔朝大霧後霽、巡視市井
二日晴、晡前與浅田散歩市井
三日晴、無事、晡時散歩
四日晴、無事、晡時與吉武散歩午後
　再與浅田散歩
五日晴朝七時辞逆旅、買火車渡些少
　之渡川捨舟再乗火車而東大抵終
　日山路
六日晴、終日大抵平路驟雨
七日晴、更車従是入半山所謂オーグ
　デン也
八日晴
九日晴、駅亭換車
十日晴、駅亭換車
十一日晴、下半山
十二日晴、七時ニュウヨルク投逆旅
　St.Hiclola Hotel夜大雨
十三日霽午後驟雨
十四日陰、中山一郎・馬渡作十・
　村地某・香月桂五郎之諸氏有故
　抑止余赴欧洲、余不辨而止
十五日晴、早朝向郷拜村祠并先塋、
　晩買火車発紐育西帰サンフラン
　シスコ、香月・村地送到停車場
十六日晴
十七日晴、九時到チカゴ換車
十八日朝陰後晴、オマハ換車
十九日朝陰後霽、車中逢支那人頗有
　気節筆談遺悶
廿日晴、四時着オーグデン六時前発
　此過塩湖
廿一日晴

廿二日晴、晩七時サンフランシスコ投逆旅、訪加賀氏及真崎氏日曜日也
廿三日晴、得加賀君之周旋寄跡小客舎
廿四日晴、朝訪加賀氏謝昨日之厚意
廿五日陰後晴、晡前森某真崎達来訪
廿六日朝陰後晴、訪加賀氏
廿七日朝陰後晴
廿八日朝陰後晴
廿九日朝陰後晴訪加賀氏

七月

朔晴、晡前訪真崎不逢
二日晴、訪加賀氏真崎氏
三日晴、無事
四日晴、加賀・真崎両氏
五日晴、加賀・真崎氏
六日朝陰後晴、大有所感
七日朝陰後晴、晡時訪真崎・森両氏
八日朝陰後晴、訪真崎
九日朝陰後晴
十日朝陰後晴
十一日朝陰後晴、訪加賀・真崎二氏
十二日朝陰後晴
十三日晴、午後森某来導余到EssexPalma氏約、余為氏之隷而寄宿氏之家、夜欲叩氏之家失路而不果
十四日（日曜日ナリシナルベシ）朝陰後晴、朝叩パルマ氏未起暫叩門猶不應故帰巳牌再叩卸行李而帰逆旅、訪真崎告状帰逆旅而晡暮往パルマ氏而宿隣童CharlesHarmon年十四来話従順有才可嘉
十五日朝陰後晴、早起為奴隷之務牧牛飼鶏撒水調薪、午後有某生来自云生駿州之士族而昨庚午之秋九月自横濱脱来也歳十八初来也、言語不通且無半面之知己、故為奴隷猶不可得宿街頭三日漸投此家、牧畜捨薪殆一年令言語少通是以吾子来代自是得免薪水之労○昨聞森某■諾彼亦二年前自横濱従洋人而来被捨於洋人、無一銭不可如何宿人之軒下者数日○夜カーシス、ハルモン来自云、僕授君以英語君授僕以日本語互相交換矣、余喜従其言
十六日朝陰後晴、隣童来Wales L Palmar 者来語自云授人以「バイブル」訪吾子亦来會
十七日朝陰後晴、夜Charles Harmon之弟来年甫十歳亦有才
十八日陰、訪真崎寄書於日本佐嘉藩吏深川亮造・渋谷良次二氏
十九日朝陰後晴、西川某来自云曩寓此家三ヶ月元會津藩而一昨年戦争之際脱自横濱
廿日朝陰後晴
廿一日朝陰後晴、夜駿州生来訪
廿二日晴
廿三日晴
廿四日晴
廿五日朝陰後晴
廿六日朝陰後晴、夜於ウェルスパルマ氏之家會近江藩武藤某・桑名藩多藝某
廿七日朝大霧
廿八日朝陰後晴、訪真崎
廿九日朝陰後晴
晦日朝陰後晴、訪真崎、訪佐賀藩丹羽氏於ガランドホテル不逢、面真崎而帰

八月

朔晴、午後森源造折簡夜訪之不逢面真崎而帰
二日森来訪盖関余之事也
三日晴
四日晴
五日朝陰後晴
六日晴、支那人来
七日晴
八日晴
九日晴
十日晴、支那人来去
十一日晴
十二日晴、夜往学于華盛頓街学校
十三日晴、夜往学
十四日晴、夜往学
十五日晴、夜往学
十六日晴、有故不往学
十七日晴、夜往学学校有閑
十八日晴（日曜）
十九日晴、夜往学
廿日晴、午後真崎以書招余、夜不往

学
廿一日晴
廿二日晴
廿三日晴、巳牌真崎使森生来示其意、
夜訪真崎於パイントストリート
（PintStreet）
廿四日晴
廿五日晴
廿六日晴、辞「パルマ」氏、適于真
崎之寓居従是寄宿此猶為奴隷之
務
廿七日晴、訪「パルマ」氏
廿八日晴、午後為真崎診薩藩岩山某
病
廿九日晴
晦日晴、岩山某来謝其平癒

九月

朔晴、微恙
二日晴病仍未愈
三日晴、病瘥
四日晴
五日晴
六日晴
七日晴
八日晴
九日晴、夜獨観月有感
十日晴
十一日晴
十二日晴
十三日晴、夜又観月有感
十四日晴
十五日晴
十六日晴
十七日晴
十八日晴
十九日晴
廿日晴、微感風
廿一日晴、仍不差
廿二日晴、仍不差
廿三日晴、病差
廿四日晴
廿五日晴
廿六日晴
廿七日晴
廿八日晴
廿九日晴
卅日晴、終日與塚越鈴彦話

十月

朔陰
二日雨
三日雨
四日晴
五日晴、夜間佐賀藩諸士渡航適面其
客舎
六日晴
七日晴、夜再訪佐賀藩諸氏
八日晴
九日晴
十日晴
十一日晴
十二日晴
十三日陰、余決帰朝故買英獨之書数
部
十四日雨
十五日或雨或霽
十六日晴、雪見遠山
十七日晴
十八日晴、治装盖以明日就帰朝之途
也
十九日晴、搭郵船帰航
廿日晴
廿一日晴、夜讀書
廿二日晴風起船頗上下
廿三日晴風不止
廿四日晴
廿五日晴
廿六日晴風
廿七日晴風、夜逢郵船
廿八日晴
廿九日晴、甲板上逢熊本藩士横山某
（称佐瀬）

十一月

朔雨
二日晴夜半風頗起
三日晴風勁涛大
四日晴夜風静
五日晴
六日陰雨或霽
七日朝陰後晴
八日朝陰後晴
九日朝陰後晴
十日陰雨或霽
十一日晴
十二日晴
十三日晴、與支那人筆話
十四日晴、曰「キリスマス」

十五日晴
十六日晴或雨
十七日陰或雨風又大起
十八日晴風不止萬里雪山碎有聲
十九日晴陰寒甚微雪来継快晴、見日
本諸島且冨山冒雪笑迎我、十二
字入横濱港甫時上陸投宿甲州屋
本町一丁目、夜訪丸駒之親戚三
河屋寒甚矣
廿日晴、買舩来東京上鍋島邸面深川
氏告不如意帰朝之意、継叩真崎
達之家告其状
廿一日晴、上伊万里縣出張所告帰朝
返上免状轉■相良氏宿丸駒
廿二日晴、訪深川氏、訪相良氏、
轉訪永松東海於築地不逢
廿三日晴、訪永松店飲、相携訪古川
傳安於西久保托書寄郷、帰途別
永松訪松隈終宿于茲
廿四日晴、訪相良氏携其令息遊于浅
草、帰丸駒則入夜
廿五日晴訪相良氏面其実兄伊東源蔵
氏、継訪松隈、而帰丸駒
廿六日雨、終日不出
廿七日霽、訪月岡・酒井誘余卜店、
後訪相良氏少焉、伊東源蔵帰自
官告相良氏出獄之事、継而相良
氏帰来欣然相迎至夜、余為使大
隈・副島・中野・深川・松隈・
永松等之諸氏告之、自此日余止
于相良氏
廿八日晴、為相良氏訪岩佐氏且上文
部省并縣邸
廿九日晴

十二月

朔晴
二日陰
三日雪、為伊東氏使水町久兵衛之家
四日晴、助伊東氏治装盖其以為小倉
縣参事也
五日晴、伊東氏赴小倉使永松永松来
六日晴、相良氏移居於霊巌島鍋島邸
内永松松隈来助
七日陰、永松来晡時與永松店飲
八日晴、朝訪丸駒、午後使佐藤氏
九日晴、訪永松、夜作寄郷之信書数
通
十日晴、午後以昨夜所作之書牘托永
松盖以其近日帰郷
十一日晴
十二日晴
十三日晴
十四日晴
十五日晴
十六日晴
十七日陰午後大雪
十八日霽午後大雪、相良氏隷森之助
辞去
十九日晴、森之助兄来
廿日晴、與古賀元益遊于市上、入夜
築地買舩帰、則縣之召書到盖明
後念二日之召状也
廿一日晴
廿二日晴、第十字上縣邸、縣ヨリ拾
円ヲ給シ縣ヨリ傭入ル洋医「ヨ
ングハンス」氏トノ定約ノ事ヲ
幹セシム
廿三日晴
廿四日晴、上縣出張所受給料、亀
戸観梅帰途店于両國
廿五日晴、訪丸駒轉上鍋島邸且訪中
野氏
廿六日晴風
廿七日晴、為相良氏訪中野氏
廿八日陰、為相良氏神明前三島丁相
者石龍子
廿九日陰雪
晦雪大積

〔表紙、原寸、縦一二cm、横一七cm〕

明治五年壬申本年十二月三日為一月一日
盖官用太陽暦也
本年八月赴任北海道札幌
二十九年
日暦

明治五年壬申本年十二月三日官頒布太
陽暦為一月一日

正月

朔霽、早朝賦一絶向郷先塋、後拝年於
鍋島邸深川・古川両氏、夜作寄
家兄之書、此日邂逅于森源造遊
米中之知人也
二日晴、拝年於丸駒
三日陰
四日晴、與元益出遊

五日大雪、午後月岡某来為相良元貞氏議一事、因相共訪松隈謙吾於芝協議帰則人定

六日霽、為相良氏訪書家佐瀬得所於芝愛宕下、中島翠堂於八丁堀

七日陰、適縣廳出張所、帰途伊勢佐太郎（本姓横井蓋米国帰航舟中知人也）午後丸駒来賀年於相良氏

八日陰晴不定、適縣廳出張所

九日晴、無事

十日晴、往木屋邂逅于村地才一郎

十一日晴、無事

十二日晴、午後訪村地氏

十三日晴

十四日晴

十五日晴、有事與元益舟適浅草

十六日朝陰後晴、従某英人学英語

十七日陰、重松祐二来（嘗称元雄佐賀人也）

十八日陰、往学、夜雨

十九日微雪、往学

廿日晴、為相良氏訪堤喜六於大隈参議邸

廿一日晴、晡時往学

廿二日晴、微感冒因臥

廿三日晴、病愈晡時往学

廿四日晴

廿五日大雪、微恙

廿六日霽、病愈、重松祐二来曰、陪其旧主深堀氏将遊于向島子等請其同遊乎因元益同行賞雪於向島旗亭

廿七日雪

廿八日晴、朝真崎長兵衛（後称健）折簡曰昨帰朝自旧金城請枉駕因直往間、夜重松元雄（後改祐二）来訪為之相携訪西村新介（称貞陽）

廿九日晴、松隈謙吾折簡招余蓋事係于相良元貞氏且訪月岡某又係于元貞氏之事

二月

朔晴、訪真崎健

二日晴、微恙、晡時重松祐二来訪夜雨

三日陰

四日晴

五日晴

六日雨、重松来訪又相携訪西村

七日雨午後霽

八日晴

九日晴、有事適縣廳出張所

十日雨

十一日午前雨午後霽

十二日晴、往学

十三日晴、往学

十四日晴

十五日陰、松尾仙益書到

十六日晴

十七日晴

十八日晴、往学

十九日晴、朝往学、夜伊東武重氏来

廿日陰晴不定、往学、為相良氏訪松隈謙吾於文部省

廿一日雨、朝往学、為縣出張所之報曰、洋医「ヨングハン」来着即直訪之於築地、不逢

廿二日晴、適縣出張所奉命適横濱

廿三日陰、訪「ヨングハン」於米医「セメンス」之寓、帰途過三河屋邂逅于丸駒・河原・小林等午後買舟帰東京則日既没

廿四日雨、適縣廳出張所、晡時訪「ヨングハン」於築地

廿五日晴、朝訪「ヨングハン」而適出張所十二時縣廳饗「ヨングハン」於築地、石橋氏代表縣吏来会

廿六日晴、午後三時土州邸失火時方勁風延焼及築地、此日與元益訪富岡縣令於木屋

廿七日晴、適出張所轉訪丸駒

廿八日朝陰後晴、訪丸駒告別又告別相良氏辞東京、蓋伴「ヨングハン」帰縣也、元益亦同行帰佐賀、午牌達横濱投逆旅

廿九日晴、河原・小林来為別午後三時與「ヨングハン」搭郵便船元益先在船

晦日雨濛々

三月

朔朝陰後晴、天明入神戸上陸與「ヨングハン」拝楠公之墓、遊于生田祠、午後獨観布引瀑布有雌雄美観也、入夜帰舟

二日晴、午前四時抜錨

三日大霧、舟泊于馬関午後二時開霽
　発馬関
四日陰、拂暁入長崎、余獨先與元益
　上陸投久富氏、再到郵船伴「ヨ
　ングハン」上陸金之投大浦西洋
　客舎、而帰久富氏、當此時風雨
　驟到雷電加之狂濤逆立端舟殆覆
　「ヨングハン」大懼、帰途邂逅
　西吉郎（称成政）、午後霽訪小川
　仲栄且訪平石十郎者於筑後町相
　共訪江川熊三郎者、盖傭聘之於
　佐賀病院訳官也、此日贈書於
　佐賀病院
五日晴、元益獨帰佐賀、後江川生来
　相携訪「ヨングハン」、招介之後
　與江川生店飲
六日雨、午後邂逅于朝倉弾蔵店飲
七日雨、訪藤村光鎮（称庸平）及中
　村吾道、午後江[顥]川生招飲
八日陰霽不定、拜諏訪祠并餞川菅廟、
　轉訪小川仲栄遂飲于旗亭、入夜
　而帰々則佐賀病院吏員坂元源二
　之書到、即訪顥川約傭聘之事
九日晴、訪「ヨングハン」約明日発
　程之事
十日晴、顥川生先余発、余與「ヨン
　グハン」聯騎矢上駅、午飯午後
　四時入諫早
十一日晴、昧旦買舟発諫江、午後五
　時半入佐賀厘外病院教官等数輩
　来歓迎「ヨングハン」終投呉服
　町本陣

十二日晴、病院饗「ヨングハン」及
　訳官顥川及余亦與之、晡訪阿兄
　阿兄臥病余留宿夜雨
十三日或雨或霽、訪元益且適病院
十四日或雨或晴、訪渋谷氏・相良柳
　庵氏・坂井氏・永松氏・鐘ヶ江
　氏・大石氏、晡時牧古賀二氏来
　訪
十五日或雨或晴、午後四時辞阿兄西
　帰宿牛津
十六日晴、辞牛津、北方午飯、山形
　訪吉尾秀策、日暮入伊万里訪岳
　父武富氏岳父大悦遂止宿、岳父
　以人告余家
十七日雨、朝駒太郎（後称太良次）・
　伊作来、後邑人数十人来終飲于
　浦郷氏後同郷人等帰家、隣人数
　十人又来賀、省適亦来開宴快飲、
　夜岳父及熊助来皆拜先塋
十八日陰、熊助辞去邑人数十人来賀
　開宴、省適来、吉尾秀策終止宿、
　此日原令碩来過
十九日晴、岳父辞去、継吉尾辞去、
　後國三郎招飲
廿日晴、上伊万里縣廳
廿一日雨
廿二日雨、伊右衛門招飲、晡時適
　伊万里終宿武富氏
廿三日晴、上縣廳、帰途詣前田翁之
　墓
廿四日雨、徳久円左衛門招飲
廿五日晴、適有田過諸家、入夜帰家、

　夜雨
廿六日雨、無事
廿七日雨後霽、藤山柳軒（後改称
　有一）自伊万里延余乞診、晡前
　徳久嘉平招飲
二十八日晴、同駒太郎・伊作等登腰
　岳老若男女為群、余終診伊万里
　而止宿
廿九日晴、武富氏而帰家

四月

朔晴、晡時隣家徳久太兵衛招飲
二日晴、山谷齋藤治平招飲水町新介
　（嘗称三省）父子及適一亦来会
三日晴、適伊万里
四日晴
五日晴、有故好生館徴余因適伊万里
　面岳父終止宿
六日雨、帰家、午後吉永伊兵衛招飲
七日霽、赴于佐賀取路於伊万里宿武
　雄
八日晴、午後入佐賀宿逆旅、適好生
　館、阿兄適因病入院面晤、又晤
　永松・鐘ヶ江・城島等
九日晴、上好生館了事、午後同永松・
　沢野・迎・池田・高木・納富・
　鐘ヶ江等会飲于旗亭、夜再上好
　生館
十日陰、微恙、宿兄家雨
十一日晴、仍在兄家、此日好生館徴
　余為訳官辞之
十二日晴、訪相良柳庵氏陳辞徴命之
　事情不許、後因病臥

十三日晴、強病訪松隈元南氏、陳情
　遂得允、帰兄家而臥
十四日陰、終日臥
十五日雨或霽、仍臥
十六日晴、病愈上好生館辞諸氏
十七日晴、西帰、入夜抵家、隣人数
　輩来酌酒盖称観花
十八日晴、終日與對酒晡時遊于古子
十九日晴、訪岳父相従観角力於日尾
　崎
廿日晴
廿一日晴
廿二日晴
廿三日陰、適一来訪、晡時雨
廿四日雨後晴
廿五日晴、片山帯雲来訪遂止宿
廿六日晴、波瀬永尾原吾来訪、片山
　辞去、内人適伊万里
廿七日晴、適一来訪、内人適伊万里
廿八日晴
廿九日晴
晦朝微雨後晴、藤山有一来訪相携訪
　適一於山谷、適一臥病因訪治平
　遂止宿斉藤義一郎亦来会

五月

朔晴、同柳軒（有一）・治平等過義一
　家、午後辞帰、治平・義一送来
　余家終止宿
二日晴、隣人数輩来同治平・義一等
　団欒清話、午後治平等帰
三日晴、診蔵宿、帰途訪水町新介而
　帰、則相良柳庵氏之書到自伊万
　里盖招余也、因直赴伊万里面晤
　相良氏且診患者帰家、則入夜微
　雨
四日朝雨後晴
五日陰、酌酒為端陽、尋診山谷岳
六日晴、因吉永伊兵衛之請診楠久、
　晡時帰家
七日晴診蔵敷〔宿〕及山谷岳
八日晴、脩家園
九日晴
十日雨
十一日
十二日
十三日
十四日
十五日晴、診蔵敷（ママ）
十六日晴、診日尾崎
十七日晴、父執長崎人藤村光鎮来宿
十八日陰晴不定、診日尾崎
十九日陰、父執有田人針尾徳太郎来
　宿
廿日晴、光鎮與徳太郎帰有田、余送
　之且診蔵宿
廿一日
廿二日
廿三日
廿四日陰或雨、舟診波瀬終止宿
廿五日朝雨後霽辞帰
廿六日
廿七日
廿八日晴、又診波瀬
廿九日晴、診日尾崎
晦晴、微恙

六月

朔陰驟雨、鍋島森五郎氏来過
二日陰、臥病然有急患診村後
三日晴、仍臥
四日陰、仍臥
五日
六日
七日
八日晴、適伊万里過武富氏且過会讀
　所而帰家
九日晴、岳父伴丸駒及他二三来終止
　宿
十日晴、岳父及他客辞去後、診蔵宿・
　診有田終止宿、夜訪後藤祐哲
十一日晴驟雨、再訪後藤翁又訪
　禮蔵且訪正司敬造而帰
十二日晴、診村後
十三日
十四日晴、診村後晡時診白幡
十五日晴、診中田
十六日朝、診山谷晡時診村後
十七日晴
十八日晴
十九日晴
廿日晴、診山谷
廿一日晴
廿二日晴、診白幡及診松野某某佐賀
　人移住于白幡上松
廿三日晴
廿四日晴、有田平林伊平来話
廿五日晴、診蔵宿、診山谷帰、則松

野生来且乞学英語相共讀英書終止宿

廿六日晴

廿七日晴、適伊万里宿武富氏、丸駒亦来且其代理者某帰自上海亦来見

廿八日晴、晏起、午後平林伊平折簡自川東招余等同丸駒等赴之盖漁獵也、撃鮮酌酒皆大悦後、余辞帰家

廿九日晴

七月

朔晴、訪片山帯雲於山代里村帰家、佐賀原令碩来在山谷往見之

二日晴、峯謙益来訪

三日晴、診村後

四日晴、午後松野生（称剛九郎）来讀書

五日晴、診村後

六日晴、診白幡、診村後

七日晴、診山谷又診河内

八日

九日

十日

十一日

十二日

十三日

十四日

十五日

十六日

十七日

十八日

十九日

廿日

廿一日

廿二日

廿三日

廿四日

廿五日

廿六日晴、診伊万里、得縣廳之徴書（縣廳轉于佐賀称佐賀縣）乃直帰家

廿七日晴、早発赴佐賀、午後投阿兄家聞諸故友会飲于八丁馬場清涼亭、乃赴之永松東海以下皆在于茲、盖餞秀島文圭應開拓使徴東上也、永松謂余曰縣廳徴君亦係于開拓使之徴也

余乃與秀島文圭約自長崎同行

廿八日晴、上縣廳々傳開拓使之徴乃諾之下廳、與秀島約自長崎同行

廿九日雨後霽、西帰入夜入伊万里面岳父告徴事而帰家

晦晴、岳父及浦郷安兵衛等来同伊左衛門・太兵衛等協議決余之東行

八月

朔晴、岳父帰

二日晴、辞伊左衛門・太兵衛発程隣人数輩送別大木駅而別、午後抵川棚買舟薄暮達時津宿有田屋

三日晴、辞逆旅午前九時入長崎投久富、秀島既在于茲待余相携赴于病院

四日晴

五日晴、晡時同小川仲栄及其実弟栗崎道欽于旗亭

六日晴、午後搭気船発長崎

七日晴、朝過馬関

八日陰雨、朝達神戸上陸赴病〔院〕（脱カ）面晤西春濤終客舎

九日雨、上船発神戸

十日陰、過遠州洋

十一日朝大霧、入横濱午後汽車入東京投福島屋（芝濱松町二丁目）

十二日晴、訪相良知安氏謝推薦之交誼

十三日

十四日晴、夜同秀島・北島・西牟田等会飲于旗亭

十五日晴、上開拓使、使命傭聘賜月給五拾円且命北海道札幌病院詰

十六日

十七日

十八日

十九日

廿日

廿一日

廿二日

廿三日

廿四日

廿五日

廿六日晴、上開拓使、退而治装品川搭汽船廻漕丸與秀島発東京

廿七日晴、船碇泊横濱乃上陸買物品、午後抜錨

廿八日陰雨

廿九日陰雨、午後船入寒風沢(サブサハ)港乃冒雨上陸、旧幕人蒔田・平山二氏為船侶二氏誘余等食鰻終宿蝸盧

晦晴、正午上船至晡船仍不発故又上陸喫夜食而上船入夜抜錨

九月

朔晴、船過鹿島洋

二日晴午後雨、三時入函館港、中村少主典亦船侶也、相共投客舎福島万象（福島屋主人）赴任于札幌病院在于茲約同行

三日晴、同中村少主典上函館廳面松平太郎氏

四日晴、同福島万象等発函館蒔田平山送到郊外而別、午後宿峠之下距函館僅六里云大雨

五日或雨或歇時有霰気候之変可知也、午前九時発客舎十二時半抵森村而宿、距函館蓋十一里半云皆新開之道路也、左右深山層疊獄木蓊吋紅葉如染実美観也、突然聳于左方者駒岳也、隔水聳于北者後羊蹄山也

六日晴、無汽船可航故滞獨散策湾頭

七日晴、買汽船渡航兎狩森（後称室蘭）上陸然時方土木未止無家可宿因投建築病院（茅屋也）古川傳安為院長

八日晴、有故別福島、與秀島発程路入山間羊腸可厭逢雨、晡前到幌別而宿、夜十時福島来

九日晴、辞幌別沿海濱而東宿于白老駅、呼酒為重陽口占一絶この日「九月九日宿白老驛北海道」と題する詩一篇あり渭陽存稿に収む

十日晴、発白老駅路仍沿海濱午飯于戀問四時宿勇拂自白老九里

十一日晴、発勇拂北行路入林樾間行三里余、出大沢枯蘆遮目沿堤東北行又入樹間紅楓爽路数里之間如穿錦繍実美観也、出樹間則千歳川見河畔有官宅投之、自勇拂七里望中唯有樹不見一山幽邃可想矣

十二日朝陰後雨或歇、発千歳川駅路又入樹間紅葉帯露艶麗可掬行三四里、路頗高低馬蹄或蹟因或歩或騎日已没路傍矮屋八九燈光微明云月寒村、月既出于樹梢夕霧滲澹酒力消畫衣袖冷透、従是路又入樹間山飽水樹根横出馬欲躓数次故歩里許見数点燈光則札幌本府也、投側本陣渋谷良次・竹内正吉・新宮拙蔵諸氏及重松祐二・山崎幸平・渋谷坤一（称文次郎）等亦在于茲相見歓然

十三日晴、伴新宮氏上使廳面判官岩村高(通)俊

十四日晴、上病院、晡時梅毒院掛七等出仕南部精一饗渋谷氏以下於旗亭病院掛八等出仕高山某亦来会

十五日雨、上病院

十六日霽、上病院

十七日陰、上病院、午後作書寄深川亮蔵氏及家郷

十八日晴、上病院

十九日晴、上病院、午後轉寓於舊本陣、舊友秋森某来訪、夜訪渋谷氏

廿日晴、上病院

廿一日雨、上病院

廿二日晴、以今上皇覧辰休、午後同南部精一・重松祐二・小崎幸平・福田某会飲

廿三日晴、上病院、晡時秀島文圭招飲南部以下於某旗亭蓋留別奉使命之東京也

廿四日晴、上病院

廿五日晴、上病〔院〕(脱カ)、送秀島之上京夜福田某招飲

廿六日晴、上病院、且有事面岩村判官午後轉寓

廿七日晴、上病院

廿八日晴、上病院

廿九日晴、上病院

十月

朔晴、上病院

二日晴、上病院、午後高山梁田二氏来訪夜南部招飲

三日晴、上病院、午後渋谷・竹内二氏来訪後、重松亦来、入夜三人相携訪南部・山内訳官在茲談話移時辞去

四日陰、上病院

五日陰雪、上病院
六日雪、上病院
七日晴、上病院
八日晴、上病院
九日雨、上病院後福田生来話
十日雪、上病院
十一日雪、上病院
十二日陰雨、上病院
十三日陰、上病院
十四日陰、上病院
十五日雪、上病院
十六日雪、上病院
十七日霽、上病院
十八日霽、上病院
十九日晴、上病院
廿日晴、上病院、晡時訪渋谷・竹内・
　新宮三氏
廿一日晴、上病院
廿二日雨、上病院
廿三日雪、上病院
廿四日雨、上病院
廿五日雨、上病院
廿六日雨雪、上病院
廿七日雪、上病院
廿八日陰、上病院
廿九日陰、上病院
晦雪、上病院

十一月

朔雪　上病院
二日雪、上病院
三日雪、上病院
四日陰、上病院
五日陰、上病院
六日陰、上病院
七日陰雨、上病院
八日雪、上病院
九日朝雨午後晴
十日晴、上病院
十一日晴、上病院
十二日晴、上病院
十三日晴、上病院
十四日晴、上病院
十五日雨、上病院
十六日雨、上病院
十七日雪、上病院
十八日雪、上病院
十九日雪、上病院
廿日雪、上病院
廿一日霽、上病院
廿二日晴、上病院
廿三日晴、上病院
廿四日晴、上病院
廿五日晴、上病院
廿六日晴、上病院
廿七日雪、上病院
廿八日雪、上病院
廿九日日曜、晴、上病院

十二月

朔雪、上病院
二日晴、上病院
三日晴、上病院、此日有勅令以後我
　國用太陽暦今日即為明治六年一
　月一日

〔表紙、原寸、縦一三・五cm、横一八・五cm〕

明治六年癸酉
　在北海道札幌　三十年

三月
四月
五月
六月
七月

右欽
日暦

明治六年癸酉
　一月
一日陰、酌屠蘇為元旦向郷拝先塋
二日霽、歴訪松本判官・渋谷・竹内
　新宮・南部・高山諸氏拜年
三日陰、休
四日陰、休
五日晴、同渋谷氏等拜札幌神社於円
　山
六日晴、休上病院
七日陰、休上病院
八日陰、休
九日陰、休
十日晴、上病院
十一日晴、上病院後、松本大判官・
　安田定則・土肥六等出仕等来
十二陰、休
十三日陰、上病院
十四日陰、上病院
十五日晴、上病院
十六日晴、上病院

十七日雨、上病院
十八日雨、上病院
十九日雪、休
廿日雪、上病院
廿一日雪、上病院為醫學校開校式、
　掛大穴持命少名彦命號於壁、上
　松本正五位・渋谷総理・竹内教
　頭・新宮事務長・教授余・川崎
　幽準・渋谷文次郎・事務員前田
　権中主典・根津権少主典臨席、
　生徒二十八名列席、渋谷総理演
　説医学之必要、竹内教頭講和蘭
　生理書、余朗読校則罷官、賜
　酒、夜竹内教頭招飲
廿二日晴、上病院
廿三日陰、上病院
廿四日陰、上病院
廿五日陰、上病院
廿六日雪、休
廿七日雪、上病院
廿八日雪、上病院
廿九日雪、上病院
卅日雪、上病院
卅一日雨、上病院

二月

一日雨、上病院
二日晴、休
三日晴、上病院
四日晴、上病院
五日晴、上病院
六日晴、上病院
七日雪、上病院
八日雪、上病院
九日晴、休
十日晴、上病院
十一日晴、上病院
十二日陰、上病院
十三日雪、上病院
十四日雪、上病院
十五日齋、上病院
十六日晴、休
十七日晴、上病院
十八日晴、上病院
十九日晴、上病院
廿日晴、上病院
廿一日晴、上病院
廿二日晴、上病院
廿三日晴、休
廿四日晴、上病院
廿五日雪、上病院
廿六日雪、上病院
廿七日齋、上病院
廿八日晴、上病院
明治六年癸酉

八月

一日晴
二日晴
三日晴、日曜休、同生徒遊于本願寺
　別院
四日晴
五日晴
六日
七日朝大霧後齋
八日朝大霧後齋
九日雷雨
十日晴、日曜有驟雨
十一日晴
十二日晴
十三日晴
十四日晴
十五日晴
十六日晴
十七日晴、日曜
十八日晴
十九日晴
廿日晴
廿一日晴
廿二日晴、同僚川崎幽準轉勤于唐太
廿三日晴、感冒
廿四日晴、日曜仍臥
廿五日陰晴不定
廿六日陰
廿七日微雨
廿八日雨、微恙
廿九日雨、仍臥
卅日雨、仍臥松尾光徳来話
卅一日齋、日曜、病差與松尾相携訪
　中島亮平

九月

一日晴
二日
三日
四日
五日
六日
七日晴、日曜

八日晴
九日晴、中島亮平辞職帰國余與松尾
　送之於郊外
十日晴
十一日陰後風雨
十二日微雨
十三日晴
十四日晴、日曜、訪安達清風
十五日晴
十六日晴、同渋谷氏及秀島・橋口等
　送新宮拙蔵氏之上京到銭函
十七日晴
十八日晴
十九日晴後陰
廿日微雨
廿一日晴、日曜
廿二日雨
廿三日雨
廿四日仍雨
廿五日雨後霽
廿六日陰晴不定
廿七日晴、以官命解剖死牛示生徒
廿八日晴、日曜、松尾光徳来話
廿九日晴、午後三浦元碩来遂宿
卅日雨

十月

一日晴夜雨
二日晴
三日晴、渋谷五等出仕免職、官特命
　高山余及秀島三人以病院及医学
　所之職務、盖待新宮拙蔵氏之帰
　札也
四日晴、感冒、夜秀島来訪
五日晴、日曜
六日雨
七日仍雨
八日雨歇、余輩同志相謀開宴餞渋谷
　氏
九日晴、與秀島等送渋谷氏数里
十日晴
十一日晴
十二日晴、日曜、松尾光徳来話
十三日晴、西村貞陽・相良知安・真
　崎某書到、懇説諭余以暫留于
　札幌
十四日晴、午後松尾来話
十五日晴
十六日晴
十七日
十八日
十九日日曜
廿日
廿一日
廿二日朝雨後霽、松尾光徳辞職帰縣
　夜雨
廿三日
廿四日晴
廿五日晴
廿六日晴日曜
廿七日晴
廿八日雨
廿九日晴夜雨
卅日晴
卅一日朝雪後霽

十一月

一日晴
二日晴、日曜
三日大雪、天長節、放課上使廰拜聖
　影
四日晴、合併医学所於病院
五日
六日
七日
八日
九日
十日
十一日
十二日
十三日晴
十四日
十五日
十六日日曜
十七日
十八日
十九日
廿日
廿一日晴
廿二日雪午後霽、執行医学生徒之学
　業試験
廿三日晴、日曜也、然尚執行試験
廿四日晴
廿五日晴午後雪
廿六日
廿七日
廿八日
廿九日

卅日

十二月

一日
二日
三日晴、往廳之吏員擧詣円山神祠、
　此日新宮拙蔵自東京帰
四日雪
五日雪
六日雪
七日雪
八日雪
九日雪
十日雪
十一日雪
十二日雪
十三日雪
十四日雪
十五日雪
十六日雪
十七日雪
十八日雪
十九日雪
廿日晴
廿一日雪、日曜
廿二日
廿三日
廿四日
廿五日晴
廿六日晴、與渋谷文次郎・濱田利貞
　等馳馬適石狩過忍路、々出河辺
　河水半氷結、中央流水之処氷塊
　累々而流、午後三時達石狩病院
　同縣医師宮崎養策為院長大喜供
　酒肉
廿七日陰、辞去、午後三時帰札幌之
　寓、松尾光徳書到
廿八日雪
廿九日雪後晴
卅日雪
卅一日陰後晴、宿直医学所賦詩遣悶

〔表紙、原寸、縦一三・五cm、横一八・五cm〕

明治六年癸酉
　自八月
　至十二月
明治七年甲戌本年五月従札幌帰東京
　八月辞職　卅一年
明治八年乙亥　卅二年
明治九年丙子本年六月出仕大蔵省為
　和英翻訳之事
　卅三年

日暦

明治七年甲戌

一月

一日晴、向郷拜先塋、尋賀正於大判
　官并幹事等、後医学所生徒賀正
二日晴後雪
三日雪
四日晴
五日雪
六日雪
七日晴
八日晴
九日晴
十日晴、日曜
十一日晴、宿直
十二日晴、午後訪渋谷文次郎病
十三日晴
十四日晴、又訪渋谷文次郎病
十五日晴、夜訪新宮拙蔵
十六日晴
十七日雪
十八日晴、宿直
十九日雪
廿日晴
廿一日晴、宿直
廿二日晴
廿三日晴
廿四日晴、永松東海書到
廿五日晴、日曜
廿六日
廿七日
廿八日
廿九日
卅日
卅一日

二月

一日晴、日曜
二日晴
三日晴
四日晴
五日晴
六日晴、午後村上貴正招飲
七日晴、宿直、橋口住正辞職帰京、
　伴生徒送之到月寒村而別、此日

拝命病院主治課兼務学校算術教
授
八日晴、日曜、夜南山噴火焔光焦天
九日晴、宿
十日晴
十一日晴、國紀元祭放課
十二日晴
十三日晴
十四日晴
十五日晴、日曜
十六日晴
十七日晴、渋谷文次郎辞職
十八日晴、秀島文圭辞職
十九日晴
廿日晴、渋谷文次郎帰縣到月寒村
廿一日晴、日曜、夜秀島文圭招飲
廿二日晴、日曜
廿三日雪、秀島文圭帰京送之到禮水
廿四日微雪
廿五日雪
廿六日晴微雪、午後與金三穂往國雅
会于牧場于結城國足之家
廿七日
廿八日晴

三月

一日晴、日曜、臨于國雅会于村山貴
正之家、津田善行・藤田安津男・
結城國足・金三穂来会
二日晴、宿直
三日晴
四日晴
五日晴
六日晴
七日晴
八日晴、宿直、日曜
九日晴
十日晴、宿直
十一微雪
十二日雪、宿直
十三日晴
十四日晴、宿直
十五日陰、日曜
十六日晴
十七日晴
十八日晴
十九日晴
廿日晴
廿一日晴
廿二日晴、日曜
廿三日陰、夜訪森山某・真崎健自
函館到話舊
廿四日
廿五日
廿六日陰微恙
廿七日雨、仍臥
廿八日晴、仍臥
廿九日晴、日曜、病愈
卅日晴
卅一日晴、使廳廃医学所、余教授課
専命主治課

四月

一日陰
二日陰微雨、夜村山貴正招飲
三日陰
四日晴、真崎健帰京托之長山真志雄
五日、日曜
六日
七日
八日晴
九日晴
十日晴
十一日晴
十二日晴、日曜
十三日晴
十四日雨
十五日仍雨
十六日陰
十七日陰晴不定、診平岸村
十八日朝雪
十九日陰、日曜
廿日晴
廿一日晴
廿二日晴、使廳命 命（ママ） 病院主治課兼学
校教授課英学并数学、学校称資
生館
廿三日微雨、午前上学校午後上病院
廿四日雨、夜新宮拙蔵氏・菊地晩節・
野田泰治等来話
廿五日雨
廿六日霽
廿七日晴
廿八日晴、乞暇上京、新宮拙蔵・菊
地晩節等其外病院学校員送別、
余與永井喜炳・長谷川欽哉等為
同伴且従佐藤良行・濱田利貞二
書生、宿千歳駅

廿九日微雨、発千歳駅宿篷細駅

卅日霽、辞篷細駅昇別

五月

一日晴、発昇別宿室蘭

二日陰、僦船渡室蘭海宿森村、夜雨

三日陰晴不定、発森村過嶺下逢雨遂宿中島駅

四日晴、発中島駅入函館、投逆旅、夜訪病院長馬島譲

五日晴、投郵船発函館

六日陰

七日雨、天地空濛不辨咫尺船不能入定房海口而碇船

八日微雨天較霽、船入横濱上陸、投逆旅

九日晴、滞横濱

十日晴、氣車入東京

十一日晴、上開拓使出張所告来意、後訪犬塚駒吉（丸駒）

十二日晴、訪池田玄泰・渋谷・秀島・相良・真崎諸氏

十三日晴、寓居神田区連雀町、夜松尾光徳来訪遂宿

十四日微雨、與松尾訪某生於島原余微恙故辞帰寓、後松尾又来過

十五日霽、仍臥

十六日晴、訪永松東海、相携相良氏

十七日晴、病未全愈故臥

十八日晴

十九日晴

廿日晴

廿一日晴

廿二日晴

廿三日晴、訪相良氏

廿四日晴、與永松観菖蒲於堀切花未開

廿五日晴

廿六日晴、午後訪真崎健

廿七日微雨後放霽、渋谷文次郎・藤山某来過

廿八日晴、観開拓使麻布草木園、晡時湯村卓次来訪

廿九日陰、犬塚駒吉来訪相携遊于不忍池、喫薄茶、後訪三宅秀氏

卅日雨

卅一日晴、日曜、朝訪渋谷氏内人病篤、夜相良招余使為渋谷氏之看護、遂留宿

六月

一日晴、朝自渋谷氏帰、與永松東海及大野某遊于芝山内草木園及麻布草木園、晡時帰寓、則渋谷文次郎・藤山八郎来訪遂宿夜大雨

二日朝雨後霽、訪渋谷氏看護細君病

三日晴、細君病益危篤故留而看護

四日晴、昧旦、渋谷君細君終斃為渋谷氏使諸家

五日晴、会于渋谷氏之葬于麻生賢崇寺

六日晴、午前訪渋谷氏後適横濱

七日晴、自横濱帰寓、午後永井喜炳来訪相共遊于上野

八日晴、轉寓神田区平永町

九日晴

十日晴午後訪渋谷氏相共詣賢崇寺

十一日雨

十二日晴

十三日晴

十四日晴、永井来訪相携訪宮崎

十五日陰晴不定、與大石良乙遊于今戸

十六日陰晴不定

十七日晴

十八日晴

十九日陰

廿日雨

廿一日雨、日曜、永松東海来訪、相携訪松崎豊

廿二日或雨或霽

廿三日或雨或霽、適于芝田町

廿四日晴、遊佐尚一来訪、贈草花一盆、相携遊于芝山内飲別

廿五日陰

廿六日或雨或霽

廿七日微雨

廿八日或雨或霽、午後須田廉来訪

廿九日微雨、晡時適横濱宿客舎

卅日晴、自横濱帰

七月

一日微雨、與永松東海訪大石良乙病、於相良氏・渋谷氏亦来訪、夜相良氏招余

二日晴、朝訪西村貞陽告明日余辞職之意

三日晴、提出辞表於開拓使、後訪

大石病
四日大雨
五日晴
六日晴、與永松観玫瑰花於巣鴨、帰
途飲于池端松源
七日晴、感冒
八日微雨、仍臥
九日陰、仍臥
十日雨、病差、齋藤准安・齋篤敬自
北海道来
十一日晴・午前花房生来相携訪大石
氏病
十二日晴、午後多喜乃友三来訪相携
遊于両国及今戸
十三日晴
十四日雨後霽
十五日晴、午後訪多喜乃
十六日晴、午後訪安齋篤敬不逢帰寓、
則安齋篤敬・斉藤准・湯村卓爾
来待
十七日晴、午後松隈翁及渋谷氏
十八日晴、轉寓於湯島天神町
十九日晴、日曜
廿日晴
廿一日晴
廿二日晴
廿三日晴、訪深川亮蔵氏於鍋島邸獻
芹於鍋島侯、盖以侯自英國帰朝
也
廿四日晴、齋藤准来訪
廿五日晴
廿六日晴、就池田玄泰再提出辞表於
開拓使
廿七日晴
廿八日晴、轉寓于池之端
廿九日晴
卅日晴、多喜乃三友来訪後大驟雨
卅一日雨、大石良乙以病稍差、辞相
良氏轉寓駿河臺

八月

一日晴不定、辞職被允、訪相良氏
二日晴
三日晴
四日晴
五日晴
六日晴
七日晴
八日晴
九日晴
十日陰、有故上開拓使、帰途訪犬塚
駒吉終飲于池之端松源樓
十一日晴
十二日晴
十三日晴
十四日晴
十五日晴
十六日晴、日曜
十七日晴
十八日晴
十九日晴
廿日晴
廿一日晴、與永松・大石散歩市井
廿二日晴
廿三日晴微雨後霽、日曜午後買亜度
列児氏英獨對訳辞書
廿四日晴
廿五日雨、適深川冬木町
廿六日雨
廿七日陰
廿八日霽
廿九日陰
卅日晴午後雨
卅一日晴

九月

一日晴
二日晴
三日晴、大石良乙来訪
四日晴
五日晴、齋藤准来訪
六日陰、日曜、為大石良乙病訪ホフ
マン氏於上野夜雨
七日陰、午後永松来話、夜雨
八日陰、午後微恙故臥
九日雨、仍臥
十日陰、午後浅田逸次来
十一日晴、病差、永松来訪相携大石
十二日晴
十三日日曜、暴風雨、新宮拙蔵・多
喜乃友三・川崎幽準之書到自北
海道到後村山貴正来
十四日霽
十五日晴
十六日陰、午後適深川冬木町
十七日晴
十八日晴
十九日晴、晡時有事新泉樓買腕車適

東京城西沼部村、蓋距二里餘云程未半日既没日色明朗秋気満天、抵所謂下沼部村従是車不適故帰遂宿新泉樓
廿日、日曜、或微雨
廿一日朝陰、駆馬上沼部村蓋玉川近傍也、邂逅于犬塚駒吉為香魚魚操在于茲、午後帰寓微雨
廿二日晴
廿三日晴
廿四日晴
廿五日晴、午後訪犬塚駒吉
廿六日晴
廿七日陰後雨、大石良乙来、浅田逸次亦来、相携散策于郊外
廿八日晴
廿九日晴
卅日陰、相良氏免職

十月

一日朝雨後霽、中村吾道来、湯村卓尓来
二日晴
三日晴
四日晴、日曜
五日微雨
六日雨
七日微雨
八日微雨
九日晴
十日晴
十一日陰
十二日
十三日陰、午後與大石良乙散歩于市中
十四日陰
十五日晴
十六日陰後雨
十七日陰夜雨
十八日朝陰後晴、八田某来訪
十九日晴
廿日雨
廿一日朝雨後霽
廿二日晴
廿三日陰
廿四日朝雨後霽
廿五日晴、日曜
廿六日陰後雨、渋谷氏招飲蓋以其結婚也
廿七日雨
廿八日晴
廿九日晴
卅日晴
卅一日晴

十一月

一日晴、日曜
二日晴
三日晴、天長節
四日晴
五日陰後雨
六日陰晴不定、與永松訪渋谷氏
七日晴、晡時、大石来訪
八日晴、日曜
九日陰後微雨
十日晴、午後大石来話
十一日晴、永松・秀島来話
十二日晴
十三日晴
十四日晴、外出帰則有安達清風来訪名刺
十五日晴、日曜
十六日晴、訪安達清風不逢
十七日晴
十八日晴
十九日晴
廿日晴
廿一日晴、訪大石
廿二日晴、日曜
廿三日晴
廿四日陰、夜雨
廿五日霽
廿六日雨、朝訪伊東武重氏
廿七日霽
廿八日晴
廿九日晴、日曜
卅日晴

十二月

一日晴
二日雨
三日霽
四日晴
五日晴、得郷信
六日晴、日曜、訪犬塚氏、武富茂助在于茲、曰一昨来東京、因與犬塚三人遊于青山開拓使官園
七日晴
八日晴

九日晴
十日晴
十一日晴
十二日晴
十三日晴、日曜
十四日晴
十五日晴
十六日晴
十七日晴
十八日晴
十九日晴、晡時犬塚駒吉・武富茂
　助・平林伊平来訪、相携散歩
　　于市中
廿日晴夜雨、日曜日
廿一日
廿二日
廿三日
廿四日晴、伴相良氏與相良隆乙遊于
　王子
廿五日雨、訪相良隆乙
廿六日雨、訪犬塚氏
廿七日霽
廿八日晴
廿九日晴、與大石良乙・浅田逸次・
　城島陳善四人遊于向島
卅日晴、永松来
卅一日晴

明治八年乙亥

一月

一日晴、向郷拜先塋、後與城島陳善
　訪永松
二日晴、訪犬塚駒吉、與武富茂助・
　平林伊平拜年於深川亮蔵・古川
　源太郎・渋谷氏
三日日曜、朝晴後雨
四日晴、拜年於西村及池田氏
五日晴、永松東海招飲
六日晴
七日晴、早朝訪丸駒以茂助・伊平帰
　郷也、與丸駒送之到横濱
八日晴
九日晴
十日晴、罹病
十一日晴、臥床
十二日晴、仍臥
十三日晴、仍臥
十四日晴、仍臥稍軽
十五日晴、午後適鐘ヶ江文英（改晴
　朝）家、養痾於茲
十六日晴
十七日晴
十八日晴
十九日雨
廿日晴
廿一日晴
廿二日晴
廿三日晴
廿四日晴
廿五日晴
廿六日晴
廿七日晴
廿八日晴
廿九日晴
卅日雪
卅一日晴、日曜

二月

一日晴、病少差、適深川、犬塚氏（丸
　駒）午後與原文碩散歩于近街
二日晴
三日雪
四日雪
五日晴風甚
六日晴風甚
七日晴、日曜、辞鐘ヶ江家帰于本郷
　相良氏
八日晴
九日晴
十日晴
十一日晴
十二日晴
十三日晴
十四日晴、日曜
十五日晴
十六日晴
十七日晴
十八日晴
十九日晴
廿日晴、日曜、為相良氏使鍋島邸
廿一日大雪、日曜
廿二日雪
廿三日晴、為相良氏使鍋島邸
廿四日晴
廿五日晴
廿六日雪
廿七日陰
廿八日朝陰後晴、日曜

三月

一日晴
二日陰晴不定、永松来訪、午後相携
　適其家薄暮帰寓夜雨
三日雨、校分析試験法永松氏所編輯
　也且作其序
四日晴
五日晴
六日晴
七日晴、日曜日
八日晴
九日晴
十日晴、與永松散歩
十一日晴
十二日晴
十三日晴、訪安達清風
十四日微雨、安達清風携其児来訪
十五日晴、與永松訪相良氏
十六日雨、訪司馬盈之（称凌海）
十七日雨
十八日陰
十九日陰
廿日晴
廿一日晴、日曜日
廿二日陰、同永松・相良両氏散歩于
　雑司ヶ谷帰途雨
廿三日雨
廿四日晴
廿五日晴
廿六日晴、訪小沢善平於上野買洋菓
廿七日晴
廿八日陰
廿九日雨
卅日雨歇
卅一日陰

四月

一日晴、有事故適品海磯辺
二日晴
三日晴、與永松東海・相良隆乙遊于
　團子坂
四日晴、與永松・大石遊于青山
五日晴
六日晴
七日陰
八日陰、與相良・永松二氏遊于大久
　保及高田馬場
九日晴
十日晴
十一日晴、日曜、適品海
十二日晴
十三日
十四日
十五日
十六日陰
十七日雨後霽
十八日晴
十九日晴、森永有健来
廿日陰
廿一日陰晡時雨、訪桐原真節氏
廿二日晴、問獨乙治療書中疑義桐原
　氏
廿三日晴、適桐原氏
廿四日陰、適桐原氏、後雨
廿五日霽、日曜
廿六日晴、與永松訪鐘ヶ江
廿七日雨、朝適桐原氏、午後武富信
　太郎来訪、相携飲于不忍池畔、
　信太郎者内人之弟也、傳岳父
　意盖促余之帰國也
廿八日雨後霽訪永松
廿九日晴
卅日陰雨

五月

一日晴、訪丸駒、訪信太郎其弟源三
　郎及同郷藤田恒助（後改與兵
　衛）・松尾嘉十等在于兹相携遊青
　山開拓使官園
二日晴日曜
三日晴、訪信太郎
四日晴、訪信太郎約同伴帰國之事
五日晴
六日晴、訪信太郎
七日雨、晡時為相良氏使大隈氏
八日晴、訪信太郎、曰今日発程帰國
　故直帰相良氏治装辞相良氏、同
　信太郎・源三郎・恒助等、午後
　三時新橋上汽車、四時抵横濱郵
　船高砂丸、得発急呼軽舸雙櫓赴
　之既隔一、尋郵船全抜錨而去遺
　憾極矣遂投逆旅
九日晴、日曜、請腕車三人遊于絵島
　午飯于戸塚駅、已達于絵島蒼波
　間之蓬莱島画不如也、上某店撃
　鮮酌酒詣天女祠既出洞、天陰催
　震急就帰轅未里許果雨到戸塚天
　全暮雨益甚矣遂宿茶店山鼎一絶

十日霽、辞戸塚九時抵横濱投逆旅
十一日晴十二時郵船黄龍丸七時抜錨
十二日晴、走遠州洋
十三日雨、昧旦廻紀大島午後二時入
　神戸上陸午飯、三時買汽車四時
　抵大阪投逆旅（信濃橋西詰細喜）
十四日霽、微恙、郷人吉永万兵衛・
　吉永政右衛門来投宿
十五日晴、仍臥
十六日晴、仍臥
十七日晴、仍臥
十八日晴、少快、遊于天王寺
十九日雨
廿日陰
廿一日晴
廿二日晴後雨、発大阪来神戸投宿
廿三日晴
廿四日晴午後、上郵船
廿五日晴、昧旦抜錨
廿六日晴、昧旦過馬関、午後三時
　入長崎上陸投逆旅
廿七日晴後陰、余獨発長崎、途逢雨
　宿時津逆旅壁上尚有旧題詩不
　堪感愴
廿八日陰、南風勁強舟飛如未二時而
　達川棚時未午然投宿、盖此地昨
　来大雨河水漲大也寂莫不可言
廿九日朝陰後晴、買轎発川棚、晡前
　抵家、隣人数輩来酌酒
卅日晴、日曜、伊万里武富熊助来、
　伊兵衛招飲後、與熊助適伊万里
　面岳父、夜帰家

六月

一日晴、隣人数輩来酌酒、晡前信太
　郎・源三郎・恒助等帰過
二日晴
三日晴
四日晴
五日晴後陰
六日雨
七日雨
八日雨、遣人於岳父家
九日雨
十日雨
十一日雨
十二日雨
十三日雨
十四日雨
十五日雨歇
十六日霽
十七日晴
十八日陰、齋藤治平・徳久嘉平来話
　徹夜
十九日雨
廿日晴、有田正司乾一（後改敬蔵）
　與多久人鶴田某来訪終宿
廿一日晴、後雨正司帰
廿二日雨、長濱多久島徳之允使来
廿三日雨
廿四日雨
廿五日雨
廿六日雨歇
廿七日晴遣人於岳父家
廿八日晴
廿九日晴
卅日晴

七月

一日晴、遣人於岳父家
二日晴或雨、病少差、因馬場適一請
　診病於向吉野
三日晴
四日日曜、朝大雨後歇、馬場適一来
　訪
五日晴、晡時武富源三郎来訪
六日晴、吉永武兵衛招飲余與源三郎、
　後源三郎帰、夜雨
七日雨後霽
八日霽、山谷齋藤義一郎贈物
九日晴、鶴田清八来訪
十日晴
十一日晴、日曜、午後長濱多久島徳
　之允来訪
十二日晴、吉永伊兵衛招飲
十三日晴
十四日晴
十五日
十六日
十七日
十八日
十九日
廿日
廿一日
廿二日
廿三日
廿四日
廿五日日曜

廿六日
廿七日
廿八日
廿九日
卅日
卅一日

八月

一日日曜
二日
三日
四日
五日
六日
七日
八日日曜
九日
十日
十一日
十二日
十三日
十四日
十五日日曜
十六日
十七日
十八日
十九日
廿日
廿一日
廿二日日曜
廿三日
廿四日
廿五日
廿六日
廿七日
廿八日
廿九日日曜
卅日
卅一日

九月

一日
二日
三日
四日
五日日曜
六日
七日
八日
九日
十日
十一日
十二日日曜
十三日
十四日
十五日
十六日
十七日日曜
十八日
十九日
廿日
廿一日
廿二日
廿三日
廿四日
廿五日
廿六日日曜
廿七日
廿八日
廿九日
卅日

十月

一日晴
二日晴
三日晴日曜
四日晴
五日晴
六日晴
七日晴
八日晴
九日晴
十日晴、日曜
十一日晴
十二日晴
十三日晴
十四日晴
十五日晴
十六日晴
十七日晴、日曜
十八日晴
十九日晴、有故適有田中村禮蔵家
廿日晴、自有田帰後、藤山柳軒来訪
廿一日晴、適伊万里武富氏
廿二日晴、仍逗伊万里
廿三日晴、帰家
廿四日晴、日曜、後微雨、須古伊豆君携家在伊万里令夫人罹病招余、往診、夜饗須古氏於武富氏、須

古氏者阿兄之主君也
廿五日雨、往診須古令夫人
廿六日晴、帰家、廣厳寺和尚招飲
廿七日晴、診内之馬場
廿八日朝微雨後霽、午後適伊万里、
　晡時帰家、夜雨
廿九日霽
卅日晴、診伊万里終止宿
卅一日晴、仍逗

十一月

一日晴、同前川善太夫・西岡会飲于
　伊万里旗亭、午夜帰家
二日晴、診大木駅水町氏
三日晴
四日晴、適伊万里途訪柳軒
五日晴、晡時帰家
六日晴、診水町氏、與治平適蔵宿
　借馬適有田直帰蔵宿、治平仍在
　茲因相携来山谷宿治平家
七日晴、日曜、帰家
八日晴、診楠久宿中酒屋松本與右衛
　門
九日晴、自楠久診伊万里訪草場船山
　翁、入夜帰家
十日微雨
十一日陰、朝山代里医生片山帯雲来
　訪盖約束遊同行也、夜雨、隣人
　数輩来会
十二日霽、嘉平・武平招飲
十三日晴、同適一・治平・嘉平・柳
　軒等会于廣厳寺盖為留送別也
十四日陰、日曜、後雨、適伊万里
　入夜帰
十五日晴、留別隣人、晡時岳父来、
　治平、適一等来
十六日晴、発程東上宿川棚、嘉平
　送到大木駅而別
十七日晴、舟航時津午後四時達時津、
　直入長崎、投大村町久富氏
十八日晴、午後片山帯雲到
十九日晴、與片山詣菅廟、訪中村吾
　道・小川仲栄相携遊于稲岳、後
　余訪荒木伊三次（伊助改名）於
　小島
廿日晴、午後搭郵船夜十二時発錨
廿一日晴、午後二時達馬関三時間碇
　舶五時抜錨
廿二日晴、午後三時着神戸上陸托片
　山帯雲於西春蔵留神戸病院
廿三日晴、午後上舟四時抜錨
廿四日晴、夜九時着横濱上陸投逆旅
廿五日晴、午前十時上汽車十一時
　達新橋、抵本郷相良氏、直訪永
　松、夜訪丸駒、去訪鐘ヶ江遂宿
　于茲
廿六日晴、帰相良氏、夜又宿鐘ヶ江氏
廿七日晴、帰相良氏
廿八日晴、日曜、邂逅山崎幸平、幸
　平鹿児島医生也
廿九日晴
卅日雨、鐘ヶ江招余托某事入夜帰

十二月

一日晴、訪中島亮平於麹町隼町相携
　遊于上野團子坂
二日雨、鐘ヶ江招余遂止宿
三日陰、帰本郷
四日晴、與秀島文圭為鐘ヶ江訪由利
　某
五日晴、日曜、午後川崎幽準来訪
六日晴夜雨
七日陰
八日雨
九日晴、為平林伊平適横濱應接米人
　商買帰、則薄暮
十日晴、午後会馬渡俊邁（曾称八郎）
　葬于青山
十一日晴、為相良氏訪司馬氏
十二日晴
十三日晴、診伊東氏児遂止宿
十四日晴、仍在伊東氏
十五日晴、訪中島亮平與古賀静脩話
十六日晴
十七日陰、為相良氏使司馬・永松・
　長谷川諸氏
十八日雨
十九日晴、日曜、午後訪丸駒
廿日晴
廿一日晴
廿二日晴
廿三日晴、午後訪司馬氏
廿四日晴
廿五日晴
廿六日晴、訳定性分析書
廿七日晴、訳前書
廿八日雨、訳前書
廿九日雨歇

卅日陰、訪永松
卅一日朝陰後晴

明治九年丙子

一月

一日晴、向郷拝先塋、後拝年於深川・古川・渋谷・鐘ヶ江・永松・西村諸氏後與中島・古賀小飲
二日晴、日曜、岳父書到、訪鐘ヶ江遂止宿、夜與三宅頼輔散歩
三日晴、拝年丸駒
四日晴、訪三宅秀司・司馬盈之
五日晴
六日晴
七日晴
八日晴
九日雪
十日大雪
十一日大雪
十二日霽、徃学
十三日晴、徃学、午後為中島・西村貞陽
十四日晴、徃学
十五日晴
十六日晴、徃学
十七日晴
十八日陰
十九日朝微雨後霽、徃学
廿日晴、徃学與永松東海訪長谷川泰
廿一日陰、徃学
廿二日陰、徃学
廿三日大雪、日曜、訪永松
廿四日晴、徃学、為永松訪深川氏
廿五日陰、徃学、夜鐘ヶ江晴朝来訪
廿六日雪、徃学、午後鐘ヶ江招飲同相良・永松二氏赴之、帰則夜二時
廿七日終日大風雪
廿八日晴、徃学
廿九日大雪、徃学
卅日雪、日曜
卅一日霽、徃学、午後為平林伊平適横濱面米國商買「フェッセル」入夜帰京

二月

一日陰、贈書於平林報昨日應接之顛末
二日陰、徃学
三日陰、感冒臥床、午後伊万里浦郷喜右衛門来
四日陰、仍臥
五日晴、病差
六日晴、日曜、訪司馬盈之
七日雨、徃学
八日霽、徃学
九日晴、徃学、午後永松・鐘ヶ江来
十日晴、徃学
十一日晴、休
十二日晴
十三日雨
十四日霽、徃学
十五日晴、相良郁三来寓相良氏
十六日晴、徃学
十七日晴、徃学
十八日陰、徃学
十九日微雪
廿日晴、日曜、為平林伊平又適横濱應接米国商報之平林
廿一日晴
廿二日陰、徃学
廿三日陰、徃学
廿四日晴、徃学、診丸駒于尾張町
廿五日晴、徃学
廿六日晴、診尾張町大塚氏
廿七日晴、日曜
廿八日陰、又為平林適横濱應接米人報之平林、後微雨
廿九日陰、徃学

三月

一日晴、徃学、午後診尾張町後與山崎幸平観梅於向島夜雨
二日微雨午霽、徃学
三日晴、徃学
四日晴、徃学、午後與吉田某観梅徃学墨水
五日晴、日曜、午後診尾張町
六日晴、為相良氏訪成冨清風氏
七日陰、徃学、夜雨
八日雨、徃学
九日霽、徃学、平林書到
十日晴、徃学午後高木文檀来
十一日晴、徃学
十二日晴、日曜、與吉田某荒地春樹観梅於田端村、帰途過浅草
十三日晴、徃学、午後診尾張町并越前堀

十四日
十五日
十六日
十七日
十八日
十九日陰、日曜、診霊巌島尾張町
廿日晴、往学
廿一日晴、往学
廿二日晴
廿三日晴、往学
廿四日晴、往学、後丸駒弟来訪相携
　遊于草津湯
廿五日晴、往学
廿六日陰
廿七日雨、往学、後訪西村
廿八日晴、往学
廿九日晴、往学
卅日晴、往学
卅一日晴、往学

四月

一日晴、往学
二日晴、休、午後同竹内正垣・新宮
　拙蔵・山崎幸平等観花於向島
三日晴、休
四日霰後霽、為相良氏適鍋島邸訪深
　川・古川二氏、後診丸駒
五日晴、診丸駒
六日晴、往学
七日晴、往学
八日雨、晡時往学
九日晴、休、訪成富清風邂逅木下梅
　軒翁（改姓秋永）
十日晴、往学
十一日晴、往学
十二日晴、往学
十三日晴、往学
十四日晴、往学
十五日晴、往学
十六日晴、因相良氏之嘱託診大隈氏
　北堂病於其別野早稲田終止宿
十七日晴、早朝帰相良氏、晡時又適
　早稲田宿于茲
十八日晴、帰寓、晡時又適早稲
十九日晴、仍如前日
廿日晴、仍如前日
廿一日晴、仍如前日
廿二日晴、仍如前日
廿三日雨、日曜、終日在早稲（田）[脱カ]
　看護
廿四日晴、墺國皇族医士来診大隈氏
　北堂并令弟岡本欣次郎氏病「バ
　ロンシーボルト」為傳訳佐藤進
　氏亦来診
廿五日陰、午後適早稲田
廿六日晴、朝帰寓、午後又適早稲田
廿七日晴、帰寓
廿八日晴、往早稲田
廿九日晴
卅日晴帰寓、則中島亮平来待相携小
　飲雁店而後訪成富清風

五月

一日晴、往早稲田
二日晴、朝帰、夕往
三日晴、帰寓
四日陰、往早稲田
五日陰、午後赴于成富清風赴任于凝
　砂送別会、解散往早稲田
六日雨、在早稲田
七日雨、大隈氏北堂病大差故拉岡本
　氏遊于豆州相州、余見嘱随伴、
　余曾有病欲出遊故為好機、与後
　発東京
八日霽此間別有紀行
十九日雨、帰京直帰寓
廿日霽微雨
廿一日晴、仍臥
廿二日晴、仍臥
廿三日晴、仍臥
廿四日晴仍
廿五日晴、轉寓麹町養病
廿六日晴
廿七日晴
廿八日晴
廿九日晴、病小差、午後帰本郷相良
　氏
卅日晴
卅一日晴、往早稲田訪大隈氏北堂

六月

一日晴
二日雨
三日雨
四日雨歇
五日晴、往学
六日晴
七日晴
八日晴

九日晴
十日晴
十一日晴
十二日晴、得大蔵省徴状、抑嚢余之
　東上也欲熟脩英学、而研究治療、
　故首入大学東校、東校中間改医
　学於獨乙、故又学之終欲遊于獨
　乙、不幸不果、止于米國、然稍
　解英語、帰国後、奉職於開拓使、
　志在就教師欲親学英学、及治術、
　而開拓使適有費用節減之挙、不
　傭聘教師、学無所得、故辞職、
　在東京、孜々読書、然学費不給、
　故頼相良氏説大隈氏、以横文従
　事于官、傍欲讀所志之書也
十三日晴、上大蔵省、拝命出納寮雇、
　月給貳拾五円、職訳横文来翰
十四日晴、感冒
十五日晴、仍臥
十六日晴、仍臥
十七日晴、上省
十八日晴、休
十九日晴、上省
廿日晴、上省
廿一日晴、微恙
廿二日晴、仍臥
廿三日雨
廿四日陰、上省
廿五日陰、休
廿六日雨、上省
廿七日雨、上省
廿八日雨、上省
廿九日雨、上省、夜大隈氏令夫人急
　患往診
卅日雨、微恙

七月

一日雨
二日雨
三日雨、上省
四日雨、上省
五日雨後霽、上省
六日朝雨後霽、上省
七日朝雨後霽、轉寓於小石川春日町
　大黒屋
八日霽、上省、晡時訪相良氏
九日晴、休、午後田中屋忠次郎来訪
　店飲
十日晴、上省
十一日晴、上省、賜暇
十二日晴、永松来訪與相良氏三人遊
　于東台、復與永松店飲
十三日晴
十四日晴
十五日晴、上省
十六日晴、休
十七日晴、上省
十八日晴、上省
十九日晴、休、以聖駕還御也
廿日晴、休暇如前日也
廿一日晴
廿二日晴、上省
廿三日晴、休
廿四日晴、賜暇
廿五日晴
廿六日晴
廿七日晴
廿八日晴
廿九日晴、診丸駒
卅日晴、同僚松本某来訪
卅一日晴

八月

一日晴、上省
二日晴、上省
三日晴、上省
四日晴、上省
五日晴、上省
六日晴、休
七日晴、上省、後為相良訪原田種興
八日晴、上省
九日晴、上省
十日晴、上省
十一日晴、賜暇
十二日晴
十三日晴、丸駒岳父芝神明前仙波徳
　次郎来為其次子乞来診、訪大
　隈氏
十四日晴
十五日晴、大隈氏奉其大孺人遊于相
　豆忝拉伴相良・鐘ヶ江亦陪遊、
　余別有紀
十六日晴、発東京投繪島
十七日晴、與神山聞先発、晡時抵箱
　根宮下投藤屋
十八日晴
十九日晴
廿日雨

廿一日陰後霽
廿二日陰或雨後霽
廿三日
廿四日陰
廿五日晴、辞宮ノ下宿小田原
廿六日陰、汽船赴于熱海投于富士屋
　不盡樓
廿七日雨
廿八日陰、藤川三渓病
廿九日雨
卅日霽
卅一日晴

九月

一日晴
二日晴
三日晴
四日晴、辞熱海宿大磯
五日晴、発大磯宿鎌倉
六日晴、発鎌倉入夜帰京入大隈氏直
　帰寓、遊中有紀行作
七日晴、徴恙、藤川三渓妻来謝
八日晴
九日晴
十日晴
十一日晴上省、退省、訪大隈氏
十二日晴、上省
十三日晴、上省
十四日晴、上省
十五日晴、上省
十六日雨、上省
十七日休、雨
十八日晴、上省
十九日晴、上省
廿日晴、上省
廿一日陰、上省
廿二日雨、上省
廿三日雨
廿四日陰、休、徳久太兵衛書到
廿五日雨、感冒
廿六日雨、仍臥
廿七日雨、仍臥
廿八日雨、病差
廿九日雨、上省
卅日雨、上省帰則家信到

十月

一日霽、休、午後拉寓所児遊于浅草
　後訪大隈家
二日晴、上省
三日晴、上省
四日晴、上省
五日晴、上省
六日晴、上省
七日晴、上省
八日晴、休、中島亮平来訪相携遊于
　雑司谷・王子弄秋色、帰而訪馬
　島譲於下谷、轉訪西村貞陽
九日晴、上省、退省、訪神山聞
十日晴、上省
十一日雨
十二日
十三日晴
十四日晴、上省
十五日晴、休
十六日晴、上省
十七日晴、上省
十八日陰、上省
十九日晴、上省
廿日晴、上省
廿一日晴、上省
廿二日晴、休、訪西村貞陽
廿三日晴、上省
廿四日雨、上省
廿五日霽、上省
廿六日晴、上省
廿七日晴、上省
廿八日晴、上省
廿九日晴、休
卅日晴、上省
卅一日晴、上省

十一月

一日晴、上省
二日、晴上省
三日晴、天長節、午後訪大隈氏・渡
　部氏
四日晴、上省
五日晴、休、與同僚大竹昌蔵遊于王
　子観楓
六日晴、上省
七日晴、上省
八日晴、上省
九日晴、上省
十日晴、感冒
十一日晴、仍臥
十二日晴、病差
十三日晴、上省
十四日晴、上省

十五日晴、上省
十六日晴、上省
十七日晴、上省
十八日晴、上省
十九日晴、休、午後拉逆旅児観菊於
　團子坂
廿日晴、上省
廿一日晴、上省
廿二日晴、上省
廿三日晴、上省
廿四日晴、上省
廿五日晴、上省
廿六日休、訪大隈氏
廿七日晴、上省
廿八日晴、上省
廿九日晴、上省
卅日晴、上省

十二月

一日晴、上省
二日晴、上省
三日休
四日晴、有故不上省、午後西村貞陽
五日雨、不上省、訪西村貞陽又馬島
　譲、盖以有欲再奉職開拓使之意
　也
六日雨、晡時同僚櫻井忠敬来訪、本
　省徴状到
七日晴、上省、被命國債局雇月給五
　拾円、又従事横文、課長岩崎
　小次郎氏也
八日晴、上省
九日晴、上省
十日休
十一日晴、上省
十二日晴、上省
十三日晴、上省
十四日晴、上省
十五日晴、上省
十六日晴、上省
十七日晴、休
十八日晴、上省
十九日晴、上省
廿日晴、上省
廿一日晴、上省
廿二日晴、上省
廿三日陰、上省、午後訪大隈氏
廿四日晴、休
廿五日晴、上省
廿六日晴、上省
廿七日晴、上省
廿八日晴、上省、事務以今日休止午
　後訪中村敬宇先生
廿九日晴、訪相良氏
卅日晴
卅一日晴、訪大隈氏

〔表紙、原寸、縦一三・五cm、横一八・五cm〕
明治十年丁丑　卅四年
本年帰省
東上経筑前冷水嶺
日暦

明治十年丁丑

一月

一日好天気、向郷拝先塋、尋拝年於
　相良氏・大隈氏・深川・古川両
　氏及諸家
二日陰、拝年於丸駒、轉拝年於西村
　貞陽氏、于深川渡永代橋、大雪
　俄降不辨咫尺
三日晴、訪原田種興氏終相携飲于湯
　島天神境内
四日晴、上省、午後訪長谷川泰
五日晴、以新年宴会休、訪中島亮平
　相携訪鶴田鵠
六日晴、上省
七日晴、旧藩出身医生会飲于早稲田
　大隈氏別儻古賀某酔狂殺風景
八日晴、上省
九日晴、以海軍始休、訪鈴木宗泰
十日晴、上省
十一日晴、上省、勅令廃諸官省中諸
　寮、我國債寮亦係廃止寮長且曰
　諸氏■暫以残■理上省、帰寓則
　武富源三郎来
十二日晴、上省
十三日晴、上省
十四日晴、拉源三郎見大隈氏・相良
　氏
十五日晴、上省、此日更被命、大蔵
　省御雇下賜月給四拾円
十六日晴、上省
十七日晴、源三郎帰郷、上省、午後
　雪
十八日晴
十九日晴

廿日晴
廿一日晴、休
廿二日晴、上省
廿三日晴、上省
廿四日雨、上省
廿五日晴、上省
廿六日晴、上省
廿七日晴、上省、夜訪岡本欣次郎氏
　病於病院
廿八日晴、休、訪岡本氏相伴帰大隈
　氏終止而看護
廿九日晴、被命翻訳之宅調在大隈氏
　従事于職事
卅日晴、仍宅調在大隈氏
卅一日晴、宅調在大隈氏

二月

一日晴、仍宅調、此日轉勤大蔵本省
　翻訳局在大隈氏
二日晴、仍宅調在大隈氏
三日晴、仍宅調、暫帰寓、午後鈴木
　敬作及石田常善来訪後、又適大
　隈氏
四日陰、休、仍宅調在大隈氏、午後
　帰寓、訪西成政遊于上野
五日雪、上省
六日晴、上省
七日晴、上省
八日晴、上省
九日晴、上省
十日晴、上省
十一日晴、休
十二日晴、上省
十三日晴、上省
十四日晴、上省
十五日晴、上省
十六日晴、上省
十七日晴、上省
十八日晴、休
十九日晴、上省
廿日晴、上省
廿一日晴、上省
廿二日晴、上省
廿三日晴、上省
廿四日雨、上省
廿五日休、雪、朝訪土山氏、薄暮為
　大隈診横濱帰則午夜
廿六日晴、宅調在大隈氏
廿七日晴、宅調在大隈氏
廿八日晴、宅調在大隈氏

三月

一日晴、宅調在大隈氏
二日晴、宅調在大隈氏
三日晴、宅調在大隈氏
四日晴、休、帰寓
五日雪後雨、上省
六日陰、上省
七日晴、上省
八日晴、上省
九日晴、上省
十日晴、上省
十一日休
十二日晴、上省
十三日晴、上省
十四日晴、上省
十五日晴、上省
十六日晴、上省
十七日陰、上省
十八日雨、休
十九日晴、上省
廿日陰、上省
廿一日晴、上省
廿二日晴、上省
廿三日陰、上省
廿四日雨、上省
廿五日休、晴、微恙臥床
廿六日晴、仍臥
廿七日雨、仍臥
廿八日霽、仍臥
廿九日晴、仍臥
卅日■、病愈上省
卅一日晴、上省

四月

一日休、晴
二日雨、上省
三日雨、上省
四日晴、宅調在大隈氏
五日晴、仍宅調在大隈氏
六日晴、仍宅調在大隈氏
七日晴、仍宅調在大隈氏
八日休、晴、帰寓
九日晴、宅調在大隈氏
十日晴、仍宅調在大隈氏
十一日雨、微恙、帰寓、家書及吉尾
　秀策書到
十二日晴、仍臥
十三日雨、仍臥

十四日雨、病愈上省
十五日休、晴、午後大隈氏招余命其
　大阪出張之随行
十六日晴、随行大隈大蔵卿赴于大阪
　午後四時横濱抜錨
十七日陰、雨在舟
十八日霽、朝七時達神戸十時赴于大
　阪造幣局泉布観
十九日晴、赴于西京
廿日晴、在西京
廿一日晴、在西京
廿二日晴、午後帰大阪
廿三日晴、在大阪
廿四日晴、在大阪
廿五日微雨
廿六日微雨
廿七日微雨
廿八日霽、赴于西京
廿九日晴、午後帰大阪
卅日微雨

五月

一日微雨後霽、在大阪
二日晴、在大阪
三日晴、在大阪
四日微雨、在大阪
五日雨、午後赴于西京
六日霽、在西京
七日晴、在西京
八日晴、午後帰大阪
九日晴、在大阪
十日朝陰後晴、在大阪
十一日晴、赴于西京
十二日晴、在西京午後帰大阪
十三日陰、在大阪
十四日晴、辞大阪帰東京晡前来神戸
　雨午後九時半搭汽船
十五日陰、在舟
十六日霽、朝九時着横濱十二時入東
　京帰寓
十七日晴、上省、官命賜三日之休暇
　例也
十八日雨、休、適大隈氏帰、則森尻
　高禮来
十九日霽
廿日雨、休
廿一日陰、上省
廿二日陰晴不定、上省
廿三日晴、上省
廿四日晴、上省、退省、為岡千仭乞
　教師「ベルツ」氏診
廿五日晴、上省
廿六日晴、上省
廿七日晴、休
廿八日晴、上省
廿九日晴、微恙
卅日晴、上省
卅一日晴、上省

六月

一日晴、上省
二日晴、上省、退省、為鐘ヶ江訪渋
　谷氏
三日晴、休、夜宿大隈氏
四日晴、上省
五日晴、為病不上省、午後森尻来、
　夜雨
六日晴、仍臥、岡千仭来、晡時鬼頭
　悌次郎来
七日晴、仍臥
八日晴、病少瘥、上省、然以猶未了
　帰寓
九日晴、仍臥
十日晴、休
十一日陰後雨
十二日晴、上省
十三日晴、上省
十四日陰後雨、宅調従事于事在大隈
　氏
十五日雨、宅調在大隈氏
十六日雨、仍在大隈氏
十七日朝雨後霽、休
十八日晴、上省、退省、轉寓於本郷
　弓町前田利鬯氏邸内
十九日晴、上省、退省、宅調在大隈
　氏
廿日晴、上省、宅調在大隈氏
廿一日晴、上省、退省、宅調在大隈
　氏、大隈氏実弟岡本欣次郎氏以
　病斃
廿二日晴、宅調在大隈氏
廿三日晴、宅調在大隈氏、午後会岡
　本氏■葬
廿四日晴、休
廿五日晴、上省、退省、訪前田正名
廿六日晴、上省
廿七日晴、上省、退省、夜大渡勘助
　者為其嫂乞診

廿八日晴、上省
廿九日晴、上省
卅日晴、上省

七月

一日晴、休、中島亮平来訪相携訪西
　村貞陽病
二日晴、上省
三日晴、上省
四日晴、上省
五日晴、上省
六日晴、上省
七日晴、上省
八日晴、休
九日晴、上省
十日晴、上省
十一日晴、上省
十二日晴、上省
十三日晴、上省
十四日晴、上省
十五日晴、休、夜観煙火於両國
十六日晴、上省
十七日晴、上省、贈書於家郷
十八日晴、上省
十九日晴、上省、退省、得家書
廿日晴、上省、退省、会大隈氏佛事
廿一日晴、上省
廿二日晴、休
廿三日晴、上省
廿四日晴、早朝訪前田正名、上省
廿五日晴、上省
廿六日晴、上省、夜暴風雨
廿七日晴、上省
廿八日晴、上省
廿九日晴、休
卅日晴、休、盖以天皇皇后両陛下還
　幸自西京駐輦也、以薩匪戡定也
卅一日晴、上省

八月

一日晴、上省
二日晴、上省
三日晴、上省
四日晴、上省
五日晴、休
六日晴、上省
七日晴、上省
八日晴、上省
九日晴、上省
十日晴、上省
十一日晴、乞暇、適横濱
十二日晴、休
十三日晴、上省
十四日晴、上省、退省、更轉寓于春
　日町大黒屋
十五日晴、上省
十六日晴、上省
十七日晴、上省
十八日晴後雨、上省
十九日晴、休
廿日晴、上省
廿一日陰、以内國博覧会開会式休
廿二日晴、以病乞帰郷養痾之見允
廿三日晴、辞東京宿小田原
廿四日晴、蓐食発小田原宿江尻
廿五日晴、蓐食発江尻宿濱松
廿六日晴、発濱松宿熱田
廿七日晴、発熱田宿四日市
廿八日晴、発四日市宿石部
廿九日晴、発石部入西京宿三條街
卅日晴、汽車発西京宿神戸
卅一日陰或雨、滞神戸

九月

一日晴、逢大蔵省同僚田中章亦在于
　茲待舟約同舟
二日晴、搭汽船
三日晴、過馬関留三時達長崎上陸投
　客舎
四日晴、別田中発長崎到時津午後三
　時出帆風逆夜十時達川棚而宿
五日陰、発川棚途逢雨午後四時抵家
六日晴、拝先塋尋、適伊万里面晤岳
　父及諸知人、入夜帰家
七日晴
八日晴、午後診伊万里宿武富氏、
　中夜得内人急患之報而帰家
九日晴、内人病瘥、余感冒
十日陰、仍臥
十一日陰、仍臥
十二日晴、仍臥
十三日晴、病瘥、診伊万里
十四日晴
十五日晴、診川東、診伊万里
十六日晴、欲與内人訪阿兄平門之僑
　居、晡時余先内人適伊万里在武
　富氏、夜内人到九時買船発伊万
　里
十七日晴、天明達平戸上陸、訪阿兄

欣然大悦、陳十年情、午後相携
出遊
十八日大雨、夜對床談話
十九日仍雨
廿日晴、午後阿兄拉其妾及納屋平一
伴余夫妻遊于田助招藝妓助酒、
此夜陰暦中秋月色水光誠美観也
廿一日或雨或霽、午後一時辞阿兄発
平戸風逆舟不進、雨又大到終泊
小波瀬
廿二日霽、天明順風一帆入伊万里面
岳父、帰途診川東
廿三日晴
廿四日晴、診川東、診伊万里、帰則
中夜
廿五日晴、晡前診川東
廿六日晴
廿七日晴
廿八日晴、晡時適伊万里、診川東、
終宿伊万里武富氏
廿九日晴、同池田宗伯・樋渡元乙・
荻英健・夏秋文謙以採松蕈於街
北飲松島、終宿京判
卅日晴、診前田弥吉病癇疾也、松尾
貞吉京判武富熊助・池田宗伯・
野田栄一（後改春景）等来会

十月

一日晴或雨、内人適伊万里適来話
二日晴或雨
三日晴
四日晴、正司敬造来話、夜診山谷
五日晴、與正司適有田宿正司家
六日晴、診久富山畝病、午後取路伊
万里帰家
七日晴
八日晴
九日晴、晡與太兵衛適伊万里面岳父
帰則中夜
十日雨
十一日霽
十二日霽
十三日
十四日
十五日
十六日
十七日
十八日雨
十九日晴、與佐藤昌九（曾称中村養
安後更改称松林昌九）診天神、
帰則適一・治平・嘉平来話、又
伊万里前田弥吉来乞診
廿日雨
廿一日
廿二日晴
廿三日晴
廿四日
廿五日
廿六日
廿七日晴
廿八日晴
廿九日晴、嘉平招飲晡時吉尾秀策来
訪、以明日東上事紛冗殊甚矣
卅日晴、拂暁拜先塋、発程同徳久太
良次及平戸人川原田喜七同行取
路於佐賀、北方買人車宿佐賀、
夜訪阿兄家面嫂及諸姪
卅一日雨、味爽辞佐賀到山井、益甚
休憩、午後四時五時間馬踰冷水
嶺、雨粛々風凄々、六時宿内野

十一月

一日雨、午前三時発内野午飯木屋瀬（コヤノセ）
黒崎港畔逢雨、五時宿小倉
二日霽、朝舟発小倉十一時達馬関拜
安徳帝廟
三日晴、同同行太良次・川原田喜七
遊于壇ノ浦視裾川（ミモスソ）且詣亀山八幡
祠、午後二時搭汽船
四日晴、午後四時達神戸上陸、夜雨
五日微雨後歇、與太良次訪平林伊平
於西春蔵家、午後同太良次・喜
七適大阪投細喜、獨訪石丸安世
於造幣局、又訪荒木道繁邂逅海
上胤範、午後五時半別太良次等
獨辞大阪帰神戸
六日晴、郷人横尾謙吾在勤本地招話
平林伊平亦来、午後二時搭汽船
夜十二時抜錨
七日晴、航紀志遠諸洋
八日晴、午前六時達横濱十二時買汽
車東上停車場、邂逅大隈大蔵卿
午後一時入東京止宿于大黒屋
九日晴、朝訪大隈氏・土山氏・相良
氏
十日晴、上省、往学
十一日晴、休
十二日晴、上省、往学

十三日晴、上省、往学
十四日晴、休
十五日晴、上省、往学
十六日雨、上省、往学
十七日霽、上省、往学
十八日晴、休
〔十九日欠〕
廿日晴、上省、往学
廿一日晴、上省、往学
廿二日晴、上省、往学
廿三日陰、以新嘗祭休、與同僚鬼頭
　悌次郎遊于王子
廿四日雨、上省、往学
廿五日晴、休
廿六日雨、上省、往学
廿七日陰、上省、往学
廿八日晴、上省、往学
廿九日晴、上省、往学
卅日陰、上省、半日而賜休、盖為内
　國博覧会閉会也

十二月

一日雨、上省、往学
二日休、晴、深谷某来
三日陰、上省、往学
四日晴、上省、往学
五日晴、上省、往学
六日陰、上省、往学
七日陰、上省、往学
八日陰、上省、往学
九日朝陰後雨、休
十日陰、上省、往学
十一日陰、上省、往学
十二日陰、上省、往学
十三日雨、上省、往学
十四日晴、有病不上省
十五日晴、上省、往学
十六日雨、休訪大隈氏
十七日陰、上省、往学
十八日雨、上省、往学
十九日晴、上省、往学
廿日晴、上省、往学
廿一日晴、上省、往学
廿二日晴、上省、往学
廿三日陰、休
廿四日晴、上省、往学
廿五日晴、上、省往学
廿六日晴、上省
廿七日晴、上省
廿八日陰、上省、午後退省、本年公
　事止于今日
廿九日陰、適谷井正道氏
卅日晴
卅一日陰後雨、帰于大黒屋之寓、谷
　井正道氏共来寓

〔表紙、原寸、縦一二cm、横一六・五cm〕

　　廿五年
明治十年丁丑
全　十一年戊寅
日暦

明治十一年

正月

元日　Friday　雨、拝年於大隈氏・
舊知事邸・副嶋・土山・郷・岩
崎・遠藤・八尾・神山・鶴田・
相良諸氏、夜牧某来且寄書於家
郷
二日　雨、拝年丸駒□、午後永松招
飲
三日　雨、訪教師ベールツ氏■■書
於伊万里前田弥吉、午後永井當
昌来話
四日　雨、官用始上省
五日　微雨後霽、拝年於西村・中嶋・
日高・鐘ヶ江・秀嶋・大谷・野
田・渡部・大竹・与倉諸家
六日　霽感風終日不出
七日　朝雨後歇、上省
八日　晴、休課
九日　晴、休課、訪中村氏・永井某・
大隈氏、而訪永松相携遊于上野
帰而卓文訪来入夜帰
十日　晴、微恙、不上省
十一日　Friday　上省
十二日　Saturday　上省
十三日　晴、Sunday　微恙平臥、相
良郁・森永某来話
十四日　Monday　晴、上省、午後與
蘆氏訪本野於横濱帰則七時
十五日　Tuesday　陰、上省
十六日　陰雪初降Wednesday　上省、
往学
十七日　晴、Thursday　上省、往
学教員為病休
十八日　晴、Friday　上省、往学

十九日　晴、Saturday上省、往学
廿日　晴、Sunday　晴訪大隈氏、上
旧知事公邸訪深川・古川・渋谷・
各氏、會于吉尾秀策、帰途訪中
嶋、松尾光徳在于茲携秀策訪永
松不逢
廿一日　晴、Monday　上省、往学
廿二日　晴、Tuesday　上省、往学
廿三日　晴、Wednesday　上省、往学
廿四日　晴、Thursday臨時休課往学
夜寄書■郷
廿五日　晴、上省、往学
廿六日　晴、上省、往学
廿七日　朝雨後霽、與山崎幸平遊于
枕橋
廿八日　晴、上省、往学
廿九日　晴、上省、往学
卅日　雪、孝明天皇祭日故休
卅一日　晴、上省

二月

一日　晴、上省
二日　晴、上省、午後訪鐘ヶ江、訪
岡千仭
三日　晴、日曜、訪大隈氏、訪松岡
不翁居所、雨、訪相良氏
四日　陰、上省、往学
六日　晴雪、上省、往学
七日　晴、上省、往学
八日　晴、上省、往学
九日　晴、上省、往学、寄書於家郷
吉永伊作
十日　日曜
十一日　祭日故休
十二日　晴
十三日　晴
〔十四日脱〕
十五日　晴
十六日　晴、午後訪相良氏
十七日　晴、日曜、為中嶋訪西村、
上旧知事公邸訪神山・成田
十八日　晴、上省、往学
十九日　晴、上省、往学
廿日　晴、上省、往学
廿一日　晴、上省、往学
廿二日Friday晴上省往学
廿三日　Saturday　晴、上省、午後
與富田■■観梅於臥龍向嶋
廿四日　Sunday　雨、訪大隈氏
廿五日　Monday　晴、為宅調
廿六日　Tuesday　晴、為宅調
廿七日　Wednesday　晴、為宅調、午
後訪土山氏邂逅于松尾、訪中嶋
不逢
廿八日　Thursday　雨、上省

三月

一日　霽、上省
二日　晴、上省、訪シーボルト
三日　晴、日曜
四日　晴、上省
五日　晴、上省
六日　晴、上省
七日　晴、上省
八日　晴、上省
九日　晴、上省
十日　晴、日曜
十一日　晴、上省
十二日　晴、上省
十三日　上省
十四日　晴、上省
十五日　晴、上省
十六日　晴、上省
十七日　陰風、上旧藩邸訪長田鋳太
郎
十八日　晴、上省
十九日　晴、上省
廿日　晴、上省
廿一日　晴、上省、往学、雨継霽
廿二日　晴、上省
廿三日　上省、帰而訪相良氏
廿四日　晴好天気、休課、誘相良氏
観梅於キ子川
廿五日　晴、上省、往学
廿六日　晴、上省、往学
廿七日　晴、上省、往学
廿八日　晴、上省、往学
廿九日　雨、上省
卅日　晴、上省、午後吉尾秀策来過
後散歩于上野浴草津湯、入夜而
帰霰
卅一日　晴嵐、欲訪中嶋途還

四月

一日　晴、上省、往学
二日、晴、上省、往学
三日　晴、上省、往学
四日　晴、上省、往学
五日　晴、上省、往学

六日　晴、上省、往学
七日　日曜、晴、往学
八日　晴、上省、往学
九日　晴、上省、往学
十日　晴、上省、往学
十一日　晴、上省、往学
十二日　晴、上省、往学
十三日　上省、往学
十四日　日曜、往学
十五日　上省、往学
十六日　陰後晴、上省、夜訪雉、轉
　與稲垣遊
十七日　晴、同岡田英之助・稲垣等
　遊于小金井、入夜帰
十八日　晴、微恙、往学
十九日　晴、上省、往学
廿日　雨、上省、往学
廿一日　日曜日、同永松・相良先生
　遊于王子、帰則鬼頭既来訪、夜
　與之観桜花
廿二日　月曜、上省、往学、訪森尻
廿三日　火曜、訪森尻、上省、往学、
　夜訪荒木猶蘆氏
廿四日　陰、上省、往学
廿五日　晴、上省、往学
廿六日　晴、上省、往学
廿七日、陰、上省、往学
廿八日　日曜日也、晴、上旧知事邸
　訪相良、午後訪鬼頭
廿九日　晴、上省、往学
卅日　晴、有故休、上旧知事邸訪中
　嶋

五月

一日　晴、仍休
二日　晴、上省、往学、夜餞谷井正
　道帰々永井當昌来會
三日　晴、上省、往学
四日　晴、上省、往学
五日　日曜、休
六日　晴、往学
七日　晴、上省、往学来國
八日　晴、上省、有故不往学
九日　晴、上省、往学
十日　晴、上省、往學
十一日　晴、上省、往學
十二日　晴、上省、往學
十三日　晴、上省、往學
十四日　陰後雨、上省聞大久保内務
　卿利通公為兇賊暗殺於紀尾井坂、
　往学
十五日　晴
十六日　晴陰後晴、有故不上省、轉
　寓於大隈氏邸内、午後往学
十七日　晴、上省、為故内務卿送葬
　十二時放課
十八日　雨、有故不上省
十九日　雨、日曜
廿日　晴、上省、往学
廿一日　晴、上省、往学
廿二日　晴、上省、往学
廿三日
廿四日　陰、上省、妻携二子到自家
　郷、夜雨
廿五日　晴、上省、帰則丸駒携伊万
　里人数輩来曰、伊万里志田屋某
　母来東京在深川旅亭臥病請子有
　所處盖荊妻之実也乃訪之■■而
　帰
廿六日　日曜日、晴、有故不上省午
　前十時志田屋母輿病来従此臥我
　寓
廿七日　晴、上省
廿八日　雨、上省
廿九日　雨、上省
卅日　晴、上省
卅一日　晴、上省

六月

一日　陰、上省、往学
二日　日曜、雨
三日　晴、上省、(駒)来于省曰、子岳
　父母経東海道今在三嶋駅不日得
　入東京
四日、晴、上省、帰則(駒)来過
五日　晴、有故不上省、使病婦入
　病院、訪(駒)伊水父母携二小女来、
　大木某在乃同(駒)遊于浅草、晡時
　来宿于我家
六日　晴、上省、夜同岳父母大木某
　及(駒)観上野及芳原
七日　晴、上省、岳父母等之野州日
　光山、上省、往学
八日　晴、上省、往学
九日　晴、日曜日也、上旧知事邸帰
　而訪相良氏
十日　晴、病、不上省、往学
十一日　晴、上省、往学

十二日　朝陰後晴、上省、徃学
十三日　朝陰後晴、上省、徃学
十四日　朝陰後晴晡時雨、上省、徃学、午後岳父到自日光
十五日　晴誘岳父同丸駒等拜観吹上禁苑
十六日　休課也、晴、Sunday
十七日　晴
十八日　晴
十九日　晴
廿日　晴
廿一日　晴
廿二日　晴
廿三日　Sunday　休課也、晴、誘岳父等遊于王子道灌山・向島
廿四日　晴
廿五日　雨、誘岳父訪深川・古川二氏
廿六日　陰、岳父等帰携妻送別横濱
廿七日　陰
廿八日　晴
廿九日　晴
卅日　休課也　Sunday

七月

一日　晴
二日　晴
三日　陰晴不定
四日　陰晴不定
五日　陰晴不定
六日　雨、上省
七日　雨、休課也、Sunday
八日　雨、上省
九日　或霽或雨、上省
十日　晴、上省
十一日　晴、上省
十二日　晴、上省
十三日　晴、上省
十四日　Sunday
十五日　晴、上省
十六日　晴、上省
十七日　晴、上省
十八日　晴、上省
十九日　晴、上省
廿日　晴、午後訪永松
廿一日　晴、Sunday
廿二日　晴、上省
廿三日　晴、上省
廿四日　晴、上省
廿五日　晴、上省
廿六日　晴、上省
廿七日　晴、午後訪永松、訪森尻、訪相良氏
廿八日　晴、Sunday早朝訪森尻・訪笠野
廿九日　晴、Monday上省
卅日　晴、Tuesday上省
卅一日　晴、Wednesday上省

八月

一日　晴、上省
二日　陰、以三品敬親王薨去休課
三日　雨夜歇、上省
四日　日曜、上旧知事公邸面深川公献菓於旧知事公訪篁先□後雨
〔朱字五日から廿日迄〕
五日　晴、上省
六日　晴、上省
七日　晴、上省
八日　晴、上省
九日　晴、上省、官用之開拓使
十日　晴、上省
十一日　晴、日曜日、賜暇休従是三十日間但随意上省
十二日Monday
十三日Tuesday
十四日Wednesday晴
十五日Thursday晴
十六日Friday晴
十七日Saturday晴
十八日Sunday晴、大橋素六郎来訪相携飲明神祠畔
十九日晴Monday官用之四ッ谷勧農局
廿日晴Tuesday
廿一日　晴
廿二日　晴
廿三日　晴、晡時訪永松相携訪秀嶋十時帰着就寝恍惚聞炮色即起則近衛炮兵営火且炮兵暴働
廿四日　昧爽雨継晴、中嶋来訪
廿五日　晴、日曜日
廿六日　晴
廿七日　晴、徃学、午後鬼頭来訪、雨、寄書於家郷
廿八日　或雨或霽、午後徃学
廿九日　微陰、訪永松
卅日　昧、車駕発東京巡狩北陸東海

二道、訪永松
卅一日陰、大橋臥病

九月

一日Sunday日、訪大橋
二日Monday月、晴、訪鐘ヶ江、訪大
橋
三日Tuesday火、趣鐘ヶ江、訪大橋
且訪キーリング氏於芝山内岳蓮
社、晡時再訪、帰途訪松岡
四日Wednesday水終日雨無聊殊甚
五日Thursday晴
六日Friday霽
七日Saturday晴、永松・鐘ヶ江来訪
八日Sunday晴、訪大石・相良
九日Monday雨、永松・鐘ヶ江・西牟
田・城島等會于松栄樓
十日Tuesday雨、朝訪永松
十一日Wednesday霽、訪永井於外国
語学校
十二日Thursday晴、上省
十三日Friday晴、上省午後永井来
十四日Saturday晴、上省
十五日Sunday雨、休、訪大橋・永井、
訪永松
十六日Monday雨、上省
十七日Tuesday雨、以新嘗祭休、訪
永松
十八日Wednesday雨、上省、後霽、
徃学、訪大橋
十九日Thursday雨、上省、徃学
廿日Friday雨或霽、上省、徃学、
郷友齋藤義一書来有二詩
廿一日Saturday晴、上省
廿二日Sunday晴、休
廿三日Monday晴、上省
廿四日Tuesday晴、上省
廿五日Wednesday晴、上省
廿六日Thursday陰、上省、徃学
廿七日Friday或雨或霽、有故不徃学
廿八日Saturday晴
廿九日Sunday晴、休、訪「シーボル
ト」、訪永松・相良氏
卅日Monday晴、訪「シーボルト」上
省、徃学

十月October

一日Tuesday晴、上省
二日Wednesday晴、上省
三日Thursday晴、上省、徃学
四日Friday晴、上省、徃学、向誠
一来訪、訪真崎健・山崎幸平
五日晴Saturday上省
六日陰雨Sunday休
七日晴Monday上省、退食、同僚泛舟
于品海漁網
八日晴Tuesday上省、徃学途逢柴田
花守及納富生
九日Wednesday陰、上省、徃学
十日Thursday晴、上省、徃学
十一日Friday晴、上省、徃学
十二日Saturday陰、上省、徃学
十三日Sunday晴好天好、與大橋素六
郎訪鐘ヶ江、継散歩于不忍池・
上野・向嶋
十四日Monday陰
十五日Tuesday陰、上省、徃学
十六日Wednesday晴、上省、徃学
十七日Thursday晴、上省、徃学
十八日Friday雨、上省、徃学
十九日Saturday雨、上省、徃学、訪
相良氏、夜作寄郷書
廿日Sunday晴
廿一日Monday晴、上省、徃学
廿二日Tuesday晴、上省、徃学
廿三日Wednesday晴、上省、徃学
廿四日Thursday微雨後霽、微恙
廿五日Friday晴、仍臥
廿六日Saturday晴、上省、午後訪永
松散歩招魂社畔
廿七日Sunday朝微陰晴、遊于染井・
王子
廿八日Monday晴、訪土山、宅調
廿九日Tuesday陰、宅調
卅日Wednesday晴、宅調
卅一日Thursday陰、宅調

十一月

一日Friday雨、上省、徃学
二日Saturday晴、上省、徃学
三日Sunday晴、休
四日Monday雨、上省、徃学
五日Tuesday雨、上省、徃学
六日Wednesday霽、上省、徃学
七日Thursday雨、上省、徃学
八日Friday晴、上省、徃学、入夜與
久松適于横濱、盖明日鳳輦退于
東京大隈氏供奉而帰郷故以欲迎
於神奈川也

九日Saturday陰、朝訪塚越鈴彦、而
来神奈川鳳輦■臨大隈氏亦来面
謁而直帰
十日Sunday休、晴
十一日Monday雨、上省、徃学
十二日Tuesday霽、上省、徃学
十三日Wednesday霽、上省、徃学
十四日Thursday雨、上省、徃学
十五日Friday朝微雨後晴、上省、徃
学
十六日晴Saturday上省、徃学
十七日晴Sunday休
十八日晴Monday上省、徃学
十九日雨Tuesday上省
廿日晴Wednesday上省、徃学
廿一日雨Thursday上省、寄書於家郷
廿二日晴Friday上省
廿三日晴Saturday休、訪相良氏
廿四日晴Sunday休
廿五日雨Monday上省、徃学、帰途過相
良氏
廿六日雨Tuesday上省、徃学
廿七日雨Wednesday上省、徃学
廿八日晴Thursday上省、徃学
廿九日晴Friday上省、徃学
丗日晴Saturday上省、「ヘンリー
シーボルト」氏招飲

十二月

一日晴Sunday休、微恙
二日晴Monday上省、徃学
三日Tuesday晴、上省、徃学
四日Wednesday晴、上省、徃学
五日Thursday晴、上省、徃学
六日Friday晴、上省、徃学
七日Saturday晴、上省、徃学
八日Sunday晴、休、微恙
九日Monday晴、微恙、不上省
十日Tuesday晴、微恙、不上省
十一日Wednesday晴、有故不上省、永
松来折簡曰、大石良乙病篤請来、
到則気息奄々継而斃因直訪鶴田
鵠議事
十二日Thursday晴、有故不上省、會
大石良乙葬
十三日Friday晴、上省、徃学
十四日Saturday晴、上省、徃学
十五日Sunday晴朝陰後晴、為阿兄来書
訪中井某於松浦詮邸、大橋来訪
十六日Monday晴、上省、徃学
十七日Tuesday晴、上省、徃学
十八日Wednesday晴、上省、徃学
十九日Thursday晴、上省、徃学
廿日Friday晴、上省、徃学
廿一日Saturday晴、上省、午後訪中
井某、継訪深川・古川二氏
廿二日Sunday晴、無事
廿三日Monday晴、上省、徃学
廿四日Tuesday晴、上省、徃学
廿五日Wednesday晴、上省、寒甚矣徃学
廿六日Thursday晴、上省、寒甚矣徃学
廿七日Friday晴、上省、徃学
廿八日Saturday晴、上省、一年官事止茲
廿九日Sunday晴、世事紛冗作書、献
砂糖甜菜根抔耕作法於鍋島公
丗日Monday晴、朝訪相良氏・大橋
氏、帰而蘆来托職事、夜訪蘆
丗一日Tuesday晴好天気、訪永松

〔表紙、原寸、縦一二cm、横一六・五cm〕

明治十二年己夘

丗六年

日暦

一月

一日Wednesday晴好天気、挙家祝年
向郷先塋、継拜年於大隈氏・郷
氏・遠藤氏、過大橋拜年於相良・
永松氏
二日Thursday晴、過大橋氏、夜同岡
田等會飲于品川町万林
三日Friday晴、拜年於土山・蘆二氏
四日Saturday晴、政事始也、上省
五日Sunday晴、休有官、過蘆氏
六日Monday晴、上省、徃学
七日Tuesday晴、上省、徃学
八日Wednesday晴、以陸軍始休、
徃学、訪大石・小松二氏
九日Thursday晴、上省、徃学
十日Friday晴、上省、徃学
十一日Saturday晴微陰、上省、徃学
十二日Sunday休、大雪午後晴、同岡
田等遊于向嶋
十三日Monday晴、上省、徃学
十四日Tuesday晴、上省、徃学
十五日Wednesday晴、上省、徃学
十六日Thursday晴、上省、徃学

十七日Friday晴、上省、徃学
十八日Saturday晴、上省、徃学、午後訪相良氏
十九日Sunday陰、朝訪永松、午後訪鐘ヶ江病
廿日Monday晴、上省、徃学
廿一日Tuesday晴、上省、哺挙課會旗亭
廿二日Wednesday雪、大満
廿三日Thursday雨後霽、上省、徃学
廿四日Friday晴、上省、徃学
廿五日Saturday晴、上省、徃学
廿六日Sunday休
廿七日Monday雪、上省、徃学
廿八日Tuesday雨、上省、徃学
廿九日Wednesday陰、上省、徃学
卅日Thursday陰、上省、徃学
卅一日Friday雨、上省、夜同大橋・永井二氏飲于神楽坂

二月

一日Saturday晴、上省、徃学
二日Sunday晴、休
三日Monday晴、上省、徃学
四日Tuesday晴、上省、徃学
五日Wednesday晴、上省、徃学
六日Thursday晴、上省、徃学
七日Friday晴、上省、徃学
八日Saturday晴、上省、徃学
九日Sunday晴、休
十日Monday晴、上省、徃学
十一日Tuesday微雪後晴、休紀元祭也
十二日Wednesday晴、上省、徃学、郷人吉田春吉来宿
十三日Thursday晴、上省、徃学、春吉仍逗
十四日Friday晴、伴春吉遊于亀戸及向嶋
十五日Saturday雪而雨、上省、徃学、春吉仍逗
十六日Sunday晴、休、午後訪「シーボルト」氏、春吉仍逗
十七日Monday晴、上省、徃学、春吉帰
十八日Tuesday晴、有故不上省、午後徃学
十九日Wednesday雨、上省、徃学
〔二十日から三月七日まで鉛筆書き〕
廿日Thursday晴、上省、有故徃学訪秀嶋相携適開花楼、盖為廿二日會同也
廿一日Friday晴、上省、徃学、夜秀嶋来話
廿二日Saturday上省、夜雨
廿三日Sunday風雨、薄暮訪永松
廿四日Monday陰、宅調、午後徃学
廿五日Tuesday陰、宅調、午後徃学、此日訪シーボルト氏
廿六日Wednesday晴、宅調
廿七日Thursday晴、宅調
廿八日Friday晴、上省、午後徃学

三月

一日Saturday陰或雨、前田利器来訪、徃学
二日Sunday休、雨
三日Monday雨、午後上省、薄暮訪上野清
四日Tuesday陰、宅調、午後徃学
五日Wednesday雨、上省、徃学
六日Thursday雨、上省、有故不徃学
七日Friday雨、上省、徃学、夜郷徳久太良次・前田重蔵書来即作答書、秀嶋文圭来話
八日Saturday晴、午後同岡田・久松・吉村等遊于浅草終飲于品川町萬林
九日Sunday晴、践約同渋谷・相良・永松・鐘ヶ江・北嶋等観梅於蒲田
十日Monday陰、宅調、午後徃学
十一日Tuesday晴、宅調、午後徃学
十二日Wednesday晴、宅調、午後徃学
十三日Thursday晴、上省、徃学
十四日晴Friday上省、徃学
十五日晴Saturday上省、徃学
十六日晴風Sunday為官譯洋文
十七日晴Monday上省、徃学、此日早朝訪シーボルト
十八日Tuesday陰、上省、徃学
十九日Wednesday陰、上省、徃学
廿日Thursday陰、上省、徃学
廿一日Friday晴、皇霊祭休、午後携妻伴内田細君遊于王子帰途過道灌山・上野
廿二日Saturday晴、上省

廿三日Sunday晴、原令碩招飲于田村町十三番地
廿四日Monday晴、上省、往学
廿五日Tuesday晴、有故不上省
廿六日Wednesday朝晴後雨、為病不上省、午後訪永松、継而往学、晡時為大隈氏訪池田謙齋氏
廿七日Thursday朝晴後雨、上省、往学
廿八日Friday晴、上省、往学
廿九日Saturday晴風、上省、往学、夜湯村卓尓来話、更深而風益甚
卅日Sunday朝陰少焉雨須臾開晴、訪馬島譲、夜携妻訪相良氏、此郷廣巌寺僧三浦玄活来過盖入学於駒込吉祥寺也
卅一日Monday晴、上省、使外務省面于中野健明、午後往学、後訪上野清継観花於上野、帰途訪秀嶋

四月

一日Tuesday晴、上省、往学、後訪永松
二日Wednesday晴、上省、往学
三日Thursday雨、神武天皇祭休
四日Friday晴、上省、往学
五日Saturday晴、上省、午後訪永松
六日Sunday朝陰後晴、妻遊于上野及墨堤
七日Monday朝陰後晴、上省、往学、寄書於向誠一
八日Tuesday晴好天気、上省、往学
九日Wednesday雨、上省、有故不往学
十日Thursday微雨、上省、往学
〔十一日から十三日まで鉛筆書き〕
十一日Friday晴、上省往学
十二日Saturday晴上省午後訪丸駒後與中村啓遊于墨堤
十三日Sunday雨終日無聊
十四日Monday晴、上省、往学
十五日Tuesday陰午後雨、上省、往学、此日訪相良剛造於其居海運橋
十六日Wednesday微雨、上省、往学
十七日Thursday晴、上省、往学
十八日Friday晴、上省、有故不往学、此日寄書於家兄
十九日Saturday晴、上省、往学、訪相良氏、訪深江氏
廿日Sunday雨
廿一日Monday晴、有故不上省、往学、此日訪深江氏
廿二日Tuesday晴、有故不上省、往学
廿三日Wednesday晴、有故不上省
廿四日Thursday晴、有故不上省
廿五日Friday雨、有故不上省
廿六日Saturday晴、有故不上省
廿七日Sunday晴
廿八日Monday晴、上省、往学
廿九日Tuesday晴、上省、往学
卅日Wednesday晴、上省、往学

May

一日Thursday晴、上省、往学
二日Friday晴微陰、上省、往学
三日Saturday晴微陰、上省、往学
四日Sunday雨後霽、同渋谷・相良先生等會于向嶋八百松、終観藤於亀戸菅廟、帰途飲于両国青柳楼、入夜帰、此日邂逅于大倉三樹今改称浦嶋洞雲有詩次韻
五日Monday陰、早朝往学、上省
六日Tuesday陰、早朝往学、上省
七日Wednesday朝陰後雨、早朝往学、上省
八日Thursday霽、朝往学、上省
九日Friday晴、往学、上省
十日Saturday晴、往学、上省、午後微恙
十一日Sunday朝晴、病仍不瘥
十二日Monday雨後霽、病少瘥
十三日Tuesday陰、上省
十四日Wednesday晴、上省、午後渡部欽一郎
十五日Thursday晴、往学、上省
十六日Friday晴、往学、上省、退省後、袂時計托于磐井鉄三郎（松浦邸）贈于阿兄盖償其懇望也
十七日Saturday雨、往学、上省、寄書於兄
十八日Sunday陰、訪大橋、午後訪藤川三淇、訪成田重邑訪・上野清
十九日Monday微雨、往学、上省
廿日Tuesday晴、往学、上省

廿一日Wednesday有故不往学、上省
廿二日Thursday晴、有故不往学、上
省
廿三日Friday晴、有故不往学、上省
廿四日Saturday晴、有故不往学、
上省、午後訪相良氏
廿五日Sunday陰夜微雨
廿六日Monday霽、上省、退省、訪大
橋
廿七日Tuesday陰、上省、退省、訪
大橋
廿八日Wednesday晴、上省、退省、
訪大橋
廿九日Thursday雨、上省、退省、訪
大橋
卅日Friday雨、上省、退省
卅一日Saturday朝霽後雨、上省、午
後訪大橋

June

一日Sunday雨、永井高昌来訪午後
訪大橋
二日Monday雨、上省
三日Tuesday
四日Wednesday陰
五日Thursday雨後晴
六日Friday
七日Saturdayha上省、午後訪渋谷氏
帰途訪石黒氏
八日Sunday晴、渋谷先生来
九日Monday晴、上省
十日Tuesday晴、上省
十一日Wednesday晴、上省
十二日Thursday晴、上省
十三日Friday晴、上省
十四日Saturday陰、上省
十五日Sunday陰、朝訪石黒氏、後雨
十六日Monday雨、上省、午後訪大橋
十七日Tuesday雨、有疾不上省
十八日Wednesday晴、上省、午後訪
大橋
十九日Thursday晴、上省、午後訪大
橋
廿日Friday晴、上省、午後訪大橋
廿一日Saturday陰、上省、午後訪大
橋、晡時與于大隈氏岡本克敏三
回祭
廿二日Sunday雨、訪大橋
廿三日Monday雨、上省後霽、午後訪
大橋
廿四日Tuesday雨、上省
廿五日Wednesday晴、上省
廿六日Thursday晴、上省
廿七日Friday晴、上省
廿八日Saturday晴、上省
廿九日Sunday晴、藤川三渓来訪、午
後訪成冨於青山
卅日Monday晴、上省

七月

一日Tuesday晴、上省
二日Wednesday晴、上省
三日Thursday晴、上省
四日Friday晴、上省
五日Saturday晴、上省、夜永松来訪
六日Sunday晴、為公務訪山崎幸平
七日Monday晴、上省、為病上本郷醫
院、薄暮訪大橋
八日Tuesday晴、上省、薄暮雨
九日Wednesday晴、上省
十日Thursday晴、上省
十一日Friday晴、上省、夜雨
十二日Saturday晴、上省
十三日Sunday晴、休、大隈氏携夫人
與香港太守ヘンネッシー氏赴
北海道送之至新橋而帰
十四日Monday微陰、上省
十五日Tuesday晴、上省
十六日Wednesday晴、上省
十七日Thursday晴、上省
十八日Friday晴、上省、午後九時妻
生女子
十九日Saturday晴、上省
廿日Sunday晴、休、午後訪中嶋以其
来月初旬帰郷郷托書及物寄郷
廿一日Monday晴、上省、午後訪深江
及相良氏
廿二日Tuesday晴、上省
廿三日Wednesday晴、上省
廿四日Thursday晴、上省
廿五日Friday晴、上省
廿六日Saturday晴、上省
廿七日Sunday
廿八日Monday晴、上省
廿九日Tuesday晴、上省
卅日Wednesday晴、上省
卅一日Thursday晴、上省

八月

一日Friday晴、上省
二日Saturday晴、上省
三日Sunday休日也
四日Monday晴、迎大隈氏帰京於横濱
五日Tuesday晴、上省
六日Wednesday雨、上省
七日Thursday晴或雨、有故不上省
八日Friday晴、有故不上省
九日Saturday雨、上省
十日Sunday休日也、訪蘆氏・大橋氏・
　山崎氏・永松氏夜
十一日Monday晴
十二日Tuesday晴
十三日Wednesday晴
十四日Thursday晴
十五日Friday晴
十六日Saturday晴
十七日Sunday晴
十八日Monday晴
十九日Tuesday晴
廿日Wednesday晴
廿一日Thursday晴、此夕郷義任吉永
　伊作書曰、妹チト以七月廿四日
　午前四時係コレラ病午後七時死、
　盖其書本月十日発也
廿二日Friday晴
廿三日Saturday晴、晡前大雨傾盆、
　此日得郷書
廿四日Sunday朝陰後晴
廿五日Monday晴
廿六日Tuesday晴
廿七日Wednesday晴
廿八日Thursday晴
廿九日Friday晴
卅日Saturday晴
卅一日Sunday晴

九月

一日Monday晴
二日Tuesday晴
三日Wednesday晴
四日Thursday晴
五日Friday晴
六日Saturday晴、土山・蘆氏来、郷
　氏相助為公事
七日Sunday晴、適土山氏為公事
八日Monday晴、上省公事
九日Tuesday晴、上省
十日Wednesday晴、上省
十一日Thursday雨、上省
十二日Friday雨、微恙、不上省
十三日Saturday雨、仍不上省、訪大
　橋氏
十四日Sunday晴
十五日Monday晴、上省
十六日Tuesday晴、上省
十七日Wednesday晴、上省
十八日Thursday晴、上省
十九日Friday雨、上省
廿日Saturday晴、上省、副嶋・宮田・
　上野曾有上級古賀故被供午飯、
　後同宮田・中村・鬼頭遊于向島
　遂飲于植半、雨帰則九時、此日
　得一詩
廿一日Sunday晴、休、為公用奔走
廿廿日Monday晴、上省
廿三日Tuesday雨休
廿四日Wednesday晴、上省、為病不
　待時而帰
廿五日Thursday晴、為病不上省
廿六日Friday晴、仍休
廿七日Saturday晴、仍休
廿八日Sunday晴、朝訪
廿九日Monday晴、上省、寄書於家郷
　以托生児澄（スミ）女入籍、晡前訪相良
　氏・永松氏
卅日Tuesday晴、上省

October

一日Wednesday陰、上省
二日Thursday雨、上省
三日Friday晴、上省
四日Saturday陰、上省、此日「ハイ
　ゼ」氏外国字書一冊、獨和字書
　上海版一冊、「ロスコー」氏化学
　書一冊、別ニ「プラクチカルセ
　ミー」一冊内国通運会社ニ托シ
　テ家兄ニ平戸浦ノ丁ニ贈ル
　「ハイゼ」外国字書四円
　「ロスコウ」化学書二円
　獨和字書六円
　運賃　一円拾四銭
別拂
　箱代手数料二拾五銭
　計　十三円三拾九銭
五日Sunday晴、風
六日Monday陰、上省後雨継霽、退食、
　同僚相共訪副嶋・土山二氏、盖

送其官遊于京畿也
七日Tuesday霽、上省、感外邪而帰
八日Wednesday陰、仍臥
九日Thursday陰、仍臥
十日Friday晴、仍臥、渋谷氏来過
十一日Saturday晴、微瘥、午後永松来過
十二日Sunday微陰、午後訪東京「タイムス」「ハウス」氏、帰而訪大橋氏
十三日Monday晴、午後訪大橋氏
十四日Tuesday晴、上省有命同藤井善言適前田正名處為公事、帰而訪シーボルト氏不遇
十五日Wednesday雨、早朝訪シーボルト氏、上省過前田氏、午後微恙臥
十六日Thursday晴、瘥、午後訪ハウス氏不逢、夜訪大橋
十七日晴、微恙瘥
十八日晴、適前田氏、帰途訪ハウス氏不逢、夜訪シーボルト氏
十九日Sunday早朝訪「ハウス」氏
廿日雨Monday適前田氏
廿一日晴Tuesday適前田氏、寄書於家兄
廿二日晴Wednesday適前田氏
廿三日Thursday陰後雨、適前田氏
廿四日Friday朝陰後晴、有故不適前田氏、午後大橋来訪遂飲于神田神明祠畔
廿五日Saturday晴、早朝訪シーボルト、轉適前田氏
廿六日Sunday休、朝訪永松、轉副嶋仲謙相共訪石黒忠悳而三人観山下博物館、而帰雨
廿七日大雨晡時霽、Monday、上省
廿八日Tuesday晴、上省、晡前高木文種来過
廿九日Wednesday晴、適前田氏
卅日Thursday晴、適前田氏
卅一日Friday晴、適前田氏

十一月

一日Saturday晴、適前田氏
二日Sunday晴、休、朝訪石黒氏
三日Monday晴、天長節、午後同相良氏永松氏遊巣鴨
四日Tuesday晴、適前田氏、帰途訪中嶋不逢
五日Wednesday晴、適前田氏
六日Thursday晴、適前田氏
七日Friday晴、有故不適前田氏、午後訪シーボルト氏并大橋氏
八日Saturday晴、上省、早朝訪土山氏盖以帰自京師也
九日Sunday陰、與英麿氏遊于王子、夜雨
十日Monday雨、適于前田氏
十一日Tuesday晴、陪大隈氏夫人同前田正名等観劇場
十二日Wednesday晴、宅調
十三日Thursday晴、適前田氏
十四日Friday晴、午後適前田氏
十五日Saturday晴、適前田氏
十六日Sunday晴、休
十七日Monday晴、適前田氏
十八日Tuesday晴、適前田氏
十九日Wednesday晴、適前田氏
廿日Thursday陰、午後適前田氏
廿一日Friday晴宅調
廿二日Saturday晴、宅調
廿三日Sunday晴、例会于八百松楼
廿四日Monday晴、宅調
廿五日Tuesday晴、宅調
廿六日Wednesday晴、宅調
廿七日Thursday晴、宅調、訪シーボルト氏
廿八日Friday晴、宅調
廿九日Saturday晴、宅調
卅日Sunday晴

十二月

一日Monday晴
二日Tuesday晴
三日Wednesday晴
四日Thursday晴
五日Friday晴、適前田氏
六日Saturday晴、休課
七日Sunday晴、朝永松来訪、午後河田丞来
八日Monday晴、宅調
九日Tuesday晴、宅調
十日Wednesday晴、宅調
十一日Thursday晴、宅調
十二日Friday晴、宅調
十三日Saturday晴、宅調
十四日Sunday晴、休

十五日Monday晴、宅調、朝訪渋谷氏
病
十六日Tuesday雨、被命上州出張盖
随行于前田正名也
十七日Wednesday朝雨後晴、従前田
正名発東京領事中嶋才吉同行、
欲取路於結城出千住、宿糟壁
十八日Thursday晴、昧爽発粕壁、過
幸手渡栗橋刀水至小山、午宿結
城観工業
十九日Friday陰、発結城、径多功宿
出雀宮駅、至宇津宮駅而宿
廿日Saturday晴、発宇津宮駅、栃木
午飯、過佐野、宿梁田
廿一日Sunday晴、発梁田、過新田村、
前橋午飯、宿高崎
廿二日Monday晴、発高崎、過佐野源
左衛門常世故墟、到富岡観工業、
宿新町
廿三日Tuesday晴、観新町工業、就
于帰路、熊谷午飯、宿大宮
廿四日Wednesday晴、発大宮、帰東
京、午飯于中嶋氏、而上省復命
廿五日Thursday晴、訪前田氏
廿六日Friday晴
廿七日Saturday晴風、午後八丁堀失
火
廿八日Sunday晴、訪前田氏、訪相良
氏
廿九日Monday雨
卅日陰午前有微霰後晴、為相良氏使
前田元温
卅一日晴、訪相良剛造於早稲田

〔表紙、原寸、縦一三・五cm、横二〇cm〕

明治十三年庚辰　卅七年

明治十三年庚辰

一月

一日晴、拝於大隈・相良・永松・土
山・郷・渡部・中村・北畠諸氏
二日晴
三日晴、同大隈英麿・前田正名遊于
下総、取路於千住、渡新宮松戸
渡到流山、日既没宿十余村大隈
氏開墾場
四日晴、過我孫子駅、従是花村馬右
眄手加沼至布佐、従是沼坂東太
郎過木下渡印旛沼、日没従是入
山路夜七時宿成田駅
五日晴、詣不動尊、度山間出于大清
水有池云鶴池、従是内務省所轄
牧羊場也、訪菅長岩山某余在米
時知人也、供午飯、辞去出于八
街村宿小間子村大隈氏開墾場、
理事者野村鍬平者能周旋
六日晴、視地形
七日晴、辞去、出千葉過城址、午飯
于茶店、宿船橋
八日晴、辞去、過鴻臺、過古戦場、
午飯于市川、過亀戸梅荘帰東京
九日晴、上省
十日晴、上省
十一日晴、日曜、與鬼頭悌次郎遊于
向島
十二日晴、上省
十三日晴、上省
十四日晴、上省
十五日晴、上省
十六日晴、上省
十七日晴、與内務属衣笠豪谷随行前
田正名、下九州、是レヨリ**四月**
廿七日迄西轅紀行ノ作アリ

四月

廿八日晴、與衣笠豪谷適神奈川
廿九日陰、上省
卅日雨、上省

五月

一日晴、午後與衣笠豪谷遊于上野
二日晴、日曜
三日晴、上省、夜永松来訪
四日晴、上省
五日晴、上省
六日晴、上省、夜鐘ヶ江来訪
七日朝雨、上省
八日晴、上省
九日晴、日曜
十日雨、上省
十一日晴、上省
十二日晴、上省
十三日晴、上省
十四日晴、上省
十五日晴、上省
十六日陰、日曜
十七日晴、上省
十八日晴、上省

十九日陰、上省
廿日晴、上省
廿一日晴、上省
廿二日雨、上省
廿三日晴、日曜
廿四日晴、上省
廿六日晴、上省
廿七日晴、上省
廿八日晴、上省
廿九日晴
卅日晴、日曜
卅一日陰、上省

六月

一日雨、上省、午後開佐賀縣医師会
　於濱町大橋楼、此会称好生社
二日微雨、上省、中島盛有招飲
三日陰、上省
四日陰、上省
五日晴、上省
六日晴、日曜、此日佐賀出身諸士開
　宴於江東中村楼、餞鍋島伊國全
　權公使之渡欧、余亦赴于此、会
　者亡慮二百名
七日朝雨後晴、上省
八日晴、上省
九日晴、上省
十日陰、上省、夜永松来
十一日微雨
十二日陰、微恙不上省
十三日日曜
十四日晴、為疾不上省
十五日晴、仍不上省
十六日陰、上省、此日天皇陛下巡幸
　北陸発輦
十七日晴、上省
十八日微雨、上省
十九日雨、上省
廿日雨、日曜
廿一日雨、上省
廿二日晴
廿三日晴、午前大隈大夫人與英麿
　氏夫妻入浴熱海余従之、午飯于
　藤沢宿、于小田原片岡永右衛門
　家
廿四日陰、発小田原、午飯于吉濱、
　午後三時投宿于熱海富士屋喜右
　衛門家、井上参議夫人亦在当地、
　而其小女有病以家従市岡義之助
　者請来診、即往診蛔虫腹痛也
廿五日雨、診井上氏・井上夫人弟新
　田忠純、亦在此患眼又乞診結膜
　炎也
廿六日晴、微恙
廿七日雨、仍臥
廿八日晴、病瘥、診井上氏、華族土
　肥氏與井上氏同在今井屋為其児
　乞診気管支炎也
廿九日晴、朝診井上氏、後遊于伊豆
　山村湯瀧
卅日晴

七月

一日雨
二日雨、遊于温泉寺、夜小出英尚者、
　東京浴客也為其児乞来診
三日晴
四日陰、大夫人命漁者下網於前湾紅
　鬚魚無数上網、遊于和田村念佛
　山下興禅寺、又診小出氏
五日雨、診小出氏
六日雨
七日雨
八日雨歇、大夫人取路於十國嶺遊函
　根時霖雨劇止咽霧四起、地蔵堂
　少憩、従是径十丁為嶺絶頂、
　従是中路起伏高低里餘路傍有
　一老杉俗称「カンナカケ」ノ一
　本松、此辺多山水蛭、従是入林
　多小篠出一嶺云鞍掛下嶺、有小
　湖言御玉ヵ池、下山数百歩達函
　根駅、投波風屋四郎右衛門家、
　継雨
九日大霧継晴、発函根取路於湯本、
　午後五時帰于熱海寓
十日晴、午後井上夫人来見大夫人
十一日雨、大夫人微恙
十二日雨、仍大夫人仍臥
十三日晴、大夫人仍臥
十四日晴、大夫人微恙瘥
十五日晴、大夫人発熱海、投小田原
　片岡
十六日陰晴不定、発小田原午飯藤沢、
　遊于絵島宿恵比須屋茂八家
十七日晴、従大夫人観漁後発絵島、
　遊于鎌倉投大佛前三橋與兵家
十八日晴、詣鶴岡祠訪神官箱崎博尹
十九日晴、大夫人請神官奏神楽、晡

前命漁夫下網於由井ヶ濱多獲
廿日晴、発逆旅十一時半、達神奈川
午食茶店、余為腸加答児継痙午
後帰東京、大隈氏労余
廿一日雨、従是在休暇不上省
廿二日陰
廿三日晴
廿四日
廿五日
廿六日
廿七日
廿八日
廿九日
卅日
卅一日

八月

一日晴
二日晴
三日晴、罹咽喉加答児
四日晴、與永松東海訪副島仲謙囲碁
五日晴
六日晴、副島永松来訪
七日晴
八日晴
九日雨
十日晴
十一日晴
十二日晴
十三日晴
十四日晴
十五日晴
十六日晴、乞於池田氏
十七日晴
十八日晴
十九日晴
廿日晴、休暇満期上省
廿一日晴、上省
廿二日晴
廿三日晴
廿四日晴
廿五日晴
廿六日晴、微恙、不上省
廿七日晴、不上省
廿八日晴、日曜、不上省、副島仲謙
来、招永松囲碁
廿九日晴、不上省
卅日晴、不上省
卅一日雨、不上省

九月

一日雨、鐘ヶ江晴朝来診余病
二日晴、訪鐘ヶ江乞診
三日晴
四日晴
五日雨
六日晴
七日晴、訪ヘンリーシーボルト
八日晴、午後永松来訪
九日晴、訪鐘ヶ江
十日晴
十一日晴、訪「シーボルト」其公使
介余観早稲田大隈氏別荘、公使
供午食
十二日晴
十三日晴、晡時三浦春良来訪
十四日晴、午後永井当昌来訪、夜宮
田去疾来訪
十五日晴、病大瘥
十六日晴、上省
十七日晴、上省
十八日晴、上省
十九日晴、日曜
廿日晴、上省
廿一日晴、上省
廿二日晴、上省
廿三日晴、以秋季祭休
廿四日晴、上省
廿五日晴、上省
廿六日陰、日曜
廿七日晴、上省
廿八日晴、上省
廿九日晴、上省
卅日晴、上省

十月

一日陰、上省
二日雨、上省、郷僧三浦玄活来
三日雨、日曜、訪永松
四日晴、有故不上省
五日晴、不上省、訪伊東武重病
六日陰、上省、夜英國財政史翻訳脱
稿
七日晴、上省
八日晴、上省
九日晴、上省、午後観梅於深川洲崎
天女廟畔
十日晴、日曜
十一日晴、上省

十二日晴、上省
十三日雨、上省
十四日雨、上省
十五日晴、上省
十六日晴、上省、徃学
十七日晴、日曜、新嘗祭也
十八日晴、宅調、徃学
十九日晴、宅調
廿日陰、宅調
廿一日晴、宅調
廿二日陰、宅調
廿三日雨、上省
廿四日日曜
廿五日陰、上省
廿六日陰、上省
廿七日晴、上省
廿八日晴、上省
廿九日晴、上省、午後徃学
卅日晴、上省、此夕宿直、與津江虚同伴
卅一日日曜

十一月

一日晴、上省
二日晴、上省
三日晴、上省
四日晴、微恙、不上省
五日晴、上省
六日晴、上省
七日晴、日曜
八日雨、上省
九日晴、微恙、不上省
十日晴、仍不上省
十一日、晴仍不上省
十二日雨、上省
十三日雨、上省
十四日晴、日曜
十五日晴、上省
十六日晴、上省
十七日晴、上省
十八日晴、上省
十九日晴、上省
廿日晴、上省
廿一日晴、日曜
廿二日晴
廿三日晴、新嘗祭不上省
廿四日晴、上省
廿五日晴、上省
廿六日晴、上省
廿七日晴、上省
廿八日日曜、晴
廿九日晴、上省
卅日晴、未明徃学、上省

十二月

一日晴、未明徃学、上省
二日晴、未明徃学、上省
三日晴
四日晴、未明徃学、上省
五日晴、日曜
六日晴、上省
七日晴、未明徃学、上省
八日晴、未明徃学、上省
九日晴、上省
十日晴、未明徃学
十一日晴、未明徃学、上省
十二日晴、日曜
十三日晴、未明徃学、上省、退省、則伊万里人岡田長之助来盖大審院訴訟ノ為メナリ
十四日晴、未明徃学、有故不上省
十五日晴、上省、退食、為岡田長之助訪鶴田鵠
十六日日曜、為岡田早朝訪鶴田、上省
十七日晴、上省、退食、拉岡田訪鶴田鵠
十八日晴、上省
十九日晴、日曜
廿日晴、上省
廿一日晴、上省
廿二日晴、早朝訪中村敬宇先生、上省
廿三日晴、上省
廿四日晴、上省此日受大蔵準判任御用掛申付月給四拾五円下賜候事之命令書
廿五日晴、上省
廿六日晴、日曜
廿七日晴、上省、退省、以大隈英麿病相伴乞診於大学教師「ベルツ」氏、「ベルツ」氏一診直手術盖包茎也
廿八日晴、上省此月官為年末放省
廿九日晴、訪「ベルツ」氏
卅日晴、午後「ベルツ」氏来診英麿氏
卅一日晴

〔表紙、原寸、縦一二cm、横一六・三cm〕

明治十四年　辛巳
卅八年
日暦

明治十四年辛巳

一月

一日Saturday晴、早朝妻子ト共ニ郷ニ向テ先塋ヲ拝シ継テ相共ニ椒酒ヲ酌テ新年ヲ祝ス後チ永松相良長谷川ニ年ヲ拝ス
二日Sunday晴、大隈氏ノ為ニ其名刺ヲ各国公使館ノ書記官ニ送ル午後永松来テ年ヲ拝ス
三日Monday晴、名刺ヲ送ル猶ホ昨日ノ如シ
四日Tuesday晴、上省蓋シ御用初メナリ
五日Wednesday晴、午後渋谷先生来テ年ヲ拝ス
六日Thursday晴奇暖、上省、晡時微雨アリ昨十一月以来雨ナカリシモ今日初テ微雨アリ然レトモ継テ開晴夜微ニ地震アリ
七日Friday晴、上省、退食後中島氏・中牟田氏ヲ訪テ春蘭帖ノ賛辞ヲ乞フ
八日Saturday晴、上省
九日Sunday晴、休
十日Monday晴、上省
十一日Tuesday晴、上省
十二日Wednesday晴、上省此夜宿直
十三日Thursday晴、宿明ナルヲ以テ退省
十四日Friday晴、微恙、上省
十五日Saturday晴、微恙遂ニ臥床
十六日Sunday晴、仍臥副島仲謙来訪、英麿氏後三浦良春来話、夜牟田洋林来
十七日Monday晴、仍臥
十八日Tuesday晴、仍臥
十九日Wednesday大雪
廿日Thursday雨、仍臥
廿一日Friday晴、永松東海来話
廿二日Saturday晴、秀嶋文圭来診
廿三日Sunday晴、仍臥
廿四日Monday晴、仍臥
廿五日Tuesday晴、病痊
廿六日Wednesday晴、仍不上省
廿七日Thursday晴、仍不上省、晡時中島亮平来訪
廿八日Friday晴、仍不上省
廿九日Saturday晴、仍不上省
卅日Sunday日曜、晴、仍不上省
卅一日Monday晴、上省

二月

一日Tuesday晴、上省
二日Wednesday朝陰後晴、上省、退食則有郵符報鐘ヶ江急患直往而訪焉疫也
三日Thursday朝陰、上省、雨、有故使外務省晡時伊万里源三郎書到
四日Friday晴、上省、朝為中島亮平訪中島盛有氏、退食訪鐘ヶ江之病甚危篤也
五日Saturday晴、上省、退食、訪中島亮平
六日Sunday晴、朝訪鐘ヶ江病、午後副島仲謙招飲永松・石黒諸氏来會
七日Monday晴、上省
八日Tuesday晴、上省
九日Wednesday晴、上省
十日Thursday晴、上省訪シーボルト氏於其公使館、午後四時大隈氏帰自熱海、夜再訪シーボルト氏於丹後町、此日訪藤井善言
十一日Friday晴、休課、朝訪蘆氏
十二日Saturday晴、上省、書ヲ蔵田祐充ニ熊本ニ出ス
十三日Sunday晴
十四日Monday陰後微雨、上省
十五日Tuesday晴、上省
十六日Wednesday陰微雨、上省
十七日Thursday晴後細雨、上省
十八日Friday晴、上省
十九日Saturday晴、上省、退食後伊水武富熊助来終留宿自云逗丸駒氏
廿日Sunday休、大雪、熊助去
廿一日Monday陰、有故不上省
廿二日Tuesday陰、上省、午後導五代友厚訪ペルッ氏
廿三日Wednesday晴、有故不上省、為熊助適横濱
廿四日Thursday陰、上省

廿五日Friday陰、上省
廿六日Saturday陰、上省、午後訪渋谷氏・秀嶋氏、後適シーボルト氏招餐于上野精養軒
廿七日Sunday晴、朝シーボルト氏ニ適シ昨日ノ饗應ヲ謝ス
廿八日Monday陰、上省後雨退食、則熊助来宿雨渋甚

三月

一日Tuesday内国博覧会開場式■ヲ以テ休日、陰後晴、熊助カラ折簡ンテ大塚伊三郎ヲ駒吉氏ノ所ヨリ招ク、午後熊助西帰ス、此日波多野重太郎ヲ訪フ
二日Wednesday陰、上省後晴、熊助カ為ニ芝宮田某ヲ訪ヒ且ツ西村氏を訪フ
三日Thursday陰、上省
四日Friday陰、上省後雨午後雪
五日Saturday晴、上省
六日Sunday休、朝陰後雪、訪波多野、午後訪副島唯一盖因其所乞也
七日Monday陰微晴、上省
八日Tuesday陰微雪夜大雪、上省
九日Wednesday晴積雪為堆、上省
十日Thursday陰、上省
十一日Friday陰、上省
十二日Saturday晴、上省
十三日Sunday陰晴不定夜雨
十四日Monday雨、上省
十五日Tuesday晴、上省
十六日Wednesday大霧継而晴、上省
十七日Thursday晴上省、此夜宿直
十八日Friday晴、帰寓
十九日Saturday晴、上省
廿日Sunday晴、休
廿一日Monday陰、上省、夜雨
廿二日Tuesday雨、上省
廿三日Wednesday陰、上省、夜雨
廿四日Thursday有微雪、上省
廿五日Friday晴
廿六日Saturday晴、上省
廿七日Sunday晴、休、訪永松・相良両氏
廿八日Monday晴、有故不上省
廿九日Tuesday晴、上省、退省後往学、書ヲ作出ニ贈寄ス
丗日Wednesday晴、上省退省後往学
丗一日Thursday晴、上省退省後往学、夜川上素六氏書到

四月

一日Friday晴、上省退省後往学、轉訪八尾正文
二日Saturday陰、上省、暴風捲沙夜雨、此日同僚中村啓来過
三日Sunday放晴、朝訪中村先生、轉訪中島盛有・副島唯一、暴風再起、午後永松東海来訪
四日Monday晴好天気、上省退省往学、晡〔時〕訪中島亮平
五日Tuesday懶晴Tuesday早朝往学、継訪永松、夜雨
六日Wednesday雨、先妣ノ忌辰ヲ取越スヲ以テ上省セス、午後往学
七日Thursday晴、上省午後退省往学
八日Friday晴、上省、退省後往学、川上素六郎■備中来
九日Saturday晴、早朝訪石丸安世、上省、退省、訪川上素六郎相携遊于向島、夜雨継而晴
十日Sunday晴、朝訪永井當昌相携訪川上素六郎
十一日Monday朝陰継雨、上省後霽、退省、則片山帯雲書到自神戸曰應備後尾道石橋春泰者之聘為尾道病院長
十二日Tuesday上省、此日報書片山帯雲
十三日Wednesday陰、早朝往学、上省後微雨
十四日Thursday晴、早朝往学、上省
十五日Friday晴、早朝往学、上省
十六日Saturday晴、早朝往学、午後退訪中村啓・藤井善言・松岡守信来會學画、夜雨
十七日Sunday休、雨朝、訪中村先生
十八日Monday晴、早朝往学、有故不上省、晡時為大隈氏訪ベルツ氏不逢、此日伊万里源三郎書到
十九日Tuesday晴、早朝往学、上省
廿日Wednesday晴、早朝往学、上省、此日贈書於五代友厚氏于大阪盖請取証書也
廿一日Thursday晴、早朝往学、上省
廿二日Friday晴、早朝往学、上省
廿三日Saturday早朝往学、上省、

午後同僚藤井善言招飲、晡時微雨

廿四日Sunday晴晡時訪宮田去疾返付前日借覧之書

廿五日Monday晴、有故不上省、晡時故郷山谷西岡三郎次来過盖観上国也

廿六日Tuesday陰晴不定、午後雨入夜不歇、上省

廿七日Wednesday霽、上省、午後感冒

廿八日Thursday微雨、為病不上省

廿九日Friday陰、午後驟雨、為病不上省

卅日Saturday晴、病仍不痊而妻亦感風

五月

一日Sunday晴、冒病伴大隈英麿氏訪「ベルツ」

二日Monday陰、為病不上省

三日Tuesday懶晴、強病、上省

四日Wednesday懶晴、強病、上省

五日Thursday懶晴、上省

六日Friday懶晴、冒病上省

七日Saturday微雨暴風雨、為病不上省

八日Sunday晴、病痊、午前永松来過相携訪副嶋昭庸不逢、帰途囲碁於永松家副島仲謙亦来而囲碁、夜小女熱発

九日Monday懶晴、有故不上省、小女解熱、午後訪中嶋亮平、晡時微雨

十日Tuesday晴、早朝往学、訪「ベルツ」氏、轉上省、■書於家郷取春秋左氏傳其他二三之書籍

十一日Wednesday晴、早朝往学上省

十二日Thursday晴、往学、上省

十三日Friday晴、往学、上省、退省、同藤井善言・松岡守信・副島昭庸・中村啓等観古画蘆高朗氏、入夜雨、帰家則十時

十四日Saturday晴、往学、上省、退省、之中村啓氏之茶画詩會

十五日Sunday晴、早朝訪深江順暢氏、午後感風

十六日Monday晴、往学、上省、退省、買圓□話法大本也、價五円九拾五銭盖廉云

十七日Tuesday為感冒不往学、上省

十八日Wednesday仍臥、午後永松来過

十九日Thursday晴病痊、往学、上省、退省、晡時訪副島仲謙盖以其赴任ヲ大阪鎮台也

廿日Friday晴、往学、上省

廿一日Saturday晴、早朝訪中島盛有氏、上省

廿二日Sunday晴、伴大隈大夫人遊絵島相良剛造老母（大隈氏令姉）亦同行、午前七時汽車発東京、神奈川捨車、戸塚少憩、午後一時抵于絵島岩本屋午食、六時辞去、七時強抵于鎌倉八幡祠前角屋正左衛門家、直訪箱崎博尹氏不逢、此日過龍田賦短古、夜微雨

廿三日Monday朝大霧、八幡宮ニ詣シ大夫人神楽ヲ奉ス、後チ光明寺ヲ詣シ長谷観大佛ニ詣ス

廿四日〔雨〕歇然烟霧蓬々然、辞鎌倉取路於藤沢駅為雨天也、午飯于戸塚、午後三時抵神奈川僦汽車、四時半帰寓、則得源三郎之書、盖西京発也報其係于大患也故直電信回答

廿五日Wednesday晴、家居作書報源三郎於西京

廿六日Thursday晴、有故家居、朝往学

廿七日Friday晴、朝往学、上省

廿八日Saturday朝陰後晴、往学上省

廿九日Sunday晴、休課

卅日Monday朝陰後晴午後過雨、往学、上省

卅一日Tuesday晴、往学、上省

六月

一日Wednesday晴、往学、上省、武富熊助来宿、此日退食スルトキハ源三郎妻兄伊万里判屋吉冨庯助来ト云フ因テ其居ヲ訪フ不逢、夜熊助ト寄セニ之ク

二日Thursday晴、上省、晡時熊助庯助ヲ携来シ夜食ヲ喫シ、夜共ニ寄ヲ聴ク

三日Friday晴、上省、午後同僚藤井

善言氏ノ介ニ因テ依田百川ヲ向嶋ノ居ニ訪フ、帰拉半ニ小飲ス

四日Saturday晴、往学、上省

五日Sunday晴、日曜、朝訪中村先生

六日Monday雨、上省、大隈氏ノ為ニ佛国公使館ニ使ス

七日Tuesday雨、往学、上省寄書於伊万里岳父

八日Wednesday晴、往学、上省

九日Thursday陰、往学、上省

十日Friday雨、第二回勧業博覧會賞牌授與式有カ故ニ休課

十一日Saturday朝陰後晴、往学、上省、退食、訪鶴田皓、此日訪渋谷氏并西牟田氏

十二日Sunday晴、夜為大隈氏訪向井義勝氏於芝終宿、此夜月色晴奇

十三日晴Monday有故不上省、晡時訪永松東海

十四日Tuesday晴

十五日Wednesday晴風勁

十六日Thursday陰晴不定風勁、夜今川小路第三街失火

十七日Friday陰、往学、上省、此日適横浜税関、邂逅村山三郎・塚越鈴彦、帰途雨

十八日Saturday雨、有故不往学、上省

十九日Sunday晴、休課

廿日Monday雨、有故不往学、上省

廿一日Tuesday陰、往学、上省

廿二日Wednesday晴、往學、上省

廿三日Thursday晴、往學、上省

廿四日Friday晴、往學、上省

廿五日Saturday陰、往學、上省

廿六日Sunday晴、休課、永松招飲渋谷・秀島

廿七日Monday陰、有故不往學、上省

廿八日Tuesday晴、有故不往學、上省

廿九日Wednesday晴、往學、上省

卅日Thursday

七月

一日Friday

二日Saturday晴、上省、翻訳課ヲ廃ス、上局ヨリ残務引続キノ意ニテ二三日間上省ヲ命ス、然レトモ余ハ出納局兼務アルヲ以テ残務ノミニ非サルナリ

三日Sunday雨

四日Monday陰、上省

五日Tuesday雨、上省

六日Wednesday陰、上省、報告課勤務出納局兼務申付候事ノ辞令ヲ受ク

七日Thursday雨、上省

八日Friday晴、上省

九日Saturday晴、上省御巡幸供奉大蔵卿佐野常民へ随行申付候事ノ辞令ヲ受ク

十日Sunday日曜、晴

十一日Monday晴、上省

十二日Tuesday晴、上省、午後訪西村氏不逢、晡時雨

十三日Wednesday雨、上省

十四日Thursday朝陰後晴、上省、夜寄書於家郷■伊万里報北海道旅行之事

十五日Friday晴早朝訪佐伯惟馨、上省、訪池山栄明於佐野大蔵卿之家、午後適好生館會于永田町松隈謙吾為幹事

十六日Saturday晴、早朝訪川上氏、上省

十七日Sunday晴、因佐伯少書記官之命上大蔵省、轉訪其居又轉上宮内省、帰途上鍋島邸、午後訪石丸氏留守宅

十八日Monday陰、上省

十九日Tuesday陰、上省、帰途訪丸駒氏、寄書於中島亮平于北海道札幌

廿日Wednesday朝陰、後有故不上省午後持田直澄来曰、本日政府有命解大蔵卿之供奉佐伯少書記官亦然盖直澄者拜大蔵卿随行之命者也余亦然、相看自失

廿一日Thursday朝大務後晴、上省

廿二日Friday晴大霧晴、上省、因佐伯少書記之命上太政官御用掛兼勤申付候事、但取扱判任ニ准シ候事ノ辞令并会計部勤務申付候事ノ辞令ヲ受ク、午後適於茶画詩會于東台蒼黄坂

廿三日Saturday晴、朝訪蘆氏、上省被解大蔵卿随行之命盖以大蔵卿

被解供奉之命也
廿四日Sunday晴、朝訪蘆氏并中村先生
廿五日Monday晴、有故不上省、午後訪八尾正文
廿六日Tuesday晴、上省太政官会計部命御巡幸供奉大隈参議随行、午後訪相良氏
廿七日Wednesday晴、有故不上省
廿八日Thursday晴、上省諸事紛冗
廿九日Friday晴、不上省盖為明日発程也余治装忙乎
此間別有紀行

十月

十二日晴、上大蔵省及太政官過大蔵卿官賜十五日之休暇盖為供奉也
十三日晴、大隈参議辞職
十四日陰有雨
十五日霽
十六日Sunday晴、午前訪中島盛有、午後訪深江順暢
十七日Monday雨、朝訪石丸安世、午後之茶画會
十八日Tuesday晴、在家修紀行
十九日Wednesday晴、仍　如昨日
廿日Thursday陰夜雨、仍如昨日
廿一日Friday雨、仍如昨日
廿二日Saturday陰、朝訪副島唯一、午後晴
廿三日Sunday晴、為熊助適横濱面大川内庄太郎、夜寄書於伊万里熊助
廿四日雨Monday
廿五日Tuesday霽
廿六日Wednesday晴、晡時同川上・永井二氏店飲
廿七日Thursday晴、上省
廿八日Friday晴、早朝徃学、上省
廿九日Saturday陰、朝徃学、上省、午後或微雨、午後同藤井諸氏、訪シーボルト氏目黒元富士別荘、入夜帰
三十日Sunday晴、微恙
三十一日Monday晴、朝徃学、上省、午後上太政官、晡時訪八尾正文

十一月

一日Tuesday晴、徃学、上省
二日Wednesday晴、徃学、上省
三日Thursday晴、天長節休
四日Friday陰、徃学、上省又上太政官、午後訪永松
五日Saturday雨、早朝徃学、而上省、午後招飲渋谷・永松・秀島、入夜皆帰
六日Sunday晴
七日Monday陰晴不定、早朝徃学、而上省
八日Tuesday晴、早朝徃学、而上省
九日Wednesday晴、有故不徃学、朝上省、午後訪シーボルト及蘆氏、中島亮平書到自北海道盖十月廿五日發也
十日Thursday晴、先考忌辰、不上省、午後訪シーボルト
十一日Friday晴、早朝訪「シーボルト」
十二日Saturday晴、早朝訪「シーボルト」
十三日Sunday晴、川上来訪相携巡視書林、寄書於中島亮平于札幌
十四日Monday晴、早朝訪「シーボルト」
十五日Tuesday雨、徃学而上省
十六日Wednesday晴、早朝徃学継上省
十七日Thursday晴、早朝徃学継而上省
十八日Friday晴、早朝徃学継上省
十九日Saturday晴、早朝徃学継上省、午後「シーボルト」招飲、晡時雨、與多久乾一郎平井某同之、入夜衝雨而帰
廿日Sunday雨、休課、午後晴、入夜訪蘆氏不逢、八時雨、此日伊万里岳父書到
廿一日Monday晴、早朝徃学而上省、夜微雨
廿二日Tuesday晴、早朝徃学而上省、夜訪蘆氏、帰而作寄岳父書并作出之書
廿三日Wednesday晴、同牟田口・神山整頓大隈氏書類
廿四日Thursday晴、早朝徃学而上省
廿五日Friday晴、早朝徃学而上省
廿六日Saturday晴、早朝徃学而上省、午後訪課長神鞭

廿七日Sunday晴、朝訪蘆氏、永松氏囲碁、午後川上来訪
廿八日Monday晴、早朝往学而上省
廿九日Tuesday雨、早朝往学而上省
卅日Wednesday晴、有故不往学而上省、晡時訪川上氏、此日被免太政官兼務

十二月

一日Thursday晴、有故不往学而上省
二日Friday朝微雨、有故不往学而上省午後訪川上氏
三日Saturday晴、有故不往学而上省、夜雨
四日Sunday雨、休、早朝訪シーボルト氏
五日Monday晴、有故不往学而上省
六日Tuesday晴、有故不往学而上省
七日Wednesday晴、有故不往学而上省
八日Thursday晴、早朝往学而上省
九日Friday晴、有故不往学而上省
十日Saturday晴、有故不往学而上省、午後訪川上氏
十一日Sunday休、陰、午後訪永松囲碁
十二日Monday陰、不往学而上省
十三日Tuesday晴、有故不往学而上省
十四日Wednesday晴、有故不往学而上省、夜中島亮平郵書到盖報一昨来東京也、此日太政官御巡幸令日、賜後日青山御所開番使御巡幸供奉員陪観子其体之
十五日Thursday晴、早朝往学而上省午後訪中島亮平
十六日Friday晴、早朝往学、此日以上太政官之故不上省而微恙故不上太政官終日読書
十七日Saturday雪、早朝往学而上省、午後訪藤井善言、小女微恙、夜雪大積
十八日Sunday晴休晴雪可観、午後同僚為茶画詩會兼忘年会於本郷二丁目松吉樓小女病■不差
十九日晴Monday為小女病不往学而上省
廿日Tuesday晴、為小女病不往学而上省
廿一日Wednesday晴、微恙、不上省
廿二日Thursday晴微恙、不上省、伊水源三郎書到盖本月十三日発也、夜雨
廿三日Friday雨、上省
廿四日Saturday晴、不往学而上省、為大隈氏使宮内省、午後為武富熊助適横濱
廿五日Sunday休、晴、為大隈氏使池田氏、継而微恙
廿六日Monday晴、為病不上省
廿七日Tuesday晴、上省
廿八日Wednesday晴、上省今年省務止于、今日夜有田山口某来訪
廿九日Thursday晴、為大隈氏使シーボルト氏、此日〔松尾〕貞吉石丸源左衛門来相携小飲于柳橋亀清
卅日Ｆｒｉｄａｙ晴、為大隈氏使シーボルト氏、此日郷人松村辰昌来
卅一日Saturday晴、為大隈氏使ドクトル、ベルツ氏

〔表紙、原寸、縦一二・三cm、横一七cm〕

明治十五年一月壬午

日暦　廿九年

明治十五年

一月

一日Sunday好天気、早朝向郷拝先塋挙家酌椒酒祝新年継拜年於大隈氏蘆・永松・郷・中島・依田百川・神鞭・シーボルト・深川・古川・渋谷・松方・犬塚諸氏、帰家喫午飯、而又拜年於相良・鶴田・中村・深江・秀島諸氏
二日Monday晴、拜年於宮田・吉田豊文、永松氏長子死
三日Tuesday晴、為永松適陸軍軍医本部、晡時訪郷人松尾・石丸於数奇屋河岸浮橋夜遊北里、帰家則午夜
四日Wednesday晴、會永松長男之葬
五日Thursday晴、拜年中村先生・相良剛造・永井當昌・衣笠豪谷諸氏

六日Friday雨、上省
七日Saturday晴、以陸軍始休、訪永
松、シーボルト氏、夜大隈氏為
福引戯
八日Sunday雨或歇、休、松村辰昌来
訪
九日晴Monday早朝訪郷人松尾貞吉
石丸源左衛門於数奇屋橋外浮橋
而上省、晡時再訪松尾等
十日Tuesday晴、上省
十一日Wednesday晴、上省、午後訪
川上氏、會于永松氏其子之十日
祭
十二日Thursday晴、上省、晡時「シ
ーボルト」氏贈遺寫真帖并其真
影
十三日Friday雨上省午後雨歇
十四日Saturday晴、上省、午後「シ
ーボルト」氏招飲于其目黒之別
荘同僚中川徳基・後藤・津江・
藤井諸氏與之
十五日Sunday晴、早朝訪中村先生、
堀中徹造来訪、午後秀島文圭招
飲
十六日Monday晴、上省、晡時伊万
里松尾貞吉来訪盖告其帰郷之別
也
十七日Tuesday晴、上省
十八日Wednesday晴、上省、午後楫
取道明来過
十九日Thursday晴、上省
廿日Friday晴、上省、退省、適好生
會
廿一日Saturday晴、上省、退省、適
茶画詩会於不忍池長酡亭
廿二日Sunday晴、朝訪中村先生及東
條世三
廿三日Monday晴、上省、晡時以中村
先生之命徃学
廿四日Tuesday晴、上省
廿五日Wednesday朝陰、月森龍三来
見、後微雨上省、晡時徃学
廿六日Thursday陰晴不定、月森龍三
来見、晡時徃学
廿七日Friday晴、上省、午後徃学
廿八日Saturday晴、上省、午後徃学
廿九日Sunday晴、休課、早朝訪シー
ボルト兄弟盖バロンシーボルト
前廿六日到自欧州也、午後月森
来訪、シーボルト兄弟来訪
卅日Monday祭日ニ付休課、為大隈氏
調査洋文
卅一日Tuesday朝陰、上省、午後晴
退省、徃学

二月

一日雨Wednesday有故不上省、早朝
訪「シーボルト」氏
二日Thursday雪、上省、午後退省、
徃学
三日Friday陰、有故不上省午後徃学
四日Saturday晴、上省、退省、徃学
五日Sunday晴、休課、訪永井當昌、
午時郷僧玄活来告別、余作詩
送之且相携訪清久寺、清久寺
亦郷僧而住焉也
六日Monday雨、上省、夜為大隈氏訪
露公使館
七日Tuesday晴、上省、送書於宮城
縣廳、退省、徃学
八日Wednesday晴、上省退省、徃学
九日Thursday晴陰不定、上省退省、
徃学
十日Friday晴、上省、退省、徃学
十一日Saturday晴、休業
十二日Sunday晴、早朝訪東條世三、妻
観劇場、午後藤井善吉来訪
十三日Monday陰、上省、退省、徃学
十四日Tuesday晴、上省退省、徃学
十五日Wednesday晴、上省、退省、
徃学
十六日Thursday雨、上省退省、徃学
十七日Friday晴、上省退省、徃学
十八日Saturday晴、上省退省、適于
茶画詩會九段阪、夜雨
十九日Sunday晴、午後歩于市街、陰
廿日Monday雨、上省退省、徃学
廿一日Tuesday雨、上省退省、徃学
廿二日Wednesday晴寒有春氷、上省、
退省、徃学、轉訪中村先生
廿三日Thursday晴、上省退省、徃学
廿四日Friday晴、上省、退省、徃学
松尾貞吉・石丸源左衛門書状到
廿五日Saturday上省退省、徃学、晡
時適渋谷先生等之會于帍門内玉
泉樓
廿六日Sunday晴、訪衣笠豪谷、轉訪

小山正武不逢

廿七日Monday晴、上省退省、徃学

廿八日Tuesday晴、上省退省、徃学

三月

一日Wednesday晴、上省退省徃学

二日Thursday雨、上省退省徃学

三日Friday陰、上省退省徃学

四日Saturday陰、上省退省徃学、訪蘆氏、夜得中島亮平書盖發自函館也付詩二種

五日Sunday晴、朝訪中村先生、午後有暴風雨吹雨忽然開晴

六日Monday晴、上省退省、訪蘆氏

七日Tuesday晴、有故不上省、午後徃学

八日Wednesday晴、上省退省徃学

九日Thursday陰、上省退省徃学

十日Friday晴、上省退省徃学

十一日Saturday晴、上省退省徃学、轉訪蘆・永松二氏

十二日Sunday晴、無事

十三日Monday晴、上省退省徃学

十四日Tuesday晴、上省退省徃学

十五日Wednesday晴、上省退省徃学

十六日Thursday晴、上省退省徃学、三浦玄活書到肥前国杵島郡中野村満徳庵

十七日Friday晴、上省退省徃学、勁風暴起

十八日Saturday晴、上省、午後會于九段坂革屋例會也以春蘭盆示諸氏盖今年初著花也

十九日Sunday雨、無事

廿日Monday晴、上省退省徃学、夜中島亮平書到盖本月十一日発也

廿一日Tuesday陰、為春季皇霊祭休、午前観農業共進會於上野雨

廿二日Wednesday朝雨、訪川上素六郎、而上省、放晴退省

廿三日Thursday晴、上省退省徃学、伊万里源三郎書到盖三月十五日発也

廿四日Friday有春雪、早朝訪シーボルト氏相共同馬車而上省、首藤陸三者宮城縣常置議員也為縣債之事来見

廿五日Saturday晴、上省退省徃学

廿六日Sunday朝陰午後雨、休課也、晡時放晴

廿七日Monday晴、上省退省徃学

廿八日Tuesday晴、上省退省徃学

廿九日Wednesday晴、上省首藤陸三来見、退省徃学

卅日Thursday晴、上省退省徃学

卅一日Friday晴或雨、上省退省徃学帰則伊万里武富熊助来宿盖為『伊万里銀行』資本三拾七万円也

四月

一日Saturday雨、早朝伴熊助訪松尾儀助轉而上省退省徃学

二日Sunday晴、休、微恙感風、招熊助謁大隈氏

三日Monday陰、休、伴熊助上鍋島邸謁深川氏、轉共訪下村忠清氏於霊巖島鍋島別邸三十銀行盖請下村氏為伊万里銀行頭取也莫疾益悪急辞去

四日Tuesday晴、臥病、永松東海来話

五日Wednesday晴、仍臥

六日Thursday晴、仍臥

七日Friday晴、仍臥

八日Saturday晴、仍臥

九日Sunday陰後雨、仍臥、祭先妣

十日Monday晴、仍臥

十一日Tuesday晴、仍臥

十二日Wednesday晴、初上省、然不能徃学

十三日Thursday雨、上省仍不能徃学

十四日Friday雨、上省仍不能徃学、寄書於岳父

十五日Saturday晴、上省退省仍不得徃学

十六日Sunday晴、上省退省猶不得徃学

十七日Monday晴、上省退省猶不得徃学

十八日Tuesday晴、上省退省猶不得徃学

十九日Wednesday晴、上省退省始徃学

廿日Thursday晴、早朝敬宇先生、上省退省徃学

廿一日Friday晴、上省退省徃学

廿二日Saturday陰風勁、上省退省、

茶画詩會于九段坂
廿三日Sunday晴、休課也、與熊助誘犬塚駒吉遊于向島木母寺（梅若）
廿四日Monday晴、上省、熊助適于横濱、午後徃学
廿五日Tuesday晴、上省退省徃学、熊助至自横濱
廿六日Wednesday晴、上省退省徃学
廿七日Thursday陰、上省退省徃学
廿八日Friday雨、上省退省、有故不徃学
廿九日Saturday晴、上省退省徃学、夜鈴木敬作来話
卅日Sunday晴

五月

一日Monday晴、上省
二日Tuesday晴、上省
三日Wednesday晴、有故不上省、午後渋谷・永松二氏ヲ盖シ武富熊助ノ乞ナリ
四日Thursday晴、上省
五日Friday陰、武富熊助帰国送別横濱、帰途訪下村忠清於三十銀行（霊巖島）
六日Saturday晴、上省
七日Sunday晴、微恙、朝鍋島勇一郎（旧主克一郎君男）與須古喜八郎氏来過
八日Monday晴、仍臥
九日Tuesday雨、仍臥
十日Wednesday晴、仍臥
十一日Thursday晴、益瘥
十二日Friday晴、適池田氏乞診作出書来医業鑑札云々ノコトヲ云フ、午後訪永松鑑札ノコトヲ談ス、西松浦郡役所ヨリ峯源次ハ本縣開業鑑札所持ノ者ナルニ其業ノ轉廃其居ノ移転等届出ス差支アルニ由リ其届出ヲ為セト云フ
十三日Saturday陰、仍不上省、徃学、夜雨
十四日Sunday雨午後晴
十五日Monday晴、仍不上省、徃学、訪池田氏
十六日Tuesday晴、仍不上省、徃学、午後訪相良氏・飯盛氏
十七日Wednesday晴、仍不上省、訪永松
十八日Thursday晴、上省、微恙、不徃学、雨
十九日Friday雨、仍臥
廿日Saturday晴、仍臥
廿一日Sunday日曜、朝陰、訪永松雨相携訪渋谷氏囲碁池田玄泰・秀島来會、夜寄書於郷并熊助・石丸源左衛門氏盖免状云々之件ヲ依頼ス
廿二日Monday陰、仍不上省午後徃学
廿三日Tuesday朝陰後晴、上省退省徃学、訪相良氏
廿四日Wednesday晴、上省退省徃学、訪相良氏為好生會也
廿五日Thursday晴、上省退省徃学
廿六日Friday雨、上省午後開好生會於神田明神境内開花楼余與相良氏為幹事
廿七日Saturday晴、上省退省徃学、夜書ヲ作出ニ送リ蚊帳ヲ送致セヨト云フ
廿八日Sunday陰、上省退省徃学、雨、此日伊万里岳父書来盖本月廿二日発也
廿九日Monday晴、上省退省徃学
卅日Tuesday陰、上省退省徃学、轉訪蘆氏、受其意訪大森及夜
卅一日Wednesday晴、上省退省徃学、陰、伊万里熊助書来

六月

一日Thursday晴、上省退省徃学、晡時川上素六郎来訪、自曰近日有郷信曰其岳母有病当帰郷故以明々日後四日辞東京
二日Friday晴、上省退省有故不徃学、訪下村忠清氏於霊巖島三十銀行晡時訪川上素六郎、雨
三日Saturday晴、上省退省徃学
四日Sunday陰
五日Monday晴、上省退省徃学、書ヲ郷ニ寄ス、岳父ニハ源三郎縁談破談ノコト、熊助ニハ本人贈ル所ノ小鯛ノ一夜切其味変セサルコト、尾羽焼落手ノコト、家産ノコト但売却是非ハ後便報道スヘキコト、太郎次ニハ巳年所得決算贈付ノ禮状ノコト

六日Thursday晴、上省退省徃学
七日Wednesday晴、上省退省徃学
八日Thursday晴、上省退省徃学、此日川上素六郎来告別
九日Friday雨、上省退省徃学
十日Saturday晴、上省退省徃学
十一日Sunday雨、朝訪川田剛
十二日Monday雨歇、上省退省徃学、此日伊万里武富熊助書来、夜中島亮平贈郵符曰昨日到自北海道可継而訪問
十三日Tuesday晴、上省退省徃学、夜徳久太良次・吉永伊作書到、新聞約束ノ事ヲ請フ盖シ過日報道スル所ナリ
十四日雨Wednesday上省退省徃学
十五日Thursday晴、上省退省徃学、源三郎書到自大阪盖一昨日十二日発ニシテ当日着坂継テ東京ニ来ルヘシト云フ
十六日Friday晴、上省退省徃学
十七日Saturday雨、上省
十八日Sunday雨、朝訪蘆氏、晡時雨歇、適于中村啓會
十九日Monday陰、上省退省徃学、夜入江俊次郎招飲、此日作出ニ電報シ免札ノコトヲ問フ
廿日Tuesday晴、上省退省徃学
廿一日Wednesday晴、上省徃学
廿二日Thursday晴、上省徃学
廿三日Friday朝雨継而晴、上省徃学、作出ニ電報シ免札ノコトヲ問フ
盖シ去ル十九日ニ電問セシニ返答ナキ故ナリ
廿四日Saturday雨、上省徃学
廿五日Sunday雨、休、作出電信到ル免札紛失ニ付キ更ニ下渡シ願出ヲ為スコトヲ云フ
廿六日Monday雨、上省後雨歇、退省徃学、此書ヲ作リ作出ニ寄ス免札医カ又ハ無鑑札医カノ結答ヲ為セト云フ
廿七日Tuesday晴、上省徃学、此日郷信到鑑札紛失ノコトヲ云フ、故ニ昨日ノ書ヲ併テ郷ニ送リ尚ホ昨日ノ疑問ヲ訂ス
廿八日Wednesday晴、上省徃学
廿九日Thursday晴、上省徃学
卅日Friday晴、上省徃学

七月

一日Saturday晴、上省徃学、訪岡本萬六（　）
二日Sunday晴、早朝上鍋島邸面深川・古川二氏、轉訪鍋島雄一郎氏於井上塾相携遊于浅草及向島
三日Monday晴、上省由「シーボルト」の請訪其公使館、有故不徃学、夜微雨
四日Tuesday晴、上省退省徃学、伊万里武富源三郎来、夜微雨
五日Wednesday陰、上省雨退省徃學
六日Thursday朝陰、上省午後晴、退省徃學、訪永松・蘆両氏
七日Friday陰、上省被任二等属、午後松方・吉原・蘆諸氏ニ禮謝ス、継訪中島亮平
八日Saturday晴、與源三郎訪「ベルツ」不逢
九日Sunday晴、與源三郎訪ベルツ乞診、轉遊于王子
十日Monday雨、上省
十一日Tuesday或雨或霽、上省、晡時為源三郎乞薬於大学医学部
十二日Wednesday雨、上省継霽、午後源三郎帰国、永松招飲囲碁
十三日Thursday陰、上省
十四日Friday晴、上省、午後永松東海来訪
十五日Saturday晴、上省、夜旧知事鍋島公為夜會余亦與之有驟雨送凉
十六日Sunday朝微雨、訪川田剛不逢、上鍋島邸謝昨夜招飲、帰途訪牟田口元學、晡時大石熊吉来訪、此日作出書到余カ長崎縣開業鑑札ハ明治十年中下付相違ナシ旨ヲ報ス盖シ西松浦郡役所日記ニ徴スト云フ
十七日Monday朝微雨後晴、上省
十八日Tuesday晴、上省
十九日Wednesday晴、上省退省徃学、訪宮田去疾又為公用訪田尻稲次郎
廿日Thursday晴、上省退省徃学、宮田去疾来尋
廿一日Friday陰晴不定、上省退省徃

学、有微雨

廿二日Saturday晴、有故不上省、午後往学

廿三日Sunday晴有風、午後永松招飲、入夜微雨

廿四日Monday晴、上省退省往学

廿五日Tuesday晴、上省退省往学

廿六日Wednesday晴、上省退省往学

廿七日Thursday晴、上省退省往学、伊万里熊助ヨリ田代剛作へ貸金催促ノ依頼申シ来ル

廿八日Friday晴、上省退省往学

廿九日Saturday晴、上省、此日横濱弁天通田代組田代剛作へ金子催促ノ状遣ス但第三回ナリ且ツ熊助へ其返事ヲ出ス

卅日Sunday晴、早朝訪シーボルト氏、帰途訪牟田口

卅一日Monday晴、上省退省往学、晡時為大隈氏使李仙得

八月

一日Tuesday晴、午前三時大隈氏挙家入浴于伊香保、上省退省往学、晡時因大隈氏命訪「リゼンドル」、此日李仙得携佛人某来観井為大隈氏也

二日Wednesday晴、上省退省往学

三日晴Thursday早朝為「シーボルト」氏訪同氏、上省退省往学、有驟雨、夜伊万里松尾貞吉信書到ル曰ク下村忠清伊万里銀行頭取トナリ下向スヘキ所未タ下向セス死去ス、因テ他ニ頭取下向ノコトヲ鍋島家へ出願ノ為メ前田乕之助ヲシテ上京セシムルノ故ニ深川氏其他へ其前話ヲ依頼スト

四日Friday晴、上省退省往学、有大驟雨、官用訪「シーボルト」盖同氏近日一時帰国也、大風雨頃刻ニシテ歇ム

五日Saturday陰晴不定、上省退省往学

六日Sunday陰、由其請訪シーボルト氏、帰途雨終大雨

七日Monday晴、上省退省往学

八日Tuesday晴、自此日為暑中賜暇由其請訪シーボルト氏同氏恵与金鎖壱個、辞去為武富熊助訪近藤喜作於築地二丁目、午後往学

九日Wednesday陰晴不定、近藤喜作来訪、寄書於熊助、晡時雨

十日Thursday雨、午後永松来訪囲碁大■後相携訪秀島・宮崎某亦来會、此日有故不往学

十一日Friday晴、早朝訪中村先生及東條世三

十二日Saturday晴、朝訪牟田口元學、夜宿大隈氏、此日源三郎書状来盖本月四日発也

十三日Sunday晴、訪永松相携訪副島昭庸、帰則蘆課長為公用以書召余乃往蘆

十四日Monday晴、朝蘆来過後以公用訪河井鏻蔵

十五日Tuesday晴、以公用之故私求書籍於諸方之書林

十六日Wednesday陰、午前一時半女子生、午後大雷雨継而歇

十七日Thursday陰、上省受月給

十八日Friday雨、寄書於伊万里武富熊助、徹夜雨

十九日Saturday晴、朝訪東條世三之病

廿日Sunday晴

廿一日Monday晴、微恙

廿二日Tuesday晴、微恙

廿三日Wednesday晴午後晴天有微雨、微恙

廿四日Thursday晴、微恙愈午後往学

廿五日Friday陰晴不定、午後往学

廿六日Saturday晴、午後往学

廿七日Sunday晴、朝訪川田剛・永松東海

廿八日Monday晴、微恙

廿九日Tuesday陰、微恙

卅日Wednesday陰、微恙、晡時田代剛作代伊藤佐平来

卅一日Thursday陰、微恙瘥、朝川上素六郎来訪、午後往学

九月

一日Friday陰晴不定、往学

二日Saturday晴、午後往学、永松東海招飲、夜雨

三日Sunday雨、近藤喜作ニ田代屋掛

合ヲ暫時中止セヨト郵報ス、午後開晴、源太郎有病乞診於池田謙斉、夜南隈雄氏ト■板駅ニ之ク盖明朝大隈氏伊香保ヨリ帰ルヲ以テナリ

四日晴Monday朝六時大隈氏帰自伊香保相従テ帰寓、午後徃学

五日Tuesday晴、午後徃学

六日Wednesday陰、與英麿氏訪吉田豊文有雨、帰途徃学

七日Thursday朝陰後晴、上省盖自前月六日到本月六日全了賜休暇也、退省徃学、此日源太郎ヲシテ診テ池田氏ニ乞ハシム

八日Friday朝陰後晴、上省退省徃学、夜雨、此日寄書於武富熊助盖シ田代屋へ督促スルモ彼レ報セス因テ法廷ニ出訴スヘキヤ如何ヲ報スルナリ

九日陰Saturday上省退省徃学

十日Sunday陰時有微雨、朝訪蘆氏夜遂雨、武富源三郎書来盖本月一日發ナリ

十一日Monday朝雨後晴、上省退省徃学、帰則平井通雄岩村■■■■■来訪

十二日Tuesday朝陰後晴、上省退省大森惟中過訪後、徃学

十三日Wednesday朝雨、上省、午後雨歇、退省徃学

十四日Thursday朝雨、上省、午後雨歇、退省徃学

十五日Friday晴、上省退省、有故不徃学、訪川上素六郎

十六日Saturday晴、上省退省徃学

十七日Sunday陰、早朝訪蘆氏并川上氏

十八日Monday雨、上省徃学

十九日Tuesday雨、上省退省徃学、郷信来リ開業免札紛失ノ旨郡役ニ願出タルニ文面不都合アリトテ却下ニナリタリトテ報知ス十二日発ナリ

廿日Wednesday晴、上省宿直

廿一日Thursday晴、以直宿之明例而帰寓、夜雨

廿二日Friday雨、有故不上省、午後徃学

廿三日Saturday以秋季皇霊祭休、晴、訪永松

廿四日Sunday休、雨、無事

廿五日Monday朝微雨、上省後歇

廿六日Tuesday晴、上省退省徃学

廿七日Wednesday晴、上省退省徃学

廿八日Thursday晴、上省徃学

廿九日Friday晴上省退省、不徃学、赴好生會於賣茶亭

卅日Saturday雨、上省退省徃学

十月

一日Sunday昨日来雨終日不歇無聊殊甚

二日Monday朝雨継而晴熱蒸殊甚、従此日午前九時上省午後三時退省

三日Tuesday晴気候初秋、上省退省徃学、此日岳父書到且併贈陶器・海月

四日Wednesday晴、上省退省徃学

五日Thursday晴、上省退省徃学、夜雨

六日Friday雨、上省継而雨歇退省徃学、此日回答岳父

七日Saturday晴上省退省徃学轉訪吉田豊文貸與英国財政史盖曾其■請也

八日Sunday晴、休、午後永松来訪

九日Monday晴、為父祭不上省、晡時徃学

十日Tuesday晴、上省退省徃学

十一日Wednesday風雨、上省退省徃学

十二日Thursday朝雨継而歇、上省午後開晴、退省徃学、夜雨

十三日Friday晴、上省退省徃学、此日寄書於伊万里武富熊助

十四日Saturday晴好天気、上省退省徃学

十五日Sunday晴好天気、朝為中山彬信訪菊地篤忠轉訪彬信

十六日Monday晴好天気、上省退省徃学

十七日Tuesday陰、為大祭日休課、同藤井・平井・多久・河井・小松等観演劇、雨、入夜而帰

十八日Wednesday雨、上省退省徃学

十九日Thursday陰、上省退省徃学

廿日Friday陰、上省退省徃学

廿一日Saturday晴、有故不上省、観大隈氏東京専門学校開校式、薄暮帰寓
廿二日Sunday晴、訪永松相共訪渋谷氏移居
廿三日Monday晴、上省退省往学
廿四日Tuesday晴、上省退省往学
廿五日Wednesday晴、上省退省往学
廿六日Thursday晴、上省退省往学
廿七日Friday晴、上省退省往学
廿八日Saturday上省退省往学、此日伊東弥平太・川上素六郎来
廿九日Sunday雨
卅日Monday晴、上省退省往学
卅一日Tuesday晴、上省退省往学

十一月

一日Wednesday晴後暴風有雨、有眼疾不往学
二日Thursday晴、上省退省往学
三日Friday晴、天長節
四日Saturday陰、上省病眼辞帰雨
五日Sunday朝陰後晴、眼疾無聊
六日Monday晴、為眼疾不上省
七日Tuesday晴、眼疾大瘥然猶未上省、午後往学
八日Wednesday雨猶不上省、岩村小三郎来過、午後往学
九日Thursday晴、上省退省往学
十日Friday晴、上省退省往学
十一日Saturday陰、上省退省訪永松轉往学夜雨
十二日Sunday雨、児源太郎以病之故退医学予備校
十三日Monday晴、上省退省往学、夜作出ヨリ電報来ル鑑札今渡ル七課中何々乎ト七課云云余不解也
十四日Tuesday雨、上省退省往学、此日作出ニ電信ノ回答ヲ為ス七課乎余内科医ナリ云云
十五日Ｗｅｄｎｅｓｄａｙ朝陰後晴、上省退省往学
十六日Thursday朝陰後晴、上省退省往学
十七日Friday晴、上省退省往学
十八日Saturday晴、上省退省往学盖此日第三土曜日而係学業休課然以廿日有故休課預以今日償之也、伊万里前田𠩄之助来過
十九日Sunday晴、休
廿日Monday晴、上省退省、訪前田𠩄之助飲于両国亀清
廿一日Tuesday晴、上省退省往学
廿二日Wednesday晴、上省退省往学
廿三日Thursday晴、當大祭日休課、朝訪永松不逢
廿四日Friday陰晴不定、上省退省往学、此日午後微雨
廿五日Saturday陰、上省退省往学
廿六日Sunday晴、休朝訪永松東海
廿七日Monday晴、上省退省往学、此日前田𠩄之助同行人前田亀助来曰、欲願得観印刷局請子為之媒介
廿八日Tuesday陰、上省退省往学
廿九日Wednesday晴、上省退省往学
卅日Thursday晴、上省退省往学

十二月

一日Friday晴、上省有故不往学
二日Saturday陰、上省退省往学、晡前適永松氏亡児之家祭、入夜帰
三日Sunday晴、休、午後獨散歩于向島
四日Monday晴、上省退省往学
五日Tuesday晴、上省退省往学、伊万里武富茂助来頼宿、此日有田山口頼二者来
六日Wednesday晴、上省、茂助帰其逆旅、退省往学
七日Thursday晴、上省退省往学、此日「シーボルト」氏ノ書ヲ得タリ盖十月十六日維納（ウィーン）発ナリ同氏其日同所着ナリ
八日Friday晴、上省退省往学
九日Saturday晴、上省退省往学
十日Sunday晴、日曜、当直直故上省
十一日Monday晴、宿明故帰、為大隈氏為其事務、晡時往学
十二日Tuesday晴、有故不上省為大隈氏事務
十三日Wednesday晴、有故不上省為大隈氏事務
十四日Thursday晴、大隈氏事仍未了
十五日Friday晴、大隈氏事全了、此日大蔵省微失火
十六日Saturday晴、上省宿直
十七日Sunday陰、帰寓、前田𠩄之助

来乞見大隈氏乃紹介之、午後往学継訪宮田共赴蘆氏招飲、入夜雨、帰則人定
十八日Monday上省退省往学
十九日Tuesday晴、上省退省往学
廿日Wednesday晴、上省退省、有故不往学、入夜訪川上素六郎
廿一日Thursday晴、上省、繁劇到薄暮仍不往学
廿二日Friday晴上省繁劇到薄暮仍不往学
廿三日Saturday晴、上省、晡時訪相良氏
廿四日Sunday晴、訪蘆氏、鍋島役所、午後訪吉田鴻齋
廿五日Monday晴、上省退省、有故不往学、晡時相良剛造氏招飲、入夜雨後為雪
廿六日Tuesday晴、上省退省往学
廿七日Wednesday陰、上省、微恙退省不往学
廿八日Thursday晴、仍不痊強而上省年事務止于今日
廿九日Friday晴、仍不痊、午後強往学、往学止于今日、夜蘆課以急官用招余、盖旧大蔵省傭獨乙人「マエット」借用官邸ヲ引渡スヘキ事務云々ノ件ナリ、帰途訪同僚小松三郎
卅日Saturday晴、病ヲ強テ高藤三郎ヲ訪フ官用ナリ帰則川上素六郎来過
卅一日Sunday晴、病ヲ強テ大隈氏ヲ見ル

〔表紙、原寸、縦一二・三cm、横一六cm〕

明治十六年癸未

四十歳

日暦

十六年

一月

元日晴Monday向郷拝先塋列妻子祝年後拝年於大隈氏・蘆氏・中島・永松・郷・深川・古川・田中・渋谷・松方・與倉・相良諸氏、昨来之病夫全愈
二日Tuesday懶晴、拜年於小山正武・牟田口元學・三枝守富・川田剛・相良剛造・吉田豊文・石黒忠悳・東條世三・佐藤某・中村先生且回拜于鈴木敬作・河合鏻蔵・秀島文圭
三日Wednesday晴、小山正武氏見寄新年一絶次韻賦却寄、此日邂逅旧知西成政
四日Thursday晴、御用始也、上省、頃刻而退省、此日寄書於作出本年ノ料米送金スヘキコトト開業医鑑札請取如何ノコトヲ言フ
五日Friday晴、朝訪永松、晡時訪西成政
六日Saturday晴、上省退省訪永井■
七日Sunday陰後晴、休、堀中〔徹〕蔵来訪
八日Monday陰後晴、休
九日Tuesday晴、上省退省往学
十日Wednesday陰、上省、微雨継而晴退省往学
十一日Thursday晴、上省退省往学
十二日Friday晴、上省退省往学帰途訪松本寛作、此日シーボルト第三佛文報告達大蔵卿并蘆氏へノ書状二通ヲ添フ
十三日Saturday晴、上省退省往学、此日作書寄伊万里岳父、深夜雨
十四日Sunday朝庭上有微雪開晴、午後訪西成政、伊万里源三郎書到
十五日Monday陰、上省退省往学
十六日Tuesday朝陰後晴、上省退省往学
十七日Wednesday晴、上省退省往学
十八日Thursday晴風塵、上省退省往学
十九日Friday晴風塵、上省退省往学、此日寄書於「シーボルト」氏于欧州但日附ハ昨日十八日也
廿日Saturday晴風塵如昨、上省退省、作書寄郷作出盖請求今年送金額之報道也并及医業鑑札之事
廿一日Sunday晴、休
廿廿日Monday晴、上省退省往学
廿三日Tuesday晴、上省退省往学
廿四日Wednesday朝陰、上省雪■■歇退省往学
廿五日Thursday起床則雪既満而■

上省継而■■■省往学、夜微雨
廿六日Friday陰、上省退省往学、夜雨粛々而下
廿七日Saturday晴、上省退省往学
廿八日Sunday晴、無事
廿九日Monday晴、上省退省往学、此日嬰児ヲ乳ニ本郷ニ遣ス、晡時コレヲ訪フ
卅日Tuesday陰、以祭日休、午前訪川上素六郎、夜雨
卅一日Wednesday晴、上省退省往学、夜訪嬰児盖為其病也

二月

一日Thursday晴、上省退省往学
二日Friday大雪、上省退省往学
三日Saturday晴、上省
四日Sunday晴、訪藤井善言老母之病
五日Monday晴、上省退省往学、シーボルト氏第四報告到盖旧臘十日維納発也
六日Tuesday晴、上省退省往学
七日Wednesday雪終日不霽、上省退省往学
八日Thursday大風雪、窓戸不可披盖近年之大雪也、穿雪而上省同僚多久病不上省者、此月七日附寄書於シーボルト盖答同氏第四報告到着也、午後雪霽、退省往学
九日Friday晴、昨来雪未融道路阻碍扶杖上省退省往学、此日得岳父書盖去月廿六日発也
十日Saturday晴、上省、路上雪猶未全融退省往学
十一日Sunday晴、休、寄書於岳父
十二日Monday晴陰後晴、上省退■■學
十三日Tuesday晴、上省退省■
十四日Wednesday晴、上省退省往学
十五日Thursday晴、上省退省往学
十六日Friday雪継而雨、上省退省往学
十七日Saturday晴上省、午後和田信郎来、午後七郎事吉田七郎来話
十八日Sunday晴、朝訪蘆氏并和田信郎、午後武富茂助来、夜作出書到開業鑑札ヲ送致ス
十九日Monday雨、上省退省往学、此日昨夜到着ノ作出ノ書ニ返書ヲ出ス
廿日Tuesday晴、上省退省往学
廿一日Wednesday朝陰継雪、上省退省往学
廿二日Thursday晴、上省退省往学
廿三日Friday朝陰、上省有微雪退省往学
廿四日Saturday微雪、上省退省往学
廿五日Sunday陰、由武富茂助之請求相携適横濱、午後帰寓
廿六日Monday陰時有微雨、上省退省往学
廿七日Tuesday早朝作出書到、盖■本月九日出状之落手如何也、上省往学
廿八日Wednesday晴、上省有故不往学

三月

一日Thursday微雪微雨、上省退省往学
二日Friday微雨、上省退省往学
三日Saturday陰、上省退省訪蘆氏病
四日Sunday陰、休、午後放晴■■陰時有微霰
五日Monday晴、微恙、不上〔省往〕学
六日Tuesday晴、上省退省往学
七日Wednesday晴、上省退省往学
八日Thursday陰、上省退省往学
九日Friday晴、上省退省往学
十日Saturday晴、上省退省往学
十一日Sunday晴、為大隈氏大夫人適故鐘ヶ江潮水浴途訪平井通雄
十二日Monday晴、上省退省往学
十三日Tuesday雨、早朝適飯倉書林買洋字書而上省退省往学
十四日Wednesday晴、上省退省往学、夜直次郎電報曰、男氏宿疾ヲ発スル既ニ一百日餘而シテ此二十日許殆危
十五日Thursday晴、上省電報ニテ岳父ノ病ヲ問フ、退省往学、夜電報回答アリ曰ク病未タ全治セスト昨日書面ノ意ト齟齬スルモノノ如シ、夜雨
十六日Friday雨、上省退省往学
十七日Saturday晴、上省
十八日Sunday晴、無事

十九日Monday晴、上省退省適工商会
社、午後往学
廿日Tuesday雨雪交降、有故不上省、
訪松尾儀助、午後往学
廿一日Wednesday晴、春雪満庭、以
春季皇霊祭休
廿二日Thursday晴、上省退省往学
廿三日Friday晴、上省退■■学寄書
於伊万里源三郎問岳父之病
廿四日Saturday晴、上省退省往学
廿五日Sunday雨、休
廿六日Monday晴、上省退省往学
廿七日Tuesday晴、上省退省往学、
夜雨
廿八日Wednesday雨、上省後霽、退
省往学、此日源三郎書到曰乃翁
乃病少間又阿兄書到
廿九日Thursday晴、上省退省往学、
陰
卅日Friday晴、上省退省往学
卅一日Saturday晴、上省焉暴風吹雨
霰歇風獨不歇退省、午後往学、
夜風静止、此日復書於伊万里武
富源三郎問岳父之病

四月

一日Sunday晴、休、往学、帰寓則荒
木道繁来訪
二日Monday晴、上省、以電信問岳父
病於源三郎、午後以妻無恙之故
早退省、夜作復家兄之書、人定
後源三郎答電報到曰父病日日間
請安心
三日Tuesday陰、神武天皇祭休、午
後雨徹夜不歇粛々有声
四日Wednesday朝陰継而晴、上省退
省往学
五日Thursday晴、上省退省往学
六日Friday陰継而雨、祭先妣因不上
省、午後往学
七日Saturday陰、上省午後微雨
八日Sunday晴、休、無事
九日Monday晴、上省退省往学
十日Tuesday晴、上省退省往学、此
日川東前田重蔵来告曰明日帰郷
因托書寄源三郎問岳父之病
十一日Wednesday晴、上省退省往学
十二日Thursday晴、上省退省往学以
有外出徒帰
十三日Friday晴、上省退省往学
十四日Saturday晴、上省退省往学
十五日Sunday雨、休、吊深川亮造氏
喪其老母
十六日Monday晴、上省退省往学
十七日Tuesday晴、上省退省往学
十八日Wednesday晴、上省退省往学
十九日Thursday晴、上省退省往学、
薄暮微雨
廿日Friday雨、上省退省往学、晡時
大隈氏招飲、夜直次郎書到請買
書籍
廿一日Saturday微雨或歇、上省
廿二日Sunday朝陰午後嬾晴、微恙故
不外出
廿三日Monday晴、上省退省往學
廿四日Tuesday晴、上省退省往學
廿五日Wednesday晴、上省退省往學、
夜雨
廿六日Thursday早朝濛雨、上省退省
往學
廿七日Friday晴、上省退省往學
廿八日Saturday晴、上省退省往學風
沙大起晡時疎雨
廿九日Sunday陰或疎雨或晴、朝訪前
田正名、此日寄書於伊万里源三
郎
卅日Monday陰、上省雨退省往学

五月

一日Tuesday晴、上省此日不往学
二日Wednesday晴、上省退省往学
三日Thursday雨、上省退省往学
四日Friday雨、上省退省往学
五日Saturday雨、上省退省有故不往
学、晡時歇
六日Sunday晴、無事
七日Monday晴、有故不上省、午後往
学、此日有雷又雨
八日Tuesday晴、上省退省不往学訂
詩於枕山翁
九日Wednesday晴、上省退省往学
十日Thursday雨、上省退省往学
十一日Friday雨、上省退省往学
十二日Saturday朝微雨継而晴、上省
退省往学
十三日Sunday休、午前陰午後雨
十四日Monday晴、上省退省往学
十五日Tuesday陰、上省午後雨退省

往学
十六日Wednesday朝陰、上省後晴退
省往学
十七日Thursday晴、上省退省往学、
夜雨継而霽
十八日Friday晴、上省宿直與同僚谷
謹一郎、士徳同直分韻賦詩
十九日Saturday晴、宿明休
廿日Sunday晴、朝訪深川・古川両氏、
午後犬塚駒吉妻携二女来過
廿一日Monday晴、上省退省往学
廿二日Tuesday晴、上省退省往学
廿三日Wednesday晴、上省退省往学
廿四日Thursday晴、上省退省往学
廿五日Friday晴、上省退省往学、帰
則武富茂助来話
廿六日Saturday朝陰、上省継而雨
退省往学
廿七日Sunday晴、朝訪蘆氏并永松氏
廿八日Monday晴、上省退省往学
廿九日Tuesday晴、上省退省往学
卅日Wednesday晴、上省退省往学
卅一日Thursday晴、上省退省往学

六月

一日Friday、晴上省退省有故不往学、
薄暮雨
二日Saturday朝陰、上省午後晴退省
往学
三日Sunday晴、休、朝適旧知事公邸
四日Monday晴、上省午後往学缺
五日Tuesday陰、有故不上省午後往
学
六日Wednesday雨、上省退省往学
七日Thursday晴、上省退省往学
八日Friday朝雨、上省後■退省往学
九日Saturday陰、上省、午後晴、退
省往学
十日Sunday晴、休、無事、晡時訪大
沼枕山翁不逢
十一日Monday晴、上省退省往学
十二日Tuesday晴、上省退省往学
十三日Wednesday晴、上省退省往学
十四日Thursday晴、上省退省往学
十五日Friday晴、上省退省往学
十六日Saturday晴、上省午後訪枕翁
十七日Sunday晴、休
十八日Monday晴、上省退省往学
十九日Tuesday晴、上省退省往学
廿日Wednesday晴、上省退省往学、
此朝武富茂助来告別因■裁書寄
岳父并武富熊助并作出
廿一日Thursday晴、上省為官用訪山
形参議不逢退省往学、雨、夜大
隈氏家祭與之
廿二日Friday雨、早朝為官用訪蘆氏
且訪山形参議、上省退省有故不
往学
廿三日Saturday晴、上省退省往学
廿四日Sunday晴、休
廿五日Monday晴、上省退省往学雨
廿六日Tuesday雨、上省退省往学
廿七日Wednesday晴、上省退省往学
廿八日Thursday陰晴不定、上省退省
急雨継而歇往学
廿九日Friday雨、上省継而晴退省往
学
卅日Saturday晴、上省退省往学伊東
茂右衛門来話

七月

一日Sunday朝微雨午後晴、休
二日Monday陰晴不定、有故不上省、
晡時雨
三日Tuesday雨、上省退省往学
四日Wednesday雨、上省退省往学
五日Thursday朝雨、上省後歇退省往
学
六日Friday晴、上省退省往学
七日Saturday晴、上省退省不往学、
臥病
八日Sunday陰、病仍不瘥、晡時雨入
夜益甚滂沱■明
九日Monday天明雨仍滂沱、病未瘥晡
時雨歇
十日Tuesday霽、強病上省、頃刻而
退省
十一日Wednesday晴、病瘥、上省従
此日至九月十日十二時放省退省
訪枕翁訂詩
十二日Thursday晴、上省以病未全癒
故不往学
十三日Friday晴、上省仍不往学
十四日Saturday晴、上省仍不往学、
永松来過
十五日Sunday晴、朝訪永松
十六日Monday晴、上省退省往学
十七日Tuesday晴、上省退省往学

十八日Wednesday陰、上省微雨尋而歇退省有故不徃学
十九日Thursday晴、上省退省、訪相良氏、蘆氏
廿日Friday晴、上省有故不徃学
廿一日Saturday晴、上省■■岩倉右大臣昨日薨去、退省徃学帰而過小山正武・荒木道繁・深川亮造・古川源太郎・渋谷良次・松方正義・與倉守人諸氏候暑
廿二日Sunday晴、訪中村先生候暑
廿三日Monday晴、上省退省徃学
廿四日Tuesday晴、上省
廿五日Wednesday朝大霧如雨、為岩倉公葬式休、晡晴徃学
廿六日Thursday晴、上省退適于好生會松隈謙吾家
廿七日Friday晴、上省
廿八日Saturday晴、興恙、不上省、平井通雄来付議急用之故訳蘆氏又来過、晡時徃学、有驟雨
廿九日Sunday休、朝以官用訪蘆氏
卅日Monday晴、上省、午後永松来訪
卅一日Tuesday晴、午前五時大隈氏挙家赴伊香保温泉送之於上野停車場、上省午後訪永松、夜宿大隈氏以其不在曰南横尾二子交番当直也

八月

一日Wednesday晴、上省
二日Thursday晴、上省退省徃学
三日Friday晴、上省夜雨炎暑如洗、宿大隈氏
四日Saturday晴、上省退省徃学
五日Sunday晴、休、午後徃学
六日Monday晴、上省有故不徃学
七日Tuesday晴、上省
八日Wednesday晴、上省有故不徃学、徳久太良次贈寄三拾円之為換券
九日Thursday晴、上省有故不徃学、太良次以前田重蔵之名寄書曰、請以其字贈之為換券可請金於飯田町郵便局支店盖別送金券與書状防盗難也
十日Friday晴、朝取為換金於郵便局支店上省午後徃学
十一日Saturday晴、上省宿直夜微感風
十二日Sunday晴、以宿明朝帰寓臥病
十三日Monday晴、頭痛発熱、下女帰
十四日Tuesday晴、病仍不愈、夜半後大雷甚雨
十五日Wednesday陰晴不定時有雨、病少間
十六日Thursday晴、病大瘥、朝大竹昌減来過
十七日Friday晴、上省、夜宿大隈氏
十八日Saturday晴、上省
十九日Sunday晴、休、伊万里直次郎書到、午後作書寄岳父
廿日Monday晴、休
廿一日Tuesday晴、休
廿二日Wednesday晴、上省、下女来
廿三日Thursday晴、休
廿四日Friday晴、休、夜下婢帰
廿五日Saturday晴、休、午後下婢来、夜雨大至、宿大隈氏
廿六日Sunday陰後晴、休、午後永松来訪囲碁相携訪秀島不逢
廿七日Monday晴、訪永松囲碁
廿八日Tuesday晴、休、午後徃学
廿九日Wednesday晴、晡前驟雨
卅日Thursday晴、上省、午後徃学、此日太陽帯銅色
卅一日Friday晴、休、太陽帯銅色

九月

一日Saturday晴、休、午後徃学、太陽銅色
二日Sunday晴、休、徳久太良次書来盖八月廿五日発也
三日Monday晴、休、午後同南隈雄氏迎大隈氏帰京於上野停車場入夜帰
四日Tuesday晴、休、午後徃学徳久太良次贈拾壱円五拾銭之為換券盖八月廿七日発也
五日Wednesday陰、休、領為換券之金併報作出
六日Thursday陰或有雨、午後徃学「シーボルト」氏来盖七月二十三日維納発也徃学
七日Friday晴、休、同僚松本寛作来
八日Saturday晴、休、炎熱如三伏鍋島喜八郎来話、晡時徃学
九日Sunday陰、休、晡時雨入夜粛々

添秋意可喜也
十日Monday陰、休、晡時徃学雨入夜不歇
十一日Tuesday晴、上省退省徃学（八時上省午後二時放省）
十二日Wednesday陰後晴、上省退省徃学
十三日Thursday朝晴、上省継而暴風吹雨不徃学
十四日Friday陰晴不定、上省退省徃学
十五日Saturday朝大雨、上省継而歇
十六日Sunday晴、休、為大隈氏使「ベルツ」氏
十七日Monday晴、上省有故不徃学
十八日Tuesday陰、上省後或晴或有雨午後終晴退省徃学
十九日Wednesday晴、上省退省徃学
廿日Thursday陰、上省後風雨退省有故不徃学
廿一日Friday晴、上省退省徃学
廿二日Saturday陰或雨、上省退省徃學
廿三日Sunday陰晴不定朝、乞内人之病之診於池田氏、午後携内及小女詣不忍池天女祠
廿四日Monday晴、上省徃学
廿五日Tuesday朝過雨継而晴、上省退省徃学
廿六日Wednesday晴、上省退省徃学
廿七日Thursday晴、上省退省有故不徃学
廿八日Friday陰、上省有雨退省徃学
廿九日Saturday晴、上省退省徃学
卅日Sunday晴、朝訪同僚熊崎於麻布富士見町帰途上鍋島邸、帰寓則有郷信報児源太郎国民軍編入之事、午後訪永松問国民軍之事、夜雨

十月

一日Monday朝雨歇、訪秀島盖シ源太郎病ヲ以テ国民軍加入シ難キニ付キ医ノ診断書ヲ乞フ為ナリ、継而上省午後有故未待放省退出ス、後徃学、雨晡時送書於作出并伊万里盖源太郎国民軍加入ノ義病ノ為ニ請書差出シ難キヲ醫ノ診断書ヲ添テ報道スル也、次男直次郎ガコトモ併テ報知ス、役所今日ヨリ午前九時出午後三時退省トナル
二日Tuesday雨歇、朝訪鈴木敬作吊其弟之死、継而上省退省徃学、此日又寄書於作出、夜有雨
三日Wednesday晴、上省退省徃学
四日Thursday陰、上省午後雨退省徃学、此日寄書於作出并伊万里、徹宵雷鳴
五日Friday朝雨歇、上省後復雨退省徃学
六日Saturday微雨、上省午後矢野文雄来過
七日Sunday晴、休、訪三田弥吉
八日Monday陰或雨、上省午後暴風退省徃学、晡時風力益強
九日Tuesday晴、上省退省徃学
十日Wednesday晴、以先考忌辰不上省、携妻児賽浅草本願寺轉賽観音又轉遊向島而帰、晡時徃学
十一日Thursday雨、上省退省徃学
十二日Friday仍雨、上省退省徃学、秀島文圭来過、夜訪同氏、小女澄病眼乞診於池田謙斉氏
十三日Saturday雨午後霽暴風晡時沈静
十四日Sunday晴、休、早朝妻携小女乞診於池田氏、余為好生會訪秀島文圭不逢、午後訪牟田口元學、初夜訪秀島議好生會之事盖今回同秀島以為幹事也
十五日Monday陰、上省退省徃学帰途雨入夜不歇
十六日Tuesday晴、上省退省徃学、熊崎寛良来過、此日有田深川栄左衛門與丹羽豊七来過
十七日Wednesday晴、以新嘗祭休、同中川・後藤・津江・曽根諸氏散歩于郊外遂遊于新高野帰途及板橋入夜抵寓則過八時
十八日Thursday晴・上省有故不徃学
十九日Friday晴・上省有故不徃学・訪眼醫井上某盖為妻之斜視眼也
廿日Saturday晴、上省退省不徃学、此日使妻就眼醫井上某乞其斜視眼之治醫切断右眼之一回轉筋、夜西成政来訪

廿一日Sunday陰、朝以官用訪蘆氏、雨継而晴、午後秀島文圭招飲渋谷・永松・池田・宮崎・八尾之諸医来會

廿二日Monday陰晴不定、上省有故先例刻退省、晡時徃学、帰則丹羽豊七来話

廿三日Tuesday晴、有故不上省午後徃学

廿四日Wednesday雨、仍不上省午後徃学

廿五日Thursday晴、午前為相良剛造氏伴其男大八郎令入同人社、継而徃学、晡時訪永松帰途訪蘆氏、夜訪秀島文圭

廿六日Friday晴、仍不上省午後徃学

廿七日Saturday晴、上省退省徃学

廿八日Sunday雨、於烏森町昇栄樓為好生會余同秀島文圭為幹事

廿九日Monday雨或時歇、上省退省徃学

卅日Tuesday晴、上省退省徃学

卅一日Wednesday雨、上省退省徃学

十一月

一日Thursday晴上省シーボルト氏自横濱廿番「グランドホテル」遣使寄書曰、昨卅一日同公使着船横浜、因午後四時発車徃訪慇懃握手語懐八時発車帰京

二日Friday晴、上省退省徃学

三日Saturday晴、午後同永松東海・池田玄泰・松隈謙吾・秀島文圭・北島常泰欲観菊於川和村、汽車徃神奈川時阮少憩手茶吸烟日既下三時問前途則曰三里而遠矣大決策投其樓、夜松隈・北島・池田辞去

四日Sunday早朝同永松・秀島三人買車赴于川和、途入于西村竹籬茅舎野趣可掬阮抵主人称中山恒三郎、買雑貨庭前数百種之菊花紅貴爛漫如錦且呵穫主源却失天為憾呼喫飯辞去、再到神奈川既過十二時買一時之車帰京

五日Monday晴、有故不上省午後徃学

六日Tuesday晴、上省退省午後徃学

七日Wednesday雨、上省有故不徃学

八日Thursday晴、上省退省徃学

九日Friday晴、上省退省徃学

十日Saturday晴、上省退省徃学

十一日Sunday休、陰、早朝訪中村先生及相良剛造

十二日Monday朝微雨継而晴、上省退省徃学

十三日Tuesday晴、上省退省徃學

十四日Wednesday晴、上省退省徃學

十五日Thursday晴、上省退省薄暮因不徃學

十六日Friday晴、上省退省徃學

十七日Saturday晴、上省退省訪永井當昌・谷謹一郎、轉訪永松囲碁入夜桑田衝平来會、帰則十時

十八日Sunday晴、午後訪鈴木敬作・川井鏻蔵

十九日Monday晴、上省退省徃学

廿日Tuesday朝微雨継而歇、上省退省徃学、薄暮微雨

廿一日Wednesday晴、上省退省徃学

廿二日Thursday晴、上省退省徃学夜微雨、此日約同藤井善言・平井通雄・三田直吉諸子明日遊于西郊牟禮村井頭

廿三日Friday晴、五時踏月適于藤井氏家于四谷少焉三田平井亦来一行四人西発、四谷暁風残月詩思鬱勃行二里餘右折里許抵井頭、一泓緑莫静氷餘岸上紅葉相射満池珠玉可掬、盖神田上水水源也、彷徨移帰則未到四谷而既點燈

廿四日Saturday晴、為妻眼病入院眼科医井上達也之所、不上省

廿五日Sunday晴、達也切断妻眼筋、午後訪シーボルト於芝綱（ツナ）町蜂須賀邸（今假為墺国公使館）

廿六日Monday雨、朝訪妻於井上病院、午後徃学

廿七日Tuesday陰、微恙、午後徃学

廿八日Wednesday晴、不上省、午後徃学、夜永井當昌来訪

廿九日Thursday雨、早朝訪妻於井上病院少焉而妻退院後、徃学

卅日Friday陰、上省継而晴退省徃学

十二月

一日Saturday雨、上省

二日Sunday晴、午後永松東海招飲入

夜帰
三日Monday晴、上省退省往学
四日Tuesday晴、上省退省往学
五日Wednesday晴、上省退省往学
六日Thursday晴、上省退省往学
七日Friday晴、微恙不上省晡時往学
八日Saturday晴、上省退省往学、晡
前永松招飲
九日Sunday晴、休、在家為公事
十日Monday晴、上省シーボルト請招
退省往学
十一日Tuesday晴、上省退省往学
十二日Wednesday晴、上省退省往学
十三日Thursday晴、朝訪シーボルト
氏継而上省退省往学
十四日Friday陰、上省退省往学夜雨
十五日Saturday雨歇、上省退省往学、
訪相良氏
十六日Sunday晴、休、無事
十七日Monday晴、上省退省往学
十八日Tuesday晴風、上省退省往学
十九日Wednesday晴、上省退省往學
廿日Thursday晴、上省退省往學
廿一日Friday晴、上省退省往学
廿二日Saturday晴、上省退省往学後
赴シーボルト氏招飲于目黒本富
士入夜帰寓
廿三日Sunday晴、午後永松東海来訪
廿四日Monday晴、上省退省往学有故
不往学、晡時訪伊東武重
廿五日Tuesday晴、上省退省往学
廿六日Wednesday晴、上省退省往学

廿七日Thursday晴、上省
廿八日Friday晴、早朝中村先生、上
省二時退省盖終局今年之吏務仍
有之残事携帰宅勉到深夜
廿九日Saturday■午前在家公事伊
東大太郎来訪、午後訪東條世三、
訪赴谷謹一郎氏招飲賦詩囲碁、
入夜雨尋而歇帰則人定
卅日Sunday晴、在家
卅一日Monday晴、無事

〔表紙、原寸、縦一二・二cm、横一六cm〕
四十一年
明治十七年甲申
日暦
十七年

一月

一日Tuesday晴、早朝向郷拜先塋継
而妻子祝年而後拜年大隈氏・蘆・
永松・郷・牟田口元學・小山・
中島盛有・荒木・深川・古川・
前田・シーボルト・松方・與倉・
渋谷・渡部之諸氏、午後拜年於
秀島文圭・伊東武重・三田直吉・
相良知安・小浦錐三郎・中村先
生・東條世三・後藤昌綏・石黒
忠悳諸氏
二日Wednesday晴、朝拜年於吉田豊
文・三枝守富・川田剛・永井當
昌・谷謹一郎・秀島・相良剛造・
犬塚駒吉諸氏、夜伊万里源三郎
之諸到

三日Thursday晴、為官用適蘆氏、入
夜帰
四日Friday晴、政始上省半日而退省
轉訪中島亮平、夜大雨
五日Saturday以新年宴会休、晴、午
後永松東海招飲
六日Sunday晴、休、寄書於源三郎
七日Monday晴、上省夜適于大隈氏福
引
八日Tuesday晴、早朝訪「シーボ
ルト」氏而上省
九日Wednesday晴、上省退省初往學
十日Thursday晴、上省退省往学
十一日Friday晴、上省退省往学
十二日Saturday晴、上省退省同僚三
田直吉招飲継而往学
十三日Sunday晴、休、早朝為公用訪
蘆氏、午後適渋谷先生招飲帰則
九時
十四日Monday晴、上省退省有故不往
学
十五日Tuesday晴、上省退省往学
十六日Wednesday晴、上省退省往学
十七日Thursday朝陰、上省後晴、退
省往学
十八日Friday晴大雪、上省、午後赴
于平井道雄之招飲
十九日Saturday晴、上省退省往學
廿日Sunday晴、午後為官用適蘆氏・
鈴木敬作亦與焉
廿一日Monday晴、上省退省往学
廿二日Tuesday晴、早朝訪シーボル

ト而上省退省徃学、且為大隈氏使中村敬宇先生

廿三日Wednesday晴、上省退省徃学

廿四日Thursday晴、早朝訪深川氏、上省有故不徃學

廿五日Friday陰晴不定、上省退省徃學

廿六日Saturday晴、上省退省徃学

廿七日Sunday陰微雨、休、午後伊万里人犬塚伊三郎来話、晡前晴

廿八日Monday晴、上省公務繁劇終入夜、点燭従事七時半退省、同鈴木敬作・副島昭陽・平井道雄・伊東萬太郎同店飲于神田橋外、帰寓則已九時

廿九日Tuesday晴、上省退省徃学

卅日Wednesday晴以光明帝祭休、午後鈴木敬作来話

卅一日Thursday晴、早朝訪石黒忠悳、上省退省徃学

二月

一日Friday晴、上省午後以官命使「シーボルト」盖以為墺国公使館書記官解大蔵省之雇也、夜以官用従事于蘆氏帰則十二時

二日Saturday晴、上省官用繁忙退省過午後四時

三日Sunday晴、休、午前有故徃学

四日Monday陰、上省、感冒午牌辞而退省、午後雪、為微恙不徃学

五日Tuesday雪猶未不歇、積地尺餘、仍臥、晡時伊東萬太郎来訪

六日Wednesday雨、以病少差、上省退省、病猶未差而臥于蓐中

七日Thursday陰、仍臥

八日Friday晴、仍臥

九日Saturday晴、仍臥

十日Sunday晴、仍臥

十一日Monday晴、以紀元節休仍臥

十二日Tuesday晴、仍臥

十三日Wednesday晴、仍臥夜雨

十四日Thursday雪、仍臥

十五日Friday雪、仍臥

十六日Saturday晴、以病少差、上省

十七日Sunday晴、午後病仍不差、荒木道繁来訪

十八日Monday晴、上省退省病未全愈

十九日Tuesday晴、病未愈然為官用省継而退省

廿日Wednesday晴風、仍臥

廿一日Thursday晴、病大瘥然未全愈故養治

廿二日Friday雪後変為雨、仍養治

廿三日Saturday雪後霽、仍養治、寄書於作出并伊万里

廿四日Sunday休、陰後霽、以大隈氏明日移居故助力于荷物運搬

廿五日Monday晴、大隈氏移居于早苗田別荘（豊嶋郡下戸塚村七十番地）夜寓大隈氏従是同横尾、南、杉本三氏輪番而宿

廿六日Tuesday晴、上省退省同横尾南二氏訪大隈氏於早苗田

廿七日Wednesday晴、上省退省徃学

廿八日Thursday朝陰後晴、上省退省徃学

廿九日Friday晴上省退省過定刻故不徃学、夜宿大隈氏

三月

一日Saturday晴、上省退省徃学、晡前蘆氏招飲帰則入夜

二日Sunday陰時有毛雨、休

三日Monday雨、上省退省徃學

四日Tuesday晴風、上省退省不徃学夜宿于大隈氏

五日Wednesday晴、早朝訪シーボルト氏所其請也、退省徃学

六日Thursday晴、上省退省徃学

七日Friday陰、上省退省徃学

八日Saturday陰晴不定、上省退省徃学、夜宿于大隈氏

九日Sunday陰、休、有微雪、村松守義来不逢、夜古関俊吉来

十日Monday晴、上省宿直

十一日Tuesday晴、宿明、午後徃学

十二日Wednesday雨、上省午前後暴風雨頃刻而歇、退省徃学、夜宿于大隈氏、此日伊万里源三郎書状到来

十三日Thursday晴、上省退省徃学

十四日Friday晴、上省退省徃学、訪鈴木道隆為相良氏也

十五日Saturday晴、上省退省徃学継而訪村松守義、轉吊于三田直吉也其令弟

十六日Sunday晴、朝為官用訪蘆氏又

郷三等出仕、後訪大隈氏於早苗田相良氏砂利場牟田口元學亦来晡前共辞去、行交相語心事到于穴八幡祠下而別去途雨、夜于大隈氏
十七日Monday陰、以課長蘆氏之意訪シーボルト氏、而上省退省徃学
十八日Tuesday陰、上省午後晴退省徃学
十九日Wednesday陰、上省退省徃学轉訪蘆氏
廿日Thursday晴、以祭日休、午後訪平井通雄邂逅于村松守義、夜宿于大隈氏、此日犬塚伊三郎来
廿一日Friday陰、上省雨退省徃学
廿二日Saturday陰晴不定、上省退省徃学
廿三日Sunday晴、宿直于大蔵省
廿四日Monday雨、以宿明退省、午後徃学、夜宿于大隈氏
廿五日Tuesday晴上省官用訪シーボルト氏、感冒、退省不徃学
廿六日Wednesday晴、以病不上省午後以病不瘥徃学
廿七日Thursday晴、上省退省過于五時故不得徃学、同鈴木敬作・副島昭庸・村松守義・伊東祐穀萬太郎改名・平井通雄店飲
廿八日Friday朝陰、上省雨交霰退省徃学、夜宿于大隈氏
廿九日Saturday晴、上省退省徃学
卅日Sunday晴、休、朝永松東海来話、夜伊万里直次郎書到来
卅一日Monday晴、上省退省徃学、此日作書答直次郎

四月

一日Tuesday風雨、上省退省不徃学、夜宿于大隈氏
二日Wednesday晴、上省退省徃学
三日Thursday晴、以神武天皇祭休、洒掃大隈氏室内
四日Friday晴、上省退省徃学
五日Saturday雨、上省退省徃学、夜宿于大隈氏雨益甚
六日Sunday休、快晴暖気如蒸、朝有事訪永松東海、轉訪伊東祐穀（萬太郎改名）、午後渋谷先生来過、告曰欲近日適于伊万里
七日Monday陰有微雨、以祭先妣不上省、午後徃学
八日Tuesday陰有微雨、上省退省徃学
九日Wednesday晴、上省退省徃学、夜宿于大隈氏
十日Thursday晴、上省退省有故不徃学
十一日Friday晴、上省退省徃学
十二日Saturday晴、上省退省徃学、此日平林伊平男来
十三日Sunday朝陰、訪大隈氏於早苗田、雨、夜宿于大隈氏
十四日Monday晴、上省退省有故不徃学
十五日Tuesday晴、上省退省赴于渋谷先生招飲来月以適伊万里也永松・秀島・池田来會、此日次男直次郎書到
十六日Wednesday晴、上省退省徃学
十七日Thursday晴、上省退省徃学有事故従帰、此日復書于直次郎
十八日Friday晴、上省退省有故不徃学
十九日Saturday晴、上省退省同同僚大森惟中・副島昭陽・松岡守信・村松守義・小松三郎・平井通雄諸氏観花墨堤、夜大隈氏招飲
廿日Sunday晴、休、為大隈氏使永松東海
廿一日Monday晴、上省退省後藤昌綏・津江虚舟等来過神山来會終囲碁到夜半前客発後雨
廿二日Tuesday雨、上省退省、為公務訪蘆氏、此日東條世三妻病没
廿三日Wednesday晴、上省退省有故不徃学
廿四日Thursday晴、上省退省猶不徃学
廿五日Friday晴、上省退省赴于渋谷先生送別會於上野八百善
廿六日Saturday晴勁風、上省、夜宿大隈氏、雨
廿七日Sunday晴暖気蒸膚、休
廿八日Monday晴、上省退省感風
廿九日Tuesday晴、為病不上省午後東條世三来過、夜宿大隈氏
卅日Wednesday晴、上省

五月

一日Thursday晴、上省退省往学、帰寓而携妻及小女訪相良氏盖以其意也

二日Friday晴、上省退省往学、此日下村求来盖阿兄之二男而襲家下村家者也余以其来意不分明寄書問阿兄

三日Saturday風、上省雨退省往学

四日Sunday雨、休、夜宿大隈氏

五日Monday陰、上省午後晴退省往学

六日Tuesday晴、上省退省往学

七日Wednesday晴、上省退省往学

八日Thursday晴、上省公務多忙退省過五時故不往学、夜宿于大隈家

九日Friday晴、上省退省往学

十日Saturday晴、上省退省往学

十一日Sunday晴、午前訪大隈氏於早苗田、午後中島亮平来告明日赴于札幌縣盖為農学校助教也、夜宿于大隈氏、雨、賦送中島之詩

十二日Monday雨、朝訪中島送其行而上省退省有故不往学

十三日Tuesday晴、上省退省往学

十四日Wednesday雨、上省退省往学

十五日Thursday卒業晴、上省退省、夜宿于大隈氏

十六日Friday晴、上省退省、藤井善言招飲西幸吉弾琵琶

十七日Saturday晴、上省退省、則伊万里源三郎書到曰、近日拉直次郎上京、晡時電報于阿兄于平戸常一郎（求）之事

十八日Sunday晴風、朝訪東條世三、午前谷口復四郎来過去

十九日Monday晴、上省、夜宿于大隈氏、直次郎電報神戸ヨリ到ル今日十二時発神戸故ニ横濱弁天通二丁目西村新七家迄迎人ヲ乞フヲ述ブ、此日不往学、訪枕山翁

廿日Tuesday晴、上省退省、訪藤井善言謝前日招飲、轉買汽車適横濱宿西村新七家以待直次郎来夜半舩着、直次郎到傳郷書数通

廿一日Wednesday晴、拉直次郎買第一番汽車東帰、直上省

廿二日Thursday雨、上省後霽、以官務繁劇、不往学

廿三日Friday晴、上省退省不往学、夜宿于大隈氏

廿四日Saturday晴風、上省退省不往学

廿五日Sunday晴、休、作書答岳父并源三郎・丹羽豊七等盖関直次郎之事、村松守義来過、午後訪大隈氏於早苗田、横尾・南両氏、先在相携帰、此日阿兄書到下村求ガコトヲ云フ奴隷トシテモ京此地ニ止メクレヨト云フ盖本日十五日発也

廿六日Monday晴、上省退省往学

廿七日Tuesday晴、早朝為下村求訪蒲原忠蔵、而上省退省往学、夜宿于大隈

廿八日Wednesday晴、上省以官命訪シーボルト、退省往学

廿九日Thursday晴、上省事務繁劇退省及晡時故不往学、中島亮平書到自札幌

卅日Friday晴、上省有故不往学

卅一日Saturday晴、上省退省往学、雨、夜宿于大隈氏

六月

一日Sunday雨、休、午後霽訪渡辺元三郎（渋谷先生三男也）於本郷森川町四十六番地

二日Monday晴、上省退省往学

三日Tuesday陰、上省雨退省、大雷雨頃刻而霽不往学

四日Wednesday晴、上省退省往学、夜宿于大隈氏

五日Thursday晴、上省退省往学

六日Friday陰、早朝為下村求訪蒲原忠蔵、而上省退省往学

七日Saturday晴、上省退省不往学

八日Sunday陰、休、書ヲ作出ニ寄セテ料米金送付ヲ促ス、夜宿大隈氏

九日Monday晴、上省退省往学

十日Tuesday晴、上省退省有故不往学、下村求ガコトニ付書ヲ完一兄ニ送ル

十一日Wednesday陰、上省退省、赴于掛長小浦鉾三郎氏招飲

十二日Thursday晴、上省退省往学、夜宿大隈氏

十三日Friday晴、上省退省往学
十四日Saturday雨、為下村求同車訪
福岡義辨、而上省
十五日Sunday陰、朝適于蘆氏祝其生
児、轉訪永松囲碁又轉適于小浦
氏謝前日之招飲、午後放霽
十六日Monday微雨、上省退省往学、
夜宿大隈氏終宵雨不歇
十七日Tuesday晴、上省退省有故不
往学、訪シーボルト不逢
十八日Wednesday晴、早朝訪シーボ
ルト、上省退省往学、夜伊万里
源三郎書到盖本月十日発也
十九日Thursday陰、上省退省往学
廿日Friday陰、上省退省往学、夜宿
于大隈氏
廿一日Saturday陰晴不定時有微雨、
上省退省、訪シーボルト氏、轉
適横濱以土曜書肆早閉故空帰
廿二日Sunday晴、為下村求訪蒲原忠
蔵、午後訪大隈帰途訪大森惟中
其母之病、此日作出徳久太良次
書到盖本月十五日発也故直作報
投函
廿三日Monday晴、上省適于横濱晡時
帰寓
廿四日Tuesday陰、上省退省遅刻故
不往学、夜宿于大隈氏雨
廿五日Wednesday微雨或歇、上省退
省、同同僚會葬大森惟中之母之
葬小石川善仁寺、夜雨
廿六日Thursday雨、有故横濱買洋書
二冊、帰途放晴、午後往学
廿七日Friday陰或晴、上省退省往学
廿八日Saturday雨、上省退省往学、
此日寄書於伊万里源三郎盖関阿
米笄之事
廿九日Sunday雨、谷口復四郎来嵩
文館ヲ興スニ付萬國法典ヲ出板
シ其資金トシテ三百円ヲ上二番
地二番地木下熊三郎ヨリ借用ス
ルニ由リ連印ヲ乞フト云フ余辞
之、午前霽、訪永松氏留守宅、
夜宿于大隈氏、晡時谷口復四郎
與其従弟秋山蘭次郎共再来乞前
議不已因八月迄ノ期限トシテ借
用本人ノ資格ヲ仮ス、盖シ期限
至リ返金遅延スレハ假シタル姓
名ヲ連書ヨリ削去スルノ証書ヲ
取ッテ名ヲ仮スコトトス
卅日Monday微雨、践約適于谷口氏、
秋山蘭次郎外一名来會ス、借用
証書書式余カ意ニ充サルモノア
リ然レトモ事茲ニ至リ之レヲ論
スレハ彼レノ栄誉ヲ害スルヲ以
テ暫ク其差図ニ委シテ調印記名
シ佛袖テ辞去シ、継而上省退省
往学、帰則完一兄書到

七月

一日Tuesday朝雨、上省晴■■雨往
学
二日Wednesday雨、上省退省有故
不往学、此日回答于阿兄且為其
子下村求促送金
三日Thursday雨、微恙不上省、午後
往学、夜宿大隈氏
四日Friday霽、上省退省有故不往学
五日Saturday朝陰後晴、早朝訪シー
ボルト氏、而上省退省、同同僚
自大橋東岸放舟傭漁人漁于臺場
近傍
六日Sunday晴、休、入夜訪シーボル
ト氏、夜宿大隈氏
七日Monday晴、上省有故不往学
八日Tuesday晴、上省仍不往学
九日Wednesday晴、上省退省仍不往
学
十日Thursday暁未雨、上省継而晴退
省仍不往学
十一日Friday晴、月、今日十二時退
省々仍不往学、夜宿于大隈氏
十二日Saturday晴、上省退省仍不
往学
十三日Sunday雨、休
〔十四日は鉛筆書き〕
十四日Monday晴、上省退省東條世三
来曰、学校一受与賀後行自己出
仕于大蔵省租税局之事故従是暫
廃学校往学帰則雨歇、晡時訪相
良剛造不逢
十五日Tuesday雨、上省退省訪相良
剛造於日本橋区兜町壬午銀行
十六日Wednesday雨、上省、夜作出
書到本月七日発也
十七日Thursday晴、上省晡時訪東條
世三

十八日Friday晴、上省午後陰、訪大隈氏於早苗田

十九日Saturday或陰或晴、上省退省、訪小浦氏囲碁、夜宿于大隈氏

廿日Monday大霧、朝訪永松之留守并蘆氏、午時践約適泉橋畔明石屋少焉小浦・大森・副島・松岡・村松・小松等来、舟於墨水終抵水神八百松、捨舟宴于楼上、入夜下江来泉橋、則十時半帰寓、則シーボルト書到

廿一日Monday晴、早朝訪シーボルト、而上省退省、訪大隈氏于早苗田

廿二日Tuesday陰晴不定、上省退省為官用訪蘆氏・小松氏、夜雷雨

廿三日Wednesday早朝継而晴、上省

廿四日Thursday晴、上省退省、訪中村先生并東條世三氏、伊万里岳父書到■阿米髪着ノ件ナリ

廿五日Friday晴、上省

廿六日Saturday晴、早朝訪シーボルト不逢、上省、夜宿于大隈氏

廿七日Sunday晴、休

廿八日Monday晴、上省、午後完一兄書到金子不到

廿九日Tuesday晴、上省訪シーボルト氏

卅日Wednesday晴、上省

卅一日Thursday晴、上省退省、為前田正名之請上農商務省、晡時訪古川源太郎於鍋島邸、夜宿于大隈氏、此日伊万里ニ櫛笄幸午屋へ今日注文セシ事ヲ報ス

八月

一日Friday晴上省由前田正名之請上農商務省、午後往学是ヨリ月金ノ両日ヲ以テ往学ノ日トス、此日上鍋島邸

二日Saturday晴、有故不上省上鍋島邸

三日Sunday晴、宿直于大蔵省

四日Monday大霧継而晴、宿明而帰寓、午後大雨頃刻而晴、往学又雨晡時訪相良先生

五日Tuesday晴、上省夜宿于大隈氏

六日Wednesday晴、不上省適横濱二十八番買鄺其照氏字書

七日Thursday陰晴不定、上省退省適駅逓局并松方・与倉・小山諸氏、雨

八日Friday晴、上省退省往学

九日Saturday晴、上省、夜宿于大隈氏

十日Sunday陰晴不定、休

十一日Monday陰、上省退省往学

十二日Tuesday晴、上省、夜宿于大隈氏

十三日Wednesday陰、上省継而雨、此日武富源太郎書■■出徳久太良次書到即答于太良次書

十四日Thursday晴、上省為前田正名上農商務省、退省、同平井通雄伊東祐穀譯允

十五日Friday陰上省退省往学、夜宿于大隈氏

十六日Saturday晴、早朝為下村訪蒲原忠蔵、上省、午後為前田正名招状上農商務

十七日Sunday晴、休、夜雨

十八日Monday雨、午後永松東海来話、往学、夜宿于大隈氏

十九日Tuesday晴、上省、晡時為同僚訪シーボルト氏盖傳寄贈物也、此日直次郎ガ事ニ付書ヲ源三郎ニ寄ス

廿日Wednesday陰或微雨、朝訪シーボルト、午後伊東祐穀招飲平井通亦来、晡時相携遊于上野不忍池観烟火戯競事会社落成之祝ト云フ

廿一日Tuesday晴、上省午後訪谷口復四郎秋永蘭次郎盖関本人之事、夜宿于大隈氏

廿二日Friday晴、朝訪木下熊三郎者盖為谷口復四郎・秋永蘭次郎也、上農商務省、午後往学、晡時訪伊東祐穀

廿三日Saturday晴、朝訪「シーボルト」、午後訪蒲原忠蔵、中島亮平書到自札幌縣札幌農業事務所

廿四日Sunday晴、午後訪大隈氏於早苗田、夜宿于大隈氏

廿五日Monday晴、上農商務省、午後往学

廿六日Tuesday暴風、終日閉戸蟄居

廿七日Wednesday晴、朝訪幸印屋、

夜宿于大隈氏
廿八日Thursday午前四時穀町失火、
晴、朝訪蒲原忠蔵、適丸駒為其
近火見舞、晡前訪枕翁訂詩
廿九日Friday陰晴不定、午後往学
卅日Saturday晴、夜宿于大隈氏、
此日訪飯塚八百太
卅一日Sunday陰、朝訪飯塚

九月

一日Monday晴、早朝訪飯塚、午後往
学、晡時小浦鉾二郎招而為公務
帰則人定且妻有病
二日Tuesday晴、早朝往学
三日Wednesday陰、早朝往学、此日
下村求ヲ伴テ警視廳ニ上■保証
人蒲原忠蔵ノ代理ヲ為ス盖求静
岡縣巡査ヲ拝命スル故ナリ、午
後晴、夜宿于大隈氏、此日求ノ
事ヲ阿兄完一君ニ報ス
四日Thursday陰、早朝往学、且訪蒲
原、午後下村求静岡■發足ス、
午後復タ蒲原ヲ訪フ、微雨、谷
口・秋永ノ関係■木下熊三郎
者ヲ再四訪フ、且秋永ヲ訪フ
五日Friday晴、午後往学、晡時谷口
秋永来訪ス
六日Saturday晴、朝訪谷口詰其誤約
七日Sunday陰、為下村謝福岡義辨、
午後晴
八日Monday晴、午後往学
九日Tuesday晴、早朝訪深川氏、適
脩進社、午後適秋永其証書ニ印
紙ヲ貼セシム
十日Wednesday晴、書ヲ木下熊三郎
ニ贈テ谷口・秋永ガ手順ヲ告ケ
其報ヲ要ス、晡時為大隈氏使李
仙得
十一日Thursday晴上省
十二日Friday晴、上省
十三日Saturday晴、上省退省、訪三
田則伊東・村松先在因相携遊
于向島
十四日Sunday晴、為官用訪村松・伊
東・三田亦来會
十五日Monday雨、上省、午後暴風雨
屋庇戸扇■飛五時漸歇、夜宿于
大隈氏静寂陪于常
十六日Tuesday晴、早朝往学、上省
午後訪東條為大隈氏、蘆氏
十七日Wednesday陰、上省
十八日Thursday風雨又来、上省
十九日Friday晴、上省、午後往学、
夜宿于大隈氏
廿日Saturday晴、早朝往学、上省
廿一日Sunday陰晴不定微雨
廿廿日Monday陰晴不定秋暑甚多、早
朝往学、晡微雨
廿三日Tuesday陰、早朝往学、上省
午後雨往学、夜宿于大隈氏
廿四日Wednesday晴、早朝往学上省
晡時為官用訪村松守義旅寓、伊
東祐穀同来
廿五日Thursday晴、早朝往学上省陰
訪矢野次郎於東京商業学校
廿六日Friday陰晴不定、早朝往学上
省、夜宿于大隈氏
廿七日Saturday陰晴早朝往学上省
午後往学夜宿于大隈氏
廿八日Sunday休、朝陰、此日武富忠
吉ニ回答ス
廿九日Monday朝陰早朝往学上省晴
卅日Tuesday陰、感風、不往学上省、
午後晴

十月

一日Wednesday晴、早朝往学、上省、
夜宿于大隈氏、此日甥俊蔵書ヲ
得タリ盖八月廿二日長崎新町三
番戸吉雄氏ヨリ発スル也
二日Thursday晴、有故往学
三日Friday晴、微恙、不往学上省
四日Saturday晴、上省退省、會讀ス
ペンセル社會学於平井通雄氏
五日Sunday休、臥病
六日Monday晴、為微恙不上省、午後
往学
七日Tuesday晴、微恙、不往学、強
上省
八日Wednesday晴、微恙、不往学、
強上省
九日Thursday晴、上省
十日Friday晴、為先考之諱辰故不上
省、午後往学
十一日Saturday晴、上省午後會讀于
伊東祐穀之家
十二日Sunday陰、休、適于同郷義會
于芝万年山青松寺、微雨

十三日Monday晴、早朝徃学、上省、夜宿于大隈氏
十四日Tuesday晴、早朝徃学、上省、午後徃学、地震■■■
十五日Wednesday陰、早朝徃学、上省退省、訪大隈氏并相良氏
十六日Thursday晴、早■■■上省退省、秋永蘭次郎来相携訪谷口復四郎
十七日Friday陰、新嘗祭ニ付休、伊万里信太郎書到ル源三郎ノ小女死去ヲ報ス、夜宿于大隈氏
十八日Saturday晴、上省為掛長小浦鉾三郎適朝野新聞、夜書ヲ岳父・信太郎・源三郎・作出徳久太良次・吉永伊作ノ諸人ニ寄ス
十九日Sunday陰、休、同永松東海・秀島文圭、書画會ヲ向両国井生樓ニ観ル、雨
廿日Monday陰、早朝徃学、上省、雨此日宮内省ヨリ菊紋ノ木杯ヲ賜フ盖明治六年皇城炎上ニ拾円ノ献金ヲ為シタルカ故ナリ、退省徃学
廿一日Tuesday朝微雨、早朝徃学、上省継而晴、中島亮平書来リ農商務省准奏任御用掛札幌在勤菊亭修季氏ノ詩ヲ送ル盖シ扣〔扛〕鼎集後篇ニ編入スルナリ夜宿于大隈氏
廿二日Wednesday陰、徃学上省
廿三日Thursday陰、徃学上省雨退省徃学
廿四日Friday晴、徃学上省退省同蘆・小山・小浦・小泉諸氏観後楽園
廿五日Saturday晴、早朝徃学上省、午後訪前田氏於麻布
廿六日Sunday晴、休、訪枕山翁訂詩
廿七日Monday晴、不徃学上省
廿八日Tuesday晴、不徃学上省以課用上東京図書館、午後徃学
廿九日Wednesday晴、早朝徃学上省、夜宿于大隈氏
卅日Thursday晴、早朝徃学上省
卅一日Friday晴、早朝徃学上省退省徃学

十一月

一日Saturday晴、早朝徃学上省繁務入夜帰途遂ニ遠州屋ニ同僚ト會食ス
二日Sunday陰、為繁務上省従事午食于遠州屋午後四時強退省、夜宿大隈
三日Monday晴、以天長節休、朝為横尾金一訪永松東海、秋永来訪
四日Tuesday晴、早朝徃学上省退省徃学
五日Wednesday陰、早朝徃学、■故事セハ帰ル途訪谷口金ノ借ヘカラサルヲ告ク、上省夜雨
六日Thursday晴、上省夜宿于大隈氏
七日Friday晴、早朝徃学、上省退省徃学
八日Saturday晴、早朝徃学上■夜伊万里岳父書到盖十月三十日発也亀甲櫛簪落手ノ事ヲ云フ
九日Sunday休、朝晴、上鍋島邸訪深川氏、入夜雨
十日Monday晴、早朝上省退省徃学、夜宿于大隈氏
十一日Tuesday晴、早朝徃学上省退省、與三田直吉散歩于團子坂、入夜而帰寓
十二日Wednesday晴、早朝徃学上省
十三日Thursday晴、早朝徃学
十四日Friday晴、朝徃学、夜宿于大隈氏
十五日Saturday晴、上省、微恙臥床
十六日Sunday晴、休、仍臥
十七日Monday晴、病癒早朝徃学上省
十八日Tuesday晴、早朝徃学上省退省徃学、夜宿于大隈氏
十九日Wednesday晴、早朝徃学上省
廿日Thursday晴、早朝徃学上省
廿一日Friday晴、早朝徃学上省夜蒲原忠蔵氏来訪
廿二日Saturday晴、早朝徃学(◎)上省退省徃学、夜宿于大隈氏
廿三日Sunday晴、休、早朝訪蒲原忠蔵、轉訪大隈氏
廿四日Monday晴、上省退省赴于牧某帰朝之宴會
廿五日Tuesday晴、上省退省徃学
廿六日Wednesday晴、上省訪蒲原忠

蔵於司法省正則法学校不逢、夜
宿于大隈氏
廿七日Thursday晴、上省、訪蒲原
廿八日Friday晴、上省退省往学
廿九日Saturday晴、上省
卅日Sunday晴、休、由蒲原忠蔵氏之
依頼與同氏子■鉡三郎氏観王子
鈔紙部、寄寓則入夜

十二月

一日Monday晴、上省
二日Tuesday晴、上省
三日Wednesday晴、上省退省往学
四日Thursday晴、上省
五日Friday晴、上省退省往学
六日Saturday晴、上省退省鍋島喜八
郎
七日Sunday晴、休、夜宿于大隈氏
八日Monday陰、上省退省往学
九日Tuesday晴、上省
十日Wednesday晴、上省
十一日Thursday晴、上省、夜宿于大
隈氏
十二日Friday晴、上省退省〔往〕学
十三日Saturday晴、起則雪霰満庭、
上省、午後河上素六郎来話談話
入夜而帰
十四日Sunday晴、休
十五日Monday朝微雨、上省雪継而歇
退省往学、夜宿于大隈氏
十六日Tuesday晴、上省
十七日Wednesday晴、上省退省訪鈴
木敬作
十八日Thursday晴、上省退省往学
十九日Friday晴、上省退省挙課開宴
於神田開花楼為所謂忘年會併為
平井通雄遊学于獨乙
廿日Saturday晴、上省
廿一日Sunday晴、休、訪大隈氏并相
良剛造氏、後陰夜宿于大隈氏
廿二日Monday晴、上省退省往学
廿三日Tuesday晴、上省退省、夜宿
于大隈氏
廿四日Wednesday晴、上省
廿五日Thursday晴、上省訪秀島文圭
於大学、退省訪前田正名於其自
宅
廿六日Friday晴、上省退省、訪相良
知安氏
廿七日Saturday晴、上省退省今年之
省努止于茲
廿八日Sunday晴、訪蘆氏、午晴、同
僚為写真
廿九日Monday夜、茂助来、雨
卅日Tuesday晴雪
卅一日Wednesday晴訪大隈氏、夜宿
于大隈氏

〔表紙、原寸、縦一二cm、横一六・五cm〕
四十二年
明治十八年乙酉
日暦

十八年

一月

一日Thursday晴、早朝向郷拝先塋
列妻子祝新年継而拝年於大隈・
前田・松方・與倉・鍋島・深川・
古川・荒木・小山・蒲原・郷・
永松・蘆・東條・中村・田尻・
小浦・相良・鈴木・河井・上野・
鶴田・深江・伊東・秀島之諸氏
二日Friday晴、拝年於三宅・渡部欽
一郎・藤井、感風而儀帰寓
三日Saturday晴、仍臥
四日Sunday晴、小瘥、拝年於平井・
中野健明・村松守義
五日Monday晴、訪大隈氏継而拝年於
相良剛造・吉田豊文・石黒忠悳・
後藤昌綏・小松三郎、午後河上
素六郎来話
六日Tuesday晴、上省、此為省務之
始退省訪枕山翁・犬塚駒吉
七日Wednesday陰、上省午後雪夜大
降
八日Thursday雪仍不歇為銀世界以
陸軍始休
九日Friday晴、上省
十日Saturday晴、上省退省往学
十一日Sunday晴、休、同合壁之隣人
南熊雄各携家賽川崎大師、夜宿
于大隈氏
十二日Monday晴、上省宿直于本省
十三日Tuesday晴、以宿明退省
十四日Wednesday晴、上省
十五日Thursday晴、上省
十六日Friday晴、上省

十七日Saturday晴、上省
十八日Sunday晴、休、訪河上素六郎
　并岡本萬六郎
十九日Monday晴、上省夜宿于大隈氏
廿日Tuesday晴、上省晡時訪大隈氏
廿一日Wednesday晴、上省
廿二日Thursday晴、上省夜訪小浦氏
廿三日Friday晴、上省使外務省、夜
　以官用訪村松守義
廿四日Saturday晴、上省退省、故國
　山代郷波瀬長尾源吾男仝喜策来
　自白、不告其父而来因即作書而
　問之於波瀬并伊万里岳父
廿五日Sunday陰、以官用適小浦鉾三
　郎氏、村松守義・伊東祐穀亦来
　會、午後雪入夜霽
廿六日Monday晴、上省
廿七日Tuesday晴、上省
廿八日Wednesday晴、上省
廿九日Thursday晴、上省
卅日Friday晴、以孝明天皇祭休
卅一日Saturday晴、上省退省往学、
　夜宿于大隈氏

二月

一日Sunday晴、休、為大隈氏訪高
　田早稲轉（ママ）訪大隈氏
二日Monday陰微雪、上省退省訪河上
　素六郎
三日Tuesday晴、上省
四日Wednesday晴、上省
五日Thursday晴、上省
六日Friday晴、上省
七日Saturday晴、上省、帰則阿兄書
　到三男ノ学問方向ヲ問フ海軍、
　法律、医学其他、午後為三田直
　吉訪其父、帰則筑前山家高椋忠
　次郎来宿、于大隈氏高椋同宿
八日Sunday晴、作書答阿兄余ハ法律
　ヲ以テ答フ、夜雪
九日Monday大雪上省夜往学
十日Tuesday晴、上省
十一日Wednesday晴、紀元節ヲ以テ
　休
十二日Thursday晴、上省、夜宿于大
　隈氏
十三日Friday晴、上省為長尾喜策寄
　書於武富・長尾・田尻禮造ノ三
　氏喜策ノ遊学ヲ乞フ
十四日Saturday晴・上省夜往学
十五日Sunday晴、宿直
十六日Monday晴、宿明ヲ以テ退省、
　晡前副島昭庸来過、夜宿于大隈
　氏
十七日Tuesday晴、上省、夜往学
十八日Wednesday晴、上省
十九日Thursday晴、上省、夜往学
廿日Friday晴、上省、夜宿于大隈氏
廿一日Saturday晴、上省退省、訪村
　松守義於其深川之居
廿二日Sunday晴、休
廿三日Monday晴、上省、夜往学
廿四日Tuesday晴、上省、夜宿于大
　隈氏
廿五日Wednesday雨、上省継而晴、
　夜往学
廿六日Thursday晴、上省
廿七日Friday晴、上省
廿八日Saturday晴、上省退省、同同
　僚数輩囲碁於日本橋東月の屋、
　帰則過十時

三月

一日Sunday晴、休、朝訪三浦某於小
　石川多福院、帰則小浦氏以急用
　招余即往
二日Monday晴、上省
三日Tuesday晴、上省
四日Wednesday晴、上省
五日Thursday陰上省夜宿于大隈氏
六日Friday雨、上省夜訪東條世三
七日Saturday晴、上省退省、同同僚
　囲碁於月の屋
八日Sunday晴、休、朝訪三浦氏・大
　隈氏、夜宿于大隈氏
九日Monday晴、上省退省、則武富茂
　助来宿長尾喜策ノ事ヲ議ス、国
　許ヨリノ許可ナキヲ以テ喜策帰
　国ニ決シ茂助ニ後ル、二三日ニ
　シテ発程セント約ス
十日Tuesday晴、上省携茂助上農商
　務、茂助帰國ス
十一日Wednesday晴、上省、喜策廿
　日許滞京ノ事ヲ謀ル因テ書ヲ
　茂助ニ大阪ニ寄セテ喜策帰國ニ
　十日許延引ノ事ヲ告ク、蓋シ此
　ノ書状ハ十一日投函ス、夜宿大
　隈氏

十二日Thursday晴、上省早朝訪犬塚駒吉為喜策借金弐拾円
十三日Friday晴、上省夜往学
十四日Saturday晴、上省夜往学、宿于大隈氏
十五日Sunday晴、休、夜武富源三郎ノ電信大阪ヨリ到ル喜策ノ帰國ヲ促ス
十六日Monday雨、朝武富茂助ノはがき大阪ヨリ到ル其着阪ヲ報ス、夜往学、風雨衣被皆湿
十七日Tuesday晴、上省
十八日Wednesday晴、上省夜往学
十九日Thursday晴、上省退省訪副島昭庸・渡瀬秀一郎、夜宿于大隈氏
廿日Friday以春季皇霊祭休、朝晴、午後陰夜雨
廿一日Saturday晴、上省
廿二日Sunday晴、休、同中川徳基・後藤昌綏・渡瀬秀一郎・廣瀬某観梅於杉田
廿三日Monday晴、上省夜往学、宿于大隈氏
廿四日Tuesday陰、上省雪夜益甚堆積如厳冬
廿五日Wednesday晴、上省夜往学
廿六日Thursday陰、上省退省、拉長尾喜作遊于向島、夜宿于大隈氏
廿七日Friday陰、上省夜往学後微雨
廿八日Saturday晴、上省退省、訪大隈氏
廿九日Sunday陰、休、伊万里銀行頭取蓑田助之允同行役員桜井信一来過、継而同僚石川惟安来過
卅日Monday陰、臥病、長尾喜策帰國
卅一日Tuesday雨、仍臥病

四月

一日Wednesday陰、上省午後退省、而臥床
二日Thursday雪、上省午後退省、而臥床
三日Friday陰、以春季皇霊祭休、仍臥床
四日Saturday陰、上省退省、而臥床
五日Sunday微雨、仍臥床、午後起床而訪大隈氏盖明日其祖母ナルノ賀宴ニ招カレタルヲ以テナリ
六日Monday雨、以母祭不上省、午後赴大隈氏招飲、夜宿于大隈氏
七日Tuesday雨、上省退省、長尾喜策再来
八日Wednesday雨歇、上省、喜策移宿于他
九日Thursday雨、上省
十日Friday晴、上省、夜宿于大隈氏
十一日Saturday微雨、上省、晡時霽
十二日Sunday晴、早朝訪犬塚駒吉、帰而永松、午後訪大隈氏入夜而帰
十三日Monday陰微雨、上省伊万里田尻禮造・武富栄助・永尾源吾三名ニテ喜策ノ帰國ヲ促ス書状到来ス、盖本月六日発ナリ
十四日Tuesday陰微雨、上省、夜宿于大隈氏
十五日Wednesday晴、上省
十六日Thursday陰、上省
十七日Friday雨、上省退省、渡瀬秀一郎・廣瀬某過訪
十八日Saturday陰晴不定、上省退省、訪村松守義
十九日Sunday晴、訪東條世三・中村敬宇先生・三浦某
廿日Monday雨、上省宿直夜雨歇
廿一日Tuesday霽、宿明退省
廿二日Wednesday晴、上省
廿三日Thursday雨、上省
廿四日Friday陰、上省
廿五日Saturday晴、上省
廿六日Sunday晴、休、午後携妻児遊于上野夜雨
廿七日Monday雨、上省
廿八日Tuesday晴、上省退省、訪三浦氏、夜宿于大隈氏
廿九日Wednesday陰、上省退省、同副島・廣瀬・赤井・伊東・諸囲碁、晡時雨
卅日Thursday晴、上省退省夜往学

五月

一日Friday晴、上省退省往学
二日Saturday晴、上省退省、後藤昌綏・津江虚舟・廣瀬某来過
三日Sunday晴、休、午後訪大隈氏
四日Monday陰、上省退省往学、夜宿

于大隈氏
五日Tuesday陰、上省後晴退省徃学
六日Wednesday晴、上省暴風巻砂夜徃学、宿于大隈氏
七日Thursday晴、上省退省徃学、暴風巻砂
八日Friday晴、上省徃学夜徃学
九日Saturday陰微雨、上省継而晴退省、同副島昭庸・松岡守信・伊東祐穀・赤井雄・廣瀬惟　遊歩于上野公園帰途廣瀬招飲入夜而帰寓
十日Sunday晴、休
十一日Monday上省有故退省不徃学
十二日Tuesday上省有故退省不徃学
十三日Wednesday晴、上省退省、同副島昭庸・渡瀬秀一郎・赤井雄訪蒲鉾三郎・帰則中夜此日中島亮平来訪
十四日Thursday晴、上省退省、訪大隈氏、夜宿于大隈氏
十五日Friday晴、上省退省徃学
十六日Saturday微雨、上省入夜徃学
十七日Sunday陰、休、朝有故訪高藤三郎継而赴于同郷會于神保園、午後訪中島亮平不逢、而帰雨
十八日Monday陰晴不定、上省退省徃学、夜宿于大隈氏雨
十九日Tuesday陰或有微雨、上省夜徃学
廿日Wednesday雨、上省退省徃学
廿一日Thursday晴、上省夜徃学
廿二日Friday晴、上省退省徃学、夜宿于大隈氏
廿三日Saturday晴、上省夜徃学
廿四日Sunday晴
廿五日Monday晴、上省、午後渋谷良次氏来訪
廿六日Tuesday晴、上省、午後訪小浦鉾三郎氏之病、継訪大隈氏而為渋谷氏余ノ隣舎ニ寄寓ヲ乞フ大隈氏コレヲ諾ス
廿七日Wednesday陰、上省
廿八日Thursday陰或雨、夜宿于大隈氏、此日渋谷良次氏来寓隣舎
廿九日晴、上省退省、適于早稲田之和歌會晡時帰
卅日Saturday晴、上省退省、渡瀬秀一郎招飲囲碁、帰則人定
卅一日Sunday晴風大起、朝訪小浦鉾三郎氏、午後鍋島喜八郎来過傳鍋島克一氏之書状、夜宿于大隈氏

六月

一日Monday雨、上省退省徃学
二日Tuesday陰、上省退省雨訪渋谷氏
三日Wednesday雨、上省退省徃学
四日Thursday雨、上省晡時歇夜徃学
五日Friday朝陰、上省午後晴退省徃学
六日Saturday晴、上省退省、訪高藤三郎・渡瀬、夜宿于大隈氏
七日Sunday晴、休、午後渋谷氏来話渡瀬来過
八日Monday陰、上省雨退省徃学、夜渋谷来話
九日Tuesday雨、上省晡時雨歇、夜徃学
十日Wednesday陰或雨、上省徃学退省、赴于大隈氏之国雅會
十一日Thursday晴、上省退省徃学
十二日Friday晴、上省夜徃学
十三日Saturday晴、早朝徃学退省、同僚囲碁帰則九時
十四日Sunday晴、休
十五日Monday陰、早朝徃学、上省、夜宿于大隈氏、大雨
十六日Tuesday朝雨猶不歇、上省雨止、夜徃学
十七日Wednesday雨、不徃学上省
十八日Thursday陰、早朝徃学、上省、夜宿于大隈氏
十九日Friday晴、上省、夜徃学
廿日Saturday晴、早朝徃学欠、夜與渋谷囲碁
廿一日Sunday晴、休、午後渋谷氏招飲囲碁池田玄泰来會、夜宿于大隈氏
廿二日Monday陰、早朝徃学欠、上省退省、渋谷・永松来囲碁、夜徃学雨
廿三日Tuesday雨、上省
廿四日Wednesday晴、上省、夜宿于大隈氏
廿五日Thursday朝陰後晴、上省、夜

往学
廿六日Friday雨、上省
廿七日Saturday微雨、早朝往学、上省継而雨歇退省、招渋谷先生囲碁、渡瀬秀一郎亦来會、夜宿于大隈氏
廿八日Sunday陰晴不定
廿九日Monday雨、上省退省、微恙、徹宵雨不歇
卅日Tuesday雨、不上省夜往学

七月

一日Wednesday雨、早朝往学上省、雨益夜往学、雨不歇
二日Thursday雨、上省、午後雨益甚渋谷氏招囲碁、深更雨歇星出
三日Friday晴、早朝往学上省退省為小浦氏訪郁松守義、夜宿于大隈氏
四日Saturday晴、上省、作書寄作出并伊万里往学
五日Sunday陰、休、無事
六日Monday雨、早朝往学上省夜宿于大隈氏
七日Tuesday陰、上省夜往学
八日Wednesday陰、早朝往学上省、晡時訪東條世三
九日Thursday雨、上省夜宿于大隈氏
十日Friday雨、早朝往学上省、適于大隈氏之国雅會、帰而訪相良知安氏盖祝其出仕文部省也
十一日Saturday雨歇上省退省囲碁入夜而帰
十二日Sunday晴、休、川上素六郎来話、午後三浦渡世平来訪、夜宿于大隈氏
十三日Monday晴、上省退省有故訪藤井善言
十四日Tuesday晴、上省
十五日Wednesday晴、早朝往学上省、夜宿于大隈氏
十六日Thursday陰、上省
十七日Friday晴、早朝往学上省源太郎有病乞池田謙斉先生之診、晡時往学
十八日Saturday晴、早朝往学上省、晡時為扣鼎集訪藤井善言松岡守信亦来會、夜宿于大隈氏
十九日Sunday陰、為官用同僚二三會小浦鉡三郎氏之家、晡時與赤井雄浴上野鶯渓之温泉
廿日Monday晴、上省
廿一日Tuesday晴、上省、午後訪大隈氏
廿二日Wednesday晴、上省
廿三日Thursday晴、上省
廿四日Friday晴、上省
廿五日Saturday晴、上省
廿六日Sunday晴臨大隈氏東京専門学校生徒卒業式、来賓中村敬宇先生・福沢諭吉氏以下菊地大麓・三宅秀学士輩来會多為演説
廿七日Monday晴、上省往学
廿八日Tuesday晴、上省晡時為官訪エフ・ブリンクリー氏、夜宿于大隈氏
廿九日Wednesday
卅日Thursday
卅一日Friday

八月

一日Saturday晴、上省當宿直
二日Sunday晴、退省、夜宿于大隈氏、適前田・與倉・松方三氏・夜雨
三日Monday大雨傾盆、上省
四日Tuesday雨、上省
五日Wednesday晴、上省、夜宿于大隈氏
六日Thursday晴、上省
七日Friday晴、上省
八日Saturday晴、従今日賜暇休也、午後松岡守信来過、此日過小山・藤井、夜宿于大隈氏
九日Sunday晴
十日Monday晴
十一日Tuesday晴、夜宿于大隈氏
十二日Wednesday晴
十三日Thursday晴、永松東海来囲碁
十四日Friday晴、上省午後訪メール社長「ブリンクリー」氏、訪小浦氏、再訪ブリンクリー氏盖官用也、夜宿于大隈氏大雨
十五日Saturday雨歇或降
十六日Sunday晴、訪大隈氏
十七日Monday晴、微恙故臥
十八日Tuesday雨、仍臥
十九日Wednesday雨、仍臥
廿日Thursday晴、病仍不痊

廿一日Friday晴、病瘧

廿二日Saturday晴、適鍋島邸、午後訪小浦鉾三郎

廿三日Sunday晴、無事、永松東海招飲囲碁、夜宿于大隈氏

廿四日Monday晴、上省退省、訪川上素六郎、晡時赤井雄来訪

廿五日Tuesday晴、早朝訪中村先生

廿六日Wednesday晴、午後池田玄泰・永松東海囲碁夜◎

廿七日Thursday晴、晡時訪三浦渡世平

廿八日Friday晴、無事、書ヲ作出ニ寄セテ源太郎徴兵検査ヲ東京ニテ受度キ旨ヲ問合ス

廿九日Saturday晴、午後大隈氏以書招盖期明日也、夜宿于大隈氏

卅日Sunday晴、朝訪大隈氏盖以昨日招状也、此日小浦鉾三郎氏使来

卅一日Monday晴風塵困人入夜雨

九月

一日Tuesday陰、早朝往学帰途逢雨継而歇、永松招飲與渋谷先生同赴之、帰則人定前、宿于大隈氏

二日Wednesday陰、早朝往学後微雨或歇、午後與渋谷先生囲碁

三日Thursday微雨、早朝往学

四日Friday陰、早朝往学継而晴熱甚、夜宿于大隈氏

五日Saturday晴早朝往学、午後公用ニ従事ス永松来渋谷囲碁ス

六日Sunday陰、早朝川上素六郎来話、此日従事于公用終日不外出、午後伊万里人若林幸吉来盖シ新募ノ兵役ニ應セシモノナリ

七日Monday晴、有故不往学、上省、午後訪吉田豊文◎

八日Tuesday陰、早朝往学、或微雨、午後晴

九日Wednesday早朝往学上省、午後訪東條世三之留守宅並三枝氏

十日Thursday陰、早朝往学後晴、宿于大隈氏

十一日Friday晴、早朝往学上省晡時訪川上素六郎

十二日Saturday晴、早朝往学、午後訪八尾正文・永松東海

十三日Sunday晴、休、渋谷氏買家ノ事ニ関シ渋谷氏ト三枝氏ニ適ス、帰途村松守義カ事ニ関シ蘆氏ニ適ス、八尾正文亦夕家ヲ訪フテヨリ来ル、午後為渋谷氏訪大隈氏、夜宿于大隈氏

十四日Monday晴、早朝往学上省

十五日Tuesday晴、有故不往学上省

十六日Wednesday晴、往学上省、夜宿于大隈氏

十七日Thursday晴、早朝往学退省、村松守義来談其進退故相伴小浦鉾三郎氏、帰則犬塚駒吉来過

十八日Friday雨、早朝往学上省

十九日Saturday晴、早朝往学上省、午後適大隈氏国雅之會筵、帰則九時

廿日Sunday晴、早朝訪相良知安氏、訪秀島、午後訪大隈氏・川上氏

廿一日Monday晴、有故不往学上省

廿二日Tuesday晴、有故不往学上省退省、永松東海招飲與渋谷氏赴之、夜宿于大隈氏

廿三日Wednesday雨、以秋季皇霊祭休

廿四日Thursday晴、上省

廿五日Friday晴、上省

廿六日Saturday雨、上省退省、訪シーボルト氏又訪川上・夜川上使来

廿七日Sunday晴、早朝訪小浦氏

廿八日Monday雨、上省後晴、夜宿于大隈氏

廿九日Tuesday晴、上省夜訪川上

卅日Wednesday晴、上省

十月

一日Thursday従是朝九時上省午後三時退省、陰、上省退省微雨、赤井雄招待夜雨不歇◎

二日Friday雨、朝伊東祐穀来過同車上省

三日Saturday晴、上省

四日Sunday晴、永松東海・渋谷氏・赤井雄来囲碁、此日三浦渡世平・川上素六郎来過、夜宿于大隈氏

五日Monday晴、上省退省、同渋谷氏訪大隈氏入夜帰

六日Tuesday陰晴不定、上省

七日Wednesday陰或雨、上省、夜宿

于大隈氏
八日Thursday雨、上省午後歇
九日Friday晴、上省
十日Saturday晴、上省訪「ヘンリー・シーボルト」ヲ本富士其兄「アレキサンドル・シーボルト」亦在茲熟待甚親、
夜宿于大隈氏、此日隣家渋谷転居於上總■町
十一日Sunday休、午後訪渋谷氏之轉居、轉赴于大隈氏之国雅之會
十二日Monday晴、上省
十三日Tuesday晴、上省午後渋谷氏来過◎
十四日Wednesday雨、上省
十五日Thursday雨、上省
十六日Friday大風雨、上省午後霽◎
十七日Saturday晴、以新嘗祭休、與三浦渡世平諸氏讀書
十八日Sunday晴、與諸氏讀書
十九日Monday陰、上省夜宿于大隈氏
廿日Tuesday雨、上省
廿一日Wednesday晴、上省
廿二日Thursday晴、上省夜宿大隈氏
廿三日Friday晴、上省
廿四日Saturday雨、上省
廿五日Sunday雨歇、休、夜宿于大隈氏
廿六日Monday晴、上省
廿七日Tuesday晴、上省退省深江順暢招飲坐田清風・後藤昌綏来會
廿八日Wednesday晴、上省、夜久松荘一郎宿于大隈氏◎
廿九日Thursday陰、上省
卅日Friday陰、上省
卅一日Saturday陰、上省、夜宿于大隈氏

十一月

一日Sunday晴、休、感風、終日臥床
二日Monday陰、上省夜雨
三日Tuesday雨後歇午後晴、訪鍋島克一君於上總屋◎
四日Wednesday晴、上省退省、訪渋谷先生
五日Thursday晴、上省退省與岡本萬六郎適大隈氏国雅之會莛
六日Friday晴、上省退省渡瀬・廣瀬来話ス、夜渋谷先生来話◎
七日Saturday晴、上省
八日Sunday晴、休
九日Monday陰、以父祭休、午後雨、夜宿于大隈氏
十日Tuesday陰、上省夜渋谷氏来過
十一日Wednesday晴、上省
十二日Thursday晴上省退省、訪谷謹一郎・中島亮平、晡時陰微雨、夜宿于大隈氏
十三日Friday晴、上省
十四日Saturday晴、上省退省適横濱買書于二十八番帰則入途寫、有時雨
十五日Sunday晴、休、夜宿于大隈氏、武富熊助・松尾喜十来過頃刻而辞去盖帰國也
十六日Monday晴、上省
十七日Tuesday晴、上省入夜微雨
十八日Wednesday陰雨、早朝訪小浦氏、上省午後霽◎
十九日Thursday■或微雨、早朝訪中村敬宇先生
廿日Friday晴、上省、晡時訪敬宇先生轉訪大隈氏終宿于茲
廿一日Saturday晴、上省、夜宿于大隈氏
廿二日Sunday晴、休、午後渋谷・永松・渡瀬・赤井来囲碁
廿三日Monday微雪午後微雨入夜遂全雨
廿四日Tuesday微雨、上省午後霽、夜宿于大隈氏
廿五日Wednesday晴、上省、午後適大隈氏国雅會帰則人定
廿六日Thursday晴、上省
廿七日Friday晴
廿八日Saturday晴、上省退省三浦渡世平
廿九日Sunday晴、朝徃鍋島邸轉訪谷謹一郎、午後携三男児遊于向島
卅日Monday上省

十二月

一日Tuesday晴、上省退省、同赤井雄・渡瀬秀一郎同酌于開花樓
二日Wednesday晴、上省
三日Thursday晴、上省、晡時訪川上素六郎
四日Friday晴、上省

五日Saturday晴、上省
六日Sunday晴、休、寒甚終日不出
七日Monday晴、上省、帰則永松東海書ヲ以テ深川亮蔵氏男死去ヲ報ス由テ直ニ永松氏ヲ訪テ其由ヲ問フ
八日Tuesday晴、上省午後會深川氏之葬、晡時三浦渡世平来告別盖應愛知縣学校之俾也
九日Wednesday晴、上省
十日Thursday晴、上省
十一日Friday雨、上省宿直
十二日Saturday■、宿明ヲ以テ退省、夜宿于大隈氏
十三日Sunday晴、夜
十四日Monday晴、上省
十五日Tuesday晴、上省退省赴于大隈氏之國雅會席、夜宿于大隈氏
十六日Wednesday晴、上省
十七日Thursday晴、微恙不上省
十八日Friday晴、上省◎
十九日Saturday陰、上省午後雪大降須臾放晴
廿日Sunday晴、午後訪大隈氏
廿一日Monday晴、上省退省、同赤井雄・渡瀬秀一郎飲于神田神社畔、帰則人定宿于大隈氏
廿二日Tuesday晴、上省退省訪シーボルト氏、此日太政官ヲ廃ス
廿三日Wednesday晴、上省退省訪深川氏
廿四日Thursday陰、上省午後雨終不歇◎
廿五日Friday晴、上省、晡時渋谷氏来過
廿六日Saturday晴、上省
廿七日Sunday晴、公用訪小浦氏
廿八日Monday晴、上省今年之公事止于此日退省、訪相良氏
廿九日Tuesday晴、無事讀書
卅日Wednesday晴、無事讀書
卅一日Thursday晴、午後訪大隈氏、夜讀書

〔表紙、原寸、縦一二cm、横一六・五cm〕

四十三年

明治十九年丙戌

日暦

十九年

一月

一日Friday晴、早朝向郷拜先塋、継同妻子酌屠蘇祝新年、而拜年於大隈・前田・松方・谷・與倉・中野・深川・古川・荒木・蘆・郷・小山・永松・深江・中島盛有諸氏、午後又拜年於相良・小浦・伊東・田尻・東條・中村・廣瀬・川上・渋谷・渡瀬諸氏
二日Saturday晴、拜年於犬塚・相良剛造・上野・石川・石黒・後藤・吉田豊文・伊東祐穀諸氏
三日Sunday晴、午後拜年於三枝守富氏・永井當昌氏・田原榮氏
四日Monday晴、御用始上省午後拜年於中島亮平・藤井善吉・小松三朗氏
五日Tuesday晴、以新年宴會休
六日Wednesday晴、上省
七日Thursday晴、上省
八日Friday晴、上省此日ハ例年休暇ナレトモ今年ハ内閣休暇ナキヲ以テ休暇ナシト云フ
九日Saturday晴、上省薄暮訪大隈氏
十日Sunday晴、休、訪大隈氏
十一日Monday晴、上省
十二日Tuesday晴、宅調薄暮「シーボルト」氏来過盖大隈氏ノ家屋ヲ借ラント欲スル也
十三日Wednesday晴、宅調晡時訪大隈氏
十四日Thursday晴、上省小城人辻熊一郎者来ル前田朿之助ノ紹介状ヲ傳フ因テ談談移時而辞去矣盖大蔵省主税局ニ奉職スト云フ、夜雨雪
十五日Friday陰、上省午後晴、為大隈訪シーボルト氏於目黒本富士到則入夜談話少時、轉訪大隈氏於早稲田帰寓則九時
十六日Saturday晴、上省掛長小浦鉡三郎蒙非職午後二時墺國公使来観大隈氏之邸宅「シーボルト」兄弟伴之盖欲借寓也頃刻辞去後訪大隈氏
十七日Sunday晴、朝訪小浦氏◎

十八日Monday者、上省同僚副島昭庸・松岡守信・石川惟喬蒙非職、晡時訪大隈氏
十九日Tuesday晴、上省退省訪「シーボルト」転訪大隈氏
廿日Wednesday晴、上省、此日長男源太郎徴兵應募ヲ東京ニテナサントシ本縣ニテ願出ノ依頼ヲ作出并ニ伊万里ヘ申遣ス、此夜大隈氏ノ邸ヲ「シーボルト」借受ノ議ニ付同松尾儀助等談話ス
廿一日Thursday晴、上省帰寓則鍋島克一君来盖帰国ノ告別ナリ
廿二日Friday晴、上省
廿三日Saturday朝陰、上省後晴退省訪赤井雄之病於病院、夜宿于大隈氏
廿四日Sunday朝陰、訪蘆氏轉訪大隈氏夜訪「シーボルト」氏、於鹿鳴館不逢遺書而帰
廿五日Monday朝陰、上省
廿六日Tuesday朝陰、上省晴退省則「シーボルト」書到
廿七日Wednesday朝陰、「シーボルト」ニ返書ス、上省後晴
廿八日Thursday晴、上省夜訪大隈帰而訪アレキサンドル・シーボルト氏於鹿鳴館不逢
廿九日Friday晴、上省為大隈訪墺國公使館、退省、夜訪大隈氏帰則天陰如墨
卅日Saturday雪、為公用訪蘆氏午後上省、執務退省、則入夜飛雪不歇満城為銀
卅一日Sunday休、積雪尺餘当不歇、午後訪永松東海吊其失実父原令碩

二月

一日Monday晴、上省
二日Tuesday晴、上省
三日Wednesday晴、上省夜「シーボルト」書到直訪大隈氏
四日Thursday晴、上省
五日Friday晴、上省
六日Saturday陰、上省晡時雨
七日Sunday晴暖甚、午後訪赤井雄之病、轉適永松其実父ノ十日祭、此日書ヲ作出ニ出ス、作出ノ書・岳父ノ書到ル
八日Monday晴、上省「シーボルト」書到ル家ノ事ヲ今日ノ郵船ニテ本國政府ニ伺フタリト云フ
九日Tuesday晴、上省退省訪大隈氏
十日Wednesday晴、上省
十一日Thursday朝陰、休、與渡瀬秀一郎訪前田正名、晴夜訪「バロン・アレキサンドル・シーボルト」
十二日Friday晴、上省夜大隈氏
十三日Saturday晴、上省
十四日Sunday晴、休、午後赴于大隈氏之國雅之會、夜為横尾氏宿于大隈氏、此日喘息烟薬ヲ伊万里岳父
十五日Monday晴上省
十六日Tuesday陰、上省午後微雪継歇晡時華族学校炎上
十七日Wednesday朝陰後晴、上省
十八日Thursday朝陰後晴、上省
十九日Friday朝陰、上省後晴、夜宿于大隈氏
廿日Saturday晴
廿一日Sunday陰、朝訪西成政・永松東海・東條世三、午後永松東海来過
廿二日Monday朝懶雨、上省継霽
廿三日Tuesday晴、上省、夜宿于大隈氏
廿四日Wednesday晴、上省
廿五日Thursday陰、上省
廿六日Friday晴、上省
廿七日Saturday陰、上省午後訪大隈氏、帰而為大隈氏訪「シーボルト」氏不逢帰而宿于大隈氏
廿八日Sunday晴

三月

一日Monday晴、上省訪シーボルト退省、伴蘆氏・西籐氏・渡瀬氏喫洋食、夜訪大隈氏
二日Tuesday陰、上省、夜深江順暢招話、雨
三日Wednesday雪、上省夜宿大隈氏
四日Thursday晴、上省
五日Friday陰、上省
六日Saturday晴、上省入夜退省
七日Sunday晴、不休上省、日没退省、

夜宿大隈氏

八日Monday陰、上省退省訪大隈氏雨

九日Tuesday晴、上省夜訪東條

十日Wednesday晴上省夜訪大隈氏

十一日Thursday陰、上省、夜宿于大隈氏

十二日Friday晴、上省

十三日Saturday陰、上省雨

十四日Sunday晴、訪西成政・永松東海、午後渋谷先生来、晡時大隈大夫人之病與渋谷先共往夜帰

十五日Monday晴、上省退省、同渡瀬占店、夜宿大隈氏

十六日Tuesday晴、上省

十七日Wednesday晴、上省

十八日Thursday朝陰、上省後晡時為官用訪蘆氏

十九日Friday陰大風、上省午後雨夜宿于大隈氏

廿日Saturday晴、上省退省、永松東海来過

廿一日Sunday陰、休、朝訪西成政

廿二日Monday晴、上省、夜訪東條

廿三日Tuesday陰、上省、夜宿于大隈氏

廿四日Wednesday陰、上省雨

廿五日Thursday陰、上省

廿六日Friday陰、上省後晴退省、同渡瀬伊東卜店

廿七日Saturday陰、上省、夜宿于大隈氏

廿八日Sunday晴、相訪小浦鉾三郎氏午後訪吉田謙次郎氏

廿九日Monday晴、上省午後為微恙峯帰

卅日Tuesday晴、臥病

卅一日Wednesday晴、上省、夜宿于大隈氏

四月

一日Thursday晴、上省退省夜Baron Von Sibold折簡佛公使ヲシテ大隈氏邸ヲ観セシメン事ヲ相談ス、訪東條世三

二日Friday晴、上省書ヲ以テ昨夜ノ事ヲ大隈氏ニ報シ其ノ許可ヲ受ク四時佛公使来観ノ由

三日Saturday晴BaronSibold折簡明日正午其寓鹿鳴館ニ来ラン事ヲ乞フ諾之午後訪大隈氏、此日書ヲ信太郎ニ送リ源太郎兵役検査ガ事并ニ小女二人ノ入籍確定如何ヲ問フ

四日Sunday晴風、渡瀬秀一郎来談引相携遊別、B.A.Siboldヲ鹿鳴館ニ訪ヒ、轉遊于東台入夜訪大隈氏、帰而宿于大隈氏

五日Monday微雨、母祭不上省、訪B.A.Sibold、訪大隈氏、此日書ヲ作ヘキニ復ス轉籍セサルヲ告グ

六日Tuesday晴、上省退省訪B．A．シーボルト於鹿鳴館盖其所請也、夜訪大隈氏

七日Wednesday晴、上省午時訪施シ於鹿鳴館退、省訪大隈氏、夜訪施於鹿鳴館彼期時不到去、訪其築地之居不逢帰寓、則彼鹿鳴館ヨリ折簡シテ招ク因テ再度コレヲ訪ヒ、大隈氏ノ家屋ノ件ニ付キ書面ヲ渡シテ帰宿ス

八日Thursday微雨、上省夜訪東條氏帰而、宿于大隈氏

九日Friday晴、上省、微感風

十日Saturday晴、上省退省、臥病

十一日Sunday晴風、仍臥夜伊万里丹羽豊七来ル盖横濱ニ伊万里銀行支店ヲ置クナリ遂ニ宿ス

十二日Monday陰、豊七辞去ル午後雨仍臥

十三日Tuesday朝微雨、仍臥

十四日Wednesday霽少差、上省退省臥蓐

十五日Thursday陰、上省退省臥蓐

十六日Friday晴、上省退省蓐、夜宿于大隈氏

十七日Saturday晴上省退省、丹羽豊七来過、渋谷先生来過、夜訪東條

十八日Sunday休、朝雨後晴、晡時松岡守信来

十九日Monday晴、十九年度大蔵大臣豫算ヲ校正ス、退省則中島亮平喀血ノ事ヲ報ス

廿日Tuesday晴、上省豫算ヲ校ス、夜宿于大隈氏

廿一日Wednesday晴、上省豫算ヲ校

ス、退省訪中島病夜訪蘆■■■
豫算書帰則過午夜
廿二日Thursday晴、上省夜再蘆課長
對校豫算書帰則午夜
廿三日Friday晴、上省校豫算書
廿四日Saturday晴風、上省十九年度
豫算書校正卒業退省、訪中島亮
平病喀血益々多、夜宿于大隈氏
廿五日Sunday晴風、在内寫豫算書、
晡時同伊東祐穀會渡瀬氏
廿六日Monday晴、上省
廿七日Tuesday晴、上省
廿八日Wednesday晴、上省
廿九日Thursday陰、上省以課長之命
使墺國公使館、帰途訪中島亮平
之病
卅日Friday陰、為病不上省

五月

一日Saturday朝雨後晴、仍臥鷲沢氏
ノ診ヲ乞フ
二日Sunday陰、仍臥
三日Monday晴、仍臥午後鷲沢来診
四日Tuesday陰、仍臥
五日Wednesday朝陰、病瘥上省雨
六日Thursday雨、上省此日叙■任官
二等ノ辞令ヲ受ク、夜宿于大隈
氏
七日Friday雨、上省、夜宿于大隈氏
盖シ病中横尾氏ニ依頼セシヲ返
弁スル也
八日Saturday晴、上省應佛國公使館
ノ招テ佛公使館、轉訪大隈氏
九日Sunday晴、訪中島亮平之病
十日Monday晴、上省夜宿于大隈氏
十一日Tuesday晴、上省因課長之命
訪フランシス・ブリンクリー氏
之居退省適佛国公使館轉訪大隈
氏
十二日Wednesday晴、上省、晡時大
隈英麿氏来過伴其馬車訪教師
H.D.Page.Res於築地三十八番
十三日Thursday晴、上省退省、為大
隈氏訪佛国公使轉訪大隈氏而帰
十四日Friday朝微雨上省後晴、夜
宿于大隈氏
十五日Saturday朝陰、書ヲ作出ニ送
リ轉籍ヲ好マサル事小女ノ入籍
ノ事ヲ四月三日伊万里ニ申遣シ
タルニ返事ナキ事ヲ告ク其返事
ヲ促ス、上省退省午後携家丹羽
豊七ヲ横濱ニ訪ハン欲シ門ヲ出
ツル事四五十歩ニシテ丹羽其ノ
妻子ヲ携テ来訪スルニ逢フ共ニ
笑テ帰ル、少焉ニシテ余モ亦妻
子ヲ携テ向島梅若ニ遊ブ帰途入
夜浅草寺ヲ過ク
十六日Sunday晴、豊七妻ノミ留宿ス
午後
十七日Monday晴、上省夜徃学ペー
ヂ氏
十八日Tuesday陰、上省夜宿于大隈
氏
十九日Wednesday雨、上省
廿日Thursday晴、上省豊七ノ妻米帰
テ横濱妻仲同徃宿于横濱、夜徃
学
廿一日Friday晴、上省退省、則妻帰
自横濱
廿二日Saturday陰、上省退省訪蘆氏、
中島氏、永松氏、夜宿于大隈氏
廿三日Sunday雨、休
廿四日Monday陰、上省徃学
廿五日Tuesday陰、上省後晴官命使
「ブリンクリー氏」帰則伊万里
武富忠吉與春吉来頃刻而帰于横
濱
廿六日Wednesday晴、朝寄書於作出
促源太郎之事且徴昨年之、入
夜宿于大隈氏
廿七日Thursday晴、上省
廿八日Friday雨、上省
廿九日Saturday晴、上省午後訪大隈
氏
三十日Sunday晴、休、訪永松東海午
後訪深江順暢、夜宿于大隈氏
三十一日Monday雨、上省

六月

一日Tuesday雨、上省退省
二日Wednesday晴、上省退省徃学
三日Thursday晴、上省退省同僚囲碁、
夜宿大隈氏
四日Friday陰、上省雨退省因課長之
命訪廣瀬惟孝直後命課長
五日Saturday晴、上省退省訪古川常
一郎又為大隈氏訪佛公使館
六日Sunday晴、携林田忠吉（武富忠

吉ナリ）訪大隈氏而シテ忠吉ヲ専門学校ニ入学セシム、晡時コレヲ伊万里武富熊助ニ報ス且ツ源太郎徴兵ノ事ニ付キ去月十五日・廿六日ノ返事ヲ促ス
七日Monday雨、上省夜宿于大隈氏
八日Tuesday晴、上省
九日Wednesday晴、上省
十日Thursday晴、上省
十一日Friday朝陰、上省後雨、夜宿于大隈氏
十二日Saturday朝陰上省後晴
十三日Sunday陰、休
十四日Monday雨、上省
十五日Tuesday陰或雨、上省夜宿于大隈氏
十六日Wednesday陰、上省
十七日Thursday晴、上省
十八日Friday晴、上省課長所労
十九日Saturday晴、上省課長所労退省佛公使ニ往キ佛國史ヲ借ル大隈氏ノ嘱ニ因ル夜宿于大隈氏訪課長之病
廿日Sunday晴、休
廿一日Monday晴、上省課長出頭
廿二日Tuesday晴、上省
廿三日Wednesday晴、上省晡時訪永松、夜宿于大隈氏
廿四日Thursday晴、上省退省與廣瀬惟孝赤井雄ト店
廿五日Friday晴、上省
廿六日Saturday晴、上省
廿七日Sunday晴、休、午後松岡守信来過、夜宿于大隈氏
廿八日Monday晴、上省晡時渡瀬秀一郎来過、上省午後開晴退省、早稲田大隈氏ニ故岡本克敏氏ノ十年祭ニ招カル
卅日Wednesday晴、上省午後陰夜雨

七月

一日Thursday陰或雨或晴、上省夜宿于大隈氏
二日Friday陰、上省
三日Saturday晴、上省
四日Sunday晴、訪永松
五日Monday晴、上省退省同渡瀬・赤井・岡本諸氏ト店、夜宿于大隈氏
六日Tuesday晴、上省夜訪永松
七日Wednesday晴、上省
八日Thursday晴、上省
九日Friday晴、上省夜宿于大隈氏
十日Saturday晴、上省午後驟雨頃刻而晴訪大隈氏
十一日Sunday晴、休
十二日Monday晴、上省
十三日Tuesday晴、上省、夜宿于大隈氏
十四日Wednesday晴、上省午後有故訪大隈氏
十五日Thursday晴、上省熱甚
十六日Friday晴、上省午後古川常一郎来推叩其訳稿熱甚
十七日Saturday陰、上省午後訪大隈氏、涼、此日源太郎ニ関シ作出ニ電報ス夜宿于大隈氏
十八日Sunday陰或、訪古川常一郎、或雨或晴
十九日Monday陰、上省
廿日Tuesday晴或雨、上省
廿一日Wednesday賜暇休ヲ為ス、或大雷雨或放晴、應シーボルト氏之招適白銀志田町受午飯之饗、帰途訪古川常一郎、夜宿于大隈氏
廿二日Thursday晴、上省、伊万里岳父并熊助ニ電報シテ源太郎カ事ヲ依頼ス
廿三日Friday晴、上省午後訪大隈氏、此日伊万里武富熊助電報来ル、源太郎ガ徴兵験査ヲ東京ニテ受クヘキ願縣廳ヨリ許可ノ旨ヲ報ス
廿四日Saturday晴、為賜暇休
廿五日Sunday晴、早朝訪中村先生、夜宿于大隈氏
廿六日Monday晴、上省、午後臨東京専門学校卒業式
廿七日Tuesday晴、上省、午後適早稲田大隈氏謝昨日之儀、驟雨夜又雨清冷如秋
廿八日Wednesday朝陰後晴、上省
廿九日Thursday晴、上省、伊万里熊助書到、夜宿于大隈氏、此日熊助并ニ作出ニ回答ス、盖シ源太郎徴兵検査ヲ東京ニテ受取願事

ノ件也

卅日Friday晴、休

卅一日Saturday晴、上省夜訪永松

八月

一日Sunday晴、休、訪相良氏

二日Monday晴、上省夜宿于大隈氏

三日Tuesday晴、上省、小女ノ病ノ為ニ鷲沢ヲ乞フ

四日Wednesday晴、休、蘆氏ノ内意ニ依リ書ヲ和田信郎ニ尼崎県新一ノ家ニ寄ス

五日Thursday晴、休、片桐某来診

六日Friday晴、休、夜宿于大隈氏

七日Saturday晴、休、片桐門人来診

八日Sunday晴、休、小女之病小間、此日源太郎東京ニ於テ徴兵検査願済事ヲ縣ノ親族ヨリ報之、有故訪犬塚駒吉

九日Monday晴、上省

十日Tuesday晴、上省夜宿于大隈氏

十一日Wednesday晴、上省

十二日Thursday晴、上省

十三日Friday晴、上省和田信郎親戚大井藤三郎来訪

十四日Saturday晴、上省夜宿于大隈氏

十五日Sunday晴、休、朝上鍋島邸

十六日Monday晴、朝大井藤三郎来訪達和田信郎之返翰盖十二日発也、上省退省為和田信郎訪大井藤三郎且送電報并郵信

十七日Tuesday晴、上省、此日源太郎徴兵検査ヲ東京ニテ受ケ度キ旨ヲ本縣ノ許可状ヲ以テ区役所ニ届ク

十八日Wednesday晴、上省、此日開業医免状所持ノ事ヲ区役所ニ届ク、夜宿于大隈氏、雨大到

十九日Thursday陰、上省、此日年齢訂正ヲ区役所ニ届ク

廿日Friday晴、上省

廿一日Saturday晴、上省

廿二日Sunday日曜休、佛公使館使来午後訪大隈氏、夜宿于大隈氏

廿三日Monday晴、上省退省、訪佛公使館、帰而訪大隈氏、夜訪矢野文雄

廿四日Tuesday晴、上省

廿五日Wednesday晴、上省

廿六日Thursday晴、上省、夜宿于大隈氏、大雨

廿七日Friday陰、上省大雨傾盆頃刻而霽

廿八日Saturday晴、上省

廿九日Sunday晴、休携家浴塩湯

卅日Monday晴、上省、午後同後藤昌綏・西藤龍之・廣瀬惟孝釣堀之遊、夜宿于大隈氏

卅一日Tuesday晴、上省

九月

一日Wednesday陰、上省、午後廣瀬惟孝招飲

二日Thursday雨、上省後晴

三日Friday陰、上省午後或雨、夜宿于大隈氏

四日Saturday陰或雨、上省、午後晴、渡瀬来訪

五日Sunday晴、早朝訪シーボルト盖所其請也、午後訪大隈氏、此日寄書於作出并伊万里

六日Monday晴、上省

七日Tuesday晴、為賜暇休、夜往学、宿于大隈氏

八日Wednesday晴、為賜暇休、午後訪渡瀬、往学

九日Thursday晴、為賜暇休、午後渡瀬来告白、事務繁忙課長命令下之出頭、夜往学、陰或雨後雨大降

十日Friday陰或雨、上省午後為同僚吉田謙次郎訪課長轉訪永松夜往学

十一日Saturday朝陰後晴、上省

十二日Sunday晴、休、朝渋谷氏来過、吉田春吉来共訪林田忠吉於東京専門学校且訪大隈氏、而帰夜宿于大隈氏盖横尾氏ノ為ニ昨夜ト更換スル也

十三日Monday陰或雨或晴、夜往学

十四日Tuesday陰後晴、上省聞荒木道繁之急患、退省訪其病於支那公使館、則無及、夜往学

十五日Wednesday晴、上省、午後應大隈氏之招適早稲田、夜宿于大隈氏、不往学

十六日Thursday雨、朝為大隈氏使

「ヘン・シーボルト」継而上省

雨晴午後會荒木昌三（道繁）之葬轉而再為大隈氏訪シーボルト夜徃学

十七日Friday或晴或雨、上省以官用使墺國公使館并メール記者「ブリンクリー」之家、夜徃学

十八日Saturday晴、上省退省、與同僚囲碁于玉泉堂

十九日Sunday晴、休、朝為川上素六郎訪其居（後復大橋姓）、午後為課長訪大井藤三郎夜宿于大隈氏

廿日Monday陰、午前三時妻挙女児、上省、夜徃学

廿一日Tuesday陰晴不定、上省退省、為課長又訪大井藤三郎盖和田信郎ノ事ノ為ナリ、夜徃学、此日渋谷氏妻犬塚氏妻来訪祝生児

廿二日Wednesday陰或雨、上省、夜徃学

廿三日Thursday陰、以秋季祭休、永松来囲碁、午後雨、横濱丹羽豊七携其妻遂宿、夜宿于大隈氏

廿四日Friday雨、上省夜徃学

廿五日Saturday朝雨、上省晴夜徃学

廿六日Sunday休終日、雨、午後玉生来話

廿七日Monday朝雨、感風、不上省、和田信郎之書状到自熱海、夜徃学、夜宿于大隈氏

廿八日Tuesday陰或雨、上省退省因課長之命訪和田信郎之実父大井藤三郎、晡時永松東海来過、夜徃学

廿九日Wednesda陰或雨、上省夜徃学

卅日Thursday陰或雨、上省退省又因課長之命訪大井藤三郎、夜徃学

十月

一日Friday陰或雨上省、晡時永松来、不徃学、宿于大隈氏

二日Saturday晴、早朝和田信郎母来告昨夜信郎帰仍訪信郎相携上省、此日鶴田雄（曾称機一）拝命于報告課

三日Sunday晴、休、微感冒、訪秀島文圭之病、鶴田雄来過

四日Monday陰、上省微雨夜微恙、不徃学

五日Tuesday朝雨、上省後晴徃学、宿于大隈氏

六日Wednesday晴、上省夜徃学

七日Thursday晴、上省夜徃学渋谷氏来過

八日Friday晴、上省夜徃学

九日Saturday晴、上省午後會秀島之葬、夜徃学、宿于大隈氏

十日Sunday晴、休、朝訪東條世三・前田正名、午後私祭先考

十一日Monday晴、上省、課長所労、夜徃学

十二日Tuesday陰、上省、課長所労、退省以公用訪課長、夜徃学

十三日Wednesda陰、上省、課長所労、夜宿于大隈氏

十四日Thursday雨、上省、課長猶所労

十五日Friday晴、上省課長猶未上省

十六日Saturday晴、微恙、上省、課長上省、午後有官用執事於和田信郎之家、夜為官用與和田執事於課長之家、帰家午夜

十七日Sunday日曜、晴、病猶不癒、為官用與和田信郎執務于課長之家、大隈氏宿直ヲ吉田七郎氏ニ托ス

十八日Monday陰、病仍不愈、上省、午後辞而退省養病

十九日Tuesday雨、養病

廿日Wednesday雨或歇、病少差上省

廿一日Thursday陰、病仍不了々上省、夜宿于大隈氏

廿二日Friday晴、病仍不了々

廿三日Saturday晴、病仍不了々退省療養覚快、嬰児栄女微恙

廿四日Sunday晴、病較覚快、午後應大隈英麿氏之招、晡時帰栄女之病甚悪片桐某来診曰肺加答耳

廿五日Monday雨、上省栄女病危篤之故辞而退省、片桐門人来診病甚重夜中片桐来診、此日渋谷氏御来診

廿六日Tuesday陰、不上省、朝片桐門人来診、午後片桐来診既ニ救フベカラスト云フテ辞去、夜門人来診一息猶存

廿七日Wednesday晴、午前五時嬰児

終絶息ス悲哀無已、天明醫ノ診断書ヲ以テ区役所ニ死亡届ケ埋葬免許状ヲ受ク、埋葬ノ事ヲ駒込追分町西教寺ニ托ス、午後入棺ス寺僧来テ読経シテ帰ル即チ書ヲ作テ家郷ニ報シ且ツ本籍ニモ死亡届ヲ為ス、夜丹羽豊七携妻女来弔ス遂ニ宿ス

廿八日Thursday晴、午後二時寺僧来リ読経シ導棺到寺葬式ヲ為シ該寺ノ支配地ニ埋葬ス帰則入夜

廿九日Friday陰或雨、曩ニ亡児ノ故ヲ以テ三日ノ遠慮ヲ為スヘキ筈ナリシ然レトモ官ノ命ニ依リ今日ヨリ出頭ス、此日妻仲携二小女賽墓并寺

卅日Saturday陰或雨上省寒甚

卅一日Sunday晴、休、午後訪渡瀬并渋谷氏

十一月

一日Monday晴、上省、夜宿于大隈氏、此日丹羽豊七携其妻子来宿

二日Tuesday朝雨上省後晴退省、訪佛公使館曩ニ借ル所ノ佛國歴史ヲ返ス

三日Wednesday晴、午前訪大隈氏

四日Thursday晴、上省夜往学、宿于大隈氏

五日Friday晴、上省、夜往学

六日Saturday陰、上省、午後豊七妻帰于横濱、夜和田信郎来訪

七日Sunday陰、和田来訪相携観能於招魂社、雨

八日Monday朝陰、上省午後晴夜往学、宿于大隈氏、武富茂助来過

九日Tuesday晴、為父祭休携家詣小女之墓夜往学

十日Wednesday晴、朝犬塚駒吉来、上省退省、訪駒吉、夜往学

十一日Thursday陰雨、上省夜風雨、不往学

十二日Friday雨、上省後歇、往学、宿于大隈氏

十三日Saturday晴、上省退省茂助来過後訪渋谷氏、夜往学

十四日Sunday休、朝陰微雨後晴、午後携二小女詣栄女之墓

十五日Monday晴、上省夜往学

十六日Tuesday晴、上省夜往学、宿于大隈氏

十七日Wednesday晴、上省夜学

十八日Thursday雨、上省退省則渋谷氏三男元三郎訃音到夜往吊

十九日Friday陰、上省後霽夜往学

廿日Saturday晴、上省退省會渋谷氏之葬於麻布賢崇寺、夜往学、宿于大隈氏、武富茂来宿

廿一日Sunday晴、休、武富茂助辞去

廿二日Monday陰、上省晴夜往学

廿三日Tuesday晴、以新嘗祭休、午後携妻児詣嬰児之墓、夜往学

廿四日Wednesday晴、上省夜往学、宿于大隈氏

廿五日Thursday晴、上省夜往学、中島亮平来過

廿六日Friday陰、上省雨後歇夜往学

廿七日Saturday晴、上省午後渋谷・永松両氏

廿八日Sunday晴、休、午後訪大隈、夜宿于大隈

廿九日Monday陰、上省雨夜往学

卅日Tuesday晴、上省夜往学

十二月

一日Wednesday晴、上省夜往学

二日Thursday晴、上省、夜有故不往学、宿于大隈氏

三日Friday晴、上省夜往学

四日Saturday晴、上省退省、佛國公使館書記館来観大隈氏邸余應接之、終訪大隈氏

五日Sunday晴、朝吊枚本氏、夜宿于大隈氏

六日Monday陰、上省、夜渋谷氏来過、不往学

七日Tuesday晴、上省夜往学

八日Wednesday晴、上省夜往学、宿于大隈氏

九日Thursday晴、上省夜往学

十日Friday晴、上省夜往学

十一日Saturday晴、上省退省與和田信郎訪廣瀬惟孝、夜往学微雨

十二日Sunday休、朝為松岡守信訪副島唯一、夜宿于大隈氏

十三日Monday晴、上省往学

十四日Tuesday陰、上省雨夜大雷暴風雨、因訪大隈氏之招往早稲田

十五日Wednesday晴、上省往学
十六日Thursday晴、上省夜往学、宿于大隈氏
十七日Friday晴、早朝訪谷謹一郎氏借書、上省夜往学
十八日Saturday晴、上省往学
十九日Sunday晴、休、午後赴于國雅之會于大隈氏
廿日Monday晴、上省夜往学、宿于大隈氏
廿一日Tuesday晴、上省夜往学
廿二日Wednesday陰晴不定、上省夜往学
廿三日Thursday朝陰、上省後晴、夜往学
廿四日Friday晴上省夜往学、宿于大隈氏
廿五日Saturday晴、上省夜為公用不往学
廿六日Sunday晴、休、在居終日執公事
廿七日Monday晴、上省夜往学後雨
廿八日Tuesday晴、上省今日為御用仕舞然残務アルヲ以テ退省後同僚ト玉泉堂ニ會シ執務ス、入夜帰家往学
廿九日Wednesday晴、以公事訪課長、午後會渡瀬氏洋文ヲ作ル、夜往学
卅日Thursday晴、夜往学
卅一日Friday晴、午後祝歳暮於大隈氏

〔表紙、原寸、縦一二cm、横一六・五cm〕

四十四年

明治二十年丁亥

日暦

一月

一日Saturday晴、向郷拝先塋、継而列妻児祝新年、拝年於諸家、夜宿于大隈氏
二日Sunday晴、午後拝年於諸家
三日Monday晴、適横濱拝年於丹羽・松尾氏、帰則入夜
四日Tuesday晴、児輩同林田忠吉往横濱
五日Wednesday晴、寄書於家郷、宿于大隈氏
六日Thursday陰、上省雪夜往学
七日Friday晴、上省、晡時児輩帰自横濱、夜往学
八日Saturday晴、上省不往学
九日Sunday晴、休、夜宿于大隈氏
十日Monday晴、上省夜往学
十一日Tuesday晴、上省夜往学
十二日Wednesday晴、上省夜往学
十三日Thursday晴、上省夜往学、宿于大隈氏
十四日Friday雨、上省夜往学
十五日Saturday晴、上省夜往学
十六日Sunday晴、上省夜往学
十七日Monday晴、上省夜往学、宿于大隈氏
十八日Tuesday大雪、上省夜往学
十九日Wednesday晴、上省夜往学
廿日Thursday雨、上省夜往学
廿一日Friday陰仍雨、上省夜往学、宿于大隈氏
廿二日Saturday晴、上省、午後丹羽豊七来話
廿三日Sunday休、朝陰後雨
廿四日Monday陰、上省
廿五日Tuesday晴、上省後不往学、宿于大隈氏
廿六日Wednesday雨、上省夜往学
廿七日Thursday雨歇時或見日光、上省夜往学
廿八日Friday晴、上省夜往学
廿九日Saturday晴、上省夜往学雨、宿于大隈氏
卅日Sunday雨、休、午後訪渡瀬放晴因其招飲某樓
卅一日Monday陰、上省微恙不往学

二月

一日Tuesday陰、上省仍不往学
二日Wednesday陰或雪、上省後晴退省丹羽来夜往学、宿于大隈氏
三日Thursday晴、上省往学
四日Friday晴、上省
五日Saturday晴、上省
六日Sunday晴、休、宿于大隈氏
七日Monday晴、上省
八日Tuesday晴、上省
九日Wednesday晴、上省
十日Thursday晴、上省帰則大隈家雉子橋邸ガ外務省へ賣渡シノ事ヲ

聴ク、夜宿于大隈氏
十一日Friday晴、以祭日休、轉寓ノ
為メニ家屋ヲ諸所ニ捜索ス不得
十二日Saturday晴、上省
十三日Sunday晴、休同横尾・杉本等
家屋ヲ諸所ニ索ム盖シ移寓ヲ要
スレハナリ、午後訪渋谷氏
十四日Monday晴、上省夜渋谷氏来過、
夜宿于大隈氏
十五日Tuesday晴、上省
十六日Wednesday晴、上省退省、訪
永松
十七日Thursday晴、上省退省、訪大
隈氏
十八日Friday晴、上省
十九日Saturday晴、上省有故不上省
為轉寓之準備
廿日Sunday雨、休、轉寓於牛込区新
小川町二丁目十八番地
廿一日Monday晴、上省
廿二日Tuesday晴、上省
廿三日Wednesday晴、上省
廿四日Thursday晴、上省
廿五日Friday晴、上省、夜訪飯塚八
百太
廿六日Saturday晴、上省、午後訪大
隈氏
廿七日Sunday微雨
廿八日Monday晴、上省

三月

一日Tuesday晴、上省
二日Wednesday晴、上省
三日Thursday晴、上省、午後三男昇
三郎ヲ大隈氏ニ托ス
四日Friday晴、上省
五日Saturday晴、上省
六日Sunday朝晴後陰、訪伊万里銀行
役員本岡儀八・丹羽豊七、於對
鶴館
七日Monday晴、上省
八日Tuesday晴、上省
九日Wednesday風雨不歇、上省午後
風雨益甚
十日Thursday晴、上省
十一日Friday晴、上省為頭痛乞診
於池田謙斉氏、退省、シーボル
ト獨乙新聞ヲ大隈氏ニ送ルヲ以
テ大隈氏ヲ、訪盖シ昨年同氏ヨ
リ注文スル所ナリ、帰途訪渋谷
氏
十二日Saturday晴、上省
十三日Sunday晴、休
十四日Monday晴、上省
十五日Tuesday晴、上省
十六日Wednesday晴、上省
十七日Thursday晴、上省
十八日Friday晴、上省
十九日Saturday晴、上省退省、為針
療、晡時適渋谷氏之招飲、此日
横濱丹羽妻来
廿日Sunday晴、休、為針療
廿一日Monday晴、為春季皇霊祭休、
午後丹羽妻帰
廿二日Tuesday晴、上省
廿三日Wednesday晴、上省
廿四日Thursday晴、上省
廿五日Friday晴、上省
廿六日Saturday晴、上省、午後訪大
隈氏為同氏使「シーボルト」
廿七日Sunday晴、休、終日養痾
廿八日Monday晴、上省
廿九日Tuesday晴、上省
卅日Wednesday上省
卅一日Thursday上省

四月

一日Friday晴、上省、夜雨昇三郎渋
谷氏ノ令閨ノ家渡辺家養子ノ件
ニ付送籍ノ事ヲ作出ニ云送ル
二日Saturday雨、上省
三日Sunday朝陰、休、午後同平田
八郎・東條世三観工業共進會於
上野、且會同人社同窓会于松源
樓迎、敬宇先生及夫人、若先生
及夫人會二十餘名
四日Monday晴、松村勝正来訪相携上
省、夜徃学
五日Tuesday晴、上省夜徃学
六日Wednesday晴、上省夜徃学
七日Thursday晴、上省夜徃学
八日Friday雨、上省後霽
九日Saturday晴、上省、午後丹羽携
家来宿
十日Sunday晴、休、丹羽仍逗、朝訪
蘆氏
十一日Monday陰晴不定、上省、丹羽
仍逗、夜渋谷氏来過、雨

十二日Tuesday雨、上省、丹羽仍逗
十三日Wednesday晴、上省、丹羽帰
十四日Thursday晴、上省退省、吊伊
　東武重之死
十五日Friday晴、上省、夜宿于伊東
　氏
十六日Saturday晴、上省退省、夜訪
　伊東氏
十七日Sunday晴、休、會于伊東氏之
　葬
十八日Monday晴、上省
十九日Tuesday晴、上省
廿日Wednesday晴、上省
廿一日Thursday晴、上省退省、則丹
　羽来、夜渋谷氏来過
廿二日Friday陰、上省
廿三日Saturday雨、上省
廿四日Sunday晴、訪渋谷
廿五日Monday陰、上省、此日又轉寓、
　于神田区西小川町二丁目三番地
廿六日Tuesday雨、上省
廿七日Wednesday晴、上省
廿八日Thursday晴、上省朝有故訪大
　隈氏
廿九日Friday晴、上省夜往学
卅日Saturday陰、上省午後風雨、夜
　霽往学

五月

一日Sunday晴　休　渋谷氏永松東
　海亦来相携遊于王子、帰途二氏
　茅屋へ来會囲碁
二日Monday陰、上省退省、伊東祐穀
　其亡父二十日祭ヲ以テ招飲
三日Tuesday陰、上省
四日Wednesday陰、上省
五日Thursday晴、上省夜往学
六日Friday陰或雨、上省夜往学
七日Saturday晴、上省夜往学
八日Sunday晴、休、終日従事反訳、
　晡時獨散歩
九日Monday朝陰、上省雨午後適横濱
十日Tuesday陰、上省退省、同横尾
　氏・南二氏、大隈氏華族ニ列セ
　ラレ伯爵ヲ賜ハリタルヲ賀ス
十一日Wednesday陰晴不定
十二日Thursday晴、上省
十三日Friday晴、上省
十四日Saturday晴、上省
十五日Sunday晴、休、和田来訪相携
　遊于上野
十六日Monday晴、上省
十七日Tuesday雨、上省
十八日Wednesday雨、上省
十九日Thursday陰晴不定、上省
廿日Friday陰、微恙不上省
廿一日Saturday晴、上省
廿二日Sunday陰晴不定、微恙
廿三日Monday雨、病仍未愈
廿四日Tuesday晴、上省
廿五日Wednesday陰晴不定、上省
廿六日Thursday陰晴不定
廿七日Friday陰晴不定
廿八日Saturday雨、上省退省、同渡
　瀬・熊本・鶴田・和田等洋食
廿九日Sunday雨終日不歇
卅日Monday晴、上省退省、療歯、得
　阿兄書
卅一日Tuesday

六月

一日Wednesday
二日Thursday
三日Friday
四日Saturday晴、上省
五日Sunday休、雨、晡時伴渋谷萬次
　郎見大隈氏
六日Monday晴、上省、午後詣歯医井
　野春穀療歯、夜雨、此日贈飲水
　要論一冊於阿兄盖所其請也
七日Tuesday陰或微雨、亦詣歯医、
　夜雨
八日Wednesday
九日Thursday
十日Friday晴、上省退省則丹羽来
十一日Saturday晴、上省退省、介渋
　谷萬次郎於大隈氏、入夜帰則
　丹羽携家来宿
十二日Sunday晴、休、丹羽誘家之演
　劇
十三日Monday■上省
十四日Tuesday雨、上省
十五日Wednesday雨、上省退省、所
　得税ガ事ヲ家郷ニ報ス
十六日Thursday雨、上省
十七日Friday陰、上省
十八日Saturday晴、上省
十九日Sunday

廿日Monday
廿一日Tuesday
廿二日Wednesday
廿三日Thursday朝陰、上省午後雨退
省、武富熊助携妻子来、後留妻
子獨帰横濱
廿四日Friday陰、微恙上省
廿五日Saturday陰、微恙上省
廿六日Sunday雨、休
廿七日Monday陰、上省
廿八日Tuesday晴、上省従臥病
廿九日Wednesday晴、仍臥
卅日Thursday陰、仍臥

七月

一日Friday陰、仍臥
二日Saturday雨、仍臥
三日Sunday休、陰晴不定
四日Monday晴、上省、熊助携妻子帰
横濱
五日Tuesday晴、上省
六日Wednesday陰晴不定、上省
七日Thursday陰、上省
八日Friday晴、上省退省、訪渋谷氏
九日Saturday晴、上省退省、同西
藤龍之・渡瀬・和田・廣瀬諸氏
遊于温泉
十日Sunday晴、休、所得税ノ家信来
十一日Monday晴、上省、今日ヨリ暑
中賜暇トナリ十二時退省トナル
十二日Tuesday晴、上省午後陰終
雨入夜益甚、此日所得金高届ヲ
為ス

十三日Wednesday晴、上省
十四日Thursday晴、上省
十五日Friday晴、上省
十六日Saturday晴、上省
十七日Sunday晴、休、早朝訪渡辺洪
基継訪大隈氏、帰則武富熊助携
妻子来、松尾嘉十携其弟来、而
武富妻子終止
十八日Monday晴、早朝訪再訪渡辺洪
基、午後雨
十九日Tuesday晴、上省
廿日Wednesday晴、上省
廿一日Thursday晴、上省
廿二日Friday晴、上省
廿三日Saturday晴、上省武富熊助来
廿四日Sunday晴、休
廿五日Monday晴、上省、武富熊助辞
適横濱
廿六日Tuesday晴、上省、晡時武富
熊助妻辞適横濱
廿七日Wednesday晴、上省
廿八日Thursday上省退省、訪中島亮
平、帰寓、訪大隈氏
廿九日Friday雨、上省後蘆課長所労
ニ付以公用訪之
卅日Saturday晴、上省退省、妻携二
小女訪武富熊助妻ヲ神奈川駅ニ
訪■
卅一日Sunday休、朝陰、送大隈氏之
入従伊香保於上野停車場、後晴、
適横濱訪武富熊助〃〃家于神奈川
晡時松尾嘉十来訪場余等轉他店

張詰飲食餐、入夜九時四十分来
獨效帰京

八月

一日Monday上省、午後微雨、晡時妻
携子帰自横濱
二日Tuesday朝陰後晴、上省
三日Wednesday朝陰後晴、上省
四日Thursday雨、上省
五日Friday晴、上省
六日Saturday晴、上省
七日Sunday晴、休
八日Monday晴、上省時有驟雨
九日Tuesday晴、上省有驟雨、晡時
訪西藤龍之
十日Wednesday晴、上省
十一日Thursday晴、上省
十二日Friday晴、上省
十三日Saturday晴、上省、午後神山
■来訪
十四日Sunday晴、休、杦本軾之助来
訪
十五日Monday晴、上省退省、晡時訪
永松
十六日Tuesday晴、上省、午後大雷
雨薄暮歇
十七日Wednesday晴、上省、晡時與
妻詣小女之墓
十八日Thursday晴、上省、午後渡瀬
来訪
十九日Friday陰、上省、午後放晴日
星蝕二時四十分起三時四十分暗
極四十五分漸明ニ趣ク

廿日Saturday晴、上省
廿一日Sunday晴或陰、休
廿二日Monday陰、上省
廿三日Tuesday晴、上省、妻訪妹病
　於横濱
廿四日Wednesday晴、上省退省、則
　妻帰自横濱
廿五日Thursday晴、上省退省、為和
　田其俸給ヲ受取リ之レヲ渡ス
廿六日Friday晴、上省
廿七日Saturday晴、上省
廿八日Sunday晴、朝渋谷氏来過、晡
　前訪同氏、古川某亦来、入夜大
　雷雨
廿九日Monday晴、上省晡時訪渋谷氏
卅日Tuesday晴　上省
卅一日Wednesday晴、上省退省、弔
　熊本庸太郎亡幼児、轉訪渋谷氏

九月

一日Thursday晴、上省退省、為渋谷
　氏訪古川慎吾相共訪渋谷氏、晡
　時訪大隈英麿氏
二日Friday晴、賜暇休、午後訪英麿
　氏并渋谷氏
三日Saturday晴、賜暇休、朝五時半
　送英麿氏教教諭仙台中学校
四日Sunday晴、休、渋谷細君来、午
　後訪渡瀬・廣瀬二氏
五日Monday晴、休
六日Tuesday晴、休
七日Wednesday晴、休
八日Thursday晴、休
九日Friday陰晴不定、休、或雨微恙
　臥床、午後同僚鶴田雄来過
十日Saturday陰晴不定、晡時渋谷氏
　来
十一日Sunday晴、休、訪渋谷氏
十二日Monday陰、上省退省、有故訪
　同僚鶴田雄
十三日Tuesday雨、上省退省、丹羽
　豊七来過
十四日Wednesday陰或晴、上省
十五日Thursday晴、上省
十六日Friday晴、上省夜渋谷氏来過
十七日Saturday晴、上省、午後訪大
　隈氏并渋谷氏、帰則丹羽豊七携
　妻子来遂宿
十八日Sunday休、陰、渋谷先生来、
　雨、終囲碁丹羽仍逗
十九日Monday雨、上省、丹羽仍逗、
　夜丹羽帰其妻仍逗
廿日Tuesday陰或雨、上省
廿一日Wednesday陰或雨、上省、午
　後渋谷氏妻来
廿二日Thursday陰或晴、上省
廿三日Friday陰或雨、上省、夜渋谷
　氏来訪
廿四日Saturday陰或雨　上省　夜
　横尾金一来訪、此日丹羽豊七妻
　帰
廿五日Sunday陰、上省
廿六日Monday陰、上省
廿七日Tuesday晴、上省
廿八日Wednesday陰、上省
廿九日Thursday陰上省
卅日Friday雨、微恙不上省

十月

一日Saturday雨、上省
二日Sunday雨、休
三日Monday雨、上省
四日Tuesday雨、上省徹宵雨不歇
五日Wednesday雨、上省終日雨不歇
六日Thursday晴、午前或雨上省退省、
　訪大隈氏、夜渋谷氏来過
七日Friday早朝、送大隈氏于上野停
　車場、上省、雨
八日Saturday雨、上省時々暴風雨晡
　時霽
九日Sunday晴、休、渋谷氏招飲
十日Monday晴、以父祭休
十一日Tuesday晴、上省
十二日Wednesday晴、上省
十三日Thursday晴、早朝訪渡邊洪基、
　上省、夜渋谷氏来過、後迎大隈
　氏於上野停車場
十四日Friday晴、上省
十五日Saturday晴、上省、午後與渋
　谷氏訪大隈氏
十六日Sunday陰或雨、休
十七日Monday休、陰或雨
十八日Tuesday晴、上省為大隈氏適
　墺國公使館轉適大隈氏
十九日Wednesday晴、上省
廿日Thursday陰、為病不上省
廿一日Friday晴、仍臥、午後渡瀬来
廿二日Saturday晴、上省午後陰、永

松来
廿三日Sunday或雨或晴、休、松岡守
信来
廿四日Monday晴、上省
廿五日Tuesday晴、上省、夜渋谷氏
来過
廿六日Wednesday晴、上省、此日為
先考二十三年祭并亡女周年祭、
夜横尾氏来過
廿七日Thursday晴、上省訪「シーボ
ルト」、午後松岡来
廿八日Friday晴、上省
廿九日Saturday晴、上省
卅日Sunday晴、休、朝訪蘆氏永松氏
卅一日Monday晴、上省朝訪渡邊洪基、
夜雨

十一月

一日Tuesday雨、松岡来、夜徳久太
良次書到ル
二日Wednesday晴、上省、夜書ヲ作
出ニ送ル、丹羽来ル
三日Thursday晴、為祭日休、渋谷氏
招飲
四日Friday晴、上省退省、中島亮平
来話、旧友片山帯雲上京ヲ報ス、
蓋シ尾道（備後）病院長トナリ
居タリシカ器械購買ノ為メ上京
シタル也
五日Saturday陰、上省退省、訪片山
話旧数刻雨帰夜雨
六日Sunday休、雨歇、片山来訪相携
遊于上野終飲不忍池、永松亦来
會、雨
七日Monday陰、上省
八日Tuesday晴、有故渡邊洪上省
九日Wednesday晴、上省、夜訪東條
世三
十日Thursday陰、上省或雨
十一日Friday陰、上省退省、郷人山
谷村西藤治平来、日本橋通四丁
目四番地深海光之助家ニ宿スト
云フ、蓋シ其姉ノ子ト云フ
十二日Saturday晴、上省退省校租税
史訳
十三日Sunday晴、休、終日校訳史、
晡時治平来
十四日Monday晴、上省夜渋谷氏来過
十五日Tuesday陰、上省、午前訪「シ
ーボルト、」退省訪大隈氏、夜中
島亮平来過
十六日Wednesday晴、上省退省、治
平来、シーボルト使来、夜校書
十七日Thursday陰、朝或細雨、上省
十八日Friday朝陰、上省後晴夜校史
十九日Saturday晴、上省
廿日Sunday晴、休、好天気終日校史
晡前大橋素六郎来過
廿一日Monday晴、上省退省、校史
廿二日Tuesday晴、上省退省校史、
夜中島亮平来過
廿三日Wednesday晴、以新嘗休、終
日校史
廿四日Thursday朝微雨継霽又陰、上
省、夜訪飯塚、微雨
廿五日Friday晴、上省午後陰退省、
訪高田早苗於日就社、帰途雨継
霽、夜中島亮平来話
廿六日Saturday晴、上省退省、同中
島亮平訪吉田豊文、夜吟嘯而
帰月色可弄
廿七日Sunday晴、早朝訪高田早苗・
田原栄、帰則片山帯雲来待相携
訪永松・渋谷二氏終飲開花樓、
踏月帰
廿八日Monday晴、上省、夜校史
廿九日Tuesday晴、上省、夜校史
卅日Wednesday晴、上省、晡時片山
帯雲来過後訪永松

十二月

一日Thursday晴、微恙不上省
二日Friday晴、上省妻適横濱、晡時
片山帯雲来告別
三日Saturday晴、上省、晡時渋谷・
古川来過
四日Sunday晴、休、朝渋谷萬来、午
後妻帰自横濱
五日Monday晴、上省退省校史
六日Tuesday晴、上省退省校史
七日Wednesday晴、上省退省、訪渡
邊洪基及鈴木大亮為中島亮平
八日Thursday晴、上省
九日Friday晴、上省
十日Saturday陰晴不定、上省、晡前
微雨
十一日Sunday晴、休
十二日Monday陰、上省

十三日Tuesday晴、上省退省丹羽来
十四日Wednesday晴、上省、午後同僚拝観新皇居、晡時風雨
十五日Thursday晴、上省
十六日Friday晴、上省
十七日Saturday晴、上省
十八日Sunday晴、朝訪蘆氏
十九日Monday晴、上省
廿日Tuesday晴、上省
廿一日Wednesday晴、上省退省渡瀬某ト店飲ス
廿二日Thursday陰、上省後雨、大蔵省非職勅任日本銀行総裁吉原重俊葬式ニ付青山墓地ニ出張ス蓋シ課長ノ内諭ニ由ル
廿三日Friday晴、上省
廿四日Saturday晴、上省
廿五日Sunday晴
廿六日Monday晴、上省、夜中島亮平来話
廿七日Tuesday晴、上省
廿八日Wednesday朝陰、上省後晴午後退省、今年之勤務止于茲、夜雨
廿九日Thursday晴
卅日Friday晴
卅一日Saturday晴、午後訪大隈氏、晡時中島亮平来話後西藤龍之来囲碁

〔表紙、原寸、縦一二cm、横一七cm〕

四十五年

明治廿一年戊(戊)子

日暦

一月

一日Sunday晴、向郷村先塋而列妻児祝新年於■宅
二日Monday晴、拝年於諸家、夜帰家則丹羽豊七携其弟清次郎来、清次郎學心学者也
三日Tuesday晴
四日Wednesday晴、公事始上省午後訪同僚渡瀬秀一郎之病継適横濱拜年丹羽・松尾入夜帰家
五日Thursday晴、以新年宴会之故休、午後同横尾金一・佐納岩吉・渡辺魁等同飲
六日Friday晴上
七日Saturday晴、上省午後渋谷氏招飲古川晋吾亦来會
八日Sunday晴、午前訪古川晋吾
九日Monday晴、上省
十日Tuesday晴、上省
十一日Wednesday晴、上省
十二日Thursday晴、上省退省乞中川徳基・後藤昌綏・曽根■鑑書畫是作出吉永所送也
十三日Friday晴、上省
十四日Saturday晴、上省
十五日Sunday晴、朝介曽根氏乞書畫之鑑定於馬場某帰而披之於作出吉永
十六日Monday晴、上省
十七日Tuesday晴、上省
十八日Wednesday陰、上省退省為中島亮適横濱計事於丹羽某不諧帰則十一時微雨
十九日Thursday陰、上省退省訪中島■
廿日Friday陰、上省退省訪中島了其嘱事、夜中中島来告別盖以明日入浴于熱海也
廿一日Saturday晴、上省午後永松来囲碁
廿二日Sunday晴、休、朝曽根某携来鑑定家観書畫
廿三日Monday晴、上省退省〔省〕有永松訪大森惟中不逢
廿四日Tuesday晴、上省退省訪大森惟中（小石川竹早町七番■）
廿五日Wednesday晴、上省夜往学
廿六日Thursday晴、上省
廿七日Friday晴、上省
廿八日Saturday晴、上省退省永松招飲渋谷・古川・重松来會
廿九日Sunday晴、休
卅日Monday晴、孝明天皇祭ヲ以テ休、晡時陰携家詣塋
卅一日Tuesday桐陰、上省午後晴

二月

一日Wednesday陰、上省退省晡時雹訪大隈氏盖シ賀其入閣也
二日Thursday晴、上省午後丹羽某来
三日Friday晴、上省退省吉田春吉来入夜帰、此日寄書於作出伊万里武富茂助

四日Saturday雪、上省退省

五日Sunday晴、休、南隈雄来訪

六日Monday晴、上省退省訪大隈氏寄書於中島亮平于豆州熱海

七日Tuesday朝雪晴、上省退省為公用訪課長盖課長為病不出省也

〔八日欠のため九日・十日・十一日の曜日は間違っている〕

九日Wednesday嬾晴、上省中島書来、退省訪大隈氏移轉外務省

十日Thursday晴、上省退省齋藤治平来訪、春吉為授券ヲ送ル

十一日Friday陰晴不定、以紀元祭休

十二日Sunday陰休

十三日Monday朝陰上省後晴午後適于横濱帰則人定前

十四日Tuesday■陰後晴上省

十五日Wednesday陰晴不定上省

十六日Thursday陰上省

十七日Friday雪上省継晴

十八日Saturday晴、上省退省旁贈書籍於英麿氏

十九日Sunday陰、休、鶴田雄来終日校史夜雨

廿日Monday陰雪、上省雪継雨歇

廿一日Tuesday晴、上省退省南氏来訪夜校史

廿二日Wednesday晴、上省

廿三日晴Thursday上省渋谷氏来訪

廿四日Friday晴、上省退省陰夜校史

廿五日Saturday晴、上省退省中川徳基招飲

廿六日Sunday休、雨、午前齋藤治平来午後丹羽豊七伊万里人本岡■■来

廿七日Monday晴、上省

廿八日Tuesday晴、上省退省訪大隈氏帰途訪本岡帰途逢丹羽

廿九日Wednesday陰、上省

三月

一日Thursday陰、上省訪「シーボルト」并大隈氏夜雨

二日Friday雨、上省後晴帰途訪本岡此日伊万里■阿松氏ノ贈物到着ス

三日Saturday晴、上省退省有故訪寫字生二名

四日Sunday陰、休南隈氏来訪相携訪大隈氏午後雨至夜

五日Monday朝晴、上省後陰退省■■歇寄書於■太郎

六日Tuesday晴、上省

七日Wednesday晴、上省

八日Thursday晴、上省

九日Friday陰、上省雨退省為同僚鶴田雄與同僚集會盖其破産處分期限（本日中）ニ切迫スルヲ以ナリ

十日Saturday晴、上省退省訪渋谷氏

十一日Sunday晴、休午後渋谷氏来

十二日Monday晴、上省

十三日Tuesday晴、上省受課長内意訪鶴田午後雨退省同僚■■鶴田ニ會ス

十四日Wednesday晴、上省退省為鶴田雄其ノ債主

十五日Thursday晴、上省退省為鶴田雄奔走ス

十六日Friday晴、上省退省為鶴田雄奔走ス

十七日Saturday陰、上省午後雨、夜訪友人此日鶴田雄破産彌縫成功セサル■■■■

十八日Sunday晴、休

十九日Monday晴、上省

廿日Tuesday晴、休、終日校史

廿一日Wednesday晴、上省

廿二日Thursday晴、上省

廿三日Friday晴、上省退省為鶴田訪西藤龍之又訪某於下谷

廿四日Saturday晴、上省感風退省為鶴田雄訪■■■■者帰而臥、渋谷氏来訪、晡時同僚来訪盖為鶴田雄也、後雄亦来

廿五日Sunday晴、休、仍臥午後同僚来訪為鶴田雄也

廿六日Monday晴、仍臥以母祭不上省午後渡瀬来過

廿七日Tuesday晴、上省退省、伊万里人花島芳樹来■

廿八日Wednesday陰、病未全癒不上省雨午後渡瀬来過

廿九日Thursday晴風、上省午後不堪病而退省夜乞片桐診

卅日Friday晴、仍臥片桐門人来診

卅一日Saturday雨、仍臥

四月

一日Sunday晴、仍臥
二日Monday晴、仍臥丹羽清次郎来話
三日Tuesday陰晴不定、祭日薄暮雨
仍臥、此日渋谷氏携家帰縣
四日Wednesday晴、上省猶不為了今
夜片桐来診、此日松尾嘉十来過
五日Thursday晴、仍臥
六日Friday陰雨、仍臥午後片桐来診
七日Saturday晴、仍臥■■渡瀬来訪
八日Sunday晴、病大快午後片桐来診
九日Monday晴、猶未上省、此日早
朝妻携直次郎適横濱盖直次郎為
徴兵検査帰国也
十日Tuesday雨、猶未上省
十一日Wednesday雨歇仍未上省午後
妻帰自横濱
十二日Thursday晴、上省
十三日Friday晴、上省以官命訪「メ
イル」新聞記者「ブ■■■」
十四日Saturday陰、上省退省訪廣瀬
惟孝之病
十五日Sunday晴、休、終日校史
十六日Monday雨、上省退省丹羽来
十七日Tuesday晴、上省夜訪
十八日Wednesday晴、上省退省訪渡
瀬秀一郎病
十九日Thursday陰晴不定上省
廿日Friday陰、上省
廿一日Saturday雨、上省
廿二日Sunday晴、訪大隈氏帰途東條
世三臥病午後訪中里■太郎
廿三日Monday雨、上省退省、阿兄書
到曰ク其三男季三郎遊学上京依
嘱之事
廿四日Tuesday陰、上省
廿五日Wednesday朝陰上省後晴、作
書答阿兄
廿六日Thursday晴、上省
廿七日Friday晴、上省退省、訪高藤
龍之之病并廣瀬惟孝之病
廿八日Saturday晴、上省午後訪東條
世三之病
廿九日Sunday休、雨朝訪永松氏此日
所得税届書ヲ本縣ニ送る
卅日Monday陰或微雨上省夜雨

五月

一日Tuesday陰、上省退省訪課長
夜雨校史
二日Wednesday雨、上省退省吊犬塚
駒吉氏其幼子夜校史
三日Thursday陰、上省退省校史
四日Friday朝陰上省午後晴退省校史
五日Saturday晴、上省退省中島亮自
熱海帰来訪齋藤治平来
六日Sunday晴、休、校史夜雨
七日Monday雨、上省■日不歇
八日Tuesday雨、上省夜校史
九日Wednesday晴、上省夜中島亮平
来話
十日Thursday陰晴不定上省退省雨
十一日Friday陰、上省
十二日Saturday晴、上省
十三日Sunday晴、休、午後與横尾金
一氏郊行買薔薇数茎
十四日Monday晴、上省此日課長ノ命
ニ由リ鶴田雄ヲ訪フ不〔逢〕、此
日伊万里并作出ニ出書ス、夜横
尾金一来過
十五日Tuesday晴、上省
十六日Wednesday晴、早朝中島亮平・
廣瀬惟孝来、上省午後中島亮平
来
十七日Thursday陰或晴上省
十八日Friday晴、上省
十九日Saturday晴、上省午後伊東祐
穀・犬塚駒吉・仝伊三郎来過
廿日Sunday晴、休、校史午後永松来
訪
廿一日Monday陰、寒甚上省
廿二日Tuesday朝晴上省後陰
廿三日Wednesday陰上省後雨午後
〔雨〕益甚矣
廿四日Thursday晴、上省
廿五日Friday晴、上省
廿六日Saturday晴、上省退省松尾嘉
十之病ヲ順天童〔堂〕ニ訪フ
廿七日Sunday晴、朝吊北畠治房氏之
母氏之死
廿八日Monday雨上省夜校史
廿九日Tuesday朝雨継而晴午後上省
退省會于北畠母氏之葬
卅日Wednesday晴、上省
卅一日Thursday陰、上省後晴

六月

一日Friday陰、朝西成政来訪上省

二日Saturday晴、上省
三日Sunday休、陰、朝訪大隈氏後微
　雨夜雨益甚
四日Monday朝雨、上省後晴
五日Tuesday晴、上省
六日Wednesday晴、上省
七日Thursday晴、上省
八日Friday陰、上省後晴
九日Saturday晴、上省午後丹羽豊七
　携妻子来宿、此日訪大隈氏為平
　林也
十日Sunday晴、休、此日午後熊助来
　少焉ニシテ辞去蓋西帰國也夜丹
　羽携妻子而帰
十一日Monday朝陰上省後晴
十二日Tuesday朝陰上省後晴退省訪
　石川〔有〕幸於金杦村
十三日Wednesday雨、上省退省適新
　橋宿
十四日Thursday雨、早朝送大隈氏之
　神戸行於新橋上省此日鷲沢来診
十五日Friday雨、上省退省訪課長夜
　雨益甚
十六日Saturday朝雨上省後晴午後
　廣瀬惟孝来過
十七日Sunday陰、午前訪西成政不逢
　午後訪松尾嘉十之病夜雨
十八日Monday朝陰上省後晴退省訪
　西成政
十九日Tuesday晴、上省
廿日Wednesday晴、上省
廿一日Thursday晴、上省退省同西藤
　龍之・和田信郎・渡瀬秀一郎散
　歩上野帰刻人定後
廿二日Friday晴、上省退省鷲沢来診
廿三日Saturday晴、上省
廿四日Sunday晴、校史
廿五日Monday陰、上省午後中島亮平
　来
廿六日Tuesday雨、上省
廿七日Wednesday陰、上省退省課長
　之命與廣瀬惟孝訪鶴田晡時来過
　夜訪深江順暢
廿八日Thursday陰、上省退省松尾嘉
　十来
〔二十八日・二十九日は鉛筆書き〕
廿九日Friday晴、早朝為同僚訪鶴田
　雄■上省
卅日Saturday晴、上省

七月

一日Sunday晴、休午後訪三枝守富氏
二日Monday晴、上省
三日Tuesday陰、上省退省訪松尾之
　病
四日Wednesday陰、上省晡時訪課長
　轉訪大隈氏於其官邸夜雨
五日Thursday雨、上省
六日Friday陰、上省退省松尾妻来
七日Saturday陰、朝西成政来過上省
　晡時晴
八日Sunday晴、早朝訪南氏後訪大隈
　氏并添田壽一氏
九日Monday晴、上省退省同渡瀬・和
　田・熊本・廣瀬諸氏遊于見晴帰
　則人定夜微雨
十日Tuesday陰、上省
十一日Wednesday晴、上省夜南氏来、
　少焉姪季三郎来蓋留学ノ為メト
　云フ後横尾・並木過■
十二日Thursday晴、賜暇休（大塚氏
　妻来）午後季三郎ノ学資ノコト
　ニ関シ書ヲ阿兄ニ贈り其答ヲ促
　ス
十三日Friday晴、賜暇休
十四日Saturday晴、休、朝渡瀬来
十五日Sunday晴、休
十六日Monday晴、休
十七日Tuesday晴、朝飯塚八百太来
　過、上省夜訪飯塚、中島来訪
十八日Wednesday晴、休午前直次郎
　帰自伊万里夜雨、岳父・信太郎・
　藤川・森永豊吉・花島芳樹・徳
　久太良次・嘉平・伊兵衛へ出状
　ス
十九日Thursday陰午後晴、朝適外務
　省午後丹羽豊七■與訪松尾嘉十
廿日Friday晴、休、午後臨東京専
　門学校卒業式
廿一日Saturday陰晴不定、午後驟雨
　適大隈氏述昨日之謝詞
廿二日Sunday休、終日或雨或歇
廿三日Monday晴、松尾来午後雨
廿四日Tuesday陰晴不定
廿五日Wednesday晴、適横濱訪丹羽
廿六日Thursday晴、上省轉訪杦本轉
　軾之助之病

廿七日Friday晴、薄暮迎大隈英麿氏
帰京於上野
廿八日Saturday陰晴不定、午後訪大
隈英麿氏不逢入夜驟雨
廿九日Sunday終日雨校史
卅日Monday午前暴風雨午後放晴
卅一日Tuesday晴風甚晡前赴于前田
正名之寓會

八月

一日Wednesday晴、午後訪大隈英麿
氏
二日Thursday晴上省午後訪矢野文
雄及高藤鉡三郎
三日Friday晴、休、朝訪西成政
四日Saturday晴、休
五日Sunday晴、休、有驟雨
六日Monday晴、上省
七日Tuesday晴、上省
八日Wednesday晴、上省
九日Thursday晴、上省
十日Friday晴、上省午後訪大隈氏
十一日Saturday朝陰後晴、朝送大隈
氏入浴于熱海継而上省
十二日Sunday朝陰後晴、永松来訪後
訪相良氏及石川氏
十三日Monday朝陰上省後晴退省訪
上野直輔氏
十四日Tuesday朝陰上省後晴
十五日Wednesday陰上省午後雨
十六日Thursday陰、上省
十七日Friday■上省
十八日Saturday晴上省退省訪シー
ボルト氏
十九日Sunday晴、休、書ヲ俊蔵ニ長
崎送ル
廿日Monday晴、上省
廿一日Tuesday晴、上省
廿二日Wednesday陰、上省夜雨
廿三日Thursday雨、上省
廿四日Friday晴、上省
廿五日Saturday晴、上省晡前渡瀬
来過
廿六日Sunday晴、休
廿七日Monday晴、上省、晡時上野迎
英麿氏同車適早稲田深夜帰宿
廿八日Tuesday晴、上省退省■訪英
麿氏入夜帰後雨
廿九日Wednesday雨、上省訪シーボ
ルト氏
卅日Thursday朝陰、上省後晴深夜暴
風雨
卅一日Friday朝暴風或雨上省後晴

九月

一日Saturday晴、上省退省訪「シー
ボルト」
二日Sunday晴、休、晡訪後藤昌綏
三日Monday晴、休、同中川徳基・後
藤昌綏遊于駒込草津温泉
四日Tuesday晴、休
五日Wednesday晴、休
六日Thursday晴、休
七日Friday晴、休、午後丹羽豊七来
八日Saturday晴、休、午後雨
九日Sunday雨、休
十日Monday雨、上省
十一日Tuesday雨、上省
十二日Wednesday雨或見日光微恙不
上省自日午大雨傾盆
十三日Thursday陰雨後晴仍臥
十四日Friday大雨仍臥午後歇廣瀬
惟孝来訪
十五日Saturday晴仍臥
十六日Sunday雨仍臥後雨歇夜和田
信郎来訪
十七日Monday晴不定病痊上省
十八日Tuesday晴、上省退省弔中川
徳基氏妻之死
十九日Wednesday晴、上省
廿日Thursday陰晴不定、上省
廿一日Friday陰或有微雨上省
廿二日Saturday雨以秋季皇霊祭休
廿三日Sunday陰或雨休午後訪大隈
氏、丹羽豊七携妻子来
廿四日Monday陰晴不定、夜過蘆氏校
書
廿五日Tuesday陰晴不定、上省、丹
羽一人帰
廿六日Wednesday陰晴不定、上省、
夜過蘆氏校書
廿七日Thursday晴、上省
廿八日Friday晴、上省夜丹羽豊七来
廿九日Saturday陰晴不定、上省午
後西成政来、丹羽豊七携家族帰
卅日Sunday陰、休、西・久松来

十月

一日Monday陰、上省夜過蘆氏校史

二日Tuesday晴、上省晡時松尾来夜西来

三日Wednesday晴、上省夜訪蘆氏校史

四日Thursday晴、上省夜西成政来

五日Friday晴上省後陰夜訪蘆氏校史

六日Saturday雨、上省午後訪大野直輔氏

七日Sunday晴、休、訪大隈氏

八日Monday晴、上省課長以病不上省退省訪其病夜西来

九日Tuesday晴、上省課長仍不上省夜西来

十日Wednesday晴、上省夜西成政来

十一日Thursday晴、上省退省有微雨晡時大橋素六郎来

十二日Friday晴、上省課長出省夜西成政来

十三日Saturday晴、上省

十四日Sunday晴、休、早朝訪與倉守人氏

十五日Monday晴、上省午後雨歇

十六日Tuesday陰、上省夜西成政来

十七日Wednesday晴、以神嘗祭休朝以公用訪蘆氏轉鍋島邸

十八日Thursday雨、早朝訪與倉守人而上省

十九日Friday陰或雨、上省退省訪吉田彦六

廿日Saturday陰上省或雨退省訪渡瀬之病晡時丹羽来入夜辞去

廿一日Sunday雨、休、朝訪田中喬樹

廿二日Monday雨、上省午後歇夜訪飯塚又雨

片桐来診

廿三日Tuesday朝仍陰雨、以父祭休、雨尋晴、以少女病乞片桐之診

片桐来診

廿四日Wednesday快晴上省

片桐来診

廿五日Thursday雨上省後歇、夜横尾氏・丹羽清次郎来、後雨微雷不歇

片桐来診

廿六日Friday朝雨上省後歇

廿七日Saturday晴、上省、午後寺僧来讀経夜微雨

片

廿八日Sunday晴、休、午後同妻賽寺

鷲

廿九日Monday晴、上省

片・鷲

卅日Tuesday晴、上省退省訪課長

卅一日Wednesday晴、上省夜訪飯塚

十一月

一日Thursday晴、上省

片・鷲

二日Friday晴、上省

三日Saturday陰以天長節休

四日Sunday休、朝陰後雨赴「シーボルト」之請

五日Monday陰上省夜雨

六日Tuesday晴、上省

七日Wednesday晴、朝松尾来、上省

八日Thursday晴、上省

九日Friday晴、上省晡時伊万里人田中藤蔵與丹羽豊七来訪

十日Saturday晴、上省

十一日Sunday陰朝田中藤蔵與丹羽豊七来相携訪大隈氏午後二氏辞去雨到夜徹宵不歇

十二日Monday雨或歇上省

十三日Tuesday雨、上省

十四日Wednesday陰、上省

十五日Thursday陰、上省帰途訪鷲沢氏之轉寓徵恙

十六日Friday晴、上省

十七日Saturday晴、上省

十八日Sunday晴、同大隈英麿・為之二氏観楓於瀧之川

十九日Monday晴、上省

廿日Tuesday陰、上省

廿一日Wednesday雨上省午後應「シーボルト」氏之需訪墺國公使館

廿二日Thursday晴、上省

廿三日Friday晴、以新嘗祭休

廿四日Saturday晴、上省晡時松尾嘉十来告別盖帰國也

廿五日Sunday晴、休、早朝訪大野直輔氏

廿六日Monday晴、上省

廿七日Tuesday晴、上省

廿八日Wednesday晴、上省

廿九日Thursday晴、上省

卅日Friday晴、上省

十二月

一日Saturday晴、上省
二日Sunday晴、休、訪大隈氏
三日Monday晴、上省夜往学
四日Tuesday雨、上省皇城拝観盖明治十一年皇■■■ノ時ノ献金ノ故ヲ以テ也
五日Wednesday晴、上省夜往学
六日Thursday晴、上省
七日Friday晴、上省夜往学西氏来過
八日Saturday晴、上省
九日Sunday晴、休、午後訪與倉氏、深夜雨
十日Monday晴、上省夜往学帰則鷲沢隼人・横尾金一来過
十一日Tuesday晴、上省
十二日Wednesday晴、上省退省同渡瀬秀一郎訪石川有幸氏
十三日Thursday晴上省夜往学
十四日Friday晴、上省
十五日Saturday晴、上省午後與南氏訪三枝氏
十六日Sunday晴風夜宿三枝守富氏
十七日Monday晴、有故不上省
十八日Tuesday晴、上省
十九日Wednesday晴、上省晡時雨往学
廿日Thursday晴、上省
廿一日Friday晴、上省夜往学
廿二日Saturday雨上省継而■
廿三日Sunday晴、休、訪大隈〔氏〕
廿四日Monday晴、上省
廿五日Tuesday晴、上省
廿六日Wednesday晴、上省■往学
廿七日Thursday晴、上省
廿八日Friday晴、上省退省、徵恙、官衙今日■一年ノ事務ヲ収ム
廿九日Saturday晴、休、朝冒病訪蘆氏・岡本氏・古川氏
卅日Sunday晴、風邪未癒仍臥天野為之来
卅一日Monday晴、仍臥夜小子等賦詩

〔表紙、原寸、縦一二cm、横一七cm〕
明治廿二年巳〔己〕丑 四十六年

日暦

一月

一日Tuesday晴、仍臥
二日Wednesday晴
三日Thursday晴、休、仍臥
四日Friday晴、仍臥不上省
五日Saturday晴、休、仍臥
六日Sunday晴、休、仍臥
七日Monday晴、仍臥不上省
八日Tuesday晴、仍臥不上省
九日Wednesday晴
十日Thursday晴
十一日Friday晴
十二日Saturday晴、上省病未癒臥床
十三日Sunday晴、休、仍臥古川愼吾（曾称傳安）来後丹羽豊七携妻子来宿
十四日Monday晴、仍臥午後丹羽等去
十五日Tuesday晴、仍臥
十六日Wednesday雨、病大瘥上省
十七日Thursday晴、上省
十八日Friday晴、朝拝年於大隈氏于外務省官邸、上省退省拝年於大隈英麿氏・西・田原・飯塚・東條之諸氏
十九日Saturday晴、上省午後拝年於渡辺・國武・與倉・丹羽昇三・原口敏行・丸駒・和田・渡瀬・神山・伴・南・北畠・鷲沢之諸氏、夜鷲沢氏来
廿日Sunday晴、休、拝年於廣瀬・岡本・後藤・石黒・蘆・相良之諸氏
廿一日Monday晴、上省夜往学
廿二日Tuesday晴、上省午後適横濱盖丹羽豊七妻去廿日ノ夜賊ノ為メニ頭部ノ負傷シタルノ報ヲ得タルカ為メ也、帰則入夜、夜往学
廿三日Wednesday晴、上省夜往学、此日妻訪丹羽於横濱
廿四日Thursday晴、上省夜往学妻帰自横濱
廿五日Friday晴、上省夜往学
廿六日Saturday晴、上省
廿七日Sunday晴、休、朝訪田中喬樹
廿八日Monday晴、上省夜往学
廿九日Tuesday晴、上省此日妻因其妹之請適横濱、夜往学

卅日Wednesday晴、以孝明天皇祭休、午前應「シーボルト」氏招帰途訪佐納

卅一日Thursday晴、上省退省午後妻在横濱為病以電信招余使源太郎適横濱、夜往学、九時妻與源太郎帰自横濱

二月

一日Friday晴、上省夜往学

二日Saturday晴、上省晡時訪大隈氏

三日Sunday晴、休

四日Monday晴、上省夜往学

五日Tuesday晴、上省夜往学

六日Wednesday晴、上省夜往学後雪

七日Thursday雨、上省

八日Friday晴、上省退省以公用適田尻稲次郎之家執公事帰則午夜逢雨

九日Saturday晴朝横尾来、上省午後以公用適印刷局夜伊東枢密院議長秘書官伊東巳代治来執印刷之事、雨帰則午夜ヲ過キ一時ヲ下ル

十日Sunday陰、上省午後中島亮平来丹羽携妻及子二人下女一人来宿晡前大隈英麿氏

十一日Monday大雪以紀元節休、此日朝廷挙行憲法発布式之大典、午後晴、此日朝森文部大臣逢刺客、夜丹羽獨帰于横濱

十二日Tuesday晴、上省夜往学

十三日Wednesday晴、上省夜往学丹羽小児有病於鶯沢以之

十四日Thursday晴、上省夜往学鶯沢来丹羽病不小間郵報于横濱

十五日Friday晴、上省夜丹羽小児病未小間報横濱

十六日Saturday晴、上省丹羽小児病篤電報于横濱、退省則丹羽来終止宿獲

十七日Sunday晴、休、丹羽小児病愈篤夜乞鶯沢止宿

十八日Monday晴、上省丹羽小児之診ヲ池田氏ニ乞フ夜鶯沢来宿病小間

十九日Tuesday晴、上省丹羽小児病益間

廿日Wednesday晴、上省朝丹羽妻病吐瀉

廿一日Thursday晴、上省退省、訪左納岩吉於霞ヶ関、夜訪飯塚八百太於牛込

廿二日Friday晴、上省

廿三日Saturday晴、上省

廿四日Sunday晴、休

廿五日Monday晴、上省

廿六日Tuesday陰、上省晡時雨大降不往学

廿七日Wednesday晴、上省夜往学

廿八日Thursday晴、上省夜往学轉適鶯沢氏移居之招飲

三月

一日Friday晴、上省

二日Saturday陰、上省

三日Sunday休、雨或交雪午後放晴、此日久松清二郎来過

四日Monday晴、上省

五日Tuesday晴、上省

六日Wednesday晴、上省退省大隈家大孺人誕辰ノ宴ニ赴ク

七日Thursday晴、上省

八日Friday晴、上省

九日Saturday陰、上省

十日Sunday雨、休、午後訪池田謙齋氏

十一日Monday陰、上省午後東京府衛生課長武昌吉ヲ訪フ盖開業鑑札書換ノ事ノ為メ也

十二日Tuesday雨、上省朝為杉本軾之助氏訪池田氏

十三日Wednesday雨、上省晡時武昌吉ヲ其居ニ訪フ

十四日Thursday晴、上省後陰或有微雪、免許観察書換願書ノ事ヲ伊万里武富熊助・松尾貞吉及信太郎ニ依頼之書状ヲ認メ之レヲ出ス

十五日Friday晴、上省

十六日Saturday晴、上省

十七日Sunday休、晴朝訪久松清次継訪大隈氏後風大起

十八日Monday晴、上省帰途訪課長

十九日Tuesday陰、上省午後為官用訪メール記者、雨、此日開業免許状ノ事ニ付横尾金一氏氏ゟ佐

賀縣衛生課長石隈氏へ一封ヲ送ル
廿日Wednesday雨、休訪大隈氏
廿一日Thursday晴、上省夜往学
廿二日Friday晴、上省退省雨
廿三日Saturday晴、上省退省雨訪渋谷氏盖以昨其帰自鎮西也、後廣瀬惟孝来囲碁雨歇夜往学
廿四日Sunday晴、休、午後訪永松
廿五日Monday陰、上省夜雨
廿六日Tuesday陰、上省薄暮渋谷氏来過夜往学
廿七日Wednesday晴、上省晡時訪飯塚八百太夜往学
廿八日Thursday陰晴不定、上省夜往学
廿九日Friday晴、上省夜往学
卅日Saturday晴、上省午後訪大隈氏夜往学
卅一日Sunday休、雨朝訪大野直輔氏午後渋谷・永松・古川来囲碁

四月

一日Monday雨、上省入夜雨益甚微雪不歇不往学
二日Tuesday晴、上省夜往学
三日Wednesday晴、休、此日岳父ニ吸入器ヲ贈ル
四日Thursday陰或微雨上省退省西成政来訪夜往学
五日Friday晴、上省
六日Saturday陰、上省雨
七日Sunday晴、休、適早稲田午後或雨
八日Monday或雨上省夜渋谷氏来訪
九日Tuesday陰晴不定雨上省
十日Wednesday晴上省夜往学
十一日Thursday陰、上省雨
十二日Friday陰勁風上省夜往学
十三日Saturday晴、上省
十四日Sunday晴、休午後西成政来過
十五日Monday陰、上省或雨夜往学
十六日Tuesday朝陰後晴上省夜往学
十七日Wednesday朝陰後晴上省夜往学
十八日Thursday陰上省後晴夜往学
十九日Friday陰或雨上省夜往学
廿日Saturday雨上省
廿一日Sunday晴、休、朝訪三枝氏
廿二日Monday陰晴不定上省夜往学微雨
廿三日Tuesday雨早朝送杉本軾之助赴于秋田縣下本庄治安裁判所、継而上省退省公用訪課長
廿四日Wednesday晴上省夜往学
廿五日Thursday朝陰後晴上省夜往学陰南風
廿六日Friday雨上省
廿七日Saturday晴上省午後訪久松清二来訪
廿八日Sunday休、朝陰高藤鉾太郎・久松清二来訪、午後雨、重松祐二招在于渋谷氏招飲雨
廿九日Monday陰晴不定上省
卅日Tuesday陰上省後或雨

五月

一日Wednesday陰晴不定上省夜訪飯塚
二日Thursday晴上省退省訪渋谷氏
三日Friday陰上省夜飯塚
四日Saturday晴上省午後陰訪三枝氏
五日Sunday陰、休、夜雨
六日Monday朝雨後晴上省
七日Tuesday晴上省退省訪三枝氏
八日Wednesday晴上省退省久松清二来訪
九日Thursday晴上省
十日Friday雨上省
十一日Saturday晴上省
十二日Sunday晴上省
十三日Monday晴上省退省片桐重明来話晡時訪渡瀬正秀
十四日Tuesday雨上省此日岳父書来其二男源三郎事ヲ云フ返書ス
十五日Wednesday雨上省夜片桐重明来
十六日Thursday雨上省退省丹羽豊七来
十七日Friday晴上省
十八日Saturday晴上省退省久松清次来訪
十九日Sunday陰、休、午後郷里ノ僧侶三浦玄活来盖自費ニテ五十日間東京ニ遊学ストラフ以書ヲ齎来ル薄暮辞去微雨
廿日Monday朝微雨上省後晴

廿一日Tuesday晴上省受課長命訪鬼
頭悌二郎
廿二日Wednesday陰上省退省久松来
訪夜雨
廿三日Thursday雨上省午後放晴退
省渋谷氏来過
廿四日Friday晴上省退省郷人向来
過
廿五日Saturday晴上省夜微雨
廿六日Sunday晴、休、久松清次来訪、
薄暮訪飯塚八百太、此日武富熊
助ニ神戸ニ出状ス盖其子忠吉ノ
事ニ関シテ也
廿七日Monday晴上省夜徃学
廿八日Tuesday陰上省後晴夜徃学
廿九日Wednesday晴上省薄暮徃学雨
卅日Thursday晴上省夜迎大隈氏北
堂帰郷
卅一日Friday晴上省夜徃学

六月

一日Saturday晴上省午後微雨継歇
夜徃学
二日Sunday陰相訪武昌吉継訪大隈
氏帰途訪渋谷氏雨
三日Monday晴上省退省柳橋柳光亭
ニ於テ鬼頭悌二郎カ紐育副領事
ニ赴任スル送別會ニ赴ク
四日Tuesday晴上省夜徃学
五日Wednesday晴上省夜徃学
六日Thursday晴上省夜徃学
七日Friday晴上省夜徃学
八日Saturday晴上省退省轉寓ノ件
ニ付自家屋ヲ方々ニ捜索ス夜徃
学
九日Sunday雨休午後横尾来話
十日Monday晴上省夜徃学
十一日Tuesday晴上省夜徃学
十二日Wednesday晴上省夜徃学
十三日Thursday晴上省夜徃学
十四日Friday晴上省夜徃学
十五日Saturday晴上省夜徃学
十六日Sunday晴、休、詣少女栄之墓
十七日Monday晴上省夜徃学
十八日Tuesday晴上省夜徃学
十九日Wednesday晴上省夜徃学
廿日Thursday晴上省夜徃学
廿一日Friday晴、上省退省、訪佐納
岩吉、夜渋谷氏来過
廿二日Saturday晴上省夜徃学
廿三日Sunday陰同大隈英麿・三枝守
富二氏遊于開花樓
廿四日Monday雨上省夜徃学
廿五日Tuesday雨上省夜徃学
廿六日Wednesday陰或雨、上省、夜
徃学、茂助書状到盖本月廿一日発
也
廿七日Thursday雨上省有故不徃学
廿八日Friday雨、上省退省、原口敏
行来訪、夜徃学
廿九日Saturday陰晴不定上省夜徃
学
卅日Sunday陰晴不定、朝久松清次来
訪、此日寄書於岳父、晡時或雨

七月

一日Monday晴上省夜徃学サノ
二日Tuesday陰雨或歇上省徃学夜雨
三日Wednesday雨上省夜徃学
四日Thursday陰或雨上省夜徃学
五日Friday陰上省夜徃学
六日Saturday陰上省微恙夜不徃学
七日Sunday晴、休、臥病
八日Monday晴上省
九日Tuesday陰上省夜雨徹宵不歇
十日Wednesday風雨上省
十一日Thursday朝雨上省後晴昨書（◎）
答武富茂助夜徃学
十二日Friday晴上省
十三日Saturday朝陰後晴上省
十四日Sunday晴、休、朝訪三枝氏
十五日Monday晴上省夜徃学
十六日Tuesday晴上省
十七日Wednesday晴上省退省送相良
剛造氏之洋行於新橋
十八日Thursday晴上省
十九日Friday雨上省
廿日Saturday朝雨上省後晴赴東京
専門学校之卒業式
廿一日Sunday陰休訪三枝并大隈氏
雨
廿二日Monday雨上省
廿三日Tuesday雨上省
廿四日Wednesday雨上省退省東条世
三来訪
廿五日Thursday雨上省朝飯塚八
百太来云赴于岐阜縣尋常学校、
午後渋谷萬次郎来後郷而鑑札到

来
廿六日Friday陰上省後晴
廿七日Saturday晴上省午後渋谷先生来訪
廿八日Sunday晴、休、西成政来
廿九日Monday晴上省退省訪相良知安氏
卅日Tuesday晴上省退省訪池田謙齋氏
卅一日Wednesday晴、為賜暇休早朝男源太郎赴于房州海水浴午後或雨

八月

一日Thursday晴休
二日Friday晴休
三日Saturday晴休午後訪大隈氏・三枝氏
四日Sunday晴休高嶋来廣瀬来渡瀬来此日訪中村先生又鍋嶋喜八郎来
五日Monday晴休
六日Tuesday晴休
七日Wednesday晴休夜渋谷・鍋島喜八郎二氏来過
八日Thursday晴休朝訪永松
九日Friday晴上省此日直次郎赴于房州海水浴
十日Saturday晴上省
十一日Sunday晴休
十二日Monday晴上省此日武富熊其子忠吉専門科講習ヲ止メテ退校スヘキ事ヲ申シ遣ス
十三日Tuesday晴上省午後永松東海招飲
十四日Wednesday晴朝鍋島喜八郎来、上省此日忠吉ノ専門科講習ノ事ニ付書ヲ其父熊助并松尾貞吉ニ遣ス
十五日Thursday晴上省
十六日Friday晴上省
十七日Saturday晴上省晡時驟雨
十八日Sunday休陰有雨
十九日Monday陰上省午後大驟雨
廿日Tuesday濛雨有故不上省昇三郎ヲ早稲ヨリ引取ル夜大雨
廿一日Wednesday晴上省午後永松東海来訪
廿二日Thursday晴上省
廿三日Friday晴上省晡時驟雨入夜
廿四日Saturday晴上省
廿五日Sunday晴休朝上鍋島邸午後有微雨継而晴直次郎帰自房州
廿六日Monday晴上省以国債局長田尻稲次郎之命閲訳国債始末
廿七日Tuesday晴上省退省以公事訪田尻稲次郎
廿八日Wednesday雨上省
廿九日Thursday雨上省
卅日Friday晴上省
卅一日Saturday晴上省此日源太郎帰自房州

九月

一日Sunday晴休晡時雨
二日Monday雨上省
三日Tuesday雨上省
四日Wednesday陰上省
五日Thursda□雨上省
六日Friday陰晴不定或雨上省
七日Saturday陰晴不定上省
八日Sunday陰晴不定休
九日Monday朝陰後晴上省以公用訪課長
十日Tuesday雨上省
十一日Wednesday雨上省夜暴風雨抜樹
十二日Thursday晴上省
十三日Friday雨上省退省吊永松東海之子之死
十四日Saturday雨上省後或歇退省訪永松
十五日Sunday晴、休、午後会于永松氏葬
十六日Monday晴上省夜往学
十七日Tuesday晴上省夜往学
十八日Wednesday晴上省夜往学高柳某来訪
十九日Thursday晴上省夜往学
廿日Friday晴上省退省訪シーボルト氏於墺國公使館
廿一日Saturday陰晴不定上省
廿二日Sunday晴休
廿三日Monday晴以秋季皇霊祭休徴感風午後西成政来訪
廿四日Tuesday或雨或歇以病不上省午後同渋谷萬次郎・渋谷文次郎来話

廿五日Wednesday陰病未全癒然上省
　退省臥床
廿六日Thursday晴上省退省臥床
廿七日Friday晴上省退省臥床
廿八日Saturday晴上省退省臥床
廿九日Sunday晴、休、臥床午後西成
　政来訪
卅日Monday晴以病不上省

十月

一日Tuesday晴上省退省臥床
二日Wednesday晴上省退省臥床
三日Thursday晴上省退省臥床
四日Friday晴上省退省臥床
五日Saturday晴上省退省臥病
六日Sunday陰休後微雨臥病
七日Monday晴上省退省臥床
八日Tuesday晴上省退省臥床
九日Wednesday雨上省退省始入浴
十日Thursday雨上省後霽退省有故
　訪石川有幸氏
十一日Friday晴上省
十二日Saturday晴上省夜南氏来訪
　徃学
十三日Sunday晴休横尾来訪
十四日Monday陰上省退省訪西成政
　夜徃学
十五日Tuesday朝陰後雨上省
十六日Wednesday雨
十七日Thursday晴上省夜徃学
十八日Friday晴上省夜得
　大隈氏遭難之報直徃訪之
十九日Saturday晴上省退省訪大隈
　氏夜徃学
廿日Sunday晴、休、朝訪大隈氏帰途
　訪永松東海
廿一日Monday晴朝訪大隈氏而上省
廿二日Tuesday晴上省赴外務省官邸
　訪大隈氏継適上野退省再適上
　野又適大隈氏
廿三日Wednesday晴以祭先考不上省
　夜徃学
廿四日Thursday晴朝訪大隈氏上省
廿五日Friday晴上省
廿六日Saturday晴朝訪大隈氏上省
　退省與妻掃少女栄之墓、夜徃学
廿七日Sunday晴休請僧脩佛事午後
　訪三枝・大隈両氏
廿八日Monday陰上省後雨夜徃学
廿九日Tuesday晴上省退省訪大隈氏
　之病夜徃学
卅日Wednesday晴、上省退省、以公
　用訪課長継吊西藤龍之亡母、夜
　徃学
卅一日Thursday晴上省夜徃学

十一月

一日Friday晴上省夜徃学
二日Saturday晴上省夜徃学十一時
　半有岳父死去之電報
三日Sunday休、陰、天長節且有冊立
　皇太子式朝以電報送吊詞於伊万
　里直適横濱訪丹羽豊七
四日Monday晴上省退省訪大隈氏夜
　横尾金一来話
五日Tuesday雨上省夜徃学
六日Wednesday晴上省夜徃学
七日Thursday晴上省夜徃学
八日Friday朝陰上省後晴退省訪大
　隈氏夜徃学
九日Saturday雨上省夜徃学
十日Sunday休朝陰後晴午後西成政
　来過
十一日Monday朝陰上省後晴夜横尾
　氏来話後徃学
十二日Tuesday朝陰或霰上省後晴退
　省訪大隈氏夜徃学
十三日Wednesday晴上省夜西成政来
　訪徃学
十四日Thursday晴上省夜徃学
十五日Friday朝陰上省後晴夜西成
　政来訪後徃学
十六日Saturday晴上省退省中島亮
　平来話夜徃学
十七日Sunday晴早朝訪田尻氏継赴
　于渋谷氏招飲
十八日Monday陰晴不定上省夜西成
　政来過後徃学後雨
十九日Tuesday雨上省退省訪大隈氏
　夜徃学
廿日Wednesday晴上省夜西成政来訪
　後徃学
廿一日Thursday晴上省退省訪廣瀬
　惟孝之近火夜徃学
廿二日Friday晴上省退省訪大隈氏
　夜徃学
廿三日Saturday陰以新嘗祭休、朝渋
　谷・永松・西・河村昌當来訪而

渋谷・永松二氏囲碁到夜間雨
廿四日Sunday晴休西来
廿五日Monday晴上省夜西来、往学
廿六日Tuesday陰上省雨夜往学
廿七日Wednesday晴上省夜西成政来後往学雨
廿八日Thursday晴上省退省訪大隈氏以公用訪課長夜有故不往学
廿九日Friday晴上省夜西来、往学
卅日Saturday晴上省晡時訪永松東海夜往学

十二月

一日Sunday晴、朝訪曽根某、午後同横尾金一訪大隈氏
二日Monday晴、上省、夜西成政来過往学
三日Tuesday陰上省微雨交雪夜往学
四日Wednesday雨上省夜往学
五日Thursday晴上省夜往学
六日Friday晴上省夜西来訪往学
七日Saturday晴上省夜往学
八日Sunday陰休
九日Monday晴、上省、夜微恙不往学、西来訪
十日Tuesday晴上省夜往学
十一日Wednesday陰、上省、夜西成政来、不往学
十二日Thursday雨上省夜往学
十三日Friday晴上省夜往学
十四日Saturday晴上省夜往学
十五日Sunday晴、休、朝訪大隈氏継訪永松
十六日Monday晴、上省退省、訪大隈氏於早稲私邸、夜往学
十七日Tuesday晴上省夜往学
十八日Wednesday晴上省此日為一郎ニ金壱円ヲ送ル盖シ其養祖母ノ香典トス夜往学
十九日Thursday朝陰上省後晴夜往学
廿日Friday晴上省
廿一日Saturday晴上省微感冒
廿二日Sunday晴休臥病
廿三日Monday晴上省夜為病不往学
廿四日Tuesday晴上省夜不往学
廿五日Wednesday晴上省夜不往学
廿六日Thursday晴上省晡時訪長崎剛十郎不逢
廿七日Friday晴早朝訪長崎剛十郎上省夜往学
廿八日Saturday朝晴上省十二時退省掛免一同會食于洋食店而帰家夜往学
廿九日Sunday朝陰訪大隈氏後晴
卅日Monday晴西成政来過
卅一日Tuesday晴訪大隈氏後久松清次来訪

〔表紙、原寸、縦一二cm、横一七cm〕

明治二十三年庚寅
1890　四十七年
日暦

一月

一日Wednesday陰晴不定、早朝闔家八口向郷拝先塋、酌屠蘇為元旦継拝年於諸家夜赴于宴會、雨
二日Thursday雨歇、拝年於諸家
三日Friday晴、久松清次来囲碁、渋谷萬次来、晡時丹羽豊七来
四日Saturday晴風、御用始上省継拝年於諸家、諸ヲ昨出ニ送リ三夜講分配金之事ヲ通ス、此日寒甚
五日Sunday晴好天気、適于横濱拝年于丹羽氏三時帰寓、継大隈氏
六日Monday晴、以新年宴會休、午牌渋谷先生来過囲碁、夜往学
七日Tuesday晴、上省有故夜不往学
八日Wednesday晴上省夜往学
九日Thursday晴上省夜往学
十日Friday朝雨後晴上省夜往学
十一日Saturday陰晴不適上省午後訪大隈氏夜往学
十二日Sunday晴午後携妻西教寺
十三日Monday晴風上省寒甚夜往学、此日露國ノ元旦ナリ
十四日Tuesday陰上省或雪或雨夜往学
十五日Wednesday陰上省雨夜往学
十六日Thursday晴上省夜往学此日徳久太良次書到盖本月十一日発也因又復書要三夜講金
十七日Friday晴上省夜往学
十八日Saturday晴上省午後大橋素六郎来訪夜往学

十九日Sunday陰寒甚終日不出永松
　東海来
廿日Monday晴有雪上省夜往学
廿一日Tuesday晴上省後陰夜往学
廿二日Wednesday陰上省後晴夜往学
廿三日Thursday雨上省夜往学松尾
　貞吉其弟嘉十之死盖本月十四日
　ト云フ
廿四日Friday晴上省夜往学「ロジッ
　ク」
廿五日Saturday晴上省退省訪大隈
　氏、此日丹羽来過
廿六日Sunday晴、休、永松招飲
廿七日Monday晴上省
廿八日Tuesday雨上省
廿九日Wednesday陰上省
卅日Thursday晴、孝明天皇祭ヲ以テ
　休、佐谷永松来囲碁
卅一日Friday晴上省夜往学

二月

一日Saturday晴上省夜往学
二日Sunday晴休午後訪大隈氏
三日Monday陰上省、午後四時ノ汽車
　ニテ忠吉神戸ニ帰ル、夜往学
四日Tuesday陰上省或微雨夜往学
五日Wednesday晴上省夜往学
六日Thursday晴上省暖夜往学
七日Friday晴上省暖甚夜鷲沢氏来
　往学
八日Saturday晴暖甚上省夜往学
九日Sunday陰寒甚休無事
十日Monday陰寒甚上省後晴夜往学
十一日Tuesday陰、紀元節休、朝訪
　大隈氏後雪夜歇
十二日Wednesday晴、上省午後赴シ
　ーボルト氏ノ請、丹羽来、夜往
　学
十三日Thursday晴上省夜往学
十四日Friday晴、上省退省シーボル
　ト招飲
十五日Saturday陰、上省晴、午後訪
　永松欲観銀世界之梅不果九段坂
　下之旗亭ニ店飲、夜往学
十六日Sunday休、有故訪天野為之
十七日Monday雨上省夜徴恙不往学
十八日Tuesday陰、上省後或晴、午
　後蘆課長招飲
十九日Wednesday陰、上省後晴退省
　往蘆氏謝昨夕餐、夜或雨往学
廿日Thursday陰上省夜往学
廿一日Friday晴上省夜往学
廿二日Saturday陰、上省退省訪課長
　且訪大隈氏、夜往学
廿三日Sunday晴、朝訪長崎剛十郎・
　薄井佳久
廿四日Monday陰上省雨夜往学
廿五日Tuesday晴上省夜往学
廿六日Wednesday陰、上省雨徴恙不
　往学
廿七日Thursday雨上省夜不往学
廿八日Friday陰上省夜不往学

三月

一日Saturday晴上省退省、訪相良知
　安氏盖以一昨夜浅草区之大火也、
　夜往学
二日Sunday晴、休、夜或疎雨徴恙
　未全差
三日Monday陰上省退省仍臥
四日Tuesday雨上省退省仍臥
五日Wednesday雨上省退省仍臥
六日Thursday陰上省退省仍臥
七日Friday陰上省退省仍臥
八日Saturday晴、上省後仍臥、久松
　清二来訪
九日Sunday晴、休、午前在宅為公事
　午後仍臥
十日Monday雨上省退省仍臥
十一日Tuesday放晴上省退省仍臥
十二日Wednesday雨上省退省仍臥
十三日Thursday晴上省退省仍臥
十四日Friday晴上省退省病大瘥
十五日Saturday陰上省夜微雨往学
十六日Sunday陰、休、午後西成政
　来過
十七日Monday晴上省夜往学
十八日Tuesday晴上省夜往学
十九日Wednesday雨上省夜往学
廿日Thursday朝陰上省後晴夜往学
廿一日Friday陰、以春季ノ皇霊祭休、
　永松東海来訪晡時西藤龍之来過
廿二日Saturday雨、上省、午後丹羽
　豊七来過、夜往学
廿三日Sunday晴訪大隈氏
廿四日Monday雨、上省夜往学、此日
　九時上省四時退省トナル
廿五日Tuesday雨、上省退省入夜不

徃学
廿六日Wednesday晴、退省、與同僚諸子洋食、徵恙不徃学
廿七日Thursday陰、上省徵恙、夜不徃学
廿八日Friday雨、上省徵恙癒夜不徃学、横濱丹羽携妻子来、後丹羽辞去其妻子留宿
廿九日Saturday雨上省夜徃学
卅日Sunday晴、休、午後携妻児出遊于上野及日暮・根岸
卅一日Monday雨上省夜徃学

四月

一日Tuesday晴上省夜徃学雨
二日Wednesday雨上省夜雨歇徃学
三日Thursday晴、以神武天皇祭休
四日Friday晴上省夜徃学
五日Saturday雨、上省午後丹羽携妻子来宿盖為博覧会也夜徃学
六日Sunday晴、同丹羽等観博覧會遊于向島
七日Monday晴上省夜不徃学
八日Tuesday晴、上省後陰雨継歇夜不徃学
九日Wednesday晴上省退省、内子有病熱及九度二分、乞鷲沢隼人氏之来診、夜徃学
十日Thursday晴、上省内子熱八度六分鷲沢氏来診
十一日Friday晴上省、此日内子病甚悪熱及四十度鷲沢氏再度来診
十二日Saturday晴上省、此日内子病大快熱亦大減下七度七分鷲沢氏来診
十三日Sunday晴、赴于「シーボルト」之請延午後訪大隈氏、此日内子病益間熱七六分半鷲沢氏来診
十四日Monday雨、上省内子病益間熱七度四分鷲沢氏来診
十五日Tuesday雨、上省内子病大間、夜徃学
十六日Wednesday雨、上省内子病益快鷲沢氏来診、夜徃学
十七日Thursday朝陰上省後晴夜徃学
十八日Friday晴上省退省、鷲沢来診、夜徃学
十九日Saturday晴上省夜徃学
廿日Sunday陰晴風不定、休
廿一日Monday晴、上省退省訪原口敏行、夜徃学
廿二日Tuesday雨上省後晴夜徃学
廿三日Wednesday陰上省夜或雨徃学
廿四日Thursday陰上省後或晴退省、鷲沢来診、夜徃学
廿五日Friday陰晴不定上省夜徃学
廿六日Saturday晴上省、内子病未癒夜鷲沢氏来診、此日郷人永田研司者来過医生圓陵者之男也
廿七日Sunday雨、休
廿八日Monday陰上省後晴夜徃学
廿九日Tuesday朝陰上省後雨退省、鷲沢来診内子病全癒、夜徃学
卅日Wednesday陰上省退省雨夜徃学

五月

一日Thursday陰雨上省夜徃学
二日Friday陰晴不定上省、内子病又加鷲沢氏来診不徃学
三日Saturday雨上省退省、訪鷲沢氏継同氏来診、晡赴于シーボルト氏請帰則近于人定
四日Sunday雨、休、朝永田某来辞盖帰國也、午後雨歇
五日Monday雨上省退省、鷲沢来診、此日報内子之病於伊万里信太郎
六日Tuesday朝雨歇為内子之病訪鷲沢氏不逢、継上省後又雨
七日Wednesday雨歇或降上省夜徃学
八日Thursday陰晴不定或有微雨雷鳴上省夜不徃学
九日Friday陰上省夜不徃学、鷲沢氏来診
十日Saturday晴上省夜徃学
十一日Sunday晴、休、訪大隈氏夜鷲沢氏来診
十二日Monday晴、為内子之病早朝訪池田氏継而帰寓後携内子往池田氏、内子不得乗車因止更詣池田氏乞其来診約明日帰寓再上省夜徃学
十三日Tuesday雨上省夜徃学
十四日Wednesday晴上省夜徃学
十五日Thursday晴早朝訪池田謙齋請来診午後池田氏来診内子之病、曰、是由吸收悪塵埃肺系受傷也非結核也、夜不徃学、横尾氏来話

十六日Friday晴上省、午後内子之病
熱発作以氷冷頭晡時横濱妹丹羽
米来訪終留宿、夜不徃学
十七日Saturday晴上省、内子病較軽
減
十八日Sunday陰、休、報内子病於伊
万里、夜徃学
十九日Monday雨上省夜不徃学
廿日Tuesday晴上省退省則横濱米
帰于横濱、晡時訪西成政
廿一日Wednesday晴上省夜不徃学
廿二日Thursday晴上省内子病較間
廿三日Friday晴上省、晡時西成政来
過、夜鷲沢氏来診
廿四日Saturday晴上省退省、内子病
大間赴于玉泉堂詩会
廿五日Sunday晴、休、午後伊万里武
富信太郎書到添寫真、此日鷲沢
氏来診
廿六日Monday雨上省、内子之病益間、
夜徃学
廿七日Tuesday雨上省夜徃学
廿八日Wednesday陰上省後雨夜徃学
廿九日Thursday朝陰上省後晴夜徃
学
卅日Friday晴上省後陰夜徃学、此
日内子詣池田氏乞診
卅一日Saturday陰上省雨有風、夜鷲
沢氏来診徃学

六月

一日Sunday晴、休、午後永松東海来
訪後丹羽豊七来宿、此日晴天而
微雨
二日Monday晴、上省退省晴天而有微
雨
三日Tuesday晴、罹流行性感冒不上
省
四日Wednesday晴仍不上省
五日Thursday晴上省猶不了々夜徃
学
六日Friday晴上省夜猶不徃学
七日Saturday晴上省病以未全癒辞
而退省夜不徃学
八日Sunday晴終日臥病
九日Monday晴仍臥病
十日Tuesday雨不上省仍臥病
十一日Wednesday雨不上省仍臥病
十二日Thursday晴上省内子之病亦
大益隹矣既見凝疼
十三日Friday晴上省夜徃学
十四日Saturday晴上省夜徃学
十五日Sunday休、晴晡時雨
十六日Monday晴上省夜徃学午後内
子初入浴
十七日Tuesday晴上省夜徃学鷲沢氏
来診
十八日Wednesday晴上省夜徃学
十九日Thursday晴上省夜徃学
廿日Friday晴上省夜徃学、鷲沢氏来
診
廿一日Saturday晴上省午後訪大
隈氏、夜徃学
廿二日Sunday晴、休
廿三日Monday晴上省夜徃学
廿四日Tuesday晴上省熱甚
廿五日Wednesday晴上省熱甚此日伊
万里武富源三郎・茂助各通信
廿六日Thursday陰晴不定晡時微雨
廿七日Friday
廿八日Saturday陰上省総務局文書
課勤務ヲ命ストノ辞令ヲ受ク、
帰途同僚廣瀬惟孝氏ノ辞令ヲ同
氏ニ達ス、晡時適玉泉堂ノ詩會、
夜徃学小女 并傭婆者病請鷲沢
氏来診、々氏来診去則午夜後也
廿九日Sunday雨、朝鷲沢氏来診、訪
杉本氏、秋永梅軒来訪
卅日Monday陰上省退省鷲沢氏来診

七月

一日Tuesday陰上省、此日祝内子之
起床
二日Wednesday雨上省
三日Thursday雨上省
四日Friday雨上省
五日Saturday陰上省退省晡時放晴、
鷲沢氏来診
六日Sunday休、陰後晴晡時微雨
七日Monday雨上省
八日Tuesday雨上省
九日Wednesday陰或晴上省夜西成政
来訪雨
十日Thursday陰雨上省後晴、鷲沢氏
来診
十一日Friday晴上省
十二日Saturday晴上省
十三日Sunday晴、休

十四日Monday晴上省
十五日Tuesday晴上省、晡時訪鷲沢氏
十六日Wednesday晴上省退省、鷲沢氏来診
十七日Thursday晴上省退省訪シーボルト氏、晡時渋谷氏来
十八日Friday晴上省
十九日Saturday晴、従此日賜暇休、鷲沢来診
廿日Sunday晴、午後臨于専門学校卒業式
廿一日Monday晴、西政来
廿二日Tuesday晴午後訪大隈氏、鷲沢来診
廿三日Wednesday晴
廿四日Thursday陰或雨、此日寄書於信太郎
廿五日Friday有微雨、西氏来
廿六日Saturday枕上聞雨起則歇、西氏来、後或放晴或降雨
廿七日Sunday晴
廿八日Monday晴
廿九日Tuesday晴早朝訪渡瀬盖臥病也、午後和田信郎来
卅日Wednesday晴内子病快初歩行訪隣家盖発病以来之為第一
卅一日Thursday晴内子病大快午後適于塩浴

八月

一日Friday晴、内子病復発痛但肝部ノ純痛也終日以氷塊寒掩、自晡時雨
二日Saturday或雨或霽、以微温湯掩痛所、午後西氏来有大雨
三日Sunday枕上聞大雨終日或雨或霽
四日Monday陰晴不定或雨、午後信太郎書到三拾円ノ三井銀行券在中盖所貸也
五日Tuesday晴、送書於信太郎五郎ヲ商人ニ為スノ事ニ付訓戒送ル

其許儀商人ニ取立被下候様御叔父様へ御礼申上候間、御叔父様御叔母様ヲ父母ト心得御命令ニ背カス誠実ヲ旨トシ粉骨齋身耐忍ンテ業務ヲ勉強スヘシ
右ノ如クニシテ久シキヲ積メル立身出世孰ナシ然ラサレハ天地闊ト雖トモ身ヲ置クノ地ナキニ至ルナリ
此後時々通信シテ訓戒ヲ為スヘシ此書状紛失セヌ様能ク保存シ置キ時々取リ出シテ誦談熟考セラルヘシ
野副ニ為一郎サンモ農業ニ勉強シ大ニ功績見エタリ、源太郎サンモ今ニテハ獨力ニテ事業ヲ勉強中ナリ、直サンモ昇サンモ卒業シタレハ是レカラハ業務ニ取リ掛ルヘシ、然レハ今ヨリ数年ヲ出スシテ父母兄弟會合ノ期アルヘシ、樂シンテ業務ニ勉強セラレヨ
　五郎殿

六日Wednesday或雨或歇、作出ヨリ来状アリ内子ノ病ヲ問フ直作報書
七日Thursday午後赴于シーボルト氏ノ招請
八日Friday晡時大雨傾盆
九日Saturday晴午後訪相良氏
十日Sunday陰晴不定、朝渡瀬秀一郎来後訪蘆・原口二氏、伊万里松尾貞吉以書報其甥熊助脱走之事
十一日Monday朝晴作書報松尾其未来之事、継而雨少焉吉永伊吉郎與熊助来
十二日Tuesday陰晴不定
十三日Wednesday陰晴不定時訪蓑田助之允或有大雨
十四日Thursday陰晴不定、上農商務省継適于横濱、時或有大雨、此日書ヲ松尾貞吉ニ送ル其甥熊助母子ノ事ニ関ス
十五日Friday朝雨上省後晴午後復雨
十六日Saturday晴上省、晡時訪渋谷氏帰途雨
十七日Sunday休、或雨或晴
十八日Monday或雨或晴上省適農商務
十九日Tuesday或雨或晴上省
廿日Wednesday晴上省上鍋島邸晡時源太郎・直次郎帰自總州
廿一日Thursday雨上省
廿二日Friday或雨或晴上省
廿三日Saturday雨上省後放晴
廿四日Sunday晴朝天野為之之来訪
廿五日Monday晴上省
廿六日Tuesday或雨或晴上省
廿七日Wednesday或雨或歇上省
廿八日Thursday或雨或歇上省
廿九日Friday時々大雨上省此日早朝為渡辺云云訪永松東海午後再訪渋谷良次来調印

卅日Saturday時々大雨上省
卅一日Sunday晴、休

九月

一日Monday或雨或晴上省
二日Tuesday晴上省後或雨或歇
三日Wednesday晴、休
四日Thursday晴、休時或雨夜贈書於
　吉田春吉
五日Friday晴上省
六日Saturday晴上省退省横濱丹羽
　携妻子来宿、此日訪前田正名
七日Sunday晴、休、丹羽辞去妻子留
八日Monday晴上省
九日Tuesday晴上省
十日Wednesday晴上省宿直
十一日Thursday晴以病辞帰
十二日Friday晴上省、夜丹羽妻子帰
　于横濱
十三日Saturday晴上省後雨夜丹羽
　来宿
十四日Sunday晴、休丹羽辞去
十五日Monday晴上省或雨夜又然
十六日Tuesday晴上省或雨
十七日Wednesday晴上省或雨
十八日Thursday晴上省
十九日Friday晴上省當直
廿日Saturday晴朝帰寓
廿一日Sunday晴或雨休午後放晴訪
　大隈氏夜又雨
廿二日Monday晴上省
廿三日Tuesday陰、以秋季皇霊祭休、
　朝堀口昇来訪
廿四日Wednesday朝微雨後晴上省熱
　甚夜雨
廿五日Thursday陰上省
廿六日Friday晴上省
廿七日Saturday晴上省
廿八日Sunday
廿九日Monday晴上省
卅日Tuesday晴上省

十月

一日Wednesday晴上省夜雨
二日Thursday晴上省夜往学
三日Friday陰或微雨上省退省為内
　子買薬
四日Saturday陰上省
五日Sunday雨、休、為堀口昇導同人
　紹介蘆氏ニ之為病不逢
六日Monday雨上省
七日Tuesday雨上省後歇夜往学
八日Wednesday陰上省退省買薬於麹
　町夜往学
九日Thursday雨上省
十日Friday晴以父祭不上省、請僧脩
　佛事、夜往学
十一日Saturday晴上省
十二日Sunday晴、休、午後訪大隈氏
十三日Monday陰晴不定、上省或有微
　雨、夜往学
十四日Tuesday陰上省退省時或雨夜
　往学
十五日Wednesday陰上省午後雨
十六日Thursday晴上省夜久松清二
　来過
十七日Friday陰、以神嘗休、朝訪
　高田早苗不逢
十八日Saturday朝雨後晴上省
十九日Sunday晴、朝訪高田早苗
廿日Monday晴上省夜往学
廿一日Tuesday晴上省夜往学
廿二日Wednesday陰上省雨有故夜不
　往学
廿三日Thursday陰上省雨夜往学
廿四日Friday晴上省夜往学
廿五日Saturday陰晴不定夜上省
廿六日Sunday休、晴、同中川徳基・
　後藤昌綏・森井正之・廣瀬吉雄・
　岡本万六郎遊于西荒井、帰途千
　住買舟下荒川到于木暮寺捨舟植
　半呼抔薄暮辞去、抵寓則八時
　有微雨
廿七日Monday晴上省夜不往学
廿八日Tuesday晴上省夜往学
廿九日Wednesday晴上省退省犬塚駒
　吉来過、夜以課用務課長帰而往
　学
卅日Thursday晴上省夜往学
卅一日Friday晴上省夜有故不往学

十一月

一日Saturday晴上省退省微恙臥床後
　陰夜雨
二日Sunday晴、休、仍臥安部俊快来
　訪後郷人縣会議員松尾寛三者来
　訪
三日Monday晴仍臥
四日Tuesday雨上省夜不往学

五日Wednesday晴上省夜不往学
六日Thursday晴上省夜不往学
七日Friday晴上省夜往学
八日Saturday晴上省
九日Sunday陰、休、訪大隈氏與英麿
　氏散歩于近村
十日Monday雨上省後霽夜又雨不往
　学
十一日Tuesday晴上省夜往学
十二日Wednesday陰上省雨夜不往学
十三日Thursday晴上省夜往学
十四日Friday晴上省夜往学
十五日Saturday晴上省
十六日Sunday晴、休、終日在家
十七日Monday陰上省夜往学
十八日Tuesday陰上省有故辞而退省
　雨在家英訳鳫皮培養法夜不往学
十九日Wednesday晴上省、夜松浦良
　春来話
廿日Thursday
廿一日Friday晴上省退省、訪高島錐
　三郎病、夜往学
廿二日Saturday雨上省退省、赴玉泉
　堂詩會
廿三日Sunday晴、休、朝訪松浦良春
廿四日Monday晴上省夜不往学
廿五日Tuesday晴上省、此日帝國議
　会召集議員、夜往学
廿六日Wednesday晴上省夜往学
廿七日Thursday晴上省夜往学
廿八日Friday晴上省夜往学
廿九日Saturday陰上省此日帝國議
　会開院式アリ
卅日Sunday晴、休朝郷人吉永米一来
　話

十二月

一日Monday晴上省此日微恙夜不往
　学
二日Tuesday陰上省夜不往学
三日Wednesday陰上省夜不往学雨
四日Thursday雨上省夜往学
五日Friday陰上省夜往学
六日Saturday陰或微雨上省、夜宮崎
　嘉國来話
七日Sunday晴、休、吉永米一来
八日Monday晴上省有故夜不往学
九日Tuesday陰晴不定上省夜往学
十日Wednesday晴上省、吊同僚原口
　敏行氏之細君之喪、夜西成政来
十一日Thursday陰上省、午後會葬于
　原口氏于麻布賢崇寺夜往学、此
　日直次郎為病入浴熱海温泉
十二日Friday晴上省夜往学
十三日Saturday陰、朝伊万里大川内
　人副島多五郎者来リ、余カ西肥
　会雑誌ノ協賛買タランフヲ乞フ、
　余諾之午後雨夜益甚
十四日Sunday晴、休、西成政来過
十五日Monday晴上省夜不往学
十六日Tuesday晴上省、此日事務勉
　励ニ付為慰労金三拾円下賜ノ辞
　令ヲ受ク
十七日Wednesday晴、朝訪課長謝昨
　日之賜金上省夜微恙不往学
十八日Thursday晴上省夜往学
十九日Friday晴上省夜往学
廿日Saturday晴上省退省同僚ト宴
　會ス
廿一日Sunday晴、休、訪大隈氏
廿二日Monday晴上省退省、同中川・
　後藤諸氏店飲、夜不往学
廿三日Tuesday晴上省夜往学
廿四日Wednesday陰上省後霽夜雄
廿五日Thursday晴上省
廿六日Friday晴上省
廿七日Saturday晴上省正午時退省
　今年執務止于茲
廿八日Sunday陰、休、午後古川慎吾
　来話
廿九日Monday嬾晴賽寺永松東海来
　話、午後古川慎吾・秋永梅軒来
　話
卅日Tuesday陰晴不定或微雨
卅一日Wednesday晴、無事

〔表紙、原寸、縦一二cm、横一六・六cm〕
　　帰郷
　歳

明治二十四年辛卯四十八年
1891　帰郷

帰郷

日暦

一月

一日Thursday晴、擧家向郷拜先塋而

酌屠蘇為元旦賦一絶、丹羽来
二日Friday晴、午後拜年於大隈・相
良諸氏、渋谷氏来
三日Saturday晴、拜年於諸家
四日Sunday晴、御用始午後陰夜雨、
此日丹羽来
五日Monday晴、渋谷・永松・古川慎
吾来
六日Tuesday晴、上省退省、為枚本
氏訪永松
七日Wednesday晴上省
八日Thursday晴上省
九日Friday晴上省
十日Saturday晴上省、夜丹羽豊七携
妻子来
十一日Sunday晴、休、赴古川慎吾之
國雅會
十二日Monday晴上省
十三日Tuesday晴上省退省、為枚本
氏訪永松
十四日Wednesday晴上省
十五日Thursday晴上省、訪岡本萬六
郎之死因旋於葬儀
十六日Friday晴上省宿直
十七日Saturday晴午後退省
十八日Sunday晴、休
十九日Monday晴上省
廿日Tuesday晴上省
廿一日Wednesday晴上省
廿二日Thursday晴
廿三日Friday晴上省
廿四日Saturday晴上省退省、訪永松
廿五日Sunday晴風休
廿六日Monday晴上省
廿七日Tuesday晴上省
廿八日Wednesday晴上省退省、訪課
長病
廿九日Thursday晴上省
卅日Friday晴以孝明天皇祭休、午前
訪永松・渋谷二氏之病、午後訪
杉本氏之病于赤十字社
卅一日Saturday因上省雨夜有微
雪

二月

一日Sunday晴、休
二日Monday晴上省同僚後藤昌綏病
死、昌綏美濃人善持嘗学侍梁川
星巌翁云可惜
三日Tuesday晴上省
四日Wednesday晴上省
五日Thursday雨上省
六日Friday雨上省
七日Saturday陰上省退省、訪永松病、
又訪大隈氏
八日Sunday晴、休、徴恙臥床午後高
島鉾三郎・宮崎嘉國来話
九日Monday陰上省退省臥床
十日Tuesday晴上省退省不臥床
十一日Wednesday晴以紀元節休
十二日Thursday晴上省夜往学
十三日Friday晴上省夜往学
十四日Saturday晴上省
十五日Sunday晴、休
十六日Monday晴上省夜往学
十七日Tuesday晴上省夜往学
十八日Wednesday晴上省夜往学
十九日Thursday晴上省夜往学
廿日Friday晴上省
廿一日Saturday晴上省宿直
廿二日Sunday晴、休帰寓、午後訪枚
本氏并岡本氏
廿三日Monday陰晴不定、上省退省、
與同僚諸氏食鰻於神田川
廿四日Tuesday晴上省夜往学
廿五日Wednesday晴以三条公之國葬
臨時休
廿六日Thursday晴上省會于吉田
豊文氏細君之葬
廿七日Friday陰上省後微雨夜往学
廿八日Saturday晴上省雨退省、訪大
隈氏雨継テ此日歇ム、Fisher's
Outlaw of Universal History
ヲ買テ飯塚八百太岐阜尋常師範
学校ニ贈ル蓋シ過日同人ノ依頼
スル所ナリ

三月

一日Sunday晴、休、出書於作出・伊
万里
二日Monday晴上省宿直
三日Tuesday晴後陰例刻退省夜往学
四日Wednesday雨上省継而退省夜往
学
五日Thursday陰或微雨上省夜往学
六日Friday陰或微雨上省夜往学
七日Saturday晴上省
八日Sunday晴、休

九日Monday陰上省入夜雨不徃学
十日Tuesday雨上省午後益甚夜徃学
十一日Wednesday霽或雨上省継而帰寓、携家適訪丹羽之細君之病、内子止宿午後余獨帰京、夜徃学
十二日Thursday晴上省夜徃学、伊万里武富熊助到来ス
十三日Friday晴上省、夜横尾氏来話不徃学
十四日Saturday晴上省退省感冒臥床
十五日Sunday晴、休、感冒臥病、午後米倉清族来訪
十六日Monday晴上省退省則内子帰自横濱、夜丹羽清次郎来過
十七日Tuesday陰晴不定時或雨上省夜不徃学、以微恙猶未全癒也
十八日Wednesday晴上省夜有故不徃学
十九日Thursday晴上省夜徃学
廿日Friday晴上省夜徃学
廿一日Saturday雨以春季皇霊祭休
廿二日Sunday雨為宿直上省
廿三日Monday雨歇夜徃学、徳久太良次書到含有証券
廿四日Tuesday晴上省夜徃学
廿五日Wednesday晴上省夜感風不徃学
廿六日Thursday晴臥病不上省
廿七日Friday晴仍臥、午後渡瀬秀一郎来告課長蘆高朗蒙非職之内命、後横尾金一来話、夜和田信朗亦来話
廿八日Saturday雨上省、午後訪蘆氏不逢
廿九日Sunday晴、休、朝訪大隈氏、夜大橋素六郎来話
卅日Monday晴上省退省、大塚妻子来訪
卅一日Tuesday晴、有故不上省此日受非職之命、渡瀬秀一郎・横尾金一亦然両氏来話、渋谷氏亦来

四月

一日Wednesday晴朝渡瀬秀一郎来携上省事務ヲ引續キテ帰寓ス、夜直次郎到自熱海
二日Thursday朝陰後晴、横尾氏来話、午後訪大隈氏
三日Friday晴朝訪蘆氏并大橋氏、永松東海来話、午後丹羽豊七来
四日Saturday晴午後高島鉾三郎来話
五日Sunday晴朝訪永松東海
六日Monday朝陰、直次郎亦赴熱海、訪大塚氏後雨此日西藤龍之来
七日Tuesday晴、為奉效上大蔵省、午後訪西藤龍之并蘆高朗氏
八日Wednesday晴有故又上省
九日Thursday晴午後訪大隈氏高田早苗・天野為之
十日Friday晴朝松村辰昌来
十一日Saturday晴昇三郎赴北海道、午後深江順暢来訪
十二日Sunday晴朝訪谷謹一郎、午後天野為之来訪、鷲沢氏来
十三日Monday陰或微雨夜徃学、此日作書報家郷
十四日Tuesday陰或雨夜徃学高田早苗
十五日Wednesday朝陰後雨夜徃学
十六日Thursday晴午後丹羽豊七来夜徃学
十七日Friday陰夜徃学
十八日Saturday朝陰渡瀬秀一郎来話、午後松村辰昌来話、晡前放晴薄暮微雨夜開霽
十九日Sunday晴朝訪渡瀬秀一郎、継而家屋買却ヲ某人ト約ス
廿日Monday晴朝為内人買薬、訪大橋夜雷雨
廿一日Tuesday晴終日住家ヲ探索ス、晡時訪松浦良春、夜徃学
廿二日Wednesday晴夜徃学
廿三日Thursday晴、朝上鍋島邸、夜徃学
廿四日Friday晴夜徃学
廿五日Saturday晴
廿六日Sunday陰轉寓於牛込区神楽町二丁目、午後雨
廿七日Monday晴朝為大塚氏訪松浦良春、轉訪大橋帰途邂逅于石黒忠悳、午後和田信郎来訪、夜徃学
廿八日Tuesday晴朝訪大橋、午後永松、夜徃学
廿九日Wednesday陰晴不定、朝訪蘆氏、夜徃学

卅日Thursday朝雨松村辰昌来、晡時
　雨歇

五月

一日Friday晴朝訪大橋、午後訪天野、
　晡時訪永松、夜訪大隈氏
二日Saturday晴朝訪矢野文雄、午後
　訪永松并丸駒帰則丸駒来
三日Sunday微雨訪小栗貞強、終夜雨
　不歇
四日Monday晴朝訪池田氏、大橋素六
　郎来夜往学
五日Tuesday朝陰後晴夜往学
六日Wednesday晴午後古川慎吾来訪、
　夜往学
七日Thursday朝陰後晴午前訪池田氏
八日Friday晴
九日Saturday晴朝伊万里人松尾卯
　之助来、訪丹羽豊七於對鶴館不
　逢、與本岡儀八對話、去訪丹
　羽横濱冷氣襲衣、晡前帰寓此日
　書ヲ作出・伊万里ニ出ス
十日Sunday晴朝訪伊万里人於松尾
　氏、去訪谷氏・大橋氏、午後渡
　瀬招飲
十一日Monday晴午後或時ニ疎雨、夜
　往学
十二日Tuesday晴徴感風、不往学北
　海道ゟ米倉清族并昇三郎ゟ来状
　アリ
十三日Wednesday晴朝杦本氏細君来、
　午後訪杦本氏、作答米倉氏并昇
　三郎書即発之
十四日Thursday晴朝永松東海来過、
　夜往学、鷲沢隼人来過
十五日Friday晴朝村田周一来過、傳
　直次郎音信
十六日Saturday朝微雨訪村田周一
　托贈直次郎之書、後暴風雨継而
　歇
十七日Sunday陰朝訪永松
十八日Monday晴夜往
十九日Tuesday晴夜鷲沢来過往
廿日Wednesday晴夜往
廿一日Thursday晴夜往
廿二日Friday晴夜往
廿三日Saturday晴午後渡瀬来訪
廿四日Sunday晴訪池田氏、午後犬塚
　氏細君来
廿五日Monday陰晴不定晡時雨勁風
　煽之
廿六日Tuesday陰晴不定夜往、此日
　朝訪浅田宗伯借徂徠先生素難評
　一冊
廿七日Wednesday晴朝熊本庸太郎来
　訪、此日書ヲ作出ト信太郎ニ盖
　シ前日ノ事ヲ問フ、夜往
廿八日Thursday晴午後雨継霽夜往
廿九日Friday晴午後渡瀬来過夜往
卅日Saturday晴
卅一日Sunday晴朝訪石黒忠悳氏、午
　後大橋来訪

六月

一日Monday晴午後渡瀬来訪
二日Tuesday晴
三日Wednesday陰晡時雨
四日Thursday雨
五日Friday霽午後渡瀬来夜往
六日Saturday朝雨後歇晡時直次郎
　帰自熱海
七日Sunday晴午前為渡瀬訪池田氏、
　午後微雨継晴、徳久太良次書到
　又送書於徳久氏
八日Monday晴赴于直税分署、午後横
　濱丹羽米来、渋谷氏来過
九日Tuesday晴又適于直税分署
十日Wednesday陰、伊万里信太郎書
　到、午後寄書於信太郎及太良次
十一日Thursday晴午後訪渋谷氏、此
　日午後蘆高朗氏来訪
十二日Friday晴午後訪渋谷氏
十三日Saturday陰或雨夜渋谷氏来
　過
十四日Sunday陰或雨永松東海招飲
十五日Monday陰或雨
十六日Tuesday陰
十七日Wednesday陰微恙
十八日Thursday晴仍臥
十九日Friday或雨或歇仍臥渡瀬来
　過
廿日Saturday或雨或歇仍臥渋谷氏
　来過
廿一日Sunday雨伊万里信太郎書到
　来
廿二日Monday晴仍臥作書徳久書到
廿三日Tuesday晴起床午後訪渋谷氏
　相携訪永松氏

廿四日Wednesday晴古川慎吾来訪
廿五日Thursday或雨或霽午後訪渋谷氏
廿六日Friday雨
廿七日Saturday晴訪大橋
廿八日Sunday陰晴不定、渋谷永松来訪囲碁
廿九日Monday晴晡時西田氏
卅日Tuesday晴朝訪加藤高明、午後松尾牡来過

七月

一日Wednesday晴朝渡瀬来過継而三輪某来訪
二日Thursday陰晴不定、午前訪池田氏、晡時渡瀬来
三日Friday陰晴不定、夜鷲沢氏来過
四日Saturday陰晴不定、朝訪杉本氏、継訪森永友健午後或雨
五日Sunday雨或歇渋谷氏招飲永松・舩越両氏来会
六日Monday雨大降午後歇徴恙而臥床
七日Tuesday陰或雨仍臥
八日Wednesday晴起床、伊万里武富熊助書来盖本月四日発而報次女藤婚嫁也
九日Thursday晴、横尾金一来訪
十日Friday陰午前訪枚本氏、午後或雨、此日直次郎上州桐生町ニ適ク
十一日Saturday陰
十二日Sunday晴熱甚矣、枚本細君来
十三日Monday晴熱甚矣、松尾熊助来
十四日Tuesday晴熱甚矣、晡時柳下巳成参来
十五日Wednesday陰晴不定、涼
十六日Thursday陰晴不定、涼
十七日Friday陰晴不定、午後渋谷氏来話
十八日Saturday陰晴不定、
十九日Sunday陰晴不定、時或雨午後渋谷氏招話
廿日Monday陰午前赴大橋素六郎簡招夜雨静下
廿一日Tuesday陰晡時渡瀬来過雨
廿二日Wednesday雨
廿三日Thursday晴午前訪枚本氏、午後渡瀬来
廿四日Friday陰永松招飲
廿五日Saturday晴
廿六日Sunday晴
廿七日Monday晴夜微雨
廿八日Tuesday晴午後寫字内村某来夜雨暴風雨トナル
廿九日Wednesday放晴夜間又雷雨トナル
卅日Thursday晴不定朝訪田口卯吉・松尾氏、晡時訪大隈氏、夜又雷雨
卅一日Friday晴朝訪蘆氏・枚本氏・横尾氏

八月

一日Saturday晴晡時訪相良氏
二日Sunday晴朝訪渋谷氏
三日Monday晴早朝應永松東海招適于其大磯之別業六時発新橋八時半到大磯永松氏欣然迎余於其樓上、午後為海水浴快不可謂、晡時相携散歩于市上夜囲碁
四日Tuesday早起相携上樓後之愛宕山少焉微雨来、午後歇池田玄泰亦来相共囲碁
五日Wednesday陰午前池田先辞去、午後余亦辞去一時過停車場ニテ池田ニ逢盖シ同車ス到大鯉停車場池田下車、四時新橋ニ達シ五時前帰寓
六日Thursday晴午前訪永松之家又訪渡瀬
七日Friday晴朝訪大橋診杉本氏、午後寄書於信太郎
八日Saturday晴午後訪渋谷氏
九日Sunday晴朝訪廣瀬桐江翁、夜三輪某来話
十日Monday晴朝松村辰昌来訪夜雷雨
十一日Tuesday晴、作出吉永伊作・前田重蔵書到、曰、徳久氏ニ田地買収ヲ依頼スト故ニ直チニ其ヲ敢テ為シ能ハサルヲ以テ謝絶ヲ報ス、又夕書ヲ信太郎ニ贈ル、直次郎書到、此日米倉清族氏ニ北海道ニ書ヲ贈ル
十二日Wednesday晴
十三日Thursday晴朝六時上野買汽車赴于上州桐生久方村直次郎寓、

到小山駅換車十一時到于桐生駅下車買人車十一時半到久方村直次郎寓、直次郎歓迎、晡時診熱病患者夜雷電無雨
十四日Friday晴、朝診熱病患者且観羽二重製造所、夜雷雨頃刻而晴
十五日Saturday朝四時辞直次郎寓、五時桐生買汽車取駱於竹崎帰京十時前到上野十時半前帰寓
十六日Sunday晴朝訪大橋
十七日Monday陰暴風雨朝訪田口卯吉、晡時訪永松夜信太郎書到
十八日Tuesday晴朝贈答書於信太郎、訪大橋
十九日Wednesday晴永松・渋谷来囲碁
廿日Thursday晴
廿一日Friday陰時或雨午後信太郎書到
廿二日Saturday陰
廿三日Sunday終日雨霽々下
廿四日Monday陰晴不定夜雨
廿五日Tuesday朝陰雨後放晴
廿六日Wednesday晴
廿七日Thursday晴午前犬塚駒吉細君来
廿八日Friday晴
廿九日Saturday晴松尾氏来
卅日Sunday晴
卅一日Monday晴午前杦本氏来、直次郎書到直返書ス

九月

一日Tuesday晴午後鷲沢氏来訪
二日Wednesday晴訪大隈氏并西成政
三日Thursday晴熱甚
四日Friday晴熱甚晡時宮崎嘉國来話
五日Saturday晴熱甚
六日Sunday晴訪永松
七日Monday晴
八日Tuesday晴
九日Wednesday雨
十日Thursday晴西成政来話
十一日Friday晴
十二日Saturday晴有驟雨
十三日Sunday雨大降後晴
十四日Monday陰晴不定或雨
十五日Tuesday晴
十六日Wednesday晴
十七日Thursday晴午後亀井捨吉来話
十八日Friday陰午後西成政氏来語雨
十九日Saturday陰晴不定午後内村秀太郎来
廿日Sunday陰或雨
廿一日Monday陰午後雨鷲沢氏来診内人病也、内村秀太郎来
廿二日Tuesday晴内人病未瘥鷲沢氏午後再診
廿三日Wednesday陰内人病未瘥但小間、三輪某来話、午後鷲沢氏来診
廿四日Thursday晴内人病未瘥、午後鷲沢氏来診
廿五日Friday晴内人病大瘥、杦本細君来訪病
廿六日Saturday陰晴不定、午後訪永松・深江二氏、帰則松尾氏来訪、鷲沢氏来診、此日贈書於作出於伊万里
廿七日Sunday陰雨
廿八日Monday陰晴不定、夜訪蘆氏依其嘱托、訪平井某帰則人定
廿九日Tuesday晴早朝訪永松、訪丸駒午後鷲沢氏来診
卅日Wednesday晴雨後暴風雨午後歇晡前開晴

十月

一日Thursday陰内人病瘥、朝訪鷲沢氏謝来診之労
二日Friday晴、夜中島亮平書到即発答書
三日Saturday晴朝訪丸駒内人往横濱、晡時横尾金一来訪、夜鷲沢氏来訪
四日Sunday晴、飯塚八百太招話
五日Monday晴適横濱迎内人
六日Tuesday晴午後訪蘆氏不逢、夜林為現来話
七日Wednesday晴午前訪丸駒、午後托歯痛於小川奥社贈書於直次郎并作出・信太郎
八日Thursday晴
九日Friday晴午前訪深江順暢、直次郎書到又贈答書
十日Saturday晴飯塚八百太来訪、午

後深江順暢来話、夜贈書於
信太郎、晡時渋谷良次氏来訪
自云両三日前帰自九州
十一日Sunday晴午後伊万里壺屋男
某来云明日帰郷因托書贈信太郎
内人又臥病
十二日Monday晴内人仍臥午後古川
慎吾来訪、夜電報于信太郎
十三日Tuesday晴内人仍臥午信太郎
返電到
十四日Wednesday晴内人仍臥午後杉
本・松尾二氏来
十五日Thursday晴
十六日Friday晴午後信太郎書到為
授券封入直発禮状又贈書於直次
郎
十七日Saturday晴
十八日Sunday晴原口敏行来訪午後
渋谷氏招話、夜診杉本氏
十九日Monday晴朝訪大橋、午後訪浅
田宗伯氏
廿日Tuesday晴
廿一日Wednesday晴午前川田剛氏、
午後渋谷氏来訪
廿二日Thursday晴
廿三日Friday晴
廿四日Saturday晴徴恙臥床、午後渋
谷氏来話
廿五日Sunday晴仍臥
廿六日Monday晴仍臥
廿七日Tuesday晴仍臥
廿八日Wednesday陰仍臥、午後渡瀬
秀一郎来訪
廿九日Thursday雨仍臥
卅日Friday陰後晡時訪吉田市十郎
卅一日Saturday晴午前深江順暢并
富士見小学校長山崎彦六并教員
藍原新二之二氏、夜督責大橋

十一月

一日Sunday晴早朝督責大橋後訪大
隈氏
二日Monday晴早朝督責大橋、夜訪林
経明、轉再往督責
三日Tuesday晴天長節也午後渋谷氏
招飲夜督責大橋漸達志
四日Wednesday晴
五日Thursday朝陰後晴丸駒
六日Friday晴
七日Saturday晴午前深江順暢午後
訪永松晡時松浦良春来訪
八日Sunday晴渋谷氏招飲
九日Monday晴夜源太郎贈書、書辞甚
熟談之書渡
十日Tuesday晴有故終日臥床夜雨粛
之然下
十一日Wednesday晴仍臥朝大石熊吉
来訪盖一昨帰朝自米國也、晡時
渋谷氏携三浦某来話
十二日Thursday陰仍臥後微雨終日
臥床夜雨猶不歇直次郎帰自桐生
十三日Friday雨起床晡時訪犬塚氏
十四日Saturday晴午後訪大隈氏
十五日Sunday晴朝訪富士見小学校
長山崎彦八教員藍原新二、又訪
渡瀬、後渋谷氏招飲
十六日Monday晴午前訪犬塚氏
十七日Tuesday晴朝訪永松午後同渋
谷・永松二氏訪大隈氏
十八日Wednesday晴三浦元碩来訪
十九日Thursday晴
廿日Friday晴午後携直次郎買療治
機械并医書夜松尾氏
廿一日Saturday晴後陰往横濱告別
丹羽
廿二日Sunday微雨午後渋谷氏来訪
廿三日Monday陰後雨
廿四日Tuesday晴午後訪深江氏
廿五日Wednesday晴晡時訪蘆氏并原
口氏
廿六日Thursday晴午前訪大田家鷲
沢氏午後訪丸駒并松尾・杉本氏、
夜横尾氏・鷲沢氏来訪夜吉田七
郎来
廿七日Friday晴渋谷・深江来訪、夜
吉田七郎実弟馬渡某来
廿八日Saturday晴午後擧家発東京、
渋谷・松尾・杦本妻君等送到新
橋発車夜宿横濱丹羽盖其請也
廿九日Sunday晴第一車辞横濱入夜
宿熱田
卅日Monday晴辞熱田傚舟航四日市
十一時着四日市投関西鉄道午後
三時後着草津更投関西鉄道晡
時入京夜観市决使妻子視三条橋
盖糠先考苦学之旧跡也

十二月

一日Tuesday晴午前携妻子詣西本願
寺巡覧東山午後下大坂宿吉田春
吉家
二日Wednesday晴午後僦汽船辞大阪
三日Thursday陰雨時有日光夜十時
着馬関小艇上陸之際暴風雨舩殆
危十一時終二上陸
四日Friday大風雪滞于馬関
五日Saturday陰晴不定朝航門司僦
九州鉄道午後四時後着佐賀直僦
人車西行宿牛津
六日Sunday朝陰発牛津過小田放晴
北方午飯日晡晡着伊万里武富信
太郎家終宿熊助・源三郎等来飲
七日Monday懶晴、妻并小女二人止于
茲午後携直次郎帰作出展先塋、
信太郎・熊助亦来隣人数輩来祝
帰村
八日Tuesday懶晴隣人又来賀者甚多
晡時信太郎熊助去、直次郎亦適
伊万里
九日Wednesday懶晴午後直次郎帰、
余直適伊万里是為松尾熊助依托
也與武富熊助訪川東西岡幸之助
為松尾氏也
十日Thursday晴與武富熊助適有田
亦為松尾熊助也、訪平林伊平・
川原氏・松尾丈吉氏不在也留書
而去終宿蒲地駒三郎氏宿
十一日Friday晴朝訪田代氏并中村
禮造・久富氏又吊正司敬蔵福島
喜平晡時帰家熊助又辞去吉永伊
兵衛招飲
十二日Saturday陰雨武富源三郎来、
診徳久熊助妻病於長濱夜吉永伊
作招飲與源三郎囲碁
十三日Sunday陰朝與源三郎作絵画
之合作徳久嘉平亦来會後源三郎
南部伊太郎・花島芳樹・判屋薬
舗来
十四日Monday陰午後武富熊助同道
ニテ西岡幸之助・松尾丈吉・松
尾廣吉来盖前日余輩ガ中込シタ
ル松尾熊助謝罪承諾回答也余即
書報松尾熊助并蓑田助之允于東
京後雨
十五日Tuesday陰晴不定診長濱
十六日Wednesday懶晴、無事
十七日Thursday晴、適伊万里訪藤田
與兵衛又訪與熊助訪松尾貞吉留
飲入夜帰途診長濱
十八日Friday晴、適大里面藤山村長
十九日Saturday晴、為松林昌九診古子、
直次郎診長濱
廿日Sunday雨
廿一日Monday雨歇
廿二日Tuesday陰晴未定診大木
廿三日Wednesday晴、診長濱
廿四日Thursday晴
廿五日Friday晴臨管廟祭
廿六日Saturday晴診伊万里此日荷
物到着
廿七日Sunday晴森永與七来後田代
忠助来此日百田某来波瀬長尾喜
作来
廿八日Monday晴、適伊万里帰則夜半
廿九日Tuesday晴、診長濱・大里、
内人適伊万里
卅日Wednesday雨
卅一日Thursday晴、診山谷、直次郎
診長濱

峯源次郎年譜

西暦	和暦	年齢	月日	峯源次郎日暦記事	備考
一八四四	天保一五年	一	八月一五日	峯静軒・為の二男として有田郷中里村に生れる	嘉永二年八月二二日牛痘苗を大石良英が鍋島淳一郎（直大）に接種し成功（『佐賀藩の医学史』以降※で表す）
一八四四	弘化元年		一二月六日	改元　峯源次郎自身は弘化元年生れと一貫して言っている	
一八四八	嘉永元年		九月一〇日	武富仲誕生	引痘方を設置、御側医が引痘方医師に任命される※
一八五三	嘉永六年		一一月五日	峯静軒医業免札取得	医学寮の引痘方医師を領内へ本藩藩費で派遣する組織的な体制が整う※大庭雪斎初代蘭学寮教導（嘉永四）※
一八五四	嘉永七年		六月一〇日	峯亨（雲臺）医業免札取得	安政二年六月二〇日、藩医は蘭学も兼修すべし（佐賀藩達）
一八五五	安政二年	一二	一一月一二日	父静軒に命じられて父の日暦を写し始める、幼名昌、画・作詩・読書を父に学び門人に従い往診に廻る	
			一二月二九日	大穴持之神像を壁にかけ正月準備をする	
一八五六	安政三年	一三	一月一日	一家で屠蘇を祝う	
			一月一三日	兄亨の音信京都より届く（山本読書室寄宿）	山本復一編『門人名簿』に峯雲庵安政二年三月二七日入門
			九月二〇日	雲臺（亨）楠久に居住	
				昌は論語・金匱・春秋を学び静軒門生と詩会に並ぶ	安政三年九月一一日御側医以外も西洋医学修業命ず（佐賀藩達）
一八五七	安政四年	一四	一月八日	静軒門人中村精一帰省（後の養安又改松林昌九）	
			二月一六日	静軒長崎佐々木氏往診に出発門人仲栄が従う	
			三月二二日	静軒長崎より帰る	
			一〇月一八日	有田の久富橘齋・中村養朴が峯静軒の長男雲臺が家に戻り高齢の父親を安心させるようにと話に来るが石丸源左衛門と浦郷喜右衛門が静軒を説得して雲臺は楠久で開業継続	
			一二月二七日	大穴持之神像を壁にかけ正月準備	
			一二月二八日	正月用餅つき	
一八五八	安政五年	一五	一月一日	一家で屠蘇を祝う	大庭雪斎好生館教導方頭取（安政五）※
			一月八日	雲臺が神農祭開宴	引痘方事業は好生館の仕事となる（安政五）※
			八月二〇日	彗星出現	
			九月二五日	長崎馬田永成と唐津旅行に出発静軒・雲臺・昌・仲栄	
			一〇月二七日	長崎村上藤兵衛来宿	伊東玄朴らが神田お玉が池種痘所設置に成功※
			一〇月二八日	長崎藤村庸平（光鎮）来宿	
			一二月二八日	正月用餅つき	
			一二月三〇日	大穴持之神像を壁にかけ正月準備	
一八五九	安政六年	一六	一月一日	一家で屠蘇を祝う	

西暦	和暦	年齢	月日	事項	備考
			一月一九日	静軒門人水上元道退塾	
			一月二三日	源次郎佐賀に上り主君鍋島市佑・若君に拝謁	
			八月一日	村祠で僧誦経蓋し祈天行暴瀉流行消滅	
			八月二日	佐賀官医三田道筑氏種痘于古子	
			八月七日	伊万里従兄浦郷政右衛門訃音	
			八月一七日	浦郷氏急使報伯母病篤静軒即適伯母卒	
			九月一八日	源次郎有田・谷口藍田塾に入門一〇月八日帰省	
			一二月二八日	正月用餅つき	
			一二月三〇日	大穴持之神像を壁にかけ正月準備	
一八六〇	安政七年	一七	一月一日	一家で屠蘇を祝う	
			一月四日	有田谷口藍田塾又入塾　二四日帰宅	
			二月一六日	母為京都旅行に出発	三月九日開業免札の無い者は配剤してはいけない（好生館）
	万延改元三月一八日閏三月一日			雲臺西洋医学のため佐賀へ	お玉が池種痘所幕府直轄となる※
			四月二日	母為京都旅行より帰る	
			四月二九日	源次郎佐賀の大庭雪斎塾入門七月四日帰郷	
			七月二四日	静軒に従い長崎遊学	七月医師一統西洋医学を学ぶように（好生館達）
			七月二八日	蘭訳司三島氏に束脩九月一七日帰郷	
			九月一九日	従兄浦郷喜右衛門の弔問に行く	
			一〇月九日	長崎三島氏に再度入塾一二月一四日三島氏辞す	
一八六〇	万延元年	一七	一二月一八日	帰宅	
			一二月二八日	正月用餅つき	
			一二月三〇日	大穴持之神像を壁にかけ正月準備	
一八六一	万延二年	一八	一月一日	一家で屠蘇を祝う	
			二月三日	北原助吉が峯雲臺に入門	
			二月六日	源次郎佐賀大庭雪斎に再度入門	
			二月一七日	雲臺と源次郎扶氏経験遺訓読会に参加二七為式日	
	文久改元二月一九日				お玉が池種痘所、西洋医学所と改称※
			四月一日	扶氏経験遺訓読社員解剖狗於五龍祠畔好生館教導職渋谷良次・指南役相良寛哉来会	
			四月二五日	佐賀老医島田南嶺翁病没	七月、医師一統西洋法を学ぶように、文久三年までに西洋医学へ改めない者は配剤禁止（好生館達）
			八月二一日	訪副島要作（後改照陽）	
			九月五日	好生館に通学を始める	

一一月六日　鍋島公世子（直大）臨于好生館
一二月一〇日　姉吉永直死去

一八六二　文久二年　一九
一月一日　静軒に従い先祖の墓に参る
一月一八日　主君・好生館教師に年始の挨拶をする
四月七日　好生館医生疥癬治療に熊の川温泉に入浴
六月一日　麻疹流行のため寄宿舎退寮
七月五日　源次郎の冠父有田の川原善助死去
九月三〇日　雲臺は須古太夫（須古鍋島家）の徴を辞退できないという
源次郎が家督を継ぐことになり雲臺は須古家の家来となる
一一月一七日　恩公（直正）臨于好生館
一二月二五日　為進学官命二季上食上食謂食官米也
佐賀にて越年

一八六三　文久三年　二〇
一月一日　向郷拝雙親
一月二日　兄に従い好生館先生方に年始の挨拶
一月五日　島田東洋・権藤東垣・中山雲仙と共に捕鯨見学に唐津・呼子
を経て小川島へ、医生藤松南斎に酒肉を馳走になる

西洋医学所は医学所と改称し幕府の西洋医学の拠点として維新後→大学東校→第一大学区
医学校→東京大学医学部※
医学所頭取はポンペ門人の松本良順※

一月一一日　鯨漁網に落ち壮観、鯨肉のあぶらは殊の外甘美
一月一四日　佐賀に帰る
二月二四日　静軒に促され好生館より帰宅する
三月一八日　天然痘を初めて診察する
佐賀医官楢林蒼樹種痘のため西岡幸兵衛家に到着
三月一九日　明善寺で種痘
三月二四日　佐賀医官相良寛哉種痘于廣厳寺
三月二八日　長崎の荒木善三郎・荒木伊助家族一六人が外国交戦を避けて
峯家に滞在四月二二日鎮定の長崎へ戻る
四月七日　佐賀医官島田東洋の種痘手伝依頼を承諾し八日伊万里へ赴く
五月六日　有田の川原謙吾からオランダ字彙を七両で買う
五月二〇日　静軒に従い平戸・佐々・佐世保・早岐を往診
六月一四日　伊万里医会に出席
八月四日　長崎の唐訳官鄭右十郎が峯家に八日まで逗留
一〇月三日　長崎遊学荒木昌三の家で石丸虎五郎・馬渡八郎に邂逅
一〇月一四日　嘗ての蘭学塾で皆英学を学ぶのを見て英書を学び始める
一二月三日　帰宅両親大悦

一二月二六日　長崎の荒木昌三から清客沉篤斉の往診依頼が来る
一二月二七日　静軒長崎に出発
一二月三〇日　大穴持之神像を壁にかけ正月準備

一八六四　文久四年　二一　一月一日　源次郎と母為で屠蘇を祝う
一月一九日　静軒長崎より手紙で沉篤斉快気祝に為を呼ぶ
一月二六日　為は長崎へ出発し二月一一日に静軒と帰宅

一八六四　元治改元二月二〇日
五月四日　種痘医員島田芳橘が伊万里に来る源次郎が手伝い医として行く
五月二七日　佐賀種痘医楢林蒼樹が廣厳寺で種痘
一〇月二四日　長崎遊学、養生所で水町三省・相良弘庵・江口梅亭に面会しこれより治療傍観
一二月二二日　長崎遊学から帰宅両親大悦
一二月二六日　正月用餅つき
一二月二九日　大穴持之神像を壁にかけ正月準備

一八六五　元治二年　二二　一月一日　一家で屠蘇を祝う
三月一〇日　武富仲と婚約
慶応改元四月七日
閏五月四日　好生館から西松浦郡医生へ出題される、僂广質・斯説并治方、越列吉的尓説、動植二物説の三題
閏五月一三日　好生館へ解答文提出
七月二五日　静軒右脇下肝部硬結消化不良
八月九日　雲臺の診断、静軒は肝臓閉塞
八月二一日　源次郎と仲の婚礼挙行
九月一〇日　静軒逝去
一一月二二日　渋谷良順入門
一二月二九日　大穴牟地神像を壁に掛ける

一八六六　慶応二年　二三　一月一日　母為と新年の屠蘇を祝う
二月二五日　長男源太郎誕生
三月二五日　渋谷塾に入る
四月三日　兄に従い長崎ボードインへ一〇日に帰る
七月二八日　前田万里翁訃音

八月九日　好生館学級三等及第、但し原書
九月一〇日　静軒一周忌・祖母三十三年忌法要
一〇月三日　長崎養生所教師ボードイン伊万里で老公を診る、侍医渋谷先生に従い伊万里へ
一一月八日　好生館解剖豚
一二月六日　婦人屍体解剖

一八六七　慶応三年　二四
一月一日　向郷拝萱堂拝先塋
一月二日　中里村作井手自宅へ帰る母大悦
二月四日　故前田万里翁の詩文遺稿整理に行く
二月一三日　渋谷塾へ戻る
三月五日　妻仲乳房炎のため帰宅、九日帰塾
八月一日　長男源太郎危篤の報で帰る
八月二五日　帰塾
一〇月二五日　好生館解剖豚頭部分を担当
一二月三〇日　帰宅、大穴牟地神像を壁に掛ける

一八六七　慶応四年　二五
一月一日　母為と新年の屠蘇を祝う
二月二〇日　老公（直正）上京
閏四月一〇日　水町三省従軍東征
閏四月一九日　野中元（吉尾秀策）従軍東征
六月二日　好生館ヒュンケ生理書卒業
七月六日　好生館ヒュンケ生理書試業

明治改元九月八日
九月二六日　二男直次郎誕生
一一月一一日　織田良益京都より帰る
一一月三〇日　老侯閣下（直正）上京
一二月四日　太田大夫（鍋島監物資智）帰陣野中元（吉尾秀策）帰る
一二月七日　永松東海昨日帰陣
一二月一三日　作井手に帰宅母親大悦
一二月二九日　大穴牟地神像を壁に掛ける

一八六九　明治二年　二六
一月一日　母為と新年の屠蘇を祝う次いで先塋参拝
一月六日　渋谷先生、公（直大）に従い京都より帰る
三月二八日　永松東海、老公（直正）に従い上京
四月二一日　鐘ヶ江文英（晴朝）従軍東行

西暦	和暦	年齢	月日	事項	関連事項
			六月一九日	好生館試業昇進一等	
			六月二七日	大学東校進学を勧める永松東海の手紙来る	
			七月一日	東京遊学を決める	
			七月二日	永松東海の手紙再度来る五日返事を出す	
			七月六日	母為急病の報、作井手に向かうが既に逝去	七月八日職員令を制定し官制改革（二官六省）開拓使設置
			一〇月四日	好生館第一級昇進	七月二七日官吏を勅任官・奏任官・判任官に分ける
			一〇月一四日	岳父・伊左衛門・太兵衛が、源次郎の東遊を決す	
			一一月二九日	好生館試業余肝臓炎也	
			一一月三〇日	及第医局授与医術開業免状	
			一二月六日	東京へ出発	
			一二月一四日	長崎で郵船紐克号に乗船	一二月一七日大学校を大学、開成校を大学南校、医学校を大学東校と改称（『日本史年表』）
			一二月一九日	同乗の深川亮蔵の従者となり無事横浜に上陸	
			一二月二〇日	深川氏が相良知安宅寄宿を斡旋	一二月一九日江藤新平襲われる（日暦）
			一二月二五日	相良知安宅寄宿開始	
一八七〇	明治三年	二七	一月一日	向郷拝村祠并先塋拝年	
			一月二五日	大学東校通学開始	
			一月二七日	東校の初の授業はモルレ氏文典	
			二月一日	学校の休みは一の日と六の日	
			三月四日	為解剖休業	
			四月一一日	写真師内田九一・占い師山口千枝を訪ねる	
			八月二六日	三男昇三郎誕生	
			九月一四日～一二月三一日まで日暦欠落		
一八七一	明治四年	二八	一月一日	向郷拝先塋その後ドイツ領事を築地に訪ねる	
			一月一九日	南校教師ワグネルにドイツ新教師ホルツを紹介してもらいこれよりホルツ宅に寄寓	
			五月六日	ドイツ留学のため横浜出港	
			五月二九日	サンフランシスコ港到着	
			六月一四日	本藩留学生にニューヨークで欧州留学を抑止される	七月九日刑部省・弾正台を廃し司法省をおく
			六月二二日	サンフランシスコに戻りパルマ氏に従学	七月一八日大学を廃し文部省をおく
			一〇月一九日	帰国のため郵船に乗る	
			一一月一九日	横浜港上陸	
			一一月二七日	相良知安出獄再び相良家に寄宿	

一八七二　明治五年　二九　一月一日　向郷拝先塋
二月二九日　ヨングハンスに同伴して佐賀好生館へ横浜出港
三月一一日　ヨングハンスと共に佐賀呉服町本陣到着
三月一七日　中里村の自宅に帰る
七月二七日　開拓使の徴に応じることを決める
八月二日　中里村の自宅を出発
八月一五日　東京の開拓使で札幌病院詰の命を受ける
九月一二日　札幌開拓使本陣に到着

相良知安文部省に復職第一大学区医学校校長に就任
相良知安文部省医務局長兼務※
一一月二八日徴兵の詔書及び太政官告諭でる

一八七三　明治六年　三〇　一二月三日　勅令により太陽暦となりこの日明治六年一月一日
一月二三日　医学校開校式
一月二三日　四男為四郎誕生
九月二七日　官命を以て死んだ牛の解剖実施
一〇月三日　渋谷良次五等出仕免職

一月一〇日徴兵令及び付録を定める
一月一三日御用掛峯源次郎当分医学教官申付候事（開拓使辞令）
六月二〇日九等出仕峯源次郎病院教授課兼事務課申付候事（開拓使辞令）
一一月一〇日内務省設置

一八七四　明治七年　三一　一月一日　向郷拝先塋次いで賀正大判官・幹事・医学所生徒
三月三一日　開拓使医学所廃止
四月二二日　病院主治課兼学校（資生館）教授課英学并数学被命
四月二八日　暇を乞い上京
五月一〇日　東京到着
八月一日　開拓使辞表受理される
九月三〇日　相良知安免職

二月七日九等出仕峯源次郎主治課兼務申付候事、開拓使（開拓使辞令）
三月三一日九等出仕峯源次郎医学所教授課差免更主治課申付候事（開拓使辞令）
四月二二日九等出仕峯源次郎兼学校教授課英学并数学方申付候事（開拓使辞令）
佐賀の乱二月一日起る、三月一日鎮圧、四月一三日処刑
開拓使九等出仕、サガ峰源次郎（明治七年西村隼太郎編『官員録』）
八月一八日医制公布
知安は国家医師資格試験制度・薬事制度・衛生行政を目論むが巨額を要し佐賀藩以外の新政府役人には理解し難い医制改革案で知安は罷免された※
知安の『医制略則』八五条は永松東海が加筆修正し『医制』七八条となり、後任の長与専斎が修正し『医制』七六条として公布された※

一八七五　明治八年　三二　一月一日　向郷拝先塋
三月三日　永松東海編集の『分析試験法』を校正して序を書く
五月二九日　中里村自宅に帰る
一一月一六日　東京へ出発片山帯雲同行
一一月二二日　神戸病院森春蔵に片山帯雲を託す
一二月一〇日　馬渡俊邁（八郎）葬儀、青山に参列

一八七六　明治九年　三三　一月一日　向郷拝先塋
四月一六日　大隈重信母親三井子の診察・看病をする
四月二四日　オーストリア人医師大隈重信の母・弟診察に立会う
五月七日～一九日大隈氏母三井子・令弟岡本欣次郎の避暑に同行
六月一三日　大蔵省出納寮雇横文来翰訳月給二五円
八月一五日　大隈氏とその母に陪し相模伊豆旅行に同行

九月六日　東京に帰る

一二月七日　大蔵省国債局雇横文訳月給五〇円の辞令を受ける

大蔵省本省御雇峯源次郎（一〇年三月大蔵省編『大蔵省職員録』）

一八七七　明治一〇年　三四

一月一日　向郷拝先塋

一月三日　五男五郎誕生

一月七日　旧佐賀藩出身医生の会合が早稲田大隈氏別邸で開催

一月一五日　諸寮廃止に伴い大蔵省御雇月給四〇円となる

一月二七日　岡本欣次郎氏を看護

峯源次郎『京阪雜肋日記』を著す

四月一六日～五月一六日　大隈重信卿の大阪出張に随行

六月一八日　本郷弓町前田利鬯邸内へ転居

六月二一日　大隈氏実弟岡本欣次郎氏病死

八月一四日　春日町大黒屋へ転居

八月二二日　病の為帰郷九月五日中里村自宅に到着

九月一七日　兄、峯完一と十年ぶりに会う

九月二九日　伊万里在住の医師池田宗伯等と親睦会

一〇月三〇日　帰京の為中里村自宅を出発

一一月八日　東京大黒屋到着

大蔵省本省御雇、峯源次郎、長崎県平民、小石川春日町十二番地（明治一一年二月大蔵省編『大蔵省職員録』）

一八七八　明治一一年　三五

一月一日　大隈氏に拝年・旧知事（鍋島直大）邸

五月一四日　大久保内務卿利通公為兇賊暗殺於紀尾井坂

五月一四日大久保利通東京紀尾井町で石川県士族らに暗殺される（『日本史年表』）

五月一六日　大隈氏邸内（飯田町一丁目一番地）に転居

五月二四日　妻仲・二子郷里より到着

八月二三日　近衛炮兵営火・暴動

八月二三日近衛砲兵二六〇余人反乱、二四日鎮圧（竹橋騒動）

一二月一一日　大石良乙病死

峯源次郎「上大隈閣下執事書」を著す

一八七九　明治一二年　三六

一月一日　挙家祝年向郷拝先塋

大蔵省本省、御雇、峯源次郎、麹町区飯田町一丁目一番地（明治一二年四月『大蔵省職員録』）

五月四日　渋谷良次・相良知安等と観藤亀戸天神

五月一六日　袂時計を懇望により兄峯完一へ贈る

七月一三日　ヘンネッシーと北海道に向かう大隈氏を送る

七月一八日　長女澄誕生

八月四日　大隈氏を横浜に迎えに行く

一〇月四日　ハイゼ外国辞書・ロスコウ化学書等を完一へ送る

一〇月二六日　副島仲謙・石黒忠悳と上野山下博物館見学

一一月一一日　大隈夫人に陪し前田正名等と観劇

一二月一六日～二四日　前田正名に随行して上州出張

年	月日	事項	備考
一八八〇　明治一三年　三七	一月一日	拝年大隈氏	大蔵省翻訳課、御雇峰源次郎、長崎県平民、飯田町一丁目一番地（明治一三年三月『大蔵省職員録』）
	一月三日~八日	大隈英麿・前田正名と流山大隈氏開墾場調査	
	一月一七日~四月二七日	前田正名に随行九州調査出張	
	六月一日	佐賀県医師会（好生社）浜町大橋楼	
	六月六日	鍋島イタリア全権公使渡欧開宴江東中村楼	
	六月一六日~七月二〇日	大隈三井子・英麿・熊子避暑に随行	
	一〇月六日	「英国財政史」翻訳脱稿	
	一二月二四日	大蔵准判任御用掛月給四五円辞令	
一八八一　明治一四年　三八	一月一日	早朝妻子と郷に向て先塋を拝し椒酒を酌み新年を祝う	
	一月二日	大隈氏の名刺を各国公使館書記官に送る	
	五月二二日	大隈三井子・相良妙子（大隈令姉）の避暑に同行	
	六月三日	同僚藤井善言の紹介で依田百川を訪問	
	七月二日	翻訳課廃止源次郎は出納局兼務のため勤務継続	
	七月六日	報告課勤務出納局兼務の辞令を受ける	
	七月一五日	好生館会が永田町松隈謙吾幹事で開催	
	七月三〇日	御巡幸に供奉する大隈参議の随行として出発	
	一〇月一三日	大隈参議辞職	一〇月一二日明治二三年国会開設に詔書出る（明治一四年政変）
	一一月二三日	牟田口（元學）・神山（聞）と大隈氏の書類整理	
	一一月三〇日	太政官兼務を免除される	
	一二月二九日	伊万里の松尾貞吉と石丸源左衛門と亀清で会う	
一八八二　明治一五年　三九	一月一日	早朝向郷拝先塋挙家酌椒酒祝新年次に拝年大隈氏	大蔵省報告課、御用掛准判任、出納局兼務峯源次郎（明治一五年一月『大蔵省職員録』）
	一月二日	永松東海の長子死亡、三日永松の為陸軍軍医本部へ行く	
	一月四日	永松東海長男の葬儀に出る	
	一月一一日	シーボルト兄、峯に写真帖と真影を贈る	二月八日、開拓使を廃止
	三月三一日	伊万里銀行資本金三七万円と武富熊助から聞く	三月一〇日、伊万里銀行営業開始（『佐賀銀行百年史』）
	五月二六日	好生会神田明神境内開花楼で開催相良知安と共に幹事担当	四月一六日立憲改進党結党式総理大隈重信
	六月一九日	医業鑑札紛失の件で中里村とやり取りをする	
	七月七日	大蔵省報告課二等属の辞令を受ける	
	七月一六日	開業鑑札（長崎県医業）は明治一〇年中下付と連絡来る	
	八月一日	大隈氏の命でリゼンドル（李仙得）を訪ねる	
	八月三日	伊万里銀行頭取人事の下話依頼が松尾貞吉より来る	
	八月八日	シーボルト兄より金鎖一個恵与される	

年	月日	事項	備考
	八月一六日	二女清誕生	
	九月三日	長男源太郎の診察を池田謙斎に依頼	
	一〇月二一日	大隈氏の東京専門学校開校式見学	一〇月二一日東京専門学校開校式（早稲田大学の前身）
	一二月七日	シーボルト兄の手紙来る一〇月一六日ウィーン発	
一八八三　明治一六年　四〇	一月一日	向郷拝先塋列妻子祝年後拝年大隈氏	
	一月一二日	シーボルト兄第三佛文報告来る大蔵卿・盧氏宛二通同封	
	二月五日	シーボルト兄第四報到着昨年一二月一〇日ウィーン発	
	三月一九日	工商会社（起立工商会社）に行く	
	四月一五日	深川亮蔵の老母喪の弔問	大蔵省報告課、御用掛二等属、出納局兼務峯源次郎（明治一六年四月『大蔵省職員録』）
	七月二六日	好生会出席のために松隈謙吾の家へ行く	
	九月六日	シーボルト兄氏来七月二三日ウィーン発という	
	九月二五日	相良剛造子息大八郎を同人社に入学させる	
	九月二八日	好生会を烏森町昇栄楼で開催秀島文圭と源次郎が幹事	
	一一月二五日	妻仲眼科医井上達也の手術をうける	
一八八四　明治一七年　四一	一月一日	早朝向郷拝先塋継で妻子祝年次で拝年大隈氏	
	二月一日	シーボルト兄がオーストリア公使館解職、大蔵省雇となる	
	二月二五日	大隈氏早稲田別荘（豊島郡下戸塚村七十番地）へ移居	
	二月二五日	横尾金一・南隈雄・杉本軾之助・峯の輪番で大隈邸宿直開始	
	五月二日	峯完一の二男下村求が上京して来る	
	五月二一日	二男直次郎が上京	
	六月一日	渡辺元三郎（渋谷先生三男）を本郷森川町四六番地に訪問	
	六月二九日	谷口復四郎三百円借金の連帯保証を依頼してくる	
	七月一四日	大蔵省学校（租税局）これより暫く廃止	大蔵省報告課御用掛二等属、出納局兼務、峯源次郎（明治一七年八月『大蔵省職員録』）
	八月一日	大蔵省学校これより月・金曜日を往学の日とする	
	九月三日	下村求静岡県巡査拝命し四日に出発	
	九月九日	脩進社（修進社）に行く	
	一〇月一日	甥俊蔵（完一長男）の手紙来る住所長崎新町三番吉雄氏	
	一〇月一二日	同郷義会が芝万年山青松寺で開催される	
	一一月五日	谷口復四郎に借金ができないことを告げる	
	一二月一九日	神田開花楼で報告課忘年会兼平井通雄ドイツ遊学餞	
一八八五　明治一八年　四二	一月一日	早朝向郷拝先塋列妻子祝新年次に拝年大隈氏	
	一月一一日	隣人南隈雄一家と共に川崎大師に参詣する	

一月二四日	山代郷波瀬永尾源吾長男喜作が来訪四月八日帰郷	大蔵省報告課、御用掛二等属、出納局兼務、峯源次郎（明治一八年六月『大蔵省職員録』）
五月一七日	同郷会が神保園で開かれる	
六月一〇日	大隈氏の国雅会に赴く	六月、直次郎独乙協会学校へ転学（履歴書）
七月一〇日	相良知安氏を文部省出仕のお祝いに訪ねる	
七月二六日	東京専門学校卒業式に臨む	
一二月七日	深川亮蔵の男死去　八日葬儀に出る	

一八八六　明治一九年　四三

一月一日	早朝向郷拝先塋継同妻子酌屠蘇祝新年・拝年大隈氏	
一月三一日	永松東海を訪ね弔問実父原令碩喪	
三月一四日	大隈大夫人（三井子）の病を渋谷（良次）と診る	
四月一一日	伊万里銀行横浜支店開設を丹羽豊七が告げる	六月一七日伊万里銀行横浜支店開設（『幕末明治と伊万里の人』）
五月六日	任官二等（報告課属判任官二等）の辞令を受ける	大蔵省報告課、御用掛、属二等、出納局兼務、峰源次郎（明治一九年七月『大蔵省職員録』）
六月二八日	岡本克敏（欽次郎）の十年祭に招かれる	
七月二六日	東京専門学校卒業式に臨む	
八月一七日	源太郎徴兵検査を東京で受けたいと区役所に届出	八月、直次郎東京医学専門学校済生学舎入学（履歴書）
八月一八日	開業医免状所持の事を区役所に届け出る	
九月一四日	荒木昌三（道繁）急患、支那公使館で一六日葬儀	
九月二〇日	三女栄誕生	
一〇月二七日	栄絶息、駒込追分町西教寺にて二八日葬儀埋葬	
一一月一八日	渋谷良次三男渡辺元三郎訃音夜弔問	

一八八七　明治二〇年　四四

一月一日	向郷拝先塋継で列妻児祝新年拝年於諸家	
二月一〇日	大隈家雉子橋邸が外務省へ売却の事を聞く	
二月二〇日	牛込区新小川町二丁目十八番地へ転居する	
三月三日	三男昇三郎を大隈氏に託す	大蔵省総務局属二等、峰源次郎（内閣官報局編『職員録』明治二〇年甲）
三月一一日	頭痛のため池田謙斎氏に受診	
	シーボルト兄、ドイツ新聞を大隈氏へ送る	
四月一日	昇三郎を渋谷氏令閨の家渡辺家養子とする	四月三〇日峯昇三郎市ヶ谷砂土原町三丁目渡邊元次郎と養子縁組
四月三日	同人社同窓会に松源楼へ赴く	明治二三年一〇月一三日昇三郎渡邊から復籍（峯家資料）
四月一四日	伊東武重の死弔問、一七日葬儀に参列	
四月二五日	神田区西小川町二丁目三番地に転居	
五月一〇日	大隈氏の伯爵授爵を賀す	
一〇月二六日	静軒二十三年祭と三女栄一周祭を修す	
一一月四日	旧友片山帯雲尾道病院長として器械購入の為上京	

一八八八　明治二一年　四五

一一月二五日　高田早苗を日就社に訪ねる
一月一日　向郷村先塋而列妻児祝新年
三月九日　同僚鶴田雄の為にその破産を阻止するため集会
　源次郎は一七日まで奔走するが成功せず
四月九日　二男直次郎徴兵検査のため帰郷
七月一一日　完一の三男季三郎来訪、留学の為という
七月一八日　直次郎が伊万里より帰る
七月二〇日　東京専門学校卒業式に臨む
七月二七日　大隈英麿氏帰京を上野駅に迎える
九月三日　中川徳基（大蔵省総務局属一等上）・後藤昌綏（属一等下）と駒込草津温泉に遊ぶ
九月一八日　中川徳基氏弔問妻喪
一一月一八日　大隈英麿・（天野）為之と瀧之川に楓見物

七月五日直次郎、伊万里町岩永仁三郎と離縁に付復籍（峯家資料）
大蔵省総務局属二等峰源次郎（内閣官報局編『職員録』明治二一年甲）

一八八九　明治二二年　四六

一月一日　仍臥
一月一八日　拝年大隈氏于外務省官邸
二月一八日　丹羽豊七小児病のため池田謙斎氏に診察を依頼
三月六日　大隈三井子（文化三年三月六日生）誕辰の宴に赴く
三月一一日　東京府衛生課長武昌吉を開業鑑札書換のため訪う
六月三日　鬼頭悌二郎のニューヨーク副領事赴任送別会に赴く
七月一七日　相良剛造氏洋行を新橋駅に送る
七月三一日　長男源太郎房州へ海水浴に赴く
八月九日　二男直次郎房州へ海水浴に赴く
八月二〇日　昇三郎を早稲田より引き取る
八月二六日　国債局長田尻稲次郎の命で『国債始末』を校閲する
九月一三日　永松東海を弔問子喪　一五日葬儀に参列
一〇月一八日　大隈氏遭難之報直往訪之
一一月二日　岳父武富栄助死去の電報着
一二月一八日　吉永為一郎（四男為四郎）の養祖母香典壱円送る

一〇月、直次郎医術開業前期試験及第（履歴書）
大蔵省総務局属二等峰源次郎（内閣官報局編『職員録』明治二二年甲）
二二年七月医籍登録峰源次郎（『日本杏林要覧』）
一〇月一八日大隈外相、玄洋社社員に襲われ負傷
一一月一八日北海道炭礦鉄道会社設立免許

一八九〇　明治二三年　四七

一月一日　早朝闔家八口向郷拝先塋酌屠蘇為元旦継拝年諸家
三月一日　相良知安氏を訪う一昨夜浅草区の大火により
四月九日　妻仲発病
四月一五日　池田謙斎氏来診是由吸収悪塵埃肺系受傷也非結核也
六月二八日　大蔵省総務局文書課勤務の辞令を受ける

大蔵省総務局属一等下峰源次郎（内閣官報局編『職員録』明治二三年甲）
四月、直次郎医術開業後期試験及第（履歴書）

七月二〇日　東京専門学校卒業式に臨む
八月五日　五男五郎へ商人の修業始めるにつき訓戒を送る
一二月一六日　事務勉励につき慰労金三〇円下賜の辞令を受ける

直次郎八月二九日に医術開業免状四八六五号下付される（履歴書）

一八九一　明治二四年　四八

一月一日　挙家向郷拝先塋而酌屠蘇為元旦賦一絶
一月二日　拝年大隈氏・相良氏・渋谷氏
一月一一日　古川慎吾（伝安）の国雅会に赴く
一月一五日　訪岡本萬六郎之死因旋於葬儀
二月二日　同僚後藤昌綏（総務局属一等下）病死、美濃人善持掌学侍梁川星巌
三月一五日　米倉清族来訪

米倉清族の母親は大隈重信の従妹（『歴史の残像』）明治一九年東京帝大工科大学採鉱冶金科を卒業、北海道庁に就職、二二年北有社入社、一一月同社解散時北海道炭礦鉄道入社（佐賀県人名辞典）

三月二七日　蘆高朗課長に非職の内命あり
三月三一日　非職の命を受ける同じく渡瀬秀一郎・横尾金一
四月一日　事務を引継ぎ帰る
四月一一日　昇三郎北海道に赴任
四月一九日　家屋売却を某人と約す
四月二六日　牛込区神楽町二丁目に転居
五月一二日　米倉清族・昇三郎より来状
五月一五日　村田周一が直次郎の音信を伝える
五月一六日　村田周一を訪ね直次郎への手紙を託す
六月六日　直次郎熱海より帰る
七月一〇日　直次郎上州桐生町に行く
八月三日　永松東海の大磯別荘に招かれる池田玄泰も来会
八月一三日　上州桐生久方村の直次郎を訪ねる熱病患者を診る
八月一四日　羽二重製造所見学　一五日帰宅する
一一月九日　源太郎に書を贈る書辞甚だ熟談の書
一一月一一日　大石熊吉来訪一昨日アメリカより帰朝という

大石熊吉は明治一七年米国ラトガース大学留学で学位を取得二二年からニューヨーク大学に入る（人事興信録）

一一月一二日　直次郎桐生より帰る
一一月一八日　三浦元碩来訪
一一月二〇日　直次郎と共に治療機械と医書を購入
一一月二八日　家を挙げて東京を出発、新橋駅で渋谷・松尾・杉本等に見送られ、この夜横浜仲の妹丹羽米宅に宿泊
一一月二九日　横浜発、熱田に宿泊
一一月三〇日　熱田・四日市・草津、京都で宿泊

			一二月一日　西本願寺に詣で大阪吉田春吉の家に宿泊	
			一二月二日　汽船大阪発　三日暴風雨の中上陸馬関	
			一二月五日　門司で九州鉄道に乗り佐賀着人車で牛津へ宿泊	
			一二月六日　牛津発、北方で昼食、夕方伊万里武富信太郎家着	
			一二月七日　直次郎と中里村に帰宅し墓参、隣人帰村を祝う	
			一二月二六日　荷物到着	
			一二月二七日　波瀬の永尾喜作来訪	
			一二月二九日　長浜・大里に往診する	
			一二月三一日　山谷に往診、直次郎は長浜に往診	源次郎の「日暦」終了
一八九四	明治二七年	五一	四月四日	元非職大蔵属峯源次郎、非職満期ノ處満十一年在官ニ付金参百参拾円下賜（大蔵省辞令）
一八九六	明治二九年	五三	東京伝染病研究所でツベルクリン注射法を学ぶ	四月二四日妻仲逝去（峯家文書　以降（峯）と略す）
一九〇〇	明治三三年			四月二一日長男源太郎離籍、神田区南神保町一〇番地へ一家創立（峯）
一九〇一	明治三四年	五八	松山陽太郎に遣篤児静脈注射法を学ぶ	七月九日二女清、田丸松太郎と結婚（峯）
一九〇一	明治三四年			九月一一日三男昇三郎、牛込区北山伏町櫻井かくへ入夫婚姻（峯）
一九〇二	明治三五年	五九	金杉英五郎に咽頭結核治療法を学ぶ	九月二三日四男吉永為四郎逝去（峯）
一九〇四	明治三七年	六一	大阪石神亭・東京高田畊安・新潟竹中成憲に結核治療法を学ぶ	
一九〇六	明治三九年			九月一九日二男直次郎結婚（峯）
一九〇八	明治四一年	六五	九月二五日　吉永イシと再婚	
一九三〇	昭和五年			一月二三日三男櫻井昇三郎逝去（峯）
一九三一	昭和六年	八八	九月七日　峯源次郎逝去、殯葬は国柱会方式で行うよう遺命 九月一〇日　廣巌寺を式場として葬儀は国柱会本部統務式長執行 一〇月七日　峯源次郎遺稿『東北従遊私録』櫻井昇印刷所で印刷	峯源次郎は文久三年（一八六三）から昭和六年（一九三一）までの漢詩集「渭陽存稿」を遺した
一九三八	昭和一三年			三月七日二男峯直次郎逝去（峯）
一九四三	昭和一八年			一〇月一五日五男峯五郎逝去（峯）
一九四四	昭和一九年			一月二五日長男富田源太郎逝去（峯）
一九四五	昭和二〇年			七月一四日長女峯澄逝去（峯）
一九六四	昭和三九年			五月一八日二女田丸清逝去（峯）

資料集

凡例

一、原文に従って翻刻した。
一、誤字等には傍注を施した。
一、「近衛兵暴挙について」は早稲田大学図書館の許可を得て翻刻し原文に無い句読点を付した。
一、峰源次郎の書簡五通は一般社団法人日本医史学会の許可を得て『日本医史学雑誌』六三巻三号から転載した。

「京阪雞肋日記」[1]（峯直之氏蔵）　横16㎝×縦24・5㎝　和紙綴

表紙

「（後筆）明治十年四月／五月　　（後筆）写スミ

峯源次郎稿

伏請　郢正　」

明治十年。陸軍大将西郷隆盛以薩反。一月提大兵従薩入肥。囲熊本城。侵暴四出。[2]肥筑豊之前後為之騒然。　天皇陛下親征。進大纛[3]於西京。大臣参議労於閣議。海陸軍将校與兵卒同労於硝煙弾雨之間。数日而得破田原坂救熊城於重囲之中。賊勢従是逡巡。大勢已定。慶雲麗日再見太平之象。然　陛下猶駐輦於西京。大臣以下拮据鞅掌[4]于善後策。而四月大久保内務卿[5]遥招大隈大蔵卿[6]。大蔵卿以松方大輔[7]應招。内務卿不聴。乃大隈氏自超。余忝随行。事務応接之余暇私記一二所遊覧之勝概。片紙断楮[8]固不足存焉也。」1オ　然亦不忍為故紙。題曰京阪雞肋日記。

四月十六日。晴午後一時。汽車発東京。二時達横濱。直搭汽船。時徴募巡査一千人同舟。黎衣白帽。粛然如林。薄暮船航観音崎。既而入夜。海水如熨。満天星斗倒映水面。燦如百万炬火。周郎[9]赤壁之捷。可想也。

十七日。陰雨。海天茫々無所見。船航遠州洋。所謂七十五灘者。即是也。午後雨益甚。風愈烈波濤洶々有聲。過紀大島風雨少歇。入夜空濛[10]不辨咫尺。[11]以此碇泊洋中。此日大隈氏與同舟鹿児島縣知事岩村[12]氏。囲碁。船揺兀碁子乱。為之時々顛倒勝敗。亦添一興。」1ウ

十八日。快霽。午前七時上陸神戸。舊友片山帯雲[13]在本港病院。来過。十時汽車赴大阪。左則摩耶山帯雲送我。右則金剛山隔海迎我。翠楠[14]赤松[15]二氏之事。千載之下猶如見当時。不勝慨歎也。十一時半抵梅田停車場。捨汽車。呼腕車。投大阪造幣局泉布観[16]。々臨澱江。洋々之水。其碧如油。

十九日。晴午前七時汽車赴西京。城和之諸山。対峙左右。其間鉄路與澱江西東相並而北。過大和山崎間。天王山[17]屹在月睫。北則比叡[18]比良[19]諸峯聳雲表。想像天正之義戦[20]。坐生感慨。指顧未盡。林梢忽然見塔尖者。東寺[21]也。達六條停車場。従是腕車抵三條投木屋町[22]大津屋某家。有客曰。嵐山[23]距茲三里而近。花未衰」2オ　子盍一賞。金乃駆腕車。西出郭門。往者来者士女雅俗扶老挈幼道途如織。過太秦[24]。忽見有櫻雲纏青山。則不問我知其為嵐山也。達其下則有碧潭。隔山。乱松之間。有茶亭。有酒店。袒裼裸体。左手挙大白[25]右手持肉而鯨飲[26]者有之。朱唱紅歌。張女楽而乱舞者有之。衣冠正坐。矚目於花而無餘念者有之。両人対坐。拇戦而酔者。三人鼎坐。煮茗閑談而樂者。又席上攤韻書而苦吟。檻角採筆而構思。和服者。洋服者。或立水濱而眺望。或踞在而顧瞻。或笻而徘徊。千態万状矣。水上之勝地則無處不繋船。無舟不載妓。哀糸豪竹。與岸上之吹弾相和。嶺答溪應。渓風時起。満山之櫻花為之飛散（繽紛）。陣々吹白両者奇観也。可謂盛矣。」2ウ　会曽聞嵐山之勝矣（久）。而今日所見十倍所聞。顧天下何地無櫻花。何地無青山。而寥々無聞也。吁白櫻青山亦有幸不幸哉。維然青山碧潭煙霞之境。変為歌吹熱閙之俗地。若使山霊水神断之。甚幸不幸未易遽判也。

二十日。晴午後訪草場船山[27]翁。話舊。翁父執[28]也。後伴翁散策太秦。終遊仁和寺[29]。

二十一日。晴午後遊詩仙堂。在比叡山之西麓一乗寺村。昔者石川丈山[30]棲隠之處也。吁憤世之士。世間往々而有之。或憂傷病疽。或慷慨悲憤。或陽狂弄世。是皆不得正者也。至石川氏則不然。夫石川氏天資豪邁。才兼文武。一端不得展志。翻然賣劍」3オ　入山。足不再践朱門。何其行之高哉。而詩歌咏嘆之外。不豪見憤世之跡也。但世人多以詩人称之。然以余

見之。其操行之高。識見之卓。非一凡詩人之比也。何以謂之。曰以其拒王安石。知之。苟使丈山氏徒好詩之人。則彼安石者何人。豈非為翰林学士有餘之名家哉。況於荊公之詩。有蘊藉風雅不類其執拗之性者乎。石川氏安拒其詩之為哉。観其拒之以足推知其所守也。轉遊覧鴨東諸勝。終登東山。詣将軍塚[31]。将軍塚者田村将軍[32]之墳塋也。夫田村公以材武之姿討滅蝦夷醜類。使奥民免被髪左衽者。何其功偉哉。宜哉身後尚為皇城之鎮。盛哉。然田将軍之所討。頑冥之醜類而已。固非将軍之敵也。其勦滅元悪駆逐遺類」3ウ 於海外。功則功矣。然未足以多将軍之武也。方今至薩匪之乱則事有大不同焉者。彼西郷者何人。身為陸軍大将。掌握國家兵馬権久矣。上自兵事機密。将校之能否。兵馬之多寡。強弱。下至緇(輜)重糧食之末。無不暗熟。而以数年間所養成之精兵衝其所熟知之兵営。其鋒之鋭固非蝦夷烏合嘯集之此也。然今也不踰月而為官軍所撃破。逡巡退却。僅守故塁。顧授其首領於王師。将不出数日。是固雖謂由廟筭之周到。然可不謂軍職之人一誠以奉王室。蓋忠報国之所致哉。今日将校之功幾似使田将軍不得專美於千古。然明治之功臣而為明治之逆賊者亦既多矣。西郷大将其一也。然則蓋棺而為国家干城者」4オ 初可尊也。是所以田将軍之為田将軍也。

廿二日。晴遊金閣寺[33]。嗚乎維昔恭献王之所居哉。長松爵翠連于衣笠山。不可測知其深浅。中間有大池。緑浄如磨青銅。池上佛寺。即金閣也。棟楹梁桷板檻之属皆塗金。與日光相映発。斜射池水。時青嵐掠水。微風疊金色之皺紋。美観也。史称義満[34]性豪侈。然彼不學無術。依累世之祖業。掠奪六十餘州之王土王氏。終甘受外國之封爵。怙然不覚悟。是喪心之一匹夫也。匹夫而有天下欲逞。人欲。恣豪奢。則天下之昏徳何事不為。奚翅金銀而已矣。晡前帰大阪。

廿三日。晴訪三島為嗣[35]氏。々長崎人。而曽通称季太郎。為和蘭譯」4ウ 官。今勤務造幣局。余之舊師[36]也。

廿四日。晴遊茶臼山[37]。昔者大阪夏役。真田幸村防東軍之所也。今属陸軍省。過天王寺。帰途小飲路傍旗亭。大阪城高聳雲表。而巍々乎。金城湯池称天下第一。而當時秀頼引真田後藤智謀之士。擁數万精兵。終不能守。安知所恃非險哉。悲哉。然自豊太閤論之。大阪之事似非可怪又可悲矣。太閤為一代英雄。無論。襟度濶大前古無比。包容六十州之侯伯。猶有餘。終大起外征之兵。紹長息氏之功。使我日本之國威被外大邦者。何其偉哉。抑太閤起自奴隷。八年定天下。七年畧朝鮮。天若假之以年。其功當有不可測知者矣。而不敢失臣節。一意尊奉朝廷。何等節義。」5オ 求之於外国無比。獨有第一世拿翁得稍類之而已。其雄畧偉業非固可以得喪論者也。遂擧一大白。仰贍高樓。俯瞰深濠。欽慕其英風。吾意暢而壮快。酒亦大醺。頓忘懐古悽愴之情矣。時街頭喇叭聲。盖軍隊之出城也。粛々如水。

廿五日。微雨観造幣局工場[38]。本場器械。本在香港。曩明治三年移以為我国之用也。有金銀鎔解所。有試験所。有開展器械。切断器。有切抜器。有秤量器。有刻印器。其法先鎔鮮金銀若銀塊。致之於展金器。而開展之。次用切金器切断之。為扁平條。次致之於切抜器。切取團々形。各別秤量之。更移之於刻印器。為表裏之文字畫形。是其大畧也。今爰記金銀貨之量目。性合。尺用曲」5ウ 尺。以金九銅一。為金貨之性合。以銀九銅一為壱円銀之性合。而五拾銭以下為銀八銅二。然而貳拾円金貨。径一寸一分五厘七毛。量目八匁八分七厘三毛五七矣。拾円金貨。径九分七厘。量目四匁四分三厘六毛七矣。五円金貨。径七分二厘。量目二匁二分一厘八毛三五矣。貳円金貨。径五分六厘。量目八分八厘七毛三四矣。壱円金貨。径四分。量目四分四厘三毛六七矣。壱円銀貨。径一寸二分四厘。量目七匁一分七厘六毛矣。本壱円銀貨。明治七年改紋容。然径寸量目猶依舊矣。五十銭銀貨。一寸二厘。量目三匁五分八厘八毛矣。弐拾銭銀貨。
径七分四厘。量目一匁四分三厘五毛二矣。拾銭銀貨。径五分八厘。」6オ
量目七分一厘七毛六矣。五銭銀貨。径五分。量目三分五厘八矣。
廿六日。微雨在大阪。
廿七日。微雨仍在大阪。
廿八日。霽午前赴西京。投三條木屋町三井氏別業[39]。
廿九日。晴午後帰大阪。
卅日。雨在大阪
五月一日。微雨後霽訪知人永松東海[40]軍醫正於陸軍假病院[41]。土岐唯一[42]。八杉[43]
某等以軍醫正之職在于茲。療創痍。石黒忠悳氏[44]監之。皆所知也。嗚呼創
痍。破脳砕骨為邦家之干城。今日我輩看山看水。」6ウ　優游得為筆硯之
楽者。亦彼創痍惨骨之恩賜也。
二日。晴在大阪。
三日。晴仍在大阪。
四日。陰微雨仍在大阪。
五日。雨午後四時赴西京。投鴨東市村某家。
六日。霽午後遊宇治。過伏見。渡宇治橋。左折沿流東南行。奔流如箭訇隠
匈磕。元暦之二雄安在哉。今見暮鴉三四争先啞々過江而飛耳。薄暮達宇
治。小飲于菊屋萬碧樓上。有萬碧樓三大字之扁額。横丈餘縦称之。山陽
頼氏[45]之書。而結構遒勁居然米襄陽[46]也。曽聞頼翁自少至老。変書法十七
回。然終脱胎於襄陽」7オ　也。樓臨水對山。山翠波光排闥入席。少焉
点燈。燈火亦青。平等院在指顧（ママ）之間。想像治承之役[47]。有使人不勝感慨
者。
七日。晴午後同石丸安世[48]、牟田口元學[49]、大谷靖[50]諸人遊修学院[51]。帰途余獨訪
高畠志貴婦[52]女史。不在家。童曰女史今朝適宇治。今且帰。請暫待之。少

焉矍鑠六七十歳之老嫗。著高屐自外来。童示余名刺。嫗乃引余入堂。慇
懃供茶菓。且曰。余即志貴婦也。君也静軒先生之令嗣乎。余也安政以来
坐事逃奔伏匿。居住不定。尓来逢遇昭代。間関流亡之餘。前緒未就。絶
存問於世間久矣。不知先生無恙否。余曰先人去世既十五年。女史曰。尊
父亦不可謂短命。然不及目今日之文明。可惜耳。余曰不肖曽聞先人」7ウ
屡語尊君之事。欲得一晤久矣。而今也幸接音容。得達宿望。何幸加
之。敢問抑尊齢今幾何。女史曰。既九十三歳。今日尚不用車往復五六里
行程。未覚困憊也。君春秋尚富。能愼衛生猶如余也。余曰謹奉教。女史
能和歌。巧彫刻。而未曾用眼鏡云。女史者先考西京遊学中之知人也。
八日。晴午後謁加茂祠。古杉老松。重陰蔽日。祠傍有小池。水自池底觱沸
□溁。排沙而湧出。沙為之紛々干池底。其状玲瓏如舞。水亦清冽可掬薄
暮帰大阪。
九日。晴在大阪。
十日。朝陰後晴有事于泉州。午後遂遊界浦。時方退潮里許。蟻集」8オ
星散干沙際。而能活動者。遊人之摭貝也。葱翠連空如鵬翅斯張者。黒江
萬松之秀色也。而生駒之翠。淡島之緑。可掬。布帆則如坐者知其遠。如
走者知其近也。風致極自然妙。嗚呼余也捐妻棄児。舍田園閭里之樂。以
従事官海動揺之畏途。固出於不得已。然年月之久或時不覚吾身在風塵之
汚穢中也。然而今日觸目山水之洵美。惘善自失。非工欲無歎。得哉。而
亭榭多臨海結構。軒下作大池。留潮水蓄魚蝦。撃鮮呼酒。陶然而酔。不
知玉山頽也。忽為暮鐘所驚。急駆車帰大阪。夜呼燈。草記。書畢蕭然。
十一日。晴赴西京再投三井氏別業」8ウ
十二日。晴再訪船山翁。晡時帰大阪。
十三日。陰在大阪
十四日。晴辞大阪。帰東京。午後四時汽車発梅田。赴神戸。車中邂逅渡邉

洪基氏[53]。余之曽在大学東校也[54]。氏以中助教薫陶余輩。氏磊落好酒。議論風生。又當世之有力者也。談話之間車抵神戸。雨。九時半搭汽船。風雨益甚矣。

十五日。雨歇然煙霧渺茫。所見黒浪白波而已。終日臥船底。

十六日。霽朝九時達横浜。十二時帰東京之寓。」9オ

（初出は「峯源次郎日暦ノート翻刻（十二）」烏ん枕九八号）

解　題

はじめに

峯源次郎は明治二年十一月晦日、佐賀藩医学校好生館医局から医術開業免状を授与され、翌日大学東校へ進学するため上京した。十二月二十五日から相良知安宅に寄宿を始め、翌三年一月二十五日から大学東校への通学を始めた。これより相良知安を通して各方面への知己が広がっていく。

峯は留学を志し明治四年五月横浜を出発するが途中のニューヨークで奇禍に遭い引返すことになり、サンフランシスコで暫く英語を学んで十一月には帰国した。その後相良の推薦で開拓使札幌病院に赴任し、医学校の開設に力を尽くした。しかし七年三月三十一日、開拓使は経費節減の対象として医学校を廃止した。同僚が次々と東京へ戻って行く中、峯は最後に北海道を離れ五月十日東京に戻る。

定職の無い峯は、大隈宛欧文来翰の翻訳や、相良の代診として大隈家の家庭医を努め、大隈の母親三井子と弟岡本欽次郎の看病には泊り込んで努めている。相良知安から大隈重信へ就職を頼んでもらい、峯は明治九年六月十三日大蔵省出納寮雇、横文来翰翻訳、月給二十五円の職を得た。明治五年開拓使九等出仕の給料からは半減する金額であった。同年十二月、国債局雇となった峯は月給五十円となる。しかし、十年一月、諸寮廃止で月給四十円となる。

「京阪雞肋日記」とは

明治十年四月十六日から五月十六日まで峯は大隈重信の大阪出張随行を命じられる。参議・大蔵卿大隈重信の大阪出張とは、十年一月勃発した西南戦争の収拾会議のために、大久保利通内務卿から招聘されたものであった。

峯はその時の日記を「京阪雞肋日記」と名付けて通常の「日暦」とは別途作成した。「雞（鶏）肋」とはニワトリのあばら骨のことで食べる程の肉は無いが捨てるには惜しいことから、転じて「価値は少ないが捨てがたいもののたとえ」を言う。表紙に「伏請　郢正」（誤りを正してください）と書き、五月十九日の条の、「飛散」の横に「繽紛」と、「矣」の横に「久」と書いているところから、再考して改めるつもりだったと思われる。

以下、まとめに代えて「京阪雞肋日記」の概要を記す。

明治一〇年四月一六日、峯源次郎は大蔵卿大隈重信に随行して午後一時汽車で東京発、二時横浜着、汽船搭乗。

一七日、大隈氏は同船の岩村通俊と囲碁を楽しむ。

一八日、大阪造幣局泉布観に宿泊。

一九日、京都三条木屋町大津屋に投宿。

二〇日、峯は父の友人草場船山を訪問し太秦・仁和寺に遊ぶ。

二一日、詩仙堂・将軍塚に遊ぶ。

二二日、金閣寺に遊び大阪に帰る。

二三日、長崎遊学時のオランダ語の師三島為嗣に会う。

二四日、茶臼山に遊ぶ。

二五日、造幣局見学。

二六日、二七日在大阪。

二八日、京都に赴き木屋町三井氏別荘に投宿。

二九日、午後大阪に帰る。三〇日在大阪。

五月一日、佐賀藩医学校好生館の先輩永松東海を陸軍仮病院に訪問、他に土岐

唯一・八杉。

二日、三日、四日在大阪。

五日、午後四時京都へ、鴨東市村某家投宿。

六日、午後宇治に遊ぶ。

七日、午後、石丸安世・牟田口元學・大谷靖と修学院に遊ぶ。帰途、父静軒の知己高畠志貴婦を訪ねる。九十三歳の志貴婦は矍鑠として未だ眼鏡無しで読み書きができると言う。太田垣蓮月と並び称される女流歌人である。

八日、午後加茂祠に参詣後帰阪。九日在大阪。

一〇日、泉州に赴き帰阪。

一一日、京都三井氏に投宿。

一二日、再び草場船山を訪問し帰阪。一三日在大阪。

一四日、大阪を辞去、午後四時梅田発、神戸へ赴く、車中渡邉洪基に会う。

かつて学んだ大学東校で峯は、中助教渡邉洪基に薫陶を受けた。

一五日、終日船底に臥す。

一六日、朝九時横浜着。一二時東京自宅着。

註

典拠を書いていないものは『精選版日本国語大辞典』による。

1 雞（鶏）肋：けいろく：価値は少ないが捨てがたいもののたとえ。
2 四出：ししゅつ：四方へ出ること。
3 大纛：たいとう：天皇旗。
4 拮据鞅掌：きっきょおうしょう：一生懸命に働くこと。
5 大久保内務卿：大久保利通（一八三〇～一八七八）参議、従三位（明治一〇年『官員録』以降＊で表す）。
6 大隈大蔵卿：大隈重信（一八三八～一九二二）参議、正四位＊。
7 松方大輔：松方正義（一八三五～一九二四）大蔵大輔三等出仕従四位＊。
8 片紙断楮：へんしだんちょ：書き記したわずかな紙。

▼四月十六日
9 周郎・周瑜：三国時代の呉の武将。孫権に従い二〇八年魏の曹操の大群を赤壁に破る。

▼四月十七日
10 濛：ぼう：霧雨。
11 不辨咫尺：しせきをべんぜず：真っ暗闇のこと。
12 鹿児島県知事岩村氏：岩村通俊（一八四〇～一九一五）土佐出身＊。

▼四月十八日
13 片山帯雲：山代郷里村の開業医、弘化三年二月生れ、草場船山・西春蔵・松崎年等に就いて漢学、蘭学を修め、佐賀藩医学校好生館、佐賀県立病院等で英人「スロン」、米人「別列乙」、蘭人「ヘーデン」の諸氏に就いて医学を修め、卒業後は唐津徴兵検査医、神戸病院医員、兵庫県検疫医、兵庫県徴兵医員を務め、明治一四年尾道病院長となり、二二年九月、辞職して同地に開業（『大日本医家実伝』）。
14 楠：楠木正成（一三三六年没）足利尊氏との湊川の戦いで敗北し自刃。
15 赤松氏：南北朝から室町時代の武家。村上源次末流で播磨国佐用荘赤松村に土着して赤松氏を称した関ヶ原の戦で西軍に属し滅亡。
16 造幣局和泉布観：ぞうへいきょくせんぷかん：泉布は貨幣、観は館を意味し、明治天皇が訪問した際自ら命名された。大阪市では市内に現存する最も古い洋風建築で国の重要文化財に指定されている。明治四年二月に造幣寮（後の造幣局）の応接所として落成した。大阪市北区天満橋一丁目一番地（大阪市ＨＰ）。

▼四月十九日
17 天王山：京都府南部大山崎町にある山。桂・宇治・木津川が合流する地点の淀川に臨み男山に対する。
18 比叡：京都市北東部と滋賀県大津市にまたがる山。古来信仰の山で延暦寺・日吉大社がある。
19 比良：ひら：歌枕。滋賀県滋賀郡志賀町と大津市堅田の境、比良暮雪は近江八景の一つ（『世界大百科事典』）。
20 天正の義戦：天正一〇年（一五八二）羽柴秀吉と明智光秀の山崎での合戦。
21 東寺：とうじ：京都市南区の真言宗東寺派総本山、教王護国寺の通称。
22 三条木屋町：江戸初期材木問屋が多かったために呼ばれた京都市の二条から五条

までの高瀬川に沿い南北に通じる街。旅館・ホテル・料亭などが並ぶ。

23　嵐山：京都市西部の山。北麓に保津川（桂川）が流れ、桜・紅葉の名所。歌枕。

24　太秦：うずまさ：京都市右京区中部の地名、秦氏の一族が禹豆麻佐（うずまさ）の姓を賜って居住したために呼ばれた。

25　大白：たいはく：大杯。

26　鯨飲：げいいん：鯨が水を飲むように酒などを多量に飲むこと。

▼四月二十日

27　草場船山：くさばせんざん：文政二年（一八一九）七月九日～明治二〇年（一八八七）一月一六日逝去。父草場佩川・母仁志の長男として多久領這川（ひゃあご）に生れる。幼名良太郎・立太郎、諱廉、字立大、初め舟山後に船山・鶴翁と号す。天保八年、一八歳の時に父佩川が弘道館教諭を命ぜられたため船山は父の禄を継承し東原庠舎の教官となる。二二歳の時領主の命で江戸に遊学、古賀侗庵に入門。三年後帰郷して再び東原庠舎の教官となり、梶原秀と結婚。嘉永四年家塾「千山楼」を開く。明治九年招かれて京都東西本願寺の学寮で教授した。『草場船山日記』の明治一〇年四月二〇日に「峰源二郎自東京来、共遊御室及金閣、家人・塾生亦同」とある。

28　執：しゅう：友人。

▼四月二十一日

29　仁和寺：にんなじ：京都市右京区御室大内にある真言宗御室派の総本山。山号は大内山。仁和二年（八八六）光孝天皇の勅願により着工、同四年完成。延喜四年（九〇四）宇多天皇が出家後入寺。以後明治維新まで歴代法親王が住持となる。

30　石川丈山：いしかわじょうざん：江戸初期の漢詩人、書家。本名重之。号六六山人、四明山人、詩仙堂。徳川家の家臣であったが、大坂夏の陣で、軍規を犯したことから辞して剃髪。のち藤原惺窩に儒学を学んで比叡山麓に詩仙堂を建て文筆生活に専念した（一五八三～一六七二）。

31　将軍塚：しょうぐんづか：京都市東山区粟田口、華頂山の頂上にある塚。延暦一三年（七九四）平安京に遷都した桓武天皇が王城守護のために八尺の土偶に鉄の鎧、兜を着せ、鉄の弓矢を持たせて埋めたと伝えられる塚。

32　田村将軍：坂上田村麻呂：さかのうえのたむらまろ：平安初期の武将。征夷大将軍。渡来人阿知使主（あちのおみ）の子孫。苅田麻呂の子。桓武・平城・嵯峨の三天皇に仕え、蝦夷平定や薬子の乱鎮定に功を立てる。京都清水寺を建立（七五八～八一一）。

▼四月二十二日

33　金閣寺：京都市北区金閣寺町にある鹿苑寺の通称。一三殿舎のうち、漆地に金箔を押した三層宝形造りの舎利殿、金閣によりこの名がある。応永四年（一三九七）足利義満が西園寺家から譲受けた山荘を、子の義持が寺にしたもの。

34　義満：足利義満：応安元年（一三六八）室町幕府第三代将軍となる。有力守護大名や朝廷を抑え、室町幕府権力を確立。応永元年（一三九四）一二月将軍職を義持に譲り翌二年出家。京都北山に山荘を造営し金閣寺（鹿苑寺）を建て、同五年ここに移り北山殿と称された（一三五八～一四〇八）。

▼四月二十三日

35　三島為嗣・三島末太郎：長崎の和蘭通詞。天保八年（一八三七）三月生まれ明治元年二月長崎府通弁役、同九月大阪府吟味役、二年一月大阪府外国事務局二等役、同一〇月大阪府大属、四年一月造幣允、同三月造幣権助・叙従七位、同八月大蔵省七等出仕、同一二月七尾県権参事、五年二月大蔵省六等出仕、同五月造幣寮六等出仕、一〇年一月大蔵少書記官大阪在勤、明治一三年一一月七日病死（『幕末佐賀科学技術史研究』五号）。

36　舊師：三島季（末）太郎：峯源次郎は万延元年（一八六〇）七月二八日、長崎の和蘭通詞三島末太郎の塾に入門しオランダ語を学ぶ。文久三年（一八六三）一〇月四日に再入門すると、皆英語を学んでおり、源次郎もまた英語を学んだ（日暦）。

▼四月二十四日

37　茶臼山：ちゃうすやま：大阪市天王寺区の天王寺公園にある丘。古称は荒陵（あらはか）。大阪冬の陣では徳川家康が陣を置き夏の陣では真田幸村が討死した所。

▼四月二十五日

38　造幣局工場：旧香港造幣局の機械一式を六万両で購入し、局長キンドル以下英国人技師等二十余名を引き受け、明治四年四月四日（和暦二月一五日）、大坂川崎村（現大阪市北区天満）に創業式が挙行された。この時造幣頭は佐賀藩出身の馬渡俊邁（八郎）で、馬渡は峯が長崎遊学時代から師と仰ぐ佐賀藩きっての英学者である。工場は蒸気機関二基を原動力として硫酸・ソーダ・石炭ガス・コークスを製造し、天秤・時計等も製造し、電信が張り巡らされ、煌々とガス灯が点り、馬車鉄道が通された別世界であった。明治一一年八月、石丸安世造幣局長は、佐賀藩精煉方出身の石黒直寛を招聘して硫酸製造部門の拡充を図っている（『日本電信の祖石丸安世』）。

▼四月二十八日

39　三井氏別業：木屋町別邸にあった三井家別荘のこと。大正一四年移築。平成二三年重要文化財に指定され同二八年「旧三井家下鴨別邸」として初公開された。京都市左京区下鴨宮河町五八番地二（京都市観光協会HP）。

▼五月一日

40　永松東海：（一八四〇～一八九八）佐賀藩家老倉町氏鍋島敬哉家来、医師原令碩の子として天保一一年生れ、本藩藩医永松玄洋の養子となり、永松東海と称す。安政四年蘭学寮、六年医学校好生館で大石良英・渋谷良次に教えを受け、江戸遊・佐倉順天堂・長崎への遊学で、松本良順・佐藤泰然・ボードインの教えを受ける。明治二年大学中助教、一〇月大阪府医学校、三年大学大助教、四年好生館中教諭、五年第一大学区医学校専任、六年京都病院勤務を経て「医制」起草に参画、七年初代東京司薬場長、九年陸軍本病院勤務中のところ、一〇年四月大阪陸軍臨時病院付陸軍二等軍医正として西南戦争の負傷者治療にあたる（『佐賀医人伝』）。永松東海は峯に大学東校進学を勧めた。

41　陸軍仮病院：大阪陸軍臨時病院。

42　土岐雄一：土岐頼徳カ：（一八四三～一九一一）名古屋の麻生頼三郎、京都の廣瀬元恭、江戸の坪井信良に学び、幕府の医学所に入る。明治七年陸軍軍医となる。美濃出身、旧名高井孝太郎（『日本人名大辞典』）。慶応三年一月の医学所、《句読師並》渡辺静寿（洪基）・石黒恒太郎（忠悳）・長谷川泰一郎（泰）。《学生》高井孝太郎（『懐旧九十年』）。タイトル「少博士大助教諸先生坐下」、著者長谷川泰一郎・土岐唯一郎・石黒恒太郎、明治二年己巳十一月、少博士坪井芳洲等宛嘆願書（国立国会図書館書誌サーチ）。

43　八杉某：八杉利雄：（一八四七～一八八三）津和野藩士朝倉忠左衛門の子として生まれ、同藩の八杉利義の養子となる。萩・江戸・大坂に遊学、明治二年大学東校に入り、三年大学少得業生次いで中得業生、五年文部省九等出仕、六年八等出仕、七年陸軍二等軍医正として陸軍本病院第二課詰、一〇年西南戦争には東京の本病院から大阪陸軍臨時病院に派遣され傷病兵の診療に従事。一六年熊本鎮台病院長として会議の上京中、脳出血により病没（『我国最初のリウマチ学単行書『僂麻窒斯新論』の訳編者八杉利雄と原著者フリント』）。

44　石黒忠悳：いしぐろただのり：（一八四五～一九四一）幕府の代官手代平野順作の長子として岩代国伊達郡梁川に生れ、万延元年石黒姓に復し石黒恒太郎と名乗る。元治元年医を志し下谷柳見仙に医学と洋学を学ぶ。慶応元年医学所入学、卒業して句読師となる。明治二年大学東校に勤め、三年大学少助教兼少舎長、四年兵部省軍医寮出仕、六年一等軍医正、七年佐賀の乱従軍、九年米国視察、一〇年大阪臨時病院長（『懐旧九十年』）。

▼五月六日

45　山陽頼氏：頼山陽：（一七八〇～一八三二）江戸後期の儒者、史家。安芸国の人。名は襄、字は子成。尾藤二洲、山崎闇斎に師事、京都で開塾梁川星巌・大塩平八郎と交際した。詩文・書画もよくした。

46　米：米芾：べいふつ：北宋の書家。号襄陽漫士。

47　治承之役：治承・寿永の内乱：治承四年（一一八〇）の以仁王・源頼政の挙兵から奥州合戦に至る内乱。

▼五月七日

48　石丸安世：旧名虎五郎（一八三四～一九〇二）佐賀藩士、佐賀藩蘭学寮、長崎海軍伝習生を経て慶応元年、グラバーの手引きでイギリスへ密航留学し、慶応四年夏帰国、明治四年四月工部省出仕、八月初代電信頭に就任し六年東京・長崎間陸上電信開通、七年造幣権頭、一〇年一月造幣局長。峯源次郎は明治八年に書いた履歴書に「文久三年秋又長崎に遊び石丸虎五郎・馬渡八郎氏に従いて英学を脩す」と書いている（『日本電信の祖石丸安世』）。

49　牟田口元學：（一八四四～一九二〇）戊辰戦争で奥羽を転戦した牟田口元學は、明治七年の『官員録』太政官正院六等出仕、一〇年～一一年は太政官正院少書記官である（『日本電信の祖石丸安世』）。

50　大谷靖：（一八四四～一九三〇）岩国藩士、大蔵省ののち内務省に三十余年勤務し大正八年貴族院議員となる（『日本人名大辞典』）。明治一〇年三月の『大蔵省職員録』に大谷靖は、本省権少書記官正七位である。

51　修学院：修学院離宮：一六五五～一六五九年後水尾上皇が自らの意匠で作った山荘、桂離宮とともに江戸時代の名園。京都市左京区修学院町。

52　高畠志貴婦：高畠式部：たかばたけしきぶ：（一七八五～一八八一）夫と死別後千

種家出入の鍼医高畠清音と再婚、香川景樹・千種有功に歌を学ぶ。書画・彫刻もよくした。明治一四年五月二八日死去。九七歳。伊勢出身、旧名石井刀美。号は志貴婦とも。別号麦の舎、家集「麦の舎集」あり（『日本人名大辞典』）。式部は桂門女流歌人として有名、明治元年川口氏の編集した蓮月式部二女歌集がある。生前は蓮月と並称されたが、彼女の名が喧伝されたのは、その人物性格による所が大きい（『国文学大講座第一七』一四八ページ）。

▼五月十四日

53　渡邉洪基：（一八四八～一九〇一）福井藩士、幼名孝一郎。佐倉の佐藤舜海、開成所、福沢諭吉塾に学び、慶応三年医学所出仕、明治二年大学助教、三年外務大録として外務省に入り、四年岩倉使節団に随行（『ブリタニカ国際大百科事典』）。明治一〇年五月の『外務省職員録』に渡邉洪基は権大書記官正六位である。

54　大学東校：明治二年一二月一七日から明治四年七月一七日までの現東京大学医学部の名称。住所は下谷和泉橋通旧藤堂邸。

「近衛兵暴挙について」（大隈関係文書請求記号：イ14Ａ5220　早稲田大学図書館蔵）

上大隈閣下下執事書

近衛砲兵暴擧ノ明日、布衣峯源謹テ再拝書ヲ大隈公閣下下執事ニ呈シテ聊カ陳スル所アラントス。夫レ昨夜近衛砲兵ノ其大隊長宇都宮少佐・深沢大尉等ヲ殺シ、兵営ニ自火シ、大小砲ヲ乱發シ咆然トシテ而シテ起リ、国憲ヲ犯シテ顧ミサルモノ其跡固ヨリ暴賊ノ所為ナレトモ聞ク所ニ依リテ考フルハ、其因タルヤ久矣。而シテ其黨タルヤ独近衛砲兵ノミニ止マラサルモノ、如シ。然ラハ則チ預メ之レカ處置ヲ為サレハ焉クンソ此種ノ暴賊跡ヲ他日ニ按セサルヲ保センヤ。是レ源カ身ノ賎シキヲ忘レ職ノ分ヲ越テ敢テ一言ヲ執事ニ」1オ　献セント欲スル所ナリ、請フ幸ニ其越俎ノ罪ヲ赦シテ其愚衷ヲ盡サシメヨ。

夫レ兵ハ凶器ナリ、而シテ今此凶器ヲ以テ反覆測リ難キノ人ニ委ヌ、尤モ謹ヲ加ヘサル可ラザルナリ。源竊ニ軍政ヲ観ルニ大ハ制度ヨリ小ハ規則條例ニ至ルマデ至矣盡矣敢テ間然スルナシ。然レトモ之レヲ道路ニ聞クニ仰モ今般ノ暴擧ハ客年西南ノ役ニ自ラ功労アリト思フモノニ政府賞與ヲ與ヘサルト、曩ニ陸軍省定額金減縮以来従テ兵士ノ給俸ヲ減縮スルニ起因スルモノ、如シ。且ツ其詳細ハ敢テ窺フ所ニ非サレトモ、兵士日曜日遊歩ニ給スル一人ニ付キ五銭ナリト云フ、是レ定額」1ウ　ヨリ數十万円減縮シテ常備ノ兵數ハ旧ノ如クナレハ理固ヨリ然ラサル可ラス。然レトモ兵士ニ在リテハ冬寒ケレトモ湯浴ノ温ヲ快スルヲ得ス、夏熱スレトモ水氷ノ涼ヲ注クヲ得スト云フ。

夫一凡人（書ヲ読ミ大義ヲ辨スルノ人ハ生ヲ捨テ義ヲ取ルモノナレハ本條所説ノ憂ヲ生スルコトナシ）ノ大ニ欲スル所ハ生命ニ如クハナシ、此無上ノ生命ヲ鋒刃弾丸ノ間ニ出入シテ避ケサルモノハ、賞ノ為ナリ、俸ノ為ナリ。然則チ俸償ノ其心ニ称ハサルトキハ反噬ヲ其長上ニ試ミント欲スルモノ古来其例少ナシトセス。復タ怪シムニ足ラサルナリ。夫レ尋常市井ノ算盤ニ栄枯スル商估ト雖トモ、物アリ其心ヲ激スレハ卒然ノ間ニシテ人ヲ殺スアリ。」2オ　其良心ヲ破ブルニ至リテハ天資ノ性ト全ク相反シ、強賊モ及ブ可ラサルノ逆ヲ逞シ禍害ノ親戚ニ連累スルモ顧ミサルナリ。蘇子曰ク、気ノ乗スル所、則チ其性ヲ奪フテ而シテ其故ヲ忘ルト、況ンヤ身ニ凶器ヲ携ヘ平生既ニ身ヲ万死ニ處スルノ兵士ニ於テヲヤ。其国憲ヲ忘レ、大義ニ背ムキテ畏ル、所ナキ、当ニ然ルヘキノコトナリ。

復タ焉ンソ條例規則ヲ問フニ遑アランヤ。然則チ既ニ凶器委ネシ兵士ヲ禦スルハ、区々タル條例規則ノ独リ能ク主宰スル所ニ非サルヤ知ルヘキノミ。然ルニ其兵士ヲ禦スルニ常規ヲ執リ、偎々乎トシテ区々タル空名ヲ特(恃カ)ミ一端事變ニ逢遇シ、不測ノ害ヲ蒙ラハ、之レヲ如何ンソ裁定スルコトヲ得ンヤ、幸ニシテ之レヲ裁定」2ウ　シ其暴徒ヲ牛裂シ、其三族ヲ誅スルモ既ニ蒙ムルノ害ハ復タ補ナフニ足ラス。源故ニ曰ク、兵ヲ禦スルハ常規ヲ執ル可ラザルナリ。

然則チ将タ何ノ術アリテ以テ反覆測リ難キノ人ニ凶器ヲ委ネテ緩急以テ憂ナカルヘキヤ。曰ク兵士ヲシテ独リ叛クニ忍ビザルノ心ヲ養ナハシムルノミ。其叛クニ忍ヒサルノ心ヲ養ナハシムル、之レヲ如何セハ則チ可ナランカ、曰ク其事至大至要、豈我輩草莽ノ能ク盡クス所ナランヤ。雖然茲ニ一アリ、夫レ兵士ヲシテ其才能功労ヨリモ多分ノ金ヲ得セシムル是ナリ。其授與ノ方法各義ノ如何ヲ問ハス、到底兵士ノ才能功労ヲ超ユルノ金ヲ與フ」3オ　ルナリ。是レ濫ニ属シ兵士ニ啗ハシムルニ恩ヲ以テシ、其レヲシテ却テ不軌ノ心ヲ生セシムルカ如シト雖トモ決シテ然ラス。兵士ヲシテ其心ニ某ハ如斯ノ才能功労アリ、如斯ノ俸給賞與ハ当然ナリト思ハシメハ其心ヲ攬スルニ足ラズ。況ンヤ某ハ如斯ノ才能功労アルニ、如斯ノ俸給賞與ヲ得ズ、オト俸ト労ト賞ト相對應セズト思ハシメハ、孫呉ヲシテ復タ起タシムルモ焉ンソ能ク之レヲ統轄スルコトヲ得ンヤ。

源故ニ曰ク兵士ヲ収攬スルハ其才能功労ニ超過スルノ俸給賞與ヲ投セサル可ラスト。夫レ多ク俸給賞與ヲ施シ、其心ヲシテ某カ才ハ如斯其レ拙ナリ、功ハ如斯其レ微ニシテ如斯ノ大俸美賞ヲ得タリ、其才ト労ト以テ之レヲ他事ニ」3ウ　従事スレハ決シテ如斯ノ金額ヲ得ルハ難シト思ハシメハ、是レ乃チ或ハ兵士ノ心ヲ収攬スルノ一端ナランカ。世ノ技術ヲ以テ官ニ役セラル、モノハ縦ヒ俸給ノ其才能ヨリ下ルモ敢テ大不平ヲ唱フルニ至ラス。如何トナレハ甲局ニ於テ意ヲ得サレハ乙局ニ轉シ、乙ニテ意ヲ得サレハ丙丁ト次第相轉移シテ日本全国ヲ歴試スル、亦タ敢テ妨ケナシ。又タ其有餘ノ能ヲ以テ、退食ノ餘暇私ニ其技ヲ鬻キ、其値ヲ得テ其不満ノ心ヲ治スルモ亦タ妨ケナケレハナリ。然レトモ兵士ノ如キハ其職ヲ措テハ別ニ鬻クヘキノ技倆ヲ知ラサレハ其欲スル所ハ俸ト賞トノ外ニ期スヘキモノナカルヘシ。而シテ望ヲ其専認スル所ノモノニ失セハ如何、」4オ　其レ暴乱ヲ試シサルヲ得ンヤ。

源故ニ曰ク既ニ凶器ヲ委ネシ以上ハ之レヲ禦スル常規ヲ執ル可ラス、寧ロ不経ニ失スルアルモ其レヲシテ叛クニ忍ヒサルノ心ヲ養ナハシムルニ如クハナキナリ。曰ク然則チ兵士ヲ優待セハ必スヤ叛乱ナカランカ。曰ク何ンソ其レ然ランヤ、暴乱ハ人心ノ變ナリ、其變ノ生スル豈ニ之レヲ絶無ニ期スヘケンヤ。雖然常ニ之レヲ優待シ恩義ニ浴セシメハ、一端變乱アリト雖トモ大暴乱ヲ生スルニ至ラス。又タ不良ノモノト雖トモ人タルノ性ヲ稟受スレハ、誰カ中心ニ優待ノ殊思ヲ銘セサランヤ。然則チ一時不良ヲ謀ルモ天地ノ惨毒ヲ極ムルニ至ラサルヤ知ルヘキノミ。又タ其刑ニ處セラル、モ固ヨリ自悔ノ心ヲ開キ中」4ウ　心ヨリ死シテ以テ罪ヲ謝スルノ実ヲ表ハスヘシ。夫レ兵士ノ情茲ニ至リテ初メデ(テ)大将軍之レヲ帥(ひき)ヒテ以テ死生ヲ共ニスルニ足ルヘシ。若シ然ラスシテ兵士各其心ヲ異ニシ、上ノ命ヲ用イサルニ至ラハ、既ニ以テ自ラ守ルニ足ラズ、之レヲ何クンゾ大敵ニ接スルヲ得ンヤ。其杵ヲ倒（さか）サマニサレサルモノ殆ンド稀ナリ。

雖然之レヲ優待スルニ俸給ヲ増シ賞與ヲ厚フセシト欲スルモ、定額金ノ減縮スル之レヲ如何セハ則チ可ナランカ。曰ク定額減縮セハ従テ兵數ヲ減セサル可ラス、是レ又タ理ノ必然ナルモノナリ。夫レ兵ヲ備ヘサレハ已マン。苟モ兵ヲ備フル以上ハ之レヲシテ其職ニ楽シマシメサル可ラス。又タ其職ニ楽シマ」5オ ザルノ大兵ヲ用インヨリハ寧ロ其職ヲ楽シムノ寡兵ヲ用ユルノ勝レルニ如カサルナリ。且ツ之レヲ欧州ニ聞クニ、常備兵ノ多キハ民間ノ実ニ好マサル所ト云ヘリ。伏惟ハ事急劇ニ起リ筆ヲ採ル、卒然行文前後錯置其正ヲ得ス。然レトモ奉告ニ急ナルヲ以テ再思ヲ俟ツ能ハス。執事其意ヲ取リテ其文ヲ咎メサレハ幸甚矣。源、恐懼再拝。」5ウ

（初出は「峯源次郎日暦ノート翻刻（八）」『烏ん枕』九四号）。

解題

はじめに

岩波書店『新版日本史年表』の明治十一年八月二十三日の条を読むと、「近衛砲兵二六〇余人、反乱（―二四鎮圧・竹橋騒動）」とある。これから解説しようとしている「近衛兵暴挙について」という題は、早稲田大学図書館が、大隈家から寄贈された際に、内容が分かるように峯源次郎が書いた「上大隈閣下下執事書」に付けられた題名である。

布衣峯源は峯源次郎

布衣峯源（平民・峯源次郎）が、近衛砲兵反乱事件後、直ちに書き上げて大隈家執事に差し出した「上大隈閣下下執事書」は、大隈関係文書請求記号イ14A5220「近衛兵暴挙について」と題されて早稲田大学中央図書館に保存されているのである。

何故峯源次郎は「上大隈閣下下執事書」を書いたのだろうか。これには旧佐賀藩松浦郡有田郷の郷医（佐賀藩着座鍋島市佑被官）の子に生まれ、厳しい身分制の下、漸く藩の医学校好生館で開業免札を取得した峯源次郎のそれまでの歩みと無関係では無いのである。長くなるがその半生をここに述べて、反乱兵に寄り添った峯源次郎の心情の理解の一助としたい。

峯源次郎の半生

明治十一年五月十六日、三十五歳の峯源次郎は、漸く郷里（現、佐賀県伊万里市二里町中里）から家族を呼び寄せることが出来る家屋に入居した。そこは麹町区飯田町一丁目一番地、大隈重信邸内の一角であった。五月二十四日、妻子が到着して、結婚以来初めて一家揃っての生活を始めたばかりであった。峯は慶応元年結婚したが、当時、佐賀藩医学校好生館に学ぶ医学生であった。翌慶応二年二月に長男が生まれ、明治元年九月に二男が生まれている。好生館医局から医術開業免状を授与されるのは、明治二年十一月三十日のことで、その直後上京、相良知安宅に寄宿して三年一月大学東校に通学を始めた。さらに、四年五月ドイツに留学のため横浜港を出発した。しかしながら、途上のニューヨークで旧佐賀本藩藩士の阻止で、引返す結果となった。同年十一月十九日横浜港に帰着する。慈愛に満ちた両親に可愛がられ、万延元年から長崎等に遊学し、希望通りに進んで来た峯にとって初めての大きな挫折である。佐賀藩の身分制をいえば、本藩藩士→三支藩藩士→親類格四家→親類同格四家→家老六家→着座とピラミッド型に築かれていた。峯は着座の家臣で、しかも名ばかりの被官である。つまり、平民であった。明治四年の留学中断の顛末は「奇禍に遭う」とされ、具体的に伝えられていない。

明治五年七月、開拓使の呼出しに応じ、札幌病院に赴任する。六年一月二十一日、札幌病院医学校教師として開校式を執り行う。校長は渋谷塾と好生館の恩師渋谷良次である。ここでも峯は引返すことになる。開拓使は財政難を理由

に開校したばかりの医学校を明治七年三月三十一日に廃止した。同年五月東京に引き返した峯は、相良知安の代診として大隈の母親三井子、弟岡本欽次郎を診に通い、泊り込みで看護に当たり、避暑や療養旅行の随行もする。大隈宛の英文来翰翻訳にも従事している。九年六月、峯源次郎は大蔵省出納寮雇として翻訳の仕事を得て、十一年五月、家族を呼び寄せたばかりであった。

布衣峯源次郎の大蔵省での身分は「御雇」で、「御用掛准判任」になるのは明治十三年十二月のことである。そういう不安定な身分の峯が、やむにやまれぬ心情で書いたのが「上大隈閣下下執事書」である。

近衛炮兵の暴動

峯の「日暦」によれば、明治十一年八月二十三日、夕方から麹町区上二番町の永松東海と錦町二丁目三番地の秀島文圭を訪ね、午後十時に麹町区飯田町一丁目一番地の自宅に帰宅して就寝した。その直後「恍惚聞炮色、即起、則近衛炮兵営火且炮兵暴動」と記している。意訳すると「(寝入りばなの)峯はぼんやりと大砲の音を聞き、すぐさま起きた。すなわち、近衛兵営の火事と近衛炮兵の暴動であった」。

のちに「竹橋事件」と言われる竹橋兵舎に駐留していた近衛砲兵大隊の蹶起であった。竹橋兵舎は、大隈邸に隣接している。

蹶起の理由は西南戦争に従軍したにもかかわらず、中尉以下下士・兵卒にいたるまで行賞されなかったこと、また財政困難を理由に給与・官給品が削減されたことであった。

大蔵卿として政府財政を主管していた大隈は、兵士たちに行賞を行わずなお且つ給与まで削減した張本人とみなされ、攻撃目標とされた。

大隈の側近市島謙吉は「当時、暴動の起った際、大隈邸は其洋館の二階へ雨のように弾丸を浴びて、列べられた盆栽の鉢に穴を開け、頗る危険だった」(『大隈侯一言一行』)と述べた。

峯源次郎の執筆動機

全国各地から徴兵され、生死の境をくぐり抜け生還した者たちにとって恩賞が絶無で、なお且つ俸給まで減額された反乱兵士の無念さは、明治七年に峯自身が味わった無念に通じるものがあった。開拓使は設けたばかりの医学校を経費節減の対象として敢え無く取り潰した。極寒の北海道に根付く医師を育てる峯の夢は破れた。廃校になり入学したばかりの二十八名の若者は放り出されたのである。無論峯も同様であった。この若者と反乱兵士の面影が重なったのではないだろうか。開拓使での経験が、命懸けで戦に駆り出され、正当に評価を受けず、反乱兵士となった者たちの気持ちに峯が寄り添うことが出来た理由と思えるのである。

「日曜日休暇の手当が一人につき五銭」と聞き、それでは冬寒くても入浴して温まることも出来ず、夏暑くても氷水で涼をとることもできぬ」ではないかと、峯は「身分の賎しきを忘れ職の分を越えても愚衷(まごころ)を伝えたい」と、おそらく事件発生の翌日の明治十一年八月二十四日未明に書き上げたのであろうと推察される。

青山霊園の次の資料二点を紹介してまとめに代えたい。

「竹橋事件墓と碑の由来」

一九八七年十月十五日、竹橋事件全国遺族会と竹橋事件の真相を明らかにする会によって立てられた看板である。その冒頭部分を紹介する。

「旧近衛鎮台砲兵之墓」は一八七八(明治十一)年八月二十三日の竹橋事件で死刑に処せられた、近衛砲兵大隊兵士四十七名・近衛歩兵第二連隊兵士一名・東京鎮台予備砲兵第一大隊兵士五名・同隊下士官二名および事件当夜自殺した近衛砲兵大隊兵士一名の計五十六名の墓である。下士官二名は明治十二年四月十日に処刑されたが、兵士五十三名は事件後二ヶ月足らずの十月十五日深川越中島で銃殺され、青山墓地の陸軍墓所(現都立赤坂高校正門付近)に埋葬された。

澤地久枝の碑

この碑は、一八七八年(明治十一年)八月二十三日夜に起きた「竹橋事件」殉難者の鎮魂のためのものである。……日本陸軍史上唯一の兵士の叛乱となった。三百余人が、待遇改善その他の要求をかかげて直接行動に訴えたのである。兵士たちはすべて徴兵によって陸軍にとられ、その多くは、前年の西南戦争の戦火をくぐりぬけて命をひろっている。徴兵制度の根本的疑問、明治維新以後の政治に対する不満が、天皇への直訴をふくむ行動へ兵士たちを駆りたてていった。生まれ在所の百姓一揆の伝統、のちの自由民権運動につながる志向も、兵士たちをささえる火であったと思われる。……事件の真相は明治政府によって抹殺され埋没せしめられ忘れられた歳月が過ぎたが、全国的な研究と調査がすすみ、ようやく全容があきらかになろうとしている。

たたかい、かつ踏みにじられた明治の青春の記念としていまここにこの碑を建て、「竹橋事件」が後世に伝えられるべき火となることを願う。

この碑は遺族をはじめ事件にかかわったわれら一同の反戦平和への悲願の証しでもある。

一九八七年十月十五日

澤地久枝

「**橘黄遊記**」（**峯直之氏蔵**）横16cm×縦24cm 罫紙綴 表紙無

余研究肺結核治法。有年于茲矣。明治二十九年。學都戸尓玖林注射法於東京傳染病研究所[(1)]。仝三十四年。學邉篤児静脉注射法於松山陽太郎[(2)]氏。仝三十五年。學喉頭結核療法於金杉[(3)]博士。至本年春夏之交。見大阪石神亨[(4)]氏登規蘇伊陣療法之報告。又見東京医學士高田畊安[(5)]氏之報告。及医学士竹中成憲[(6)]氏之著書。心竊欲諦視其實地。而塵労鬧擾未劇許揮去矣。今也柑橘呈黄我業始閑。乃聿肇治装。抑此」1オ　行関医事者有別録。今爰写水落石出之状。以備遺忘。云爾。

十月十四日。晴。負笈上程。午前七時汽車発夫婦石駅。至有田駅換車。則隣櫈有知人水野翁。年超古稀矍鑠。快活能談。有詩稿見示。長篇大作爵然為家。讀之未了二三。至佐賀。翁舎車。従是失侶伴。索然。午後二時至門司。直航馬関。三時四十分発馬関。七時三田尻。十二時過廣島。児直次郎[(7)]以一等軍医在勤焉。欲見之。以夜深不果。櫈上抱膝就眠。須臾夢破。檢時針則午前三時。過後備糸﨑則雨。三時半尾道。六時」1ウ　過前備岡山。天漸明。九時半過播州姫路。微雨仍不歇。明石須磨舞児間。山水明媚之地。為烟霧被蔽。無所見。為憾。十一時半神戸。午後一時至梅田駅。舎車。入大阪投知人吉田某家。晡時衝雨訪石神氏。不逢。十六日。午前又訪石神氏。面晤請學其療法。氏諾之。因移寓於天王寺境内。従是以往毎日諦視其臨床診療。且與聞其所論。居数日。欲観分院之在泉州濱寺者。二十二日。午前十時汽車発難波駅。西南向泉州。経堺至濱寺駅。舎車。此地総青松白沙。駅西十町許。有病院。院外豢養牛羊雞豚。為血清製造并動物」2オ　試験用。盖取法於東京傳染病研究所也。院後則海濱。而白沙一帯介在于蒼波青松間。東則生駒之翠。金剛之碧。聳于白雲之表。北則摂州麻耶之山脉。隔海而高低起伏。蜿蜒西走。西則淡洲一點之螺髻。湧出于銀濤中者。真所謂白銀盤裏一青螺也。而風帆之往来其間者。如白鴎之斯浮。風景洵美。江山非土之歎且不免耳。此地昔者称喬濱。為名區。午後四時辞去。帰大阪則入夜。月光如水。二十三日。午後出病院訪三男櫻井昇三郎[8]於吹田村。與昇不相見。八年于茲矣。一見懽甚。談話移晷。五時去。来梅田。換車。赴」2ウ 天王寺駅。入夜経生玉桃山等諸駅。月色如畫。浪華城高摩青空。使人追想豊家盛時。至天王寺駅則七時。居三日。二十七日。午後訪舊友菊地(ママ)篤忠[9]於其回生病院。篤忠導余登病院最高處。天心閣者。俯瞰大阪。時方秋高氣朗。三百九十橋。露出雙眸之下。更無陰蔽。此外山之蟠踞者。川之浩蕩者。目之所及。無観不達。可称快矣。嗚呼余讀書五十年。獨愧心之光明不得如此耳。晡時帰寓則児昇来見。盖余以明日欲赴于東京也。二十八日。辞石神氏。午後一時五十分梅田発車。東上。田塍弥望。秕□雲黄。林壑迎霜。紅葉如」3オ 染。秋容可掬。三時京都。度琵琶湖。日漸逼虞淵。烟波渺々。暮色蒼然。八時名護屋。十時半豊橋。十一時荒井湾。十一時半濱松。翌午前一時島田。一時四十分静岡。二時興津。三時沼津。五時御殿場。大霧蔵嶽。不見。五時半國分。六時大磯。八時新橋。投駿河臺客舎。直訪石黒[10]閣下。不逢。去訪大隈[11]伯。又不逢。三十日。再訪石黒閣下。請以得其紹介而見高田氏。閣下許之。乃訪氏於其東洋内科医院。不逢。盖云在相州茅崎分院。乃赴之。十二時至茅崎。氏引見。余告来意。氏諾之。且導余縦覧院。院南面蒼海。地則白沙。而萬松」3ウ 掩之。謖々之韻。汪洋之色。蕩滌人胸襟。真養痾之地也。午後與氏同車帰東京。三十一日。往高田氏医院。従是日於医院諦視其臨床療法。且與聞其所論。余在高田氏之臨床。自十月至十二月。既五十日許。其間時或與聞青山[12]博士之理論。及下山[13]博士之薬説等。所得不尠。始所期畧得酬。獨遺竹中氏。而歳将暮矣。帰期己逼。而月之十三十四。大風雪。十五日。雨入夜。徹暁益甚。無奈之何。十六日。昧爽衝雨而往謀之於石黒閣下。閣下曰。竹中氏今在越之小出病院。余更問路所由。且又請得紹介。閣下莞尓笑曰。路経信」4オ 之長野。長野有巨刹善光寺。子等平生誤治多殺人。此行幸詣之。為死者祈冥福。不復可哉。余曰。曽聞名医之門多泣鬼。草医如賎子者安得多泣鬼哉。然自今益脩學術。博世信。欲至多泣鬼耳。閣下唖然大笑。終受紹介書。帰寓。急治装。赴上野駅。汽車今旦発。乃搭之。時午前十一時二十五分也。雨亦歇。田疇間處處雪尚存。至高崎換車。入西北山間。忽見妙義之山如剣鋒。岩㟼刺天臍。至横川則将崦□。従是碓氷嶺也。車之轔々者。遅々且覺有異響。盖峻嶺鉄道之工事。有自殊者而然哉乎。漸入雲表。有洞道貫」4ウ 通数多山腹。出一洞入一洞。一洞高於一洞。而洞與洞之間。時々見他山之佝僂于脚底。出第二十六洞則軽井沢駅也。積雪尺餘。其寒可知也。車已発。四顧瞑々。不可知為何境界也。十時至長野。投逆旅。夫函嶺碓氷。古称関左之絶嶮。而今則坦蕩々。是文明之化也。然終不能奈之何者。世路之嶮也。十七日。午前六時汽車発長野。地不見雪。多桑樹。隔溪群山重嶺遠景有趣。柏原関山以西溪山相逼。時方秋冬之交。老樹槎牙。山容枯痩。明見披麻荷葉諸皴。巧為畫家粉本。而其間有溪流。巘巌脚流。時或為急流激湍。或」5オ 為縈回盤渦。潺湲琤琮。其聲可聴。唯恨汽車如飛。景如流耳。過高田至直江津。換車。従是為北越。地平四望大開。近海濱。穉松満目。汽車走其間。恰如鎮西函崎。過柿崎則大海在左。波濤如連山。自西北来。打岸而澎湃。銀馬競走。至鉢崎青海川間。則海中多危礁。狂濤觸之碎而四散。餘沫或濺車窓者。奇觀也。過鯨崎自柏崎車入平野。此日天氣晴朗。野花麗妍。如不知越之有雪者。経数駅十一時半至来迎寺駅。舎車。従是賃腕車。十二時向東南入山間。経片貝午後一時至小千谷。換車。有巨流信濃川也。度旭橋。長数百」5ウ 丈。従是左峻嶺沿信濃川而行。水上時有客舟。容與而下。亦畫景也。既而別信濃川。又有巨流。云魚野川。上経小出来。下合信濃川。有橋。云和南津。過此左右之山益峻。午後三時至小出。投逆旅。街坊盖枕魚野川喫飯畢。而訪竹中氏。告来意。氏曰。足下以閣下書千里来見。安得不披胸襟哉。於此余為問氏應之。説其所見。入夜剪燭盡其説矣。更已深。余曰。古人所謂。與君一夕。勝讀十年者。真然。受益既多。明日昧爽回車。請従是辞。已帰逆旅。則雪蕭々下。燈下思明発。憂慮不能措。時氏送書曰。今夕雪已下。想明朝大雪。果然」6ｵ 則舟下江妙矣。十八日。果然大雪。而紛々益甚。人車不通。余意決取舟路。然逆旅主人説大雪阻舟。留行不止。余窮矣。時門外忽聞剥啄。即竹中氏也。笑曰。羝羊觸藩其此之謂乎。且曰。舟必発。莫躊躇。把余手到水次。問舟。舟果発。辞別。舟長約三間。幅約一間。満載薪材。客則五六而已。十二時舟離岸。篙師所操之棹大如柱。奇状也。推篷昂首回瞻。四方一白。飛雪模糊。不辨山野。唯河身之瑠璃。不没僅一縷耳。舟稍下。毎逢激湍舟危。篙師急操大棹。舟則無恙。操法極妙矣。然激波飛沫時掠篷濺舟中。客狼狽。亦一興。舟下已二」6ｳ 里。過和南津橋下。則河身更大。左右断巌峭壁数十丈。而千年老樹。無数戴雪倒懸者。如百千之白龍争下欲飲河者之状。又巌下之湘竹。鳳尾叢々被絮帽臨碧流者。奇々筆難到也。既而到信濃川合流以下。則水始大。河身愈廣。淼漫如海。午後二時至小千谷。舎舟。買橇。事不急辨。極督促。四時出発。雪深三尺有餘。而霏々猶如朝来。更加甚。一橇三夫。二夫牽前。一夫推後。且不得疾駆。時日漸暮。朔風怒號。捲積雪来打人。橇夫或蹉跌。余顛倒被雪。素姿如鶴。乃始悟鶴而乗軒不易也。振衣而軒渠。至片貝日全暮。点燈而」7ｵ 進。六時半至来迎寺。投逆旅。窓鳴戸響。終夜不已。奇寒入骨。十九日。積雪既没山河。而風雪不歇。恐汽車或硬。忽聞碎雪車来。継而汽車来。六時発車。欲尋昨日野花之地。今則不可得焉。至青海川之際。雲濤萬里洶々捲天而来。其激群礁。如蛟龍斯舞。鯨鼉斯躍。雷轟霹靂。浩蕩洪荒。非昨日之比。大観極矣。以可領天地之變化。度荒川則積雪不遍。飛雪亦止。直江津換車。過高田則草木皆雪。汽車走穿玉樹瓊林。時々觸枝。枝折而與雪共打車窓。琤然有声。凡骨欲仙。過長野。度犀川筑摩川。而過榊駅。天晴。南隔筑摩川。遠」7ｳ 山之戴雪。羅列者駢立者。短巘長嶺。似向青空争玲瓏。而雲烟之靉靆於其間者。亦奇観矣。過上田田中諸駅。皆殷富繁盛。盖以蠶為天。午後三時至軽井沢。四時発車。過洞道。五時来横川。日已没。高崎換車。至上野則十時。二十日。蚤起。謁石黒閣下。謝北越行。閣下題詩於畫山水而恵賜焉。詩中有離騒読古易。一帯小流與世隔等之句。可想見閣下養心之處矣。又前此請書。閣下書以聰以知遠四大字。聰明叡智。是豈我輩小人之事哉。雖然移之於察病。則聴診打診。所憂在聾矣。聴其可不企及哉。是所以余受閣下之」8ｵ 賜。而不辞也。抑余之曩年。學松山金杉二氏。毎忝閣下之先容。以故受口授面命。異数之教。此行學高田氏。訪竹中氏。亦然矣。中心蔵之。何日忘之。二十一日以後。尚在高田氏医院。時出告別大隈伯石黒閣下以下諸家。二十六日告別高田氏。氏有贈言。懇篤。二十七日。襍事粉冗。二十八日。午後四時辞客舎。十時新橋発車。乗客充塞。不得憑檅而直立者過半。雑踏極矣。袋井中泉間天明。午前七時度天龍川。七時四十分荒井灣。十時半名護屋。十二時大垣。十二時半関原。三時五十分京都。五時至吹田。舎車。投櫻井昇」8ｳ 家。女児澄[14]来在于茲。相迎喜甚矣。盖澄學畫於大阪沢田某也。三十日。有事于大阪。薄暮帰吹田。九時辞別。発車。十時半至神戸。換車。十一時三十分発神戸。至笠岡天明。十二時至廣島。舎車。訪児直於其寓。未公退。入夜尚未。病院事務繁忙可知也。漸近九時。鼎来。余之不見直。猶不見昇。八年于茲矣。今始相見。喜極而語無端緒。十年心緒未盡一端。而隣雞将已下五更。匆々就寝。不知今夕為除夜也。盖明日以午前六時発車期帰國也。一睡則五時。蹶起治装。喫冷茶當屠蘇。與直作元旦。今朝明治三十八年。而余也齢」9ｵ 六十加二。以此老大。而猶且為書生。奔走于道途。一事無所成。而今而後亦可知耳。豈非可愧哉。為之愴然。雖然是吾終身負擔。斃而後已矣。時以逼六時。急呼腕車赴于駅。直又追来送行。六時四十分発車。午後二時達馬関直航門司。三時二十分発門司。過福岡日没。八時佐賀。九時二十五分至有田。換車。九時四十四分夫婦石。舍車。抵家。

峯　源次郎再拝
未定稿

（初出は「峯源次郎日暦ノート翻刻（十一）」『烏ん枕』九七号）。

解題

峯源次郎の「橘黄遊記」は、明治三十七年（一九〇四）十月十四日に佐賀県西松浦郡二里村作井手を出発して翌三十八年一月一日に帰宅した六十一歳のときの遊学記録である。これにより峯源次郎という人が、生涯向学の人であったことがよく分かる。

明治二十三年三月三十一日、大蔵省を非職となって帰郷した峯は、二十九年四月二十四日に妻仲を亡くしている。「橘黄遊記」の前段で、「余研究肺結核治法。有年于茲矣。明治二十九年。學都戸尓玖林（ツベルクリン）注射法於東京傳染病研究所」と書いている。日記が残っていないので詳細は分からないが、愛妻を亡くした峯が、結核治療法に情熱を燃やしたのであろうと想像できる。

亡妻仲との間に五男三女をもうけた峯は、幸いなことに七番目の子までは喪うことなく成人している。しかしながら、明治十九年九月二十日に東京で生まれた三女栄は一ヶ月余で喪った。その後、妻、長女、二女の健康が良くないことが、日暦で窺える。同二十三年五月十五日、妻仲は、池田謙斎の診察を受けて「吸収悪塵埃肺系受傷也、非結核也」との診断を得た。峯は余程心配していたものとみえ、日暦にいつもより詳しく書いている。東京で峯が一番信頼した池田謙斎から「結核ではない」とお墨付きを貰ったのである。しかし、帰郷後の仲の状態は日暦が無いので死因も分からない。ただ三女を喪った悲しみと高齢出産の負担が、仲の健康を衰えさせたことは想像できる。田舎の清浄な空気の中で三十歳まで過ごした仲が、東京の生活の中で結核菌に侵される危険性は大きかった。日暦を読む限り、長男源太郎と二男直次郎の結核予防・治療は、海水浴と温泉療法であったことが窺える。

「橘黄遊記」は明治二十九年四月二十四日に妻仲を亡くした後の峯源次郎の「生きるよすが」となった結核治療法研究物語と言えるであろう。

明治二四年、四八歳、現佐賀県伊万里市二里町作井手に帰る
明治二九年、五三歳、四月二四日妻仲死去
　結核治療法の研究開始、東京伝染病研究所に於いてツベルクリン注射法を学ぶ
明治三四年、五八歳、松山陽太郎に遷篤児静脈注射法を学ぶ
明治三五年、五九歳、金杉博士に咽頭結核療法を学ぶ
明治三七年、六一歳、一〇月一四日午前七時夫婦石（みょうといし）駅を出発
一〇月一五日、大阪石神亨氏に通学し臨床を学ぶ
一〇月二二日、石神氏の分院泉州浜寺を見学、清松白砂の中牛・羊・豚を飼育し血清を造り動物試験用とする。まるで東京伝染病研究所のようである。
一〇月二三日、三男桜井昇三郎を八年ぶりに吹田村に訪問
一〇月二七日、旧友菊池篤忠を彼の回生病院に訪ねる。病院の最高所の「天心閣」から大阪を俯瞰する。
一〇月二八日、石神氏を辞去
一〇月二九日、東京新橋着、駿河台に投宿、石黒閣下を訪問するが会えず、次に大隈伯を訪問するが会えず。
一〇月三〇日、石黒閣下を再訪し高田畊安氏への紹介を依頼し許諾さ

れる。東洋内科医院を訪ねるが、茅ヶ崎分院在ということで茅ヶ崎へ。高田畊安氏の臨床療法を五〇日ばかり学ぶ。その間青山博士の理論、下山博士の薬説を学ぶ。

一二月一六日、石黒閣下を訪ね、竹中成憲への紹介を依頼、現在竹中氏は新潟の小出病院に居るとのこと。

一二月一七日、小出病院に竹中氏を訪問し深更まで教授を受け有意義であった。大雪の中を竹中氏の世話により船便で小千谷に出ることができた。

一二月一九日、上野駅到着。

一二月二〇日、石黒閣下を訪ね北越行を感謝する。

一二月二一日、高田畊安氏の医院で研修。

一二月二八日、新橋発一〇時。

一二月二九日、吹田の三男昇三郎宅へ、長女澄も来訪。

一二月三〇日、大阪発九時。

一二月三一日、広島着。陸軍軍医・広島予備病院勤務二男直次郎を訪問。十年ぶりの再会。

明治三八年一月一日、広島発六時四〇分。午後九時四〇分夫婦石駅到着。

註

(1) 伝染病研究所は明治二五年に、東京の芝公園内に、伝染病の原因・予防・治療の研究を目的として、福沢諭吉・森村市左衛門らの援助で設立された。所長はベルリン大学のコッホ研究所で著名な業績をあげた北里柴三郎であった。

(2) 松山陽太郎、明治六年（一八七三）生、松山棟庵の長男で松山病院二代目院長。

(3) 金杉英五郎（一八六五～一九四二）のこと。東京大学からドイツ留学、慈恵会医科大学初代学長。

(4) 石神亨（一八五七～一九一八）は、北里柴三郎の助手第一号、大阪における細菌学の第一人者。明治三五年堺市浜寺に石神療養所をたてる。

(5) 高田畊安（一八六一～一九四五）は、ベルツに師事、明治二九年駿河台に東洋内科医院を設立。茅ヶ崎にサナトリウムを開設。

(6) 竹中成憲（一八六四～一九二五）は、ベルツに学び明治三六年に『新薬効用区別』を刊行した。明治三九年四三歳のとき、佐渡両津で開業。

(7) 二男峯直次郎（一八六八～一九三八）のこと。明治三七年七月二五日、広島予備病院附の辞令を受け赴任中であった。

(8) 三男桜井昇三郎（一八七〇～一九三〇）は、東京専門学校を卒業後の明治二四年四月、大隈重信の従兄弟の子米倉清族の関係会社に就職する。三四年牛込区の櫻井かくと結婚。三七年当時大阪吹田で何をしていたか不明。

(9) 菊池篤忠（一八四五～一九二四）は、旧小城藩藩医の家系に生まれ、佐賀藩医学校好生館で同窓生。陸軍軍医として累進して陸軍軍医監第四師団（大阪）軍医部長となったとき、ここを第二の故郷と決め、北区絹笠町の旧小城藩邸跡に「回生病院」を建て、退職の翌三三年七月二五日天神祭の吉日を選び創立記念式典を挙行した。回生は菊池家の屋号「回生堂」に由来し、院是は「一視同仁、博愛慈善」と掲げた。回生病院には六角形の「天心閣」と称する眺望閣が聳えていた。

(10) 石黒忠悳（一八四五～一九四一）のこと。明治二三年陸軍軍医総監、二八年男爵授爵、三四年予備役、三五年貴族院議員に勅選され、中央衛生会会長、薬局方調査会長、三七年当時日露戦争勃発、国内赤十字救護班視察のため各予備病院を巡視していた。大学東校で相良知安の部下であった石黒と相良知安の家の寄宿生で大学東校に通学していた峯は、明治三年からの知り合いであった。

(11) 大隈重信（一八三八～一九二二）のこと。明治二年暮に上京し相良知安の家に寄宿した峯は、相良の代診等として大隈重信の家に出入を始める。明治九年六月大隈の斡旋で大蔵省に就職した峯は、一一年五月、飯田町一丁目一番地大隈邸内の家屋に入り、家族を呼び寄せ一家で大隈邸が外務省に売却される明治二〇年二月一九日まで住んだ。二九年五月、大隈重信夫妻が帰郷の際は、峯仲の弔問に立寄り、長女澄と二女清に土産を渡した。

(12) 青山胤通（一八五九～一九一七）のこと。明治三四年帝国大学医科大学学長。

(13) 下山順一郎（一八五三～一九一二）のこと。ドイツ留学、薬学博士第一号。東京薬科大学の初代学長。明治三五年から三七年に西欧視察。

⒁　長女峯澄（一八七九～一九四五）のこと。当時二五歳の澄は大阪の沢田という人物に日本画を学んでいた。

「峯静軒先生畧傳」（峯直之氏蔵）横17㎝×縦24・5㎝

「傳記篇纂用紙」の印刷入り原稿用紙綴、表紙無。原文通り翻刻した。

峯静軒先生は其先松浦黨峯披に出つ。披は宗祖源太夫判官渡邉久公の支族なり。久公天文年中勅を奉して賊秦久覺を唐津岸岳に討平す。功を以て松浦郡を賜ふ。因て爾来松浦を氏とし代々岸岳城に居る。披は近邑峯の庄に居り峯を氏とす。今の平戸侯松浦家も此の披に出つ。其の部□棲の間は峯の姓を稱し家督を相續して初て松浦と稱すと云ふ。数世の後文禄中峯久左衛」1オ　門に至り宗家の松浦氏没落に際し主家の夫人龍造寺氏に従ひ幼主を護して佐賀に往く。幼主夭殤後佐賀を去りて有田郷中里村に農を業とす。性讀書を好む。其の七世の裔を道菴翁と云ふ。始めて醫を以て業とす。静軒先生は其の長子なり。

寛政三年辛亥九月二十二日中里村小字作出（今二里村小字作井手）に生る。性至孝左右違ふなし。家貧幼年師に就くを得す。年甫めて十三佐賀藩醫花房氏の學僕となる。花房氏の族に中島」1ウ　某なる者あり。先生の窮状を憐み。藩學弘道館に通學し且つ時の碩儒古賀穀堂氏に通學するを得せしむ。時に年十六歳なり。

十九歳熊本藩の國手村井琴山氏の門に入り古醫方を學ぶ。琴山氏の医流は吉益東洞氏に出つ。居ること三年大畧古醫方の旨に通す。自ら謂ふ。夫れ古醫の方たる微妙深奥思議すへからさるものあり。天資英邁琴山氏其人の如くにして始めて可なり。凡庸己れか如き者に至っては其の善美を盡すに至る能はさるを知る。因て古方を」2オ　基礎とし之に加ふるに後世方を以てするに如かす。要は疾病の治癒にあり。何そ必すしも己を揣らすして古方を墨守するを要せんやと。茲に於て上國に遊ひ廣く衆方を採收するの志を立つ。

二十三歳京都に遊ぶ。當時都下には吉益・和田等の子孫餘流其の他の諸名家猶ほ欝然として旗幟を列す。然れとも先生の志既に衆美を採收するに在るを以て敢て一家の門に限局せす。諸家に出入して其の療法を視察し。且西洋家某氏に」2ウ 就て洋方をも學ひ。特に阿片、硝酸等の用法を自得し刺絡烙鉄等の技に及ぶ。

始め京都に赴かんとするや。家に些少の田園あるも老親の猶存するを以て敢て賣却せす。且つ娶て奉養に侍せしめ。自己は金貳両を同村某に借りて旅費となせり。京都に在ては毎夜管を吹て按摩を鴨東祇園町に賣りて學資と爲せり。當時一人を頭部より両足まで上下按摩し約一時間にて二十文なり。其れも宵より深更まで街頭を往来するも更に客なきこともあり殊に抄冬」3オ 嚴寒の夜深更まで流し廻はり空腹を忍ひ歸途凛烈膚を透す鴨川風を衝て三條橋にさしかゝれは。橋畔に温飩の露天店ありて温なる湯氣を立てゝ温飩を賣り居るを見る毎に食指動きて止ます。左れとも一皿の價は二十文なれは一皿を食すれは則ち瞬間に一時間の勞を空しうするを以て毎夜面を背けて此橋を通過せりと云ふ。勞苦慘憺かくの如きこと三年一日の如し。而して遊學の期將に盡んとするも歸裝の資なし。急」3ウ に資を得るには醫業を花柳街に開くに如かすと思惟し之を平生信頼する所の某老人に謀りしに。老人愕然として曰く。壯年の身を花柳界に投するは愚老か知らさる所なりと。然れとも先生は思へらく老人の言固より當然なるも今や猶豫すへきにあらす。要は鉄石の心膓に在りと断然自ら決意して遂に先斗町に開業せり。當時詩あり曰。

第三第四橋邊春。越女齊姫花柳新。

此裏有人人似玉。紅塵深處絶紅塵。」4オ

居ること年許治裝するを得て歸国す。時に年二十七歳なり。此年熊本琴山氏逝く。翌文化丙子夏往て琴山氏を熊本に弔し其墓に謁す。詩あり曰

一從流水絶微音。千古幽明契闊深。

唯有肅條松柏色。空教遺響落繁陰。

遂に南遊薩に入り薩藩文學黒田慎氏の厚遇を受けて歸る。翌文化十四年父道菴翁逝す。享年八十二。喪中獨り佛室に起臥し御註孝経を謄寫す。後十餘年母氏の喪に居る亦猶父の喪に居るか如し。」4ウ

嘉永年間五十歳後に至り手ては業大に行はれ。近村は勿論伊万里・有田・宮野・河古・大村・針尾嶋・早岐・日宇・佐世保・佐々・生月・平戸・大島・福島等より患者輻輳す。此事藩侯の聞く所となり。之を賞し特に召して謁見を賜ふ。布衣にして藩侯に謁す。當時之を榮とす。又本藩に始しめて種痘の行はるゝや。藩制に於て普通の醫師には許さゝりも先生には特に之を許せり亦以て榮とす。

安政以後（六十歳後）に至りては特に長崎人の信頼を得て遠く往診すること大率虚歳なし。」5オ

文久元治の交に至りては長崎居留の支那人等にも診療を乞ふ者多く中に就て画家王克三徐雨亭憑鏡如商沈篤齋なと最も信頼せり。

先生毎に曰く。夫れ醫は常師なし病人を師と爲すへし。誠心を凝らして診察すれは自然に療法は病氣の方より教へて呉れるものなり。然れとも大体に於ては古人を學はされは固陋の弊に陥る。故に先つ傷寒論より入り疾病の轉変を知り。而して後は後世方也西洋方勝手たるへし。實地の工夫第一なりと。」5ウ

慶應元年六月長崎に往診し七月歸家せしに。宿痾肝臓腫瘍増悪して床蓐に就き。九月十日終に逝す。時に年七十五歳なり。長子完一嚢に本藩家老須古氏に徴せられて佐賀に在り。次子源次郎家を継く。女子二人皆他に適す。著書痢病瑣言・天行暴瀉憶測・脚氣説・隨筆・雜記・南遊稿・平戸日

記・唐津日記・松の落葉等の稿本あり。
京都在學中和歌を千種有功卿に。音樂を東儀伊勢守に學ぶ。始め音樂を東儀氏に學ぶや基本志は催馬樂に在りき。然れとも東儀氏の言に初學」6オ催馬樂を學ふは不可なり。宜しく先つ普通の樂譜を學んで而後に催馬樂に及ふへし。依て普通の樂譜を學ぶ。既にして遊學の期既に盡き又淹留すること得さりしかは不得已本意の催馬樂を學ぶに及はすして歸國し常に以て遺憾とせり。然るに後年一書を閲し越天樂の譜にて催馬樂を歌ひ得ることを知り獨り工夫を凝らして終に能く其技を得たり。其の愛用の横笛は秋乃夜と稱し東儀氏を介して購ひたるものにて頗る佳品なりと云ふ。常に筒に入れ錦嚢に盛り往」6ウ　診遊行の際には必らす帯刀代りに之を腰間に挟みて携行し（封建時代には主君ある者は必す帯刀せさるを得さる制度なりしを以てなり）途中興至れは樹下石上其處を擇はす箕踞して吹奏せらる。當時本藩の祭酒草場佩川翁来過の折相携へて隣村山谷村唐船山に登り山上にて之を三弄せらる。其声劉亮山虚に震ふ。祭酒大に悦ひ戯て曰く普通名賢の遺風ありと。（後筆）（峰源次郎執筆）
茲に草場佩川並に谷口藍田両翁の詩と文を掲け以て其の人と為りを追想す。」7オ

峰静軒善二横笛一。其所レ愛一管。巧意裝成。以代二佩刀一。
興至輙弄之レ戯贈。　草場佩川
夢寐西濱勝。乗レ春復来尋。山水嘉陵似。此中往二姓岑一。隠逸慕二風騷一。夙得二古人心一本傳葛仙術。井泉橘香深。手中弄二刀匕一。活人妙可レ欽。武夫撫二三尺一。輸他下二寸鍼一。買レ櫝レ刀可レ賣。雍熙莫レ如レ今。岑子好二閑遊一。撨牧共二雲林一。秋霽嶄巖頂。夏涼歴落陰。此時腰間佩。倏忽作二龍吟一。悲壯堪レ裂レ石。餘響駭二飛沈一。仙人一腔鐵。隔レ世有二知音一。何必昆吾刀。佩得直千金。

贈峰静軒　谷口藍田」7ウ
静軒翁松浦之良医也、而與余有志忘年之誼、毎有事至礫山、未嘗不訪余、訪則評詩詠歌、傍吹龍笛以樂、閒雅風流、實出于世塵之表、而未見其所以為良医也。今夏岳父病篤、延翁請治、屛氣不息猶名將之臨陣。未及戰知必勝。良医哉。嗚呼不調其氣安調病客之氣乎。不定其精、安移病客之精乎。風流如彼、精錬如此、變化猶龍、亦此翁之謂也。此夜岳父病少間、因執筆記之。甲寅首夏九日夜。」8オ

峯源次郎「履歴明細書」（峯直之氏蔵）

横18㎝×縦26・5㎝罫紙綴

履歴明細書

佐賀縣平民

第五大区十二小区中里村四百七十二番地

無禄　　峯　源次

二十八年六箇月

萬延元年庚申之春蘭學ヲ佐賀大庭雪齋氏ニ學ブ秋長崎ニ遊ビ和蘭譯官三島末太郎氏ニ従テ學ブ

文久元年辛酉之春再ビ佐賀ニ之キ大庭氏ニ従學ス秋好生館ニ寄宿ス

同二年壬戌好生館ニ在リ」1オ

同三年癸亥之秋又タ長崎ニ遊ビ石丸乕五郎馬渡八郎氏ニ従テ英學を脩ス

元治元年甲子之秋長崎病院ニ遊ブ

同二年乙丑之冬又タ佐賀ニ之キ渋谷良次氏ノ門ニ入リ傍ラ好生館ニ通學シ再ビ蘭學ヲ脩ス

慶應二年丙寅之秋學級第三等ヲ拜ス

同三年丁卯科目ナシ

明治元年戊辰之秋學級第二等ヲ拜ス

二年己巳之冬十月學級第一等ヲ拜ス十一月内科医術開業允可ヲ拜ス十二月東京ニ遊ビ大學権大」1ウ　丞相良知安氏ノ門ニ入リ継テ大病院ニ入リ英學ヲ脩ス

三年庚午之冬大學南校ニ通學シ獨乙學ヲ脩ス

四年辛未之四月米国「ニウヨルク」ニ遊ビ遂ニ「サンフランスシコ」ニ留リ「パルマ」氏ニ従學ス同十二月帰朝

五年壬申之秋開拓使御用掛拜命月給五拾円頂戴シ病院ニ従事ス同冬開拓使医學教官拜命

六年癸酉之春開拓使九等出仕拜命継テ開拓使病院主治課兼医學教官拜命

七年甲戌之春開拓使學校英學并算術教授兼務拜命同秋病ニ罹リ職ヲ辞ス而後継テ帰郷当今病少瘥ニ付」2オ　近隣診病罷在候

右之通相違無御坐此段上申仕候也

八年十月　　峯　源次

戸長　徳見知愛

佐賀縣令北島秀朝殿」2ウ

峯直次郎「履歴書」（峯直之氏蔵）

横16・4㎝×縦24㎝
「□山文具部出版」の印刷入り罫紙綴
表紙無

履歴書

佐賀縣西松浦郡二里村百六十五番地
佐賀縣平民
峰　直次郎
明治元年九月二十六日生

一、明治十六年五月東京神田同明町（ママ）醫學豫備校へ入學
一、同十八年六月獨乙協會學校へ轉學
一、同十九年八月東京醫學專門學校濟生學舍へ入学
一、同二十一年十月東京ニ於テ施行ノ醫術開業前期試驗ニ及第
一、同二十三年四月東京ニ於テ施行ノ醫術開業後期試驗ニ及第」1オ
一、同二十三年八月二十九日醫術開業免状下附（四千八百六十五號）
一、同二十七年九月三十日陸軍三等軍醫ニ任セラル
一、同二十八年　陸軍軍醫學校へ入學
一、同年十二月二十九日勲六等ニ叙シ單光旭日章ヲ授ケ賜フ
一、同二十九年三月十一日近衛騎兵聯隊附ニ補セラル
一、同年十月　陸軍軍醫學校へ入学
一、同三十年十月　日陸軍二等軍醫ニ任セラル
一、同三十三年十一月　日陸軍一等軍醫ニ任セラレ臺湾陸軍軍醫部部員ニ補セラル
一、同三十五年十一月二十日臺湾兵営建築計画委員ヲ命セラル
一、同三十七年七月二十五日廣島豫備病院附被仰付」1ウ
一、同三十八年四月一日第十三師團野戰病院長被仰付
一、同年四月二十三日陸軍三等軍醫正ニ任セラル
一、同三十九年四月一日明治三十七・八年戰役ノ功ニヨリ勲四等旭日小綬章ヲ授ケ賜フ
一、同年五月十六日関東都督府陸軍軍醫部部員被仰付
一、同年八月十日旅順陣没露兵遺骸合理委員ヲ命セラル
一、同四十年九月二十四日旅順臨時防疫委員ヲ嘱託セラル
一、同年十二月八日歩兵第二十四聯隊附兼福岡衛戍病院長ニ補セラル
一、同四十一年八月十七日露西亜皇帝陛下ヨリ贈與シタル神聖スタニラス第二等勲章ヲ受領シ及ビ佩用スルヲ允許セラル
一、同四十二年二月二十四日福岡縣下忠隈炭礦ニ於テスル脚氣」2オ　豫防試驗ノ實地監督ヲ嘱託セラル
一、同四十二年三月十日京都帝國大學福岡醫科大學依託學生取締ヲ命セラル
一、同年七月十一日正六位ニ叙セラル
一、同四十四年六月十五日陸軍二等軍醫正ニ任セラレ金澤衛戍病院長ニ補セラル
一、同四十五年五月三十一日能登舳倉島ニ於ケル脚氣病試驗監督ヲ命セラル
一、大正二年五月三十一日勲三等ニ叙シ瑞寶章ヲ授ケ賜フ
一、同三年三月論文優秀ノ為東京醫學會會頭ヨリ表彰セラル
一、同年四月二十一日旅順衛戍病院長兼旅順要塞司令部」2ウ　附ニ補セラル
一、同四年四月論文優秀ノ為東京醫學會會頭ヨリ表彰セラル
一、同年八月十日従五位ニ叙セラル
一、同五年三月七日第六師團軍醫部長ニ補セラル

一、同年十一月十五日陸軍一等軍醫正ニ任セラル」3オ

（静軒・源次郎・直次郎の履歴書初出は「峯源次郎日暦ノート翻刻（十）」『烏ん枕』九六号）。

峰源次郎池田謙斎宛書簡五通

池田文書研究会「池田文書の研究（58）」
（『日本医学史雑誌』第63巻第3号通巻1567号、2017年）所載
〔　〕内は筆者が加筆した。

一　明治〔十六〕年十二月二十四日
（939）
（封筒表）池田先生壱包添
　　雉子橋大隈氏邸　峰源次郎
（封筒裏）　十二月廿四日

拝啓、然ハ先達中ハ妻子共御診察被成下、御影様ニて両人共速ニ全快仕、深く御礼申上候、別紙壱包聊御礼之印迄呈上仕候間、何卒御落掌被成下度奉希候、頓首

　十二月廿四日　峰源次郎
池田先生　玉机下

二　明治〔二十〕年三月十五日
（940）

拝啓、過日ハ御高診ヲ頂キ万謝申述候、服薬後攣痛頓消大覚軽快申候、只午後ニ至レハ時々攣痛之気味有之候、左レトモ是レハ格別之事ニても無之候間、今五六日も前方服用仕候上ニて又々御高診御願可申上心得ニ御座候、此段右御報迄、匆々奉得貴意候也、頓首

　三月十五日　峰源次郎
池田先生侍史

三　明治　年十一月七日

（941）

拝啓仕候、然ハ大隈氏隠居昨夜十一時頃例ノフサギノ証差起リ候、然シ脈拍七十四五動（平生ハ六十動）ニ相成、且ツ声音ノ様子抔ハ風邪之趣相見ヘ申候、右ニ付今朝ハ御出頭掛ニ是非々々御来診被成下度、此段御願申上候、頓首

十一月七日　　峰源次郎

池田先生　左右

四　明治　年九月十八日

（942）

拝啓仕候、然ハ昨日御門人様へ御依頼申上候大隈氏内室容体、昨夜より大ニ心地よろしく御坐候故、別段Recept御工夫御願申上すしてよろし□居申候間、此旨御報仕候、就ハ今朝拝趨可仕旨昨夜申上置候得共、右之都合故是又拝趨不仕候、然し大患ニいたらす例ノ証ニて仕合申候、此段御報旁々匆々

九月十八日　　峰源次郎

池田先生　御左右

五　明治〔二十二〕年四月二十九日

（943）

拝啓、然ハ小児事御影様ニて平愈仕、昨今ハ全ク平生ニ復シ申候、別封ハ薄儀ながら謝儀之印ニ迄奉呈仕度御座候条、何卒御受納被成下度奉希候、実ハ自身拝趨可仕之処不得其義欠礼仕候間、是又悪しからず思召し被下度奉希候、匆々頓首

四月廿九日　　峰源次郎

池田先生　梧下

あとがき

多久島澄子

平成一〇年（一九九八）、縁あって伊万里市二里町川東に土地を求めて家を一軒建てました。その家の国道を隔てた真前が、伊万里市郷土研究会の役員で会誌『烏ん枕』にも精力的に発表されていた田中正義氏の家でした。ちょうど『伊万里市史』の完成に大きく尽力されていた時期でした。田中氏から「峯源次郎日暦翻刻ノート」のコピーを許してもらい、研究継続を期待するコメントをいただき、「早稲田大学エクステンションに入って近代史の授業を受けながら、峯源次郎日暦の解明をしたい」と申しましたところ、「壮大ですね」と言われたことを覚えています。

平成二一年（二〇〇九）春、定年退職を迎え、早稲田大学エクステンションと中央図書館で、石丸安世の伝記を完成させようと上京して、早稲田大学のすぐ側の鶴巻町に部屋を借りました。どうせ勉強するのであれば佐賀出身の早稲田大学教授島善高先生を紹介してくださったのは、大園隆二郎先生です。数回書き直し、漸く『日本電信の祖 石丸安世』を完成させ、平成二五年（二〇一三）に慧文社から出版することができました。帯文も快く島先生に書いていただきました。

峯源次郎日暦のコピーは上京直後お見せしていましたし、『烏ん枕』に「峯源次郎日暦ノート翻刻」と題して連載を始めていました。

島先生は、早稲田を引き揚げ伊万里に帰る私に、「これからは佐賀大学の先生などから声がかかるだろうから、断らず応じるように」と言われたことを思い出します。その通りのことが二〇一四年一二月に起こったのでした。

青木歳幸先生から「峯源次郎日暦」の翻刻・掲載を依頼されたのです。締切期限は一ヶ月程でした。ところが、関係者に掲載許可等を貰う過程で、図らずも日暦原本にめぐり合うことができました。原本は明治二四年までありました。田中氏の翻刻ノートは明治二〇年まででしたので、急遽四年間の翻刻を始め、悪戦苦闘して二〇一五年二月八日に原稿を送信しました。平成二四〜二六年度科学研究費補助金（研究種目（C））研究課題番号２４５２０７６０、「佐賀藩・中津藩・長州藩を軸とする西南諸藩の医学教育の研究」報告書『西南諸藩医学教育の研究』の中に史料編として、「峯源次郎日暦の解題と翻刻」が掲載されました。

島善高先生に「長文の日記の翻刻ご苦労様でした。いろいろ活用可能の原稿でありがたく、お礼申し上げます。ますますのご活躍、敬服いたしております」と、贈呈の返事を四月五日にもらっています。

島先生は重松優先生と共著で「峯源次郎旧蔵・大隈重信関係欧文文書」を二〇〇六年七月、『早稲田社会科学総合研究』第七巻第一号に、限られた資料の中で発表されています。私にとって、峯について書かれた印象深い箇所は、

㈠大隈の秘書的な立場で、縦横の活動をしていたらしい。
㈡政治的な事柄は、恐らく意識的に全く省略されている。
㈢峯は、おそらくは明治一四年の政変を契機として、純然たる大蔵省の官吏に転身した。
㈣峯源次郎の典雅な訳文は、ロバートソンの意図を推し量るにおいて、少なくとも今日では読解上の障害となってしまっている。

右の四点です。

このたび、峯源次郎日暦に記された千余名の人物を調べた結果、大隈の秘書的な立場での縦横な活動は、明治一四年後も継続していることが窺えます。政変後の一一月二三日、峯は牟田口と神山とともに、「大隈氏の書

類を整頓した」とあります。牟田口は牟田口元學で、神山とは神山聞であろう、と峯の日暦から推察されます。神山聞とは、初めて聞く名で、一体何者であったかよくわかりません。明治初年佐賀県が調べた「東京寄留人名簿」の神山聞（逸郎）は有楽町三丁目二番地の大隈重信邸内が寄留先です。ちなみに、大隈が有楽町に住むのは明治五～六年です。明治九年の大隈家の箱根・熱海旅行の際は、峯と神山は先発として箱根宮下の藤屋旅館に八月一七日に投じています。明治一三年の職員録に「大蔵省書記局受付課長、権少書記官正七位、神山聞」は「長崎県士族某附籍」とあります。その後の職員録に名がありませんので、牟田口同様に政変のために、辞職したのかも知れません。この神山のように、大隈重信のために縦横の活躍をした人物が多数見受けられます。一四年の政変後も何かというと大隈邸に駆け付ける峯は、明治一七年三月一六日、「行交相語心事、到于穴八幡祠下而別去」と、牟田口元學と心事を語り合ったと書き、意味深長です。また、シーボルト兄弟の記事は数多くあり、殆どが大隈氏に絡んでいます。

なお、以下の四点についても付記しておきます。

㈤『伊万里市史本篇』を典拠とされた峯の長崎遊学の蘭学の師「三万季三郎」とは、正しくは「三島末太郎」で、後に大阪の造幣寮に勤務した「三島為嗣」です。

㈥峯は慶応元年（一八六五）江戸に留学とありますが、峯は明治二年一二月、大学東校進学のため上京する以前に江戸へ遊学した記録は見受けられません。

㈦峯と渡辺洪基は大学東校の同窓ではなく、峯は学生で、渡辺は大学東校の中助教でした。峯は渡辺より三歳年上ですが、中助教渡辺洪基から教えを受けたのでした。峯は「京阪雞肋日記」の五月一四日、次のように書いています「車中邂逅渡辺洪基氏。余之曾在大学東校也。氏以中助教薫陶余輩」。

㈧峯源次郎の典雅な訳文は、父静軒、その友人前田萬里・西岡仲厚・谷口藍田と、大蔵省入省後の中村敬宇に培われたものでした。峯は明治九年六月、大蔵省御雇として就職、仕事は欧文の翻訳でした。峯は一〇年一一月一〇日、中村敬宇の塾同人社へ往学を始めます。その傍ら大沼枕山や依田百川等に出入しています。明治二〇年四月三日には、松源楼において、同人社同窓会が開催され、峯も出席しています。二四年三月三一日に非職の命を受けた後も通学して同年六月五日が最後の記録です。六月七日に中村敬宇が死去したので、その後辞めたものと思われます。さかのぼれば、源次郎の本格的な漢学の学習は安政七年（一八六〇）一月、谷口藍田塾入門でした。

二〇一五年以降、「峯源次郎日暦」を何度か通読し、佐賀大学地域学歴史文化研究センターの『研究紀要』や伊万里市郷土研究会誌『烏ん枕』等に研究成果を発表してきました。それらを基にして二〇二〇年鬼籍に入られた島先生にご報告するかたちで、このあとがきを書きました。

島先生は「まじめにやっていれば誰かが出版の話を持ってくるから」と言って私を励ましてくださいました。その通りのことが二〇二一年一二月に起こりました。思いがけないあしながおじさんの出現でした。佐賀藩の研究者としてお認めいただき研究費援助申出の電話をもらいました。夢のようなお話でしたが、「峯源次郎日暦」が閃き、有難くお受けして出版することを決意しました。すぐさま人名索引を作成して人名解説の原稿にとりかかり、一年後の刊行を目指しました。最初に峯源次郎日暦を活字にしてくださった青木歳幸先生へ連絡し、企画のお許しと医学史のご指導をお願いしました。伊万里の峯家ご当主直之様に出版のお許しを得ました。難解な佐賀藩と漢文の解釈については大園隆二郎先生に、重松優先生には早稲田の大隈重信周辺の教えを乞いました。ささやかな発見に毎日喜びを感じながら、あっという間に時間が経過しました。

佐賀医学史研究会の南里早智子様には、佐賀県立図書館でしか入手できない貴重な資料を何度も送ってもらいました。

池田文書研究会の須永忠様には、『日本医史学会雑誌』所載「池田文書の研究」から、池田謙斎宛の峯源次郎の手紙の転載を快諾していただき、その後もご指導を受けました。

このように沢山の人々の応援を得て原稿を書き進めることができました。篤くお礼申し上げます。過去にご教示いただいた方々にはその都度出典のところでお名前を挙げております。

また岩田書院岩田博様、大同印刷株式会社稲富良史様・小野隆様・北島駿弥様には大変おせわになりました。

峯家ご当主の峯直之様、峯道代様ご夫妻には、長い間ご親切に対応していただきおかげさまで研究を続けることができました。ありがとうございます。

本書の刊行にあたり、ご協力いただいた方々にここに記して感謝いたします。

志佐喜栄　様
花輪咲子　様
松尾美希　様
一般社団法人日本医史学会
多久市教育委員会多久市郷土資料館
地方独立行政法人医療センター好生館
早稲田大学図書館特別資料室

付　編

凡例

1.「日暦」に登場する全ての人名を、その原文表記の通りに立項して「人名索引」を作り、併せて、その人物の略歴等を「人物解説」として作成した。したがって、両者の立項・配列は同じである。

2. 人名（人物）の立項にあたっては、原文通りとしたため、以下のようにした。
・複数の姓名を持つ場合は⇔を付して別名を記して、別にその名でも立項している（「〜も」見よ）。
・但し、別名が同一姓で、配列が近くに並ぶ場合は、「・」で別名を併記し、１項目にまとめた。
・名だけ（姓なし）の場合は名のみで立項し、→で正しい人名を示した（「〜も」見よ）。
・人名を原文で誤記している場合も、その表記で立項し、→で正しい人名を示した（「〜を」見よ）。
・屋号も立項し、その姓がわかる場合は、姓を（　）で付記した。

3. わかりにくい人名の説明や読みを、適宜、付した。

4. 配列は、姓と名に分けずに、姓名の50音順とした。
（例）森井正之（もりいまさゆき）
　　　森　源造（もりげんぞう）

5.「人名索引」で、検索の便のため、ページ数の次にその該当ページの内容を略記したところがある。

6.「人物解説」本文中の（出典）は、末尾の「出典一覧」を参照。
・（日暦）は、「峯源次郎日暦」。
・（渭陽存稿）は、峯源次郎の漢詩集（峯家蔵）。

7. 外国人の欧文表記は、末尾の「御雇外国人の出典および略号」による。同解説文中の丸数字による出典表記も同じ。

人名索引

に

ね

の

は

む

も

や

人物解説

あ行

相浦杏菴	慶応２年（1866）12月、好生館医学生峯源次郎を飲みに誘った人物（日暦）。
藍原新二	明治24年（1891）11月、東京富士見小学校教員（日暦）。
青木屋利助	現佐世保市早岐の宿屋（日暦）。
青柳楼	明治12年５月４日、峯源次郎が酒を飲んだ店（日暦）。『明治期銅版画東京博覧 東京商工博覧絵』44㌻に「割烹店、青柳楼（東両国駒止橋）」とある。
青山新太郎	明治３年（1870）１月22日、東京麻布鹿島藩邸に峯源次郎が会いに行った人物（日暦）。
赤井雄	明治19年７月『大蔵省職員録』14㌻「報告課、属九等、赤井雄、東京府士族、麹町区四番町３番地」とある。「東京大学学術資産等アーカイブズポータル」に、「予備門第三級、愛媛県士族、赤井雄、十五年七月」を給費生徒に加える申請が明治10年４月21日、東京大学三学部綜理加藤弘之から文部大輔田中不二麿宛に出され、一ヶ月６円以下の支給が決定した。赤井は愛媛県出身で、明治10年に15歳なので、文久３年（1863）生れである。「明治９年７月に旧東京英語学校から進送された生徒でその学力は上等に位し将来卒業を期すべき者」と推薦文にある。
赤司雪斉	文久３年（1863）６月14日開催された伊万里医会に出席した医師（日暦）。明治29年の「伊万里歳時記・花島芳樹随筆抄写」に赤司雪斉は、「医士、佐賀の人、伊万里浜町に住す、雅名重澄」とある。
赤司道哉	明治22年『日本医籍』によれば、「佐賀県佐賀郡松原町、赤司道哉」。
明石屋	明治17年７月20日、大蔵省報告課峯源次郎と同僚が集った東京泉橋畔の店（日暦）。
秋永梅軒⇔木下謙一・木下梅軒	谷口藍田の妻益の父、木下一普（鹿島藩医秋永隣豊三男）が原明（現佐賀県西松浦郡有田町原明）に天保10年以前に眼科医を開業した。一普の跡は二女が成冨謙を婿に迎え、木下謙一（梅軒）と名乗り継いだが、謙一は後に秋永に復姓した。謙一の子が秋永蘭次郎である（『佐賀医人伝』248㌻）。
秋永蘭次郎⇔木下蘭次郎	蘭次郎の祖父一普は鹿島藩医秋永隣豊の三男で、叔父木下忠正を継ぎ、天保10年以前に有田郷原明に眼科医を開業した。そこに受診したのが、若き日の谷口藍田であった。天保10年（1839）藍田は一普に入門したのだが、程なく一普の長女益と結婚し、藍田は学問の道を目指し諸国を遊歴する。一普の跡は二女が武冨謙と結婚して木下謙一（梅軒）となり継承された。謙一は後に秋永姓となった。謙一の子が蘭次郎である（『佐賀医人伝』248㌻）。師範学校雇入れ明治８年12月15日、庶務吏生秋永蘭二郎（『佐賀県教育史第１』881㌻）。国立公文書館の任免裁可書に蘭次郎の履歴を見る事ができる。明治32年富山県中新川郡長、西礪波郡長（任B00336100）。36年熊本県鹿本郡長から宇土郡長、39年宇土郡長から天草郡長（任B00442100）。『大隈重信関係文書１』に大隈重信宛の秋永蘭次郎書簡が一通ある。それは明治31年８月１日、郷国佐賀への転任を懇願している。
秋森某	明治５年９月19日、北海道札幌病院に赴任した峯源次郎を訪ねて来た旧友（日暦）。
朝倉弾蔵	佐賀藩校弘道館で文武を修め、戊辰の役では佐賀藩隊の軍監附属となり、選ばれて小隊長として奥羽転戦し功績あり、凱旋後東京に留学し明治４年佐賀に帰る。この年佐賀藩の兵制改革で二個大隊が編成され一番大隊長に任命された。廃藩置県の際、政府の命令で一大隊を率い陸軍少佐として東京鎮台に入った。間もなく帰郷して養蚕を始めた。明治６年佐賀縣権大属となったが８月辞職し上京、10月征韓論が決裂し副島種臣、江藤新平は辞職、朝倉は江藤に賛同して11月佐賀に帰り、中島鼎蔵・山田平蔵・生田源八らと議し征韓事務所を佐賀に設け同志を糾合、７年１月23日征韓党の事を挙げるや大隊長として六角耕雲・勝谷親康・今泉千枝らの小隊を率い三瀬で奮戦、戦利あらず薩摩市来駅で３月14日自首、佐賀に送られ４月13日斬に処せられる。享年33。（『江藤南白』下）。天保13年（1842）～明治７年（1874）４月13日。享年33。
浅田逸次	昭和56年佐賀県立図書館発行『佐賀藩幕末関係文書調査報告書』261㌻に、百武安太郎（兼行）がロンドンから佐賀の千住西翁に宛てた手紙に「一昨日石井忠亮并愚弟浅田、魯・伊・獨・墺・佛廻國之末爰許到着相成」とある（宇治章氏ご教示）。この愚弟浅田が百武兼行の弟浅田逸次のことであろう。石井忠亮が明治８年(1875）にロシアで開催された万国電信会議に出席した際のものと考えられる。田中貞夫論文「滞佛研鑽考—小野政吉・敏郎父子の事例」の中に「明治４年(1871）６月28日パリに到着しベナール氏に普通学（一般教養）を学ぶ22歳浅田逸次、住所20Avenue du Bel-tir.?Chey M. Silvstre. pension du Trone」の記録がある。木山実氏論文「三井物産草創期の海外店舗展開とその要員」には明治11年(1878）パリ万国博覧会民間派遣団員の中に、三井物産社員浅田逸次の名前がある。浅田逸次は明治４年に22歳なので嘉永３年(1850）生れである。明治４年５月６日に横浜港で峯源次郎と同じ船に乗船し、５月14日ニューヨークで別れた浅田逸次は、６月28日にフランスのパリに到着して一般教養をベナールという人物に就き学び帰国。明治７年９月10日、峯源次郎の日暦に再び現れる。『大隈重信関係文書１』に大隈重信宛の浅田逸次差出書簡が３通収まる。明治13年７月９日の書簡に「旧知事公（鍋島直大）伊国全権公使にて・・愚兄百武には書記官被仰付候由」と、百武兼行が浅田逸次の兄であることを明記している。嘉永３年(1850）～？。
浅田宗伯	漢方の名医。静岡県士族、信州高遠の人、栗園と号す、安政５年幕府の侍医としてフランス公使の病を治し同国皇帝より時計等を贈られる、明治の後東宮侍医として大正天皇幼時の大患を治療し功あり。15年特旨を以て正七位に、18年従六位、21年従五位、終身総髪を廃せず没、享年81、会葬者７千人におよぶ。33年従四位（『明治過去帳』）。明治22年『日本医籍』東京府牛込区18㌻に「横寺町、浅田宗伯」とある。文化12年（1815）～明治27年（1894）３月16日。
芦原	万延２年（1861）２月17日、峯完一・峯源次郎兄弟が参加した扶氏経験遺訓読会の会員（日暦）。
足立寛	遠江国山名郡国本村の素封家足立貞助の三男、11歳で父を失い掛川藩士戸塚海庵に和漢学を学び、安政２年江戸に下り佐倉藩士木村軍太郎の従僕となり蘭学・西洋砲術を学ぶ。６年福沢諭吉に蘭学を、文久２年大坂緒方洪庵に入門。（慶応）３年医学所句読師となり、明治３年ドクトルミュルレルに就きドイツ医学を修む。７年８月陸軍二等軍医正に任ぜられ陸軍軍医学校教授となり、大学医学部の教授を兼任、累進して軍医監、（軍医総監）に陞る（『大正過去帳』）。明治４年『袖珍官員録』81㌻に「文部省、大助教足立寛」とある。明治18年『東京府内区郡分医師住所一覧』本郷区内外科医師の部57㌻に、「真砂町12番地、奉職履歴、足立寛」。天保13年（1842）５月６日～大正６年（1917）７月７日。享年76。
安達清風	武士、開拓者、因幡鳥取藩士。嘉永４年（1851）泊園書院（はくえんしょいん）入塾。ついで江戸、および水戸で学ぶ。文武兼才で藩の声望を担い、神発流砲術教授、京都留守居をつとめ、藩主の側近として尊攘運動に参加するが、藩論と合わず幽閉される。維新後、北海道開拓使を経て岡山県勝北郡初代郡長となり、日本原（津山市）の開拓に業績をあげた。その『安達清風日記』は幕末動乱の記録としてつとに有名である（泊園書院ホームページ）。『明治過去帳』には「贈正五位岡山県勝北郡長、天保４年生れ明治17年９月15日没す」とある。明治７年西村隼太郎編『官員録』97㌻開拓使「九等出仕、トットリ、安達清風」この時峯源次郎も九等出仕で並記されている。札幌病院医学校に勤務中の峯源次郎は、明治６年９月14日日曜日、安達清風を訪問している。７年11月14日には、東京に戻った峯を、安達が訪問する。８年３月14日に安達は子供連れで峯を訪ねている（日暦）。天保４年（1833）～明治17年（1884）９月15日。享年52。
嫂（峯貞）	静軒の長男亨（完一）の妻、亨と貞の結婚は安政元年であった（日暦）。貞の兄は佐賀藩士（峯家系図）。
嫂之母（峯貞之母）	文久２年（1862）閏８月17日、峯源次郎の嫂（峯完一の妻）の母親が死去した（日暦）。下村治平の母親（峯家系図）。

姉（徳久菊）	徳久菊の欄で解説している。
姉（吉永直）	吉永直の欄で解説している。
安部俊快	明治23年11月２日に峯源次郎の自宅神田区西小川町２丁目３番地を訪れた人物（日暦）。
天ヶ瀬周哉	文久２年（1862）４月21日、熊之川温泉に入浴した好生館医学生（日暦）。明治29年４月佐賀郡兵庫村村医天ヶ瀬周哉（『佐賀近代史年表明治編上』310㌻）。
天野為之	唐津藩医松庵の長男として江戸で誕生、明治元年６月父を喪う、２年５月帰藩。４年ころ唐津藩英学校耐恒寮に入学、教師高橋是清に学び同門に曽根辰蔵、辰野金吾。６年に上京し東京外国語学校、東京開成学校、東京大学文学部に学ぶ。14年８月10日高田早苗の紹介で小野梓に会う、９月25日鴎渡会の結成に参加、15年７月大学卒業、10月東京専門学校開学、講師として経済学を担当。17年頃朝野新聞客員となり、言論活動にも携わる。19年『経済原論』発刊し経済学の基本書として版を重ねた。22年２月日本理財雑誌を創刊主宰。12月同誌廃刊。23年７月第一回衆議院選挙佐賀選挙区で当選、25年２月選挙干渉を受け落選。30年東洋経済新報社の経営を継ぐ。32年法学博士、35年早稲田実業校長、同年10月19日専門学校令により東京専門学校が早稲田大学に改称し37年９月早稲田大学初代商科長に就任。大正４年８月第二次大隈内閣に入閣した高田早苗の後任として早大学長に就任。６年６月早稲田騒動が始まり高田早苗の学長復職をめぐり大学が混乱、天野の支持者に石橋湛山・尾崎士郎・永井柳太郎、10月早大学長、教授を退き以後早稲田大学との関係を絶つ。７年12月早稲田実業校長に再任される。昭和13年３月没すると早稲田実業校葬が営まれた（佐賀県人名辞典）。「東京寄留人名簿」に「天野為之（玄陸）第六大区小六ノ区本所亀沢町一丁目21番地寄留」。万延元年（1860）12月27日～昭和13年（1938）３月26日、享年79。
荒木昌三・荒木道繁	中国語と英語に通じ英国領事モリソンに雇われ、同人の帰国後文久元年（1861）12月に居留地掛専属通詞となる（『長崎居留地外国人名簿Ⅲ』452㌻）。谷口藍田の「東征日記」の慶応４年６月２日に「通事荒木昌三」、同年６月５日に「大隈重信等と品川に達す」とある（『藍田先生全集』巻二、54㌻）。明治７年西村隼太郎編『官員録』20㌻大蔵省「租税寮一等、中属、ナガサキ、荒木道繁」月給40円。明治11年２月の大蔵省職員録には大阪税関の「七等属、荒木道繁、長崎県平民」とあり（118㌻）、15年１月の大蔵省職員録には横浜税関六等属（102㌻）。峯源次郎は明治19年（1886）９月14日、荒木道繁急患の報を聞き志那公使館に駆けつける。９月16日葬儀に赴く（日暦）。荒木昌三の長女こうは、盧高朗の妻（人事興信録：明治36年４月）。
荒木伊助⇔紘屋⇔伊三次	長崎本石灰（もとしっくい）町で紘屋を標榜する商人。峯静軒と付き合いが深く、文久３年（1863）３月28日には外国船攻撃の噂の長崎を逃れ、峯静軒宅に一家を挙げて翌４月22日まで疎開した（日暦）。
荒木氏	万延元年（1860）７月26日、父静軒に従い長崎で訪問した人物（日暦）。
荒木善三郎	文久３年（1863）３月28日、外国船攻撃の噂を逃れ長崎から荒木一族16人が佐賀藩松浦郡有田郷中里村の峯静軒宅に避難して４月22日に長崎に戻った（日暦）。
荒木猶蘆	明治11年４月23日の夜、峯源次郎が訪ねた人物（日暦）。
有明楼 ありあけろう	有明楼（ゆうめいろう）の欄で解説している。
有田屋	現長崎県西彼杵郡時津町の宿屋。時津（とぎつ）は江戸時代は大村藩領で交通の要衝、港町・宿場町として栄えた（日暦）。
アレキサンドル・シーボルト Von Siebold, Alexander George Gustav Frhr	国籍①②⑤～⑦オーストリア③イギリス。雇用主①民部省正院翻訳局、大蔵省（３年８月より５年民部省雇、８年８月15日大蔵省雇満期、９年８月16日より大蔵省雇無期限、②正院翻訳課、外務省（６年より在オーストリア公使館に勤務⑤～⑦大蔵省（⑤８年８月16日より無期限②６年よりオーストリア公使館に勤務⑦12年４月14日解雇）職務①大蔵省翻訳御用専務大蔵省に関する須要書類の反訳及び書記通弁②史官翻訳在オーストリア国日本公使官付属③オーストリア公館記録④オーストリア公使官書記官⑤反訳及び書記通弁⑥本省反訳及び書記通弁⑦在オーストリア事務取調⑧英国公使館付書記官。住所⑤⑥有楽町３丁目１番地。給料①年俸6000ドル月給350円③月給250ドル⑤月給350円（『資料御雇外国人』）。安政６年（1859）父の再訪日に同伴して来日三瀬周三らについて日本語修得、駐日イギリス公使館員通訳館となり明治３年以後日本政府外務省・ローマ・ベルリンの日本公使館に奉職、1910年在職40年にあたり勲二等瑞宝章を受けた（ブリタニカ国際大百科事典）。1846年８月16日～1911年１月23日。64歳。出典①～③太二④太六⑤外一⑦太三⑧太一
安齋篤敬	明治６年１月21日札幌医学校開校式に出席した官費生徒の一人（『烏ん枕』90号12㌻）。明治15年６月『内務省免許全国医師薬舗産婆一覧』79㌻、「内外科、履歴、免状番号1112、旧開拓、安齋篤敬」。明治18年『東京府内区郡分医師住所一覧』73㌻に浅草区内外科医師の部「須賀町２番地、奉職履歴、安齋篤敬」。明治34年『日本東京医事通覧』89㌻、「安齋篤敬、従来、17年５月登録、東京府平民、天保元年５月生、猿屋町17、電話浪花1825」。明治42年『日本杏林要覧』123㌻、「安齋篤敬、履歴17年５月、東京士族、嘉永３年生、猿屋町17、電話下谷1825」。明治43年『帝国医鑑第一編』東京あの部３㌻、「東京府士族、安齋篤敬、浅草猿屋町17、電話下谷1825、嘉永３年７月25日出生、現住地に原籍を有せり、従来奉職に依て明治17年５月17日免状下付、現地に開業して診療に従事す」。この後安齋篤敬の名前を見る事はできない。しかしながら、大正８年『帝国医師名簿』40㌻の浅草区に「猿屋町17、安齋幹一」の記載がある。大正14年『日本医籍録』の浅草区には安齋幹一も見ることはできなかった。安齋篤敬は明治34年の『日本東京医事通覧』には天保元年（1830）５月生れだが、明治42年『日本杏林要覧』・同43年『帝国医鑑第一編』には、嘉永３年（1850）７月25日生れとある。明治18年９月７日、神田東花堂宮田宇兵衛出版の西洋医師番付表に、安齋篤敬は浅草須賀町の内外科として、二段目19番目に付け出され評判の医師である。明治15年６月『内務省免許全国医師薬舗産婆一覧』に旧開拓とあるのは、開拓使勤務の医師であったということであろう。
飯倉書林	明治16年３月13日火曜日早朝、峯源次郎は「洋字書」を買いに行った書店（日暦）。
飯塚八百太	明治17年８月30日から峯源次郎の日暦に登場する。24年２月28日、峯は飯塚の依頼で英書を買い飯塚の勤務先岐阜師範学校へ送っているところから、同人社同窓生カ（日暦）。
飯盛氏	明治15年５月16日峯源次郎が訪問した人物（日暦）。
伊右衛門	明治５年３月22日峯源次郎を招き酒を勧めた中里村峯家近隣の人物（日暦）。
生月屋貞吉	文久３年（1863）５月21日、峯静軒と源次郎が往診した佐世保の患家（日暦）。
生月屋豊	元治元年（1864）９月13日、峯静軒の診察治療を受けて帰った佐世保の女性（日暦）。
幾吉	安政４年（1857）６月７日から10日まで峯家に滞留した人物（日暦）。
池田貞	明治５年４月、佐賀医学校好生館中寮監（月給11円）池田貞（『佐賀県医事史』40㌻）。
池田謙斎	越後国蒲原郡西野新田に入澤健蔵の二男として生まれる。幼名圭助、後に謙輔、秀之。18歳（安政５年）で江戸に出る。文久３年２月20日江戸の緒方洪庵塾入門（北条謙輔名）。同年11月14日謙斎幕命により長崎へ医学修業のため緒方洪庵の養子となり、のち池田玄仲の養子となる。慶応元年４月養生所が精得館と改称、医学所をその付属機関とする、８月17日精得館内に分析窮理所設立、慶応２年４月オランダ陸軍軍医ハラタマ分析窮理所教師として来日、７月14日ボードインの後任者元オランダ海軍軍医マンスフェルト来日、慶応４年謙斎長崎退居し上海を経て江戸に帰る。同年９月９日御雇を以て病院医師試補、11月４日病院医師、この年池田玄仲長女天留子と結婚。明治２年３月６等官池田謙斎二等医学校医師病院掛、５月14日これまでの職務を免ぜられ病院当直医官、７月27日大学大助教、12月25日玄仲隠居願により謙斎家督相続。12月17日大学校を大学、開成学校を大学南校、医学校を大学東校と改称。３年４月22日池田大学大助教兼少典医、小御所代にて明治天皇を拝診。６月15日正七位。閏10月23日普国留学を命ぜられ12月３日横浜出航。明治５年８月17日池田玄仲死去。６年９月２日妻てる肺病で死去、享年20。７年10月22日これより陸軍省の留学生となる。明治９年５月11日ドイツより帰国、５月22日陸軍軍医監、本病院出仕、６月７日宮内省御用掛、６月21日文部省四等出仕兼補、10月28日兼三等侍医。明治10年１月19日東京医学校長嘱任、２月23日征討総督本営付、西南戦争のため九州へ出張、４

	月10日東京大学医学部総理嘱任、12月18日駿河台北甲賀町15番地内建物を購入267坪（『明治天皇の侍医池田謙斎』)。明治15年6月『内務省免許全国医師薬舗産婆一覧』6㌻に「内外科、履歴、免状番号2464、東京池田謙斎」。明治18年『東京府内区郡分医師住所一覧』10㌻、神田区「駿河台北甲賀町9番地、プロイセン国ベルリン大学校卒業、池田謙斎」。明治43年『帝国医鑑第一編』東京い部34㌻に「東京府華族、男爵、池田謙斎、神田駿河台北甲賀町九、電話本局733」に続き、11行の履歴が書かれている。峯源次郎は長男の病、自身の頭痛、妻の病に関し池田謙斎に診断を仰いでいる。また、大隈家の交渉役として明治12年3月26日池田を訪れている（日暦)。謙斎は明治初期、秀之を名乗ったがドイツから帰国後の明治9年5月17日「謙斎」とする旨を陸軍参謀局長宛、5月20日には東京府権知事宛に届出た（「池田文書の研究64：最終回」)。天保12年（1841）11月1日～大正7年（1918）4月30日。享年78。
池田玄泰	池田玄泰は天保7年9月7日生れ、実父は御厨清兵衛、母は伊東玄朴の姉。池田玄瑞に医方を学び、江戸に出て象先堂塾に入り医学を修め、長崎でボードインに医方を学ぶこと一年余にして帰塾。玄朴の代診を勤め、横浜伝習所兵付医となり、その後帰国して貢姫君付医となる。閑叟公薨去後東京に出て医業を開く。明治5年農学校医となり、松坂私立病院長に転じた後引退（伊東栄『伊東玄朴伝』32㌻)。峯源次郎日暦によれば、池田は開拓使の東京事務所に勤務している。15年5月21日、渋谷良次・永松東海・秀島文圭・峯源次郎と池田も囲碁会に参加。16年11月3日観菊に神奈川川和村へ、同行者は永松・松隈謙吾・北島常泰・秀島・峯。明治15年6月の『内務省免許全国医師薬舗産婆一覧』4㌻に「内外科、履歴、免状番号1655、長崎、池田玄泰」。明治34年『日本東京医事通覧』27㌻、芝区「池田玄泰、従来、17年5月登録、東京府平民、天保7年9月生、田村町13」とある。天保7年（1836）9月7日～？。
池田五郎衛門	中里村庄屋、天保5年より20年間勤務につき、文久3年正月褒美、鳥目2貫拝領（『中里村庄屋史料』)。
池田専助	山村良哲（後の金武良哲）の長男として佐賀に生れる、文久3年(1863）2月好生館に入学、明治3年（1870）まで西洋医学を学び、同年6月から10月まで大阪医学校に学び、同10月大学東校に入学するが、好生館改革の為明治4年5月帰藩を命じられ同年6月から6年5月まで好生館寮監としてドイツ系アメリカ人医師ヨングハンスのもとで医学研鑽、同年8月から7年9月まで長崎医学校でドイツ語通訳に従事、同年10月佐賀に戻り中町で開業した。明治8年3月佐賀県医学所好生館三等医・医学原書教員兼病院当直に任じ、カナダ人医師スローンのもとで医学研鑽、12年8月ドイツ人デーニッツが着任、同年9月専助は公立佐賀病院好生館病院長心得となり、12月病院長に就任。16年4月東京大学医学部を卒業して池田陽一と川原汎が教授として加わり医学校好生館は名実ともに甲種医学校となった。しかしながら21年府県立医学校の運営費用を地方税から支弁することを禁じる勅令が発布され医学校好生館は廃校となり、病院だけが公立佐賀病院好生館として残った（『佐賀医人伝』)。明治22年『日本医籍』372㌻に佐賀県佐賀郡「水ヶ江町、池田専助」とあり、明治31年8月の『帝国医籍宝鑑』230㌻に開業医佐賀「池田専助、佐賀市松原町」とある。弘化4年（1847）10月17日～明治41年（1908）10月27日。享年62。
池田宗伯	「明治42年の『日本杏林要覧』によれば、「池田宗伯、従来、(明治）17年4月、佐賀士族、天保8年（1837）生れ、神埼郡東脊振村松隈ヌ158」。峯源次郎日暦によれば、一時帰郷した峯は明治10年9月29日、伊万里の医師たちと懇親した。そのときのメンバーは池田宗伯・樋渡元乙・荻英健・夏秋文謙である。池田宗伯は、明治10年（1877）41歳のときは、伊万里に住んでおり、明治42年（1909)、73歳のときの住所は神埼郡東脊振村松隈である。『伊万里市史資料編』に、明治6年私学「啓蒙舎」（伊万里小学校の前身）開業を出願した23名中の一人に、士族池田宗伯」とある（633㌻)。天保8年（1837）～？。
池山栄明	御巡幸供奉大蔵卿佐野常民の随行辞令を受けた峯源次郎は、明治14年7月15日、佐野大蔵卿の家に赴き池山栄明に会う（日暦)。
伊左衛門（吉永伊左衛門）	峯静軒の長女直（よし）の夫。峯家の近くに住む。直が文久元年12月10日に没し、3年（1863）8月16日再婚した（日暦)。吉永伊左衛門は有田家被官吉永伊兵衛組の軍務目附役相談役兼で、亥ノ年（文久3年）ニ仰せ付けられた（「文久三年御被官着到」)。
伊作（吉永伊作）	吉永伊左衛門の後妻の子。明治5年3月28日に峯源次郎は伊作・駒太郎等と腰岳（別名伊万里富士：487m）に登る（日暦)。明治11年の廣厳寺棟札に吉永伊作の名がある（『伊万里市史建築編』190㌻)。
石井春齋	佐賀藩医学校好生館で峯源次郎の同窓生。文久2年（1862）12月20日、石井春齋は石井文貞・林長庵・大城貞斉・高尾安貞・峯源次郎等と北山金比羅祠に遊んだ（日暦)。
石井新平	峯源次郎は慶応2年（1866）3月16日、前田万里翁・草場船山・石井新平と伊万里湾の牧島沖で船遊びをした（日暦)。「貞賢、小城、石井新平藤原」(『今泉蠏守歌文集』804㌻)。『多久市史第二巻近世編』の「安政6年8月29日条の『御屋形日記』に石井新平は「官府語稽古詰是迄は月二十日ツヽ、被仰付置候得共向九月よりは丸詰被仰付方ニては有御座間敷哉」(798㌻)。
石井文貞	明治22年『日本医籍』373㌻に佐賀県佐賀郡「小々森村、石井文貞」。明治42年の『日本杏林要覧』には、「石井文貞、従来、(明治）17年4月、佐賀、平民、弘化3年（1846)、佐賀郡西川副村小々森219」。佐賀藩医学校好生館で峯源次郎と共に学び、文久2年（1862）12月20日、峯ら同窓生と北山金比羅祠に登った石井文貞は、佐賀郡小々森村で開業医を続けている（日暦)。弘化3年（1846）～？。
石井平五郎	鍋島家三支藩に次ぐ御親類四家の一つ久保田を領する村田家の当主村田龍吉郎と共に、明治4年1月3日、東京で峯源次郎に会う（日暦)。
石川有幸	明治13年11月『大蔵省職員録』113㌻「関税局、権少書記官、正七位、神奈川県士族、北豊島郡金杉村193番地」。21年12月『職員録』43㌻大蔵省関税局「次長、奏任三等上、従六位勲六等、石川有幸、北豊島郡金杉村193番地」。峯源次郎日暦の明治21年6月12日、峯は金杉村の石川有幸を訪ねている。同年12月12日には渡瀬秀一郎と石川宅を訪ね、翌22年10月10日には峯一人で訪れている。当時の峯は大蔵省総務局属二等、渡瀬は属五等である。
石川惟安	明治18年6月『大蔵省職員』16㌻に「九等属、石川惟安、静岡県士族、牛込区市ヶ谷富久町31番地」、明治19年7月『大蔵省職員録』194㌻非職欄に「元九等属石川惟安」とある。国会図書館デジタルコレクションに石川惟安の著書『天帝奇勲：絵本初編』(明治19年)、『所得税法注釈』(明治20年）の奥付は「静岡県士族、本所区藤代町四番地」。
石川氏	明治21年8月12日に峯が訪問した人物（日暦)。
石隈氏	慶応3年（1867）11月、佐賀藩医学校好生館医学生峯源次郎は佐賀に於て患者石隈氏を診た（日暦)。
石隈吉甫	明治22年3月19日、峯源次郎は（医師）開業免許の事について、横尾金一氏を介して佐賀県衛生課長石隈氏に手紙を書いて送った（日暦)。明治22年『職員録乙』281㌻「佐賀県、第二部、五等、兵事課長心得兼衛生課長心得、石隈吉甫」。
石黒忠悳 いしぐろただのり	平野順作良忠の長子として父の勤務地岩代国（福島県）伊達郡梁川に生れ幼名庸太郎、父の任期満ちて嘉永5年8歳で江戸に帰り浅草に住む、安政2年11歳で父を喪い、安政5年信州中之条で12月母を喪い天涯孤独となる。6年志士大島誠夫に会い共に京都に赴く。万延元年6月16歳越後片貝村に帰り石黒姓に復し石黒恒太郎と名乗り村役に学びつつ校事を助ける、文久元年4月安達久賀子を娶り、私塾を開く。文久3年信州に佐久間象山を訪ね3日にわたり面会を許され深く感銘、の為江戸へ出る。元治元年医業を志し下谷柳見仙に医と洋学を学び、慶応元年江戸医学所に入学。卒業して医学所句読師となる。明治元年、維新の変に際し越後に帰郷、明治2年再度上京して大学東校に奉職し、3年大学少助教兼少舎長。4年松本順先生の勧めで兵部省軍医寮出仕。5年妻を呼び寄せ下谷に住む。6年一等軍医正となり牛込へ転居。9年陸軍軍馬医監7月～10月米国視察。10年西南の役、大阪臨時病院長。12年文部省御用掛、東京大学医学部総理心得、陸軍軍医監、軍医本部長として軍医制度創設。牛込揚場町に家を購入。14年東京大学出勤兼務、15年日本赤十字社常議員、16年中央衛生会委員、日本薬局方委員、17年東京大学御用掛、19年陸軍省医務局次長、20年ドイツ陸軍衛生制度視察、万国赤十字総会等出席、以降累進を重ね、28年男爵、35年貴族院議員、43年日本医学会名誉会頭、ナイチンゲール石黒記念牌及び基金を寄付、大正6年日本赤十字社社長、9年子爵。昭和3年6月治安維持法改正に少数派として反対を唱え、のち狭心症劇発（『懐旧九十年』)。峯源次郎が石黒忠悳を記録するのは明治3年6月5日、石黒が大学少助教兼少舎長として相良知安の下に勤務していた時で、その後日暦には、明治12年10月26日に石黒忠悳と副島仲謙（陸軍軍医で峯と好生館同級生）と峯の3人で上野の博物館に出かけ、明治14年2月6日には副島仲謙が石黒忠悳、永松東海、峯を招待して酒を飲んでいる。峯は

	晩年まで石黒と交際を続けており、峯家には石黒の書簡と牛込揚場町子爵とスタンプされた封筒が残されている。また、相良知安の生活を晩年まで援助し見守った。明治15年６月『内務省免許全国医師薬舗産婆一覧』２ジイの部「内外科、履歴、免状番号676、新潟県、石黒忠悳」、大正14年８月『日本医籍録』東京府39ジ「石黒忠悳（子爵）揚場町17、弘化２年２月11日生、新潟県出身、奉職履歴明治17年、登録番号3968」。弘化２年（1845）２月11日～昭和16年（1941）４月26日。享年97。
石田常善	明治10年２月１日、大蔵省本省翻訳局に転勤し大隈重信宅に詰めていた峯源次郎は、帰宅したところで、石田常善と鈴木敬作の訪問を受ける（日暦）。
石橋氏	佐賀県が雇用契約したアメリカ人医師ヨングハンスが明治５年２月25日、築地で饗応される際、佐賀県吏員代表として出席した人物（日暦）。
石橋春泰	明治14年４月11日、峯源次郎に神戸の片山帯雲から手紙が届き、石橋春泰の招きで尾道病院長に赴くという（日暦）。
石丸重蔵⇔石丸源左衛門三代	二代源左衛門の長男として誕生、幼名源次郎、三代目源左衛門を襲名、明治13年（1880）札場（金融業）松尾貞吉と共に講会主となり加入者の伊万里町有志53人の世話にあたる、松尾貞吉と上京し鍋島家や大隈重信など旧佐賀藩出身者の協力を仰ぎ、明治15年３月９日佐賀県内で初の私立銀行である伊万里銀行が設立される（『幕末・明治と伊万里の人』）。慶応３年３月、中村千代松発起の頼母子講の講金受取人石丸重蔵（『伊万里市史民俗・生活・宗教編』59ジ）。峯源次郎は伊万里銀行設立の際、大隈重信・鍋島家の窓口として、石丸源左衛門と松尾貞吉に協力し尽力している。天保13年（1842）10月18日～明治26年（1893）１月24日。
石丸源左衛門二代	二代目石丸源左衛門は、峯源次郎の兄峯亨（完一）の冠父である。峯静軒は長男の冠父に伊万里津の代表的商人亀屋石丸源左衛門を恃んでいる（日暦）。
石丸虎五郎・石丸安世	龍造寺支族石丸備後守から10代目の佐賀藩士石丸安致の四男、弘道館外生寮に学び、嘉永４年義祭同盟に参加、安政元年蘭学寮入学、５年５月長崎海軍伝習生に選ばれ翌６年から英学伝習も始める。慶応元年10月17日グラバーの手引きでイギリスへ馬渡八郎と密航留学出発、２年スコットランドのアンダーソン・カレッジに学ぶ。３年パリ万国博覧会の佐賀藩出展に準備から撤収迄関わり、４年帰国。明治元年９月船方差次として藩に復帰。２年軍事局大弁務、４年４月明治政府工部省へ出仕、８月15日初代電信頭、７年７月大蔵省造幣権頭、10年造幣局長兼大蔵大書記官、14年大隈重信一派とみなされ辞職。17年５月海軍省四等出仕主船局副長。18年小野浜造船所長。19年１月海軍大臣司、５月非職。23年６月元老院議官。35年特旨をもって従四位。石丸は英学を長崎のフルベッキに学び、長崎留学生中英学第一人者として有名となり、慶応元年10月密航留学に出発してイギリスへ渡り慶応４年夏帰国。明治政府に於て開明的技術官僚として日本の近代化に貢献した。明治６年には東京から長崎まで陸上電信開通完成。私塾経綸舎を設け住居も提供して工部省をはじめ各分野で活躍する人材を育成した。14年政変で一旦官を辞したが、海軍省に呼ばれ軍艦初代大和を完成した。20年枝吉神陽先生顕彰碑建立に奔走し、晩年は長森敬斐・西岡逾明・久米邦武・原田種成・牟田口元学と漢詩三昧の日を送った。墓所は青山霊園公園化のため2016年移転し、現在は青山霊園一種ロ８号37側（佐賀県人名辞典）。峯源次郎は明治８年10月に作成した履歴書に「文久３年秋長崎に遊び石丸虎五郎・馬渡八郎氏に従て英学を脩す」と書いている。明治９年大蔵省に職を得た峯源次郎は明治10年11月５日、大阪造幣局に局長石丸安世を訪問している。その後14年４月９日、７月17日、10月17日と東京芝西久保桜川の石丸邸を訪問しているが石丸や峯が所属する「茶画会」に関係しているようだが、詳細が書かれていないのが惜しい（日暦）。天保５年（1834）６月21日～明治35年（1902）５月６日。享年69。
伊勢佐太郎（横井佐平太）	熊本藩士横井小楠の兄の子、横井佐平太。弟は大平。熊本藩の中級武士の長男として、また横井小楠が叔父であり養父でもあったことから、高いレベルの学びが要求された。小楠が外圧に対抗するには国家的規模の海軍が必要との主唱から、勝海舟の神戸海軍操練所、長崎の済美館、何礼之助塾を経て、フルベッキの仲介で長崎から密出国、佐平太・大平兄弟は1867年11月頃ニューヨークに着き、オランダ派協会事務所に外国伝道局主事J.M.フェリスを訪ねた。ニューヨーク南方の都市ニューブランズウィックにあるラトガースカレッジ・グラマースクールに入学し語学力と基礎的学力を補った。弟の大平は体を壊し、1869年（明治２）６月帰国したが、間もなく亡くなった。1869年12月横井佐平太はアナポリス海軍兵学校に入学、この時点から佐平太は明治政府の官費留学生となっている。２年かけてようやく上級学年に進級する資格を得るが、71年（明治４）の10月に帰国を余儀なくされる。明治新政府の要職についていた横井小楠が暗殺され、左平太が家督を継ぐことになったからである。第２回渡米は、1872年８月（明治５年７月）であった。政府派遣の海軍省生徒として、海軍関係の法制を学ぶためであった。ニューイングランド方面に向かい、ボストンに隣接したニュートン市に半年ほど滞在後、ワシントンD.C.に向かった。海軍省への帰国報告によれば、コロンビアン大学で「海事法制」を学んだという。1875年（明治８）６月元老院権少書記官として法律審議機関に迎えられたが、登庁することなく、明治８年10月その生涯を終えた（「黎明期の日本人米国留学生-横井左平太と津田静一-」）。峯源次郎は明治５年１月７日、伊勢佐太郎（本姓横井蓋米国帰航舟中知人也）と書いている（日暦）。弘化２年（1845）～明治８年（1875）。享年31。
市岡義之助	井上馨家の家従（日暦）。
市次	長崎の藤村庸平の甥（日暦）。
伊東源蔵・伊東武重	相良知安の次兄、大蔵大書記官正五位勲六等。六世相良柳庵の二男に生れ、初め善次と称す、佐賀藩士伊東祐清の跡を継ぎ、五男一女をなし、東京小石川邸に卒す、享年五十七、青山墓地（墓碑銘）。嘉永７年（1854）寅正月８日、善次は「文学心がけ厚く抽んでて自余出精」を以て、当役鍋島安房より御酒頂戴の栄誉にあずかる（『佐賀藩褒賞録』215ジ）。伊東弥右衛門祐清は物成20石、椎小路在住、嗣子善次は文学独看・槍目録（「安政年間の佐賀藩士」）。義祭同盟連名帳には初年度の嘉永３年から４年、６年と相良善次の名で参加、その後伊東源左衛門の名で安政５年、６年に参加（『大隈重信』）。峯源次郎日暦には明治４年11月27日相良知安出獄を知らせに伊東源蔵が来て、間もなく知安が帰宅する様子が書かれている。同年12月３日、峯は伊東源蔵の為に水町久兵衛宅へ行き、翌４日は小倉県参事の職場へ戻る源蔵の準備を手伝い、５日源蔵は出立した。その後大蔵省に勤務する源蔵は、伊東萬太郎（祐穀）の父親として書かれている。明治20年５月２日、伊東祐穀は亡父二十日祭に峯源次郎を招待した。「東京寄留人名簿」に「伊東武重、神田練塀町二番地寄留」。明治７年西村隼太郎編『官員録』27ジ大蔵省「記録寮、五等出仕、サガ、従六位伊東武重」月給は200円。11年２月の『大蔵省職員録』173ジに「国債局御用掛、権大書記官、出納局勤務正六位、伊東武重、長崎県士族、一番町11番地、当時大阪在勤」、209ジには「出納局権大書記官、国債局御用掛、正六位、伊東武重、佐賀県士族、宿所前に記す」。18年６月『大蔵省職員録』121ジ「記録局長、大書記官、従五位勲六等、伊東武重、佐賀県士族、神田区淡路町二丁目11番地」とあり、翌19年７月の『大蔵省職員録』に、「元大書記官、従五位勲六等、伊東武重、佐賀県士族」は、「非職」となっている（177ジ）。天保２年（1831）８月28日～明治20年（1887）４月13日。享年57。
伊藤佐平	明治15年８月30日夕方峯源次郎を訪ねて来た田代組田代剛作の代理人（日暦）。
伊東枢密院議長（伊藤博文）	伊藤博文は初代内閣総理大臣、公爵、幼名利助、のち俊輔、号は春畝。父は周防国熊毛郡束荷村の農民十蔵、父が長州藩蔵元付仲間伊藤家の養子となり、下級武士身分を得た。松下村塾で吉田松陰に学び尊王攘夷運動に参加、文久３年井上馨らと密かにイギリスに留学、翌年帰国して長州藩と連合国側の講和に尽力、明治政府で兵庫県知事、大蔵少輔、租税頭、工部大輔など歴任。明治４年から６年には岩倉遣外使節団副使として欧米諸国を視察、帰国後大久保利通らと内治優先を説き、征韓論に反対。６年参議兼工部卿として大久保の片腕として国政の中枢に加わる。11年大久保暗殺後、漸進的な国会開設論を唱え、大隈重信の早期国会開設とイギリス型政党政治実現の意見に反対し、明治14年政変の原因をつくった。15、16年ドイツ・オーストリア・イギリスなどで憲法調査に従事、帰国後宮内卿を兼任して宮中改革を推進。18年初代内閣総理大臣に就任、19年憲法草案起草に着手、21年枢密院議長となり草案審議に当り、22年２月11日大日本帝国憲法発布（日本歴史大事典）。天保12年（1841）９月２日～明治42年（1909）10月26日。享年69。
伊東大太郎	明治16年12月29日峯源次郎を訪ねて来た人物（日暦）。
伊東萬太郎・伊東祐穀	正七位伊東祐穀は佐賀県士族武重の長男にして万延元年九月五日に生れ大正十年五月三日歿す（墓碑銘）。明治16年内閣統計局に入り、33年米国留学、欧州各国の統計学理と実務を学び、３年後帰国。ハンガリーの万国統計会議に出席後、世界年鑑を作成、次いで海軍大学統計学教授、関東都督府統計事務を嘱託され、一方肥前協会幹事として青年を指導。佐賀図書館を設立、館長を務める。

	また佐賀に瓦斯会社、中外製薬会社を設立、社長、取締役となった（20世紀日本人名事典）。大正２年１月日本図書館協会評議員伊東祐穀、同伊東平蔵が鍋島家から図書館創立委員を委嘱される、３月佐賀図書館創立事務所を東京市麴町区永田町２丁目75番地肥前協会に設立、10月創立事務所を佐賀市に移す、11月佐賀図書館落成式、大正３年伊東祐穀館長就任、２月佐賀図書館開館式、４月館外貸出開始（令和元年度佐賀県立図書館年報）。鍋島閑叟銅像建設専務委員となり大正２年11月10日銅像除幕式が挙行される。閑叟公銅像建設に感謝して鍋島直大は佐賀県図書館を開館した、運営は鍋島家があたったが昭和４年に佐賀県に移管され、昭和38年に現在の城内に新築移転されこれを機に鍋島家伝来の３万３千点が「鍋島文庫」として寄託され一般利用に供与（『生誕二〇〇年記念展鍋島直正公』）。明治18年６月『大蔵省職員録』16㌻に「報告課、十等属、伊東祐穀、佐賀県士族、麴町区平河町六丁目13番地」とある。峯源次郎日暦の明治17年３月27日に、伊東萬太郎が伊東祐穀と改名したとある。万延元年（1860）９月５日～大正10年（1921）５月３日。享年62。
伊東巳代治	長崎に生れ、英語を学び明治４年上京し工部省電信寮修技教場に入学、長崎電信局、兵庫県訳官を経て再度上京、伊藤博文の知遇を得手工部省に採用され、以後内務省、太政官などの書記官を務め伊藤の憲法調査に随行して渡欧、帰国後大日本帝国憲法の起草にあたる。伊藤系の官僚として枢密院書記官長内閣書記官長農商務大臣等を歴任（日本歴史大事典）。安政４年（1857）～昭和９年（1934）２月19日。享年78。
伊東茂右衛門	明治16年６月30日、峯源次郎のもとを来談に訪れた（日暦）。伊東は嘉永３年（1850）豊前中津生れ、明治10年上京し翌11年慶應義塾に入り、福沢家の執事の様に暮らし、15年、福沢が時事新報を興すと直ちに入社して日の半ばを福沢家に、あとの半ばを新報社に勤めた（『慶應義塾出身名流列伝』）。
伊東弥平太	明治15年10月28日、川上素六郎と共に峯源次郎を訪ねて来た人物（日暦）。慶応４年９月１日、会津大池村の戦で手負の者伊藤弥平太（『佐賀県近世史料５編１巻』1047㌻）。「幕末佐賀藩の手明鑓名簿及び大組編制」に伊東弥平太は「切米９石此内２石書出、寺社町方手伝役、三ッ溝村、大組鍋島左馬助組、手明鑓組頭生野源右衛門」。東京寄留人名簿」には伊東弥平太「西久保葺手町二十一番地借店寄留」とある。明治７年西村隼太郎編『官員録』２㌻太政官正院「十等出仕、サガ、伊東彌平太」月給は40円。
稲垣	明治11年４月17日、峯源次郎・岡田英之助と小金井に遊んだ人物（日暦）。
犬塚伊三郎	犬塚家は伊万里下町で丸駒を標榜し江戸深川にも支店を持ち陶器商として活躍した。大正３年(1914）伊三郎が犬塚家陶業開基百後十年祭を開催した（「陶器商ききがき一」『烏ん枕25号』）。
犬塚駒吉⇔丸駒	犬塚家は、伊万里下町に店を構えていた犬塚駒吉の頃まで「まるこま」を標榜していたが、有田町中の原に移転した犬塚長作の代から「角駒：かくこま」とした。犬塚家は明和元年（1764）ころから陶器商を始め弥平太→伊左衛門→竹五郎→駒吉→伊左衛門→伊三郎→俊太郎→長作→誠次と二百余年継続している（1980年現在）。江戸開拓者の一人として藩主より特別の庇護を受け、江戸深川佐賀町に広大な倉庫を設け、日本橋蛎殻町に販売所をおき、江戸市中は勿論関東・東北に販路を拡大し声価を上げた。江戸通いの船へ積み荷の時は鍋島藩主より下げ渡しの御紋入高張提灯が据えられ、威勢よく積み込んだ。商品代金は藩の為替方において、江戸と佐賀にて決済できるよう便宜が与えられ、明治初年まで続いた。明治31年に伊万里鉄道が開通し、これまでの船積みは貨車積みになり、大正３年頃には殆どが貨車積みに移行した。丸駒犬塚家は大正５年、有田へ移り、屋号を角駒に改め盛んに陶器卸商を営んだ。大正３年(1914）伊三郎が陶業開基百後十年祭を、昭和37年（1962）に喜寿を迎えた長作が二百年祭を営んだ（「陶器商ききがき一」『烏ん枕25号』）。『佐賀藩褒賞録第一集』343㌻には万延元年（1860）11月、「御国許御懸硯方（御内庫）安置の大黒天の厨子等を献上したことに対し、御酒を拝領した」とある。明治９年２月24日、峯源次郎は尾張町の丸駒に病人を診る（日暦）。尾張町は現東京都中央区銀座５、６丁目にあたる。慶長８年（1603）尾張藩が市街地を造成した（精選版日本国語大辞典）。
井上参議婦人 （井上武子）	はじめ外国判事の中井弘に嫁ぐが明治２年に離婚、同年大蔵少輔であった井上馨と再婚。９年夫とともにヨーロッパに渡り西洋式社交術を修得。その他にも福沢諭吉の愛弟子中上川彦次郎から英語を学び、社交界に必要不可欠な文学・料理・ファッション・テーブルマナーなどの知識も吸収。11年に帰国後、外務卿となって欧化政策を進めた夫を助け、鹿鳴館での舞踏会や仮装会・慈善バザーを主催し、日本社交界の華として活躍。欧化政策の破綻後は家庭人として夫を支えた（20世紀日本人名事典）。嘉永３年（1850）３月～大正９年（1920）３月21日。享年71。
井上達也	徳島県板野郡板野町矢武（旧称松阪村大字矢武）に、徳島藩の藩医井上肇堂の第四子として誕生、幼名は徳兵衛、通称達也。明治３年（1870）徳島藩から選ばれて東校（東京大学医学部の前身）に入学し、ミュルレルに師事し、９年(1876）に東京医学校（後の東京大学医学部）眼科掛、13年に東京大学医学部助教授となるも15年10月大学を辞し済安堂医院を開設。18年渡欧して最新の眼科知識を携えて帰国。「井上眼科研究会」を立上げ多数の論文を執筆、優れた眼科手術の術者であったが、不幸なことに明治28年落馬事故で大腿骨を骨折し五日後に急逝した。井上眼科病院は現在でも存続しており、井上家は眼科の名家のひとつとして現在に至る（谷原秀信「ライバル達の相克-井上達也と須田哲造-」2013年）。明治18年『東京府内区郡分医師住所一覧』17㌻、神田区専門従来開業医師の部に「駿河台東紅梅町11番地、眼科、井上達也」とある。峯源次郎日暦には明治16年11月25日、峯の妻仲が井上達也の執刀で眼科手術を受けている。嘉永元年(1848）７月21日～明治28年(1895）７月15日。享年48。
井上仲民	佐賀藩医城島友竹の二男、幼名捨四郎、のち静軒、仲民と改めた。天保10年(1839）初お目見えして跡式相続が認められ、嘉永２年（1849）３月28日井上静軒の名で華岡青洲に入門した。帰郷し嘉永６年(1853）12月19日に233番目に開業免状を受けた「外科佐野孺仙門人、井上仲民、30歳」長兄は城島淡堂。オランダ海軍軍医ポンペに就学した松本良順が遺した「登籍人名小記」によると仲民は渋谷良次宮田魯斎、島田東洋と共に万延元年(1860）秋に長崎養生所に入門した。仲民は文久２年（1862）に好生館指南役を命ぜられ西洋外科学を講義した。慶応２年（1866）の職員名簿には仲民の名は無い。法名慈眼普照居士。木原宗専寺が墓所（『佐賀医人伝』31㌻）。文政７年(1824）４月４日～明治６年(1873）10月10日、享年50。
井野春毅	明治20年６月６日、峯源次郎が治療を受けた歯科医（日暦）。『歯科沿革史調査資料』の井野春毅伝によれば、嘉永５年（1852）９月24日肥後国菊池郡合志村大字竹迫町生れ、本姓は衛藤、幼名徳太郎。農業の父直左衛門母たにの長男。阿蘇郡古城村三野の医師井野齋に養われ跡を継ぐ。明治７年熊本医学校に入学し蘭人マンスチルト（マンスフェルト）に従い内科外科を修め、卒業して同校付属病院当直医となる。10年西南戦役に従軍し功労ありて受賞。警察医となる。11年内務省医術開業試験に及第し内外医術開業免状を得る。12年警察医を辞め、小幡英之介に入門し歯科医学を修める。米人ボルキンスに従い学ぶ。14年神田区今川小路に歯科開業。17年小幡英之介に推薦で東京歯科医開業試験委員となるが、一年ほどで制度改正により辞職。18年宮内省皇后宮職臨時御用掛となり奏任待遇。19年京城、20年ウラジオストク、21年ハバロフスクに入りロシア領で二年余歯科を開業し23年に帰朝。24年１月には神田区淡路町二丁目万代軒跡に歯科開業。その後北海道の開墾牧畜を手がけるが、37年天草に天草無煙炭鉱株式会社を経営。41年９月再び清国上海南京路20号に歯科医開業したが、大正元年（1912）11月26日その地で没した。享年61。
井生樓→井生村楼 いぶむらろう	明治時代、浅草区須賀町と東両国にあった貸席（レファレンス協同データベース）。明治17年10月19日、峯源次郎は永松東海・秀島文圭と書画会観覧のため両国の井生村楼に出かけた（日暦）。『明治期銅版画東京博覧 東京商工博覧絵』42㌻に「席貸、井生村樓（須賀町)」とある。
今泉千秋・今泉弥次郎	諱尚亮・誠之。幼名作一郎、通称太郎介・弥次郎、六太夫、号桐園・琴溪・松風廼屋・桐廼屋、梧園・松響閣主人・寿雲。父は佐賀藩士今泉六太夫益興（千春・琴仙・盤谷）。その長男として誕生、父千春は筑紫流箏曲伝承者九世、千春の名は九代藩主鍋島斉直から賜る。弘化元年(1844）長男松童誕生。文久３年(1863）２月峯静軒宅を息子千枝同伴で訪問、５月伊万里津川口番所役人として俵筈に署名、元治元年(1864）前田萬里（作次郎利方・子義）の新築祝いに和歌を呈す、慶応元年８月危篤の峯静軒を見舞う、同年９月静軒の死を悼む、伊万里津在任中に和歌を教授す（『葉隠研究』83号多久島澄子「今泉千秋年譜」)。「東京寄留人名簿」に「今泉千秋、第一大区十一小区通り新石町八番地大島幸助方」。内科医師今泉茶城（文化10：1813年生）免札59番は、千秋の弟。文化６年(1809）７月17日～明治33年（1900）９月８日、享年92。
今泉千枝	今泉千秋の長男として弘化元年(1844）９月25日誕生、幼名松童（『葉隠研究』83号「今泉千秋年譜」)。明治７年(1874）２月征韓党朝倉弾蔵の下で勝屋親康・六角耕雲らと共に戦う（『江藤南白』下巻付録120㌻）。

入江俊次郎	明治15年６月19日の夜峯源次郎を飲みに誘った人物（日暦）。明治15年７月麹町区長宛の「建物御届并宅地売渡証控」に飯田町一丁目一番地大隈重信執事入江俊次郎と署名（早稲田大学図書館古典籍イ14A5229）。
磐井鉄三郎	明治12年５月16日、旧平戸藩松浦邸に勤めている人物（日暦）。
岩崎小次郎	大村藩士朝山松台の二男として彼杵郡下嶽村に生れ、藩校五教館に学び藩内の尊王攘夷派に加わり活動。明治の初め民部省に入り、黒田清隆に従い欧米を巡回、７年頃大蔵省七等出仕、９年大蔵少丞兼国債助、10年大蔵少書記官、15年大蔵省書記局御用掛、参事員外議官補、16年法制局参事官、21年頃奏任一等上となり、大蔵省銀行局長、秋田県知事を歴任、23年３月元老院議官、滋賀県知事、大分県知事、福岡県知事と累進、病気により逝去（『明治過去帳』）。明治11年２月の『大蔵省職員録』には「少書記官従六位、岩崎小二郎、長崎県士族、上二番町35番地」。弘化３年（1846）１月～明治28年（1895）６月22日、享年50。
岩佐純	越前国福井元三上町に生れ、家は代々藩医、初め藩の医学所に入り、15歳の時西洋医学修業を父に願うが漢方医の父は許さなかった。時に藩主松平春嶽が坪井信良を江戸より招聘、侍医にあげ、医生に蘭医学を学ばせた。安政３年信良は任期満了で江戸に帰ったが、純は藩命で信良に同行して坪井芳洲の塾に入門。次いで佐倉の順天堂に入り尚中に師事、万延元年福井藩主の侍医となる。同年藩主の命で長崎のポンペに蘭医学を学び、長崎養生所の当直医員となる。翌年帰藩して執匙侍医に進む。元治元年再度長崎に行きボードインについて学ぶ、一年後慶応３年１月、福井に私立病院を開く。４年福井藩の徴士として藩主に従い上京、明治２年１月医学校取調御用掛を命じられ２月、東京に出る。５月徴士学校権判事、７月大学少丞、10月大学権大丞となり、相良知安と共にドイツ医学の採用を主張して日本近代医学の発展に功労があった。その後侍医として累進し31年侍医兼宮中顧問官、40年男爵を授与された（『佐賀医学史研究会報156号』）。明治18年『東京府内区郡分医師住所一覧』20㌻、日本橋区内外科医の部蛎殻町二丁目23番地、奉職履歴、岩佐純」、明治34年『日本東京医事通覧』１㌻、医籍、麹町区「岩佐純、従来、17年５月登録、東京府士族、天保７年５月生、一番町31、電話番町406」、ここで子息の情報も加わる「岩佐新、ドクトル28年４月登録、東京府士族、慶応元年４月生、一番町31」岩佐新が医籍を取得した後、日本橋区から麹町区へ転居したものであろう。天保７年（1836）５月～明治45年（1912）１月６日。享年77。
鰯屋 いわしや	日本橋本町には江戸時代から「いわしや」という屋号の薬種店がいくつもあったそうで、屋号の由来についてそのひとつは、和泉国堺（大阪府堺市）で網元をしていた薬種商だったというもの。堺は鰯漁が盛んな一方、海外からの貿易品が入り医薬品も取扱っていた。そんな薬種商が新開地江戸に下り故郷に由来する屋号を名乗ったという説。明治時代になると薬種商は売薬規制で大打撃を受け廃業に追い込まれ医療器械に転換する店も出てきて、明治20年頃日本橋本町には医療器械業者が９店舗ありそのうち８業者が屋号「いわしや」であった（日本橋コラム）。明治18年９月７日、神田東花堂宮田宇兵衛出版の西洋医師番付表には、「大日本諸官省御用医療器械各国薬品、日本橋区本町三丁目松本市左衛門、家号いわしや」をはじめ、他に五人の「いわしや」を標榜する薬器械商が最下段に広告されている。
岩村通俊	土佐山内家の国老伊賀の家臣岩村英俊の長男、宿毛に生れ、維新時は武市らと国事に奔走、明治元年京都で御親兵総取締に就任、２年聴訟司判事を経て北海道開拓使の判官、７年佐賀の乱に大久保利通に従う、９年萩の暴動では山口裁判所長として暴徒処分を引き受け、10年西南の役には鹿児島県令として鎮撫に従事、19年北海道庁長官、21年元老院議官・農商務次官、22年農商務大臣、29年宮中顧問官、男爵を授与される。十数年来の糖尿病治療中に中風を併発、さらに癌腫となり小石川区丸山町の自宅で逝去（『大正過去帳』）。明治５年６月『官員全書改開拓使』に「開拓判官従五位、岩村通俊、土佐高知人、明治己巳七月任」とある。天保11年（1840）６月10日～大正４年（1915）２月20日。享年76。
岩村	明治15年９月11日、平井通雄と共に峯源次郎宅を訪れた人物（日暦）。
岩村小三郎	明治15年11月８日、峯源次郎宅を訪れた人物（日暦）。
岩本屋	明治14年５月22日、大隈三井子・相良妙子一行が江ノ島で昼食をとった店（日暦）。
岩山某（岩山敬義）	明治４年８月28日、サンフランシスコで峯源次郎が診察した人物。その後岩山は峯が明治13年１月５日に訪れた千葉県の内務省管轄牧羊場の管長になっていた（日暦）。石川県知事正四位勲三等、鹿児島県士族岩山郷兵衛の男、母は土師氏、旧名十郎、初め直樹、壮八郎、天保10年10月生れ、近侍となり命により蘭学を嵯峨根良吉に、尺振八に学び、明治４年勧農の議を献じ参議大久保利通の収るところとなる。２月４日民部省地理権少佑准席、同日付で農事取調の為米国に差遣わせらる。７月27日民部省廃され、８月13日勧業少属に転じ５年10月19日租税少属に移る、耕牧を観察し種牛馬を購い６年８月11日帰朝。７年１月勧農権助に任じ従六位に叙す。６月内務省中牧羊開業掛を置き米人徐氏を招聘、君その事業を総管し牧地を印旛郡に選び下総牧羊場と称し生徒を府県から募集し、牧羊と欧米の農事教習を始めた。取香種畜場と嶺岡牧場も管理する。10年内務少書記官、12年内務権大書記官、14年農商務権大書記官、天皇下総種畜場行幸の際上奏した。16年農商務大書記官、農務局長となる。18年駒場農学校長を兼務、19年元老院議官に、20年宮崎県知事、24年石川県知事となり25年１月13日任地で没す（『明治過去帳』）。『明治過去帳』は磯ヶ谷紫江著『墓碑史蹟研究第９巻』の「岩山敬義先生碑」と内容は同じである。天保10年（1839）～明治25年（1892）１月13日。享年54。
上野清	東京高等学校ホームページによれば、創立者上野清は1854年江戸に誕生、幕府昌平黌で漢学を修め、数学を長兄や福田理軒・治軒に学びさらに独学で数理を攻究。明治５年18歳で本校前身「上野塾」を開く。８年華族会館（学習院前身）へ数学教授として招かれ、他校へも数学教師として兼任した。数学著書60冊余。明治数学教育への多大な貢献者。「路傍の石」「真実一路」の作家山本有三氏は明治40年の卒業生で上野先生を敬愛した。嘉永７年（1854）～大正13年（1924）６月21日。享年71。
上野精養軒	明治14年２月26日、峯源次郎がシーボルト氏に招待された上野精養軒（日暦）。明治５年（1872）創業者北村重威が岩倉具視卿らの支援を受けて創業。明治９年（1876）上野公園開園と同時に支店を開設、これが現在の上野精養軒の起源（『精養軒150年史』）。
上村（上村春庵）	文久３年（1863）１月２日、峯源次郎が新年の挨拶をした上村家五代上村春庵（日暦）。文政３年：1820～明治３年：1870。享年51（『上村病院二五〇年史』）。上村春庵は万延元年（1860）１月好生館指南役兼帯（『好生館史』）。
上村元儒	上村病院六代上村春甫（1843：天保14年～1916：大正５年）カ、実父は冨永逸哉、姉ハルの夫上村春庵の養子となる（『上村病院二五〇年史』）。峯源次郎日暦には、文久元年（1861）10月８日、好生館の峯の同級生としてオランダ文典前編を一緒に読んでいる。明治22年の『日本医籍』372㌻、佐賀県佐賀郡「松原町、上村春甫」、明治31年８月の『帝国医籍宝鑑』230㌻開業医佐賀「上村春甫、佐賀市松原町」、明治42年『日本杏林要覧』1276㌻佐賀県佐賀市「上村春甫、履歴17年５月、佐賀士族、天保14年生、松原町150」ここで、後継者情報が加わっている「上村春菴、松原町150、電話236」。七代春庵（1876～1933）は、明治９年10月９日、春甫の長男として生れ、これからの医学はドイツ医学という父春甫の薦めもあり、同郷の相良知安に学ぶために、旧制佐賀中学を一年で中退し上京、独逸学協会を経て旧制第一高等学校（33年７月医科卒業）、東京医科大学へ進み（明治38年５月医籍登録）さらに大学院に学ぶ。明治41年４月に佐賀県立病院好生館医員嘱託月手当150円で勤め始めた（『上村病院二五〇年史』292㌻）。しかしながら『上村病院二五〇年史』281㌻には、四代春庵と五代春庵（周聘）の間に上村元孺の存在があると言う。『元治元年佐賀藩拾六組侍着到』の五代春庵44歳と伜元孺（六代春甫21歳）から、筆者は上村元孺は六代上村春甫と解釈して書いたが、『上村病院二五〇年史』は必ずしも六代春甫が上村元孺としてはいない。峯源次郎日暦の文久元年10月８日、好生館で上村元儒は久保栄哉・鶴崎良規・峯源次郎と和蘭文典前編を読んでいる。
ウェルス・パルマ	明治４年７月からサンフランシスコで峯源次郎が寄宿し英学伝習を受けた人物。峯は明治８年10月作成した履歴書に「明治四年辛未の四月米国ニウヨルクに遊び遂にサンフランシスコに留りパルマ氏に従学す十二月帰朝」と記す（日暦）。
浮橋	明治15年１月３日、９日に伊万里銀行設立メンバーの松尾貞吉と石丸源左衛門が峯源次郎を誘い談笑した数寄屋河岸の旅館カ。峯の岳父武富栄助もまた伊万里銀行設立発起人である。
牛島卯助	明治２年８月25日、峯源次郎が往診した伊万里の患者（女）の父親（日暦）。
内田	明治12年３月21日、峯源次郎は妻を連れて王子に遊んだが、内田夫人も同伴した（日暦）。
内田九一	写真師、長崎の人にして名は重弘、弘化元年生れ、幼より伯父吉雄圭齋に育てられ、同地の上野彦馬に写真術を修め、後、浅草に

	開業し、初めて三陛下の御宸影拝撮仰せ付けられる、明治８年２月17日没、享年32（『明治過去帳』）。嘉永２年（1849）、九一は妹菊とともに、吉雄圭齋に加福喜市から採取した痘漿を接種された。長崎に於ける種痘の草創期のことである（『阿蘭陀通詞加福氏事略』）。弘化元年（1844）～明治８年（1875）２月17日。享年32。
内村秀太郎	明治24年９月21日、峯源次郎宅を訪れた人物（日暦）。
内村某	明治24年７月28日、峯源次郎宅を訪れた人物（日暦）。
内山三悦 うちやまさんえつ	現伊万里市大川内町平尾の内科医内山道悦の二男に生れ、多久の草場船山が嘉永四年開塾した千山樓に六歳年上の兄三友とともに入門し学ぶ。万延元年（1860）小城の松隈玄洞に入門し慶応２年２月まで６年６ヶ月学び、慶応４年10月から明治４年２月まで佐賀医学校に学び明治10年９月20日内外科の開業医鑑札を長崎県令から付与され、明治17年４月28日付で内務卿山縣有朋の名で内外科医術開業免状を授与され、第31043号の医籍に登録された。明治12年３月４日には長崎県より「牛疫診断係」を申し付けられている。三悦の三男竹四は長崎医学専門学校を出て産婦人科医として名声を博した（『佐賀医人伝』）。明治22年の『日本医籍』377㌻に佐賀県西松浦郡「長浜村、内山三悦」。明治42年12月『日本杏林要覧』1291㌻に佐賀県西松浦郡「内山三悦、（明治）17年４月、佐賀平民、天保12年生、東山代村長浜123」とあり子息内山竹四の記録が「得業士（長崎医専卒業）39年12月、佐賀平民、明治15年生、東山代村長浜123」と続く。天保12年（1841）４月２日～大正７年（1918）８月11日。享年78。
内山三友	天保６年（1835）生れ明治19年（1886）９月15日没、享年52。西松浦郡平ノ尾村、雅名千尋。父道悦、弟三悦共に医師。（『佐賀医人伝』）。
海上胤範	明治７年西村隼太郎編『官員録』18㌻大蔵省「十一等出仕、シズオカ、海上胤範」月給30円。国立公文書館公文録によれば、兼て函館逓信管理局勤務であった海上胤範は明治22年１月15日、熊本管理局及び熊本郵便電信局在勤を命ぜられた（任A00208100）。神戸郵便電信局長正七位海上胤範は明治26年３月25日、横浜郵便電信局長を命ぜられ高等官六等に叙せられ、明治30年３月27日高等官五等に進み、非職となる（任B00129100）。アジア歴史資料センターの叙位裁可書によれば、正七位勲六等海上胤範は明治30年４月24日、従六位に叙せられた。明治９年３月の『大蔵省職員録』７㌻、「十等出仕、海上胤範、静岡県士族」とある。
浦郷姉・浦郷伯母	伊万里町浦郷家に嫁した峯静軒の姉。安政６年（1859）８月17日死去（日暦）。
浦郷喜右衛門	峯源次郎日暦の万延元年８月12日に、伊万里浦郷喜右衛門、厳君（静軒）の姪（甥）也とある。浦郷氏に嫁いだ静軒の姉の子。万延元年（1860）９月19日、長崎留学から戻ったばかりの源次郎は喜右衛門死去の弔問に伊万里へ出かけている。明治５年陶器鑑札商人名簿に、浦郷喜右衛門の住所は中下町（なかしもまち）とあるので、万延元年に死去した喜右衛門の嗣子が喜右衛門の名を継いだものであろう（『烏ん枕95号』９㌻）。
浦郷氏	峯静軒の姉の嫁ぎ先焼物商浦郷家（日暦）。
浦郷富太郎	峯静軒の姉の嫁ぎ先伊万里浦郷家の人物。安政５年２月３日、同６年11月５日に峯静軒宅を訪れている（日暦）。
浦郷半次郎	峯源次郎日暦の、安政３年（1856）の１月６日に年始の挨拶に、安兵衛と共に静軒を訪れているので、静軒の姉の子と思われる。明治５年の陶器商鑑札人名簿に浦郷半次郎が立町（たてまち）の最後尾に書いてあるので、安兵衛・政右衛門と同じ町内である。（『烏ん枕95号』９㌻）。
浦郷秀	伊万里在住の静軒の姪（日暦）。
浦郷平太郎	万延元年（1860）４月13日、峯家松園社祭日に伊万里の静軒の甥、故浦郷政右衛門の子浦郷平太郎が来訪出席した（峯源次郎日暦）。嘉永５年（1852）６月には玉垣を父と共に寄進している（『伊万里焼流通史の研究』611㌻）。
浦郷政右衛門	峯源次郎日暦には、安政６年（1859）８月７日、「伊万里の従兄浦郷政右衛門訃音到」とある。武富家大福帳（弘化２年：1845）に、屋号関政：浦郷政右衛門に12回、355両の貸付があり、屋号堀七：武富家との間に密接に大きな商いが有ったことが分かる（『烏ん枕95号』４・５㌻）。武雄市西川登小田志祇園社に、嘉永５年６月吉日に奉納された玉垣の寄進者５名の中に、伊万里立町浦郷政右衛門とその子平太郎の名がある（『伊万里焼流通史の研究』611㌻）。明治５年陶器商鑑札人名簿に「浦郷政右衛門、立町」とあるので、平太郎が政右衛門を名乗ったのであろう（『烏ん枕95号』９㌻）。
浦郷安次郎	峯静軒の姉の嫁ぎ先伊万里浦郷家の人物（日暦）。
浦郷安兵衛	峯源次郎日暦には、安政３年（1856）の１月６日に年始の挨拶に訪れ、静軒の姪（甥のこと）と明記している。他の二人の甥、政右衛門が安政６年（1859）に、喜右衛門が万延元年（1860）に相次いで亡くなったので、その後の峯家家族会議の場には浦郷安兵衛が出ている。最後は明治５年（1872）７月30日、源次郎が札幌を目指したときである。明治５年の陶器商鑑札人名簿の浦郷安兵衛の住所は立町（たてまち）で、政右衛門と同じ町内である（『烏ん枕95号』９㌻）。
浦嶋洞雲⇔大倉三寿	峯源次郎が万延元年（1860）４月29日入門した大庭雪斎塾の先輩で当時は大倉三寿と称した。同５月17日には大庭先生の看病を峯兄弟と大倉三寿が徹夜でしている。明治12年５月４日、浦嶋洞雲と改名したかつての大倉三寿に峯は再会した（日暦）。
嬉野文朝	安政３年（1856）１月４日、峯静軒を訪ねて来た人物（日暦）。
栄三郎	峯源次郎が学んだ谷口藍田塾で安政７年（1860）１月17日、谷口精一塾頭と大村に行った塾生（日暦）。
江川熊三郎→ 潁川熊三郎	峯源次郎は、明治５年３月４日江川熊三郎を「佐賀病院訳官」という（日暦）。潁川熊三郎は、天保６年（1835）生れで嘉永２年12月21日稽古通事見習、５年12月26日無給稽古通事。潁川熊三郎の家系は陳一官（原量）を祖とする（『唐通事家系論攷』148㌻）。元治元年（1864）唐小通事末席、慶応元年（1865）には唐小通詞並に昇格し、３年唐小通事助に昇格。明治元年長崎府の外国管事役所掛の通辯役頭取助になっている（「幕末における長崎唐通事の体制」）。
江口	万延２年（1861）２月17日、峯完一・峯源次郎兄弟が参加した扶氏経験遺訓読会の会員の一人（日暦）。
江口梅亭	江口家は代々久保田邑村田家の侍医であった。保定の父は漢方医伯仙で、保定は初め梅亭と称した。安政５年西洋医学校好生館に入学し、授業の他、扶氏経験遺訓読会にも参加して熱心に学んだ。邑主村田若狭の命で長崎に遊学、元治元年に養生所で、ボードイン、その後任マンスフェルトに学んだ。慶応３年11月９日には、ウンドルリフ治療書五冊（24両１分２朱）を佐賀の好生館在学中の峯源次郎に送っている。明治２年帰郷して村田家侍医となり、４年好生館指南役、12年１月郡立佐賀病院の院長心得を山口練治と共に拝命、９月に沢野種親と池田専助が一等医として江口・山口と交代する。その後も江口は病院の医療と経営に携わり明治35年に職を辞した。その人となりは、深沈寡欲で栄達を求めず、権門富貴に屈せず、数十の門下医師を育てた（『佐賀医人伝』）。明治22年『日本医籍』によれば、「佐賀県佐賀郡松原町、江口保定」。天保11年（1840）～明治38年（1905）２月８日。享年66。
江口文禮	慶応元年（1865）９月４日、峯静軒の右脇下疼痛の鍼治療を施した鍼灸医師（日暦）。
H.D.Page Res	明治19年５月12日、大隈英麿と峯源次郎が築地38番地に訪ねた教師（日暦）。
江藤新平⇔江藤中辨	幼名恒太郎、又蔵、諱胤雄、号南白・白南。父は手明鑓胤光、母浅子、出生地佐賀郡八戸村。嘉永２年藩校弘道館内生寮、安政元年蘭学寮、文久２年６月脱藩、９月頃帰藩して永蟄居に処せられ元治元年７月頃放免。慶応３年12月郡目付役。４年閏４月大木喬任と連署して東京奠都を建言、同年閏４月徴士兼諸道軍監、５月兼江戸府判事、６月江戸鎮台府判事、10月会計官判事、10月23日兼東京府判事。明治２年３月２日佐賀藩参政格、５月会計官判事罷免、７月佐賀藩権大参事、11月７日中辨。明治３年２月制度取調専務。４年７月文部大輔、８月10日左院副議長。５年３月教部省御用掛兼勤、４月25日司法卿、５月正四位、６年４月19日参議、10月25日依願免本官。７年２月15日征韓党首として鎮台と衝突、３月14日位記褫奪、３月29日捕縛、４月13日臨時裁判で除族の上梟首、同日刑死。明治22年２月11日大赦。大正５年４月11日贈正四位。佐賀で参政格に抜擢され大改革を実施し不満を抱いた佐賀卒族に明治２年12月、虎ノ門で襲われ負傷した（佐賀県人名辞典）。明治２年（1869）４月26日、峯源次郎は佐賀において江藤新平を初診、５月は３日と29日、６月は４日と５日の延べ５回診察した。病名は書かれていない。江藤は２年12月19日９時東京藩邸近

	くで刺客に襲われ負傷、治療に来合わせた相良知安に深川亮蔵が峯源次郎を託して峯の相良知安宅寄宿が決まった（日暦）。『大隈重信関係文書２』に大隈重信宛の明治５年６月14日付江藤新平書簡がある。内容は「渋谷良次義開拓使御用にて北海道被罷立候含之段、右は如何被思召候哉。東校か宮内かに御任用相成候義可然哉奉存候」というもので、江藤は渋谷良次の開拓使病院長人事には不満で、東校か宮内省が然るべきという意見であった。天保５年（1834）２月９日～明治７年（1874）４月13日。享年41。
恵比寿屋茂八	大隈三井子・大隈英麿・大隈熊子一行が、明治13年７月16日江ノ島で宿泊した宿屋（日暦）。
エフ・ブリンクリー **Francis Brinkley**	明治18年（1885）７月28日の夕方、峯源次郎は公務のためエフ・ブリンクリー氏を訪ねた。同年８月14日に「メール社長ブリンクリー」とある（日暦）。「The Japan Mail」を1881年手に入れたFrancis Brinklyは、親日派英字紙として『メイル』を発展させたのが、日本および日本語に精通したブリンクリーであった。彼は英国陸軍出身というやや異色な存在で、居留地警護の為に駐屯していた英国二十連隊の砲兵将校として来日。『メイル』の経営を譲り受ける以前から同紙に「太閤時代」「平氏時代」といった連載物を投稿し、好評を得ていた。記者・支配人経験者の英人を片腕に、ロイター通信を使っての外国ニュース収集で他社を圧倒し、社説はもちろん、宗教・美術をはじめありとあらゆる日本文化紹介に努めた（鈴木雄雅「幕末・明治の欧字新聞と外国人ジャーナリスト」）。1881年（明治14）にジャパンウィークリーメール紙（1870年創刊）を買収し経営者兼主筆となって親日的に海外に紹介、東京で没した（精選版日本国語大辞典）。1841年11月９日～1912年10月22日。享年71。
遠州屋	大蔵省報告課勤務の峯源次郎は仕事が繁務のため明治17年11月１日土曜日の夜と11月２日日曜日の昼を遠州屋で同僚と食べた（日暦）。
円通寺隠居	伊万里の円通寺は臨済宗南禅寺派の古刹である。至徳年間（1384～87）領主伊万里中務大輔源貞が、武雄の広福禅寺第五世直庵玄挙和尚を請待して創建した。広福禅寺は仁治２年（1241）聖一国師を開山として武雄領主後藤清明が創建したと伝えられる。聖一国師は円爾といい、水上万寿寺や博多の承天寺、さらに京都五山の一つ東福寺などを開いた高僧である。円通寺は、山号万明山、本尊は聖観世音菩薩、明治４年伊万里県の県庁仮庁舎となる（『伊万里市史』民俗・生活・宗教編846・888㌻）。
遠藤（遠藤謹助）	明治11年２月の『大蔵省職員録』２㌻の「記録局長、従五位、遠藤謹助、山口県士族、一番町36番地」である。
大穴持之神	おおあなむちのみこと【大己貴命】、「日本書紀」が設定した国の神の首魁。「古事記」では大国主神の一名とされる。「出雲風土記」には国土創造神として見え、また「播磨風土記」、伊予・尾張・伊豆・土佐各国風土記の逸文、また「万葉集」などに散見する。後世「大国」が「大黒」に通じるところから、俗に、大黒天の異称ともされた。大穴牟遅神。大穴持命（精選版日本国語大辞典）。
大石熊吉	父は佐賀藩医大石良英。誕生の翌年父を喪い、弘道館に学び佐賀の乱後異母兄良乙を頼り上京したが、兄、母を喪う。神田共立学校、大学予備門に学び、明治17年大隈重信の知遇を受けて米国ラトガース大学に留学。卒業前一年の懸賞演説に日米の関係を述べ、卒業論文に日本憲法論を稿して大喝采を博し「バイチエロア、オブアーツ」の学位を得、22年ニューヨーク大学に学び、25年「ドクトル、オブ、フイロソフヒー」の学位を得る。帰国後報知記者、専門学校講師、農商務秘書官、総理大臣秘書官等歴任。35年８月の総選挙に東京市部より選出され代議士となる、住所東京市牛込区早稲田大隈邸内（人事興信録：初版明治36年）。昭和20年没（『佐賀医人伝』）。『佐賀県医事史』によれば、明治４年６月、大石熊吉は好生館正則生徒の初級課程にいる。『大隈重信関係文書２』に大隈重信宛の大石熊吉郎の書簡一通が収まる。明治23年１月12日、留学先のアメリカから差し出されている。内容は「来年６月頃まで必死に勉強して大博士の学位を得て一日も早く帰朝したい」「目下政治と法律の両校に通学の為に月謝も書籍代も二倍必要」「これまで実父も及ばぬご厚情を得て又々かかる難題を申し上げ誠に恐れ多いことながら」と援助を懇願している。峯源次郎日暦によれば、明治24年11月11日、大隈熊吉が源次郎を訪ねて来た。熊吉は「一昨日（11月９日）アメリカより帰朝した」という。熊吉は兄良乙が死去した折、祭粢料が出るように奔走した峯への恩義を忘れておらず、郷里に引き揚げ間近の峯家を訪問したものと推察される。元治元年（1864）５月13日～昭和20年（1945）。享年82。
大石良乙	父は佐賀藩医大石良英、母スエ、母親は嘉永４年12月11日没し、父親も元治２年（1865）２月21日に没し、17歳にして継母と異母弟の養育を担うことになる。慶応３年（1867）長崎府病院副当直、明治元年長崎県医学校助教并小学校掛。３年（1870）10月大学より普国留学、７年留学差免、７年６月29日補文部省八等出仕、同年12月28日任二等教諭、８年１月15日免二等教諭、８年６月８日司法省翻訳課御用掛、10年１月11日御用掛差免、同年１月18日任司法四等属、同年５月９日任司法三等属、11年５月31日兼任大蔵三等属、同年12月11日病死。明治12年１月18日故大石司法二等属へ祭粢料20円が下賜された（佐賀医学史研究会報104号、「大石良英と大石良乙」）。明治11年６月『大蔵省職員録』７㌻に「三等属（司法三等属）、大石良乙、長崎県士族、小川町24番地」とある。明治11年12月11日、峯源次郎が「大石良乙病篤」との永松東海の知らせで駆け付けた所は小川町24番地であったのかも知れない。間もなく大石は息を引き取り、峯は司法省高官（佐賀藩多久領出身）鶴田皓を訪ねて、大石の死亡を伝え、遺族への出来うる限りの援助を請願した。その結果としての祭粢料20円であったと思われる（日暦）。嘉永２年（1849）10月～明治11年（1878）12月11日。享年30。
大石良英	天保３年９月９日、白石鍋島家の一代医家仰せ付けられ、同年10月坪井信道へ留学。天保５年９月３日江戸から帰国、同年12月外療道具購入のため長崎鍛冶屋町津田平七へ行く。天保６年３月10日佐藤泰然長崎着、林洞海４月24日長崎着、大石良英同年３月から長崎楢林栄建宅へ医業稽古。７年１月26日再度稽古のため350日の切手請求。８年春林洞海は大石良逸の寓居豊後町の塾に寄宿。９年佐藤泰然・林洞海は遊学を終え長崎を出発した。同年10月大石良英は長崎古川町の田三升へ医学稽古、11年５月長崎の大石良英旦那様病気の為呼び戻される（「近世後期白石鍋島家における蘭学の展開」）。林洞海再度の長崎留学、大石良英と図り町年寄高島秋帆に託し牛痘苗を入手、これを長崎人の児女12人に接種したが感染しなかった、13年10月大石良英は切手年限が切れたにもかかわらず長崎滞在中、14年６月林洞海第二次長崎留学を終え江戸に帰着。15年７月13日大石良英佐賀本藩一代侍五人扶持仰せ付けらる。その後の活躍は嘉永２年８月22日直正嫡子四歳の淳一郎の種痘に成功、これより種痘は藩内はもとより全国に広まり多くの命が救われ、４年直正の侍医となり、医学寮・蘭学寮・好生館において数多の後進を育てた。妻スエとの間に嘉永２年良乙が生まれ、同４年スエ没後、後妻北島氏との間に熊吉が生れるも、翌年元治２年良英は没した。墓所・顕彰碑は佐賀市願正寺（『佐賀医人伝』、『佐賀医学史研究会報』104・157号）。文化５年（1808）～元治２年（1865）２月21日。
大井藤三郎	大蔵省属判任官五等和田信郎の実父（日暦）。
大川内正太郎	明治14年10月23日、峯源次郎が武富熊助の為に横浜で面会した人物（日暦）。
大川内精記・ **大川内精**	明治29年の「伊万里歳時記・花島芳樹随筆抄写」によれば、大川内精は「慶応元年ころ伊万里町に和歌を詠する人、戸渡島神社の社人、雅名角照」。
大木寛良	慶応元年（1865）９月１日、峯静軒の病気見舞に訪れた人物（日暦）。
大木貞斉・大城貞齋	峯源次郎は、文久元年（1861）６月８日、相良宗達と高木町（現佐賀市）の大木貞斉の家に泊る。２年12月20日、大木貞斉等好生館同窓生で北山金比羅祠に遊んだ。慶応元年（1865）11月30日再会する（日暦）。
大木某	明治11年６月５日、伊万里の武富栄助夫妻の上京に随行して来た人物（日暦）。
大串春嶺	文久３年（1863）１月29日、武雄に遊んだ峯源次郎の好生館同窓生。明治３年（1870）３月17日神明前（現東京都港区芝大門）の途上で峯が遭遇した（日暦）。
大久保内務卿利通公 **（大久保利通）**	峯源次郎日暦は、明治11年５月14日、峯が出勤した大蔵省で「大久保内務卿利通が、紀尾井坂に於いて暗殺されたと聞いた」とある。大久保利通は鹿児島城下加治屋町に生れた。父は藩士小久保次右衛門利世、母は医師皆吉鳳徳の娘ふく子。西郷隆盛と共に藩主島津斉彬に登用された。慶応２年薩長同盟・倒幕・王政復古を実現させ、維新政府では参与、参議を歴任、東京奠都・版籍奉還・廃藩置県などの実現に政治力を発揮した。明治４年11月岩倉を特命全権大使とする岩倉遣外使節団をつくり、大蔵卿として副使となる。アメリカ・イギリス・フランス・ベルギー・オランダを経てプロシアに至り明治６年帰国。直後の10月、征韓問題ひ反対し、留守政府の肥前・土佐派から主導権を薩長派は奪回、明治６年11月内務省を創設し長官となる。内政にあっては地租改正をはじめ、殖産興業政策を推進、士族反乱を弾圧しつつ農民一揆との分離を図り、外交に於いては台湾出兵など強硬路線をとり、自由民権運

	動には先手をとって弾圧、西南戦争ではかつての盟友を死に追いやった。士族層の反感は紀尾井坂の暗殺事件となった。文政13（1830）８月10日～明治11年（1878）５月14日。享年49。（日本歴史大事典）。
大隈熊子	父は大隈重信、母は美登、明治４年祖母三井子とともに佐賀から上京。12年５月南部英麿と結婚し、大隈英麿夫人となったが、35年９月離婚、以後再婚することはなかった。同年４月に重信の二女光子を養女とし、10月に光子が松浦信常と結婚、信常が大隈家に入り、のちに家督を継ぐことになった。熊子は大隈家の家政を取り仕切りとくに性格が激しい養母綾子の面倒をよくみたという。教育が深く機智に富んでおり、大隈の側近たちは彼女の才能を高く評価した。側近の一人、犬養毅は「熊子さんは男であろうものなら老侯（重信）よりは偉かったろう。政治家としても事業家としても大きなものになったろう」と述べている（佐賀県人名辞典）。峯家には大隈熊子から峯直次郎に宛てた手紙が２通残されている。１通目は、昭和６年10月16日、「御尊父様七七御忌として見事なる御陶器一函、態々御送付下され」と、峯源次郎の四十九日法要の引出物を送ったことが分かる。２通目の昭和６年10月20日、「先大人様御遺稿東北従遊私録、ほかに天業民報など御取り揃え御恵投下され、有難く拝受」と、源次郎没後直ぐに『東北従遊私録』を出版し大隈熊子へ送っているのである。天業民報には源次郎の葬儀の次第が詳しく載っているのだが、しかし、大隈熊子は昭和５年頃から眼疾のため読むことも書くこともできなかった。この２通の手紙は祐筆神義鐵（成蹊学院教諭）の代筆である（『烏ん枕93号』３㌻）。文久３年（1863）11月14日～昭和８年（1933）５月17日。享年71。
大隈重信⇔大隈氏	父は佐賀藩士大隈信保、母は三井子（杉本氏）の長男。天保15年弘道館外生寮、嘉永６年内生寮、安政２年義祭同盟参加、同６月弘道館退学、３年蘭学寮、文久元年蘭学寮教官、元治元年代品方、慶応元年長崎で本格的に英学を学ぶ、３年３月副島種臣と脱藩、上京、５月佐賀へ送還され謹慎、12月鍋島直正に上京を献策。４年３月17日徴士参与、外国事務局判事、横浜在勤、５月４日長崎府判事、外国官判事兼勤、８月外国官判事、明治元年12月27日外国官副知事、２年１月10日参与、外国官副知事兼勤、３月30日会計官副知事兼勤、５月15日それまでの職務すべて免ぜられ、会計官副知事、７月８日大蔵大輔、７月22日民部大輔、８月11日大蔵大輔兼任、３年７月10日専任大蔵大輔、９月２日参議、４年６月25日参議辞職、６月27日大蔵大輔、７月14日参議、５年10月27日博覧会事務総裁、６年５月９日参議兼大蔵省事務総裁、10月25日参議兼大蔵卿、７年４月５日台湾蕃地事務局長官、11年５月16日地租改正局総裁、13年２月28日大蔵卿辞任、14年10月12日参議辞任、15年３月立憲改進党結成、総理（党首）就任、10月東京専門学校（現早稲田大学）創立、20年５月９日伯爵、21年２月１日外務大臣、22年12月24日外務大臣辞任、枢密顧問官、24年11月12日枢密顧問官辞任（佐賀県人名辞典）。明治24年までが峯源次郎日暦と重なる。大隈が日暦に初めて登場するのは明治３年（1870）４月26日、峯が寄宿している相良邸へ山口尚芳同伴で来て酒を飲んでいる。相良知安（天保７年生）35歳、大隈重信（天保９年生）33歳、山口尚芳（天保10年生）32歳の３人は、共に長崎留学時代からの知己である。当時の大隈は民部大輔と大蔵大輔を兼任中。この後峯は相良の代診として大隈家の家庭医、大隈に到来する横文の翻訳者などを務め、大隈の斡旋で明治９年６月13日に大蔵省出納寮に横文翻訳官として就職し、24年３月31日非職の命を受けるまで15年間勤務した。明治10年西南戦争のときには大隈の大阪出張に随行し、14年東北行幸供奉の大隈参議に随行した。多年翻訳した成果物は早稲田大学図書館に所蔵されている。峯が持ち帰った分は伊万里市史編纂事務局が収集して現在は伊万里市民図書館に保管されている。「大隈重信の切断手術から健康生活へのセルフケアに関する研究」によれば、明治22年10月18日爆弾を投げつけられて負傷した大隈の大腿部切断手術には、池田謙斎・橋本綱常・高木兼寛・伊東方成・佐藤進・ドクトルベルツ・高階経本が当った。最初に駆け付けた高木兼寛が救急処置を施し出血を免れ、佐藤進の執刀、ベルツの麻酔によって成功した。高木は直ちに東京慈恵医院看護婦教育所生徒４名を派遣して看病にあたらせた。明治23年５月13日、天皇皇后陛下に拝謁し御礼を言上した。大隈は晩年、胆石を病んだ。大正６年８月22日から看護記録が残されている。最後は摂護腺癌腫と萎縮腎により、大正10年12月23日以降食欲不振、羸痩が著しく、癌腫が転移、大正11年１月11日84歳の生涯を閉じた。天保９年（1838）２月16日～大正11年（1922）１月10日。享年85。
大隈氏令弟・ 大隈氏実弟	岡本欣次郎・岡本克敏欄で解説している。
大隈氏北堂 （大隈三井子）	改進党総理従二位勲一等伯爵大隈重信の母、旧佐賀藩士杉本牧太の二女、文化３年生れ。18歳のとき同藩士大隈信保に嫁ぎ嘉永３年（1850）45歳で寡婦となり、彭壽院と号し、明治28年１月１日糖尿病で逝去（『明治過去帳』）。長女は相良妙子（天保２年：1831～大正４年：1915）。二女志那子(天保４年：1833年生)。長男大隈重信（天保９年２月16日：1838～大正11年１月10日：1922)。二男岡本欣次郎（天保14年：1843年～明治10年６月21日）（『大隈重信』）。文化３年（1806）～明治28年（1895）１月１日。享年90。
大隈氏令夫人 （大隈綾子）	嘉永３年（1850）10月25日生れ、旗本三枝七四郎の二女、幼少時兄三枝守富と親族の小栗家に同居（『人事興信録』大正４年）。明治２年（1869）大隈重信と結婚、大正12年(1923）４月28日に病没（早稲田大学人名データベース）。嘉永３年（1850）10月25日～大正12年(1923）４月28日。享年74。
大隈英麿	盛岡藩主南部利剛の子。明治２年東京に出て、３年華頂宮博経親王に随行して渡米、ニューブラウンズウィックにて英語・理学を学び、11年バチュラー・オブ・サイエンスの学位を得て帰国。12年大隈重信の養嗣子となり、内務省准奏任御用掛、13年外務省奏任取扱御用掛、15年大隈重信が早稲田に東京専門学校卒業を創立すると校長と講師をつとめる。20年９月第二高等中学校教諭、21年９月東京高等商業学校教授となり、早稲田中学校が創立されると初代校長に就任。31年衆議院議員となる、35年大隈家を去り、盛岡に隠棲し同地の高等農林学校教授となる。享年55（『海を越えた日本人名事典』）。大隈重信の長女熊子と結婚していたが高額な連帯保証を被り離婚に至った。安政３年（1856）９月11日～明治43年（1910）５月14日。享年55。
大倉三寿⇔浦嶋洞雲	浦嶋洞雲の欄で解説している。
大坂屋	峯源次郎は明治３年４月25日、相良知安の使いで、鐘ヶ江文英と浅草の大坂屋へ行く。同８月３日も大坂屋へ使いした（日暦）。大坂屋とは『江戸買物独案内』の下巻456オモテの、浅草並木町硝子問屋大坂屋萬右衛門カ（国立歴史民俗博物館「れきはくデータベース（江戸商人・職人）」）。
大島育造	明治３年１月18日、相良知安宅を訪れ宿泊した（日暦）。
大島良全	明治２年２月２日、佐賀好生館の峯源次郎を訪ね、３年１月４日には東京相良知安宅に宿泊した（日暦）。
大竹	大蔵省出納局六等属大竹昌蔵カ（日暦）。
大竹昌蔵	明治７年西村隼太郎編『官員録』24㌻大蔵省「出納寮二等、少属、シズオカ大竹昌蔵」、明治11年２月の『大蔵省職員録』に「出納局六等属大竹昌蔵、静岡県士族、小日向武島町29番地」。19年７月『大蔵省職員録』174㌻「非職、元判任官三等、大竹昌蔵」。
太田大夫 （鍋島監物資智）	太田鍋島家、本藩家老六家の一つ、大組頭。物成1700石（知行4250石）。幼名孝五郎。嘉永７年（1854）７月13日、播磨（太田・茂快）は褒賞を受ける「伊王島・神島御増築并大銃製造之儀、別而之御大業候処、諸般綿密相談骨折候付、御酒被為頂戴之旨被　仰出候」（『佐賀藩褒賞録第一集』）。文久元年２月22日、直正の庶弟鍋島播磨茂快死去、47歳。嫡監物資智が継ぐ（『鍋島直正公傳第５編』）。鍋島平五郎、鍋島監物を隊長となし、深堀又太夫等之をたすけ、兵を率いて小川、日光を指して進発した（『鍋島直正公傳第６編』）。慶応４年閏４月19日、峯源次郎は城下中小路で、太田士夫率いる関東征討軍三百の兵を見る。渋谷良次塾で共に学ぶ野中元も兵団中に居た。太田士夫の帰陣は、明治元年12月４日であった（日暦）。
太田長一郎	文久２年４月７日、熊之川温泉に疥癬（皮膚病）の治療に出かけた好生館医学生の一人（日暦）。
大谷（大谷靖）	明治７年西村隼太郎編『官員録』27㌻大蔵省「記録寮三等、八等出仕、ヤマグチ、大谷靖」月給は70円。11年２月『大蔵省職員録』３㌻、「権少書記官、正七位、大谷靖、山口県士族、駿河台東紅梅町イの２番地」。
太田又六郎	峯源次郎日暦には、元治元年（1864）４月９日に「小城目代太田又六郎」と記録されている。『佐賀新聞に見る佐賀近代史年表明治編下』によれば、明治44年（1911）９月17日小城郡の儒学者太田北山の追悼会が三日月村の玉毫寺で開催された。太田は旧藩校で教鞭を執り、のち冨岡敬明らと藩政革新を試みたが追放され私塾を開く、小城公園の設置に尽力。「太田北山-忘れられた漢学者-」によれば、北山の号は維新時藩主鍋島直虎から与えられた。北山は15歳で興譲館に学び、17歳で藩命により佐賀本藩の弘道館に移り井内南涯の門に入る。南涯の没後興譲館に戻り、22歳の折藩命により昌平黌で古賀謹堂に学ぶ。同門に南摩羽峯・重野安繹・秋月鼎軒などの俊秀が切磋琢磨し交友を深めたという、北山自身24歳のとき塾頭を務めた。嘉永６年27歳で藩主直虎に随伴して小城

	に戻り藩学の指南役となる。安政元年（1854）から元治元年（1864）にかけて農政・国境方・隣国応接方・供頭役刑官長・長崎辺防屯営監督・松浦郡山代目代等を歴任し、文久２年12月12日任命された山代目代在任中は、漁撈法改良に著しい成果をもたらすなど産業振興に努めている（『葉隠研究』92号）。『大隈重信関係文書３』に載る大隈重信宛太田北山書簡は、（明治19カ）１月27日付、小城士族又六郎事太田北山が漢学門下生の入学を願望する内容である。追伸で「伊丹の小西という人に招聘され今は同所に寄寓、副島卿には折々書簡の贈答ありと書いている。文政10年（1827）６月～明治44年（1911）８月９日。享年85。
大塚	明治24年３月30日、神田区西小川町２丁目３番地の峯源次郎宅を「大塚の妻子」が訪れた（日暦）。
大友	鎌倉時代に能直を祖とする豊後の豪族。本領は相模国大友郷。能直は源頼朝に仕え御家人となり養父中原親能から豊後国大野荘地頭職を譲られ豊後に勢力をもった。南北朝期には足利氏に属し豊後・筑後に勢力を拡大し守護大名に成長。戦国時代義鎮（宗麟）のときは全盛期で、肥前の龍造寺・薩摩の島津と九州を３つに分けたが、島津に大敗後衰え、義統が秀吉に除封され、子孫は徳川家に仕え高家となった（ブリタニカ国際大百科事典）。
大中（大中春良）	文久２年（1862）１月18日、19歳の好生館医学生峯源次郎が新年の挨拶をした教師の一人、翌３年１月１日にも兄完一に従い挨拶に赴いた（日暦）、指南役兼帯大中春良（『上村病院二五〇年史』278㌻）。佐賀藩「医業免札姓名簿」229番、「嘉永６年12月19日、内科、牧春堂門人大中春良、30歳」。嘉永６年（1853）に30歳なので文政７年（1824）生れである。
大沼枕山翁	幕末維新期の漢詩人、名は厚、字は子寿、通称捨吉、号は枕山。幕府西丸付御広敷添番で漢詩人としても知られた大沼竹渓の子。文政元年(1818）３月19日～明治24年(1891）11月１日。享年74（日本歴史大事典)。住所は下谷御徒町三丁目四十番地（『皇国銘誉人名録』）。
大野直輔	父は徳山藩士大野篤直、藩校興譲館・長州藩校明倫館に学ぶ。1868年毛利元功の従者として渡英、経済学を学ぶ。1872年大蔵理事官随行として岩倉使節団に合流、1873年帰国。租税寮七等出仕、造幣寮七等出仕、1874年造幣権助、1877年大蔵少書記官・造幣局勤務、1880年造幣局副長・大蔵権大書記官、1881年造幣局長、1882年議案局理事、1885年預金局長兼造幣局勤務、1888年兼銀行局長、1889年会計検査院部長・第三部主管・文官普通試験委員長、1899年第四部主管（アジア歴史資料センター辞書データ）。明治７年西村隼太郎編『官員録』19㌻大蔵省「造幣寮、権助、ヤマグチ、従六位大野直輔」、明治21年『職員録』（甲）46㌻に「銀行局長奏二等、（預金局長正六位勲六等）大野直輔、麻布区三河臺町27番地」とある。天保12年（1841）～大正10年（1921）。享年81。
大庭権之助	「安政年間の佐賀藩士」によれば、大庭雪斎（切米25石、51歳、与賀馬場在住、志摩組）の嫡子として15歳とあるところから、天保13年生れと推定。元治元年（1864）の「幕末佐賀藩の軍制について『佐賀藩拾六組侍着到』」には、大庭権之助は「雪斎倅、志摩組」とあり、明治期の職歴が「中学教諭」と加筆されている。『江藤南白下』の口絵写真巻頭、フルベッキを中心にして佐賀藩英語学校致遠館門弟の集合写真の中に、香月経五郎、山中一郎、中島永元、丹羽龍之介、石橋重朝、江副廉造、中島健明に並び大庭権之助が写っていると解説にある。峯源次郎日暦は、大庭権之助が慶応２年（1866）１月21日、父大庭雪斎の弔歌を峯静軒（慶応元年９月10日没）の霊前に供えるために、中里村の峯家を訪れたとある。権之助は一晩泊まり帰っている。天保13年（1842）～？。
大橋素六郎⇔川上素六郎	元内務属、岡山県備中国中洲の人、安政２年（1855）生れ、洋学漢学を専修、傍ら佛学に通ず、嘗て同人社に入り子弟を教授し、明治21年頃警視属（判四）を以て警官練習所並に保安課に兼勤、次いで新聞記者となる。明治29年８月23日没す。享年43（『明治過去帳』）。同人社の『文学雑誌』で西洋文化の翻訳・紹介にあたった人達のなかに大橋素六郎がいる（『中村敬宇』210㌻）。著書『法理学汎論』の奥付を見ると明治21年「岡山県平民、大橋素六郎、芝区西久保巴町17番地寄留」とある。22年『欧州大勢論』には「芝区明舟町18番地寄留」、26年『地方政治改革之意見』では「東京市麹町区一番町31番地」とある。峯源次郎は明治11年８月から12年10月までと20年11月から24年まで大橋素六郎と書き、明治14年４月から19年９月までを川上素六郎と書いている（日暦）。明治14年から19年まで川上姓であった。安政２年（1855）～明治29年（1896）８月23日。享年44。大橋は明治14年から19年まで川上姓である。峯源次郎は日暦に、明治14年４月９日から19年９月19日まで川上素六郎と書き、明治11年８月31日から12年10月13日までと20年11月20日から24年11月１日まで大橋素六郎と書いている（日暦）。
大橋楼	明治13年６月１日、佐賀県医師会（好生社）が開催された濱町大橋楼（日暦）。
大庭雪齋	大庭氏系図によれば、大庭石見守大庭三郎景親を祖としてその13代の孫景房が天文２年（1533）石州から肥前に来た。景房から10代目が大庭景徳（雪斎）である。景徳の実父は上総殿（武雄領主鍋島茂義）家来大庭仲悦で、その妻は福地道林の妹。景徳の母親違いの弟が大庭良伯である（『佐賀医学史研究会報』123号）。『武雄領着到』に、大庭仲悦は、「米五石四斗三人扶持、佐門与」とある（37㌻）。『佐賀医人伝』によれば、雪斎は同族の大庭崇守（医師）の養子となり、文政年間に島本良順（龍嘯）について蘭学を学んだ。雪斎は大坂の中天游の蘭学塾で緒方洪庵と共に学んだ後、一旦佐賀に帰り、再度大坂で洪庵の適塾に通った。洪庵の名著『扶氏経験遺訓』に校正役として「大庭忞景徳 参校」と記載されている。雪斎は嘉永４年佐賀藩初代蘭学寮教導、安政元年弘道館教導、安政５年好生館教導方頭取、文久２年物理学入門書『民間格致問答』を刊行し教授、慶応元年職を辞した。雪斎の業績は好生館を中心に佐賀藩領に西洋医学研修を徹底し、近代医学につながる相良知安、永松東海らを育てたことで、蘭語学・医学のほかに物理学・数学など自然科学全般に及び、蘭学の大系化を図ったことである。峯源次郎日暦には、安政２年12月６日に峯静軒が佐賀の雪斎に手紙を出している。万延元年（1860）４月29日源次郎が雪斎塾へ一度目の入門をする、再度の入門は文久元年（1861）２月６日、源次郎18歳で、兄に連れられて２月17日「扶氏経験遺訓読会」に参加した。文化３年（1806）～明治６年（1873）３月28日。享年68。
大庭鼎齋	峯源次郎が万延元年（1860）４月29日に入塾した大庭雪斎塾の同門生。５月９日には鼎齋・高尾安貞・中山雲仙等と藩の練兵を見学。文久元年（1861）２月６日に再入門した３月９日、御城の北にある聖堂（孔子廟）に、鼎齋・安貞・源次郎は訪れ、その後も相応（郊外）に遊び、練兵を見物し６月14日には鼎齋と小城の福島豊策の家に泊りがけで出かけている（日暦）。
大庭良伯	佐賀藩医業免札姓名簿には、「598番、内科、大庭良伯、安政４年（1857）12月10日、大庭雪斎門人雪斎弟、巳27歳」。佐賀県立図書館蔵「明治行政資料」の中に第五大学区長崎県管下第六中学区内十一番小学区立岩村「学校設立之義ニ付伺」に添付された大庭良伯の履歴は、「長崎県士族、無禄、大庭良伯、當齢四拾五年十一月、是ハ安政九年戊戌一月より佐賀旧藩小野一作へ従い嘉永元年戊申一月迄拾年一ヶ月間漢学修行」とある。明治11年５月に大庭良伯がどのような事情で佐賀藩の最西端平戸領の境目に居住していたのであろうか(『佐賀医学史研究会報』123号)。峯源次郎日暦には、安政６年（1859）１月22日、兄亨に従い佐賀の主君鍋島市祐家へ向かう途上出会い、佐賀迄同行する。この時すでに良伯は山代郷に住んで居たようだ。源次郎の兄亨（雲臺）は安政３年には山代郷楠久村で開業している。明治43年『帝国医鑑第一編』東京（お）之部に「佐賀県士族、大庭哲一、芝区新堀町28、電話芝1626、慶応３年２月９日生れ、佐賀県西松浦郡西山城（山代）53番地は原籍、明治39年６月26日附開業免状を受けて現所に開業、現に芝区会議員、芝区医師会幹事等を兼務中、常に後進の援護に志を留め書生養成を以て夙に声望あり」とある大庭哲一は、良伯の長男である(『佐賀医学史研究会報』166号)。天保２年（1831）～？。
大森惟中	明治15年１月『大蔵省職員録』15㌻報告課「御用掛准判任、兼議案局勤務、大森惟中、小石川区小石川竹早町７番地」。明治19年７月『大蔵省職員録』179㌻に非職となった「元一等属、大森惟中、東京府士族」の記載がある。大森は内務省に入り、明治８年フィラデルフィア万国博覧会に派遣され、以後国内外の博覧会で審査にたずさわる。全国各地の美術工芸の振興に尽くした。フェノロサの演説を訳した「美術真説」が有名（日本人名大辞典）。弘化元年（1844）～明治41年（1908）３月22日。享年65。
大渡勘助	明治10年６月27日夜、本郷弓町前田利邕氏邸内に転居したばかりの峯源次郎は大渡勘助から往診以来を受けた（日暦）。
岡田英之助	津田進三「明治初期石川県の洋学」に「明治２年開設の英学校は三宅秀や岡田英之助らの意見で正則英語をめざした」とある。峯源次郎は明治11年４月17日に岡田英之助・稲垣らと小金井に遊び、12年１月２日と３月８日には岡田と品川町万林で酒を飲んでいる（日暦）。岡田英之助の長女岡田美津（明治８年９月生）は、東京女子高等師範学校を卒業し、同校教諭となり明治35年２月アメリカに留学を命じられ、38年10月帰朝し同校教授に任命され、大正10年生徒監に補せられ昭和２年辞す（『人事興信録』８版）。
尾形蛟南	峯源次郎は慶応３年（1867）11月29日の日暦に「この日草場佩川翁卒」と書き、翌日「尾形蛟南来」と書いている。明治３年５月６日、尾形は東京相良知安宅に現れ、主人多久茂族に従い上京したという（日暦）。『佐賀藩の医学史』に尾形蛟南は尾形春園（嘉

	永６：1853年に158番目に内科の免札、46歳）の倅で、安政７年（1860）に23歳という（72㌻）。これによると尾形蛟南は天保９年（1838）生まれである。
岡田長之助	明治13年12月13日、大審院訴訟のため上京した伊万里の人。15日と16日、峯源次郎は岡田のために多久出身の鶴田皓（大審院詰勅任官検事）を訪ね、17日には岡田を鶴田皓のところに連れて行く（日暦）。岡田は、文久４年２月上納金証文に武富七太郎の代理として署名押印している。また、肥州伊万里津荷主岡田長之助としても連署している（『有田町史商業Ⅰ』188・189㌻）。
岡田屋	明治３年２月１日、「英蘭対訳字書」を置いていた神明前（芝区神明町）の書店（日暦）。
尾形良益	文久３年（1863）１月５日、別府（現多久市別府）に住む医師（日暦）。象先堂入門「嘉永３年５月14日、多久、尾形良益」（『佐賀県教育史第１巻』139㌻）。佐賀藩「医業免札姓名簿」314番、嘉永７年（1854）５月20日「内科、長門殿家来嶋田南嶺門人、尾形良益、32歳」。これにより尾形良益は文政６年(1823)生れである。
岡千仭 おかせんじん	幕末明治の儒学者。仙台藩士岡義治の五男、藩校養賢堂に学び、嘉永５年（1852）昌平黌に入る、文久元年（1861）大坂で松本奎堂・松林飯山と双松岡塾を開き尊攘論を説き志士と交流、３年仙台に戻り、慶応２年（1866）養賢堂指南役となる。戊辰戦争に際し奥羽越列藩同盟に反対し一時投獄される。明治３年（1870）大学助教となり東京府学教授、修史館出仕などを歴任、13年官を辞し、私塾綏猷堂で教育と著述に専念した（朝日日本歴史人物事典）。明治７年西村隼太郎編『官員録』２㌻太政官正院「八等出仕、ミヤギ、岡千仭」月給70円である。明治10年５月24日、峯源次郎は岡千仭のために、東京大学医学部教師ベルツの所へ診察依頼に大蔵省勤務後出かけている（日暦）。天保４（1833）11月２日～大正３年（1914）２月28日。
岡本	明治３年７月25日、岡本は峯源次郎・大石と騎馬で王子・千住方面に遊んだ（日暦）。
岡本欣次郎・ 岡本克敏	大隈重信の実弟である。「東京寄留人名簿」に岡本欽次郎は、「有楽町三丁目二番地大隈重信邸寄留」とある。父大隈信保が急死した嘉永３年（1850）６月、欽次郎は、８歳、兄八太郎（重信）は13歳であった（『大隈重信』）。明治初年上京して兄大隈重信の家に寄留した岡本欽次郎は、千葉県流山十二村大隈氏開墾場の管理をしていた（「前田正名の上州出張記憶書と卑見」）。峯源次郎は明治13年１月３日、大隈英麿・前田正名に随行して流山の大隈氏開墾場の調査に行く。岡本欽次郎の診察看護を担当し、明治12年６月21日の三回祭、明治19年７月28日の10年祭に招かれている（「日暦」）。天保14年（1843）～明治10年（1877）６月21日。享年35。
岡本氏	明治21年12月21日峯源次郎が訪ねた人物（日暦）。
岡本萬六・岡本萬六郎	アジア歴史資料センターの明治16年４月『大蔵省職員録』には「大蔵省報告課七等属、岡本萬六郎、長崎県士族、赤坂区新町５丁目42番地」。明治23年の内閣官報局編『職員録』には、大蔵省総務局「属四等下、岡本萬六郎」。「峯源次郎日暦」の明治24年１月15日に「訪岡本萬六郎之死因旋於葬儀」とある。？～明治24年（1891）１月。
小川為三郎⇔ 栗崎道欽	峯静軒門人小川仲栄の弟。後に栗崎道欽と名乗る（日暦）。
小川為次郎	万延元年（1860）８月、峯源次郎が長崎遊学中親しくした人物（日暦）。
小川仲栄	峯静軒の門人。父親は長崎の医師小川仲亭。峯家に住み込んで峯源次郎が13歳の時からその日暦に仲栄の名が記録されている。始まりは安政３年９月21日、仲栄が帰省先の長崎より戻ったという。10月24日仲栄は兄弟子精一・弟弟子常甫・源次郎と松茸狩を楽しむ。12月15日長崎へ帰省し翌４年１月27日に戻っている。３月28日は他の弟子３人と源次郎で腰岳登山をする。５月21日には薬用の蛙捕獲をする。７月９日帰省し、８月17日に戻る。この間医学修業は「傷寒論」や「霊枢」の講義、日々の往診が続く。このような仲栄の住込み修業は万延元年（1860）までであったようだ。その後源次郎が長崎遊学。東京遊学・東京からの一時帰省等長崎港経由の折々に、仲栄と酒を酌み交わしている。それは明治８年11月19日が最後である（日暦）。
小川仲亭	安政４年（1857）１月27日、帰省していた小川仲栄が父小川仲亭の峯静軒に宛てた手紙を預り戻った。源次郎は長崎遊学中の万延元年（1860）10月28日と11月23日に感冒に罹り、小川仲亭に往診してもらう（日暦）。
荻英健	明治10年９月29日、伊万里在住の医師の集りに出席した人物（日暦）。
小栗貞強	矢野文雄文夫の弟小野貞雄のことカ。峯源次郎日暦によれば、峯は明治24年５月２日、矢野文雄を訪ね、翌３日に小野貞強を訪ねている。矢野文雄（龍渓）には小野貞雄という弟がいる。『大分県人士録によれば、「小野貞雄は矢野文雄の令弟で文久元年大分県南海部郡佐伯町に生れ、旧幕臣小栗上野介の跡を相続してその姓を継ぐ。幼少のとき父に従い東上し、慶應義塾に学び、後大学予備門に転じ、卒業後三田英学校講師として教育に従事し、明治19年報知新聞社に入り、21年欧米各国を漫遊し、報知新聞社に戻り、その名は文壇に高かったが、25年実業界に投じた。アルボース消毒剤を発明し扇橋製薬会社の社長となり盛運を見る。31年８月衆議院議員改選に、大分県第二区より選出され当選。次いでハワイで甘藷栽培に成功した」とある。
小沢善平	明治８年３月26日、峯源次郎は上野で洋菓子を買い小沢善平を訪問した（日暦）。手土産を用意して訪ねた小沢善平とは、小沢の著書『葡萄培養法摘要』の序に「小沢は甲州の出身で、嘗てアメリカに遊学し農家に住込み数年、殊に菓樹の栽培を学ぶ、帰国して東叡山陰に果樹園を開園し専ら果樹蔬菜の培養に精をだしている」という。奥付には「東京府平民、第五大区十小区上野公園地際谷仲清水町一番地」と小沢の住所がある。
織田良益	鹿島藩医織田巨庵の二男で織田家の11代目を継ぐ。巨庵は江戸の山田玄民に医を学び帰郷後、安政２年、48歳のとき、佐賀藩医学寮から医業免札を受けた。良益は漢学を鹿島藩校弘文館や草場佩川塾に学び、慶応２年、19歳で佐賀本藩の蘭方医渋谷良次塾で学んだ。峯源次郎と同門である。戊辰戦争に従軍、江戸上野に出陣した。明治２年から再び好生館で渋谷良次に学んだ。その後巨庵の跡を継ぎ、明治４年に北鹿島中村に開業したが、明治12年初代沖縄県令に従い沖縄に行く。翌年帰郷して北鹿島の自宅で医業を続けた。良益の病院は跡を継いだ長男簡一の時代に現在地の鹿島中牟田に移転した。鹿島医会では基礎医学研究の為の伝染病研究所とその付属病院として鹿島共同養生所を設立した。良益もその中心となって私財を担保に借入金を調達するなど活動し、明治34年初代所長となって地域医療に尽した。巨庵の長男進一（良益の兄）は、別名玄仙、巨仙といい、漢学を草場船山に、医を佐賀藩医松隈元南に学び医師となったが、明治になると海軍大軍医として名をなし、大正初期に東京で没した（『佐賀医人伝』）。良益は慶応４年１月23日渋谷良次先生に暇乞して伊万里から京都に向かう、同年11月11日、良益は京都から帰る（日暦）。明治15年６月『内務省免許全国医師薬舗産婆一覧』23㌻に「内外科、履歴、免状番号1698、長崎、織田新一」、同34年の『日本東京医事通覧』には、東京麻布区に「織田新一、従来、17年４月登録、佐賀県士族、天保８年１月生、飯倉片町16」とあるが、アジア歴史資料センターの履歴書には天保７年９月29日生れである。織田良益の医籍は明治22年『日本医籍』379㌻に「藤津郡中村、織田良益」、同42年『日本杏林要覧』佐賀県藤津郡に「織田良益、履歴17年５月、佐賀士族、弘化４年生、南鹿島村高津原」（1296㌻）。大正８年『帝国医師名簿』409㌻に「藤津郡鹿島町大字高津原、織田良益」その後の大正14年の『日本医籍簿』には記載が無い。弘化４年（1847）３月24日～昭和12年（1937）９月16日。享年91。
小野謙成	安政６年（1859）９月18日、峯源次郎が入門した谷口藍田塾の五島（長崎県五島）出身門生（日暦）。
於保蛟龍	文久２年（1862）４月７日、熊の川温泉（佐賀城下から北へ16㌖）に疥癬治療で入浴した好生館医学生（日暦）。
織吉	安政４年（1857）10月９日、峯静軒の患者で曲川村（現西松浦郡有田町）在住、痛風と診断した静軒は地面を五六寸掘り、藁を敷き熱湯をかけてその上に患者織吉を横臥させその上を厚く被覆して、蒸気で発汗させる療法を施したところ、織吉は大いに汗をかき、快方に向かい18日、病は癒えて帰って行った（日暦）。
か行	
カーシス・ハルモン	明治４年７月15日、サンフランシスコで峯源次郎にお互いに自国語を教え合おうと提案した人物、カーシスは峯に英語を教え、峯はカーシスに日本語を教えた（日暦）。
開花楼	明治15年５月26日、峯源次郎と相良知安が幹事となり好生会（佐賀好生館出身医師会）を開催した神田明神境内にある店。その後

	明治17年に報告課忘年会会場になる。18年12月同僚赤井雄・渡瀬と同道。明治22年6月23日には大隈英麿・三枝守富・峯が行く（日暦）。明治26年の『新撰東京実地案内』に、「神田区料理・神田社内開化楼」、「本郷区料理・明神社内開花楼、西洋料理明神の開花楼」とある。
嘉右衛門	安政4年（1857）5月19日、峯静軒を訪ねて来た有田の人物（日暦）。
加賀（加賀権作）	「安政年間の佐賀藩士」によれば切米55石、〇槍免状、33歳、川原小路、鍋島播磨組とある。安政3年（1856）33歳なので、文政7年（1824）生まれであろう。「幕末佐賀藩の軍制について『元治元年佐賀藩拾六組侍着到』」には加賀権作倅として加賀精一郎の名前がある。明治13年東京株式取引所の株主記録に加賀精一の名がある（『渋沢栄一伝記資料』13巻371㌻）。『幕末明治海外渡航者総覧』に加賀権作は1871年（明治4）アメリカへ公費で団体視察のため渡航したとある。同じく佐賀藩士で同時期アメリカへ渡航した真崎健の渡航目的はサンフランシスコ博覧会とある。長森伝次郎（敬斐）の兄である。『大隈重信関係文書3』に加賀権作差出書簡が5通収まる。明治4年9月23日の大隈重信宛書簡追伸に「撲事、真の帰商之積に而盛に貿易相始居候間・・」と商売に専念する旨を書いている。
掛橋幸平	万延元年（1860）9月27日、峯静軒を訪ねて来た人物（日暦）。
笠野	明治11年7月28日、日曜日、峯源次郎が訪ねた人物（日暦）。
嘉十	万延元年（1860）3月22日、峯家に来訪した楠久（現伊万里市山代町楠久）の人物（日暦）。
上総屋 **かずさや**	明治18年11月3日、峯源次郎が旧主鍋島克一を訪ねた宿屋（日暦）。『新撰東京実地案内』（明治26年）によれば、「日本橋新葭町、上総屋和助」と「日本橋小網町、上総屋佐十」がある。
片岡永右衛門	明治13年6月23日、大隈三井子・英麿・熊子一行が小田原で泊った宿屋（日暦）。
片桐重明	明治18年9月7日出版届、東花堂宮田宇兵衛著「西洋医番付表」によれば、東の大関から前頭まで16人が最上段に太字で書かれ、「内外、駿河台、片桐重明」は、次の二段目の欄21人の7番目に書かれている。かなり高い評価を受けていた医師であることが窺える。明治18年の『東京府内区郡分医師住所一覧』の住所は「駿河台南甲賀町17番地」。明治43年の『帝国医鑑第一編』には「静岡県平民、片桐重明、神田駿河台南甲賀町、電話本局179、嘉永3年11月3日生れ、本籍は静岡県磐田郡山香村大井、明治18年従来開業の資格により開業免状を得て爾来現所に開業とある」。明治21年5月、Klein.Edward.Emanuel著、片桐重明訳『黴菌病論』が大蔵省印刷局から刊行されている（国立国会図書館デジタルコレクション）。嘉永3年（1850）11月3日～？。
片桐門人	医師片桐重明の門人、明治19年10月26日、危篤の峯源次郎三女栄を往診した。明治21年3月30日峯源次郎を往診（日暦）。
片山杏益	慶応元年（1865）3月9日、峯源次郎が訪れた明星桜（みょうじょうざくら：現東山代町浦川内）近くに住む人物（日暦）。
片山帯雲	慶応2年から山代郷里村に開業している医師、明治5年7月時点で「成業ノ者」（『佐賀県教育史』1巻693㌻）。明治8年11月22日峯は上京の折、片山帯雲を同伴して神戸病院長西春蔵に託した。14年4月11日片山は備後尾道、石橋春泰の招聘に応じることになったと峯に知らせる。20年11月4日峯の旧友片山帯雲は尾道病院長となり器械購買のため上京して来る（日暦）。明治15年の『内務省免許全国医師薬舗産婆一覧』28㌻、カ部に「内外科、兵庫、免状番号50、長崎、片山帯雲」。明治22年『日本医籍』298㌻に「広島県御調郡尾道久保町、片山帯雲」。明治31年『帝国医籍宝鑑』190㌻の開業医広島に「御調郡久保町、片山帯雲」とある。大正8年の『帝国医師名簿』には広島県尾道に片山帯雲の名前は無い。明治26年の『大日本医家実伝』によれば、片山帯雲は肥前国西松浦郡里村の人で、弘化3年2月生れ、草場船山、西春蔵、松崎年等に就いて漢学、蘭学を修め、後に佐賀藩医学校好生館、佐賀県立病院等に入り、英人「スロン」、米人「別列乙」、蘭人「ヘーデン」の諸氏に就いて医学を修め、業成るに及んで唐津徴兵検査医、神戸病院医員、兵庫県検疫医、兵庫県徴兵医員等の職を奉じ、明治14年聘せられて、備後国尾道病院長となり、兼ねて尾道監獄医、尾道駆梅院長、御調郡医会会長たり。22年9月、職を辞して同地に開業し大日本赤十字社社員となり、後に日本生命保険株式会社診査医を嘱託せらる。君職を各病院に奉ずるや精励にして為に賞金を受けること通じて十回に及ぶ。「渭陽存稿」の明治35年に「欲学耳鼻咽喉科東上途過備後尾道懐旧友片山帯雲」と題し「何是故人家」とある。
嘉太郎	安政4年（1857）4月8日、峯静軒が門弟を連れて往診した早岐から峯宅まで同道して廣厳寺に参詣した（日暦）。
香月経五郎	藩校弘道館を経て慶応3年英学校（致遠館：命名は慶応4年8月）に入学、明治2年開成学校（のちの大学南校）進学、3年8月米国留学を仰せ付けられ、10月29日出国、4年イギリスに渡り、オックスフォード大学入学、6年12月29日帰国、7年1月13日江藤新平とともに帰郷、1月下旬佐賀県中属、（征韓党幹部として戦うが敗れ）2月24日佐賀を脱出、3月23日高知県で捕縛、4月13日除族の上斬首の判決を受け、即日処刑。江藤新平の推薦で大学南校へ進学し、明治3年官選留学生としてアメリカに渡り、その後旧藩主鍋島直大の通訳としてイギリスに渡り、オックスフォード大学では経済学を学んだ。色白で頭が大きく威厳があった。才知に富み弁舌鋭く相手を屈服させるまで止まなかったが、常に胸襟を開き人と交わり、多くの人々が慕ったという（佐賀県人名辞典）。嘉永2年（1849）～明治7年（1874）4月13日。享年26。
加藤高明	内閣総理大臣、子爵、従一位。東京麹町の私邸で病気療養中病勢悪化、木村・寺島両主治医と三浦博士の手当を受けたが、大正15年1月28日逝去。伯爵、正二位、大勲位、菊花大綬章追贈。旧尾州藩士服部重文の二男に生れ、同藩加藤武兵衛の養子となる。藩中の秀才として聞こえ藩の補助を受けて明治14年東京帝国大学首席卒業。岩崎家に聘せられ、20年外務省参事官として仕官、途中大蔵省に転じ銀行局長、主税局長を歴任。再び外務省に戻り政務局長、27、28年の日清戦争当時特命全権公使として英国に駐在、33年伊藤内閣の外務大臣抜擢。34年高知県郡部より衆議院議員に推され、36年さらに横浜市より再選、39年西園寺内閣で再度外相となり英国大使に任ず、これより先、日英同盟の成立に尽力、大正3年第三次桂内閣ののとき三度目の外相となる。のち桂太郎と下野し立憲同志会組織に参与、副総裁格で入党、桂の没後憲政会総裁となり、大正3年大隈内閣で四度目の外相就任、貴族院議員勅任、子爵に叙され、のち在野党の首領として隠忍苦節10年。13年清浦内閣の後をうけ同年6月三派連立内閣の首班として内閣総理大臣に就任（『大正過去帳』）。明治22年10月18日時の外務大臣大隈重信は来島恒喜の投じた爆弾で右足を失った、その58日目の集合写真に、加藤高明は大隈外務大臣秘書官として後方向って左端に写っている（『早稲田大学エクステンションセンター日本近代史研究会会報』19号）。万延元年（1860）1月～大正15年（1926）1月28日。享年67。
角屋正左衛門	明治14年5月22日、大隈三井子一行が訪れた鎌倉八幡宮前の人物（日暦）。
カトリー（カデルリー・ヤーコブ） **Jakob Kaderli**	峯源次郎は、明治4年2月1日の日暦に「南校教師フルベッキ、ワクネル、カトリー、ホルツ之諸氏拝芝山内徳川将軍諸廟」と南校の教師4人と徳川歴代将軍廟を拝礼したと書いている。峯は1月19日からホルツ宅に寄宿している（日暦）。城岡啓二氏の「日本最初のドイツ語お雇い教師カデルリー（1827-1874）というひと：スイスの貧農の生まれ、傭兵、家庭教師、冒険旅行家、鉱物学教授」によれば、カデルリーは明治2年6月開成学校に採用されて大学南校、南校と名前を変えていった維新政府の洋学校でドイツ語を教えた。大学南校では、前園道・佐久間節・河井友輔・荒川文平・中村雄吉・司馬盈之等の多くのドイツ語教師を育てた。この教え子たちは教員履歴書に、カデルリーのことを、カートレエ、カドリー、カトリー、カデリーと表記している。カデルリーの日本滞在中の最大の功績は、522㌻の文法書を書いたことである。明治期のお雇い外国人教師で、本格的なドイツ語文法を執筆したのは、カデルリーだけである。カデルリー・ヤーコブは、1827年7月22日にスイスのカントン・ベルンの小村リンパハで生まれ、1874年12月31日にマルセイユで死去した。
楫取道明 **かとりみちあき**	台湾総督府雇員正五位、山口県華族、金鶏間祗候貴族院議員、男爵楫取素彦の二男、母美和子は吉田松陰の妹、兄は他家を継ぐ。明治14年内閣七等属に任じ、15年六等属、後内閣属に遷り従五位に、21年頃判任四等を以て秘書官付、28年台湾総督府教育部教官となり、奏任を以て月俸60円、29年1月1日台湾大屯山下八芝蘭に於て土匪の襲撃を受け重傷を負い13日特旨を以て正五位にのぼり、終に卒す（『明治過去帳』）。明治14年1月『太政官職員録』に「七等属、楫取道明、山口県士族、麹町区麹町平河町6丁目21番地」、15年9月の『太政官職員録』には「六等属」、17年12月『太政官職員録』に「五等属」とある。？～明治29年（1896）1月13日。

鐘ヶ江文英・鐘ヶ江晴朝

「東京寄留人名簿」の鐘ヶ江晴朝は、「第二大区二ノ小区愛宕下 東京病院寄留」とある。青山霊園の墓碑銘によれば、「鐘ヶ江晴朝長崎県士族也、小有気概好医術、明治二年遂抛家資学東京大学、其七年開業於宗十郎町、町人或貧困患病者為恤而療之、年率不下千人曾日医銭非吾志也、将天有所為焉明治十四年二月十四日罹病不起嗚呼 友人相良頼善 撰并書」晴朝は明治11年9月芝濱町二番地に日本初の芝浦海水浴場を開業し、妻録子に引継がれ繁盛した。録子は麹町区下六番町に仏語女学校を設立した。蒲原有明は幼少の頃鐘ヶ江録子経営の塩湯で健康になったと語っている。(『佐賀医人伝』)。峯源次郎日暦には墓碑銘に沿った晴朝の軌跡が読み取れる。慶応2年(1866)5月19日鐘ヶ江文英(後改晴明)と永松東海と峯の3人で話をする。12月19日罹説生理書を峯と鐘ヶ江が読む。明治2年4月21日鐘ヶ江は従軍して東行。8月9日渋谷先生(良次)宅で鐘ヶ江に会う。12月24日東京藩邸で鐘ヶ江に会う。3年1月2日愛宕山散歩、8月2日鐘ヶ江・大石(良乙)・峯で上野散歩。4年1月15日松隈・城島・池田・鐘ヶ江・峯が会す。5月3日留学に発つ峯が鐘ヶ江に告別。5年3月14日ヨングハンスを同伴した佐賀病院で鐘ヶ江は出迎える。8年1月15日～2月7日まで鐘ヶ江のところで峯は病を瘉す。4月26日永松と峯が鐘ヶ江を訪問。12月4日鐘ヶ江の為に秀島文圭と峯は由利の所へ行く。9年1月26日鐘ヶ江の招きで小宴、相良・永松・峯が参加。10年6月2日鐘ヶ江の為に渋谷良次を訪問。11年9月9日永松・鐘ヶ江・西牟田・城島・峯が松栄楼で会す。12年3月9日渋谷・相良・永松・鐘ヶ江・北島・峯は蒲田で観梅。13年9月1日峯は鐘ヶ江の往診を受けた。14年2月2日鐘ヶ江の急病の報を受け直ぐ行く疾病であった。2月4日鐘ヶ江へ行くと甚だ危篤。2月6日鐘ヶ江を訪問。16年3月11日峯は大隈三井子の為に故鐘ヶ江潮水浴へ行った。鐘ヶ江は、明治2年の従軍や、蒲原有明の話から須古鍋島家の家臣であったと考えられる。明治15年6月刊行の『内務省免許全国医師薬舗産婆一覧』29㌻に「内外科、履歴、免状番号857、長崎、鐘ヶ江晴朝」と記録されている。?～明治14年(1881)2月14日。

金子氏

元治2年(1865)3月17日、峯源次郎は山代郷波瀬(はぜ)に鯆(いるか)漁を見物に行き、久原(くばら：現伊万里市山代町久原)の金子氏宅に宿泊した(日暦)。山代町波瀬の海岸にある種ガ島頂上に大正10年(1921)12月30日の「いるか漁」を記念して建立された「鯇(いるか)大明神の碑」が現在も存在する。碑文は「時大正十年十二月三十日鯇大群来ル折シモ出漁中之任網四張ヲ以テ漁ス其数三三〇本価格一万二千円也依テ記念トシテ立之」建立者の網元は「波瀬浦山崎鹿吉、鳴石浦永島清七、畑津浦塚本豊助、畑津浦酒谷弥一」(『烏ん枕18号』17㌻)。

金武(金武良哲)

安政6年(1859)、好生館指南役(『佐賀医人伝』)。佐賀藩医業免札姓名簿は嘉永6年8月27日「111番、内・外科、山城殿家来故島本龍嘯門人、安房殿家来、金武良琢、42歳」。良琢が良哲を名乗るのは安政3年(1856)5月に改名を願出た後とある(『佐賀医人伝』)。良哲は嘉永6年(1853)に42歳なので1812年(文化9)生れと考えられるが、『佐賀医人伝』には文化8年(1811)生れ明治17年(1884)2月28日。享年74。とある。

加福機一→加福喜一(喜市)

長崎のオランダ通詞加福喜十郎の子。嘉永2年(1849)6月23日に、オランダ領バタフィアからスタート・ドルトレヒト号が入港し、牛痘の痘痂が到来した。楢林宗建は自分の三男建三郎、加福喜一、志筑清太郎の子の3人を出島に連れていき、6月26日に、オランダ商館医師モーニッケから接種を受けさせた。すると建三郎のみが善感したことが判明し、建三郎の腕の発疹から痘漿を採取し、モーニッケが加福喜一と志筑清太郎の子に接種したところ、善感した。その発疹から漿を採取し長崎通詞の他の子らへ接種し、さらに市中へ接種を開始した。こうして佐賀藩が求めた牛痘苗が定着した。佐賀藩医楢林宗建は8月4日に種痘児を連れて長崎を出発して8月6日に佐賀城下に到着した。まず藩医の子に接種し成功し、その発疹から痘漿を採取し、多久領主の子供らに接種した。8月22日、宗建は痘児の発疹から最も発疹が大きなものを選び、佐賀藩医大石良英に、藩主直正の子淳一郎(後の直大)へ接種させた。見事に成功したので藩医島田南嶺らが、淳一郎君から採取した痘苗(痘漿と痘痂)を江戸へ持参した。江戸では到着した痘苗を伊東玄朴ら藩医の子に接種して、善感した子供の発疹から、11月11日に藩主の娘貢姫へ、伊東玄朴が接種して成功した。こうして伊東玄朴から友人の蘭方医桑田立斎らへ、牛痘苗が分与され、種痘が江戸市中や全国に広がることになった(青木歳幸「天然痘と闘う小城藩の医師たち」『葉隠研究』92号)。『西洋医術伝来史』457㌻に、「楢林宗建は、六月下旬(6月26日か)に至り、三男建三郎の外に、蘭通詞加福喜十郎の児、蘭通詞志筑清太郎の児二人、一同合せて三児を伴いて、出島の蘭館に入った。そして、Dr.Otto Mohnikeは、是年舶来の痘痂を以て、三児の両膊に接種した」とある。『阿蘭陀通詞加福氏事略』39㌻にはドクトル・モウニケが接種した三児のうち、楢林宗建の三男「建三郎の右膊のみに萌生したのであった。更にその痘漿を以て他の二児に接種した。今度はいずれも美痘を発した。吉雄圭斎は、更にまた喜十郎の子喜市の痘漿を以て、内田九一及びその妹菊に接種した」。加福氏九代は喜一郎である。先に喜市といった人である。慶応4年9月23日、加福喜一郎は神奈川詰通詞となる。明治に入って喜一郎は妻ふさの妹婿、陽其二(唐通詞)と横浜で横浜毎日新聞を創めた。明治6年、渋沢栄一の勧奨により抄紙会社が設立され明治8年7月に開業し10月ようやく紙が生産された。喜一郎は渋沢に招かれ王子に入社した。喜一郎は明治36年5月5日に没した。逆算して弘化4年生まれである。墓は東京谷中。弘化4年(1847)～明治36年(1903)5月5日。享年57。

神山聞

「東京寄留人名簿」に神山聞(逸郎)の寄留先は有楽町3丁目2番地大隈重信邸である。大隈はここに明治5-6年に住んでいる。明治7年西村隼太郎編『官員録』27㌻大蔵省「記録寮三等、七等出仕、神山聞」、11年2月の『大蔵省職員録』174㌻「国債局一等属、神山聞、長崎県士族某附籍、神田元久右衛門町9番地」。13年11月『大蔵省職員録』の記載は「書記局受付課長・権少書記官正七位、神山聞、長崎県士族某附籍、西小川町1丁目8番地」この後の大蔵省職員録に名前は無い。明治9年8月、神山は大隈家湯治旅行に峯源次郎とともに先発している。同14年11月23日神山・牟田口(元學)・峯は大隈氏の書類整理をしたとある(日暦)。政変後下野した大隈重信の書類整理に神山聞・牟田口元學・峯源次郎の3人が従事している。早稲田大学図書館の古典籍データベースに、明治15年9月、神山は命を受け「明治初年以降信友諸公ヨリ寄贈ノ公私書簡」を伊呂波を以て類別し目録を作り名付けて「手東人名録」とした(イ14A5223)。

亀井捨吉

明治24年9月17日午後、峯源次郎のところへ談話に来た人(日暦)。

亀清 かめせい

柳橋の料亭。明治14年12月29日、伊万里銀行設立メンバーの代表松尾貞吉・石丸源左衛門と峯源次郎が会合した。峯の岳父も設立メンバーの一人であった。峯は大蔵省勤務ということもあり、伊万里銀行の諸問題解決の東京窓口として尽力した。例えば伊万里銀行初代頭取は第三十国立銀行からの人材派遣であったが、その交渉等に当たった。第三十国立銀行頭取は旧佐賀藩家令深川亮蔵である(日暦)。『新撰東京実地案内』に「貸席料理・柳橋亀清(かめせい)」とある。

蒲地駒三郎

明治24年12月峯源次郎が帰郷の挨拶をした有田の人物(日暦)。

蒲原忠蔵

肥前杵島郡須古堤村に生れる。築城の術を専修し大木喬任の知る所となる。明治6年3月工部省に出仕、後司法文部其他各省の勅任書記官を歴任、24年8月官を辞め、茶儀挿花を以て余生を楽しむ、就いて学ぶ者多し(『佐賀県歴史人名辞典』)。明治2年藩政改革に伴い、諸家白石・川久保・久保田・村田・諫早・武雄・多久・須古・神埼・神代・深堀の11兵団が編成された。各団に代表人が決められたが、蒲原忠蔵は須古の代表人である(『鍋島直正公傳』6篇464㌻)。「東京寄留人名簿」によれば、蒲原忠蔵は、「西久保巴町十番地石川要蔵方寄留」である。『佐賀の文学』によれば、忠蔵は杵島郡須古村の南氏の出であるが、蒲原家の株を買って武士の身分を取得し、維新後は大木喬任に従い兵部省、工部省を経て司法省で営繕を担当。その後文部省に転じて書記官に進む。忠蔵の妻子は郷里に在住し、隼雄(有明)の生母は忠蔵の東京妻とも言うべき西久保巴町の石川ツネであった(449㌻)。国立公文書館の記録によれば、明治10年7月司法二等属蒲原忠蔵は営繕掛の功績により司法卿大木喬任より賞誉金200円を賜る。16年10月司法一等属蒲原忠蔵は司法権少書記官に昇任、司法卿大木喬任。明治17年12月文部権少書記官に転任。21年12月非職元文部権少書記官正七位蒲原忠蔵は文部書記官叙奏任四等に上奏され、12月13日任命された。『江藤南白下』には、大木喬任実話が次のようにある「江藤が行方不明との報告を得て、予は当時司法省調度課長蒲原忠蔵(蒲原は素封家で、維新前、南白及び大木が常に援助を受け居たる家)に、屈強の壮丁五六人を附し、江藤を見れば否応なく捕縛すべしとの命を含め横浜に急行せしめた」蒲原一行が横浜に着いた時は江藤の乗り込んだ汽船が抜錨した後であった(662㌻)。天保元年(1830)4月1日～明治38年(1905)11月6日。享年76。

蒲原鎌三郎(蒲原隼雄)

蒲原有明は東京府麹町隼町8番地に生れ、町名にちなみ隼雄(はやお)と命名された。幼少期から物質的には不自由ないが、、愛情には恵まれない環境下に育った。年少から詩歌に心ひかれる早熟な感性を示したが、同時に養生先で世話になった同郷の医師の未亡人、カトリック信者鐘ヶ江夫人から精神生活上の深い感化を受けた(『佐賀の文学』449㌻)。本籍地は佐賀県杵島郡須古村、生母ツネは内縁関係で、有明が8歳のとき不縁となり、郷里から呼び寄せられた異母姉ケサに育てられた、平河小学校、東京府尋常中学校(現日比谷高校)を経て第一高等学校を受験するが失敗、受験勉強のため国民英学会へ進む、初めて父祖の地を明治28年4月

	徴兵検査を受けるため訪れた、30年２月まで義兄の六角村郵便局を手伝いながら、日本三大歌垣山の一つである杵島山近郊に住み古事記・日本書紀・風土記・万葉集に親しみ詩嚢をふくらませた、32年ごろからイギリスのロセッティの詩に傾倒しイタリアのソネット形式に倣った詩を発表、34年『明星』に発表、37年白馬会展覧会で青木繁の「海の幸」に感動し青木と親交を結ぶ、38年『春鳥集』刊行、41年『有明集』で象徴詩手法を確立し、薄田泣菫と並び称賛された、ただ、時代は自然主義の流れに向かっていた。昭和23年日本芸術院会員、34年有田陶磁美術館に「有田皿山にて」の詩碑建立、墓は賢崇寺（佐賀県人名辞典）。蒲原有明の幼名は隼雄なのだが峯源次郎は鉾三郎と書いている。明治８年（1875）３月15日～昭和27年（1952）２月３日。享年78。
河井鏻蔵	明治16年４月『大蔵省職員録』181㌻「国債局御用掛、准判任、河井鏻蔵、茨城県士族、本郷区森川町１番地」、18年６月『大蔵省職員録』64㌻「国債局御用掛、茨城県士族、本郷区森川町１番地」とある。本郷森川町１番地は鈴木敬作の住所と同じである。明治14年11月河井庫太郎編『日本地学辞書』を鈴木啓作と共に出版した（国会図書館サーチ）。
川上素六郎⇔ 大橋素六郎	大橋素六郎の欄で解説している。
川崎	万延２年（1861）２月17日峯完一・峯源次郎兄弟が参加した扶氏経験遺訓読会の会員（日暦）。
川崎	文久２年（1862）１月18日、峯源次郎が訪問した人物（日暦）。
川崎幽準	北海道立公文書館の開拓使簿書に「鹿児島県、川崎幽準、二十四才、貳拾両、右人御採用有之度奉存候也、壬申（明治５年）渋谷良次」（5716-72）。明治９年12月『開拓使職員録』に「十一等出仕、川崎幽準、鹿児島県士族」。15年６月『内務省免許全国医師薬舗産婆一覧』カ部29㌻に「内外科、鹿児島、免状番号692、川崎幽準」、明治18年５月『海軍省職員録』軍事部軍楽隊付、少軍医正八位、川崎幽準、鹿児島県士族、芝区三田小山長６番地」、同年11月には「横須賀海軍病院治療課、少軍医正八位、川崎幽準、鹿児島県士族、横須賀深田村、225番地」。明治27年６月１日「後備被仰付、海軍大軍医、川崎幽準」（官報3276号）。
川田剛 かわだごう	宮中顧問官、貴族院議員、従三位勲四等、文学博士、岡山県士族、旧備中高梁藩士、初諱は資剛、甕江と号し天保元年６月松山に生れる。山田方谷の門に入り漢学を以て名あり、明治戊辰の変身を挺して藩運を全からしめ、明治３年大学少博士に任じ正七位に叙し、東京府に転籍、９年頃正六位を以て修史局一等修撰たり、10年修史局一等編修官、従五位。次て東京学士会院会員に、15年宮内省四等出仕、17年９月11日東京大学教授を兼ね、18年11月19日勲六等に叙し単光旭日章を賜う。後非職となり、21年６月７日文学博士の学位を得る。22年１月８日諸陵頭に任じ、29年２月２日病死（『明治過去帳』）。12年11月『太政官職員録』に「修史館、一等編修官、従五位、川田剛、東京府士族、牛込区若宮町37番地」とある。天保元年（1830）６月～明治29年（1896）２月２日。享年67。
河田丞	明治12年12月７日午後、峯源次郎を訪ねた人物（日暦）。
河原	明治５年２月23日、峯源次郎が横浜の三河屋で邂逅した人物（日暦）。
川原氏（川原慶次）	有田皿山川原家は、14代川原忠次郎が13代に先立ち明治22年１月26日に逝去し、次いで13代善八が22年10月29日に死去したため、横尾謙吾の長男慶次が15代となった。しかし26年５月に死去した（『葉隠研究』85号91～92㌻）。
川原謙吾⇔横尾謙	有田皿山で酒造業と柞灰（釉薬原料）の鑑札を持ち貸窯も所有する大樽の川原家12代川原善之助清の二男、母は金ヶ江徳兵衛有隣娘ます、幼名謙吾、字が子益、介石と号した。士分株横尾家を取得して横尾謙と名乗る。謙吾は兄善八や弟忠次郎と共に谷口藍田に学び、安政５年（1858）11月25日緒方洪庵の適塾に入門。文久３年５月６日28歳の謙吾から20歳の峯源次郎はオランダ語辞書を７両で購入している。上京して東校に通う源次郎は明治３年１月22日、麻布鹿島藩邸で横尾謙吾に邂逅。明治10年11月６日神戸で横尾謙吾に招かれている。『肥前陶磁史考』は横尾謙の有田への帰郷を明治17・18年頃という。帰郷後の謙吾は『日本陶器史』（谷口藍田序文）、『有田陶業史』を著し、20年９月佐賀県陶磁器業組合取締人に選出され、22年には輸出陶磁器の課税法に配慮を願う建白書を元老院に提出。明治26年12月有田町長に選出され、明治32年にも再度有田町長となる。二男寿雄が継いだ川原家は36年に倒産、その２年後謙吾は没した（『葉隠研究』85号84～93㌻）。天保７年（1836）10月３日～明治39年（1906）９月25日。享年71。
川原善助⇔ 十二代川原善之助	峯源次郎の冠父、幕末の有田皿山で酒造業と柞灰（釉薬原料）の鑑札を持ち貸窯も所有し、古酒場（ふっさかば）と呼ばれ大樽（おおだる）の川原家は「有田十唱（数え歌）」に「十徳は黙斎（川原古酒場の祖茶人常に十徳を着す）と謳われた10代川原善右衛門（諱源・号黙斎）の代に最も栄えた。12代善之助の祖父である。峯源次郎の父親静軒は、有田皿山で有数の商人であり和歌・俳句・茶道・華道・筑紫箏に熱心な川原家当主を源次郎の冠父に恃んだのである。冠父とは兵児親のこと。（有田地方では兵児親の慣習があり、身分も地位も高い人を頼み兵児親になってもらい、兵児親は白羽二重の兵児帯を贈り誕生日には食事を共にし、子の方は盆暮の贈り物をした）。源次郎の冠父、川原家12代善助は文久２年７月没した。ヨーロッパの近代的窯業を学んできた12代の四男忠次郎が、明治22年１月26日に13代よりも先に死去するに至り、川原家は一気に翳りを帯び、謙吾の長男、二男とその跡を継いだが明治36年、とうとう川原家は倒産した。14代忠次郎は明治６年オーストリア万国博覧会に参加して石膏型や上絵付けの新技術やフランスのリモージュから機械ろくろを導入した。しかしながら忠次郎に逆風が重なり自身も病に倒れてしまう。時代を先取りした川原忠次郎（嘉永２年：1849～明治22年：1889）の功績は薄れ、川原家の文化的遺産も残ることは叶わなかった（『葉隠研究85号』84～93㌻）。？～文久２（1862）年７月。
川原氏 （十三代川原善八）	有田皿山古酒場川原家13代川原善八は、12代川原善之助清の長男で、天保６年生れ明治22年10月29日卒、初め善右衛門、諱速、字伯詢、号桃塢。弟に謙吾（後に横尾謙吾）、源之助（後に松本源之助）、川原忠次郎、権一（武田権一）がある（『葉隠研究』85号87～92㌻）。
川原田喜七	明治10年10月30日、峯源次郎と佐賀まで同行した平戸の人物（日暦）。
河村昌當	明治22年11月23日、渋谷（良次）・永松（東海）・西（成政）と峯源次郎宅を訪れた人物（日暦）。
革屋	東京九段坂。明治15年３月18日、春蘭の例会会場（日暦）。
冠屋	安政２年（1855）11月12日、早岐（現佐世保市早岐）存在した屋号（日暦）。
喜一（松本機一）	山代郷楠久の父松本与右衛門・母川久保氏の子として誕生、伊万里外祖父一番ヶ瀬家に寓し再従兄中村鼎山に学ぶ。長じて草場佩川・草場船山・谷口藍田に学び、西在三郎・広瀬淡窓・藤澤昌蔵・安積艮斎・藤森弘庵と歴遊して安政５年(1858) 川内野村川久保家に入る。万延元年（1860）副島新右衛門・花房三柳の二家に寓し雅箏・茶儀を学ぶ。文久元年(1861) 川内野に開塾、今泉千秋と交流する。明治３年（1870）伊万里に開塾、７年伊万里小学校開設にともない草場船山と共に教育に従事、家族が書店盛観堂を営む。10年「類題白縫集八編」巻之下雑部に川窪永康の名で和歌一首、12年一番ヶ瀬富助と図り大阪と博多の定期航路を開く、16年家塾名を嚶鳴社から淳古館とする。17年大阪に淳古館を移す、妻駒子の父五郎川八太夫信陽が盛観堂を継ぐ、19年神戸へ移る、25年京都へ移る、29年「伊万里歳時記」に序文を書く。33年神戸、42年大阪府西成郡鷺村にて没、享年76。明治42年門人によって伊万里公園（現伊万里神社隣）に豫章先生表徳碑が建立された。先生の姓は川久保、諱永康、通称雄平、字公民、号豫章。(『葉隠研究86号』111㌻)。天保５年(1834) ４月17日～明治42年(1909) ２月14日、享年76。
キーリング Keeling, Wallace Edward Lloyd	国籍イギリス、年齢は明治６年当時25歳、①第一大学区第一番中学校（６年２月１日-７月31日)。②静岡県下農江原素六外１名（６年12月１日-７年６月１日)。③④東京府華族本庄宗武（９年３月-６ヶ月、継続９年９月１日-10年２月28日)。⑤東京士族村上要信（10年２月７日より６ヶ月10年６月９日解雇)。⑥第四大区二小区今川町小路２丁目17番地士族笹田政治（成立学舎：10年12月３日-11年５月２日)。⑦芝新銭座町６番地三重県士族近藤真琴（10年４月１日-６月30日継続10年７月１日-12月31日)。⑧第二大区八小区芝新堀町５番地岐阜県士族千村五郎（同文社：11年２月１日-７月30日、11年８月１日-12年１月30日)。⑨第四大区一小区表神保町３番地静岡県士族鈴木重成、千村五郎、笹田政治（訓蒙学舎：11年５月８日-５月31日、６月８日-７月７日、７月８日-８月７日)。⑩三田２丁目番福沢諭吉（12年３月１日-７月31日、９月11日-12月25日)。⑪下６番町38番地東京士族奥山鉱吉（12年６月１日-11月)。職種①教師②英学化学教師③④英語学⑤⑦⑧⑨英語学教師⑥⑩⑪英学教師。月給①200円②80円③生徒１名に付１円25銭⑤生徒１名に付１円⑥生徒１名に付75銭⑦15円⑧⑩30円⑨⑪10円（『資料お雇外国人』)。峯源次郎日暦にキーリングが記録される

	のは明治11年9月3日である。この時期キーリングは千村五郎に月給30円で雇われ同文社の英語学教師をしており、その場所は芝公園地第91号岳蓮社内であった。峯は「芝山内岳蓮社にキーリングを訪ね、夕方に再訪した」と書いている。1848年～？。出典①太二②外二③⑤～⑪外三④外九
儀右衛門	安政4年（1857）5月26日、峯静軒を訪ねて来た楠久（現伊万里市山代町楠久）の人物（日暦）。
菊⇔姉（徳久菊）	徳久菊の欄で解説している。
菊池宗菴・菊池篤忠	小城藩藩医菊池宗垣の二男、菊池家の源流は肥後の菊池氏で、37代武利が佐賀城下伊勢町に初めて医業を始め元禄12年（1699）38代武治は鍋島元武に小城藩医として召し抱えられ菊池長庵（宗円）と改称し小城新小路に屋敷を賜った。42代が宗垣で、43代が宗庵（篤忠）である。篤忠は文久2年4月好生館に入門し、峯源次郎・城島元長（陳善）らと交友、明治2年大学東校に入り、3年大阪府医学校が大学管轄移行の際、岩佐純・林洞海に従い相良元貞・永松東海・副島仲謙とともに下阪した、篤忠は舎長となり、エルメンスやボードインに師事した。5年東校に復帰してミュレルの助手となる。間もなく米沢の置賜県病院長に招聘された、7年佐賀の乱勃発の報に辞職して大阪まで来たとき、動乱は終息していた、北区堂島船大工町に開業したが、意を決し陸軍軍医となる。熊本・豊橋・広島と歴任累進して第四師団（大阪）軍医部長となったとき、大阪を第二の故郷と決め、明治32年北区絹笠町の旧小城藩藩邸跡に「回生病院」を建てた、回生は菊池家の屋号「回生堂」に由来し、院是を「一視同仁・博愛慈善」と掲げた。郷里小城町発展のため生業奨励資金1万円を寄付、千葉公園を寄贈、小城中学校・桜岡小学校・小城高等女学校に高額金品の寄付を繰り返した。享年80。墓は大阪市設南霊園（『佐賀医人伝』）。峯源次郎は菊池の名前篤忠（あつただ）を間違えて忠篤と書いている。明治15年6月『内務省免許全国医師薬舗産婆一覧』87㌻に「内外科、履歴、免状番号739、長崎、菊地（池）篤忠」とある。弘化2年（1845）9月25日～大正13年（1924）9月22日。享年80。
菊地大麓 きくちだいろく	津山藩士箕作秋坪二男、文学博士箕作元八の兄、男爵箕作佳吉は甥、医学博士呉秀三は従兄弟、明治10年菊地家を再興した。開成学校に学び、ケンブリッジ大学留学を命じられ、帰朝後、東京帝大理科大学教授となり、その後理科部長、理科学長、文部省専門学務局長、文部次官、大学総長、文部大臣、京大総長を歴任、帝国学士院長、枢密顧問官、35年には男爵を授与された。二女たみは美濃部達吉の妻（『大正過去帳』）。安政2年（1855）3月17日～大正6年（1917）8月19日。享年63。
菊地晩節	北海道立公文書館の開拓使簿書に「岩手県士族、菊地晩節、十三等出仕申付候事、壬申（明治5年）六月七日、開拓使」(5716-5)。明治15年6月の『内務省免許全国医師薬舗産婆一覧』89㌻に「内外科、履歴、免状番号1134、岩手県、菊地晩節」。明治31年8月『帝国医籍宝鑑』246㌻に北海道開業医として「菊地晩節、札幌区南二条西六丁目」とある。
菊亭修季 きくていゆきすえ	貴族院議員従二位勲四等侯爵故従一位鷹司輔廣煕公の末子、安政四年五月六日京都今出川に生れ、世々琵琶の道を伝授、明治3年御召により東上、6年3月家職として預かりたる琵琶二面を奉還し、11年北海道に渡航、開墾に従い12年3月開拓使御用掛となり、15年3月従四位を以て農商務省農務局准奏任御用掛に転じ月俸60円、17年7月侯爵を授けられ札幌農工事務所副長、24年2月18日北海道庁貫属、38年春立憲政友会幹事長となり、10月チブスに罹り8日赤坂区氷川町8の自邸に薨ず（『明治過去帳』）。明治12年4月『開拓使職員録』に「御用掛、従四位、菊亭修季、東京府華族」、13年4月には「御用掛、准判任官、従四位、、菊亭修季、東京府華族」。安政4年（1857）5月6日～明治38年（1905）10月8日。享年49。
岸田永命	『角川日本地名大辞典41佐賀県』には唐津藩領佐志村の項に、「江戸末期の大庄屋は岸田氏で、藩政期最後の大庄屋は岸田永命」（328㌻）とある。「峯源次郎日暦」には安政5年12月12日、峯静軒が門生小川仲栄を黒川（現伊万里市黒川町）の岸田永命の所へ使いを命じる。同6年2月22日、黒川里正（村長）岸田永命の末の子が名古屋（名護屋）城跡之図を持参して貸してくれた。同7年2月3日、岸田永命の末の子が来訪している（日暦）。
北島	明治5年8月14日、峯源次郎・秀島文圭・西牟田と酒を飲み、12年3月9日に佐賀出身の医師渋谷・相良・永松・鐘ヶ江・峯らと蒲田に観梅に出かけた。北島常泰カ（日暦）。
北島源吾	赤絵屋名代札16軒の1軒、赤絵町、北島家五代目にて前名は榮助、俳名は松巨（『肥前陶磁史考』523㌻）。肥州御国産陶器荷主（文久4年2月）に、肥州有田赤絵町荷主、北嶋源吾（『伊万里焼流通史の研究』321㌻）。？～慶応4年（1868）4月26日。
北島常泰	「東京寄留人名簿」に北島は「第二大区二小区今入町三十三番地寄留」とある。国立公文書館アジア歴史資料センターアーカイブで「北島常泰」を検索すると明治14年から明治20年の間に北島が発行した診断書が確認できる。住所は明治14年から東京芝区今入町十番地で20年10月4日まで変更していない。また、国立公文書館アーカイブには、佐賀県士族北島常泰妹北島以登（32歳2月）の履歴書が鍋島直大によって明治16年10月18日に宮内卿徳大寺實則宛に提出されている、以登は明治3年から鍋島家の直大長女付き添として務め始め、7年英国へ11年佛國へ13年伊国へと直大の洋行に従い、語学も修得し、諸礼式にも詳しく今般宮内省御用掛として准奏任官として年俸千円で奉職するという内容である。峯源次郎日暦には明治16年11月3日東京在住の好生館出身の医師たちで神奈川の川和村に菊見物に訪れている。『佐賀医人伝』の北島泰順に繋がる家なのか不明、明治11年6月、松隈元南没後建立された墓碑に東京寄留医師13人の一人として北島常泰の名は永松東海の次に刻されている（『佐賀医人伝』）。明治17年『内務省免許全国医師薬舗産婆一覧』34㌻に北島常泰は、「内外科、履歴、免状番号4860、佐賀」。明治18年の『東京府内区郡分医師住所一覧』35㌻の住所は「芝区今入町10番地」。明治22年の『日本医籍』14㌻には芝区「今入町北島常泰」とあるが、明治31年8月の『帝国医籍宝鑑』に北島の記載は無い。
北畠氏	明治13年1月1日、明治22年1月19日、峯源次郎が新年の挨拶をした人物、北畠治房カ（日暦）。
北畠治房	明治21年12月に作成された控訴院評定官従四位北畠治房の履歴書は、「奈良県士族、元中宮寺宮臣、旧名四郎、天保4年正月生、明治5年3月中議生、4月正七位、6月司法省七等出仕、8月司法権少判事、6年1月司法少判事、2月従六位、7年1月権中判事、2月正六位、8年5月五等判事、9年4月四等判事、5月従五位、10年6月四等判事以下四級判事補迄被廃四等官相当年俸二千四百円、13年1月年俸三千円、3月勅任年俸三千後百円、7月正五位、14年11月22日依願免本官、20年9月東京控訴院検事長勅任官二等中級俸、9月従四位、12月控訴院評定官勅任二等中級俸」（官吏進退・叙勲任A00190100）。その後22年12月大審院民事局詰、23年10月賜上級俸、24年5月勅任官一等賜下級俸、31年休職判事従三位勲二等男爵から三位叙、41年6月休職判事男爵北畠治房退職（国立公文書館）。天保4年（1833）1月1日～大正10年（1921）5月4日。享年89。
北原助吉	万延2年（1861）2月3日、峯源次郎の兄完一に入門した山代鳴石（やましろなるいし：現伊万里市山代町鳴石）の人物、親は加賀守（小城藩主）殿家来田尻監物被官北原範治と考えられる。北原範治は佐賀藩医業免札姓名簿に「503番、内科、加賀守殿家来亡川久保俊策門人、安政3年辰6月19日、44歳」とあるので、北原範治は文化10年（1813）生れである。
木塚英仙	佐賀藩「医業免札姓名簿」の419番目に、「安政2年5月21日、内科、肥後藩深水玄門門人、甲斐守（蓮池藩主）家来、木塚英仙、56歳」とある。寛政12年（1800）生れである。
鬼頭悌二郎 きとうていじろう	新潟県士族鬼頭少山の長男、明治7年大蔵省翻訳局生徒となる。8年大蔵省十三等出仕、10年八等属、14年農商務五等属、15年四等属、後農商務省参事官に任じ20年3月従七位叙し奏任五等中、21年ニューヨーク副領事、24年12月領事に進み、バンクーバー在勤、27年退官、享年40（『明治過去帳』）。明治11年2月の『大蔵省職員録』15㌻に「八等属、鬼頭悌次郎、新潟県士族、谷中日暮里村53番地」、明治12年2月『大蔵省職員録』では七等属に昇格して住所は北豊島郡日暮里村53番地から変更なし。峯源次郎日暦に十年ぶりに鬼頭の名前があがるのは明治22年6月3日、「紐育副領事に赴任する送別会」会場の柳橋柳光亭へ赴いた記事である。峯源次郎日暦の明治12年9月20日と13年1月11日に、峯は鬼頭と向島に遊んでいる。『大隈重信関係文書4』に大隈重信宛鬼頭悌二郎差出書簡が4通収まる。明治23年12月12日付に「相良君は一両日前も鳥渡紐育に相見へ候所」とある。この相良君とは大隈重信の甥相良剛造の息子相良大八郎と考えられる。安政2年（1855）～明治27年（1894）5月9日。享年40。
衣笠豪谷 きぬがさごうこく	『明治過去帳』によれば、元農商務属、画家、岡山県備中倉敷大橋弥一の男で母は衣笠氏、書画を善くし著述を好む慶応3年讀課餘録を著し、江戸に出て、銃・書・詩を学び、明治7年征蕃の役後清国に遊学、9年勧農局に勤めて孵卵を掌り、清国様式孵卵図解を著す、12年内務省准判任御用掛として勧農局に在勤月給30円、14年農商務5等属に移り農務局詰となりしばしば天顔に咫尺して揮毫を蒙る、21年頃判任3等を以て農商務大臣官房に在り2等に進む、25年辞官。東京牛込中町の寓居で病没享年48、谷中に葬

	る。「倉敷市立美術館HPアーティストリスト」によれば、備中の景勝地・豪渓にちなんで豪谷と号した。詩画を勤王画家石川晃山に学ぶ、その後江戸に出て書を市川萬庵に、詩を大沼枕山に、画を佐竹永海・松山延洲に学び、京都では中西耕石を訪ね画の研究を重ねた。1873年絵画研究の為清国に渡ったが、養鶏に興味を持ちその勉強に熱中、1876年帰国し勧農局、内務省、農商務省に勤務、一方『清国様式孵卵図解』を著し新しい孵卵法の普及につとめた。また、耐火煉瓦の研究、水蜜桃の栽培など大陸の産業を我国に移植することにも力を注いだ。1881年第二回内国勧業博覧会に「豪渓ノ真景」「花卉禽鳥ノ図」を出品、1882年絵画共進会では漢画南宗派の部門で褒状を受ける。退官後は南画制作に励み山水画を得意とした（「前田正名の「上州出張記憶書」と「卑見」」）。嘉永３年（1850）７月～明治30年（1897）４月26日。享年48。
木下愛三郎	安政６年（1859）９月18日、谷口藍田塾で酒宴に参加した谷口の親戚（日暦）。
木下栄三郎	万延元年（1860）10月３日、曲川村黒川（まがりかわむらくろごう：現西松浦郡有田町黒川）の眼科開業医。谷口藍田の妻の父木下一普の子孫で峯家と親交する。元治元年６月22日、前田子義と岩栗川で納涼、慶応３年１月７日に木下蘭次郎を連れて来て泊る。同４年２月11日には藤山柳軒の家で詩作を楽しんでいる（日暦）。
木下熊三郎	明治17年８月、谷口復四郎に金を貸そうとした人物、同年11月５日、復四郎は借金することはできなかった（日暦）。
木下謙一・木下梅軒⇔秋永梅軒	秋永梅軒の欄で解説している。
木下子謙	慶応元年４月23日峯源次郎は駒太郎と共に原明の木下子謙を訪ねた（日暦）。
木下蘭次郎⇔秋永蘭次郎	秋永蘭次郎欄で解説している。
喜八	安政５年（1858）１月８日、峯静軒を訪ねた人物、10日に辞去した大島の人物（日暦）。
木原	文久元年（1861）２月17日、峯完一・峯源次郎兄弟が参加した扶氏経験遺訓会会員の一人（日暦）。
教法寺	現伊万里市立花町西円蔵寺、宗派浄土真宗本願寺派、本尊阿弥陀如来、開基釋祐玄法師。慶長13年（1608）藩祖鍋島直茂は伊万里湾の長浜と瀬戸に塩浜築立を計画し、成冨兵庫茂安に起工を命じ、筑前黒田藩領姪浜から多数の製塩技術者・工事従事者を移住させた。祐玄法師は自ら志願して姪浜の人たちと共に移住した。このとき神社と寺院が建てられ新村民のよりどころとなった。この寺が教法寺の始まりといわれる。二ヶ所の塩浜は湾の対岸にあるが陸路は８㌔余もあるので、寺は瀬戸・長浜にそれぞれ建てられた。その後伊万里下町に一寺が建てられた。しかし宝永３年（1706）伊万里町の大火にみまわれ、堂宇および第四代住職までの記録は焼失した。大火の後、西円蔵寺の現在地に移転、現在の本堂は明治９年に新築再興された（『伊万里市史』民俗・生活・宗教編）。
玉泉堂	明治19年９月18日、峯源次郎が大蔵省の同僚と囲碁を楽しんだ所。同年12月28日には御用納の後同僚と残業をした所。明治23年６月28日と11月22日詩会に赴いた所である（日暦）。
玉泉楼	明治15年２月25日、峯源次郎が渋谷（良次）先生等と会合した虎ノ門の店（日暦）。
桐原真節	東京大学医学部教授兼第一医院長正六位、静岡県士族、信濃国筑摩郡里山邊村出身、父は花岡吉次郎。17歳のとき江戸に出て桐原鳳卿に師事。また林洞海、大倉益次郎、坪井信道について刻苦勉励、22歳で桐原鳳卿の養子となり、娘と結婚。松本良順に従い長崎に赴き蘭医の指導を受ける。慶応元年27歳、江戸に戻り医学所教授となる。明治２年永松良侶（東海）等と大学中助教に任じ、解剖学を講義、５年頃文部省七等出仕、10年東京大学医学部四等教授、14年頃東京大学教授となり、従六位に叙し、15年11月花岡姓に復す。第一医院の管理も兼務し17年正六位にのぼる。胃病に罹り本郷駒込の私邸に没す、享年46（『明治過去帳』）。明治４年『袖珍官員録』81㌻「文部省、大助教、桐原真節」とある。明治18年『東京府内区郡分医師住所一覧』58㌻、本郷区内外科医師の部に「駒込東片町152番地、奉職履歴、花岡真節」とある。天保10年（1839）８月28日～明治17年（1884）10月７日。享年46。
金三穂	明治５年６月『官員全書改開拓使』に「開拓使掌、金三穂」とある。明治７年２月26日峯源次郎は金三穂と国雅（和歌）会に結城國足の家に行く。同年３月１日には会場が村上貴正の家になり、金三穂も出席した。国会図書館サーチによれば、開拓使編輯課権少主典金三穂は「蝦夷産業圖説」巻ノ１-３、巻ノ４-５、巻ノ６-７を明治８年に著している（北海道立文書館蔵）。
草場船山 くさばせんざん	父佩川、母仁志、多久村這川（現多久市多久町西町）に生れる、東原庠舎に学び天保８年東原庠舎の教官となる、12年領主多久茂族の命で江戸遊学し古賀侗庵に学ぶ、15年帰国後東原庠舎の教諭となり、嘉永４年家塾・千山楼を開く。安政２年領主の内命で江戸・大坂・京都へ遊学し翌３年帰国、４年東原庠舎教授となる。明治３年対州藩の要請で田代塾（現鳥栖市）を開き、５年大川野（現伊万里市大川町）、６年伊万里に小学校を開設、９年京都東西本願寺の要請で漢学を講義、私塾・敬塾を開いた。藤山雷太、川原茂輔ら多くの人材を育成した。学生それぞれに応じて教育し敬慕された。交遊も頼三樹三郎、その兄又次郎、江木鰐水、篠崎小竹、阪谷朗廬らと広かった。17年朝鮮東学党の乱で日本に亡命した党員のひとりを京都府知事の要請で預かった。朝鮮独立党の指導者金玉均も船山を訪ねている。父佩川同様詩書画に優れ多くの作品を遺した（佐賀県人名辞典）。文政２年（1819）７月９日～明治20年（1887）１月16日。享年69。
草場佩川 くさばはいせん	父は多久家家臣草場泰虎、８歳で東原庠舎に入学、15歳で東原庠舎の指南補佐、16歳で指南役となり、文化元年18歳で弘道館へ入学、古賀穀堂に学び穀堂から「珮川」の号を授かった。６年多久領主多久茂鄰に随行し江戸へ行き穀堂の父古賀精里に入門した。８年朝鮮通信使が来日すると接待役精里に随行して対馬へ赴く。帰郷後東原庠舎の教職に復帰し11年教授、安政２年69歳で幕府から昌平黌へ招聘されるも辞退、６年に弘道館教授となった。文久元年隠居。漢学者でありながら武道・雅楽・詩・書画にも優れ生涯で二万点以上の漢詩やおびただしい書画を遺した。また有能な役人でもあり、８代領主多久茂孝、９代茂鄰、10代茂澄、11代茂族に仕えた。人柄は外柔内剛、廣瀬淡窓や頼山陽をはじめ全国各地の学者と交流した。藩主直正の信頼も厚く支藩、御親類、御親類同格の各家の伴読を務めたほか藩内の教導所を回り一般庶民への講義も積極的に行なった（佐賀県人名辞典）。天明７年（1787）～慶応３年（1867）10月29日。享年81。
國三郎	明治５年３月19日、一時帰郷した峯源次郎を招いた近隣の人物（日暦）。
國武	明治22年１月19日、峯源次郎が新年の挨拶をした人物（日暦）。
久布白宗碩 **（久布白勝太）**	佐賀本藩石井家に生れ幼くして鹿島の医師久布白庚斎の養子となった。幼名を良作、長じて勝太、兼徳、桜外と号す。養父庚斎は京都の賀川流産科を学び、幕末における鹿島の唯一の産婦人科医であった。彼は郷医と呼ばれる村医者で地域医療に従事し藩にたびたび莫大な寄付をしたので士分に取り立てられた。勝太は初め江戸で医術を学びさらに京都・長崎などで医学を修め当時広がってきた西洋医学を学んだ（『佐賀医人伝』）。峯源次郎日暦の勝太は、慶応３年（1867）８月29日「鹿島医生久布白宗碩」として好生館の峯を訪れ、明治３年（1870）１月３日から６月まで嗽石もしくは勝太の名で連日のように日歴に出ている。そして突然８月５日「久布白帰郷」とある。峯家文書の「相良知安を語った峯源次郎聞書き」によれば、相良氏は豪放というか将又無頓着と言うべきか一向に役所には出勤せず家にばかり居られ、役所の事務は鹿児島県人の森助之助（上席）と佐賀人の久布白嗽石に任せてあった。だが森と久布白は仲が悪く互に過失を見出し排斥しようと企てていた。図らずも久布白の違反事件が森よりあばき出され累が相良氏に及び、賠償金四百円を払った上に、二ヶ年間牢獄の人となった（峯直之所蔵「峯源次郎聞書き綴」）。明治22年『日本医籍』には「佐賀県藤津郡高津原村、久布白勝太」。大正14年８月の『日本医籍録』佐賀県16㌻に「久布白兼徳、鹿島町高津原、産婦人科久布白医院、安政４年１月１日生、従来開業明治26年、登録番号5891号、19年現地移転県医師会評議員、九州医学会委員、日本医師会代議員、郡医師会長、趣味銃猟」と記載されている。安政４年（1857）１月１日～昭和19年（1944）４月２日。享年88。
久保栄哉	峯源次郎日暦の文久元年10月８日、好生館で久保栄哉は上村元儒・鶴崎良規・峯源次郎と和蘭文典前編を読んでいる。明治８年好生館の「譯書寄宿生、久保栄哉」（『佐賀県教育史第１』880㌻）。明治31年８月刊行『帝国医籍宝鑑』従来開業医608㌻に「久保栄哉、小城郡長尾村」とあり、「明治42年12月刊行『日本杏林要覧』1265㌻、長崎県南高来郡に「（明治）17年４月、佐賀士族、弘化二年生、南串山村1460」とある。弘化２年（1845）～？。

久保三圭	文久元年（1861）10月22日、和蘭文典前編読会参加者（日暦）。
熊一	安政６年９月27日と万延元年１月６日、有田谷口藍田塾の塾生（日暦）。
熊崎	明治16年９月30日日曜日朝、峯源次郎は、麻布富士見町の、同僚熊崎を訪ねた熊崎寛良カ（日暦）。
熊崎寛良	明治16年10月16日、熊崎寛良は峯源次郎を訪問した（日暦）。アジア歴史資料センターの公文録によれば、明治10年（1877）３月29日付熊崎寛良譯、栗本貞次郎校「維也納（ウィーン）領事館設立の儀」上申書（B15100748600）が綴られ、15年12月29日、佛国公使館在勤外務書記生熊本寛良はフランス政府より五等勲章を受けている（B18010182300）。24年６月には在佛国里昂（リヨン）領事代理である（B16080075800）。明治10年５月の『外務省職員録』に「八等属、熊崎寛良、愛媛県平民」とある。明治31年９月19日没す。
熊本庸太郎	明治19年７月『大蔵省職員録』12㌻に「属四等、熊本庸太郎、長崎県平民、北豊島郡金杉村37番地」。明治23年内閣官報局編『職員録甲』48㌻に「総務局属三等下、熊本庸太郎」とある。峯源次郎日暦によれば、明治20年８月31日、峯は幼児を喪った熊本庸太郎宅へ弔問に赴いている。国会図書館サーチによれば、明治22年（1889）にモーリス・ブロック著『欧米各国市町村制概要』（丸善）を翻訳。他に「白耳義（ベルギー）銀行條例」と「千八百三年佛國銀行條例」を翻訳（年不明）している。
粂英健（久米英健）	明治22年『日本医籍』に、「佐賀県西松浦郡伊万里町、久米英建」とある。
蔵田祐充	明治14年２月12日土曜日、峯源次郎が手紙を出した熊本の人物（日暦）。
栗崎氏	万延元年（1860）９月７日、長崎遊学中の峯源次郎は父静軒の友人外科医栗崎氏を訪問した（日暦）。
栗崎松國	文久３年（1863）10月７日、長崎遊学中の峯源次郎を訪ねた人物（日暦）。明治５年７月の開拓使公文録に「栗崎松国採用ノ件」と題された書類がある。長崎萬屋町の栗崎道意（申52歳）が明治３年（1870）正月に栗崎松國に改名した旨の報告書である。８月21日栗崎松國は「朝廷の招命」を健康上の理由で断っている（簿書5716―91）。栗崎松國は明治５年に52歳なので、文政４年生れである。
栗崎道欽	万延元年（1860）７月27日峯源次郎が「小川仲栄舎弟為三郎来訪（後出継栗崎氏」」と書いた人物と同一人物カ（日暦）。栗崎道欽は、明治５年（1872）８月５日、長崎から乗船する峯源次郎がその前夜酒を飲んだ人物で、小川仲栄の弟と思えるのだが、慶応２年（1866）４月６日には、栗崎道巴とある。明治５年７月、開拓使公文録に、長崎萬屋町栗崎道巴（申30歳）は明治３年正月に栗崎道意に改名したという（簿書5716―91）。
栗崎道巴	慶応２年（1866）４月６日長崎で、峯源次郎・小川仲亭と酒を飲んだ（日暦）。明治５年７月、開拓使公文録に長崎萬屋町栗崎道意（父）と栗崎道巴（子）の改名の報告が綴られている。明治３年正月に父道意は松國に、子道巴は道意に改名したという。申年（明治５年：1872）、松國は52歳、道意は30歳であるので、松國は文政４年（1821）生れで、道意は天保14年（1843）生れである（簿書5716―91）。
呉新一	明治19年８月４日、峯源次郎が大蔵省同僚和田信郎に書いた手紙の宛先が尼崎呉新一（日暦）。国会図書館デジタルコレクションの呉新一抄訳『簿記学精理』（明治12年）奥付に、「呉新一、兵庫県士族」とある。
黒髪宗碩	有田郷大木宿の医師、慶応元年（1865）５月、有田郷の青年医師に好生館から出題された問題を、藤山柳軒・馬場省適・峯静軒らと解答文を作成し、５月13日に提出した（日暦）。佐賀藩「医業免札姓名簿」によれば、607番目、安政５年（1858）２月10日「内科、西岡春益門人、郷医、宗碩、27歳、有田郷大木村」天保３年（1832）生れ。
桑田衡平→桑田衡平 くわたこうへい	峯源次郎は桑田衡平と書くべきを桑田衡平と書いている。明治７年西村隼太郎編『官員録』52㌻陸軍省「二等軍医正、桑田衡平」。15年６月『内務省免許全国医師薬舗産婆一覧』59㌻に「内外科、履歴、免状番号1276、東京、桑田衡平」。明治22年『日本医籍』東京府16㌻に赤坂区檜町、桑田衡平」。明治16年７月、佐藤尚中（明治15年７月23日没）先生の碑が谷中墓地に建立されたが、その第五段に桑田衡平の名も刻されている（『順天堂史上』307㌻）。明治26年、佐藤進の年賀状送付先リストに「赤坂区桧町拾壱番地、桑田衡平」とある（『順天堂の系譜佐藤家関連書簡集』）。峯源次郎日暦の明治16年11月17日、峯が永松東海宅で碁を打っているところへ桑田衡平が来会した。桑田と永松は順天堂の同門で年齢は桑田が四歳年長である。天保７年（1836）７月６日～明治38年（1905）10月24日。享年70。
敬宇先生及夫人	中村敬宇先生と鐵子夫人。中村敬宇と中村鐵子欄で解説している。
敬順	安政７年（1860）１月６日、谷口藍田の塾生（日暦）。
萱堂 けんどう （峯為）	峯為欄で解説している。
見有	慶応４年（1868）３月22日、正司碩斉（福一）を連れて来た人物（日暦）。
小泉	明治17年10月24日、大蔵省蘆報告課長・小山正武少書記官・小浦・峯と後楽園散策した人物（日暦）。
小出英尚	丹波園部藩知事従三位、従五位子爵小出英延の父、嘉永２年（1849）９月21日生れ、明治38年（1905）９月27日薨す、享年57（『明治過去帳』）。
郷（郷純造）	岐阜県美濃国稲葉郡黒野村、郷清三郎の三男、姓は大江、諱は濬、幼名嘉助、夙に文武を修め理財に特能なり、幕府の旗下に仕え諸国を巡遊。慶應４年撤兵隊番代となり、工兵指図役頭取に進み明治の初め会計官出納局組頭を拝命、出納司知司事に、明治２年大蔵少丞兼民部少丞従六位に、３年大蔵大丞正六位、権大吏、戸籍助を経て５年大蔵四等出仕兼戸籍権頭、従五位に、負債取調掛、７年大蔵大丞兼国債頭、９年旧藩債整理勉励の賞として五百円を賜る。10年大蔵大書記官、国債局長、15年大蔵三等出仕正五位勲四等、勲三等に昇り大蔵少輔兼主税局長、19年大蔵次官、総務局長、従三位、22年官を辞し特旨を以て正三位勲二等、瑞宝章を授章。、24年貴族院議員に勅任、32年８月金鶏間祇候、33年５月男爵を授爵、従二位に、43年12月２日没す。特旨を以て正二位勲一等（『明治過去帳』）。文政８年（1825）４月26日～明治43年（1910）12月２日。享年86。
廣厳寺和尚 こうごんじおしょう	医王山廣嚴寺の現住所は、伊万里市二里町大里乙401。宗派曹洞宗、本尊薬師如来、開山太田守軽（桂）和尚。不鉄桂文和尚により再興された山ノ寺の総持寺が廃寺になった後、これに代わるものとして、寛永元年（1624）３月、中里村古子腰岳（なかざとむらふるここしだけ）の中腹に建立された。開山は不鉄和尚の高弟太田守軽（桂）和尚であるが、開基は有田領主丹後守源盛（既に亡くなっている）となっている。後年古子から大里村福母に移され、寛政７年焼失により現在地に移転（『伊万里市史』民俗・生活・宗教編）。
甲州屋	甲州屋忠右衛門（篠原忠右衛門・文化６年：1809～明治24年：1891）カ（日本人名大辞典）。明治４年11月19日峯源次郎が泊まった横浜本町一丁目の宿屋（日暦）。
工商会社 （起立工商会社）	明治６年（1873）明治政府が総力を結集してオーストリアのウィーン万国博覧会へ日本の美術品・物産品を出展した。会期終了後好評を博した日本建築・庭園の売却のために急遽団長・副総裁佐野常民の肝煎で半官半民の貿易会社、起立工商会社を設立した。後ほど博覧会出展品も売却した。社長は佐賀藩出身松尾儀助、副社長は若井兼三郎。明治７年銀座竹川町（現７丁目）に事務所を開設、木挽町に第一製造所、築地２丁目第二製造所を建設し美術工芸品を製造、100名以上の技工を雇用し、その製品は各国で開催された万国博覧会に出品され多くの金賞を獲得し外貨を稼いだ。明治10年旧佐賀藩士八戸欽三郎を支店長にニューヨーク支店を開設、翌11年パリ支店を開き初代支店長は旧佐賀藩士大塚琢三、通訳は林忠正を起用。この時代万国博覧会と言えば起立工商会社と称された。明治24年起立工商会社は終焉を迎える、17年という短命な貿易会社であったが明治初期多大な国益をもたらし美術工芸の発展と世界への発信に貢献した（『政商松尾儀助伝』）。
好生館	佐賀藩儒者古賀穀堂は、文化３年（1806）に『学政管見』を書き「学問なくして名医になること覚束なき儀なり」、「近来蘭学大に

	啓けてその学ぶ処は・・・世界一統のこと」と九代藩主斉直に呈した。十代藩主直正となり、穀堂の提言が実を結び、天保５年（1834）医学寮が八幡小路に開講。天保11年藩校弘道館が松原小路から北堀端に移設され医学寮も八幡小路から北堀端に移り拡充。安政５年（1858）医学寮は弘道館から分割し片田江に移り、医学校好生館として再建された。なお、「好生館」の額は、医学寮創設時に藩主直正によって下されており、出典は『書経』の「好生の徳は民心にあまねし」である（佐賀藩の医学史）。峯源次郎の漢詩集「渭陽存稿」の大正７年（1918）、「懐旧想好生館在学時」と題して二百人の同窓何処にと懐かしんでいる。このとき源次郎は75歳である。
好生社⇔好生館会⇔好生会	佐賀藩医学校好生館出身で東京在住者の医師会（日暦）。
香田玄快	安政２年（1855）12月12日、峯静軒は楠久（現伊万里市山代町楠久）の患者を往診したが、そこに来会した以前のかかりつけ医師（日暦）。
神鞭（神鞭知常）こうむちともつね	丹後国与謝郡石川村の人、明治２年宮津藩宣教掛となり、３年同藩権大属に進じ、６年租税寮十一等出仕、八等出仕に昇り勧業寮に転じ、米国に派遣されフィラデルフィア博覧会に臨み、10年２月帰朝。内務一等属、勧商局、12年２月大蔵省一等属、大蔵権少書記官、商務局勤務。14年２月横浜正金銀行監理掛となり、内閣勧業博覧会審査官、大蔵少書記官兼農商務少書記官、15年参事院員外議官補を兼ね報告課長、16年議案局、17年５月大蔵権大書記官、参事院議官兼務、二等主税官、19年主税局次長。23年京都府第六区より衆議院議員に選ばれる。29年法制局長官兼恩給局長官、30年10月官を辞職。38年韓国滞在中肺結核を病み没す（『明治過去帳』）。明治15年１月『大蔵省職員録』５㌻「正金銀行管理掛、少書記官、報告課長、従六位、神鞭知常、京都府平民、赤坂区渋谷宮益町75番地」報告課長として峯源次郎の上司。嘉永元年（1848）８月～明治38年（1905）６月21日。享年58。
孝明天皇	仁孝天皇の第四皇子、天保11年（1840）立太子、弘化４年（1847）９月即位、嘉永６年（1853）のペリー来航以来困難な選択を強いられ続ける（『朝日日本歴史人名事典』）。明治６年（1873）太陽暦採用と時期を一にして設けられた祝祭日の大祭日の中に、先帝崩御日（孝明天皇崩御日：１月30日）が入った（デジタル版日本大百科全書）。天保２年（1831）６月14日～慶応２年12月25日（1867年１月30日）。享年37。
小浦鉎三郎	明治16年４月『大蔵省職員録』11㌻「報告課御用掛、准奏任、調査局兼務、小浦鉎三郎、和歌山県士族、小石川区表町50番地」とあり、明治19年１月16日、出勤した峯源次郎は掛長小浦鉎三郎が非職となったことを知る（日暦）。明治18年６月『大蔵省職員録』の小浦は「報告課、御用掛、准奏任、和歌山県士族、神田区西小川町３丁目10番地」。
古賀	文久３年（1863）１月２日峯源次郎が兄完一に従い年始の挨拶をした人物（日暦）。
古賀伊平	慶応２年（1866）２月６日、中里村の峯家を訪れた有田の人物（日暦）。
古賀且庵	佐賀藩「医業免札姓名簿」嘉永６年、69番、「内科・眼科、若狭殿家来、故江口道安門人、古賀且庵、51歳」とあるので享和３年（1803）生れである。久保田領の村田家家来医師。
古賀元益	佐賀藩「医業免札姓名簿」258番に「嘉永７年寅５月10日、外科、若狭殿家来、相良柳庵門人、古賀元益、32歳」とあるので、文政６年（1823）生れで、久保田領村田家家来である。古賀元益は明治４年１月６日村田龍吉郎・納富六郎・池田専助・峯源次郎らと浅草を散歩し、２月27日には吉武桂仙・六郎・源次郎の四人で向島に花見をして有明楼で酒を飲んでいる。５年２月26日元益は源次郎と冨岡（敬明）県令を訪ねる。同２月28日ヨングハンスに同伴して佐賀医学校へ向かう峯源次郎に古賀元益も同行。同３月４日に元益と源次郎は長崎に上陸した（日暦）。
古賀静脩→古賀静修	古賀孝右衛門の長男として佐賀藩多久領西の原に生れる。字は景因、初め通称助太郎、のち静修と改め、種竹と号す。東原庠舎に学びその後佐賀の草場佩川の家塾に学ぶ、帰郷して東原庠舎の教職に就く、維新後長崎で英語を学ぶが、廃藩により帰郷。明治７年５月東多久村別府小学校が設立されると教員として迎えられる。８年９月15日、実弟袋久平が英国で死去すると休暇願を出して上京した。９年文部省ではこれからの日本の教育のあり方の基盤とすべく各藩各領の学校の教育内容、程度、指導方法を調べ『大日本教育史』の編纂に取りかかるが、その編纂員として静修は招集選任され26年３月まで文部省に奉職した。27年帰郷し、多久尋常小学校の学務委員に就任し多久村、西多久村組合立多久尋常高等小学校の設立に参画し28年には幼稚科を新設及び学齢未満（五歳）の児童で一学級を編成するなど教育改革にも参画、また校舎改築に用地を確保し、新校舎起工に至るが、完成を待たず明治29年７月13日没、51歳（『多久市史』人物編）。峯源次郎は明治８年12月15日中島亮平を訪ね、古賀静修と話をしている。文部省の招きを受けた古賀が上京したところであったと思われる（日暦）。弘化３年（1846）９月23日～明治29年（1896）７月13日。享年51。
古賀某	明治10年１月７日、旧佐賀藩出身の医生の会合が早稲田大隈氏別荘にて開催されたが、古賀某の酔狂で興ざめであった（日暦）。
古関俊吉	明治17年３月９日夜、峯源次郎を訪ねて来た人物（日暦）。
五代友厚	贈正五位大阪商法会議所議長、従五位勲四等。旧鹿児島藩士、通称才助。慶応元年英国に航し、明治維新の際、公議人となり、参与に転じ、外国官判事、会計官、従五位に叙す。２年頃大阪府判府事の後、官を辞職、商業界に入り鉱山を開き製藍に従事、11年８月同志と大阪株式会社発起人となる。大阪商法会議所議長に推され、商業界の奇傑として官民の間に立ち国利を図る。18年９月22日勲四等に叙し旭日小綬章を賜う、25日、東京にて病死、52歳、大正３年正五位追贈（『明治過去帳』）。天保５年（1834）～明治18年（1885）９月25日。享年52。
後藤昌綏	明治13年11月『大蔵省職員録』14㌻「統計課、三等属、後藤昌綏、東京府平民、牛込区牛込揚場町15番地」、16年４月の『大蔵省職員録』には二等属となり、19年７月『大蔵省職員録』では報告課の属判任官一等、23年『職員録』（甲）48㌻では、総務局属一等下である。峯源次郎は明治24年２月２日の日暦に「同僚後藤昌綏病死、昌綏美濃人、善持嘗学侍梁川星巌翁云、可惜」と悼んでいる（日暦）。？～明治24年（1891）２月。
後藤祐哲	佐賀県西松浦郡有田町稗古場の慈雲山報恩寺の後藤家墓地には、初代法橋幽軒覺翁道印居士（元禄８年没）から歴代の墓碑が遺され読める。その６代が有田十哨の三番に「産は祐哲」と謳われた後藤祐哲である。祐哲は有田郷を代表する医師で、現在の医師会長的な立場であったことが、峯源次郎日暦で読み取れる。祐哲の跡は祐益（緒方洪庵入門）→祐一（郡会議員）→祐春と続いたが、10代祐碩（すけひろ）は長崎医科大学二年生の昭和20年８月９日投下された原子爆弾のため、８月15日死亡した。祐春の弟後藤年男（昭和６年生）の長男後藤祐太が医師となった（『佐賀医人伝』）。佐賀藩「医業免札姓名簿」142番嘉永６年(1853) 11月３日「内科、故花房逸庵門人、祐哲、有田郷稗古場山、52歳」。享和２年（1802）～明治５年（1872）７月18日。享年71。
小林	明治５年２月29日、横浜港に峯源次郎・ヨングハンスを見送りに来た人物（日暦）。
小林某	文久３年（1863）５月24日、峯静軒が源次郎を連れて往診した佐世保の患者（日暦）。
駒込草津温泉	『明治期銅版画東京博覧 東京商工博覧絵』54㌻に「駒込草津温泉場、藤谷金兵衛（駒込蓬莱町）」とある。明治21年９月３日、源次郎は共に大蔵省勤務の中川徳基・後藤昌綏と駒込草津温泉に遊んだ（日暦）。
駒太郎	徳久駒太郎の欄で解説している。
小松三郎（小松三朗）	明治15年１月『大蔵省職員録』16㌻に「報告課、御用掛、議案局勤務、小松三朗、和歌山県士族、麹町区麹町２丁目２番地」、同17年８月と18年６月の『大蔵省職員録』の記載は「報告課、四等属、小松三郎、和歌山県士族、神田区今川小路２丁目10番地」。19年７月の『大蔵省職員録』12㌻の小松三朗の住所は浅草区松清町42番地となっている。『明治過去帳』に小松三朗は「正八位勲七等、安政４年生れ明治43年６月15日没す年54」とある。安政４年（1857）～明治43年（1910）６月15日。享年54。
小松氏	明治12年１月８日峯源次郎が訪ねた人物（日暦）。
小松屋藤兵衛	安政５年（1858）１月22日、早岐（現佐世保市早岐）から妻を峯静軒の診察を受けに連れて来た人物。元治元年（1864）９月13日早岐の病婦小松屋未亡人が帰って行った（日暦）。

小山正武	明治７年西村隼太郎編『官員録』27㌻大蔵省「記録寮三等、九等出仕、ミエ、小山正武」月給は50円。16年４月『大蔵省職員録』10㌻「報告課、御用掛、正七位、小山正武、三重県士族、四ツ谷区新堀江町１番地」、18年６月『大蔵省職員録』11㌻「報告課、少書記官、官報掛長、従六位、小山正武、三重県士族、神田区駿河台北甲賀町16番地」、19年『職員録』甲47㌻「主税局、主税官、奏任官三等上、印紙税課長、従六位、小山正武、麹町区富士見町五丁目11番地」。小山正武の親友加太邦憲（大阪控訴院長・貴族院議員：勅選）は『加太邦憲自歴譜』291㌻に小山正武伝を書いて追悼している。「父は馬場（後に小山）彦太夫と称しその長男として嘉永２年、柏崎の桑名藩陣屋に於いて出生、初め良介、次いで丹蔵、後に小山正武と改称し米峰と号した。藩命により阪谷朗廬に漢学、西周助に英学を学び、戊辰の役に従軍し維新後は桑名県権大属等歴任し12年４月、職務上擅断の科で免官となりキリスト教の書を訳して糊口を凌ぐ15年大蔵省に出仕し勤続するが、脳病に罹り25年６月退官した。10歳の頃より机を並べ勉学し交わり来たりが、君は胆力あり決断に富み和漢洋学に通じ、殊に歴史に堪能にして識見広く頭脳明晰、実に稀に見る所の偉大なる人物にして、予は君を畏友として敬愛せり、君もし壮時の蹉跌なく志を遂げたらんには、確かに国家有用の人物たりしに惜哉」。嘉永２年（1849）〜大正13年（1924）１月６日。享年76。
近藤喜作	明治15年８月８日峯源次郎は武富熊助のために、築地二丁目の近藤喜作を訪ねた（日暦）。近藤喜作は金貸カ（「加藤友三郎書簡近藤喜作宛」）。
権藤東垣	佐賀藩「医業免札姓名簿」93番、嘉永６年（1853）８月27日、内・外科、馬渡耕雲門人、播磨殿家来、権藤東垣、31歳。「嘉永７年（1854）寅４月牛島町北側竈帳」には、（太田鍋島茂快）播磨殿家来、32歳、権藤東垣、23歳、同女房、天台宗千栗玉和泉院（千栗山廃寺）三養基郡北茂安町大字白壁（『佐賀城下町竈帳』215㌻）。太田氏鍋島茂快は物成1700石知行4250石、加判家老、大組頭。『佐賀藩褒賞録第一集』223㌻に播磨（太田・茂快）は、「伊王島・神島御増築ならびに大銃製造之儀、別而之御大業候処、諸般締密相談骨折候付、御酒被為頂戴之旨被　仰出候」とあり、藩主直正の重点事業である長崎警備の拡充に尽力した播磨の人物像が分かる。文政６年（1823）〜？。

さ行

斉藤	文久元年（1861）５月24日、父静軒の命で源次郎が使いをした佐賀在住の人物（日暦）。
齋藤儀三郎・齋藤義一郎・齋藤義一	安政６年（1859）11月９日、峯源次郎を訪ねて来てその夜泊まった隣村山谷村の友人、齋藤儀三郎。儀三郎は文久２年正月頃儀一郎と改名した。文久３年・４年齋藤義一郎は峯源次郎と谷口藍田を訪問しているので義一郎も源次郎と同じく谷口藍田の門下生であったものと考えられる。元治元年には前田子義の家にも義一郎は源次郎と泊まっているところから二人は前田翁門下生でもあったようだ。齋藤は頻繁に峯家に来訪して泊っている。医師以外では一番親しい友人である。慶応元年義一郎は源次郎の父静軒に命じられて源次郎の縁談を持ってきて婚約が成る。静軒の発病で結婚式は急遽８月21日に執り行われた。慶応２年３月16日から18日、前田子義・斎藤・峯・西岡三郎次らが草場船山を囲んでいる。船山の父草場佩川から続く伊万里郷・有田郷の草場塾門下生の一端がここに見える。その後源次郎は有田郷中里村を離れるが、明治５年、８年の一時帰省の際には必ず交流している。11年９月20日、詩を含む齋藤義一の手紙が麹町区飯田町一丁目一番地峯源次郎宅に配達された。これを最後に齋藤の消息が書かれることはなかった（日暦）。
斉藤治平⇔西藤治平	『鍋島夏雲日記』の元治元年（1864）６月６日に「西目被官斉藤治平（小頭）参り、被官共武芸稽古いたし候通、代官より被申達候由にて、剣術、砲術、柔術等望に任せ書出いたし候由、依之和筒一号合に三丁充、且剣術稽古道具二組充相渡候」とあり、斉藤治平も峯源次郎と同様に鍋島市佑の被官であることが分かる。『今泉蠏守歌文集』の白縫集七編姓名録（明治８年６月）に、「三首、敏陳、有田山谷村、齋藤治平」とある。『西有田町史』下巻252㌻に明治12年10月当時、斉藤治平は山谷村戸長である。
齋藤准	明治６年１月21日札幌医学校開校式に出席した官費生徒の一人（『烏ん枕』90号12㌻）。明治15年６月『内務省免許全国医師薬舗産婆一覧』84㌻「内外科、東京、免状番号1599、開拓、齋藤進」とあるが、『明治医師人名鑑』97㌻「齋藤准、1599、0757」と読み合せて、峯源次郎日暦の齋藤准と判断した。明治６年１月21日札幌医学校開校式出席者生徒の一人で、同年４月の学力試験で最優等で金千疋下賜された。後に須賀川病院長となる（『烏ん枕90号』13㌻）。国立国会図書館デジタルコレクションに、「明治12年、独逸国大博士デーニッツ氏講義、安藤卓爾・三浦常徳・齋藤准聞書き、『断訟医学』、出版人齋藤准」が存在する。明治15年３月の増補版奥付は「札幌県平民、齋藤准、東京京橋区築地２丁目16番地」。「北陸における法医学の源流」によれば「明治八年九月、東京浅草猿屋町の警視庁病院に裁判医学校が開設され、東京医学校の解剖学雇ドイツ人教師Wilhelm Doenitzにより裁判医学が講ぜられ、実際の事件について解剖も行われた。日本における系統的教科としての法医学の濫觴である。彼から裁判医学の講義を受けた湯村卓爾・三浦常徳・齋藤准は後年デーニッツの講義録をまとめ、「断訟医学」を公刊した（『日本医史学雑誌』1482号206㌻）。
西藤龍之	明治７年西村隼太郎編『官員録』20㌻大蔵省「租税寮一等、中属、トウキョウ、西藤龍之」月給40円。明治16年４月『大蔵省職員録』に「報告課、御用掛、准判任西藤龍之、東京府士族、本郷区本郷真砂町７番地」、19年７月には判任官二等に昇進している。23年『職員録』甲では「二等下」と記載されている。
佐伯惟馨	明治13年３月『大蔵省職員録』書記局「少書記官、従六位、佐伯惟馨、山口県士族、牛込区南山伏町６番地」。明治７年西村隼太郎編『官員録』18㌻大蔵省「七等出仕、ヤマグチ、佐伯惟馨」月給百円。
三枝守富 さえぐさもりとみ	東京府士族三枝七四郎の長男、実業界に入り幾多の辛酸を経て、久慈川金山株式会社・日本坩堝株式会社各取締役、富士水電株式会社・東京株式取引所各監査役、早稲田大学会計監督など重役の任にある。妹綾は伯爵大隈重信に、長女祥子（元治元年６月生）は子爵田尻稲次郎に嫁す、二女知恵（明治５年８月生）は伯爵大隈重信の養子となり更に男爵真木長義男平一郎に嫁し、三女光子（明治17年１月生）は伯爵大隈重信孫信常に嫁す、住所東京豊多摩戸塚町下戸塚67（『人事興信録』大正４年）。「三女光子、大隈重信養女」とされていたのは、重信の実子であることが、元早稲田大学大学史資料センター研究調査員佐藤能丸氏によって明らかとなった（『歴史の残像』437㌻）。弘化元年（1844）１月25日〜？。
酒井	明治４年11月27日、峯源次郎が訪問した人物（日暦）。
坂井氏	明治２年６月９日、好生館最終学年の峯源次郎が診察した人物（日暦）。
坂井氏	明治５年３月14日、峯源次郎が佐賀好生館に訪ねた人物の中の一人（日暦）。
彭城秀十郎 さかきひでじゅうろう	彭城秀十郎は、慶応元年（1865）〜慶応３年に唐小通事末席で、明治元年（1868）長崎府の御舩手掛の上等通辯役となっている（「幕末における長崎唐通事の体制」）。
坂田雲栄	明治２年９月15日、山代郷里村の片山帯雲宅に泊った翌日、峯源次郎が訪ねた人物。坂田は同年９月22日秋祭（供日：くんち）の峯家に泊りがけで来訪した（日暦）。
相模屋利兵衛	深川亮蔵が明治２年12月19日に峯を同道して宿泊した芝桜田兼房町の宿屋（日暦）。『新撰東京実地案内』（明治26年）には「芝区、相模屋、桜田本郷町」とある。
坂元源二	明治５年３月８日、長崎で佐賀病院吏員坂元源二の手紙を峯が受け取る（日暦）。
相良	文久元年（1861）２月17日、峯完一・源次郎兄弟が参加した扶氏経験遺訓会会員の一人（日暦）。
相良郁三	峯源次郎日暦の明治９年２月15日に「相良郁三来寓相良氏」とあり、相良知安宅に相良郁三が寄宿したことが分かる。明治11年１月13日「相良郁・森永某来話」とある。相良郁三と森永友健であったとすれば、二人とも医学生であったと思われる。
相良寛哉・ 相良柳庵七世	佐賀藩医６世相良柳庵の長男、７世柳庵、相良知安の長兄、安定。藩校弘道館から医学寮に学ぶ、嘉永６年外科の佐賀藩医業免札を248番目に受ける、安政５年緒方洪庵の適塾に入門、文久元年(1861）好生館指南役となる。この頃フーフェランド（ドイツ人教授）内科書のオランダ語訳を緒方洪庵が翻訳した『扶氏経験遺訓』を教科書として好生館教師と医学生が学んでいる。文久３年３月佐賀医官種痘医として有田郷廣巌寺へ、元治元年（1864）には小城藩領無量寺に出張している。慶応元年（1865）直正の御付医

	師となり好生館教導方となり翌２年長崎のボードインに就いて医学伝習。明治元年（1868）直正に同行し上京、３年大御前（筆姫）様大侍医兼務、４年１月直正薨去に立ち会う、御毛髪にお供して帰藩。同年７月好生館中教諭、６年８月宮内省少侍医、同年11月正七位、明治７年２月24日没、享年47（『佐賀医人伝』）。文政11年（1828）９月25日～明治７年（1874）２月24日。享年47。
相良弘菴・相良知安⇔先生⇔師⇔相良氏	代々藩医を務める相良家に三男として生れ、嘉永４年藩校弘道館、安政元年蘭学寮、３年医学寮、文久元年江戸遊学、佐倉順天堂で佐藤尚中に学び、文久３年長崎遊学、精得館でボードインに学んだ。明治２年１月22日医学校取調掛、５月徴士学校権判事、医学所御用専務。７月18日大学少丞、10月10日大学権大丞。５年10月８日文部省五等出仕、11月28日大学校設立御用掛。６年３月19日医務局長、第一大学区医学校学長兼勤、７月24日文部省四等出仕。７年３月13日医学校及医学書編成事務専任、９月30日出仕を免ぜられ、位階返納を命ぜられた。18年７月９日文部省御用掛、編輯局勤務。12月28日非職。39年６月13日正五位。明治２年１月福井藩藩医岩佐純とともに医学校取調掛に任命され、医学校兼病院（のち大学東校へと改組、現東京大学医学部）を設立。ドイツ医学採用を建言し採用された。３年９月13日部下の会計不正疑惑に連座して逮捕収監され、４年11月27日に釈放されるまで１年２ヶ月拘禁された。釈放後は再び第一大学区医学校学長など重責を担った。この間医事衛生行政の方針を示した「医制」を立案し、明治７年に制定された。しかし、医学校の上野山移転、製薬学校開校、試薬場開設など巨額な予算を伴う方針が政府の反発を買ったことや文部省内の主導権争いなどにより、７年９月に位階返納の上、免職となる。その後は文部省御用掛として編輯局に勤務した５か月を除き、官職に就くことなく易者として生計を立てた。33年岩佐純や石黒忠悳の推挙により勲五等双光旭日章が授与され名誉を回復した。39年６月19日生前の功績により祭祀料百円が下賜された。昭和10年東京大学医学部に「相良知安先生記念碑」が建立された。著書『医制略則』（佐賀県人名辞典）。「東京寄留人名簿」に「相良知安、本郷弓町一丁目10番地寄留」。相良知安と岩佐純は大学東校のトップに佐藤尚中を呼ぶことに成功し明治２年12月５日、佐藤尚中が大学大博士に任命され、大学東校を主宰する（『順天堂史上巻』）。明治６年１月『袖珍官員録』に文部省「五等出仕、司馬盈之・相良知安」と復帰し、翌７年『官員録』70㌻「文部省、四等出仕、サガ、従五位相良知安」四等の月給は250円。司馬盈之は五等出仕である。明治２年12月25日から相良知安宅に寄宿した峯源次郎は盆暮の挨拶を欠かさず続けている（日暦）。天保７年（1836）２月16日～明治39年（1906）６月10日。享年71。
相良剛造	東京株式取引所理事にして、明治33年５月10日病死（『明治過去帳』）。「東京寄留人名簿」に「相良剛造、第八大区四小区下戸塚村４番地移転寄留仕候」。谷中霊園の相良家墓誌（乙７号３側）によれば、相良剛造の没年は明治33年５月９日、妻は相良好子(1852-1935)。早稲田大学中央図書館の大隈重信関係資料「イ14A4744」に、明治15年３月11日付の「東京専門学校敷地買入証書／山本治郎兵衛・相良剛造が存在する。『早稲田大学百年史』には東京専門学校の校地は大隈重信が明治15年３月に相良剛造・山口治郎兵衛の両人から買取った土地（大隈別荘の隣接地）の一部を借用する形で始まった（第一巻第二編第九章）。明治17年３月16日（日曜日）、峯は早稲田の大隈重信を訪問後、「相良氏砂利場」を訪れている。相良氏とは相良剛造のことで、相良は早稲田大隈邸近くの砂利場（じゃりば）と呼ばれる所に住んで居た（日暦）。？～明治33年（1900）５月９日。
相良剛造老母（相良妙子）	大隈重信の実姉、19歳で佐賀藩砲術指南役相良十郎太夫に嫁いだ。明治初年戊辰戦争に従軍した夫が病を得て帰国後に死去。その後まもなく上京して大隈邸に同居し、「築地梁山泊」時代の大隈を支えて裏面で奔走した。井上馨と夫人武子の縁を結んだのも妙子であり、周囲から女丈夫として尊敬を受けた。明治43年５月剛造の妻好子が佐賀錦をロンドンの日英博覧会に出品。佐賀錦の伝授と再興には姑の妙子・大隈の妻綾子も寄与したとされる。闊達な性格と大柄な体格は大隈によく似ていた。晩年は早稲田の大隈邸の側に隠居所を構え、畑仕事と神仏への信心に余生を過ごした（佐賀県人名辞典）。父大隈信保が嘉永３年（1850）６月、撃剣の稽古をして居ながら急に脳充血で亡くなったとき、妙子は20歳、志那子18歳、八太郎13歳、欣次郎８歳で、妙子と志那子は既に嫁いでいた（『大隈重信』）。谷中霊園の墓石には正面「相良妙子之墓」側面に「松壽院妙秀日薫大姉／大正四年十一月十六日行年八十六」と刻されている。天保元年（1830）～大正４年（1915）11月16日。享年86。
相良氏	明治３年９月、部下の不正行為のため相良知安は弾正台に収監されている。峯源次郎は留学出発前の明治４年５月まで相良知安宅を出て南校に寄宿して留学のためのドイツ語研修をしている。この間相良知安留守宅を訪ね手助けをしている。
相良氏令息（相良安道）	相良知安の長男、相良安道は文久元年（1861）８月11日生まれで昭和11年（1936）８月16日に没した（『烏ん枕』92号３㌻）。明治４年11月24日、峯源次郎は10歳の相良安道を連れて浅草に遊んだ（日暦）。
相良宗達・相良壮吉郎	明治初年の「東京寄留人名簿」の相良壮吉郎（宗達 彬範）の住所は「西久保巴町７番地藤島長敏方」とある。藤島長敏は小城藩士で久原経綸舎で江越礼太・石丸安世・モーリスに学び、東京経綸舎では教師を務めた。工部省電信寮に勤務、明治６年13等、７年12等、８年11等、９年11等。明治29年から42年まで小城鍋島家の家従を務めた（『日本電信の祖石丸安世』）。明治４年工部省電信寮初代電信頭となった石丸安世に従い藤島長敏は電信寮に勤務する。そこへ同藩（小城）の医師相良宗達が寄留したものであろう。峯源次郎日暦に相良宗達が初めて登場するのは文久元年で、峯は18歳で好生館に通っている。明治２年１月26日、共に好生館に学ぶ相良宗達と副島仲謙が遠路はるばる峯宅を訪れると峯の母親は歓待し、翌々日峯は長浜村の塩田見物に連れて行く。３泊して好生館へ３人とも戻る。この年が峯の好生館最終学年で、おそらく相良も副島も同級であったと思われる。アジア歴史資料センターの記録をたどれば、相良壮吉郎は明治７年５月20日陸軍医補に新任（C10071887300）。９年３月熊本鎮台歩兵第二十二大隊附から同台歩兵第十四連隊第三大隊附陸軍軍医補となる（C04026862500）。10年10月20日陸軍軍医補相良壮吉郎は病気の為免官となる。病名は慢性脳充血症と本人が書いている（任A00061100：国立公文書館）。13年11月死去したため15年７月11日有労賜金・辞令書は長崎県令から陸軍卿へ返納された（C09121843600）。16年４月28日、西南の役功労者賞与調査中死亡者の遺族へ祭粢料を下賜するを允す、祭粢料を可受人名簿第六回、賜金五拾円、陸軍軍医補正八位故相良壮吉郎、長崎県士族（A15110773000）。
相良大八郎	相良剛造の息子。峯源次郎は明治16年（1883）10月25日、相良大八郎を伴い同人社に入学させている（日暦）。『大隈重信関係文書４』の大隈重信宛鬼頭悌二郎差出、明治23年12月12日付書簡で「相良君は一両日前も鳥渡紐育に相見へ候所、同君は不相替御健全にて勤学相成、殊に来夏には当今の学校科程卒業相成候筈に候間此段御安襟被成下度」と、鬼頭は大隈の姉相良妙子の息子剛造の子大八郎の様子をニューヨークから書き送っているのである。これにより明治16年に同人社に入学した大八郎は明治23年12月、アメリカに留学しており、翌年卒業予定であることが分かる。『大隈重信関係文書５』の大隈重信宛相良大八郎差出、明治24年３月６日付書簡に寄れば、「・・・この夏当校卒業致しラウトガス大学へ入校致し申候・・・ニュージヤル洲ニューブランスウヰリ府にて相良大八郎」とあり、別紙①で九ヶ月間大学校学期中の入費が673弗と書かれ、別紙②で卒業入費が100弗と書いている。
相良貞齋	明治２年３月７日、佐賀渋谷良次塾の峯源次郎を訪ねて来た人物（日暦）。
相良元貞	佐賀藩医６世相良柳庵の四男として生れ、相良知安は４人兄弟の３番目の兄である、元治元年江戸留学を命じられ永松東海と共に幕府医学所に入門、同年秋には佐倉順天堂に入る。明治２年医学校兼病院勤務、名称が大学東校となり、中助教兼大寮長に就任。３年２月大阪に病院と医学校が設立されボードインが招かれた。元貞は中助教として転任、同年10月ドイツ留学生９名が決まり病理学を学ぶため12月横浜港を出発した。ベルリンでは最初家庭教師につきドイツ語を学び、明治４年の冬学期からベルリン大学医学部へ学籍登録して入学した。フンボルト大学アーカイブには、留学当時の元貞の履修記録が保存されている。在学４年後の８学期を終了していよいよ博士号を取得しようという秋、解剖実習中にメスで自分の手指を傷つけそこから感染して肺病を患った。明治７年冬学期からライプチヒ大学医学部へ転学し学籍登録した。ベルツ博士に診察してもらい、元貞はベルツの評判を兄知安に知らせ、知安はベルツがお雇い外国人として招聘されるよう働きかけた。元貞は８年３月に退学届けを出し失意のうちに帰国した。同年10月16日、35歳の若さで東京に没した。学友司馬盈之と永松東海の弔辞が東京日日新聞明治８年10月22日に載る。元貞は帰国後在独中に留学生仲間池田謙斎から借りたドイツ銀貨100ターレルを池田家へ返済した資料が池田家文書に残されている（『佐賀医人伝』）。天保12年（1841）10月13日～明治８年（1875）10月16日。享年35。
相良隆乙	明治７年12月24日、相良隆乙と峯源次郎は相良知安に伴われ王子に遊んだ。８年４月３日に相良隆乙は永松東海・峯源次郎と団子坂に遊ぶ。その後隆乙の名は出ていない（日暦）。
桜井信一	伊万里銀行副支配人（明治19年１月～同29年６月）、同行支配人（明治29年７月～同45年６月）（『烏ん枕95号』10㌻）。
櫻井忠敬	明治９年12月６日、峯源次郎を訪ねた人物（日暦）。

佐々木浅次郎	万延元年（1860）長崎遊学中の峯源次郎と同じ三島塾同門で８月21日には一緒に登山をした（日暦）。
佐々木氏	安政４年（1857）２月15日、峯静軒の往診を依頼した長崎の人物、静軒は翌日出発した。安政６年１月29日にも依頼が来て応じる。住所は長崎本古川町。峯源次郎は長崎遊学中の万延元年（1860）10月21日から12月４日まで佐々木氏宅に寄寓。文久２年（1862）１月14日、本古川町佐々木氏から往診依頼あり。文久３年（1863）10月４日、長崎遊学の源次郎は10月４日佐々木氏を訪ねる。元治元年（1864）長崎養生所で研修中の源次郎は11月４日に佐々木氏を訪問。慶応２年（1866）ボードイン御用の兄完一に従い長崎を訪れた源次郎は４月６日佐々木氏を訪問している（日暦）。
佐々木松太郎	万延元年（1860）８月20日、長崎遊学中の峯源次郎と白糸の滝に行った人物で佐々木浅次郎の兄（日暦）。
佐瀬得所	元左院三等書記生、書家、会津若松藩士にして、名は恒、通称八大夫、文政五年生れ、上海に渡り書を学び、明治３年帰朝、４年本多足國等と左院三等書記生に任じ、６年修齋廉節の四大字を六疉敷の大きさに認め乙夜の覧に保し、筆墨の恩賜を得、８年末頃官を辞す、門下二千人に及ぶ、享年57（『明治過去帳』）。明治７年西村隼太郎編『官員録』５㌻太政官左院「三等書記生、トウキョウ、佐瀬得所」月給は40円である。峯源次郎は明治５年１月６日、相良知安のために芝愛宕下の佐瀬得所を訪問した（日暦）。文政５年（1822）～明治10年（1877）１月２日。享年56。
坐田清風	明治18年10月27日、深江順暢に招待された峯源次郎と同席した人物（日暦）。
佐谷	明治23年１月30日祭日、峯源次郎宅に囲碁を打ちに永松東海と来た人物（日暦）。
佐藤氏	明治４年12月８日、相良知安の命で峯が使いをした人物（日暦）。
佐藤昌九⇔松林昌九⇔中村養安・中村精一⇔精一	中村精一欄で解説している。
佐藤進	第三代順天堂主。茨城県常陸太田の酒造家高和清兵衛の長男、母タミの妹サダが第二代順天堂主佐藤尚中の妻であることから、安政６年、15歳のとき尚中の門人となる。慶応２年の門人帳には第二級６人の３番目に高和介石、すなわち進の名がある。慶応３年３月23日の佐倉藩の記録に尚中の養子として佐藤進の名が見られる。尚中の長女シヅとの結婚は慶応２年とされている。戊辰戦争では奥羽追討陸軍病院（白河口）の頭取となり治療に当たる。戦地から帰り一ヶ月後の明治２年１月末ドイツ留学を決意、２月に佐倉を発ち許可を待ち、４月末日やっと旅行免状が出て、６月21日横浜港を出発、ベルリンに着いたのは９月７日であった。明治７年（1874）８月、進はベルリン大学医学部の全課程を終え学位論文を提出して８月10日に医学博士となり、６年間の留学を終え、８年７月７日に横浜港に帰着した。帰国後は湯島順天堂で手腕を発揮した（『佐賀医学史研究会報159号』）。明治15年６月『内務省免許全国』82㌻「内外科、東京、免状番号126、千葉、佐藤進」、22年『日本医籍』19㌻に「本郷区湯島５丁目、佐藤進」、31年８月の『帝国医籍宝鑑』開業医東京19㌻に「医学博士、佐藤進、湯島５丁目10番地」。佐藤進は筆まめであったので、彼の回顧録により佐賀藩出身者で塾頭を務めた相良知安・相良元貞・永松東海のエピソードが『順天堂史上』に所載され残ったのである（「相良翁懐旧譚その⑫」『佐賀医学史研究会報163号』）。弘化２年（1845）11月25日～大正10年（1921）７月25日。享年77。
佐藤某	明治16年１月２日、中村敬宇先生・東條世三に次で峯源次郎が年始の挨拶をした人物（日暦）。
佐藤良行	明治６年１月21日、札幌医学校入学式に出席した官費生徒の一人（『烏ん枕90号』13㌻）。
佐納岩吉（左納岩吉）	早稲田大学写真データベース写真番号B86-17、分類大隈重信題名1889年遭難後静養中の大隈重信と近親者その他（10月18日の遭難後58日目外務大臣邸撮影時期明治22年12月14日）の、最後列右端に左納岩吉が写って居る。左納岩吉は、明治14年９月17日、有田皿山で「有田陶器工芸学校」を設立しようと奮闘していた江越禮太が大隈重信宛に書いた手紙の受取人名である。左納岩吉は佐賀県関係の業務を担当する大隈家の執事であったのかも知れない。峯源次郎が左納岩吉の名前を日暦に書くのは明治21年（1888）１月５日、22年１月５日、同２月21日には霞ヶ関に左納岩吉を訪ねている。最後は６月21日で、大隈氏遭難の四ヶ月前である（早稲田大学エクステンションセンター近代史研究会OS会『会報』18・19号）。
佐野源左衛門常世	鎌倉時代の武士。上野国（群馬県）佐野（高崎市）に住んだといい、最明寺入道北条時頼が諸国行脚の帰途、佐野で雪道に迷い常世の家に宿を借りたとき、秘蔵の鉢植えの木を焚いてもてなし、鎌倉に事あるときには一番に馳せ参じることを語り、後日時頼が兵を招集した際に一番に到着して本領を安堵され、所領を与えられたという。謡曲「鉢木」の主人公として名高い（精選版日本国語大辞典）。
佐野常民	佐賀藩士下村三郎左衛門の五男、天保元年弘道館の外生となり翌年内生となる、天保３年佐賀藩医佐野孺仙の養子となった。弘化３年国内遊学に出、京都で広瀬元恭の時習堂、大坂で緒方洪庵の適塾、江戸で伊東玄朴の象先堂に学び、帰藩後、嘉永６年精煉方主任に抜擢され、石黒貫二・田中久重らと蒸気機関の雛型製作をはじめ洋式科学技術の研究を行う。安政２年長崎海軍伝習所に派遣され、４年海軍取調方附役、５年三重津に設立の御船手稽古所で海事調練・蒸気船修復にあたり、慶応元年蒸気船凌風丸を建造した。３年パリ万国博覧会に佐賀藩団長として参加し、オランダに蒸気船発注も行った。維新後、明治３年兵部省少丞を経て工部大丞兼灯台頭。６年イタリア弁理公使兼オーストリア博覧会事務副総裁としてウィーン万国博覧会に参加。10年西南戦争勃発後、大給恒と征討総督有栖川熾仁親王に博愛社設立の請願を行い熊本で裁可を受けた。20年日本赤十字社に改称し初代社長となる。政府においては13年大隈重信のあとを受けて大蔵卿を務め西南戦争後の負債処理に当る。15年元老院議長。21年枢密顧問官。25年第一次松方内閣の農商務大臣をつとめる（佐賀県人名辞典）。文政５年（1822）12月28日～明治35年（1902）12月７日。享年81。
沢野（沢野種親）	佐賀医学校好生館中寮監（月給11円）沢野種親（『佐賀県医事史』40㌻）。
沢野宏哉	文久４年１月25日に佐賀藩松浦郡有田郷中里村の峯源次郎宅を訪れ宿泊した好生館同窓の医学生四人のうちの一人。源次郎は翌26日、佐賀藩精煉方が安政４年に建設した白幡鉄山（かなやま＝製鉄所）に案内した（日暦）。「元治元年佐賀藩拾六組侍着到」に「沢野宏才、良才倅、縫殿組」、「沢野良才、切米40石、御匕並、内治、縫殿組」とある。佐賀藩「医業免札姓名簿」に沢野良才は嘉永４年21番目に内科医師として記載されている。「安政年間の佐賀藩士」（安政３年：1856）に、沢野良才は51歳なので文化３年（1806）生れで、住所は松原である。これにより、沢野宏哉は佐賀本藩藩医沢野良才の倅である。
三条公（三条実美）	父は三条実万、母は土佐藩主山内豊策の娘紀子、文久２年７月以降尊王攘夷運動が高揚激化するなかで、公武合体を推進して来た岩倉具視を弾劾、11月には江戸城に乗込み幕府に攘夷の実行を督促、尊攘急進派公卿のリーダーとなった。しかし、翌年８月18日急進派一掃の政変で追放され長州に落ち、次いで大宰府に移り、王政復古を迎えた。慶応４年１月名門の出自と政治運動の経歴を買われ、新政府の副総裁に。明治４年には政府の最高責任者である太政大臣に就任したが、政治的な発言も決断も少なく、明治18年内閣制度の創設で内大臣に転じ政治の第一線を退いた。以後は華族最高位の公爵として華族社会のまとめ役となった（日本歴史大事典）。天保８年（1837）２月８日～明治24年（1891）２月18日。享年55。
三品敬親王（三品親王敬仁）	建宮敬仁親王（たけのみやゆきひとしんのう）。1877（明治10）年９月23日～1878（明治11）年７月26日。明治11年７月27日、「三品敬仁親王薨去ニ付在京奏任官以上華族の輩宮内省へ天機伺参上」。７月30日、「三品親王敬仁尊御葬送ニ付休暇」。７月31日「三品親王敬仁尊御葬送ニ付在京奏任官以上麝香間祗候華族の輩宮内省へ天機伺参上」（国立国会図書館デジタルコレクション『法令全書』）。
三十銀行	『大日本国立銀行一覧表』によれば、「第三十国立銀行は資本金二十五万円、本店設置場所東京□□□二丁目二番地、頭取深川亮蔵、支配人下村忠清」。明治10年『法令全書』甲第四十号（十二月二十七日）「今般国立銀行条例を遵守し資本金二十五万円、を以て東京府下第一大区十六小区霊岸島越前堀二丁目二番地に設立したる第三十国立銀行に於て公債証書を抵当となし更に引換準備金を置き明二十八日より二十円・十円・五円・二円・一円五種の紙幣を発行せしめ右本店に於て通貨を以て交換為致候条・・・」（527㌻）。
シーボルト（シーボルト兄）	アレキサンドル・シーボルトの欄で解説している。

シーボルト兄弟	『来日西洋人名事典』には、兄はSiebold, Alexander Georg Gustav von（1846～1911）、弟はSiebold, Heinrich Philipp von（1852～1908）。
繫	安政６年（1859）10月10日お秀と共に伊万里から峯家を訪れた浦郷家の人物カ（日暦）。
重松	明治21年１月28日、永松東海が招待した飲み会に参加した人物、他の参加者が渋谷良次・古川慎吾・峯源次郎なので、重松も医師カ（日暦）。
重松玄郁	文久２年（1862）１月28日峯源次郎は重松玄と又江口梅亭と散歩した。文久３年１月20日峯は江口梅亭陶山俊良・重松玄郁・安貞などと北山に遊んだ好生館同窓生（日暦）。
重松壮助・重松惣助（重松壮介）・重松信秀	国立公文書館アーカイブスに「重松信秀」で検索すると、明治25年12月27日に提出された「佐賀県士族重松信秀、旧姓名壮介」の履歴書を見ることが出来る。明治４年12月14日兵庫県十等出仕、５年工部省電信寮十等出仕、７年１月電信寮八等出仕、８年６月大蔵省記録寮九等出仕、９年３月司法省十等出仕、10年１月任五等属、同年４月鹿児島裁判所在勤、11年12月横浜裁判所、12年12月任四等属、14年６月任三等属、15年12月任二等属、17年３月神戸始審裁判所・洲本支庁、10月山形始審裁判所酒田支庁管内鶴岡へ出張、18年４月鶴岡治安裁判所出張、８月長野始審裁判所出張、19年１月広島控訴裁判所会計課詰、６月任裁判所書記、叙判任官二等、20年６月叙判任官一等下級俸、21年６月長崎控訴院会計主務、23年９月上級俸、10月叙判任官一等上級俸、24年８月16日任司法属、一級俸、会計課詰、司法省物品検査官、11月福井岐阜両地方裁判所并其管内各庁へ出張12月26日官制改正以来勤労不少ヲ以テ金参拾円賞与ス、二十年余（請求番号任A00283100-03700）。峯源次郎の日暦によれば、峯は明治３年１月17日、相良知安先生に命じられ佐賀藩邸の重松壮助（介）君の所へ行く、その用事は故郷佐賀への手紙を託すためであった。同年７月20日には重松惣助（壮介）の寓居霊巌島まで訪ねているがこの時のお使いの内容は書いていない。重松はこの頃までは佐賀藩邸に勤めており、翌４年12月兵庫県に就職し、工部省、大蔵省、司法省と勤続している。「東京寄留人名簿」の重松信秀の寄留先は「西久保桜川町14番地石丸安世方」となっている。石丸安世は明治４年８月工部省初代電信頭になった人物であるので、重松が寄留したのは明治５年２月から同７年12月の頃と思われる。天保６年（1835）12月～大正元年（1912）10月。享年78。
重松裕二・重松元雄	佐賀藩家老鍋島左馬之助（孫六郎・茂精）家臣、重松豊庵の子。父豊庵は佐賀藩医業免札姓名簿の88番目に登録されている。裕二は慶応４年戊辰戦争に鍋島左馬之助のもと秋田に従軍した。峯源次郎日暦には、明治５年１月17日に重松が峯を訪れ、１月26日旧主深堀氏（鍋島左馬之助）の雪見の宴招待に重松は峯を誘いに来て、向島に同行している。１月29日には重松と峯は西村貞陽を訪問している。西村貞陽は佐賀藩出身の開拓使権判事であるので、この頃重松と峯の開拓使出仕の話は進行していたのであろう。同年８月８日協一丸で渋谷良次等と出発した重松は札幌に赴任し、９月12日に到着した峯と秀島文圭を出迎えた。岩内分院勤務を経て12年10月小樽の汐見台出張所に赴任、14年小樽開運町に開業、19年公立小樽病院廃止の跡を小樽病院の名称を引継ぎ経営したが、27年２月火災で廃院となる。24年６月17日来道中の松本順を囲み記念写真に納まっている。その後は自宅重松医院で産科として名を馳せた。重松医院は小樽で裕二→元八郎→保彦と続き、明治に開運町であった自宅の住居表示は住吉町に変った。裕二は一度離道を決意したが、室蘭で船を待つうちに気が変わり、明治20年後半に東京の妻子を日本海廻り航路の開始時に小樽に迎えた。裕二は晩年まで往診に闊歩し医界・小樽政界の元老として尊重された（『佐賀医人伝』）。峯の日暦に裕二が登場するのは明治22年４月28日が最後で、渋谷良次の家に招かれ、峯も同席している。北海道立公文書館の開拓使簿書に「佐賀県医生、重松裕二、三十七才、御用掛申付候事、但月給五拾円、壬申（明治５年）七月九日、開拓使」（5716-47）。明治15年６月『内務省免許全国医師薬舗産婆一覧』94㌻に「内外科、履歴、免状番号369、重松裕二」、22年『日本医籍』北海道小樽郡「開運町、重松裕二」、31年８月の『帝国医籍宝鑑』246㌻に「重松裕二、小樽開運町」、大正８年『帝国医師名簿』には「開運町１丁目、重松裕二」に続き「同所、重松元八郎」が後継者として記載されている。天保７年（1836）～大正４年（1915）１月。享年80。
重道	万延元年（1860）12月15日、長崎遊学から帰郷する峯源次郎と酒を飲んだ人物（日暦）。
志州侯（寺沢志摩守広高）	文久３年（1863）１月６日、峯源次郎・島田東洋・権藤東垣・中山雲仙の一行は志州侯墓を詣でた（日暦）。志州侯とは寺沢志摩守広高（永禄６年：1563～寛永10年：1633）のこと。慶長７年から13年までの７年間で城下町整備と唐津城の大規模改修、松浦川改修、新田開発、虹ノ松原の造成を行い現在の唐津の基礎を創った。墓碑は鏡神社（現唐津市鏡）にあり（佐賀県人名辞典）。戒名前志州大守休甫宗可居士。
志田屋	伊万里の陶器商人田丸重吉は田丸和助（文政８年没）の子嘉兵衛の二男に生まれ、叔父田丸和兵衛（明治７年没）の養子となり、志田屋を継ぎ陶器商を営む。重吉に子が無かったので、親類の西徳屋からハツを、堀端の武富質屋から忠吉を養子に迎えた。重吉は明治21年５月、43歳で没（『烏ん枕95号』５㌻）。
柴田琴江→柴田琴岡・柴田花守	小城藩士二人扶持、一代茶道格、武富圯南に漢籍を牛島藍阜に画を学んだ。弘化２年37歳で画論『画学南北辨』（上・下）を著し、新風を吹き込んだ。明治38年頃の中林梧竹の言葉によれば、花守の絵の中では猿の絵が最も秀れ高値であったという。天保２年23歳で長崎の国学者中島広足について神典歌道を学んだ。有名な端唄「春雨」は彼が遊学した折に丸山の料亭「花月」で作ったと言われる。長崎遊学当初は医学を志しオランダ商館のシーボルトの門弟高良斎に師事したが、故有って断念したという。高良斎から譲られたシーボルト伝来の眼球模型が現在国の指定文化財となっている。富士山信仰から神道不二教を深く信じ活動した。明治３年４月不二教の改革を唱導し大阪に至り、ついで各地を巡講し、６年豊国神社宮司となった。15年神道実行教会の公許を得て６月管長となった（佐賀県人名辞典）。中島廣足の長崎橿園社中姓名簿に柴田は、「三生、肥前佐賀、柴田花守、不二道十世教主」とある（「幕末異国情報の伝播と長崎橿園社中（上）」）。柴田は有田郷・山代郷・伊万里郷の歌人たちの指導者であった。有田蔵春亭久富季九郎の実父金ヶ江利平鎮道は、静守と号し和歌をよくした。その師は小城藩の柴田花守であった（「峯家所蔵の中島廣足書簡」）。慶応元年９月峯静軒逝去の際には柴田花守をはじめ、今泉千秋・松井善三郎など国雅の仲間が別れに訪れている（日暦）。文化６年（1809）～明治23年（1890）。享年82。
司馬凌海・司馬盈之	旧大学少博士従六位、佐渡の農島倉栄助の子、７歳で相川学館に学び、12歳江戸に出て唐津藩儒山田寛に漢籍、蘭学を松本良順に、医術を佐藤泰然に学ぶ。長崎に至りポンペに就き学ぶ。慶応４年月三等教授として演譯講述して良く学生を指導し、５月、二等教授に進み、２年７月大学大助教に昇格し従七位。３年３月大学少博士、正七位。４年４月兵部省病院出仕兼務、７月文部少教授、８月中教授、従六位。５年１月相良知安と文部省五等出仕となり東校教場の事を管理し、大教授に進み正六位。６年12月宮内省五等出仕を兼務。７年10月両省出仕免、位階奉還。８年５月元老院少書記官、従六位。９年５月愛知県医学所副教師兼病院長。10年４月満期解職。名古屋に開業、下谷連塀町に春風社を開き教授し、生徒千余人、独和辞典を発行し重用される。不幸にして肺を病み熱海に湯治し、帰る途中戸塚駅に没す。和漢蘭英佛露清希羅の九ヶ国語ができ、ドイツ語の如きは、ドクトルミュルレルをして、何年間ドイツへ留学したかと質問される程であった（『明治過去帳』）。凌海は、明治７年９月に東京医学校長を罷免された相良知安に関連してその後同校を辞職した。愛知県は県公立病院に雇用していたヨングハンスが満期となったため、ローレツを教師として、凌海を副教師、通弁、兼医学校教師として雇入れた。ローレツは外科通論を、凌海は診断学・薬物学・ラテン語・処方学・ドイツ語を教えた。明治９年５月の愛知県布達112号にはそれまで英学を以て教授してきたところを廃し、今後は独逸学を以て教授するとある。ローレツと凌海は近代的な洋式病院・医学校の建設に腐心したが、明治10年７月天王崎の新病院落成前の４月に凌海は満期退職になっている。明治９年７月、凌海は設楽郡上津具村の診断不明の患者の往診依頼を受け、２泊３日かけて到着したのは患者死亡後であった。病理解剖を申し入れ、解剖の結果、子宮外妊娠が確認された。往診は公的なものであり、患者の墓石は愛知県により建立された。凌海に遅れて明治９年８月25日に後藤新平が愛知県病院に三等医に採用された。10月から後藤は凌海の家塾に入り、独逸学を学んだ。凌海は明治10年４月公立医学校辞職後、名古屋での開業を目指していた。この頃肺結核を発病、明治12年に名古屋を去り、上京の途次、神奈川県戸塚で没した（「司馬凌海-その名古屋時代明治９～12年-」）。天保10年（1839）11月28日～明治12年（1879）３月12日。享年41。
渋谷坤一・渋谷文次郎	坤一は、渋谷良次の門下生で、慶応４年１月渋谷先生に従い伊万里に同道。明治５年９月12日、札幌で、峯源次郎の到着を迎えた。６年１月21日札幌医学校開校式に教師の一人として出席。７年２月17日辞職。同年５月27日、遅れて北海道を出た峯は東京で文次郎に会う。明治22年９月24日、峯を訪ねて渋谷文次郎・渋谷萬次郎親子が来訪（日暦）。壬申（５年）７月、好生館外来、変則生徒（３年を期して成業に至る者とす）第二級、渋谷文次郎」（『佐賀県教育史第１』694㌻）。明治15年６月『内務省免許全国医師薬舗産

	婆一覧』95㌻に「内外科、履歴、免状番号1779、長崎、渋谷文次郎」。「佐賀県貫属士族、二十三才、御用掛月給20円。６年２月十三等出仕。札幌詰医学校掛。７年２月退職（官員明細）。嘉永３年（1850）～？。
渋谷庯太郎	渋谷良次の長男。慶応３年４月２日、庯太郎は父の門下生、織田良益・峯源次郎と嬉野温泉に行く（日暦）。『佐賀県教育史第１』に好生館壬申（５年）７月「正則生徒（７年を期して成業に至る者とす）第八級に、渋谷虎太郎」（694㌻）。「東京寄留人名簿」の渋谷虎太郎寄留先は「神田和泉町一番地医学校書生舎」である。明治18年『東京府内区郡分医師住所一覧』40㌻に「芝区西久保桜川町９番地、渋谷虎太郎」、同43年『帝国医鑑第一編』に「佐賀県平民、渋谷虎太郎、荏原郡品川町北品川宿585、安政４年１月４日生れ、肥前国杵島郡須古村は本籍地、旧試験によりて明治17年４月28日付免状を得て現所に開業、嗜好は書画」。安政４年（1857）１月４日～？。
渋谷萬次郎	『慶應義塾入社帳』第二巻356㌻に、「渋谷萬二郎、渋谷文次郎長男、証人渋谷良次」とある。明治22年９月24日、渋谷萬次郎・渋谷文次郎親子は、峯源次郎宅を訪れている（日暦）。
渋谷良次・渋谷良順⇔渋谷先生⇔師⇔渋谷総理⇔渋谷五等出仕⇔渋谷氏	佐賀藩医業免札姓名簿には、「嘉永７年10月22日、354番内外科、大石良英門人、安房殿家来、渋谷良耳、弐拾七才」とある。北海道立公文書館の開拓使公文録簿書に「渋谷良次採用ノ件辞令」と加筆された「伊万里県士族、渋谷良次、申（明治５年）四十五才、開拓使六等出仕被仰付候事、壬申六月二十七日、太政官」（5716-31）がある。明治15年６月『内務省免許全国医師薬舗産婆一覧』94㌻に「内外科、履歴、免状番号331、長崎、渋谷良次」、18年の『東京府内区郡分医師住所一覧』に渋谷良次の住所は「芝区西久保桜川町９番地」、22年の『日本医籍』の芝区には渋谷良次の名前は無い。31年８月の『帝国医籍宝鑑』には牛込区「渋谷良次、砂土原町」とあるが、34年の『日本東京医事通覧』の牛込区には渋谷良次の記載は無い。長男虎太郎の本籍地は肥前国須古村と明治43年『帝国医鑑第一編』に記載されているところから渋谷良次は須古領の出身であった可能性がある。峯源次郎の兄峯完一は、渋谷良次に師事し、鍋島市佑被官の峯家を弟源次郎に譲り、須古鍋島家の招聘に応じた。文久２年９月、その時源次郎は未だ渋谷良次の塾と藩医学校好生館に学ぶ19歳の医学生であった。その後源次郎は好生館を卒業し、上京して東校に学び、アメリカ留学を経て明治５年渋谷良次が院長として赴任する札幌へ向かい、６年１月病院付設の医学校の入学式を校長渋谷と共に執りおこなった。しかし、開拓使は渋谷良次を６年10月に罷免し医学校を７年３月に廃止し、最後まで残った源次郎も７年５月に帰京した。間もなく源次郎は渋谷良次夫人の病気を看護し、６月４日臨終に立ち会い、死亡通知に諸家を廻り、５日賢崇寺の葬儀に参列している。同年10月渋谷は渡辺氏と再婚した。15年10月22日渋谷良次は引越しをしたが、住所は書かれていない。17年４月６日渋谷は近日伊万里へ行くと源次郎に告げ、４月25日には上野八百善で送別会が行われた。17年６月１日、源次郎は渋谷良次の三男渡辺元三郎を本郷森川461番地に訪ねる。18年５月25日渋谷は源次郎宅を訪れ、源次郎宅隣の空家に入れるように家主の大隈重信への交渉を依頼した。５月28日渋谷は源次郎の隣人となる。同年９月13日渋谷は家を買うことで三枝（守富）氏に会い、10月10日上総■町へ転居した。19年３月14日大隈三井子の病を診に渋谷と峯は出かける。同11月20日渡辺元三郎が亡くなり、20日賢崇寺で葬儀。20年４月１日源次郎の三男昇三郎が渡辺家の養子となる。つまり、渋谷氏三男故元三郎の跡に峯の三男が養子に入ったのである。21年４月３日渋谷良次は一家を挙げて帰県する。しかし22年３月23日源次郎のもとを渋谷が訪れ昨日鎮西より帰ったという（日暦）。国立国会図書館デジタルコレクションによれば、渋谷良次は明治11年、『養生須知』を、19年には『嬉野温泉分析記』を書いているこの題字は鍋島直柔（旧蓮池藩主：父は直正）が書いている。19年の住所は東京府牛込区市ヶ谷砂土原町三丁目二十番地寄留とある。
島五位（島義勇）	父は佐賀藩士島市郎右衛門、母は佐賀藩士木原荘兵衛四女で、枝吉神陽の母親喜勢の妹で、兄は木原英興である。枝吉神陽・副島種臣・木原義四郎と従兄弟にあたる、安政元年33歳のとき藩命で江戸遊学、同３年９月から蝦夷地探検、翌４年閏５月から４ヶ月半樺太渡島、このとき「入北記」を著す。文久３年凌風丸建造の際は御蔵方として参画。翌４年香焼島の勤番隊長も務め、御船方に務め観光丸艦長となる。戊辰戦争では軍艦奉行として兵庫へ行き、新政府の東征海軍参謀補として先鋒隊を編成、横浜に入ると幕府海軍引渡しの交渉に立会い、勝海舟らと会談。５月軍監として下総下野二州監察の任に就き、６月江戸鎮台府権判事に任命され江戸の民政と会計を担当した。明治２年７月直正が初代開拓使長官に就任すると開拓判官に任ぜられ札幌で本府建設に着手、翌３年大学少監に転任、大学の廃止とともに４年７月明治天皇の侍従となる。12月には秋田県権令、５年２月に赴任して秋田県庁を開設、６月免官、７年佐賀の乱で刑死（佐賀県人名辞典）。峯源次郎の日暦に島が登場する明治３年７月15日は、島が急遽北海道から東京に呼び戻されて大学少監であったときである。文政５年（1822）９月12日～明治７年（1874）４月13日。享年53。
島仁三郎	写真師、島霞谷は、下野栃木町の商家に生れ、幼名玉之助。絵画を良くし嘉永年間は椿椿山に学び、文久以前に写真術を知り妻の隆と共にこれを学んだ。さらに油絵を学ぼうと、親族の幕臣寺沢氏の弟として入籍してもらい慶応３年８月開成校絵図調出役として雇用された。同年９月、開成所内で徳川茂栄（一橋大納言・松平容保の兄）と化学教師ハラタマを撮影し、半年後一橋家に出入を始め、明治元年11月15日から一代限りの家来となり、島仁三郎と改名した。明治２年10月大学東校中写字生となり、解剖図を描いたり頭蓋骨の写真撮影をしたり、活版印刷活字（東校活字）を完成させた。明治３年10月31日、熱病で死去、享年43（中西淳朗「ウィリアム・ウィリスと写真師島霞谷」）。文政11年（1828）～明治３年（1870）。享年43。
島田	文久２年（1862）と３年に峯源次郎が好生館の先生方に年始の挨拶をしているが、島田姓で候補となる人物は島田南嶺・島田東洋・島田芳橘の三人である。万延元年（1860）に南嶺は教導方兼帯、東洋は指南役兼帯、芳橘は御雇指南方と三人共好生館の役職についている（『好生館史』９㌻）。
島田東洋	「医業免札姓名簿」によれば、「250番、嘉永７年５月、内科、島田南嶺門人、島田東洋、29歳」とあるので、文政９年(1826）生れであろう。天保10年(1839）実父大恒の弟佐賀藩医島田南嶺の嗣子となり、嘉永２年（1849）伊東玄朴に入門し、長崎でポンペに西洋医学を学び、安政５年（1858）好生館教導役となり、ポンペ式西洋医学を教授し、元治元年(1864）４月11日没（佐賀医人伝）。峯源次郎日暦の文久３年(1863）１月５日～１月14日に兄峯亨の代わりに島田東洋等と唐津小川島まで捕鯨を観に行く記事がある。同年５月７日には種痘医として伊万里に出張して来た島田東洋が源次郎を手伝い医師に誘いに来ている。先の唐津旅行ですっかり親密になっていることが窺える。この時島田東洋38歳、峯源次郎20歳。島田は好生館教導で源次郎は好生館医学生であった。文政９年(1826）～元治元年（1864）４月11日。享年39。
島田南嶺	佐賀藩医島田魯堂の二男として誕生。天保５年(1834）医学寮指南役となり、天保９年４月より五ヶ年の他国遊学を命じられた。弘化４年藩主御側医となり、嘉永２年（1849）藩主長子淳一郎（直大）の牛痘の接種が成功し庶弟皆次郎（文武・倉町鍋島）への接種も成功したため、直正は南嶺に命じて川久保鍋島家弾馬賢在の子織三郎（直寶）11歳への接種を奨めた。南嶺は漢方に蘭方の新知識を加える折衷派の立場をとった。妻は牧春堂美親の娘（『佐賀医人伝』）。峯源次郎の日暦には万延元年(1860）６月６日に島田南嶺は病気の大庭雪斎を大石良英・城島淡堂と共に診察に訪れている。翌年文久元年４月25日「佐嘉老醫島田南嶺翁病没」とある。文化４年(1807）８月24日～文久元年(1861）４月25日。享年55。
島田芳橘	「幕末佐賀藩の軍制について『元治元年佐賀藩拾六組侍着到』」によれば、島田芳橘は島田悦太郎（幼少）米27石の後見で、「大殿様御医師差次・好生館指南役」とある。『佐賀医人伝』によれば、悦太郎とは島田東洋の長男で、明治20年７月７日没とある。芳橘は東洋の実弟、つまり叔父として後見役となったものである。「医業免札姓名簿」に島田芳橘は「嘉永７年５月、益千代様家来島田南嶺門人、内科、27歳」とあるので文政11年生れである。芳橘はボードインや相良知安に学んだ。『佐賀藩幕末関係文書調査報告書』266㌻の古川与一が千住大之助に宛てた10月２日の書簡には「ボードインにマンスフェルトを同道させるように芳橘に交渉させている」とある。これは慶応２年10月５日に海路で伊万里に来たボードインが直正を診察したときの事と思われる。佐賀藩としてはボードインの後任マンスフェルトにも一緒に来て診て欲しかったのである。芳橘の長男が島田完吾で安政５年（1858）生れ、明治６年第一大学区医学校予科に入学、同窓に森林太郎がおり、14年に卒業試問に合格し同年７月学位を得、森林太郎は陸軍へ完吾は海軍中軍医となった。明治41年福岡県大牟田の三井三池炭鉱医局の医長となり、大正元年(1921）８月６日没した。島田芳橘は文政11年(1828）生れで没年が不明。
清水宗菴	『武雄領着到鍋島茂義・茂昌の家臣たち』の清水宗庵は、「切米拾三石、道之輔与」で、二十八代領主鍋島茂義（1800-63）と二十九代茂昌（1832-1910）に仕えた医師。佐賀藩「医業免札姓名簿」243番目嘉永６年（1853）７月「内科、上総殿家来故清水原沢門人、清水宗安、45歳」。文化６年（1809）生れカ。
下河辺俊益・	『佐賀医人伝』によれば、下河辺家は鹿島藩藩医で、父は鹿島藩眼科医・蘭方医の行陽（ゆくはる）下河辺俊益（文政５：1822～

下河辺静一	文久３：1863)。静一は行陽の三男で、幼名竹一。慶応元年（1865)、静一は17歳で廣瀬淡窓の咸宜園に入門している。下河辺家系図によれば「24歳で卒す」とある。峯源次郎日暦には、慶応３年８月29日に鹿島医生下河辺俊益が初めて登場している。19歳。次は明治３年東京で、１月は８回、２月は４回、３月は５回と下河辺は峯の所に話に来たり、一緒に散歩したり、飲食を共にしたりしている。しかし、８月４日を最後に下河辺静一の名前は出てこない。この明治３年、静一は22歳であった。嘉永２年（1849）～明治５年（1872)。享年24。
下村晃鶴	慶応元年（1868）４月22日、峯源次郎と熊の川温泉新屋に泊った好生館医学生（日暦)。「東京寄留人名簿」の下村晃鶴寄留先は「第二大区二小区今入町三十三番地」で、この今入町三十三番地は北島常泰の住所と同じである。
下村治平	峯家系図によれば、峯完一の妻貞は下村治平の姉である。万延元年（1860）５月20日、峯源次郎の兄完一が下村治平と奈良崎（現武雄市）へ行く（日暦)。下村治平は「安政６年（1859）25歳、切米７石、杉本兵力の手明鑓組、上黒井村在住」(「幕末佐賀藩の手明鑓名簿及び大組編制」)。下村治平は安政６年に25歳なので天保６年生であろう。峯源次郎の「渭陽存候」によれば、下村治平は元治元年（1864）死去した。天保６年（1835）～元治元年（1864)、享年30。
下村大七	文久元年（1861）12月21日、峯源次郎の長姉直の弔問に訪れた人物（日暦)。源次郎の兄完一の妻は下村氏なのでその関係者カ。
下村忠清	明治15年８月３日の伊万里銀行副頭取松尾貞吉の手紙に、「下村忠清は伊万里銀行頭取となり、赴任すべきところ、未だ赴任しないまま死去した」とある（日暦)。明治７年西村隼太郎編『官員録』５ﾍﾟｰｼﾞには太政官左院「九等出仕、サガ、下村忠清」月給50円である。明治11年の『大日本国立銀行一覧表』に「三十銀行頭取深川亮蔵、支配人下村忠清」とあり、『佐賀銀行百年史』によれば下村は東京から駆けつけ伊万里銀行の開業準備・総会議長を務めた。伊万里銀行は明治15年３月９日営業許可が下りて３月10日営業を開始した。
下村求 （峯完一二男）	峯源次郎の兄峯完一の二男、母方の下村家を継ぐ。源次郎の奔走で、明治17年（1884）９月４日、静岡県巡査を拝命し、赴任した（日暦)。中里村竈帳（安政６年1859）に「儀一、二歳」とあるので、安政５年（1858）生れである（『烏ん枕94号』６ﾍﾟｰｼﾞ)。
脩進社→修進社	『明治期銅版画東京博覧図 東京盛閣図録』36ﾍﾟｰｼﾞ、日本橋区本両替町十三番地常盤橋外、修進社、「本社ハ廣ク世人ノ依頼ニ應ジ左ノ業務ヲ執ル　一、契約書ノ文案　一、紛議ノ仲裁並示談取扱　一、民刑事訴訟ノ鑑定　一、訴訟答書並諸願書等ノ文案　一、代言ノ紹介」と業務内容が書かれている。『中野武営の七十年』69ﾍﾟｰｼﾞに、「修進社というのは今の日本銀行横、両替町の角の、土蔵作りの建物に在った」、「この修進社は明治十五年からやったのを、十九年頃に解散した筈です」という。明治14年の政変で大隈参議が下野し、改進党を組織したが、次の四派が改進党構成の要素となった。修進社（河野敏鎌・北畠治房・春木義彰・中野武営)、報知派：議政会派（矢野文雄・藤田茂吉・犬養毅・尾崎行雄)、毎日派：鴎鳴社（沼間守一・島田三郎・肥塚龍・大岡育蔵)、鴎渡会（小野梓・高田早苗・天野為之・山田一郎)。中野武営は代言人として実質修進社を運営した。「党内の議論が難しくなると、中野武営と高田早苗が仲裁役をした」(64ﾍﾟｰｼﾞ）という。修進社は1882（明治15）年12月に麹町区飯田橋より日本橋本両替町13番地に移転し、さらに1886（明治19）年10月頃に日本橋区蛎殻町２丁目14番地に移転した（「後藤雅信関係資料」)。
十兵衛	安政４年（1857）５月19日、峯静軒を訪ねて来た有田の人物（日暦)。
首藤陸三	明治15年３月24日、県債の件で峯源次郎を訪れた宮城県常置議員（日暦)。嘉永４年３月15日、陸前国登米郡登米町に生れる。明治元年東京に遊学し牛込早稲田明治新塾に入り英学を修め、翌年本所共立英学校に入り尺振八氏に就いて学び、明治５年４月新潟県九等出仕英学教授となる。６年12月小倉県育徳学校教授、８年大蔵省翻訳課出仕、10年東京府書籍館と歴任し、11年宮城県属となり学務課長心得、仙台師範学校長兼務となり、13年７月辞職して９月宮城県会議員に当選。常置委員に推され、地方衛生会委員及び県会副議長に推される。15年改進党の創立に際し、これに加盟し党務に鞅掌。25年第二期総選挙に宮城県第五区より推されて衆議院議員に当選し、以来当選四回、銀盃一組下賜される。31年８月臨時選挙に県下第五区より当選し、現に憲政本党員（『衆議院議員列伝』531ﾍﾟｰｼﾞ)。
春益	安政７年（1860）１月６日、谷口藍田の塾生（日暦)。
春亭	安政５年（1858）２月12日、大川内（現伊万里市大川内町）で開業している産科の医師（日暦)。
昇栄楼	明治16年10月28日、好生会（佐賀県出身医師会）が秀島文圭幹事で開催された店（日暦)。『新撰東京実地案内に「芝区、西洋料理、烏森町昇栄楼」とある。烏森（からすもり）は現東京都港区新橋の地名（精選版日本国語大辞典)。
将軍（徳川家茂)	慶応２年（1866）５月28日、我侯（鍋島直大）を長州へ出兵させた徳川家14代将軍（日暦)。
省吾	明治３年８月25日、峯源次郎・浅田逸次・大石良乙と上野・団子坂を散歩した人物（日暦)。
正司翰一・正司勘一・ 正司乾一・正司敬蔵	明治12年（1879)、岩谷川内の山口代次郎は、同区の医師正司碩譲、拓（ひら）きの正司敬造、外尾宿の福島喜兵衛（三井物産に福島喜惣次の父)、外尾村の松村甚九郎と、習工社なる製陶組合事業を創立（『肥前陶磁史考』)。有田中ノ原町在住の地主。明治７年松浦郡新村に小作地12町９反所有（『有田町史』政Ⅰ302ﾍﾟｰｼﾞ)。
正司碩渓・正司考祺	江戸後期の経世家、通称正治（しょうじ)、号は碩渓。肥前国有田の商家に生れる、家業は絵筆の販売であったが、考祺は金融業も営み、家業を隆盛に導くと共に著述も行った。天保２年「経済問答秘録」を著し翌３年江戸に出てその後十数年間各地で見聞を広めた。佐藤一斎、帆足万里、古賀侗庵らとの交友があった。「倹法富強録」・「豹皮録」・「家職要道」・「天明録」・「武家七徳」など膨大な経世書を著した。藩専売制や藩札発行などに反対し、商人の自由な経済活動が国を富ませると主張している（日本歴史大事典)。寛政５年（1793）～安政４年（1857）12月６日。享年65。
正司碩斎	正司碩渓（考祺）の三男で、正司碩譲の父。正司碩渓は居宅は三男碩斎に譲り、拓（ひら）きの山上に隠棲した（『肥前陶磁史考』)。
正司泰助	正司泰助信敬は多久美作（多久領主：御親類同格）の被官（『肥前陶磁史考』)。
正司福一・正司碩譲	佐賀の産科医赤司道哉に学ぶや、その蘊奥を極め、当代産科の名医として近隣に名高く、難産悉く彼の手腕を仰ぎしは勿論にて、万一の場合は彼を恃みとして出産したと言われている。彼資性廉直にして、情義頗る厚く公私に尽瘁せしこと少なからざりしを以て、岩谷川内区民はその徳を追慕して、猿川神苑に頌徳碑を建設した。明治38年６月23日岩屋川内の正司碩譲、有田町長に就任、彼は先代碩斎（碩渓の三男）の長子で、俳号を笑之という（『肥前陶磁史考』)。『佐賀県教育史第１』壬申（５年）７月好生館、外来変則生徒（３年を期して成業に至る者とす）第六級、正司碩譲」(694ﾍﾟｰｼﾞ)。「明治42年の『日本杏林要覧』に掲載された九州八県下の医師・歯科医師人名」によれば、「正司碩譲、従来（明治）17年４月、佐賀、士族、嘉永５年（1852)、西松浦郡有田町1192」、同住所に「正司東次郎、医学校（明治）33年７月、慶応２年（1866)」。明治22年『日本医籍』378ﾍﾟｰｼﾞに「有田、正司碩譲」、31年８月の『帝国医籍宝鑑』613ﾍﾟｰｼﾞに「正司碩譲、有田」、42年12月『日本杏林要覧』1292ﾍﾟｰｼﾞに「正司碩譲、17年４月、佐賀士族、嘉永５年生、有田町1192」。嘉永５年（1852）～大正３年（1914）７月４日。享年63。
城島元長・城島陳善	父は佐賀藩士城島淡堂（『佐賀医人伝』)。源次郎日暦には、明治元年(1868）７月７日に城島元長（後改陳善）の名前が初めて登場し、同年11月29日には洋書購入代金７両を源次郎は元長に託している。明治４年１月15日、東京に西牟田（豊親)・浅田逸次・松隈謙吾・城島陳善・池田専介・鐘ヶ江晴朝・峯源次郎が集う、５年４月８日陳善は好生館の中寮監をしている（『佐賀県医事史』40ﾍﾟｰｼﾞ)、明治７年12月29日には大石良乙、浅田逸次、城島陳善と峯は向島に遊ぶ。陳善が源次郎日暦に最後に出るのは明治11年（1878）９月９日で、陳善の他に松栄楼に参集したのは永松東海・鐘ヶ江晴朝・西牟田（豊親)・峯源次郎であった。明治15年６月『内務省免許全国医師薬舗産婆一覧』95ﾍﾟｰｼﾞに「内外科、履歴、免状番号2371、長崎、城島陳善」。片田江町公立医学校は生徒の寄宿舎を新築、生徒は二百二三十名、院長兼医学校長池田専助、その他澤野種親、城島陳善氏等の尽力にて頗る盛大・・・」(『佐賀県教育史第１』1110ﾍﾟｰｼﾞ)。弘化２年(1845）～？。
城島淡堂・城島禎庵	文化10年（1813）12月17日～元治元年（1864）カ、「医業免札姓名簿」によれば、「476番安政２年８月、内科、親友竹門人、43歳」とある。「安政年間の佐賀藩士」には「米30石、44歳、通小路、鍋島市佑組」とある。「元治元年佐賀藩拾六組着到」には、「米30石

	但無落米皆白、内治、大殿様御医師、好生館教導方」とあり、「淡堂倅城島元長」の名前が加わる。源次郎日暦の万延元年(1860)6月6日に、大石良英と島田南嶺と共に病気の大庭雪斎のもとへ来診している。『褒賞録』元治元年12月29日に、没後の褒賞銀二枚の記録があるところから死亡は元治元年であろう。文化10年（1813）12月17日～元治元年（1864）。享年52。
浄誓寺 じょうせいじ	慈光山浄誓寺は、現伊万里市松浦町桃川の浄土真宗本願寺派、本尊阿弥陀如来。開山の古川長門守は京都の人で、肥後随一の大坊といわれた西光寺で剃髪し、善忠と改めた。この善忠が天文15年（1546）にこの地に来て法を広めたのがはじまりである。第二世了専の代、慶長14年（1609）9月23日、京都本願寺法主大谷大僧正に請うて慈光山浄誓寺と号した。創建当時は唐津領内にも多くの門徒をもち、数千戸に及んだが、そののち唐津領内は一戸も余すところなく大谷派に転派したので、門徒の過半数を失った。第二世のとき厳教寺（ごんぎょうじ：武雄市若木町）を分立し、第四世了山のときに明尊寺（松浦町提川）を分立した。明治11年（1878）第十二世貫綜の代に4年の歳月をかけて宏大な本堂を再建した（『伊万里市史』民俗・生活・宗教編）。浄誓寺には峯道菴が寄贈した大幅の「曼荼羅」と天保3年前後の峯静軒一家の「宗門改」が存在する（『烏ん枕94号』6㌻）。
省適（馬場省適）	馬場省適の欄で解説している。
少弐 しょうに	藤原秀郷の後裔。初め武藤氏と称した。鎌倉時代初期武藤資頼が鎮西に下向して太宰少弐に補任されて以来代々その職を世襲して少弐氏を称した。鎌倉時代には筑前・豊前・肥前・壱岐・対馬守護を兼帯し、大友氏と共に活躍したが、南北朝時代足利方につき次第に勢力が衰え、戦国時代には大内氏に圧迫され永禄2年（1559）少弐冬尚が千葉胤連に敗れ滅亡した（ブリタニカ国際大百科事典）。
志波覚次郎	文久2年（1862）4月7日、熊の川温泉に疥癬治療のため入浴した人物（日暦）。佐賀県立図書館の坊所鍋島家資料に「学館専業名簿」の筆頭に大之助弟二十四才、志波覚次郎」とある。志波覚次郎は、佐賀藩家老（姉川氏）鍋島周防の家来である（坊06258-2279）。
新宮拙蔵	明治15年6月『内務省免許全国医師薬舗産婆一覧』94㌻に「内外科、履歴、免状番号531、鹿児島、新宮拙蔵」。明治5年頃安田定則・竹内正恒らと開拓使に入り（明治過去帳）、6年に七等出仕月給百円（『烏ん枕90号』11㌻）。明治6年1月『袖珍官員録』に「七等出仕、新宮拙蔵」、9年『開拓使職員録』に「七等出仕、新宮拙蔵、鹿児島県士族」。
臣三郎	明治4年1月5日、峯源次郎を訪れた人物（日暦）。
新助	安政4年（1857）6月25日、峯家に宿泊した長崎の裁縫師（日暦）。
神農	神農氏は中国古伝説中の帝王、人身牛首で、人民に耕作を教えたところからいう。五行の火の徳によって王となったので炎帝ともいう。諸草をなめて初めて医薬を作ったと伝えられ医学薬学の祖と崇敬された（精選版日本国語大辞典）。
森之助	明治3年2月23日、峯源次郎が相良知安の命で、浅草寺の側へ使い行くがその時同道した相良家の使用人、4年12月18日森之助は相良家を退居した（日暦）。
新八郎	安政7年（1860）1月6日、谷口藍田の塾生（日暦）。
神保園	明治18年5月17日佐賀県人同郷会が開催された場所（日暦）。
神武天皇	第一代と伝えられる天皇。「古事記」「日本書紀」にみえる事績によれば、日向国から東征して瀬戸内海を通り難波に上陸、熊野から吉野を経て大和を平定し、橿原宮で紀元前660年に即位したという。明治以後この年を皇紀元年とした。もとより史実ではなく、その記述の解釈について多くの問題が残されている（『精選版日本国語大辞典』）。明治6年（1873）神武の昔に返るという主旨でおもに延喜式などの規定に従い皇室祭祀の日時を定め、これに基づいて国家意識を高揚させるため祝祭日の制を設けた。新暦（太陽暦）を採用するのと期を一にしていた。祝日は新年節1月1日、紀元節2月11日、天長節（天皇誕生日）、大祭日は元始祭1月3日、新年宴会1月5日、春季皇霊祭3月21日ころ、神武天皇祭4月3日、秋季皇霊祭9月23日ころ、神嘗祭10月17日、新嘗祭11月23日、先帝崩御日とが定着した（『日本大百科全書』）。
親鸞	浄土真宗の開祖、別名範宴・綽空・善信、諡は見真大師。日野有範の子、治承5年（1181）青蓮院の慈円について出家、比叡山にのぼり、20年間学行につとめたが、建仁元年（1201）29歳のときに法然の門にはいり、専修念仏の人となる。建永2年（1207）の念仏停止の際は越後国国府（新潟県上越市）に流され、四年後に罪をとかれると関東に行き、文暦2年（1235）頃京都に帰った。開宗宣言に相当する主著「教行信証」の初稿本は、関東在住の元仁元年（1224）頃に成る。恵信尼との結婚は越後国に流されて間もなくと思われ、二人の間に善鸞・覚信尼が生まれたが、善鸞は晩年義絶された。門下には真仏・性信・唯円など。著書は「浄土和讃」「愚禿鈔」「唯信鈔文意」など。「報恩講」は祖師親鸞の忌日に行われる法要、本願寺派本山では11月21日から28日。（精選版日本国語大辞典）。承安3年（1173）～弘長2年（1262）。享年90。
末吉	安政4年（1857）9月19日、峯源次郎らと松茸狩をした人（日暦）。
杉野氏	慶応3年（1867）11月20日・21日、峯源次郎が往診した佐賀の人（日暦）。
杉本軾之助⇔枚本氏	「東京寄留人名簿」には有楽町三丁目二番地大隈重信邸寄留とある。『江藤南白下』の口絵写真に、香月経五郎・丹羽龍之介・中島鼎蔵・今泉源治・徳久恒範・朝倉弾蔵・石橋重朝と共に、明治初年、東京に於いて撮影された集合写真に、杉本軾之助は後列右から二番目に写っている。『佐賀藩海軍史』には、慶応4年2月18日、関東御征伐海軍先鋒として三重津を出航した孟春丸（中牟田倉之助船将）に臨時乗船者として、島団右衛門ら数十名が乗っていたが、その中に杉本軾之助の名がある（257㌻）。杉本軾之助の名が峯源次郎日暦に初めて出るのは、明治17年2月25日、大隈家が雉子橋から早稲田へ引越した翌日で、杉本軾之助・横尾金一・南隈雄・峯源次郎の4人で空家となった大隈家の宿直を輪番制で行うことになった。杉本姓は、大隈重信の母三井子の実家の姓であるので、軾之助は大隈重信の親戚なのかもしれない。明治12年2月『大蔵省職員録』176㌻に「検査局、五等属、杉本軾之助、長崎県士族、芝区南佐久間町2丁目4番地」、13年から大蔵諸検査局は太政官に直属する財政監督機関として誕生する。13年4月『太政官職員録』54㌻に会計検査院「五等属、杉本軾之介、長崎県士族、芝区南佐久間町2丁目4番地」、14年12月の『太政官職員録』69㌻の杉本の住所は「麹町区飯田町1丁目1番地」、つまり、大隈重信邸と同じ住所となっている。15年9月『太政官職員録』の杉本の等級は「十二等官」、17年3月には「属十二等官」となっている。18年、内閣制度の発足により太政官は廃止となる。明治22年4月28日の峯源次郎日暦では、秋田県本荘治安裁判所に赴任している。明治22年5月の『司法省職員録』579㌻「本庄治安裁判所、書記、判任官六等、会計主務、杉本軾之介」とあり、同年10月の名簿の本庄治安裁判所には名前は無い。『大隈重信関係文書6』に明治4年4月24日付大隈重信宛杉本軾之助差出書簡が存在する。内容は佐賀藩の藩政改革に対する意見であるが、宛名が大隈八太郎とあり、追伸で東京出立の折山口先生（山口尚芳カ）に金子を拝借したので「御前様よりも何卒宜敷御取成被下度」と親密な間柄ではないかと思われる。大隈の母三井子の実家杉本家の関係者と考えられる。
杉本軾之助妻	峯家と杉本家は飯田町の大隈邸内に明治20年1月まで住んだ。21年7月26日峯が杉本を見舞い、22年3月12日には峯は杉本のために池田（謙斎）を訪ねる。24年1月30日赤十字社に杉本を見舞っている。8月31日杉本が峯を訪ねて来るので、退院したのだろう。9日には杉本の妻が仲の病を見舞う。10月18日夜に峯が杉本を診察する。11月28日、帰郷する峯一家を杉本の妻は新橋駅で見送った（日暦）。
少名彦	少名毘古那神（すくなびこなのかみ）。「記紀」「風土記」などに見える神、神皇産霊尊（かみむすひのかみ）の子（古事記）とも、高皇産霊尊（たかむすひのみこと）の子（日本書紀）ともいう。大国主命と協力して国づくりを行い温泉を開発、医療・禁厭の法を定め、後に常世の国に去ったとされる（精選版日本国語大辞典）。
須古喜八郎⇔ 鍋島喜八郎	鍋島喜八郎の欄で解説している。
須古太夫⇔須古伊豆 （鍋島茂朝）	鍋島茂朝の欄で解説している。

鈴木敬作	嘉永６年江戸で生れる。明治16年頃大蔵省国債局に勤める。英語に優れ命を受けイギリスへ出張したが、肺結核に罹りロンドンの日本領事館で死去。享年35（新訂増補『海を越えた日本人名事典』）。明治９年『官員鑑』文部省「東京英語学校、五等教諭、エヒメ鈴木敬作」、明治15年５月『大蔵省職員録』175㌻「国債局、御雇、鈴木敬作、東京府士族、本郷区本郷森川町１番地」、16年４月『大蔵省職員録』157㌻「国債局、御用掛、二等属、鈴木敬作、愛媛県士族、住所前年に同じ」、本郷森川町１番地は、河井鏻蔵と同住所である。嘉永６年（1853）～明治20年（1887）11月４日。享年35。
鈴木敬作弟	明治16年10月２日朝、峯源次郎は鈴木敬作を訪れその弟の弔問をした（日暦）。
鈴木大亮 すずきだいすけ	明治20年12月７日、峯源次郎は中島亮平の為に鈴木大亮を訪ねる（日暦）。明治18年６月の『大蔵省職員録　32㌻、「開拓使事業報告編纂残務掛農商務大書記官兼大蔵大書記官従五位勲五等、鈴木大亮、宮城県平民、芝区芝公園地第十五号」。『地方長官人物評によれば、鈴木大亮は天保13年（1842）９月陸前遠田郡中梓村に生れ、初め篤敬と称す、明治４年11月開拓使十二等出仕、少主典、中主典、権主典、大主典と進み、８年３月七等出仕、12月特命全権弁理大臣黒田清隆に随行し、９年六等出仕、10年開拓権少書記官、11年権大書記官、15年２月農商務大書記官、次いで大蔵大書記官兼務となり、19年北海道庁理事者、21年２月農商務省水産局長、23年３月秋田県知事、25年３月石川県知事。江戸の江川太郎左衛門（英龍）塾で、鈴木大亮は黒田清隆と同門である（『青雲の果て―武人黒田清隆の戦い―』）。26年３月逓信次官、28年12月従四位勲二等男爵（官報3737号）、40年１月31日正三位勲二等（官報7076号）、２月１日旭日重光章授与。貴族院議員錦鶏間祗候正三位勲二等男爵鈴木大亮明治40年２月１日薨去（官報7077号）。
鈴木道隆	明治17年３月14日、峯源次郎が相良（知安）氏の為に訪ねた人物（日暦）。国立公文書館アジア歴史資料センターの資料によれば、鈴木道隆は明治10年の西南戦役の際征討総督本営から「准等外御用掛」に任命され（C04027826400）、鈴木は「道隆儀、大坂臨時病院附属兼勤被申付、右御請申上候也　明治十年八月廿五日　御用掛鈴木道隆　陸軍中佐滋野清彦殿」と請書を書いている（C09081151800）。
鈴木宗泰	江戸両国橘町２丁目（現東京都中央区東日本橋３丁目）に生れ、幼名泰造、13歳の万延元年（1860）から３年、横浜のフランス公使館の英人ブラックマン氏に英語学・地理学を学び慶応元年（1865）から２年蘭医ヨング氏に博物学の大意を学ぶ。このヨング氏が愛知県医学校のヨングハンス教師と同一人物と考えられる。13歳から６年間ネイティブな英語で西洋の新知識を教えられた鈴木は、お雇い外国人の通訳が十分にできたであろう。その後さらに司馬凌海の下で慶応３年（1867）から４年間医学７科（理科学・解剖学・生理学・内科学・外科学・産科学・薬剤学）を学ぶ。明治２年（1869）６月、22歳で医学校教授試補、同７月に少助教、10月には博物学専門科を仰せつかったのち、３年（1870）大阪医学校へ転じ、４年４月大学中教授、８月文部権大助教、９月中助教、５年２月文部大助教に累進。しかしこの年10月大阪医学校廃止。この大阪医学校勤務中にエルメリンスに実地解剖学・生理学・内外科を２年間学び、リットルの理化学二科の実地と講義を１年間傍聴した。大阪医学校廃校後明治６年３月第一大学区医学校へ転じ７月府下病院医局兼通弁となり、東京府芝愛宕町に東京府病院本院（明治７年創立14年廃止）にも務めた。明治７年９月愛知県医学校でヨングハンスの通訳を務め、９年８月内務省勧業寮農学校を経て12年10月１日大阪専門学校に採用された。第三高等学校の前身である大阪専門学校へ赴任以来明治45年まで34年間三高と歩みを共にした。以上の出典は『神陵史』、京都大学文書館蔵の「鈴木宗泰公職履歴書」と「鈴木宗泰私的履歴書」をもとに書かれた廣谷速人氏の「虎脚気校医・鈴木宗泰のこと」による。峯源次郎日歴に鈴木宗泰が登場するのは明治10年１月９日のみある。このとき鈴木は内務省勧業寮農学校勤務で東京在住である。峯と鈴木の共通点は共にヨングハンスの通弁をしたことである。佐賀県においても愛知県においてもヨングハンスの仕事や履歴の全容が伝わっていないのは残念である。そして幕末早い時期に英学を学んだ鈴木宗泰や峯源次郎の功績は埋もれているのである。弘化４年（1847）７月４日～？。
須田廉	明治７年６月28日峯源次郎を訪ねて来た人物（日暦）。
角田雲亭	文久３年（1863）４月５日、山代郷天神（現伊万里市東山代町天神）に住む。峯が訪問した人物。（日暦）。
陶山俊良	嘉永７年（1854）４月の佐賀城下「元町竈帳」に陶山俊良は本藩医師沢野泰雲（54才）の家に同居している。「帰依寺は浄土宗横田村（神埼郡東脊振村大曲）西往寺（九品山）、鍋島茂生・内記殿（御親類鳥栖村田）家中、17才、陶山俊良」これにより陶山は天保９年（1838）生れである。文久２年３月19日、古賀且庵・陶山俊良・峯源次郎は久保田の且庵宅で会合。文久３年１月20日陶山は江口梅亭・重松玄郁・高尾安貞・峯と北山に遊んでいる（日暦）。
征夷将軍 （徳川家定）	安政５年８月25日、「征夷将軍薨」を以て佐賀藩侯は「音曲停止」を発令した（日暦）。この時の征夷将軍とは徳川家定である（朝日日本歴史人物事典）。文政７年（1824）４月８日～安政５年（1858）７月６日。享年35。
精一（中村精一）	中村精一⇔中村養安⇔佐藤昌九⇔松林昌九の欄で解説している。
蜻洲⇔田中静洲 （朝倉盛明）	峯源次郎の日暦、安政７年（万延元年）８月25日、「薩摩蘭学者蜻洲来訪」の蜻洲とは、田村省三「薩摩藩における蘭学受容とその変遷」中の鹿児島藩開成所句読師田中盛明（静洲）のことと思われる。万延元年ころ長崎留学した田中静洲は帰藩後、鹿児島藩洋学校開成所の句読師に任命された。その後静洲は英国留学生19人のひとりに選ばれ、慶応元年(1865）４月密航留学に旅立つ。1866年１月、イギリスからフランスに留学先を変え鉱山学を学び慶応３年(1867）帰国した。薩摩藩が招聘したフランス人鉱山技師フランソワ・コワニエの通訳を務め維新後はお雇い外国人コワニエと共に生野鉱山の開発に当たり、朝倉盛明（1843：天保14～1925：大正14）の名で活躍した。密航留学当時の変名朝倉で帰国後も通し本姓に戻らなかったようだ（「日本人地質技師の草分け-朝倉盛明」）。明治４年『袖珍官員録』91㌻「工部省、鉱山寮、権助、朝倉盛明」とある。
清凉亭	明治５年７月27日、峯が送別会をしてもらった現佐賀市西魚町の料亭（『烏ん枕87号』13㌻）。
関本氏	明治３年５月21日、峯源次郎が谷口八重次郎を訪ねた八丁堀の塾の主宰（日暦）。
石龍子 せきりゅうし	石家は初代石龍子が、正徳４年（1714）に江戸芝三島町（現港区芝大門１丁目）に居を構え医業の傍ら観相学を始める。３代石龍子（相栄）の代に、観相学が医学の範疇か陰陽学の範疇かの裁判で、安永９年（1780）３月23日医学の範疇と認められ勝訴。その後石家は代々石龍子を名乗り観相学の家として昭和まで続いた。初代石龍子→２代石龍子（相明）→３代石龍子（相栄）→４代石龍子→５代石龍子（観相学者、性相学の始祖）久留米藩医中山家の分家儒学者中山泰橘の二男中山時三郎→６代石龍子（静岡県田方郡下狩野村仁科嘉七二男嘉六）（佐賀医学史研究会報150号）。明治18年の『東京府内区郡分医師住所一覧』に「芝区専門従来医師の部、三島町11番地、内科、石龍子」、31年８月の『帝国医籍宝鑑』芝区「石龍子、三島町」、医籍取得年月と生年が書かれた明治42年12月の『日本杏林要覧』には載っていない。
セメンス Duane B. Simmons	ドクトル・セメンズは「横浜十全病院開基者、米国紐育州の人にして1833年生る、安政５年渡来、横浜に医業を営む、日本医道の恩人たり、明治22年２月19日東京芝区慶應義塾邸内の寓居に病没す年57」。1833年～明治22年（1889）２月19日。享年57（『明治過去帳』）。アメリカ人、キリスト教（オランダ改革派教会宣教師）、医学（横浜十全会びょういんいし・セメンエン創始者。1859年11月、S.R.ブラウン、G.H.F.ヴァーベックとともに日本に派遣され、ヴァーベック（フルベッキ）だけが長崎に赴き、二人は横浜に上陸した。セメンズは医療宣教師として横浜で開業した。一旦ベルリンで研鑽を積み再度横浜に戻る。1873年から80年まで横浜十全会病院に勤務した。1881年退職の際には日本政府から勲五等に叙せられ双光旭日章が贈られた。翌年アメリカに帰ったが、1886年には母親を伴い再来日した。慶應義塾の福沢諭吉と親しく義塾内に居住した。なお虫下し薬「セメンエン」は彼が調合したことから名付けられたという。1889年２月19日、母親を残して東京で死去した（『来日西洋人名事典』）。
全庵	徳永幾太郎の弟（日暦）。
仙波徳次郎	犬塚駒吉の岳父で芝神明前に住んでいる（日暦）。
先考（峯道庵）	峯道庵欄で解説している。
先考（峯静軒）	峯静軒欄で解説している。
先妣 せんぴ（峯為）	峯為欄で解説している。

副島	万延２年（1861）２月17日、峯完一・峯源次郎兄弟が参加した扶氏経験遺訓読会の会員（日暦）。
副島	文久３年（1863）１月２日、兄完一に従い源次郎が新年の挨拶をした人物（日暦）。
副島昭庸	明治13年11月『大蔵省職員録』12㌻「翻訳課、御用掛、准判任、副島昭庸、長崎県士族、麹町区平河町六丁目12番地」16年４月『大蔵省職員録』報告課「御用掛、准判任以下同じ」、19年７月『大蔵省職員録』200㌻「非職、元准判任御用掛、副島昭庸、佐賀県士族」とある。「勧興小学校西脇に変則校一ヶ所建設、開成校と相唱、先以不日外国語学開業」したのが開成校であった。この開成校教員の一人が副島昭庸で、昭庸は教員任用の伺書に「佐賀の役における所属党派が征韓党と朱書きされ、処罰は放免」で「副島昭庸ハ蕃地之碩学」とある（『佐賀県教育史』４巻398・522㌻）。９年６月に開成校明治９年８月20日、副島昭庸他三名は「洋学再興願」を三潴県権参事松平太郎宛に提出（『佐賀県教育史』１巻918㌻）。峯源次郎は明治17年１月28日、大蔵省同僚の名前を羅列する中で「副島照陽」と「副島昭庸」のことを書いていると考えられる。そうであれば、副島昭庸は副島要作のことで、佐賀藩蕃学稽古所（蕃学寮：後の致遠館）句読師→開成校教員→佐賀変則中学校内洋学所教員を経て大蔵省御用掛に就職していることになる。
副島多五郎	明治23年12月13日、伊万里大川内の副島多五郎が峯源次郎を訪ね、西肥会雑誌の協賛を依頼した峯は承諾（日暦）。明治27年12月、西松浦郡伊万里町に伊万里貸金（資）を設立、資本金2000円、社員は大川村の副島多五郎、伊万里町の花島芳樹ら９人で業務担当社員は花島芳樹（『佐賀近代史年表上巻』278㌻）。
副島種臣	嘉永元年藩校弘道館内生寮首班、３年楠公義祭同盟に参加、５年京都に留学し皇学を研究、安政５年帰藩、佐賀兵の上洛を建言し禁足に処せられる。６年３月副島五左衛門利忠の養子となる。同年弘道館教諭、文久元年明善堂心得として江戸へ派遣され、２年佐賀に送還され他藩交通禁制を命じられる。慶応元年ころ大隈重信の誘いを受け長崎で英学伝習、３年３月大隈と脱藩し上京、５月佐賀へ送還され謹慎。４年３月13日徴士参与、制度事務局判事、閏４月21日参与、７月23日東北遊撃を命じられる。明治元年12月４日東京在勤、12月10日議事取調兼勤。２年２月藩政改革のため帰藩、５月12日行政機務取扱、教導局御用掛兼勤、７月８日参議。４年５月９日外務省御用専務、７月24日参議辞任、11月４日外務卿。６年２月27日特命全権大使として清国へ３月13日発、７月25日帰国。10月13日参議、外務省事務総裁、10月25日参議、外務省事務総裁辞任、御用滞在。７年１月12日板垣退助らと愛国公党結成、１月17日民撰議院設立建白書提出、９年９月９日御用滞在を免ぜられた。12年４月21日宮内省御用掛一等侍講兼侍講局総裁。17年７月17日伯爵。19年２月５日宮中顧問官。21年４月30日枢密顧問官。24年９月10日枢密院副議長。25年３月11日内務大臣、６月８日内務大臣辞任、枢密顧問官、６月20日正二位、この年東邦協会会頭となる。38年１月31日旭日桐花大綬章（佐賀県人名辞典）。幕末、佐賀藩が長崎に設けた蕃学稽古所（慶応４年８月致遠館と命名）の舎長としてフルベッキの教えを受ける。舎長助は大隈重信、句読師は中野健明・中山信彬・中島永元・堤董真・副島要作。当時十代藩主直正の侍医を務め長崎留学中の相良知安は副島種臣・大隈重信と交流し、直正へ副島・大隈の意見を仲介した（佐賀医学史研究会会報159号）。文政11年（1828）９月９日～明治38年（1905）１月31日。享年78。
副島仲謙	アジア歴史資料センターと国立公文書館の検索で副島仲謙は、明治５年大阪医学校に在勤、６年２月３日二等軍医に任じ、７年菊地篤忠とともに陸軍二等軍医正に任じ、10年３月24日副島は西南戦争で陸軍少尉島尾政之助の死亡診断書を書いている。同年８月、熊本軍団支病院長代理陸軍二等軍医正の肩書である。13年８月近衛歩兵第二連隊医官兼士官学校医官副島仲謙は、士官学校医官兼戸山学校医官に転じ、14年大阪鎮台病院治療課長になったようだ、20年10月依願退職願により、熊本鎮台非職陸軍二等軍医正副島仲謙は、退職仰せ付けられ後備軍躯員となる。20年12月恩給が許可され、28年５月、正六位に叙され、陸軍一等軍医正に任じられた。明治31年度第６師団留守官衙諸兵補充隊将校同相当官職員表の留守師団司令部、軍医部、二等軍医正副島仲謙の名が見える。退職後は『佐賀新聞に見る佐賀近代史年表明治編上』に、明治27年（1894）４月、副島仲謙は神埼郡医会会頭に就任。29年３月、改選された県会議員当選者の中に副島仲謙の名前がある。「明治42年の『日本杏林要覧』に掲載された九州八県下の医師・歯科医師人名」によれば、「副島仲謙、履歴（明治）17年５月、佐賀、士族、弘化３年（1846）生れ、神埼郡神埼町247）。国会図書館サーチによれば、副島仲謙は堀内利国・明石退蔵と共に、明治７年（1874）、「陸軍病院扶卒須知」を翻訳（陸軍文庫）している。弘化３年（1846）～？。
副島唯一	「東京寄留人名簿」に副島唯一は西久保明舟町十七番、仙谷久寧方同居中溝有立方寄留」。明治７年の西村隼太郎編『官員録』18㌻大蔵省「十二等出仕、サガ、副島唯一」月給は25円。明治11年２月の『大蔵省職員録』９㌻「五等属、副島唯一、長崎県士族、麹町一丁目１番地」、13年11月『大蔵省職員録』11㌻「翻訳課、三等属、兼常平局火災保険取調掛、麹町区麹町一丁目13番地」、15年５月11㌻「報告課、二等属、兼議案局日本鉄道会社会計監査掛、住所同じ」、19年７月『大蔵省職員録』179㌻「非職、元一等属、副島唯一、佐賀県士族」。
副島要作・副島照陽	佐賀藩が長崎の諫早屋敷に設けた蕃学寮（慶応４年８月25日致遠館と改称）の５人の句読師（中野健明・中山信彬・中島永元・堤董眞・副島要作）の一人である。舎長は副島種臣、舎長助が大隈重信で、フルベッキが教授である。峯源次郎は、大庭雪斎塾と好生館に於いて修学中の文久元年（1861）８月21日、副島要作を訪問しており、要作は後に照陽と改称したと書いている（日暦）。天保５年（1834）～？。大蔵省職員副島昭庸との関係は今のところ不明。
添田壽一	福岡県平民、弱冠にして文学士となり大蔵省主税局御用掛を命ぜられ後に黒田長成侯に従い英国に遊学して明治20年帰朝し大蔵省主税官に任ぜられ同省参事官同大臣秘書官同書記官同監督局長を経て大蔵次官に進み従四位に叙せられ、31年辞職して台湾銀行頭取となる。32年法学博士の学位を受け、爾後日本興業銀行総裁となる。経済に関する著書多し（人事興信録第８版昭和３年）。明治21年『職員録』甲43㌻「主税局、奏四等上、文官普通試験委員、添田壽一、小石川区大六天町13番地」、23年『職員録』甲48㌻「総務局、兼務、参事官、文官普通試験委員、従六位、添田壽一、小石川区水道端町二丁目53番地」。元治元年（1864）８月10日～昭和４年（1929）７月４日。享年66。
曽根	明治21年１月12日、峯源次郎が書画鑑定を頼んだ人物の一人（日暦）。
た行	
對鶴館 たいかくかん	明治20年３月６日、峯源次郎が訪れた旅館（日暦）。『新撰東京実地案内』に「京橋区、對鶴館（たいかくかん）、元数寄屋町」。対鶴館現当主亀岡幸子は高嶋ちさ子との対談で明治初年に出て来た広島県出身の創業者のことを語っている。対鶴館のネーミングは苗字の亀岡にちなみ「亀：カメ対鶴：ツル」から由来するという（「GINZAOFFICIAL」VOL.45)。『明治期銅版画東京博覧 東京商工博覧絵』280㌻に「旅人宿、對鶴舘（元数寄屋町）」とある。
高尾	万延２年（1861）２月17日、峯完一・峯源次郎兄弟が参加した扶氏経験遺訓会会員の一人、高尾安貞カ（日暦）。
高尾安貞	元治元年（1864）５月９日、峯源次郎が佐賀渋谷良次塾で同門となった人物、佐賀藩の練兵を見学したり、文久元年（1861）２月17日扶氏経験遺訓読会で共に学ぶ。文久２年４月１日には峯と高尾は福島豊作の家に遊び天山登山を楽しむ。慶応４年（1868）４月22日熊川温泉新屋に泊まった記録が最後である（日暦）。
高木文種	医学士、明治15年東京大学医学部を卒業。外科に長じ、39年７月28日東京に死す（『明治過去帳』）。「東京寄留人名簿」に「高木文種、神田和泉町一番地第一大学区医学校書生寮」。明治５年佐賀医学校好生館中寮監（月給11円）高木文種（『佐賀県医事史』）。18年の『東京府内区郡分医師住所一覧』の住所は「山元町２丁目１番地」。明治34年の『日本東京医事通覧』に「高木文種、学士、17年５月登録、佐賀県士族、嘉永３年７月生、永田町２ノ67」。嘉永３年（1850）７月～明治39年（1906）７月28日。享年57。
高嶋	明治22年８月４日、峯源次郎を訪ねた人物（日暦）。
高島鉾三郎	明治23年11月21日、峯源次郎が訪ね、24年２月８日・４月４日には峯宅に話をしに訪れた人物（日暦）。同人社同窓生カ。
高田早苗	江戸深川伊予橋通りに生れ、幼名銈之助、半峰と号す（早稲田大学文化資源データベース）。教育者。政治家。明治15年東京大学文科を卒業後、大隈重信を盟主とする立憲改進党の結成に加わり、小野梓と協力して早稲田に東京専門学校をおこした。小野早逝後は事実上の学長的存在として、私立高等教育の確立に尽力し、1902年同校を早稲田大学とし、慶応義塾と並ぶ二大私立大学とした。

	1888年『読売新聞』主筆となり、また1890年の第一回総選挙で衆議院議員に当選して以来、1903年の第８回選挙まで政治家としても活躍した。同時に英米政治研究の第一人者として『英国政典』『英国憲法史』など著書も多く、文芸・演劇・絵画にも第一級の鑑賞眼を示した（日本歴史大事典）。安政７年（1860）３月14日～昭和13年（1938）12月３日。享年78。
高藤三郎 たか・とうざぶろう	明治７年西村隼太郎編『官員録』24㌻大蔵省「出納寮二等、大属、トウキョウ、高藤三郎」、明治11年２月の『大蔵省職員録』に「権少書記官、正七位、高藤三郎、東京府士族、浅草北三筋町４番地」、19年７月『大蔵省職員録』178㌻「非職、元少書記官、従六位、高藤三郎」。高藤三郎は文政11年伊豆国君沢郡戸田村の豪農勝呂家に生まれた勝呂弥三兵衛の七男で幼名鍵蔵である。七歳年長の兄為忠も名主・取締役を歴任し、戸田村でのロシア人による洋式帆船戸田号建造に尽力した。鍵蔵は嘉永２年駿府町奉行三好大膳ニ仕官し、安政２年江戸本所の幕府御徒高藤三郎の養子に入り藤之進と名乗った。函館奉行下調役公事方兼帯、御徒目付、神奈川奉行支配調役、大坂奉行支配組頭と進み、慶応元年、永々御目見以上との旨、御家人から旗本へ昇進した。維新後は沼津兵学校の管理を担当、この頃先代の名藤三郎を継ぐ。明治３年５月民部省へ出頭、６月通商権大佑に任命され、大蔵省に転じ、４年11月出納権大属となり、14年大蔵少書記官、従六位に叙せられる。明治42年１月25日に死去。藤三郎の長女唯の婿は沼津兵学校資業生出身で日本銀行幹事をつとめた三田佶（ただし）である（沼津市明治史料館通信56号）。文政11年（1828）12月８日～明治42年（1909）１月25日。享年82。
高藤鉡三郎	明治21年８月２日峯源次郎が訪ねた人物（日暦）。
高藤鉡太郎	明治22年４月28日に久松清二と共に、峯源次郎を訪ねた人物（日暦）。
高藤龍之	明治21年４月27日、峯源次郎が見舞った人物（日暦）。
高橋貞也	大学南校ドイツ学教員（日暦）。
高椋忠次郎⇔ **田中屋忠次郎**	筑前山鹿（ちくぜんやまが）の陶器商人である。屋号は田中屋。万延元年（1860）閏３月８日、忠次郎は源次郎の父静軒に受診した高椋忠兵衛の身を案じて駆けつけた人物である。その高椋忠次郎が明治18年（1885）２月７日、峯源次郎訪ねて来た。その晩が大隈家の宿直当番であった源次郎は、忠次郎と一緒に泊って宿直をした25年の積もる話をしたのだろうか（日暦）。峯源次郎日暦に、『伊万里焼流通史の研究』に、文久２年（1863）には筑前山鹿陶器商として荷主総代となるほど忠次郎は力があった（321㌻）。明治９年（1876）７月９日田中屋忠次郎は小石川春日町大黒屋に仮寓する峯源次郎を訪れる（日暦）。14年の「陶器講申合」に筑前高椋忠次郎とあるこの人が田中屋忠次郎と同一人物であろう（『伊万里焼流通史の研究』905㌻）。
高柳敬右衛門	織田良益の嬉野在住の叔父（日暦）。
高柳某	明治22年９月18日水曜日、峯源次郎を訪ねて来た人物（日暦）。
高山某（高山周徳）	岡山県出身の医師、明治４年（1871）に開拓使医官となり、札幌病院の主席医師、のちに副院長となったが、明治14年在職のまま病没した。開拓使からの各種辞令や医師会業免許など28点の高山周徳辞令綴あり（北海道立文書館）。明治６年１月『袖珍官員録』に「八等出仕、高山周徳」、９年３月『開拓使職員録』に「八等出仕、高山周徳、岡山県士族」。12年４月『開拓使職員録』49㌻「御用掛、医、高山周徳、岡山県士族」、同８月「御用掛、准判任官、医、高山周徳、岡山県士族」、13年４月には「月俸70円」と書かれている。
多喜乃友三	文久２年９月27日瀧迺凌雲の名で松本順へ入門。奥州盛岡人、天保７年生。慶応２年３月函館ロシア病院に通学、滝野衡雲の名で同５月函館奉行所雇えとろふ詰を拝命し２年間勤務、明治３年12月三等医小樽詰。以後多喜乃友三と改称、６年札幌病院勤務、十等出仕（『烏ん枕90』13㌻）。明治９年３月の『開拓使職員録』には「九等出仕、多喜乃友三」。
多久乾一郎	佐賀藩多久領領主多久茂族の長男。母は鍋島安房茂真（須古領主：十代藩主直正の庶兄）の長女雍。幼名土丸、初めの実名は模穀（かたよし）、のちに乾一郎と称した。慶応２年（1866）11月１日、佐賀城で藩主のお手副により元服、茂穀と改めた。明治２年（1869）２月東京に遊学し、同年７月藩知事鍋島直大の命により帰国し、佐賀五番大隊長を拝命した。３年６月任を辞して再び東京に遊学した。４年アメリカに留学し、９年帰国して東京英語学校正科教員に任じられ、のち大蔵内務御用掛を命じられた。12年男爵伊丹重賢二女少枝と結婚。17年12月父茂族が没し家督相続した。21年６月式武官を拝命、28年日清戦争で旧領内の出征軍人戦没者弔祭料若干を支給、30年10月華族に列し男爵を授与され、32年６月東宮侍従に任じられ同年10月旧領内の七小学校に維持基金として5300円を寄附した。また同月山林四町二反と500円を多久聖廟に寄付した。34年１月長男龍三郎が誕生、同年11月皇太子・東宮殿下に随行中葉山御用邸で発病し、11月18日没す、50歳（『多久市史』人物編）。明治15年１月『大蔵省職員録』に「報告課御用掛、多久乾一郎、長崎県士族、本郷区湯島天神一丁目71番地」とある。明治11年（1878）「維納府ロイベル会社営業ニ関スル広告」を翻訳している（古典籍総合データベース：早稲田大学図書館）。嘉永５年（1852）５月２日～明治34年（1901）11月18日。享年50。
多久氏⇔多久少辨（多久茂族 たくしげつぐ）	４歳になった天保７年12月24日家督を継いで多久家11代当主となる。11年から12年まで杵島・松浦・彼杵の郡方、その後御武具方、御小物成方頭人、長崎仕組頭人、弘道館頭人、江戸御屋敷頭人を歴任。幕末にはたびたび長崎に出張し外国船の対応にあたり、江戸幕府から褒賞が与えられた。慶応４年５月28日戊辰戦争へ多久領の兵436名を率い出征、宇都宮、白河、若松などを転戦、その功績により明治天皇から褒詞・宝刀・150両を、有栖川熾仁親王から褒詞・宝刀・白絹が与えられた。いくつかの官職を経て明治５年５月に伊万里県権令となった。県庁は伊万里の円通寺に置かれていたが、大蔵省に移転を願い出、５月29日県庁は佐賀へ移り、県名も佐賀県に改称され、佐賀県権令となった。11年帰郷し、地域振興に尽力、同年に東島猷一らと運炭舎を設立し、坑業の発展にも貢献した（佐賀県人名辞典）。天保４年（1833）９月20日～明治17年（1884）12月20日。享年52。
多久島徳之允	山代郷大庄屋を天明２年（1782）から代々務める多久島家12代当主。佐賀士族清水武平の三男として有田皿山代官所、白川役邸にて誕生、幼名雄三郎。有田皿山の大坪氏に育てられ、才能を買われ多久島家の義子となり、妻芳は当家十一代徳左衛門悦延の長女。累代の役職を奉務し在勤中しばしば賞誉を蒙る、維新の後大庄屋を廃す、よって学校教員を拝命。齢六十有七年にして諸国を経歴し、伊勢・常陸両神宮并出雲大社諸社に賽詣し、書画帖を携え諸国碩儒名士を訪ねる。平常、敬神愛国の志厚く武を貴び貧を憐み、陰徳を冥々の内に布きたまう、高年に臨みてまた抜擢され皿山泉山陶石場に勤め、壽翁と尊号す（「山本家所蔵「郭公吟・蕉翁姿情辯」）。文化８年未（1811）７月16日～明治23年（1890）８月21日。享年80。
田口卯吉	旧幕臣、三代の祖慎左衛門は佐藤一斎の子、５歳で父を喪い、沼津兵学校に及第し軍医を目指すが、乙骨太郎乙の推薦で大蔵省翻訳局に入り三年業を了り紙幣寮出仕。７年頃紙幣寮権中属、９年頃中属、10年大蔵省判任心得御用掛となり、11年官を辞す。12年経済雑誌社を創立、日本経済論、自由貿易説などの著書を出す。嚶鳴社に入り自由立憲党に所属、27年東京市より衆議院議員に選ばれる。両毛鉄道株式会社社長に推され、南島商会を起こす。32年３月法学博士の学位を授けられ言論文章を以て政治的知識を社会に広布。38年４月慢性腎臓炎に中耳炎を併発し13日死去（『明治過去帳』）。安政２年（1855）４月20日～明治38年（1905）４月13日。享年51。
多藝某	明治４年７月26日夜、サンフランシスコのウェルスパルマ氏宅で峯源次郎が会った桑名藩の人物（日暦）。
竹内正吉・竹内正恒	峯源次郎は明治５年９月12日、札幌で出迎えた一員に竹内正吉と記し、６年１月21日医学校入学式には竹内教頭と記録されている。９年４月２日、向島で旧医学校職員メンバーが花見をした際には竹内正恒と書いている（日暦）。開拓使公文録に「和歌山県医生、竹内正恒、四十八才、御用掛申付候事、但月給百円、壬申（明治５年）七月九日、開拓使」（簿書5716-48）。明治６年１月『袖珍官員録』に「七等出仕、竹内正恒」とある。明治15年６月『内務省免許全国医師薬舗産婆一覧』に「内外科、履歴、免状番号829、東京、竹内正恒」。明治９年４月２日、竹内正恒は開拓使札幌病院・医学校の部下、新宮拙蔵・山崎幸平・峯源次郎らと向島で花見をしている（日暦）。文政８年（1825）～？。
武富圯南 たけとみいなん	武富圯南は、名定保、通称文之助。中村嘉田や古賀穀堂に従学、天保６年江戸遊学が許可され古賀侗庵に入門、同年12月明善堂で10代藩主鍋島直正に「易経」を講義。９年帰国、弘道館教諭、ついで教授となる。晩年は八幡小路で天燭舎を設け文化教育に貢献した。明治２年弘道館を辞職、５年東京へ移住した。佐賀城下白山街に居し、街の北に圯（土橋）があったことから圯南と号した。その宏覧博識は鍋島直正をして、「もし私に文之助の学問の十分の一でもあれば、天下で自在に活躍できるであろう」と言わしめた

	（佐賀県人名辞典）。文化５年（1808）４月27日～明治８年（1875）２月27日。享年68。
武富栄助	伊万里今町陶器商「堀七：ほりしち」の武富七太郎の二男。天保５年（1834）13歳のとき父逝去、弘化３年（1846）25歳のとき、本家を継いだ兄茂十が39歳で死亡したが嗣子熊助はまだ10歳であった。以後栄助は熊助を助け育てて本家存続に成功し「堀七」は維新後、横浜・神戸に支店を、東京に出張所を設け繁栄させた。明治15年、伊万里銀行創立の発起人となり、本家の熊助は取締役に就任した。栄助の二女仲（嘉永元年：1848生）は峯源次郎と慶応元年（1865）に結婚、峯は大隈重信家の家庭医・翻訳官として明治初頭から出入し、明治11年５月24日からは雉子橋の大隈邸内に住んだので、伊万里銀行人事等の窓口となり、霊巌島鍋島別邸三十銀行や大隈重信との交渉に尽力した。明治15年３月31日武富熊助が泊りに来て「伊万里銀行資本37万円」と告げる、４月３日には熊助を伴い鍋島邸に深川亮蔵氏を訪ね、転じて霊巌島鍋島別邸三十銀行に下村忠清氏を訪ね伊万里銀行頭取就任を懇請。このように峯家には伊万里銀行役員の来訪が毎年のように続く、手紙での依頼もある。栄助には仲の下に信太郎、源三郎、米が居たことが日暦で確認できる。明治17年６月28日、峯は「お米の笄」の買物を依頼する手紙を武富源三郎から受取る、同年７月24日、岳父栄助から笄が着いたとの手紙をもらう。この「米」は仲の妹で米の結婚相手が伊万里銀行横浜支店の丹羽豊七であることが19年以降の日暦から徐々に分かってくる。栄助は安政４年（1857）から本家隣に分家建設を始め６年に完成させた。慶応４年（1868）５月21日、好生館で医学修業中の源次郎に30両を送金、その後も明治２年東校進学、４年ドイツ留学、５年開拓使（北海道）就職にも異議無く送り出し、仲とその子の面倒をみたのである。明治11年６月５日、仲と子を迎え入れた峯の大隈邸内の家に泊った栄助は、その後日光観光や東京見物をして６月26日横浜港から伊万里に戻って行った（『烏ん枕95号』７㌻）。文政４年（1821）～明治22年（1889）11月２日。享年69。
武富女	曩日来所し峯家に投宿して、文久３年（1863）９月10日、伊万里に帰って行った女性（日暦）。
武富熊助	武富家は伊万里今町に店舗を構える陶器商、江戸時代後期の当主武富七太郎（1812～1834）の「七太郎」と家脇に堀があったところから「堀端の七太郎」と呼ばれ屋号を「堀七」といい、文化から天保にかけて手広く伊万里焼の卸問屋を営み、筑前船越・山鹿・下関・伊予・神戸・江戸・越後などに販路を広げ盛んであった。七太郎の跡は長男茂十が継いだが、弘化３年（1846）39歳で没し、唐津屋岡田新十の二男を養子にしたが、その武富熊助はまだ10歳であった。そこで分家の武富栄助（茂十の弟）が助けて存続した。維新後熊助は横浜・神戸に支店を、東京に出張所を設け伊万里屈指の陶器商となった。長男茂助（安政５年：1858生）に明治30年（1897）に先立たれ、大正11年（1922）86歳の生涯を終えた（『烏ん枕95号』・『幕末・明治と伊万里の人』）。天保８年（1837）～大正11年（1922）６月５日。享年86。
武富源三郎	峯仲、武富信太郎の弟で、丹羽米の兄。『伊万里市史続編』に明治29年８月、中村千代松・西喜左衛門・武富源三郎の三人は『肥前国伊万里港湾ヲ開港外貿易港タラシムル私議』を出版した（525㌻）。？～明治31年２月21日。
武富源太郎	明治17年８月13日、峯源次郎が受取った手紙の差出人カ（日暦）。
武富秀席	慶応２年９月29日、峯源次郎が佐賀の渋谷良次塾に戻った時、在塾していた諫早の人物（日暦）。
武富信太郎	武富栄助の長男で、峯仲の弟、武富家（堀七）分家として質屋を営む。峯源次郎の五男五郎を商人に育てた（『烏ん枕95号』12㌻）。嘉永３年（1850）～明治28年（1895）４月９日。享年45。
武富忠吉⇔林田忠吉	明治17年９月28日、峯源次郎は武富忠吉に回答の手紙を出す。19年６月６日、峯は林田忠吉（武富忠吉）連れて大隈氏に面会し、東京専門学校に入学させ、伊万里の武富熊助に手紙で報告した。同年９月12日、吉田春吉と東京専門学校に林田忠吉を訪ね、大隈氏にも面会した。20年１月４日、忠吉は峯の子供たちと横浜（峯仲の妹丹羽米宅）へ出かけている。22年５月26日、峯は熊助に忠吉の事で手紙を書く。同年８月12日峯は忠吉に専門科講習を止めて退校すべき事を申し遣わした。23年２月３日、忠吉は汽車で神戸に帰る。（日暦）。忠吉はその後、伊万里の陶器商志田屋田丸重吉の養子となり、跡を継いだ（『烏ん枕95号』５㌻）。20年７月20日、英学部一年後期生林田忠吉は、学期中成績優等ニ付、東京専門学校長大隈英麿から賞状を授与された。この賞状は峯家から平成14年佐賀市大隈記念館に寄贈されている（『烏ん枕93号』７㌻）。
武富仲⇔峯仲	峯源次郎は慶応４年２月23日の日暦に仲は武富栄助の長女と書いているが、戸籍上は武富栄助の二女である。峯静軒発病のため急遽、慶応元年（1865）８月21日峯源次郎と結婚式を挙げた。
武富藤	武富家本家、武富熊助の二女。明治24年７月４日結婚（日暦）。
武富茂助	屋号「堀七」を標榜する伊万里津の有力陶器商武富本家武富熊助の跡継ぎで、妻は松尾貞吉の長女である。安政５年（1858）～明治30年（1897）。享年40。茂助が東京の峯源次郎を訪ねたのは明治７年12月６日、17歳のときでこの時源次郎は茂助と犬塚駒吉を連れて青山の開拓使園を案内した。12月19日には茂助・駒吉・平林伊平・源次郎の四人で散歩している。この後茂助が源次郎宅を訪ねるのは15年12月、16年12月、17年12月、18年３月で、19年以降は手紙の往復である（日暦）。
武富禮之進	圯南の二男（日暦）。武富圯南（文化５年：1808～明治８年：1875）は、名定保、通称文之助。中村嘉田や古賀穀堂に従学、天保６年江戸遊学が許可され古賀侗庵に入門、同年12月明善堂で10代藩主鍋島直正に「易経」を講義。９年帰国、弘道館教諭、ついで教授となる。晩年は八幡小路で天燭舎を設け文化教育に貢献した。明治２年弘道館を辞職、５年東京へ移住（佐賀県人名辞典）。
武昌吉	峯源次郎は明治22年３月11日、東京府衛生課長武昌吉を訪ねる。要件は開業鑑札（医師免許証）の書換に関する相談であった。３月13日と６月２日にも訪ねている（日暦）。長岡市御山町の「故長岡藩総督河井君碑」（河井継之助の碑）は明治23年に建立されたが、建立に尽力した８人の一人が武昌吉である（『長岡市政だより』平成15年12月25日発行）。明治７年の西村隼太郎編『官員録』73㌻「文部省、十三等出仕、トウキョウ、武昌吉」とある。
田尻稲次郎	前東京市長、法学博士。東京府下馬込村小宿の本邸で晩年を悠々自適中14日午前８時朝酒一杯傾け庭を散歩躓いて転んだが何事もなく、二階の居間に入り書見、11時頃下から二段目の処で階段を踏み外し頭部を打ち脳震盪を起こして人事不省となる。付近の外科医を招き応急手当で息を吹き返し医師も安心して立ち返るが、数分足らずで容体悪化、信頼深い和泉病院長木村徳衛の手当を受けようとしたが間に合わず、持病の尿毒症・腎臓病を併発して逝去。鹿児島県士族田尻次兵衛三男、幼時藩校に学び東都に出て洋学を修め、明治４年選ばれて米国に留学ハードボルト中学からエール大学に進み、経済・財政・政治の三科を専攻し帰朝、大蔵省書記官兼東京帝大講師が始まりで大蔵省国債局長、銀行局長、主税局長を経て大蔵次官。その間法学博士号を授与され、日清の役の功で男爵、明治32年から大正７年２月まで会計検査院長、日露役の功により子爵、貴族院議員勅選、４月東京市長推薦、10年退官（『大正過去帳』）。嘉永３年（1850）６月～大正12年（1923）８月14日。享年74。
田尻泰蔵・田尻種博	幼名文太郎のち右近、宮内、泰蔵。戊辰の役に大隊長として小城藩兵700名を率い奥羽秋田・大舘に転戦した。戦功に対し本藩鍋島家より賞典禄20石、新刀一口を、小城鍋島家より銀200枚、短刀一口を下賜された。佐賀の乱では小城藩士を率い与した廉で徐族の上終身懲役を命ぜられ徳島へ送られた。明治10年大赦によって伊万里山代に帰り、小城岡山神社や山代青幡神社の祠官を勤めた。明治34年５月10日死去。墓は伊万里市東山代町大久保の親種寺（『小城町史』742㌻）。戊辰戦争に出兵した小城隊隊長家老田尻種博。明治７年２月小城藩士族有志は憂国党に参加したがその司令総隊長は田尻泰蔵（種博）であった（「戊辰戦争と小城-革新的気運の醸成」・『小城鍋島家の近代』23㌻）。
田尻禮造	嘉永元年(1848）１月10日～大正２年(1913）10月30日、享年66、法名竹陰齋學海文瀾居士、墓は玉雲親種寺。諱禮造、号は竹陰、別号愛山。父實哉は本姓江口、代々田尻家臣、版籍奉還の際田尻種博より田尻姓を賜る、慶応元年(1865）小城藩儒江越禮太先生が久原に経綸舎を設けられ、そこに学ぶ、傍ら英語を英人莫理斯（モーリス）に学び、算数を樋渡重政に学ぶ。明治６年江越先生有田白川小学校長となる。従いて教員を務め、12年山代精博小学校長となり、22年東山代村長に就任。34年辞して佐世保に移居、41年長崎に移り没す、妻は（山代郷大山留）永尾ちか、二男七女あり、長男太郎跡を継ぐ（親種寺墓碑銘）。
田代剛作⇔田代組	田代屋は田代紋左衛門と田代慶右衛門の兄弟で、長崎西浜町にて貿易を伸展し、上海・横浜（明治７年）に支店を設け、当時有田焼の貿易は田代の名義でなければ外国人の信用を得られないと言われる程であった。田代剛作は田代慶右衛門（明治10年７月21日没）の子である。田代屋の暖簾は田代源平（長崎西浜町）と田代市郎治（横浜弁天通）に継承された（『肥前陶磁史考』）。

田代氏	明治24年12月11日、峯源次郎が訪れた有田の人物（日暦）。
田代忠助	明治24年12月27日、峯源次郎を訪れた人物（日暦）。
田中氏	明治16年1月1日、峯源次郎が新年の挨拶をした人物（日暦）。
田中章	明治10年9月1日、峯源次郎が神戸で会った大蔵省同僚（日暦）。『峡中名士月旦暗剣殺第1巻』（明治27年）の「山梨県収税長田中章」であろう。作者は田中章は収税吏は得意分野ではないので適任の道を進むべしと言及している。
田中喬樹	明治21年10月21日日曜日と22年1月27日日曜日に峯源次郎が訪ねた人物（日暦）。『横浜商工名鑑』の「株式会社渡邊鉄工所、大野町10、設立大正7年4月、の監査役田中喬樹」カ。
田中藤蔵	伊万里下町の二代石丸源左衛門の二男として生れ、石丸家の向い側にあった田中家（陶磁器や呉服商）の後継者となる。明治20年、三代石丸源左衛門が伊万里銀行の取締役を退くと、その後を大正3年まで27年間務めた。26年、兄の三代源右衛門が病没すると、家業の柱、海運部門の亀屋回漕店（大阪商船伊万里代理店）を石丸玄吉と交代して引継ぎ、伊万里を代表する商人になる（『幕末・明治と伊万里の人』）。嘉永2年（1849）10月～大正3年（1914）7月。享年66。
田中屋忠次郎	高椋忠次郎の欄で解説している。
田中屋忠兵衛	万延元年（1860）閏3月8日に峯静軒宅に入院してきた筑前芦屋浦の陶器商田中屋忠兵衛は、堀七武富家とも大きく商取引していることが、天保11年（1840）、弘化2年（1845）の武富家大福帳に記録されている（『伊万里焼流通史の研究』241～246㌻）。
谷井正道	明治10年12月29日、峯源次郎が会いに行った人物。11年5月2日、峯と永井當昌とではなむけの飲み会をして送別した人物（日暦）。
谷謹一郎	東海生命保険相互会社社長、久しく肋膜炎に罹り治療中、東京赤坂高木町20の自宅で逝去。大分県士族谷永祚の長男。明治10年3月家督相続、かつて仕官して大蔵大臣秘書官たり。桂冠後身を実業界に投じ、富士製紙株式会社取締役、日本勧業銀行監査役を兼ねた（『大正過去帳』）。明治11年2月『大蔵省職員録』6㌻、「三等属、兼仏国博覧会事務取扱、谷謹一郎、大分県士族、牛込若宮町19番地」、16年4月『大蔵省職員録』には「一等属下等、農商務一等属」、18年6月の『大蔵省職員録』には「権少書記官、住所が芝区赤羽根町1番地」となり、19年には「官房秘書官、奏任官三等」と昇任している。嘉永2年（1849）8月23日～大正3年（1914）11月8日。享年66。
谷口精一	谷口藍田二男。父藍田が安政6年（1859）暮春に有田に戻り開いた衡山書樓塾頭を務めていた文久2年、21歳の若さで病死した。才能あふれた人物であった。天保13年（1842）～文久2年（1862）8月2日。享年21（『佐賀医人伝』）。峯源次郎は日暦に、精一は藍田先生の長子と書いているが「藍田先生年譜」によれば、二男である。
谷口復四郎	谷口藍田の五男、明治12年旧鹿島藩主鍋島直彬に従い沖縄県に奉職、東京の内務省警保局に移った17年12月22日に死去（『佐賀医人伝』）。「東京寄留人名簿」に「谷口復四郎、飯倉四ツ辻元長井町鍋島邸内寄留」。明治17年3月『太政官職員録』86㌻、会計検査院「属十二等官相当、谷口復四郎、佐賀県士族、麹町区祝田町2番地」とある。嘉永6年（1853）11月～明治17年（1884）12月22日。享年32。
谷口八戸次郎（八重次郎）	谷口藍田の三男、出奔し行方不明であったが明治33年7月19日、千葉県大原町の岩瀬氏の許で死去した。享年52（『佐賀医人伝』）。嘉永2年（1849）～明治33年（1900）7月19日。享年52。峯源次郎は日暦に、八重次郎は藍田先生の二男と書いているが、「藍田先生年譜」によれば三男である。
谷口藍田	諱は中秋、字大明、肥前有田（方言であいた）に生まれたところから、藍田（らんでん）と号す。父方三宅氏の先祖は鍋島直茂に従い帰化した韓人。17歳で学問に志し、天保10年山口龍蔵の名で咸宜園に入門し都講となる。廣瀬淡窓に「才気あり」と言わしめた。しばしば姓名を変え、韓介石の名で7名を廣瀬淡窓に紹介し入門させた。その後も韓中秋の署名を多用した。江戸で羽倉簡堂に入門、傍ら佐藤一斎・古賀侗庵・廣瀬旭荘・佐久間象山・頼鴨厓・鈴木春山・伊東玄朴・坪井様を歴訪、京都の新宮涼庭家塾に学び、弘化3年帰郷。翌年佐賀弘道館の武富圯南・草場佩川・福田東洛に学びつつ各地歴遊を続け、嘉永4年30歳の時、有田で開塾した。藍田の父の陶溪は医師三宅省陰の三男で谷口家を継ぎ皿山代官所官吏から後に開塾した。母は清水伯安の娘縫、縫の弟清水龍門は武雄領の名儒であった。藍田は初め眼科医木下一普に入門し、一普の長女益と結婚し、六男七女をもうけた。藍田は有田の川原善八・謙吾・忠次郎兄弟や久富与平昌起を教え、峯源次郎も安政6年に入門した。藍田塾からは成冨清風・本野盛亨・白井元孚・磯崎東陽・野中子栄らが出た。慶応元年藩医花房の招きで長崎に出た藍田は、翌慶応2年鹿島藩主鍋島直彬の招きも受け、鹿島藩校弘文館教授・大参事を明治23年まで務め長崎と鹿島を往復した。24年東京で講義を始め、26年北白川宮能久親王への進講を機に、27年北白川宮邸に住居し、諸王子に教授を続け、29年四谷新宿に移り藍田書院を開いた。32年高野長英の碑銘を書き上げ、明治35年11月14日81歳の生涯を終えた（『佐賀医人伝』）。谷口藍田は峯静軒を称賛した詩を残している（『藍田谷口先生全集文上巻一』九オ・ウ、十オ・ウ）。文政5年（1822）8月15日～明治35年（1902）11月14日。享年81。
田原栄	広島県廿日市市出身、広島外国語学校（1874-1876）、東京開成学校（1876-1877）、東京大学中退（1877-1881）、広島中学校教員（1881-1882）、東京専門学校講師（1882-1892）、東京専門学校寄宿舎舎長(1884-1885)、校友会創立に参画（1885.12）、東京専門学校幹事（1886-1892）、東京専門学校議員（1886-1889）、東京専門学校評議員（1889-1902）、東京・横浜にて漆器製造・輸出業に従事（1892-1902）した（早稲田人名データベース）。安政5年（1858）8月～大正3年（1914）10月18日。享年57。
太兵衛（徳久太兵衛）	徳久太兵衛の欄で解説している。
檀栄一郎	檀文逸の養子、慶応2年（1866）3月3日、峯源次郎に『和蘭文典』を借りに来た（日暦）。
檀文逸	文久3年（1863）6月14日、伊万里医会の出席者、森永見有・檀文逸・赤司雪斉・吉田柳軒・馬場有適・峯源次郎（日暦）。佐賀藩「医業免札姓名簿」には「安政4年（1857）9月10日、577番、内科、大庭雪斎門人、加賀守殿家来田尻監物被官、檀文逸、伊万里木須村、巳40歳」とあるので、文政元年（1818）生れである。加賀守は小城藩主。
チト	吉永伊作の妹（日暦）。
長酡亭 ちょうだてい	明治15年1月21日、峯源次郎が赴いた茶画詩会の会場不忍池（東京都台東区上野公園にある池）の店（日暦）。尾崎紅葉『硯友社の沿革』に「廿一年の春であったか、少年園の宴会が不忍池の長酡亭（ちょうだてい）に在って」とある。「渭陽存稿」の明治15年に、「不忍池長酡亭小集。諸彦囲碁戯賦」と題した漢詩がある。
枕山翁	大沼枕山の欄で解説している。
沉篤斉⇔沈篤斉	文久3年（1863）10月12日、長崎留学中の峯源次郎が訪ねた大浦の清国人。同年12月26日、峯静軒の往診を荒木昌三を介して依頼して来た（日暦）。
津江虚舟	明治15年5月『大蔵省職員録』11㌻報告課「六等属、津江虚舟、静岡県士族、下谷区上野桜木町27番地」、18年6月『大蔵省職員録』13㌻「報告課、五等属、津江虚舟、静岡県士族、神田区松永町18番地」。国会図書館サーチによれば、明治11年（1878）日下壽譯『財政約説抄訳第2部公債之部』を閲している。
塚越鈴彦	明治7年西村隼太郎編『官員録』21㌻大蔵省「租税寮一等、中属、ツルガ、塚越鈴彦」月給40円。明治11年2月『大蔵省職員録』113㌻に横浜税関「四等属、塚越鈴彦、神奈川県士族」、15年5月には、三等属に、16年4月には二等属に昇進している。峯源次郎とは明治4年9月30日、サンフランシスコで終日二人で話をしている。11年11月9日、峯が神奈川の塚越を訪問。14年6月17日仕事で出かけた横浜税関で、峯は塚越に邂逅する（日暦）。土佐博文「佐倉順天堂門人とその広がり」によれば、塚越鈴彦は弘化2年3月7日に上野国新田郡太田村に塚越弥兵衛の二男として生まれた。通称寅之助、良三、のちに鈴彦と称した。幼時より学問を好

	み16歳で江戸に出て漢学を学ぶ。続いて横浜で英学を学び明治元年８月、若狭小浜藩に英学教授として招かれ35石を給わる。明治３年５月に米国に渡り化学と商法を学び明治６年９月に帰国。同年11月国債寮十等出仕、７年２月租税寮関税局に転じ、11年７月大蔵三等属、15年２月検査課長となる。19年３月10日に42歳で病死、東京谷中天王寺に葬られた。
月岡	明治５年１月５日、相良元貞（ドイツ留学中）の件で峯源次郎と芝の松隈謙吾のところへ協議に行った人物（日暦）。
月の屋	明治18年２月28日、峯源次郎が大蔵省同輩と囲碁を楽しんだ日本橋東の店（日暦）。
月森龍三	明治15年１月25日・26日に峯源次郎を訪ねて来た人物（日暦）。
辻熊一郎	明治19年１月14日前田㫖之助の紹介状を持って峯源次郎を訪ねて来た小城の人（日暦）。明治11年佐賀師範学校訓導、辻熊一郎（『佐賀市史３』203㌻）。明治16年６月15日佐賀県官吏「辻熊一郎警部」（『佐賀県議会史下』644㌻）。明治16年７月１日佐賀県庁開庁式の準備を終って新佐賀県警察人事の発令、佐賀県警察本署詰常務係警部辻熊一郎（『佐賀県警察史』上377㌻）。明治19年７月『大蔵省職員録』40㌻「主税局、判任官六等、辻熊一郎、佐賀県士族、芝区西ノ久保明舟町19番地」。『前田家文書調査報告書』に、辻熊一郎書簡、「６月15日、東京芝明舩町、より前田貢之助宛、当地家賃予想外高いので小奇麗な売家を買い求めるので来る25～26日までに送金を乞う」（19-ラ-13-i）。辻熊一郎書簡、①明治19年12月７日、②明治19年12月17日、前田㫖之助宛金子調達の件、小原儀三郎宛金子調達の件（51-ニ-５-g-６）。辻熊一郎はがき「明治19年１月９日前田㫖之助宛年賀状（51-ニ-５-W）。
津田善行	明治５年６月『官員全書改開拓使』に「開拓吏生、津田善行」、明治６年１月『袖珍官員録』に「少主典、津田善行」とある。10年８月には六等属になり、大阪府平民とある。明治７年３月１日、札幌、村山貴正の家で催された国雅（和歌）会に峯源次郎とともに出席した人物（日暦）。
土山盛有	中島盛有で解説
堤喜六・堤董眞	元海軍省翻訳課長正六位勲六等、佐賀県肥前国佐賀士族堤董保の男、母は東氏、人となり温厚篤実、幼より学を好み、安政２年命じられ蘭学寮に入り、６年蘭学寮指南役。元治２年（1865）佐賀藩が、幕府に請い、長崎英学伝習所に入学、堤も選ばれ、米国教師に学ぶ。慶応４年（1868）英学寮指南役となり、２年大寮長、大学教論兼舎長、大学中助教に進む。３年兵部省奏任出仕、兵部省六等出仕、５年海軍省六等出仕、７年頃海軍秘書官、16年11月翻訳課長、17年６月非職。享年53。長子虎一郎跡を継ぐ、女豊千代は陸軍歩兵中尉宇都宮太郎に嫁き早世、二男安次郎、三男孝三郎夭折（『明治過去帳』）。「東京寄留人名簿」に堤董真は「第三大区八小区赤坂中ノ町十八番地」。明治16年６月『海軍省職員録』に「翻訳家、六等出仕正六位勲六等、堤董眞、佐賀県士族、赤坂区赤坂仲ノ町21番地」。明治５年１月20日、峯源次郎は相良知安の為に、大隈参議邸で堤喜六に会っている。幕末の長崎で佐賀藩が設けた英学校で、副島種臣は舎長、大隈重信は舎長助、堤喜六は執法五人の中の一人である。相良知安は十代藩主直正の侍医の立場を幸いに大隈重信・副島種臣と直正との間の意思仲介伝達係をしたのであった（「佐賀医学史研究会報」159号）。天保６年（1835）１月～明治20年（1887）３月３日。享年53。
堤宗源	文久２年（1862）４月16日、好生館入門者氏名中に、「堤宗元」とある（『小城藩日記』にみる近世佐賀医学・洋学史料後編249㌻）。文久３年（1863）９月24日、佐賀藩松浦郡有田郷中里村の峯静軒宅を訪れた小城の医士（日暦）。
常甫	安政３年（1856）９月27日、峯静軒の長崎の友人藤村庸平（光鎮）が静軒に入門させるために連れて来た甥の市次。同年10月24日に市次は常甫と改名。４年７月９日に帰省した常甫の名はその後日暦に出ていない（日暦）。
恒助	元治元年（1864）５月８日、峯源次郎を訪ねて来た人物（日暦）。
坪井芳洲	旧名は大木忠益。米沢に生れ、坪井信道に学び、その養子となり、のち為春、芳洲と改める。万延元年蕃書調所教授手伝、のち西洋医学所教授となる。明治11年埼玉県立医学校長兼病院長となり、19年３月31日死去、享年63（『東大医学部初代綜理池田謙斎-池田文書の研究-上』)。『明治過去帳』には坪井為春、非職元東京大学御用掛従六位、慶應３年江戸医学所教官となり薬物学を講義し、明治２年大学少博士、５年頃文部省六等出仕、17年10月23日東京大学御用掛となる。文政７年（1824）～明治19年（1886）３月31日。享年63。
妻⇔内子⇔内人（峯仲）	峯仲の欄で解説している。
鶴崎良規	文久元年（1861）10月８日好生館で、峯源次郎・久保栄哉・上村元儒と共に和蘭文典前編の会読を始めた一人で、翌２年４月21日には熊の川温泉に峯と同道（日暦）。
鶴田清八	明治８年７月９日、峯源次郎を訪ねて来た人物（日暦）。『佐賀県近世史料第五編第一巻』によれば、鶴田清八は慶応４年７月11日羽州（現山形県真室川町及位：のぞき）の戦で負傷した佐賀藩士（1029㌻）。「安政年間の佐賀藩士」によれば米９石、28歳、諸富津、志摩組。安政３年（1856）28歳として文政12年（1829）生れであろう。
鶴田諿→鶴田皓 つるたあきら	多久家家臣鶴田斌の長男。幼年より伯父草場佩川、その嫡男船山に学び頭角をあらわし、福山の江木鰐水に入門。江戸安積艮斎・羽倉簡堂に学び、安政２年帰郷して邑校東原庠舎教諭となる。万延２年熊本の木下犀潭・岡松甕谷に唐明清律を学んだ。慶應元年佐賀藩東征軍従い小隊長として会津若松城を攻略、凱旋後明治政府に出仕明治２年医学校教授試補から始まり３年刑部省大録、４年司法省明法助、５年欧州司法制度調査、帰国後累進を重ね刑法・治罪法・陸海軍刑法草案編纂審査に従事、10年司法大書記官兼太政官大書記官、13年大審院詰検事（勅任官）、14年参事院議官、18年元老院議官、19年高等法院陪席裁判官、商法編纂委員取調専務、20年法律取調委員、心臓を患いながら職務に精励し急逝、享年54。天保６年(1835）12月26日～明治21年（1888）４月15日（佐賀県人名辞典）。「東京寄留人名簿」に鶴田皓「神田五軒町六番地寄留」。
鶴田某	明治８年６月20日、有田の正司乾一（後の敬蔵）と共に峯源次郎を訪ねた多久の人物（日暦）。
鶴田雄・鶴田揆一	嘉永４年12月１日、馬乗格の木下和遠の二男として佐賀藩多久領に生まれる。幼名は揆一、のち雄と改めた。多久家の家臣鶴田又左衛門の養嗣子となった。領主多久茂族に才幹を認められ、慶応３年、16歳の時、袋久平（古賀文次）と長崎の蕃学稽古所（藩の英学校）に選抜された。明治２年（1869）フルベッキに従い上京、開成学校に入り、８月、久平と共に海外留学生に選ばれ、同年10月、アメリカを経て渡欧、雄はイギリスに留学、久平はドイツに留学した。６年久平は病となり帰国の為イギリスに寄り、雄の看護を受け亡くなった。雄は７年帰国。郷土に帰り、県立佐賀中学校英語教師となった。その後辞して25年杵島郡龍王尋常小学校校長となり、31年小城郡別府尋常高等小学校校長に転じ、40年２月までその職にあった。小学教育の功労者として崇拝された。退職後上京し悠々自適の生活に入ったが、明治43年８月28日、麻布区笄町で没す。青山に葬られる（『多久市史』人物編)。明治19年『職員録』甲46㌻「総務局判任官四等、鶴田雄」とある。大蔵省総務局報告課に判任官二等として勤務する峯源次郎は明治19年10月２日、鶴田雄が報告課勤務を拝命したと記す、21年３月９日同僚鶴田雄のために集会を持つ、破産の期日が本日中の為という。同３月17日鶴田雄の破産を止めることは成功しなかった。源次郎は同郷の鶴田雄の為に債権者に会ったり、その破産を止めようと奔走する。６月29日の後は鶴田雄の名は出てこない（日暦）。『多久の歴史』に明治元年11月26日、古賀元吉・鶴田揆一の両名は長崎での伝習用図書購入費34両の交付を願い出た（699㌻）。明治２年２月古賀久平・鶴田揆一を東京に遊学させるために要した費用は二人分203両５合であった（700㌻）。嘉永４年（1851）12月１日～明治43年（1910）８月28日。享年60。
鄭右十郎・鄭永寧 ていえいねい	元外務少丞正六位勲五等、東京府士族外務書記生鄭永昌の父、明治２年外務大譯官となり従七位、３年文書権生、５年外務少丞に任じ正七位、７年頃外務一等書記官正六位、清国北京公使館附となり11年頃公使の事務を取扱い、12年頃外務権大書記官、14年頃外務省奏任取扱御用掛、15年司法省准奏任御用掛、30年７月29日病死（『明治過去帳』)。鄭右十郎は、元治元年唐小通詞過人、慶応３年には唐小通詞に昇格（「幕末における長崎唐通事の体制」)。『唐通事家系論攷』682㌻に、「鄭永寧、先名は呉卯四郎（牛郎）・右十郎、実父は呉用藏、鄭幹輔の養子となる。文政12年生れ、永寧と名を改め外務省に入り、明治21年60歳で退職し、明治30年７月29日に東京で逝去。譯司統譜の跋文を書き、この文章で永寧は不朽の名を残した。鄭右十郎は文久３年８月４日から８日まで峯家に逗留した（日暦）。「潤陽存稿」の文久３年に「長崎鄭永寧来訪家翁當其帰賦贈」と題す漢詩がある。文政12年（1829）８月11日～明治30年（1897）７月29日。享年69。

適一（馬場）	明治５年４月２日、峯源次郎は、齋藤治平の家で、水町新介父（昌庵）子と適一に会った。馬場適一カ（日暦）。
天皇皇后両陛下 明治天皇 美子皇后	明治天皇は122代天皇。名は睦仁、孝明天皇第二皇子。母は中山慶子。慶応３年即位、４年３月五箇条御誓文を発して新しい施政の大方針を明示し、開国進取、富国強兵の国是を定め、東京遷都、版籍奉還、廃藩置県を断行し、封建制度を廃し中央集権体制の確立に努め数次の官制改革を行なったのち、明治18年末内閣制度を制定、欧米諸国の制度・文物を移植して政治・外交・軍事・交通・産業・教育などの改革を急速に遂行した。明治22年大日本帝国憲法・皇室典範を制定し近代国家の体裁を整えた。明治天皇：嘉永５年（1852）～明治45年（1912）。61歳。明治天皇皇后。左大臣一条忠香の女、母は新畑大膳種成の女民子。初名は勝子、のちに美子（はるこ）。慶応３年女御となり、翌年皇后に冊立、女子教育や社会事業の振興に尽力。和歌に秀で歌集に「昭憲皇太后御集」がある。嘉永２年（1849）～大正３年（1914）。66歳（精選版日本国語大辞典）。
天皇陛下 （明治天皇）	明治13年６月16日、明治天皇は北陸巡幸に出発した（日暦）。
土肥氏	明治13年６月28日、熱海今井屋で井上馨一家と滞在中の人（日暦）。
土肥六等出仕（土肥恕平）	明治５年６月『官員全書改開拓使』に「開拓権監事従七位、土井恕平、東京府人、明治庚午（３年）十一月任」。明治７年西村隼太郎編『官員録』27㌻大蔵省「記録寮三等、九等出仕、トウキョウ、従七位土肥恕平」月給は50円。
東條世三	明治15年１月23日峯源次郎は中村敬宇先生の命を以て往学（同人社）を始める。２月12日東條世三を訪問、８月11日早朝に東條と中村先生を訪問、16年・17年・18年・19年の年始挨拶には中村先生と東條を訪問している。17年７月14日に東條が峯を訪れ学校が暫く廃止と告げる。８月１日学校再開、峯は月曜日と金曜日を往学の日とする。18年９月９日東條の留守宅を峯が訪問。20年４月３日に同人社同窓会が松源楼で開催された。中村敬宇先生夫妻、若先生夫妻、東條世三、平田八郎、峯ら二十数名が出席。17年４月22日東條世三妻病没の記述から東條は同人社幹部として峯源次郎の身近な存在であることが分かる。東條世三の名が出るのは22年７月24日が最後である（日暦）。19年７月『大蔵省職員録』31㌻主税局「属、従七位、判任官二等、東條世三、牛込区東五軒町35番地」。東条世三は、同人社の『文学雑誌』で西洋文化の翻訳・紹介にあたる（『中村敬宇』210㌻）。
同人社	明治６年(1873）２月、中村敬宇が東京府下第四大区三小区小石川江戸川町17番地に開いた英学塾。慶應義塾・攻玉社と並び称された（『中村敬宇』）。峯源次郎の「渭陽存稿」の明治20年に、「丁亥之春與同人社諸氏饗中村敬宇先生於松源楼賦呈先生」と題した漢詩がある。「一楼会同廿余人。同人之社是出身。材其仮令有差等。薫陶無私教育恩。聊設粗饌供盲耆。妄語自笑抵献芹。先生能容弟子狂。藹然臨坐如春雲。曾聞君臣為一体。何如師友有渕源。撮影今日逢妙手。竝座正襟写斯真。一片銀画光栄足。千載可伝師友親。功名不羨凌煙閣。丹青未乾幾人存。」残念ながら同人社同窓会の集合写真をはじめ、古いアルバム・写真類は残っていない。
東門太夫 （鍋島伊豆守茂朝）	三好嘉子氏は、東門大夫について「以前（草場珮川日記上巻）はその邸が佐賀城の東門に位置した白石鍋島山城直章を指していたのが、やや時代の下った日記下巻文中では【須古東門大夫】の呼名を頻繁に見かけるようになる。これは【東門大夫】が鍋島直正庶兄の須古鍋島安房を指しているのである」と言い、「【文政５年12月16日、養子御内慮被仰出。文政８年３月21日、東御門内元御鷹屋拝領之。文政８年６月３日、引越。文政８年６月８日、安房と更名被仰出之】の史料によって、文政８年以後の鍋島安房茂真が【東門大夫】にあたることが確定付けられた」という（『草場珮川日記』下巻）。鍋島安房茂真は慶応２年４月に死去しているので、峯源次郎日暦の慶応４年閏４月11日の東門大夫は、安房茂真の子伊豆茂朝である。父は鍋島直正の庶兄で須古鍋島家（物成3300石、本藩鍋島家の親類同格）、を継いだ鍋島安房茂真（慶応２年４月卒）。茂朝は15代となり伊豆守を名乗る。弟に鍋島市佑の養子となった鍋島克一、鍋島喜八郎がいる。(『幕末佐賀の家老たち』)。天保11年（1840）～明治28年（1895）。享年56。
時（吉永時）	吉永時欄で解説している。
徳島謙蔵	明治３年４月10日、峯源次郎が郷里への手紙を託そうと桜田の藩邸に訪ねた人物（日暦）。『佐賀市史３巻』151㌻によれば、徳島謙蔵は廣木良温と連名で、明治６年11月、「学校興隆ニ付建白書」を上申した。その後、徳島謙蔵は明治７年４月、「呉服町啓蒙小学校」に採用された（『佐賀県教育史』第１巻767㌻）。
徳永幾太郎	万延２年（1861）１月27日から元治元年（1864）８月30日まで峯源次郎が親しくした古賀（現伊万里市大坪町古賀）に住む友人。前田万里（作次郎）に学んだ同門である。文久３年３月７日には弟の全庵を連れて源次郎を訪れた（日暦）。「渭陽存稿」には、慶応元年に「挽徳永幾太郎」と題し若くして逝った友を悼んでいる。有田の谷口藍田塾衡山楼で談論し、源次郎は佐賀へ、幾太郎は肥後へ遊学し、西洋学と漢学を学んでいた。幾太郎は一朝忽然と死去した。？～慶応元年（1865）。
徳久円左衛門	明治５年３月24日、東京から一時帰郷した峯源次郎を招いて酒を振る舞った中里村の隣人（日暦）。
徳久嘉平	中里村の峯家近隣の人物。明治５年３月27日一時帰郷した源次郎を招き酒を振る舞う。８年６月、一時帰郷中の源次郎と話をしに来訪、同年11月13日、又東京に発つ源次郎の餞別会をする。10年10月19日一時帰郷の源次郎を話をしに訪ねる。21年４月９日源次郎の二男直次郎が徴兵検査のために伊万里に行き７月18日東京に戻った。その晩源次郎は嘉平に手紙を書いた。24年12月帰郷した源次郎を13日に嘉平が訪れている（日暦）。
徳久菊	峯静軒の二女、峯源次郎の次姉、徳永太兵衛の妻。家は峯家の隣である（日暦）。明治３年閏10月10日逝去、賢室浄貞大師（峯家資料）。
徳久熊助	明治24年12月12日、東京から帰郷し峯医院を再開したばかりの峯源次郎が診察した患者の夫（日暦）。
徳久駒太郎・ 徳久太郎次	徳久太兵衛と峯源次郎の姉菊の子。すなわち源次郎の甥である。源次郎の妻仲が明治11年５月上京し、源次郎一家が明治24年に帰郷するまでの13年間、中里村作井手の峯家留守宅全般の管理を行った。徳永家と峯家は隣接している。峯家には若干の田畑も存在した。
徳久太兵衛	徳久太兵衛は峯源次郎の姉菊の夫である。『九州史料落穂集第五冊』に「石井太良右衛門与、徳久太兵衛由緒」が次のように書かれている「某先祖徳久土佐儀、天理様（龍造寺長信）多久御入城之節、御供七拾五人之内ニ御座候、土佐・弥七兵衛・千右衛門・安左衛門・某迠五代ニ而御座候事」(103・123㌻)。『多久市史』二巻近世編に「有田郷作出岩、無足被官徳久太兵衛」とある。幕末期、多久領の被官で領外の佐賀、有田、伊万里などに居住していた者は、無足被官７名、歩行８名、被官58名、職人歩行13名、足軽26名の合計112名。(106㌻)。「無足被官」は地方知行や切米を貰っていない無扶持の被官である。「名被官」は扶持米を貰っていない御被官（領主が直接取立てた被官）のことで、「無足被官」と「名被官」との区別はよく分からないという（123㌻）。
徳久龍助	徳久太兵衛の弟。好漢で、峯静軒に学んで画を描き和歌を詠み、いつも峯家に出入している（日暦）。
徳久老母	徳久太兵衛の母親（日暦）。
豊島屋妻	長崎歴史文化博物館の2021年４月「長崎開港450周年記念展」の展示リスト№196「資料名：出島阿蘭陀屋舗景図、作者名：豊嶋屋、制作年：江戸時代後期、所蔵：長崎歴史文化博物館」、№200「資料名：唐人屋舗景、作者名：豊島屋、制作年：安永９年（1780）、所蔵：長崎歴史文化博物館」。豊島屋とは長崎で出島オランダ屋舗図や唐人屋舗図を出版する版元である。峯源次郎日暦に長崎病婦豊島屋妻が出るのは、安政６年（1859）８月18日である。豊島屋の妻は輿に乗って中里村峯宅までやって来た。
冨岡敬明	神代家の二男に生れ、天保３年冨岡家の養子となる。義祭同盟の人々と交流、大野村山内代官のとき、永蟄居中の江藤新平を金福寺に迎えたという。元治元年御蔵方太田蔵人の暗殺を計画した罪で家名断絶、家屋敷田地一切没収の上、伊万里久原の獄に長くつながれた。明治２年３月江藤らの周旋で出獄、３年６月小城冨岡家再興、10月佐賀藩大属、４年佐賀藩権大参事、11月伊万里県権参事、５年山梨県権参事、６年山梨県参事、８年名東県兼五等判事、10月依願免兼官、９年11月熊本県権令、11年熊本県令、19年熊本県知事、24年貴族院議員、33年男爵。中林梧竹は従兄弟（佐賀県人名辞典）。文政５年（1822）11月８日～明治42年（1909）２月28日。享年88。
富田	明治11年２月23日、峯源次郎と向島に観梅した人物（日暦）。

富太郎	浦郷富太郎の欄で解説している。
朝長新太郎	安政７年（1860）１月13日、谷口藍田塾に来訪した大村人（日暦）。
豊女	文久３年（1863）５月21日、峯静軒と源次郎の往診先佐世保生月屋に来た女性（日暦）。
豊三郎	元治元年（1864）９月６日、峯源次郎は往診先楠久（現伊万里市山代町楠久）の豊三郎宅に泊った（日暦）。
馬蔵	安政４年10月22日、峯完一・峯源次郎らと伊万里湾に舟遊びした山代郷楠久村里正（日暦）。
な行	
内人⇔内子⇔妻（峯仲）	峯仲の欄で解説している。
永井喜炳	明治７年４月28日、札幌を離れる峯源次郎を千歳まで送った。６月７日東京の峯を訪ねて来た人物（日暦）。明治７年西村隼太郎編『官員録』97㌻開拓使「権中主典、トウキョウ、永井喜炳」とある。
永井當昌	明治12年(1879) 10月の『東京外国語学校一覧』の教員職員一覧の中に「国書教員・書器取締兼務、永井當昌、静岡」とある（国立国会図書館サーチ）。
中井某	明治11年12月15日、峯源次郎が兄完一のために松浦詮（平戸藩）邸に訪ねた人物（日暦）。
長尾喜策→永尾喜作	天明２年（1782）４月から佐賀藩松浦郡山代郷大山留（佐賀本藩の百姓を束ねる）を続ける永尾家の跡継ぎで永尾源吾の長男。喜作の長男は永尾守一。守一は、大正14年の『日本医籍録』に「永尾守一、西山代村久原、明治27年１月５日生、大正７年長崎医専卒、登42590号」とある。しかし昭和７年８月18日39歳で死去。喜作は守一の長男善兵衛を育てた。大正５年から８年まで山代町長を務めた。慶応元年（1865）12月11日～昭和20年（1945）７月30日。享年81（『佐賀藩御境目方・御山方御用日記-松浦郡山代郷大山留永尾家史料抄』)。
中尾吉次郎	元治元年（1864）４月９日、小城藩目代太田又六郎・納富介堂・峯源次郎は山代郷久原の彼の家に宿泊した（日暦）。
長尾源吾→永尾源吾	明治18年１月24日、山代郷波瀬の永尾源吾の息子喜作が来訪。父親に無断で出て来たという。峯はその夜永尾源吾と岳父武富栄助に手紙で知らせる。その後やり取りがあり、喜作はその年の四月に帰国した。永尾家は天明２年（1782）４月から永尾政十が佐賀藩松浦郡山代郷大山留を拝命以来、嘉右衛門、弥右衛門、源吾と継承してきた。源吾は明治２年家督相続した最後の山代郷大山留である。永尾喜作はその長男。天保４年（1833）８月１日～明治38年（1905）７月10日。享年73（『佐賀藩御境目方・御山方御用日記-松浦郡山代郷大山留永尾家史料抄』)。明治12年10月２日、永尾源吾は久原村の戸長である（西有田町史下巻252㌻）。
中尾某	元治元年（1864）３月16日、峯静軒に診療を求めて来訪した山代郷久原の夫婦（日暦）。
中川徳基	明治７年西村隼太郎編『官員録』25㌻大蔵省「統計寮二等、九等出仕、トウキョウ、中川徳基」月給は50円。明治11年２月の『大蔵省職員録』６㌻「二等属、中川徳基、東京府平民、下谷練塀町46番地」、16年４月『大蔵省職員録』10㌻報告課「一等属、下等、下谷区連塀町14番地」、18年６月『大蔵省職員録』12㌻報告課「一等属、上等、住所同じ」、19年７月『大蔵省職員録』11㌻報告課「属、判任官一等、下谷区練塀町54番地」、23年『職員録』甲48㌻大蔵省総務局「属、一等上、勲八等、中川徳基」。幸田成友（歴史学者：露伴の弟）は『凡人の半生』の中に先輩知友として中川徳基の事を書いている。「中川徳基は旧幕時代代官所手代であったという。医学士の令息に先立たれ、書物収集に専心した。翁の本や廻りは有名なものであった。痩せぎすの身体に美しい白髯、右手に杖、左手に小さな信玄袋、宗匠の被るような頭巾を被り、尻をはしより白い股引きを出してスタスタ歩かれる。買ってきた本に虫食いがあればそれを繕い、綴糸が断たれていればそれを足し、仮綴のものには表紙を付け、また若し闕本であればその分を自ら補写して完本とせらる。読書家も蔵書家も世間に沢山あろうが、翁のような愛書家は自分は他に出会ったことが無い」。国立国会図書館デジタルコレクションに中川徳基著『中川徳基蔵書目録』（中川徳基出版、1900年）が存在する。天保４年（1833）～大正４年（1915）５月20日。享年83。
長崎剛十郎	横浜正金銀行副支配人にして明治37年８月17日没（『明治過去帳』)。高等文官試験に合格して大蔵省国債局に入省（高等文官試験合格者一覧)。鹿児島県士族長崎用蔵の長男、明治22年家督相続、同18年東京大学理財政治科を卒業し文学史の称号を受け大蔵省、宮内省に勤務、明治36年現在は横浜正金銀行ニューヨーク支店主任。住所は東京市麹町区一番町26（『人事興信録』明治36年)。明治19年７月『大蔵省職員録』90㌻国債局「属、判任官二等、長崎剛十郎、鹿児島県士族、麹町区五番町19番地」。文久元年（1861）11月１日～明治37年（1904）８月17日。享年44。
中里■太郎	明治21年４月22日午後、峯源次郎が訪ねた人物（日暦）。
中嶋才吉→中島才吉	中島庄右衛門の三男、幼名謙益、変名大坪才吉、本邦最初のフランス文学翻訳者川島忠之助の従兄、長崎奉行支配調役、砲兵差図役勤役であったが、横浜にフランス語学所ができると第一期生として入学、横浜仏蘭西語伝習所時代は大坪と名乗る。神奈川県通弁出仕後、明治２年横須賀製鉄所に勤め翌３年横須賀製鉄所内のフランス語教育を補佐し製鉄所黌舎の教壇に立ち多くの人材が輩出された。５年11月中島才吉は渋沢喜作とイタリア派遣が決まり６年５月にはイタリア養蚕業の視察中の渋沢と中島の様子が代理公使リッタ伯爵が書簡の中に書いている。同年大蔵省租税寮八等の才吉は外務一等書記生に転じ同年８月イタリア在勤となる。８年１月才吉は妻と従者を連れてイタリア公使館に赴任。９年には三等書記官から副領事に昇進。11年イタリアローマ在勤副領事から領事に昇任しミラノ在勤となる。12年９月才吉は帰国し、12月17日「領事中島才吉は製糸・織物取調のため、大蔵省御用掛前田正名に同行して、上州・野州辺へ出張を命じられ本日出発」した。13年１月26日外務省七等出仕に転じ明治13年10月25日辞表を提出して11月６日退職決定。明治13年11月末、「三井物産東京本店でパリ支店の二代目支配人に中島才吉を充てることが決定された」(「前田正名の上州記憶書と卑見」)。弘化３年（1846）～大正14年（1925）。享年80。
中島氏	明治14年１月７日、峯源次郎が「春蘭帖」に賛辞をもらった人物（日暦）。
中島翠堂	国会図書館デジタルコレクションには中島翠堂に著書が次のようにあがっている。『官員鑑1876年。『官当旅費一目表』1874年。『書翰必携：漢語啓蒙』上下1874年。『日本物産国尽』上中下1873年。明治５年１月６日、峯源次郎は相良知安の使いで八丁堀の中島翠堂を訪ねた（日暦）。明治９年（1876）５月『官員鑑』奥付の中島翠堂の住所は「築地一丁目３番地」である。
中島盛有⇔土山盛有	非職検事正五位勲六等、佐賀県士族、明治14年頃大蔵権大書記官、太政官会計部権大書記官国債局勤務議案局兼務火災保険取調掛委員を兼ね、15年司法省判事に転じ、17年２月福島始審裁判所長、19年７月検事に遷る、20年２月非職、23年２月25日特旨を以て正五位、９月19日病没、享年50、墓所青山（『明治過去帳』)。明治12年12月の『大蔵省職員録』までは土山盛有だが、13年３月から中島盛有と改姓している。明治７年西村隼太郎編『官員録』18㌻大蔵省「七等出仕、サガ、土山盛有」月給百円。明治11年２月『大蔵省職員録』２㌻、「大蔵少書記官、従六位、土山盛有、長崎県士族、麹町元園町一丁目20番地」。天保12年（1841）８月16日～明治23年（1890）９月19日。享年50。
中島廣行	『明治過去帳』は、「中島廣行は國弊小社諏訪神社宮司従七位にして明治三十三年二月八日歿す」と書く。「長崎日記」に、寄留先の大坂から長崎に着いた広足一行は、「万延元年（1860）８月27日、長崎古町中島宅着」とある。中島宅は中島広行宅のことであろう。「幕末異国情報の伝播と長崎櫨園社中（上)」によれば、中島広行は「植木貴恒、肥前島原出身、隼太（中島広行)、諏訪神社宮司」とある。
中島亮平	草場佩川に学び東原庠舎の教職となる。明治初年北海道開拓使庁に奉職、北京官府語に長じ、専ら清国との往復文書を掌理する。北海道農学校が設立されると教師に任じられる。北海道農学校辞職後、一時東京で私塾を開く、のち松田正久の斡旋で愛知県農学校の教職に任じ、明治37年６月６日名古屋に客死す、66歳（『多久市史』人物編)。多久出身、龍虚と号す、草場佩川の門に居ること多年、多久邑東原庠舎の教職を務め、維新後、開拓使に奉職。峯家には中島亮平の書簡が40通ほど残されている。その中の１通

	の葉書、明治22年（1889）12月29日、熱海において中島は、深江順暢に出会い深江から明治21年に亡くなった鶴田皓の追悼碑文草稿の添削を依頼された。中島は元旦早々添削に取りかかり、1月2日に仕上げ深江に送ったところ、感謝のことばを貰った、その感慨を峯に述べている。差出人中島亮平の住所は熱海阪口屋、宛名の峯の住所は東京神田西小川町2丁目3番地である。深江順暢は明治26年3月24日没する（多久古文書の村村だよりNo.21）。北海道立文書館の開拓使公文録には明治5年8月14日に佐賀県士族、中島亮平、申35歳は開拓使の編輯掛として十三等出仕とある（簿書5716-89）。天保10年（1839）～明治37年（1904）6月6日。享年66。
永田研司	明治23年4月26日、峯源次郎を訪れた有田郷の人物、医師圓陵の息子という（日暦）。
長田鋳太郎（長田銈太郎）	長田銈太郎のことと思われる。明治11年3月17日、峯源次郎が旧藩邸に訪ねた人物（日暦）。『明治過去帳』の長田銈太郎は、嘉永2年7月27日駿府の禄四百石の家に生れ、開成所でフランス語を学び、文久3年、18歳で助教となり、幾ばくも無く教授に進み元治元年横浜外国語学校に入る。佛国公使来朝の節通訳を務める。慶応3年歩兵指図役頭取、4年開成所頭取に転じ静岡に移り藩学フランス語教授となる。明治3年藩命でフランスに航し、5年外務三等書記官、7年帰朝外務省六等出仕、9年頃外務少丞、10年外務少書記官、11年二等書記官に進み露国比徳堡（ロシア国サンクトペテルブルク）に駐在、代理公使心得となり、15年帰朝太政官権大書記官兼務式部寮准奏任御用掛、19年式武官、内務省参事官、22年4月1日卒す。従五位勲四等。嘉永2年（1889）～明治22年（1889）。享年41。
中野健明	幕末、佐賀藩の蕃学稽古所（長崎）にて学び、岩倉使節団に随行して欧米視察、長崎県知事のとき来日したロシア皇太子ニコライへの丁寧な応対ぶりが外国人の間で評判となる。明治2年8月大学中助教、9月25日外務少丞、11月9日神奈川県大参事、3年10月15日外務権大丞、4年8月10日司法少判事、10月27日司法権中判事、6年9月12日外務省一等書記官、7年4月25日仏国公使代理、10年仏国博覧会理事官、12年外務権大書記官、13年オランダ公使館二等書記官、15年大蔵大書記官、17年大蔵省一等主税官、第一部長、19年大蔵省関税局長兼主税局長、23年長崎県知事、26年神奈川県知事、現職のまま逝去（佐賀県人名辞典）。「東京寄留人名簿」に、「中野健明、永田町二丁目一番地鍋島直大邸内」。健明の父親益明（文化10年生）は相良知安の母友の弟である（相良家文書）。天保15年（1844）9月24日～明治31年（1898）5月12日。享年55。
中林鎖七	文久3年(1863) 6月3日、峯家を訪れた佐賀の人物（日暦）。
永松東海・永松良侶	天保11年（1840）11月29日、肥前国佐賀本庄町で、佐賀本藩家老倉町氏鍋島敬哉家来、医師原令碩の子として生まれた。幼名東太郎。本藩藩医永松玄洋の養子となり、永松東海と称す。安政2年藩儒福島文蔵の塾に入門。安政4年蘭学寮に入り大石良英・渋谷良次に従いオランダ語学を修め、6年佐賀藩医学校好生館に入りオランダ医学を学ぶ。元治元年藩命で江戸に遊学し松本良順に入門し下谷医学所に通学、また開成所にも通いドイツ語を学び、箕作麟祥に英語を学んだ。佐倉の順天堂に入門し相良元貞と共に塾頭を務めた。慶応3年長崎に赴き、ボードイン、マンスフェルト、ハラタマのもとで医学と生理学を学び長崎医学校でドイツ語とフランス語を学ぶ。同年好生館より医術開業免状を受けた。佐賀藩よりオランダ留学を命じられたが果たせなかった。戊辰戦争の際は佐賀軍事病院長として転戦し会津に至り負傷者診療に従事。明治2年大学中助教、10月大阪府医学校勤務、3年大学大助教となる。4年佐賀好生館中教諭。5年10月文部省七等出仕、第一大学区医学校（東京大学医学部前身）専任となる。6年2月京都療病院（京都府立医科大学前身）の医薬取締として医学教育に携わった。同8月司薬取調御用掛として東京に転じ文部省初代医務局長と共に「医制」の起草に参画。7年4月文部省六等出仕となり東京司薬場初代場長。9年8月陸軍二等薬剤正として陸軍本病院第三課勤務。11月陸軍病馬厩馬医生徒教官を兼務。10年2月東京府より医術開業を許可された。同4月大阪陸軍臨時病院付陸軍二等軍医正として西南戦争の負傷者治療に従事。11年7月文部省御用掛、東京大学医学部教諭となり通学生に生理学を教授。同12月製薬学校取締に就任。13年5月陸軍本病院勤務。同12月日本薬局方編纂を命じられた。14年7月東京大学医学部教授に就任、9月文学部教授兼務。17年10月陸軍一等軍医正に昇任し軍医本部勤務。18年9月東京医術開業試験委員となる。19年5月陸軍軍医学舎教官に就任。20年5月陸軍医務局第二課長を兼務、6月軍医部下士卒教科書編纂に従事。22年8月陸軍衛生会議議員となる。23年第一回日本医学総会において講演。26年陸軍を退官。31年5月11日没、享年59（『佐賀医人伝』）。永松東海と峯源次郎との出会いは永松が江戸から戻った翌日、慶応2年5月14日であった。永松に就いて峯は「ドイツ文典」・「ヒュンケ生理書」等を読み、大学東校進学も永松勧めで決断した。峯の帰郷が迫る明治24年8月3日、永松は大磯の別荘に峯を招待する（日暦）。明治17年10月10日の記録によれば東京大学教授永松東海の年俸は1100円（アジア歴史資料センター）。明治9年4月発行『定性化学試験要領』巻之1・巻之2・巻之3・巻之4・巻之5、永松東海輯：峯源次郎校（国立国会図書館デジタルコレクション）。『内務省免許全国医師薬舗産婆一覧』48㌻「内外科、履歴、免状番号684、長崎、永松東海」。『日本医籍』6㌻「麹町区上二番町、永松東海」。諱は良侶（明治過去帳）。明治4年、佐賀医学校好生館では永松良侶と名乗っている（『佐賀県医事史』）。天保11年（1840）11月29日～明治31年（1898）5月11日。享年59。
中牟田源太左衛門	明治3年1月8日、峯源次郎が鍋島邸で面会した人物（日暦）。
中牟田氏	明治14年1月7日、峯源次郎が訪ねて春蘭帖に賛辞を依頼した人物（日暦）。
中村一貫	中島広足門人の「長崎日記」は、広足一行が寄留先の大坂を出発して長崎を経て郷里熊本へ行き、また大坂へ戻る間の旅日記である。万延元年（1860）8月3日、大坂を出発して同年9月8日、広足は長崎の中村一貫に会う。9月11日広足は広行・一貫・徳寿らと歌会を催す。それから間もない9月23日に中村一貫は有田郷中里村の峯静軒を訪ねている（日暦）。
中村勘二	前川利兵衛の四男に生れ、26歳で有田皿山代官所伊万里役屋敷下役で百貨商富野屋を営む中村勘兵衛重定の養子となる。養母は山代郷大山留永尾政十の娘。父利兵衛は伊万里で文雅の家として名高い一番ヶ瀬家の出身で、勘二も学問は和漢に通じ絵画は狩野派と南画、書は篆書、隷書に長けていた。天保15年3月27日に没した呉雪庵文路（一番ヶ瀬啓右衛門）の文台を継ぎ、伊万里美濃派第3代目宗匠半升庵鼎山として30年間務め獅子門を広めた（佐賀県人名辞典）。寛政12年（1800）4月24日～明治7年（1874）3月11日。享年75。
中村啓	明治11年2月『大蔵省職員録』、「九等属、中村啓、静岡県士族、神田五軒町8番地」。14年5月13日、峯源次郎は大蔵省の同僚中村啓らと報告課長盧高朗氏宅の古画を鑑賞した（日暦）。
中村敬宇	非職元元老院議官兼女子高等師範学校校長貴族院議員正四位勲三等文学博士、旧幕府儒者静岡県士族中村武兵衛の男、母は松村氏、通称敬輔、敬宇と号す。慶応2年9月英国留学を命じられ、慶応4年夏帰国、静岡学問所一等教授となり、6年小石川に同人社を開く、同年、同志と明六社を起し明六雑誌を発行。8年東京女子師範学校摂理、10年「自由之理」を訳し、同年8月東京大学文学部教授嘱託、12年東京学士院会員、14年東京大学教授、19年元老院議官、21年文学博士の学位を得る、23年女子高等師範学校長兼務、「西国立志編」の名訳あり（『明治過去帳』）。天保3年（1832）5月26日～明治24年（1891）6月7日。享年60。
中村敬宇夫人	高橋鐵子（天保8年1月1日生）。安政6年に中村敬宇と結婚、敬宇の日常生活に細かく気を配ったのみならず、『西国立志伝』をはじめ、多くの著述を出版するにあたって、その原稿の清書をおこない、敬宇また、それを頼りにした（『中村敬宇』196・284㌻）。
中村教・中村孝一郎	明治3年6月4日、峯源次郎が大学東校の授業を休んだ日、訪ねて来た人物（日暦）。
中村吾道・中村公世	有田蔵春亭久富與次兵衛昌常（橘斎）の四男で、嬉野吉田の中村家を継ぐ、吾道と号す、医師。源次郎日歴には万延元年から明治8年まで9回登場する。有田と久富蔵春亭久富家の支店があった長崎を往復していた中村吾道の行動がわかる。源次郎が吾道と初めて会うのは万延元年（1860）7月24日、父静軒に連れられて行った長崎に於いてであった。文久3年（1863）3月18日には有田郷川東の種痘手伝い医師として、その年の7月27日には有田に長崎の唐通詞鄭右十郎を案内してきている。慶応元年（1865）5月4日には好生館が中村吾道を介して有田郷の若手医師に出題する。藤山柳軒・馬場省適・黒髪宗碩・峯源次郎等は協議して5月13日三題の回答作文を中村吾道に提出した。明治5年（1872）3月7日源次郎はヨングハンに同伴して長崎に上陸する。その際吾道を訪れている。明治7年（1874）10月1日には東京の源次郎を吾道が訪れている。日歴に中村吾道が最後に出るのは明治8年11月19日一時帰郷した源次郎が上京する途上の長崎である。『長崎医学百年史』の明治4年医学校職員名簿の中に「少属中村久世」とありこの人物が中村吾道である。公世の長男は中村無一（1857～1930）陸軍少将、二男は磯部橘郎（1860～1934）（『日本電信の祖石

	丸安世』)。公世の四男久富三保助は與平昌起の遺籍を継ぎ、大正２年（1913）７月１日有田町長に就任（『肥前陶磁史考』720㌻）。明治４年12月『諸官省官員録』80㌻に「文部省、十四等出仕中村公世」、明治７年西村隼太郎編『官員録』72㌻に「文部省、権中録、サガ中村公世」とある。
中村氏	文久２年（1862）１月５日、峯源次郎が新年の挨拶をした有田の人物（日暦）。
中村少主典（中村幸温）	明治５年９月２日、峯源次郎が函館港で同じ船に乗合せた人物（日暦）。明治５年６月『開拓使官員全書』の「開拓少主典、中村幸温、下野宇都宮県人、明治辛未（４年）正月任」。
中村精一・中村養安⇔佐藤昌九⇔松林昌九⇔精一	峯源次郎日暦には安政２年から５年まで精一の名で出ている峯静軒の門人である。安政４年１月18日に「家君門人中村精一帰省（後改養安又改姓名松林昌九）」とあり、安政５年後半に精一の名は日暦に出てこなくなる。６年１月16日「有田中村養安拝年」とあるので、退塾して有田の親もとに戻ったのであろう。父親は中村養朴で、有田赤絵町の針医である。弟は中村禮蔵（日暦）。明治10年10月19日、帰省中の源次郎は佐藤昌九（曾て称中村養安後更改称松林昌九）と天神（現伊万里市東山代町天神）に往診した。明治24年12月19日、中里村に戻った源次郎は「為松林昌九診古子（現伊万里市二里町古子）」とあるので、かつての静軒の門人精一は、峯医院（現伊万里市二里町中里）の近くで開業していることが分かる。松林昌九の名は好生館資料、明治４年（1871）６月改革以後成業ノ者28名の中の一人である（『佐賀県医事史』40㌻）。明治31年の『帝国医籍宝鑑』には、「松林昌九、中里村」とある。安政５年まで峯静軒の門下生として修業した精一は、退塾後有田に帰り中村養安と称し、明治10年には佐藤昌九と改称している。峯源次郎が帰郷した24年には松林昌九と称し中里村で開業している（日暦）。
中村養朴	佐賀藩『医業免札姓名簿』によれば、「嘉永６年11月３日、143番、針科、故野口槐庵門、養朴、有田赤絵町、45歳」。中村精一、中村禮蔵の父親（日暦）。文化６年（1809）～？。
中村禮蔵	峯源次郎の日暦によれば、万延元年（1860）長崎留学中の源次郎は、９月17日に帰省するが、有田迄中村養安の弟、中村禮蔵と同行している。一時帰省中の源次郎は明治５年６月11日、有田で禮蔵に会う。８年10月19日にも有田で会っている。24年東京を引揚げて帰郷した源次郎は12月11日有田の中村禮蔵に挨拶に訪れている。これらのことから、禮蔵は父中村養朴の跡を継いだものと思われる。「明治42年の『日本杏林要覧』に掲載された九州八県下の医師・歯科医師人名」によれば、「中村禮蔵、従来（明治）17年４月、佐賀、平民、弘化元年（1844）生、西松浦郡有田町568」。
中村楼	本所区東両国にあった料亭、明治13年６月６日、鍋島直大イタリア全権公使渡欧餞別会が開催された（日暦）。『新撰東京実地案内』に本所区「貸席料理・元町中村楼」。『明治期銅版画東京博覧 東京商工博覧絵』40㌻に「中村楼（東両国尾上岸）」とある。
中村正修・中村幸⇔若先生及夫人	若先生及夫人欄で解説している。
中山彬信→中山信彬	中山信彬が正しい。峯源次郎は誤って中山彬信と日暦に書いている。信彬は前兵庫県令正六位、旧佐賀藩士、明治５年頃外務省五等出仕、９年頃外務権大丞兼二等法制官。この後民間に在って改進主義を唱え11年７月大阪株式取引所頭取に就任、享年43で病没（『明治過去帳』）。佐賀藩が長崎に開設した蕃学寮の執法に慶応３年12月任命される。他の執法は中野剛太郎（健明）・堤喜六（董真）・副島要作（照陽）・中島秀五郎（永元）、舎長が副島次郎（種臣）、舎長助が大隈八太郎（重信）であった（「佐賀藩の英学の始まりと進展」）。「安政年間の佐賀藩士」に中山熊蔵（改名嘉源太）、物成50石」とあり、「元治元年佐賀藩拾六組侍着到」には「中山嘉源太、物成50石」とある。「東京寄留人名簿」に「中山信彬、西久保桜川町三番地寄留」。天保13年（1842）10月15日～明治17年（1884）２月17日。享年43。
中山一郎→山中一郎	中山一郎は峯の書き間違いで山中一郎が正しい。山中一郎の欄で解説している。
中山雲仙	安政３年（1856）９月、518番、内科、中山雲仙、沢野泰雲門人・手明鑓次郎作弟、辰25歳（医業免札姓名簿）。請御意文久２年（1862）２月25日によれば、手明鑓中山次郎作弟の中山雲仙が飛雲丸乗組み医師として記録されている。中山雲仙の前名が中山養仙で、安政３年に26歳なので、天保３年生れとなる。峯源次郎日暦では万延元年（1860）５月９日に中山は17歳の峯と佐賀藩の練兵の様子を見学し、文久３年（1863）１月、島田東洋38歳・権藤東垣46歳・中山雲仙32歳・峯源次郎20歳の４人は唐津旅行に出て小川島で鯨漁を観て鯨肉をたっぷり食べ、１月14日佐賀に帰着している（『佐賀医学史研究会報』122号「飛雲丸乗組医師中山雲仙」）。
中山恒三郎	明治16年11月４日、佐賀好生館出身の医師会参加者が訪れた神奈川県川名村の菊栽培園主（日暦）。国会図書館サーチによれば、明治43年（1910）『菊の香』（大日本正菊協会）の著書の一人である。
長山真志雄	峯源次郎が札幌で、明治７年４月４日、帰京する真崎健に託した人物（日暦）。
夏秋文謙	明治10年９月29日、伊万里在住の医師の一人（日暦）。
鍋島市之允（鍋島市佑）	佐賀藩士納富十右衛門昭純の子、納富十右衛門真敏は実兄、本家筋にあたる鍋島市佑周熙（着座、納富鍋島家もしくは城原鍋島家）の娘桃と縁組し、周熙の婿養子となった。文化13年周熙が没し、翌14年保脩は元服し市佑の名乗りを許されて家督を相続した。文政２年御側外小姓役に、５年に長崎御番を勤めた。７年年寄職にあった兄真敏が江戸での不行届を理由に切腹を命ぜられ保脩も謹慎した。９年御番方役および長崎番所詰を勤めたのち御蔵方頭人差次・御相続方相談人差次に就任し藩政に関わる様になった。13年10代藩主鍋島直正が襲封すると三の丸年寄に就き前藩主斉直の側に仕えた。同年11月には直正付年寄に任じられ以後主君の藩政改革を支えた。元治２年職を辞し隠居のうえ夏雲と号した。嫡子右馬允吉達（克一、鍋島安房茂真の息子）に家督を譲った。夏雲の日記は幕末佐賀藩政の動向をリアルタイムに記した貴重な史料であり、研究の進展を促すものである（佐賀県人名辞典）。享和２年（1802）９月22日～明治15年（1882）。享年81。
鍋島克一	10代藩主鍋島直正の庶兄鍋島安房（須古鍋島家）の三男で弘化元年（1844）８月27日に生まれた。鍋島市佑（夏雲）の養子となり明治26年12月家督相続、株式会社佐賀百六銀行監査役、亡長男雄一郎の遺児として、長男吉昭（明治29年６月生）二男、保昭（明治31年５月生）、三男桓昭（明治35年５月生）の記録有り（人事興信録第４版：大正４年）。明治７年憂国党に与して除族の上懲役10年の刑となる（『江藤南白下』590㌻）。鍋島右馬允、市佑倅、市佑組、明治期松原社祠官（「元治元年佐賀藩拾六組侍着到」）。
鍋島喜八郎	父は須古鍋島14代鍋島安房茂真（1813～1866）、生母は鹿島藩主直彜の二女公子、幼くして父母を喪った喜八郎は、小城藩士田尻宮内（監物）に預けられたが、宮内が明治７年佐賀の乱に与して「除族の上終身懲役となり徳島へ送られた」ため、実家に戻り弘道館に籍を置くが、嫂との折り合い悪く、16歳で東京に身を移す。鍋島侯爵家の扶助を受け明治20年12月中江兆民の仏学塾を卒業、喜八郎の悲願は父茂真の衣鉢を継いで、傾きかけた家運を復興させることで、そのためには実業界で身を立てる決意であった。仏学校を終えた後は円覚寺で禅の修行をした。明治20年（1887）４月東京日本橋茅場町に東邦組を創設した。東邦組の目的は小笠原諸島における交易・輸送各種物産の栽培奨励等多面的な事業計画であった。死後昭和２年「開拓五十年記念被表彰者」の一人として喜八郎は顕彰された。しかし資金提供者の多久乾一郎等にどの程度返済がなされたかは不明のままである（「明治期小笠原諸島の産業開発と鍋島喜八郎」）。喜八郎が峯源次郎日暦にあらわれるのは明治17年12月16日が初で、18年５月31日には兄鍋島克一の書状を渡しに来ている。最後は明治22年８月14日だが峯は「朝鍋島喜八郎来」と書いているのみ、東邦組を創設して２年経過している。安政６年（1859）９月15日～大正11年（1922）４月17日。享年64。
鍋島茂朝⇔東門太夫	東門太夫の欄で解説している。
鍋島公世子（鍋島直大）	侯爵、宮中顧問官、正二位勲一等、危篤のままで久しく東京麹町永田町の本邸で静養中、大正10年６月19日午前２時30分逝去。従一位追贈、鍋島直正二男、明治２年佐賀藩知事、４年イギリス留学、11年帰朝、12年外務省御用掛、13年特命全権公使でイタリア駐箚、爾来元老院議官、式部官、式部長官、式部長歴任、17年侯爵、宮中顧問官、23年貴族院議員。妻栄子、長男直映、二女伊都子は梨本宮守正妃、長女朗子は侯爵前田利嗣に、四女信子は子爵松平恒雄に、五女尚子は伯爵柳沢保承に、俊子は松平胖海軍中佐に嫁す。二男直縄は子爵鍋島直彬の養子に、孝三郎は子爵南部信方の養子となり、信孝と改名。男哲雄（『明治過去帳』）。弘化３年（1846）８月27日～大正10年（1921）６月19日。享年76。

鍋島森五郎	明治５年６月１日、中里村の峯源次郎を訪れた人物（日暦）。
鍋島従二位殿下（鍋島直正）	父九代佐賀藩主斉直、母幸（鳥取松平相模守治道の娘)、佐賀藩桜田屋敷（現千代田区日比谷公園）で生れた。幼年期から古賀穀堂らの傅育を受け、江戸藩邸で文武の稽古を積んだ。文政10年元服、従四位下信濃守翌年侍従、13年家督想像し初入部、質素倹約窮民救済に意を注いだ。天保６年左近衛権少将に昇進、佐賀城焼失を機に執行部交代し御仕組所を改組。加地子猶予令など農村再建や借金整理など天保の改革を推進。藩祖鍋島直茂を核とした藩風回復に力を入れた。天保11年北堀端に藩校弘道館移転拡張。嘉永２年に始まる牛痘種法の普及など西洋医学を積極的に取り入れ医業免札制度の整え、医学寮、蘭学寮などを整備し洋学を振興。家職として重んじた長崎警備の拡充に向け嘉永３年から長崎台場増築に藩単独で着手し、以降大小銃の製造、精煉方での理化学分野の研究、蒸気船を含む洋式海軍の運用、家臣団に再編成、洋式軍制改革に力を入れた。安政６年左近衛権中将に昇進。殖産興業を奨励、石炭・白蝋・茶などの輸出で軍事資金とした。文久元年に嫡男に家督を譲るが軍事部門を中心に藩政に関わった。尊王の念篤く２年から朝廷の内意を受け公武周旋を行い３年には将軍徳川家茂の文武相談役となるも同年末の大病以降は老衰が進行、元治元年と慶応３年に入京したが、外様大名家の立場を堅持国政の中枢へは積極的に動かず、公武合体論を基調とした。明治元年に中納言、翌年蝦夷開拓督務、初代開拓使長官、大納言に昇進。４年永田町の自邸で病没（佐賀県人名辞典)。文化11年（1814）12月７日～明治４年（1871）１月18日。享年58。
鍋島勇一郎（鍋島雄一郎）	峯源次郎の旧主鍋島克一郎の嗣子、明治35年～大正４年の間に死去（人事興信録第４版大正４年)。
波風屋四郎右衛門	明治13年７月８日、大隈三井子・英麿・熊子一行が宿泊した箱根の宿屋（日暦）。
並木	明治21年７月11日、峯源次郎を訪ねた人物（日暦）。
納屋平一	明治10年９月20日、峯源次郎が長崎県平戸に兄完一を訪ねたとき、同席した人物（日暦）。
楢林媼	安政４年（1857）１月18日、長崎から召使の女性と峯家を訪れた老女（日暦）。
楢林品	安政４年10月17日、長崎から訪れた人物１月18日の女性との関係は不明（日暦）。
楢林蒼樹（楢林蒼寿）	「安政年間の佐賀藩士」によれば、楢林蒼壽（35歳）は「楢林栄馬、16歳、切米40石、長崎在住」の「後見」とされ、安政３年（1856）に35歳とすれば、文政５年(1822）生れである。「幕末佐賀藩の軍制について-元治元年佐賀藩拾六組侍着到-」には「楢林蒼寿、一代、米９石但５人扶持無落米、外科、左馬助組」とある。峯源次郎日暦には佐嘉医官楢林蒼樹が、文久３年(1863）３月18日川東に、元治元年(1864）５月27日には佐嘉種痘医楢林蒼樹が廣厳寺に出張して来ている。「小城藩日記」には元治元年４月10日、無量寺に種痘医として佐賀から出張している。万延元年（1860）11月好生館「指南役楢林蒼寿」とある（『上村病院二五〇年史』278㌻)。
成田	明治11年２月17日、峯源次郎が旧知事邸に訪ねた人物（日暦）。
成田重邑	明治12年５月18日、峯源次郎が訪ねた人物（日暦）。
成富清風	元領事正七位、長崎県士族、旧佐賀藩士成富邦武の男、母は濱田氏、人と為り剛毅果断温厚篤実、沈静寡欲、頭脳明晰、思慮深く好んで詩を作る、長じて江戸に遊学、帰りて藩の近侍に挙げられる。明治４年朝命で清国に留学、征台の役では現地へ赴き功績に対し四百円を賜う、田地を渋谷に求め梅三百株を植え、自ら梅花書屋主人と称す。９年ロシア、コルサコフ領事館副領事に任じ、10年領事、12年６月病で免官、13年全権公使鍋島直大に従いイタリアに赴く、又病の為15年に帰国、３月31日没す、享年45。妻古瀬氏子無し（『明治過去帳』)。成富清風は峯源次郎にとって谷口藍田塾の先輩である（『藍田谷口先生全集』)。かつて青山霊園に存在した成富清風墓のことは、山口久範氏が「成富清風に関するいくつかの資料」と題して佐賀県立佐賀城本丸歴史館『研究紀要』４号に発表されている。天保９年（1838）５月～明治15年（1882）３月31日。享年45。
楠公（楠木正成）	楠木正成のこと。南北朝時代の武将。河内の人。後醍醐天皇の鎌倉幕府討伐計画に参加。のち建武政権に反した足利尊氏との湊川の戦いで敗北し、自刃した建武３年（1336）没（精選版日本国語大辞典)。
南部伊太郎	明治24年12月13日、一家を挙げて帰郷した峯源次郎を訪ねて来た人物（日暦）。
南部精一	会津藩医、佐藤泰然に入門、万延元年長崎のポンペに就いて松本良順の指導を受ける。藩主が京都守護時代は京都木屋町に開業し新選組隊士の治療にあたる。容保に従い会津に帰り良順を招く（幕末維新人名事典)。『順天堂史上巻』佐藤進は懐古談のなかで「会津から来ていた南部精一郎は一年に五両支給されていた」と語っている。大藩から来ていた者は学資も豊かであった（488㌻)。『蘭医佐藤泰全』には、松本良順の「登籍人名小記」に南部精一郎は鈴木瑞愼の名前であがっている（131㌻)。峯源次郎日暦には明治５年９月14日、梅毒院掛七等出仕南部精一郎は渋谷良次等を招き饗応している。天保５年（1834）～明治45年（1912)。享年79。
南里鉄一・南里神一	文久元年（1861）２月19日・５月21日、峯源次郎を訪ねた人物、明治２年（1869）５月24日鍋島村の原文郁を訪ねたところ南里神一（嘗て鉄一）も来る（日暦)。『佐賀藩戊辰戦争史』に「八番隊（監物＝家老太田氏鍋島監物資智）の家来隊）の仕組方に、南里神一」とある（176㌻)。
西岡幸之助	明治12年大里村戸長前川善太夫に次いで連署した人民総代が西岡幸之助（『西有田町史』下巻254㌻)。明治14年４月５日、大里村戸長西岡幸之助（『伊万里市史』資料編457㌻)。
西岡幸兵衛	有田郷川東の村吏、地主。『佐賀藩褒賞録第一集』には、明治２年９月８日、献金百両に対し、一生壱人扶持を拝領した。西岡幸兵衛の肩書は鍋島市佑被官とある。西松浦郡郡農会長を務めた（『西松浦郡誌』544㌻)。大正９年１月15日伊万里鉄道株式会社発起人の一人、佐賀県西松浦郡二里村大字大里2911番地、西岡幸兵衛」(『伊万里市史資料編』424㌻)。
西岡作右衛門	慶応元年７月29日、峯源次郎の結婚式のことで来訪し宿泊、９月４日重篤な静軒を見舞う（日暦）。
西岡三郎次	万延元年（1860）７月16日、峯源次郎が『陸放翁詩選』を借用した（日暦)。有田郷山谷村の大地主（伊万里市史473㌻)。西岡仲厚の子。
西岡氏	明治８年11月１日、峯源次郎と前川善太夫と伊万里の店で酒を飲んだ人物。川東の西岡氏（前川家から西岡家へ養子に入った人）であろう（日暦)。
西岡太平	慶応元年７月29日、峯源次郎の結婚式のことで来訪し宿泊した川東の西岡作右衛門の子（日暦）。
西岡仲厚・西岡治左衛門	佐賀藩松浦郡有田郷山谷村在住で峯静軒、前田子義（作次郎）と仲が良い。文化13年(1816）４月２日峯静軒は西岡仲厚と熊本の村井琴山の墓参に旅立つ、その旅行記は「南遊紀行」として峯家に残っている。安政３年（1851）９月８日、山谷村の西岡仲厚（治左衛門）の墓参に、峯静軒と前田子義（作次郎）は出かけた（日暦)。『草場船山日記』の嘉永３年９月16日に「西岡仲厚計」とあるので、死亡日は嘉永３年(1850）９月８日と考えられる(132㌻)。
西川某	明治４年７月19日、サンフランシスコのウェルスパルマ氏の家で会った元会津藩士、一昨年（戊辰）戦争の際、横浜から脱してきたという。かつてパルマ氏の家に三ヶ月暮した（日暦)。
西吉郎・西成政	国立公文書館の公文録によれば、明治21年４月西成政の職歴は「通信六等技師西成政は明治２年11月長崎県権少属に任じ少属、四等譯官、三等譯官等を経て、８年８月電信寮九等出仕に補し、爾来累進して19年６月一等電信分局長に任じ、20年12月本官に転じ、満18年６箇月勤続の者に候」とあり、通信六等技師西成政は明治21年４月27日非職となった（任A00183100)。長崎県の人で弘化４年生れ（1847)、元工部二等属、明治８年頃工部省電信寮九等出仕、10年四等属、電信局に在勤11年、三等属に、15年二等属に昇進。34年９月11日没、55歳（『明治過去帳』)。弘化４年（1847）～明治34年（1901）９月11日。享年55。
西幸吉	明治17年５月16日、峯源次郎は藤井善言に招かれ西幸吉の琵琶演奏を聴いた（日暦)。『鹿児島市史２』の1079㌻に「薩摩琵琶は藩政時代から栄えていた。・・・明治のころは全盛期を築いた。本市上竜尾町出身の児玉天南は御前演奏をした吉永錦翁・西幸吉・田中治右衛門・須田伝吉らと並んで明治の名人とうたわれた」とある。国会図書館に勝海舟作詞、西幸吉作曲の「城山」㈠～㈣ま

	で音源が保存されている。明治44年には西幸吉作曲の「彰義隊」曲譜が出版されている。
西皷岳	西忠能の四子、鶴田斌の弟。名は賛、字汝叔襄、通称在三郎、佐賀藩多久家の儒臣。東原庠舎で草場佩川の教えを受け、文政３年より３年昌平黌で古賀侗庵に学ぶ。頼山陽と知己になる。帰藩して多久聖堂の助教兼監察、分家して学問詩文を以て禄を得る。晩年事に座して北方に屏居、鹿島侯の生徒を教授すること多年、安政４年雪中の奇勝を探らんとして多良岳で凍死した（『烏ん枕88号』16㌻）。享和３年（1803）～安政４年（1857）２月２日。享年55。
西春濤・西春蔵	多久村に生れ、通称春蔵。慶応３年邑主の命で大坂緒方洪庵の門に入り、更に長崎医学校に学ぶ、斬新なる医療器械を購入して帰り、名医と称せられる。明治４年７月兵庫県病院に勤務し５年５月神戸病院長となり、13年８月辞職して同地で開業、晩年業を養嗣子廣吉に譲り没す、享年77（『佐賀県歴史人名事典』）。佐賀藩「医業免札姓名簿」603番目「内科、大石良英門人、長門殿家来、西春濤、28歳」。『多久の歴史』に明治元年11月西春濤は長崎医学伝習を終え帰るための費用、マンスフェルト挨拶10両・頭取医師４人へ12両・塾中10両・諸入費15両・製煉学上野彦馬へ３両・薬種35両計85両の金額を多久の役人野田勝左衛門へ願出た（700㌻）。墓所は神戸市夢野にある（『多久市史』人物編）。『長崎大学百年史』184㌻に「医学校助教当直、佐賀藩西春濤」。天保７年（1836）９月10日～明治45年（1912）５月２日。享年77。
西田氏	明治24年６月29日、峯宅を訪ねた人物（日暦）。
西田平三郎	元治元年（1864）３月14日、長崎寄合町から峯静軒の診療を受けるために来訪した人物で、５月16日に再度来診した。11月１日、長崎に遊学中の峯源次郎を稲佐（長崎市街地の西方）に遊びに誘った（日暦）。
西丹治	安政７年２月８日、峯静軒を訪ねた平戸藩士、国雅（和歌）を好む（日暦）。
西牟田 **（西牟田玄才）**	文久２年（1862）１月18日、峯源次郎が新年の挨拶に訪れたのは「好生館教導方兼帯、西牟田玄才」カ（日暦）。「医業免札姓名簿」の嘉永５年（1852）８月14日、35番目に「針科、西牟田玄格門人、西牟田玄才、37歳」とある。「安政年間の佐賀藩士」によれば、西牟田玄才は米36石、43歳、正丹小路在住、鍋島市佑組とある。『今泉蠏守歌文集』792㌻に「西牟田玄才、豊綏」。「東京寄留人名簿」には西牟田豊綏、永田町二丁目一番地鍋島直大邸内とある。国立公文書館の明治５年５月「勧工寮官員全書」に工部省七等出仕西牟田豊綏とある（C14020136000）。国立公文書館公文録には、明治７年５月「灯台権助西牟田豊綏の遠州御前崎より寄港届（公01310100）。『明治過去帳』に、西牟田豊綏は元灯台権助正七位、佐賀県士族、西牟田熏の男にして母は佐野氏、字は秀、芋叟と号す。文化13年生れ、十七で江戸・京都に遊学、医術を修め安政中閑叟公の侍医となる。大石良英・松隈元南らと教導職となり後進を循誘す。明治４年工部省七等出仕、５年灯台権助に任じ正七位、８年７月職を辞し風月を友とし和歌を詠み13年６月７日永田町の寓居に病没。長男は豊親。文化13年（1816）～明治13年（1880）６月７日、享年65。
西牟田 **（西牟田豊親）**	明治４年１月15日、西牟田・浅田逸次・峯源次郎は亀戸に遊び、５年８月14日、開拓使札幌病院へ向かう予定の峯と秀島文圭は西牟田・北島と東京で酒を飲む。11年９月９日佐賀出身の医師達が松栄楼に参集、西牟田も参加。14年６月11日を最後に源次郎の日暦には出てこない（日暦）。「幕末佐賀藩の軍制について―元治元年佐賀藩拾六組侍着到」によれば、「西牟田玄才伜西牟田又玄」との記録がある。「東京寄留人名簿」の西牟田豊親寄留住所は永田町二丁目一番地鍋島直大邸内である。明治16年と17年の『愛媛県職員録』に西牟田豊親は四等属として佐賀藩出身の関新平県令の下に勤務している。国立公文書館の任免裁可書には明治36年７月28日、宮城控訴院書記長西牟田豊親（弘化３年12月生）は退職願を出し免官となる（任00339100）。
西村新七	横浜弁天通二丁目の住人（日暦）。明治31年１月１日の大隈重信宛年賀状の差出人西村新七は「横浜市太田町６丁目109番地、欧米各国汽船問屋、電話264」である（早稲田大学大隈関係文書イ14B5454）。佐賀県立図書館の「鬼丸北川家資料」明治16年７月20日に東京南佐久間町二丁目十八番地、西村新七支店」の領収書（図北02166）がある。
西村新介・西村貞陽	県出身の元老院議官西村貞陽が死去、42歳。西村は火術方下役、白石代官所役日付、開拓使大書記官などを経て、16年元老院議官に就任（『佐賀新聞に見る佐賀近代史年表明治編上』）。元老院議官正四位勲三等、開拓少主典、明治３年開拓権大主典、同年大主典、開拓権監事、５年開拓使五等、７年少判事、９年開拓中判官、10年開拓大書記官、15年頃元老院議官、勲四等、旭日小綬章、17年勲三等旭日中綬章、肋膜炎で卒す（『明治過去帳』）。弘化元年（1844）～明治19年（1886）９月６日。享年43。
新田忠純	新田義重の後裔で、建保３年（1215）時兼が新田義兼の後室より所領を譲られ、上野岩松に住した。戦国期に衰退して、守純のとき家康が関東に入国して、のち20石を与えられ、その孫秀純の代、寛永18年（1641）新田の称号を改めて岩松と称し、寛文３年（1663）100石を加えられて120石の旗本となる。俊純は、戊辰戦争に出兵して功があり、新田姓に復し、明治16年（1883）８月特旨を以て華族に列せられ、同17年７月男爵を授けられた（『昭和新修華族家系大成下巻』）。安政３年（1856）11月～昭和６年（1931）１月。享年76。
仁戸田元静・ **仁戸田辰胤**	嘉永７年（1854）『佐賀城下町竈帳』671㌻伊勢屋町「山城殿（白石鍋島直章）医師、39才、仁戸田文超、11才、同子元静、帰依寺元町（佐賀市呉服元町）称念寺（白山）」。明治３年３月25日、相良知安宅に寄宿して大学東校へ通学している峯を仁戸田元静が訪ねてくる（日暦）。鍋島家御親類四家の一つ白石鍋島家の家来で医師仁戸田文超の長男元静は、嘉永７年に11才であるので、弘化元年（1844）生れである。「東京寄留人名簿」に「仁戸田辰胤（元静）、本芝下タ町十七番地」がある。明治７年西村隼太郎編『官員録』68㌻海軍省「軍医寮二等、軍医副、サガ、仁戸田辰胤」月給30円。
二尊 にそん **（峯静軒・峯為）**	峯静軒欄と峯為欄で解説している。
丹羽氏 **（丹羽雄九郎）**	明治４年７月30日、サンフランシスコで峯源次郎がホテルに会いに行った佐賀藩士（日暦）。『幕末明治海外渡航者総覧』第二巻、2830、「丹羽雄九郎、渡航時所属海軍省、渡航時期1871年（明治４）６月、目的工学系、出身地佐賀県、専攻分野造船学」とある。『肥前陶磁史考』606㌻に「佐賀藩士丹羽雄九郎（薬学博士丹羽藤吉郎の兄）は、英国に渡りて一等造船技師となりしが、官途に就職するを潔しとせず、東京神田須田町に朝日屋なる洋酒問屋を開きて蓄財した。・・・日用品陶器の貿易を企画し、松村辰昌・佐倉藩の佐藤百太郎（佐藤尚中の男）・清水徳川家家令朝比奈一等と、日本商會なるものを創立して米国へ輸出することとなった」とある。
丹羽昇三	明治22年１月19日峯源次郎が、新年のあいさつをした人物（日暦）。明治12年にはかの三井銀行の伊万里出張店（取締丹羽昇三）が開設され預金および為替事務取扱を始めていた（『伊万里市史続編』561㌻）。岡崎官次郎編『北海道人物誌第１編』（明治27年）に、丹羽昇三の小伝が載っている。「大阪の人にして、嘉永６年６月高麗橋に生れた。祖父の代までは越前福井近郷の一農家であった。父清助は商機に明るく家業を繁栄させ生計は豊になったが不幸にも早世した。数人の弟妹と共に慈母に育てられ父の遺産で相当の教育を受けることができた。名跡を弟に譲り籍を横浜に移し本籍とした。明治５年三井組に勤め、６年山口出張所、赤間関出張所、８年陸軍会計を担当し台湾に赴き９年３月三井銀行創立時、行員となる。10年西南の役には陸軍会計に属し九州に下る。11年春肥前に佐賀支店を開き支配人となる。翌12年同国今里（伊万里に）支店を開設し支配人となる。15年大阪に戻り、15年赤間関支配人を経て19年近江大津支店、21年東京本店金庫課を担当、25年12月札幌支店支配人」とある。丹羽豊七・丹羽清次郎との関係は不明。
丹羽清次郎	明治21年１月２日、峯源次郎の家に丹羽豊七がその弟清次郎を連れて来る、清次郎は心学者という（日暦）。『日本人物レファレンス事典』によれば、丹羽清次郎は1882年（明治15）大阪協会で受洗、1883年同志社神学校に入り、1890年卒業、スウィフトの勧めで東京YMCA幹事となり、日本人初の主事、総主事として５年間在職。1895年～1897年同志社英学校校長を務め、再度YMCAに戻り、日本キリスト教青年会同盟主事となり、1910年京城YMCA総主事に就任、1921年退任するまで朝鮮鉄道基督教青年会主事を兼ねるなど生涯YMCAに貢献した。慶応元年（1865）９月３日～昭和32年（1957）３月７日。享年92。
丹羽徳三郎	文久２年（1862）４月７日、熊の川温泉入浴で疥癬を治療した好生館医学生の一人（日暦）。
丹羽豊七 にわとよしち	丹羽豊七の妻米は、峯源次郎の妻仲の妹である。明治16年10月16日、深川栄左衛門と丹羽豊七が峯源次郎を訪問する。深川栄左衛門（８代）は伊万里銀行の取締役を明治15年３月～22年６月まで務める。丹羽豊七は副支配人（24年１月～28年12月）、支配人（27年１月～32年12月）、取締役（33年１月～34年12月）で、豊七は三井銀行から伊万里銀行に移籍し深川栄左衛門と共に長崎県庁へ伊

	万里銀行の開業願等の手続をして明治15年3月9日認可を受けて翌10日営業を開始した（『佐賀銀行百年史』)。19年4月11日夜伊万里の丹羽豊七来訪、横浜に伊万里銀行支店を置くと話しその晩泊る。明治19年6月横浜南中通に支店設置（『肥前陶磁史考』626㌻）。同年5月15日、豊七が妻子を連れて来る。この後しばしば豊七一家は源次郎宅に泊り、峯の妻子も横浜の丹羽豊七の家を訪れる。20年3月6日、対鶴館に本岡儀八（取締役明治19年1月～23年12月、頭取24年1月～35年12月）と豊七を訪ねる。21年1月2日、豊七が弟清次郎を連れて来る。同年2月26日、本岡儀八と豊七が来訪、21年11月11日、田中藤蔵（取締役明治20年～大正3年）来訪、24年5月9日、対鶴館で本岡儀八と対話。同年11月28日、横浜の丹羽豊七宅に宿泊して東京の生活に別れを告げ、峯源次郎・仲・直次郎・澄・清は、郷里中里村へ向かった（日暦)。『大隈重信関係文書8』に、大隈重信執事宛丹羽豊七差出の明治31年3月17日付電報が収録されている。電信分は「開票の結果、遺憾乍ら小数の敗となる」。発信人は「カナカハ ヲヲツカセイキチ方ニワトヨシチ」である。『佐賀県教育史』第2巻961㌻、県人会、肥前協会、「肥前協会教育部議事」明治30年月13日午後4時ヨリ内山下町華族會舘ニ於テ評議員會ヲ開ク出席者32名の中に丹羽豊七の名前がある。「第1号佐賀協会ヲ改メテ肥前協会ト称スル件」とあるので、このときが「肥前協会」の発足であった。丹羽豊七は明治20年11月、『英国バッタ乃跡形』を経済雑誌社から出版している。題字は「日本銀行副総裁富田鐵之助」。編纂兼出版人は「滋賀県平民、丹羽豊七、神奈川県横浜区南仲通5丁目89番地寄留」とある。
丹羽米⇔武富米	米は武富栄助の娘で峯源次郎の妻仲の妹である。明治17年6月28日、峯源次郎は米のために笄の購入依頼の手紙を伊万里の武富家から受取り、同年7月24日の手紙で、笄到着の知らせを受けている（日暦)。笄は米の嫁入支度用であったのだろう。19年5月、丹羽豊七（伊万里銀行横浜支店）の妻として峯家を訪れる。同年10月27日仲が三女を亡くしたときは泊まり込んでいる。米が病気の時は姉の仲が、仲が病気の時は米が看病に訪れ、20年、21年、22年、23年と互に往き来して、峯一家は24年11月東京を離れ帰郷する。最後の夜を横浜で過ごすように丹羽が申し出て、11月28日、一家は丹羽家に宿泊した（日暦)。
忍達	元治元年（1864）8月14日、峯家に長崎の清水寺住僧忍達が来訪した。同年11月8日長崎遊学中の峯源次郎を忍達が招いている（日暦)。
根津権少主典（根津守直）	北海道立公文書館の開拓使簿書に「東京府貫属卒、根津守直、四十二才、十三等出仕申付候事、但梅毒院掛庶務会計調、壬申（明治5年）六月二十八日、開拓使」(5716-34)。明治6年1月21日、札幌病院医学校の入学式に出席（日暦)。
納富（納富行光）	明治5年佐賀医学校好生館中寮監（月給11円）納富行光（『佐賀県医事史』40㌻）。
納富介堂・納富介次郎	小城藩士柴田花守の二男で幼少より父に日本画・書画・詩歌を習い神童と言われた。藩校興譲館に学び、安政6年佐賀藩士納富六郎左衛門の養子となる。万延元年長崎にて木下逸雲らから南画を学び、介堂と号した。文久2年19歳のとき高杉晋作らと上海へ渡航貿易品調査に参加、明治6年ウィーン万国博覧会に陶器審査官として参加し、ボヘミアのエルボーゲン製陶所で石膏型鋳込み法等、7年フランスセーブル陶磁学校で美術陶磁の石膏塑像製作法などを習得。8年帰国後勧業寮で国内各地の産地の青年に欧州の製陶方法を教授した。9年フィラデルフィア万国博覧会審査官、11年江戸川製陶所を塩田真らと設立、17年には閉鎖。10年第一回内国勧業博覧会・14年第二回内国勧業博覧会で審査官をつとめる。明治20年金沢工業学校、27年富山県工芸学校、34年佐賀県立工業学校、36年佐賀県立有田工業学校の校長として産業教育に貢献した（佐賀県人名辞典)。峯源次郎日暦には、元治元年（1864）4月9日、10月6日。慶応元年7月7日、慶応2年8月24日。介次郎登場し、画の巧者と書かれている。上海渡航の話などは出なかったのであろうか。介次郎と源次郎は同年である。最後に会うのは明治11年10月8日、介次郎は江戸川製陶所を開設したばかりで、花守は不二教に邁進していた頃である。峯源次郎の潤陽存稿の文久4年に「柴田介堂来訪分得韵庚」と題し「吾は漢医を学び君は漢画を学ぶ」と書き、「介堂は後に納富介次郎と改称小城人也」と追記している。天保15年（1844）4月3日～大正7年（1918）3月9日。享年75。
納富六郎	明治8年好生館の「護長専務四等月給金8円、納富六郎」(『佐賀県教育史第1』879㌻)。明治31年8月の『帝国医籍宝鑑』開業医佐賀230㌻「納富六郎、佐賀市松原町」。明治4年1月6日、納富六郎は村田龍吉郎・池田専介・古賀元益・峯源次郎らと浅草を散歩した。2月27日には六郎・元益・源次郎・吉武桂仙の四人で向島に花見を楽しみその後有明楼で酒を飲んだ（日暦)。
野口寛哉	文久4年1月25日に佐賀藩松浦郡有田郷中里村の峯源次郎宅を訪れ宿泊した好生館同窓の医学生四人のうちの一人。源次郎は翌26日、佐賀藩精煉方が安政4年に建設した白幡鉄山（かなやま＝製鉄所）に案内した（日暦)。「安政年間の佐賀藩士」には野口寛哉、切米20石、14歳、八幡小路在住と記されている。安政3年（1856）に14歳として、天保14年（1843）生れであろう。「幕末佐賀藩の軍制について-元治元年佐賀藩拾六組侍着到」によれば外科である。野口寛哉は本藩の外科医で天保14年生れ、八幡小路在住であった。
野口氏	文久元年（1861）5月24日、佐賀に於て峯静軒が訪ねた旧知の人物で、この夜静軒はここに泊る（日暦)。
野口桃雲	慶応3年（1867）4月25日、織田良益・渋谷庸太郎・峯源次郎一行が26日訪れた廻津（めぐりつ：現佐賀県杵島郡戸ヶ里大字廻津）の人物で、慶応4年8月20日には峯が宿泊した（日暦)。『白石町史』に、白石に配置され開業した者の中に、「野口桃雲、戸ガ里（有明町）に開医して俳句にも親しんだ」(549㌻)。『有明町史』に、有明町の最初の医者は野口桃雲先生（現在廻里津の野口医院の三代前）で、「桃雲→慶一→忠五郎→千里」と続いた（240㌻)。
野田	明治11年1月5日、峯源次郎が新年の挨拶をした人物（日暦)。
野田栄一・野田春景	野田春景の妻よし子は前川善太夫の長女。春景の出身は川窪氏、医者（漢方医）佐賀藩典医の家系。伊万里町野田病院長、筑紫箏を成冨柳塢に入門、後に今泉千秋の皆伝を受け明治32年に伝授譜に署名を受ける。野田は60歳過ぎて盲目であった。35年今泉千秋の遺言に従い京都に出て1年半ほど筑紫箏の振興に努めた。野田聴松と称し、その容姿は鶴の如く痩せ、白い髯を蓄えていた。聴松は筑紫箏を村井れい（前川善太夫二女）に教授し、大正6年伝授書を授ける。大正6年日本女子大学を卒業した井上ミナ（武富熊助〔陶器商堀七〕の孫）に教授すること4、5年、大正10年までに代表的な15曲を伝授し雅号聴雪を与えた。昭和32年、村井れいと井上ミナは文化庁より「記録作成などの措置を講ずべき無形文化財（筑紫流箏曲）の技能者」とされた（『葉隠研究』87号107㌻)。明治8年好生館「譯書寄宿生、野田春景」とある（『佐賀県教育史第1』880㌻)。峯源次郎日暦の明治10年9月30日、一時帰郷した峯は野田栄一ら伊万里の医師と懇親会を催した。「明治42年の『日本杏林要覧』に掲載された九州八県下の医師・歯科医師人名」によれば、「野田春景、従来（明治）17年4月、佐賀、士族、嘉永3年（(1850）生、西松浦郡伊万里町658」、同住所に「野田五郎、得業士（明治）29年2月、明治2年（1872)」。「潤陽存稿」の大正4年（1915）に「弔野田五郎」と題した漢詩がある。嘉永3年（1850）～大正13年（1924)。享年75。
野田宗栄・野田春堂	慶応4年4月19日峯源次郎を訪れた人物（日暦)。明治13年3月29日神埼郡の学務委員「的志波屋両部、野田宗栄」(『佐賀県教育史第1』1045㌻)。
野田泰治	明治15年6月『内務省免許全国医師薬舗産婆一覧』57㌻に「内外科、履歴、2491、鹿児島、野田泰治」。アジア歴史資料センターの海軍省公文類纂によれば、明治11年10月野田泰治は十七等出仕、17年6月には東京海軍病院軍医補、22年1月海軍少軍医、28年9月には予備海軍少軍医として恩給法施行対象者としてあがっている（C10125721100)。明治7年4月24日の夜、札幌で新宮拙蔵・菊地晩節・峯源次郎と話をした人物（日暦)。
野田太吉	元治元年（1864）4月17日、郡目付野田太吉来訪、野田は静軒の国雅（和歌）の仲間、6月27日午後佐賀の野田太吉が静軒を訪ねて来た（日暦)。野田太吉は切米5石、諸岡彦右衛門組（「幕末佐賀藩の手明鑓組について『元治元年佐賀藩拾五組侍着到』」)。明治2年、藩主直正は北海道開拓使長官に、島義勇は同判官に任命される。8月には屯田兵の入植が始まる。野田太吉（稲主のち婦登衣。？～明治20年：1887）もその中の一人であろう（『佐賀の文学』149㌻)。明治6年1月『袖珍官員録』に「中主典、野田太吉」とある。
野中元⇔吉尾秀策	野中元は峯源次郎と同塾（渋谷良次）生で、慶応4年閏4月19日、太田大夫（鍋島監物）の率いる関東征討隊に従軍し同年12月4日帰陣した。明治5年5月16日、一時帰省した峯は、山形（現伊万里市松浦町山形）の吉尾秀策（旧名野中元）を訪ねる。10年4月11日吉尾から峯に手紙が届く。同年10月29日、一時帰省中の峯を吉尾が訪ねる。11年1月20日東京旧知事邸に年始に訪れた峯は吉

	尾と会う、永松東海の所へ連れていくが会うことができなかった。その後吉尾秀策の名が日暦に出ることは無い（日暦)。明治31年の『帝国医籍宝鑑』には「吉尾秀策、有田皿山」とある。「明治42年の『日本杏林要覧』に掲載された九州八県下の医師・歯科医師人名」によれば、「吉尾秀策、従来（明治）17年４月、佐賀、士族、天保13（1842）生、西松浦郡有田町783」とある。天保13年（1842）～？。
野中氏	佐賀藩御用商人野中元右衛門（文化８：181年１～慶応３：1867年５月12日）カ。号は古水。峯静軒とは中島広足の同門である。野中家は佐賀材木町で製薬（烏犀圓）を業とする。慶応３年パリ万国博覧会に佐賀藩から派遣され彼地で客死した（『烏ん枕』88号16㌻)。
野村鍬平	明治13年１月５日、千葉県八街村小間子村大隈氏開墾場理事（日暦)。
は行	
ハウス Edward Howard House	国籍：アメリカ、1877年（明治10）１月に東京で週刊英字新聞The Tokio Times(1877-80)を創刊。明治初年来朝、かつて治外法権、下関砲台賠償金の不当などを論じ、又音楽界に貢献した。明治34年12月19日没（『明治過去帳』)。1836年９月５日アメリカ合衆国マサチューセッツ州ボストン市で生まれた。幼少の頃から音楽に興味を抱き1850年から３ヶ年オーケストラ作曲を学んだ。1854年「ボストン・クーリエ」紙の音楽評論と演劇担当の記者となり1858年「ニューヨーク・トリビューン」紙に転じた。南北戦争の際は従軍記者に参加し、戦後は劇場の経営に従事。1870年「ニューヨーク・タイムズ」の記者となった。1871年来日して大学南校の英語教師となった。ハウスが有名になったのは1872年横浜港でのマリア・ルーズ号事件を新聞に取上げたのちで、彼は中国からの苦力200名を即時解放すべしと主張した。この結果大隈重信の知遇を得て翌年大隈が台湾に派遣されると、ハウスは教職を辞めて特派員として随行した。台湾から帰ると大隈の援助でハウスは英字新聞「Tokyo Times」を刊行し、治外法権撤廃や条約改正のための論陣を張り日本政府弁護に尽力した。しかし1877年廃刊となり、日本政府はブリンクリーの「ジャパン・メール」に力を入れるに至った（『来日西洋人名事典』)。1836～1901。
箱崎博尹（筥崎博尹） はこざきひろただ	明治13年７月18日、峯源次郎が鶴岡八幡宮で訪ねた神官（日暦)。文政12年（1829）４月１日生れ。はじめ華頂宮家の侍医。明治２年鎌倉鶴岡八幡宮の総神主となり、15年初代宮司。江島神社祠官をかねた。朝比奈峠の開削、江ノ島架橋などにも尽くした。明治30年（1897）２月24日死去。69歳。肥前高来郡（長崎県）出身。
橋口住正	北海道立公文書館の開拓使簿書に「鹿児島県士族、橋口住正、二十九才（？）御用縣申付候事、但月給貳拾両、壬申（明治５年）七月、開拓使」(5716-77)。明治15年６月『内務省免許全国医師薬舗産婆一覧』10㌻に「内外科、履歴、免状番号908、鹿児島、橋口住正」とある。
長谷川欽哉	明治７年４月28日、札幌医学校廃校となり夢破れ帰京する峯源次郎を千歳まで送ってくれた一人（日暦)。明治５年９月石狩詰十三等出仕。６年積丹郡十三等月給22円（『烏ん枕90号』13㌻)。『蝦夷地醫家人名字彙』には「在住医師。開拓使医官。本国、生国とも備中浅口郡佐方村。周道。堀昌庵の長男。のちに長谷川周学の養子となる。慶応元年（1865）２月19日、池田伊右衛門厄介蝦夷地在住を仰せ付けられお手当金十五両。慶応２年ヲショロを通行。慶応４年にオクシリ詰。明治２年（1869）11月銭函村開拓使病院少得業生試補拝命。明治３年４月兵部省小樽病院を開拓使への引渡しに立会（銭函詰)。浜益詰。明治４年札幌病院勤務など開拓使医官となる。明治７年（1874）２月免出仕。
長谷川泰	新潟県士族長岡藩の名医長谷川宗斎の子。天性粗豪、しかも緻密記憶力に秀で奇癖あり、鈴木文泰に学び、佐倉塾に入門、慶応元年江戸医学所句読師、戊辰の役で長岡藩医として従軍。明治３年大学中助教、中舎長兼ね東校に在勤、長崎医学校に赴き、後大学東校校長に進み薬学科を創設。７年長崎県病院長となり長崎医学校を主宰。９年本郷元町に済生学舎を開く。14年文部省奏任御用掛並東京府御用掛を以て警視属に任じ警視庁病院長となる。18年司法省御用掛となり東京始審裁判所詰、７月内務省五等出仕。20年慈恵医院商議委員、23年新潟県五区より衆議院議員に当選。私立伝染病研究所設立に尽力、ドクトル・ベランメーの綽名を受け27年東京市会議員となる。31年内務省衛生局長、33年日本薬局方調査会長、晩年は仏典に耽り大腸狭窄症で没した（『明治過去帳』)。『明治４年袖珍官員録』81㌻「文部省、大助教、桐原真節・足立寛・長谷川泰」とある。明治18年12月『東京府内区郡分医師住所一覧』58㌻本郷区内外科医師の部「湯島四丁目８番地、奉職履歴、長谷川泰」とある。天保13年（1842）６月～明治45年３月11日享年71。
波多野重太郎	明治14年３月１日、峯源次郎は波多野重太郎を訪問した（日暦)。『日本紳士録』に「波多野重太郎、東京高等工業学校教授、本郷区駒込林町142」。国立国会図書館デジタルコレクションに「譯者岡山県士族波多野重太郎（麹町区富士見町二丁目七番地)、著者チャーレス・エス・ヒール『米国商業景況録』、稲田佐兵衛、明治14年11月25日」がある。
八田某	明治７年10月18日、峯源次郎を訪れた人（日暦)。
服部氏	慶応元年３月19日、峯源次郎が往診した浦河内（現伊万里市東山代町浦川内）に住む人物（日暦)。
花島芳樹	伊万里町生れ、幼名豹太郎、明治14年学務委員、18年伊万里戸長、22年４月松浦同成会結成に川原茂輔・前田新左衛門と共に尽力、これと並行して貴重な文献資料を集録し後世に残すことを痛感して伊万里歳時記三巻を編集、前山博氏によって一巻の続編写本が長崎の渡辺庫輔文庫が発見された。これは、花島の随筆である（現在は長崎歴史文化博物館蔵)。明治22年４月から伊万里町会議員となり、伊万里鉄道敷設請願運動などに貢献、その後東山代日尾に転住し、35年４月牧島村助役に就任したが、病を得て９月没、享年51（『伊万里市史本編』1217㌻)。「今泉蠏守歌文集」の八編姓名録に、「号備規（とものり)、居住伊万里、花島豹太郎」とあり、白縫集十編巻之上には「備規改芳樹」とある。この頃から芳樹と称したものであろう。弘化２年（1845)、「糀室一軒」の鑑札を受けた上中町の花島松三郎の家が芳樹の出身の家であろう（『伊万里市史続編』971㌻)。峯源次郎日暦には明治21年３月27日峯宅を花島が訪問している。同年４月９日に源次郎の二男直次郎は徴兵検査のために、伊万里へ行き７月18日に東京に戻った。源次郎はその晩花島芳樹へも手紙を書いている。24年12月13日中里村に帰郷した源次郎のもとを花島が訪ねている。花島が編集した「伊万里歳時記一巻」には峯静軒の談話が収録されている。嘉永５年（1852）４月～明治35年（1902）９月。享年51。
花房生	源次郎日暦明治７年７月11日の「花房生」とは、「東京寄留人名簿」の「本郷弓町１丁目11番地相良知安方寄留」とある「花房良貞」であろう。明治７年に佐賀から上京して相良家に書生として寄宿していることになるが、これは相良知安と花房家の系図で分かる。知安の先祖博道相良養伯の三女が義之花房三柳（天保元年没）の妻であり、知安の養父春榮が花房家を尊崇していたという事情がある。これにより花房良貞を知安は受け入れたと思われる。『佐賀県教育史第１』に、「壬申（５年）７月好生館、正則生徒（７年を期して成業に至る者とす）第八級、花房良貞」とある（694㌻)。花房良貞のその後は判明しない。あと一人候補者に、明治19年９月20日に東京大学一等書記を非職となり、佐賀県尋常師範学校長に任命された花房重治という人物がいる（東京大学学術資産等アーカイブポータル)。「安政年間の佐賀藩士」には「花房元春は安政３年頃67歳で没し、倅春菴は米９石、年齢記入無」とある。「元治元年（1864）佐賀藩拾六組侍着到」によれば、「花房春庵〔重治〕米９石、内治、李佐預医師、〔佐賀縣属〕」とあり、〔重治〕・〔佐賀縣属〕は明治期に加筆されたものである。花房重治は嘉永元年（1848）生れで明治23年12月、佐賀県尋常師範学校長から藤津郡長に転出した。25年１月藤津郡長を免職となり、明治29年（1896）５月１日、49歳で没した（『佐賀県近代史年表』)。筆者は花房良貞は、その名に「良」を含むところから、花房良庵に始まる花房本家の人物と考え、「花房生」は「花房良貞」と想定してきたがしかし、「花房重治」も「花房生」の有力な候補である。この時代は名前をいくつもの持ち、成長とともに変更するのが倣いであるので、花房良貞が花房重治と同一人物である可能性もある。
馬場省適	馬場省適は、元治元年１月28日から頻繁に登場する人物である。あと一人藤山柳軒を加え、省適・源次郎・柳軒の三人は仲が良い。慶応元年閏５月４日、好生館から出題された問題を有田郷の若い医師たちは回答文を作成し５月13日に提出した。この時のメンバーは馬場省適・藤山柳軒・黒髪宗碩・峯源次郎等の医師であった。２年２月19日省適の父親急患の報で源次郎がかけつけると、脳出血で、翌20日、省適の父親は死亡した。３年２月７日、省適・柳軒・内山三悦・片山帯雲・峯源次郎の５人は、会して楽しんでいる（日暦)。山谷村の寺子屋「上区、民家、医師馬場省適、弟子三、四人」(『西有田町史下巻』512㌻)。
馬場適一	馬場適一は、好生館資料、明治４年（1871）６月改革以後成業ノ者28名の中の一人である（『佐賀県医事史』40㌻)。明治８年11月

	13日、一時帰省中の源次郎が東京へ出立する前々日に、馬場適一・藤山柳軒・齋藤治平らが、送別会をしている。10年10月19日、適一は大蔵省就職後帰省した源次郎を訪ねている（日暦）。
馬場有適	文久３年（1863）６月14日開催された伊万里医会に出席した人（日暦）。
濱田利貞	明治６年11月22・23日に札幌医学校で学業試験が行われた。12月26日、峯源次郎・渋谷文次郎と一緒に馬で石狩病院の院長宮崎養策を訪ねた医学生（日暦）。『北海道医学教育史攷』に「明治６年４月の学力試験で優等生として浜田利貞は金二百疋下賜された」（『烏ん枕』90号12㌻）。
林経明	明治22年６月１日の『大蔵省職員録』２㌻、「官房、属四等、文官普通試験書記、林経明、東京府士族、小石川区小日向水道端町一丁目52番地」。
林田忠吉⇔武富忠吉	武富忠吉欄で解説している。
林為現	明治24年10月６日、峯源次郎と話をしに訪れた人物（日暦）。
林長庵	文久２年（1862）５月28日、林長庵好生館詰となる。慶応２年４月11日、医師弟子名前差出の中に、「親雄民弟子、林長庵」とある（『小城藩日記』にみる近世佐賀医学・洋学史料後編254㌻）。好生館医学生林長庵は、文久２年12月20日、石井春齋・石井文貞・大城貞斉・高尾安貞・峯源次郎らと北山金比羅祠に遊んだ（日暦）。
原口享蔵	明治３年２月６日、峯源次郎は相良知安に命じられ佐賀藩邸に訪ねた人物（日暦）。
原口敏行	佐賀県士族原口嘉助長男。妻は佐賀県士族宮崎代七二女トシ（明治元年６月生）。宮崎代七は酒類仲買醤油醸造業・株式会社三十銀行取締役（『人事興信録』大正４年）。原口敏行は明治21年東京大学法学部を卒業し同年高等文官試験に合格し大蔵省総務局に入省、在職中死去（「高等文官試験合格者一覧」）。峯源次郎日暦に原口敏行の名があらわれるのは明治22年１月19日、新年の挨拶を交わしている。同年６月28日原口が峯宅を訪ね翌23年４月21日には峯が原口宅を訪ねる。23年12月10日峯は原口の妻死去の弔問に訪れ、翌日には賢崇寺の葬式に参列している。妻トシは享年23、このとき原口は30歳であった。原口は峯の帰郷が迫る明治24年10月18日来訪しており、多分別れの挨拶をしたものであろう。文久元年（1861）～明治27年(1894）10月11日。享年34。
原田種興	父は佐賀藩御側役、参政として重きをなした原田葭涯（小四郎)、弟に原田種成。文久２年弘道館を卒業後久米邦武と江戸遊学を命じられ、昌平黌に入り舎長を務めた。４年後に帰国して弘道館の教諭に任じられた。慶応４年４月秋田戦争に出征し、翌年２月に帰国し復職した。明治４年弘道館が廃止され、小学校、中学校に改組されると中学校の大教諭に転任したが、翌年の中学校廃止に伴い辞職した。弘道館では久米邦武と首席を争った。文才に優れ詞章は絢爛であった（佐賀県人名辞典)。天保10年（1839）３月17日～明治11年（1878）４月20日。享年40。
原文郁	原文郁は慶応３年２月27日峯源次郎を訪れ、明治２年５月24日には鍋島村の原文郁を峯が訪れている（日暦）。
原文碩	明治31年『帝国医籍宝鑑』に「従来開業医佐賀、原文碩、本庄町」とある。明治42年『日本杏林要覧』には「原文碩、従来（明治）17年４月、佐賀、士族、弘化３年（1846）佐賀郡鍋島村蠣久122」とある。
原祐平	天保11年６月15日初御目見、原佑平（『小城藩日記』にみる近世佐賀医学・洋学史料後編106㌻）。
原令碩	原令碩は、佐賀本藩家老志摩殿倉町氏鍋島敬哉（のりちか）家来。嘉永６年10月27日、故島田魯堂門人の原令碩40歳は、佐賀藩から内科の医業免札を受けた。嘉永７年の竈帳に、住居は本庄町である。明治８年好生館医員、種痘専務として勤務。一人息子の東海は、佐賀藩医永松玄洋の養子となる。永松玄洋は、佐賀藩「医業免札姓名簿」の24番目に、「蘭科 永松玄洋」とある。蘭科と記しているのは、648人の医師の中、玄洋ただ一人である（佐賀医学史研究会報103号）。文化11年（1814）～明治19年（1886）１月29日。享年73。
針尾海太郎	文久元年12月27日、峯静軒の長女直死亡の弔問に訪れた有田の人物（日暦）。
針尾徳太郎	峯静軒の国雅（和歌）の仲間で有田の人。明治３年４月佐賀藩設立の焼物を扱う「伊万里商社」の元締役（『肥前陶磁史考』)。長女勇子（弘化３年12月生）は、山代郷大庄屋多久島家13代多久島忠一（天保13年10月生）に嫁ぐ（『烏ん枕』96号11㌻）。白縫集九編姓名録（明治18年12月）に「雪庭、有田、針尾徳太郎」とある（『今泉蟖守歌文集』)。
梁田氏（梁田東州） はりたとうしゅう	明治５年10月２日、札幌の峯源次郎を訪ねた人物（日暦）。開拓使公文録に梁田東州採用時の記録が綴られている。①開拓使から岩手県へ梁田東州を採用したいので明日13日10時に礼服着用で出頭するように本人へ掛け合うようにと、明治５年７月12日東京の開拓使事務所から岩手県の東京出張所へ文書が届けられた。これに対し岩手県の返事②は、「梁田東州の出頭掛り合いの趣は承知しましたが、本人の寄留届も無いので連絡がつかず、本県へ連絡してみます」と開拓使へ回答した。次に③医局が書いた文書が「御用係岩手県梁田東州はこの頃帰県しており、直ぐに函館表に出頭するように岩手県出張所へお達しくださいますように」。そこで開拓使は岩手県へ④「梁田東州を開拓使へ採用したいので、差支えなければ早々に箱館表へ罷り出るように」、更に「追ってこの事を渋谷良次へ申し達するように」とある。最後は⑤「梁田東州、御用係申付候事、但し月給弐拾円、壬申七月十三日、開拓使」で終っている（簿書5716-51)。土佐博文氏の「佐倉順天堂門人とその広がり」によれば、梁田東州は明治12年10月15日現在、陸中国東閉伊郡鍬ヶ崎村居住で43歳、安政３年陸中国横田村佐郷谷恕伯に従い安政６年11月まで３年１カ月洋法医学内科を修業、文久元年１月より武蔵国江戸薬研堀の織田研寮のもとで元治元年12月まで洋法医学内科を修業した。佐倉順天堂佐倉舜海のもとでは慶応２年１月から明治元年５月まで２年５カ月洋法医学外科を修業。明治５年９月から７年９月までは開拓使の札幌病院に勤務し、明治９年７月より12年７月まで岩手県盛岡病院に勤務。その後明治13年４月に西閉伊郡横田村に設立された西閉伊郡病院の院長となったとある。明治５年10月２日、札幌の峯源次郎を訪ねた人物（日暦）。明治５年９月、函館から札幌詰となり同11月、古平に赴任（『烏ん枕』90号11㌻）。明治７年西村隼太郎編『官員録』98㌻開拓使「十二等出仕、イワテ、梁田東洲」とある。
春吉（吉田春吉）	吉田春吉の欄で解説している。
バロンシーボルト	アレキサンドル・シーボルトの欄で解説している。
バロン・アセキサンドル・シーボルト	アレキサンドル・シーボルトの欄で解説している。
B.A.シーボルト	アレキサンドル・シーボルトの欄で解説している。
伴	明治22年１月19日、峯源次郎が新年の挨拶をした人物（日暦）。
伴右衛門	安政４年（1857）９月４日峯家に宿泊した有田の人物（日暦）。
判屋薬舗（吉富㫌助）	明治24年12月13日、帰郷した峯源次郎を訪れた伊万里の薬舗（日暦）。吉富薬舗。
女比（峯静軒の母）	道道庵妻の欄で解説している。
肥後大宮司	阿蘇惟直（あそこれなお）。南北朝時代の武将で阿蘇大宮司。護良親王の要請を受けて菊池氏らとともに九州探題北条英時を討つ。のち足利尊氏と筑前多々良浜で戦って敗れ自刃。延元元年（1336）没（精選版日本国語大辞典）。
久富橘齋 （久富與次兵衛昌常）	佐賀藩の許可を得て「蔵春亭」の屋号で有田焼のオランダ貿易を開始した。息子昌常の代には泉山の陶石に加えて天草石や網代石などを加え改良した。これらの製品は大いにオランダ商人の嗜好に適して巨利を得た。性格は剛健で、６男３女、庶子１男３女と12人の子福者でもあった。俳諧・点茶を好み諸国の文人墨客と交流した（佐賀県人名辞典）。有田皿山の人口に膾炙された有田十唱（一から十までの数え歌）に「荷（二）は与次兵衛（久富はオランダ貿易)」(『西松浦郡誌』)。文久元年(1861）７月10日没した（佐賀県人名辞典）。
久富三畝	幼名三保助、幼時期は不明、三川内の製品を仕入れ薄手の碗などに「蔵春亭三保造」の銘を入れて販売した。有田焼の歴史で窯名

(久富與次兵衛昌保)	を入れた製品を販売したのは久富家の製品が嚆矢である。長崎大村町に支店を設け佐賀藩の鑑札で海外貿易を行った。茶道は石州流（平戸藩主松浦鎮信と同門）、俳句は花の本に属した。晩年は祇園山中腹に隠棲し笛を吹きもっぱら風月を友とし、笑々庵山畝と号して余生を送った。文化9年(1812) ～明治11年(1878) 6月21日。享年67（佐賀県人名辞典）。
久富氏	久富家は藩主から蔵春亭（ぞうしゅんてい）の屋号を頂戴した有田皿山の有力商家で、天保13年、長崎大村町に支店を置くことを藩から許された。與平が支配した頃の同支店は佐賀藩の事務所を兼ね、大隈八太郎・副島二郎・江藤新平等が出入していた。石丸虎五郎と馬渡八郎のイギリス留学は専ら久富與平の斡旋であったという（『日本電信の祖石丸安世』288㌻）。元治元年（1864）10月24日峯源次郎は久富與平と長崎養生所に赴き、相良弘庵・水町三省・江口梅亭に面会し彼らに従い、治療法を傍観した。これを12月18日まで続けた（日暦）。
久富為助	嘉永3年（1850）3月19日、灰心遣之者・・・皿山久富為助、塩田米屋平兵衛、伊万里立石磯吉が皿山代官所より委託された。焼物の釉薬の原料、柞灰（ゆすばい）を日向・薩摩などから一手（専売的）に売り出す販売元として灰心遣の商人が、有田皿山と志田山・吉田山を控えた塩田、さらに伊万里の三ヶ所に配置された。この灰心遣は、嘉永6年以後深川栄左衛門と川原善之助に命じられる（『伊万里焼流通史の研究』784㌻）。
久富與平昌起	與平は與次兵衛昌常の六男で、子のなかった兄昌保の養子となる。18歳のころ江戸遊学から帰郷した谷口藍田に師事、青年になる頃には長崎大村町の支店を差配する。この支店は佐賀藩の事務所を兼ね大隈八太郎・江藤新平・副島次郎等が出入した。ドイツ人化学者ワグネルを有田に招き、従来の「伝統と経験のみの製作技術」から「科学的製作技術の確立」を目指した。また、グラバーと高島炭鉱開発を始め、小城藩の大木丸を借受上海と交易した。直正が北海道開拓使長官になったのを機に北方で海運・交易業を計画し、北海道に向かい、明治3年の秋、千島で台風のため難破し、寒さ厳しい北の海をさまよい、明治4年6月釧路厚岸海岸の船中で病死、享年40。「死後は長鯨にまたがり初志を遂げん」の遺言を残した。昭和7年（1932）に有田町稗古場報恩寺境内に、久富季九郎によって「久富子藻之碑」が建立された。碑は長鯨をかたどった石造りの台座の上に建てられた。碑文は谷口藍田（『肥前陶磁史考』・『日本電信の祖石丸安世』）。天保3年(1832) ～明治4年（1871）6月21日。享年40。
久富龍右衛門	與次兵衛昌常の五男、前名倉助、大樽の手塚氏を継いだが、ほどなく本姓に復し龍右衛門と称したが後に龍圓と改めた。貿易商として活躍した。俳諧を好み五明と号す（『肥前陶磁史考』682㌻）。天保13年から断行された社会政策細民保護の小作米猶予は有田・伊万里・山代三郷の大地主に大打撃を与えた。龍右衛門は上京して司法卿江藤新平に交渉した(同上531㌻)。「東京寄留人名簿」の久富龍圓寄留先は日本橋新右衛門町太田万吉方である。明治10年中野原の久富源一（龍圓の男）は神戸元町に有田焼の貿易を開始、神戸に於ける有田焼貿易の嚆矢であろう（同上605㌻）。文政4年(1821) ～明治25年(1892) 4月2日。享年72。
久松	明治11年11月8日、峯源次郎と横浜へ行き、12年3月8日に浅草に遊んだ人物（日暦）。
久松清二郎・清次	明治22年3月3日から23年10月16日に度々峯源次郎を訪ねた人物（日暦）。
久松荘一郎	明治18年12月28日、大隈氏邸宿直をした人物（日暦）。『多久の歴史』によれば、久松荘一郎は明治4年2月、東京へ、大砲術を勉学するために、佐賀藩庁へ「口上覚」を提出して許可を得た（702㌻）。同年に東京への許可を得た者は、飯盛挺造・成富安治・石井理一郎・鶴田暢一である。
菱屋由次郎	文久元年12月28日、峯静軒の往診を依頼に使者を出した長崎本古川町の人物（日暦）。
日高	明治11年1月5日、峯源次郎が新年の挨拶をした人物（日暦）。
秀五郎	安政7年2月22日、伯母と共に峯家を訪れた早岐（現佐世保市早岐）の人物で、閏3月9日には母を診てもらうために来訪（日暦）。
秀島三英・秀島英健	文久3年2月2日、峯源次郎を訪ねた人物でかつて三英と称していたが今は英健と称す（日暦）。
秀島文圭	北海道立文書館の開拓使公文録に「辞令、秀島文圭、峯源次、御用掛申付候事、但月給五拾円　開拓使　壬申七月十三日」(簿書5716-106)。佐賀県立図書館蔵の明治行政資料に、「当県貫属、秀島文圭、峰源次、右之者御使江御採用ニ付縣地江申達候処、昨十一日着京仕候、此段御届申候也　壬申（明治5年）八月十二日　佐賀県　開拓使御中」。『東京大学法理文三学部年報第7報（明治11年-12年)』72㌻に、医員秀島文圭が「明治11年9月11日より12年7月10日に至る一学年間、法理文学部寄宿生」の罹病状況報告を書いている。明治18年の『東京府内区郡分医師住所一覧』に秀島文圭の住所は「錦町2丁目3番地」。明治5年（1872）に33歳なので天保11年（1840）生れである（『烏ん枕91号』20㌻）。峯源次郎日暦に秀島文圭が初めて登場するのは慶応3年9月2日で、渋谷良次塾授業後、正井（しょうい）村の秀島宅を訪れている。正井村という村は郷村帳には無い。現佐賀市本庄町に地名が残る「正里：しょうり」のことではないかと考えている（『戦国の肥前と龍造寺隆信』87㌻）。秀島と峯は明治5年8月長崎から船で出発し東京の開拓使で辞令を受け札幌へ向かい、9月12日に到着して医学校を設け力を尽くすが開拓使財政難から廃校となり、帰京を余儀なくされる。東京に戻った秀島は東京大学の医員となり、峯は大蔵省の翻訳官となる。東京在住の好生館出身者で好生社を設け親睦を深め、明治16年10月には秀島が幹事を務める。しかしながら19年10月9日秀島の葬儀に峯が出席した記事で秀島の死去が知れる（日暦）。東京大学学術資産等アーカイブズポータルの秀島文圭にかかる情報は明治7年6月17日文部省十等出仕として開成学校勤務、8年に九等に進み、同年9月医員に雇入月給50円。15年7月東京大学御用係給与60円。16年6月佐賀県へ管轄替となっている。天保11年（1840）～明治19年（1886）10月。享年47。
英麿氏夫妻	大隈英麿と大隈熊子のこと。明治13年6月23日夫妻は祖母大隈三井子と共に熱海温泉へ向かう（日暦）。
百應	安政7年（1860）1月6日、谷口藍田塾の門人の一人、明善寺（現伊万里市二里町大里甲2253）の南に住むという（日暦）。
百武安太郎 (百武兼行)	明治3年8月22日、東京相良知安宅に百武安太郎と渋谷（良次）先生が来訪した（日暦）。安太郎（兼行）の父は佐賀藩士百武作右衛門兼貞、物成82石、母ミカ。嘉永3年鍋島直大（5歳）の御相手に選ばれた。岩倉使節団に同行する直大随員として明治4年11月12日に横浜を出発、翌5年ロンドンに到着経済学を学ぶ。7年一時帰国、同年8月13日直大の再渡欧に随行、8年直大夫人胤子とともに風景画家リチャードソンについて油絵を学び、11年パリに滞在レオン・ボナに師事、12年後半に帰国し、13年病苦療養中の胤子夫人を神戸に見舞う（3月30日没）。このとき夫人の長女朗子を描いた「朗姫像」は兼行が国内で描いた唯一の人物画である。同年7月9日駐イタリア特命全権公使鍋島直大に随い、ローマでチェザーレ・マッカリに師事、このローマ滞在1年半余の間に「臥裸婦」・「ビエトロ・ミッカ図」など大作を描いた。14年8月20日外務書記官、15年5月29日帰国、9月11日権大書記官として農商務省に出仕、16年12月病のため帰郷、17年7月24日農商務省商務局長心得、在職のまま没した（佐賀県人名辞典）。天保13年（1842）6月7日～明治17年(1884) 12月21日。享年43。
馮雯郷	万延元年（1860）10月11日、峯源次郎が訪問した清国人（日暦）。
平石十郎	明治5年3月4日、峯源次郎が訪ねた長崎筑後町の人物（日暦）。アジア歴史資料センターに明治4年の「伊万里県下肥前国深堀耶蘇宗徒処置一件附島原ニ於テ宗徒虐遇訛伝之件」があるが、作成者の一人が「伊万里県平石十郎」と署名している(B12081566800)。『佐賀県議会史下』の明治4年「野田素平・長森伝次郎宛、当県下商人共諸方通切手之義、発行者平石十郎」「原口大属・原田権大属宛、新県が置れ松浦郡の分界に関するもの、発行者平石十郎」（『佐賀県議会史下』167㌻）。佐賀藩御用達商人、長崎市内の三宝寺の墓碑銘によると明治10年（1877）10月16日に62歳で死亡、諱は利秀。62歳（シーボルト記念館織田毅氏教示）。文化13年（1816）～明治10年（1877）10月16日、享年62。
平井某	明治24年9月28日、峯源次郎が盧氏の依頼で訪ねた人物（日暦）。
平井通雄	明治13年11月『大蔵省職員録』12㌻、「翻訳課、八等属、平井通雄、長崎県士族、麻布区飯倉狸穴町2番地」、15年1月『大蔵省職員録』には「報告課八等属」となり、16年4月『大蔵省職員録』に「報告課、七等属、平井通雄、長崎県士族、麻布区飯倉狸穴町2番地」とある。明治17年12月19日、大蔵省報告課（課長盧高朗）は神田開花楼に於て忘年会を開催したが、併せて平井通雄のドイツ留学の壮行会も兼ねていた（日暦）。

平川儀哉	文久２年９月21日、峯源次郎と共に文典を読んだ医学生（日暦）。
平田八郎	明治20年４月３日、同人社（中村敬宇塾）同窓会に出席した（日暦）。
平林伊平	『肥前陶磁史考』の平林伊平を調べると、伊平は諫早益千代の被官で、鹿吉・伊兵衛とも称し、有田大樽の焼焼三代鐵左衛門の長男。17歳で家督を継ぎ長老の間に交じり新知識を輸入した。気宇廣量果断いに富み才略衆に秀でた人物であった。有田皿山では、明治元年（1868）従来の田代紋左衛門の他に新たに９枚の鑑札が下され、長崎貿易鑑札は平林伊平ら10人となる。明治２年伊平は長崎居留地の医師ボードインの注文に応え初めて西洋食器の揃いものを製作した。３年佐賀藩の伊万里商社の支配人に就任。皿山代官が長崎から招聘したワグネルによって釉薬・顔料等の改良を図るが、その受講生に、伊平の弟平林兼助も参加。５年明治政府は６年開催のオーストリア万国博覧会への出品準備を田代慶右衛門と平林伊平に命じた。６年10月29日平林伊平の電気碍子が電信寮の試験に合格した。22年４月１日町村制発布により平林伊平が初代有田町長に就任した。26年７月３日平林伊平忠篤卒去、行年53。峯源次郎日暦には伊平が明治５年から24年まで16回登場する。伊平が峯を必要としたことが分かる箇所をあげる。明治８年12月９日平林伊平の為に横浜へ行きアメリカ人と商談する。９年１月31日平林の為に横浜へ行きアメリカの商人フェッセルと応接。２月１日に昨日の顛末を手紙で平林へ報告。２月20日横浜に行きアメリカ人商人と応接し平林へ報告。２月28日又平林の為に横浜へ行きアメリカ人商人と応接し結果を平林へ報告。３月９日平林から手紙がくる。内容について書かれてないが平林は英語ができる峯にアメリカ人商人との商談を依頼したのであろう（佐賀医学史研究会報119号）。慶応年間の「諫早家日記」に平林伊平の記事を見つけて、諫早史談会の織田武人氏に質問したところ、「焼物被官（やきものひかん）ですね」と言われて驚いた。焼物被官とは初めて聞く言葉である。『有田町史』の平林伊平は、「明治元年長崎貿易鑑札取得」（商Ⅱ21㌻）、「明治３年４月伊万里商社の支配人」（商Ⅱ６㌻）、「有田町長：明治22～23年」（政Ⅱ104㌻）。天保11年（1840）～明治26年（1893）７月３日。享年53。
平松梅渓	安政３年11月９日と６年８月５日に峯静軒を訪ねて来た人物（日暦）。
平山	明治５年８月29日、峯源次郎が寒風沢港で同宿した旧幕人（日暦）。
平吉杏仙	文久元年（1861）10月22日、好生館和蘭文典前編読会の会員（日暦）。
廣瀬吉雄	明治11年２月の『大蔵省職員録』24㌻「十等属、廣瀬吉雄、東京府平民、数寄屋町17番地」、16年４月『大蔵省職員録』報告課「七等属、東京府平民、下谷区徒町三丁目53番地」、19年７月『大蔵省職員録』13㌻「判任官七等、千葉県平民、麴町区飯田町三丁目６番地」とある。
廣瀬惟孝	明治13年11月『大蔵省職員録』119㌻「関税局、御用掛、廣瀬惟孝、神田区駿河台北甲賀町13番地」、16年４月『大蔵省職員録』110㌻「関税局、御用掛、廣瀬惟孝、神田区錦町二丁目４番地」、19年７月『大蔵省職員録』14㌻「報告課、判任官八等、小石川区諏訪町54番地」とある。
廣瀬桐江	廣瀬桐江翁は、明治24年８月９日に峯源次郎が訪ねた人物である（日暦）。桐江翁は、峯と同様に、儒学者亀井昭陽を好み私淑している。峯は桐江翁に「賀桐江廣瀬翁七十七壽」と題した詩を贈っている（渭陽存稿）。廣瀬桐江は明治24年（1891）に77歳なので、文化12年（1815）生まれであろう。
樋渡元逸	「明治二巳五月司籍局御用書出候地、上総家来知行切米其外身格附」によれば、切米五石、現壱石七斗五升、醫、三十七才、樋渡元乙、居所伊万里（『武雄領着到』163㌻）。「慶応四年（1868）松浦郡武雄内浜町屋舗人別竈数改帳、地、別当兵蔵」には、九班、樋渡元巳（三四才）、武雄家来・医師、禅宗圓通寺（『伊万里市史』近世・近代編152㌻）。明治22年『日本医籍』には「佐賀県西松浦郡伊万里町、樋渡元乙」。
フェッセル	明治９年１月31日、峯源次郎が平林伊平のために横浜で面会したアメリカ人商人（日暦）。
深海光之助	明治15年深川栄左衛門（８代）は百田恒右衛門・藤井恵七・藤井喜代作・川崎精一等と計り、我有田陶業の金融をひとり伊万里銀行のみに仰は甚だ不便なりと、泉山の玉屋（深海光之助宅、後に鶴田次平宅、次に徳見知敬住宅）に貯蔵会社なる小金融機関を創立した（『肥前陶磁史考』627㌻）。
深江順暢	東原庠舎で学んだのち草場佩川と肥後の木下犀潭に学んだ。天保13年に父順巽が死去したため、弘化４年２月祖父順房の養嗣子となり、同年４月21日より東原庠舎の指南役となった。安政元年領主茂族の命により江戸で古賀謹堂の門下となり、３年伊東玄朴の塾に入門。帰郷後東原庠舎の教授となる。元治元年第一次長州征伐に従軍、戊辰戦争でも戦功をあげた。明治５年大蔵省に入省、統計助、少書記官、権大書記官、主計局次長を歴任。文政10年（1827）９月26日～明治26年（1893）３月24日。享年67（佐賀県人名辞典）。「東京寄留人名簿」に「深江順暢、第一大区十五小区北島町一丁目46番地」。明治７年西村隼太郎編『官員録』25㌻大蔵省「統計寮二等、助、サガ、従六位深江順暢」月給は150円。
深川栄左衛門八代	７代深川栄左衛門の長男として有田郷本幸平の窯焼きに生まれた。明治元年佐賀藩主へ海外貿易業者を10人に増やすよう直訴した。電信寮から国産碍子の量産化を打診され国産碍子の実用化に成功した。アメリカで開催される万国博覧会に出品するため明治８年合本組織の香蘭社を組織し社長に就任。その後世界各地で開催された万国博覧会に出品した。11年パリ万国博覧会に出品するため渡仏、翌年香蘭社設立メンバーとの意見の相違で精磁会社と分離して独自に香蘭社を経営することになった。美しい磁器を作るためには美に感動する心が大切と生け花や茶道を学び古陶磁を鑑賞した。物に執着せず人と丁寧に付き合い時代の流れを素早く察知し若くして財を成した（佐賀県人名辞典）。８代栄左衛門が伊万里銀行の取締役に就任した期間は明治15年３月から同22年６月までである（『烏ん枕』95号10㌻）。『佐賀銀行百年史』によれば深川栄左衛門は丹羽豊七と長崎県庁に伊万里銀行設立願と為替方申請の手続きをして、明治15年３月10日認可を受けて翌日から営業を開始した。『佐賀藩褒賞録第一集』には、明治２年９月８日、百両を献上したことに対し、一生壱人扶持を拝領した。天保３年（1832）４月４日～明治22年（1889）10月23日。享年58。
深川文圭	文久４年１月25日に佐賀藩松浦郡有田郷中里村の峯源次郎宅を深川文圭は、野口寛哉・宮田春岱・沢野宏哉と共に訪れ宿泊した。好生館同窓の医学生４人である。源次郎は翌26日、４人を佐賀藩精煉方が安政４年に建設した白幡鉄山（かなやま＝製鉄所）に案内した（日暦）。
深川亮蔵	「安政年間の佐賀藩士」によれば、深川門作（亮蔵）は、安政３年（1856）、26歳、弘道館の成績は文学独看・剣目録（新陰流）の最優秀者で、父は深川藤蔵、切米20石、68歳、神埼御茶屋敷勤務である。深川門作の名は義祭同盟帳の、嘉永３（1850）・４・５・６・安政６年（1859）に記帳（『大隈重信』）。安政５年、深川門作（後に亮蔵・号桓端）は、昌平黌の書生寮に寄宿して経学を修め、新陰流の達人であったが、攘夷の志強く折あらば堀田閣老を斬ろうと意気込んでいた。ある日江戸の数寄屋橋河岸で無頼漢と争い、脇差を抜いて撃退した。群衆は深川の働きを激賞したが、その話はたちまち邸内に広まった。重役たちはこれを危ぶみ深川を諭して帰国させた。門作はやむなく江戸を出発して京都に立寄り、藩邸の澤野源左衛門（富之助）に会って、日頃の慷慨をぶつけた。澤野は聞いて密かに、岩倉具視卿に紹介して謁見させた。談論交換して公卿の時事に苦悶する様子も理解して帰国した。深川の慷慨は老輩や目付の注意人物とみなすに至り、直正公の耳の達した。公は世子直大の近侍として文武の教育を任せられた。門作は感激してその左右に仕え家令としてその一生を終えた（『鍋島直正公傳』４編）。峯源次郎は明治２年12月14日、大学東校進学のため長崎から乗船した郵船紐克号でたまたま佐賀藩大弁務深川亮蔵と同船した。官許証明を持たない峯は横浜で上陸できなかったところを、深川が自らの従者として上陸させてくれた。上陸後は定宿相模屋に同宿し、その上相良知安宅に寄宿できるように話を付けてくれた。４年５月４日、留学の為挨拶に訪れた峯に深川は旧知事直大公からとして太政官紙幣二百円を授与した。11月20日不如意の帰国をした峯は深川に挨拶し、その後開拓使に入り札幌に赴任した５年９月17日深川に手紙を出す。７年に帰京後も挨拶を欠かすことなく、16年４月15日は深川の母親の弔問に訪れ、18年12月８日には深川の子息の葬儀に出ている（日暦）。「渭陽存稿」の明治35年に、「祝鍋島侯爵家令深川亮蔵君叙従五位」と題し侯爵家の無二の忠臣が生涯を終えて叙位されたと書いている。峯源次郎にとっても深川亮蔵は恩人であった。天保２年（1831）～明治35年（1902）12月21日。享年72。
深堀太夫 **（鍋島左馬之助）**	鍋島左馬之助。物成2400石、知行6000石、連判家老深堀氏、大組頭（「安政年間の佐賀藩士」）。代々深堀（現長崎市深堀町）を領地とし長崎港警備で重要な役割を担った。鍋島茂精（しげあき）は、天保４年12月４日生まれ、佐賀藩家老、元治元年幕長戦に出陣、

	戊辰戦争では慶応４年、六番大隊長として直大に従い、孟春丸で仙台に上陸し東北各地を転戦した大正３年５月９日死去。82歳。通称は孫六郎（デジタル版日本人名大辞典）。天保４年（1833）12月４日～大正３年（1914）５月９日。『佐嘉城下町竈帳』に「（深堀鍋島左馬之助茂精）孫六郎殿」との記述が229・245㌻にある。峯源次郎日暦には、慶応２年６月19日、「観長州出勢軍深堀太夫為隊長」、幕府は慶応２年長州再征を行ったが、佐賀藩は深堀太夫（深堀領主鍋島左馬之助）を隊長として出兵した。次に慶応４年５月27日「深堀左馬之助氏東征」、深堀左馬之助は六番大隊長として藩主鍋島直大に従い軍艦孟春丸で仙台に上陸、東北各地を転戦した（デジタル版日本人名大辞典）。明治５年１月26日、峯源次郎は重松裕二の旧主深堀氏の招待に同道して、向島に遊んだ（日暦）。早稲田大学図書館には大隈重信宛鍋島孫六郎差出書簡が明治28年だけでも４通存在する。深堀領主佐賀藩家老鍋島左馬之助茂精（しげあき）は、明治期の書簡には鍋島孫六郎と署名している。
福岡義辨	幼名喜四郎。実父は浦忠左衛門。藩校弘道館で学び慶応４年６月28日奥羽出張、明治２年12月東京府監察、３年11月２日東京府大属、４年５月29日東京府権典事、11月21日東京府典事、12月24日東京府６等出仕、８年12月28日免出仕、10年６月27日警視局御用掛、14年１月14日４等警視、15年３月27日警視長書記局会計部営繕課長、17年４月２日警視長会計局調度課長兼務、19年２月22日非職、３月１日警視属、20年10月28日４等警視、同月29日板橋警察署長、21年５月12日麻布警察署長、23年辞職、江藤新平は従兄（佐賀県人名辞典）。「東京寄留人名簿」に「福岡義辯、麻布三河台町五番地寄留」。慶応４年器械方を仰せ付けられ戊辰戦争に従軍し９月29日東京へ凱旋した。明治２年２月12日東京府監察に任命され同年６月先の軍功で金150円を下賜され、３年閏10月窮民撫育米買入御用で大阪出張、後日慰労金として３千匹を下賜される。明治10年警視局に移り、14年１月14日警視局廃止にともない警視庁第一局第二課長月俸75円となり警察勤務を続ける（早稲田大学エクステンションセンター日本近代史研究会『会報26号』101㌻）。明治17年５月２日、峯源次郎を兄完一の二男下村求が訪ねて来た。峯はこの甥下村求の身の振り方を決めてやるために完一の旧主（須古鍋島家）領の有力者蒲原忠蔵に就職先を頼みに行く。その後６月14日福岡義辨を訪問する。９月３日下村求は静岡県巡査を拝命した。９月７日に峯は福岡義辨のところへ謝礼の挨拶に行く日暦）。天保５年（1834）７月28日～大正３年（1914）１月29日。享年81。
福沢諭吉	慶應義塾総長、泰西文明の祖述者、本邦開化の指導者。豊前中津藩士にして天保５年１月10日大阪中津藩蔵屋敷に生れた。安政２年緒方塾に入り、５年江戸に於て藩の子弟を教授、万延元年使節に従い咸臨丸で渡米、幕府外国方翻訳掛となる。文久元年12月使節松平石見守に従い再び洋行、慶応３年小野友五郎に従い富士山号受取のため米国に航す。この冬、塾を江戸鉄砲洲中津藩中屋敷より芝新銭座に移し慶應義塾と称する。15年３月時事新報を創刊。31年９月26日脳出血を起し34年２月３日死去（『明治過去帳』）。明治18年７月26日、峯源次郎は東京専門学校卒業式に臨んだが、来賓の中に、福沢諭吉と記す（日暦）。天保５年（1834）～明治34年（1901）２月３日。享年68。
福島喜平	慶応４年１月15日、外尾（ほかお：現有田町外尾）福島喜平来。東京を引き払い帰郷した峯源次郎は明治24年12月11日、有田の福島喜平を訪れ挨拶をする（日暦）。
福島喜兵衛	元治元年（1864）４月８日、静軒の診察を受けるために外尾の福島喜兵衛が来訪、福島は絵描きである。同年５月５日、端午の節句、福島喜兵衛と斉藤義一郎が来訪、詩作で楽しむ（日暦）。明治12年岩谷川内の山口代次郎は同区の医師正司碩譲・拓きの正司敬造・外尾宿の福島喜兵衛（三井物産の福島喜三次の父）・外尾村の松村甚九郎等と習工社なる製陶組合事業を創立した（『肥前陶磁史考』612㌻）。
福島万象	開拓使公文書館の開拓使簿書に「佐賀県士族、福島萬象、申三十八才、十五等出仕申付候事、但医局書記、壬申（明治５年）七月二十七日、開拓使」(5716-65)。「東京寄留人名簿」に「福島万象、第二大区二小区南佐久間町一丁目三番地寄留」。峯源次郎は北海道へ向かう途中の明治５年８月11日、芝浜松町２丁目の福島屋に投宿した。その後９月２日、函館で札幌病院に赴任する福島万象と同宿し、札幌への同行を約束する。福島万象を「福島屋主人」と日暦に書いている。明治６年１月『袖珍官員録』に「使掌、福島万象」、13年４月『開拓使職員録』104㌻に「東京出張所、等外二等出仕、福島万象、長崎県士族」とある。明治５年（1872）に38歳なので天保６年(1835) 年生れである。
福島豊策	峯源次郎日暦には、万延元年(1860) ４月29日に大庭雪斎塾に入門した峯が５月４日に「福島豊策来塾」と書き、この時が福島豊作との初対面であったと思われる。文久元年(1861) 年６月14日と文久２年(1862) ４月１日に峯は泊りがけで小城福島宅を訪問し、祇園社・千葉城址を見物し、天山登山を楽しんでいる。『小城藩日記にみる近世佐賀医学・洋学史料』後編の250㌻には、文久２年４月16日好生館入門者氏名の中に福嶋豊作が居る。慶応２年(1866) ４月11日には、医業稽古中の人物調べの中に、「大庭雪斎殿弟子、福嶋方策、郷医芦刈友田村」とある(306㌻) 友田村とは現牛津本町の西方より南に延びた集落（『佐賀県の地名』234㌻)。その後福島豊作の名は、『長崎医学百年史』の第三章第六節の明治４年３月、広運館医学校在塾人員の中に、「小城藩福嶋豊作」とある。明治７年西村隼太郎編『官員録』73㌻文部省「十四等出仕、サガ、福島豊策」、明治15年６月『内務省免許全国医師薬舗産婆一覧』に「内外科、履歴、免状番号642、長崎、福嶋豊策」とある。
福島屋	明治５年７月27日、峯源次郎は開拓使に徴され、秀島文圭と共に８月６日長崎から乗船して８月11日に横浜に着しその夜芝浜松町２丁目の福島屋に泊った。８月15日に開拓使で札幌病院詰の辞令をもらった峯と秀島は８月27日に横浜から北海道に向かい、９月２日に函館で福島万象と同宿した。この福島万象は福島屋主人という（日暦）。『新撰東京実地案内』に「芝区、福島屋、兼房町」とある。
福島禮助・福島九成	明治２年４月23日と６月９日、峯源次郎は福島禮助を診察した（日暦）。福島禮助の父は佐賀藩士福島文蔵（金岡）で弘道館教諭、切米20石、禮助は安政３年（1856）に15歳なので天保13年生れ（『安政年間の佐賀藩士』)。アジア歴史資料センターの「叙位裁可書」によれば、明治元年奥羽追討軍に従い、参謀添役となり、各所に転戦、甚だ功績ありピストル銃及び金圓の下賜あり、翌２年６月凱旋の折更に金圓の下賜あり。３年10月佐賀藩庁出仕仰せ付けられ、４年５月清国留学を申付けられ、６年副島特命全権大使の内命を以て台湾に出張し、７年２月陸軍少佐に任ぜられる。この頃九成に改名カ。以来、兼任領事、専任領事、大蔵少書記官、内務少書記官、内務権大書記官と歴任し、明治16年青森県令に任ぜられ、19年７月非職拝命、22年７月非職満期退官となる。大正３年９月14日特旨を以て従四位に叙せられる。天保13年（1842）６月～大正３年（1914）９月12日。享年73。
福田吉十郎	慶応元年（1865）６月21日、藤村光鎮から往診を依頼された長崎紺屋町の住人（日暦）。
福田先生	安政５年（1858）９月19日に佐賀から峯静軒を訪れた人物（日暦）。福田東洛（寛政12年：1800～明治７年：1874）カ（『佐賀県歴史人名事典』)。
福田某	明治５年９月25日札幌で峯源次郎を招待した人物（日暦）。
福地林橘	慶応４年（1860）７月９日、峯源次郎が訪れた人物（日暦）。慶応３年11月６日、伊東外記（次兵衛）は福地林橘より鍋料理一鉢を贈られる（『佐賀県近世史料第五編第一巻』959㌻)。「元治元年（1864）佐賀藩拾六組侍着到」によれば、「福地猪吉、米46石８斗但26人扶持無落米皆白、内治、杢佐預医師」とある。それ以前の「安政年間の佐賀藩士」には「福地文安、米46石８斗、20歳、八幡小路、組迦」とあるので、文安が文久３年（1863）６月20日に没した後、猪吉が佐賀藩医福地家を継いだものと思われる。福地猪吉を福地林橘と想定し、その後の林橘を検索すると、アジア歴史資料センターに「鍋島肥前守直大の家来福地林橘は明治２年正月外国官御用掛、六等官、月給五拾両」として就職している（B16080026600)。明治２年５月の『官員録全改』に「外国官、御用掛一等譯官、函館出張、福地林橘」（国立公文書館デジタルアーカイブ職A00009100）の記録を最後にその後は杳として知れない。
福原某	文久３年（1863）５月21日、峯静軒と峯源次郎が往診に回った佐々郷（現長崎県北松浦郡佐々町）の患者（日暦）。
福本脩二	伊勢暦頒布者で伊勢の人。峯家に来訪したのは、文久４年１月13日・慶応３年４月４日・慶応４年１月５日。慶応２年１月には静軒の悔み状を送っている。明治２年１月26日佐賀へ赴く途上で峯源次郎に会ったのが最後の記録である（日暦）。
福本良平	伊勢暦を伊勢から売りに来ていた人物で福本脩二の父親である（日暦）。
藤井玄朔	元治元年（1864）４月25日、峯静軒宅に入院している長崎寄合町の西田平三郎を訪ねて来た長崎の人物。医師カ（日暦）。

藤井善言	佐倉藩士藤井喜一郎の長男。藩の許しを得て慶応3年から横浜でフランス語を学んでいたが同年10月藩主上京のお供に決まり藩邸に戻った。姉淑は依田学海（百川）の妻。明治5年8月兵学寮9等出仕、11年4月大蔵省採用、11年6月2等属藤井善言千葉県士族四谷荒木町14番地、17年7月農商務省1等属兼大蔵1等属、千葉県士族、芝区西ノ久保巴町25番地。大正6年4月の叙位裁可書には、明治20年6月4日任文部省書記官、22年10月30日任農商務省書記官、24年3月19日非職を命す、25年10月18日依願免本官、27年3月1日任賞勲局書記官、大正5年8月19日授旭日中綬章、6年3月22日任叙高等官三等、3月27日依願免本官（「前田正名の上州出張記憶書と卑見」）。明治7年西村隼太郎編『官員録』54㌻陸軍省「陸軍兵学寮、九等出仕、チバ、藤井善言」月給50円。『佐倉誌北総名勝』第1編61㌻に藤井善言について「大正六年四月齢七十一に達する」の記述を根拠として、弘化4年（1847）生まれである（千葉県立中央図書館レファレンス協同データベース2008年）。
藤川	明治21年4月9日、峯直次郎は徴兵検査のために伊万里に帰省し、7月18日に東京に戻る。その晩父源次郎は8人に手紙を書くがその中の一人（日暦）。
藤川三淇	明治12年5月18日、峯源次郎は訪ねた人物（日暦）。
藤川三渓	贈正五位元修史局三等協修、讃岐の儒医にして名は忠猷、安政元年蝦夷に航す後に龍虎隊を率いて勤王を唱える、明治の初め東京府に転籍し6年頃平野知秋・堀田敬直・大澤南谷等と正院御用掛を拝し9年頃修史局三等協修に遷る（『明治過去帳』）。文化13年（1816）～明治22年（1889）10月22日。享年74。
藤田安津男	明治7年3月1日、峯源次郎の札幌での国雅（和歌）の仲間（日暦）。
藤武幾四郎	万延元年（1860）11月9日、峯源次郎が遊学中の長崎で知り合った人物（日暦）。
藤田常助 （十一代藤田与兵衛）	元治元年草場船山に入門し、明治5年薬種研究の為中国留学、明治20年伊万里銀行取締役、35年同行頭取となり、昭和3年病のため辞職した。その間明治31年より町会議員に五期連続当選。藤田家初代は伊万里津で伊万里焼や紙を移出し諸国物産を移入する商人で、3代惣右衛門が薬種商を始めた。7代与兵衛は安永年間に八谷搦干拓銀主の一人で俳号は松宇、8代正兵衛は京月下松扉、9代与兵衛は洞月下松琥、10代与兵衛は松葉と号し代々俳諧を嗜んだ。ことに8代松扉は伊万里美濃派俳壇の初代宗匠を務めた。常助は10代与兵衛尚春の二男として生れ、11代を襲名。伊万里銀行役員時代は日清日露欧州戦乱のなか経営を安定させ経済界を牽引した。資性温厚にして謙虚、立居振舞は優しく静かで、識見高く明敏であった（佐賀県人名辞典）。嘉永5年（1852）11月19日～昭和11年（1936）1月26日。享年85。
藤野公道・藤野雪道	峯静軒の門人で長崎在住であったが、後に有田の近くに開業している（日暦）。
藤松南齋	文久3年1月7日峯が訪ねた小川島（現唐津市小川島）の医師（日暦）。安政2年大地震で破壊された（唐津藩）江戸藩邸の建直しに村々へ一万両の御用金が課せられたこの時、「拾両、小川（島）、藤松南斎」が角力番付に見立てた記録に残っている（『鎮西町史』上736㌻）。
藤村庸平・藤村光鎮	「幕末異国情報の伝播と長崎櫨園社中（上）」によれば、藤村光鎮とは、長崎の反物目利で通称庸平。西尾市岩瀬文庫の古典籍書誌データベース「拾八番歌合」によれば、藤村光鎮は明治24年没、享年85。万延元年（1860）の中島広足一行の「長崎日記」によれば、8月27日長崎古町の中島宅に着いた広足は9月26日藤村同伴でいなさの製鉄城を見物、翌27日は浦上・西坂・平宿を散策。9月28日長崎を発つ広足一行を見送っている（国立国会図書館サーチ）。文化4年（1807）～明治24年（1891）。享年85。
富士屋喜右衛門	明治13年6月24日、大隈三井子・英麿・熊子一行が宿泊した熱海の旅館（日暦）。
藤山村長 （藤山徳太郎）	嘉永元年7月18日生れで明治22年から大正3年まで25年9ヶ月二里村長を務めた（『伊万里市史本篇』615㌻）。明治24年12月18日、中里村に帰郷した峯源次郎が挨拶に訪れた隣村大里村の村長（日暦）。藤山雷太の長兄（『伊万里市史近世・近代』752㌻）。
藤山八郎	明治7年6月1日、峯源次郎を訪ねて来た人物（日暦）。
藤山柳軒・藤山有一	藤山柳軒は、大里村（中里村の隣村）在住で、嘗て古田柳軒であったが、文久3年9月17日現在は元の姓に戻っている。元治元年9月4日、柳軒と馬場省適が源次郎を誘い、省適の家で酒を酌む。翌5日、三人で腰岳（伊万里富士と称される低山）に登る。慶応元年3月9日、柳軒と源次郎は片山杏益の家に泊り翌10日明星桜を見物した。同年5月4日、好生館から出題された問題を柳軒・省適・源次郎・黒髪宗碩らで回答を作り提出した。明治2年11月30日、好生館の試験に及第して医術開業免状を取得した源次郎は柳軒と一緒に帰途についた。5年3月27日、「藤山柳軒は後に改称有一」と源次郎は書いているが、藤山有一の名は日暦に記録されていない。8年10月20日、一時帰省中の源次郎を柳軒が訪ねた。源次郎が東京に出立する前の11月13日、柳軒は送別会をするが、この日が柳軒の最後の記録である（峯源次郎日暦）。『藍田谷口先生全集文上巻一』8ウに「題藤山柳軒詩稿」があるところから、藤山柳軒は谷口藍田の門弟であったのだろう。
船越氏	明治24年7月5日、渋谷良次の招きで同席した人物（日暦）。
フランシス・ ブリンクリー Brinkley Francis	Brinkley Francisは、国籍がイギリス。雇主：工作局、雇用期間：明治11年7月1日より6ヶ月、以後無期限、職種：数学博士、給料：貿易銀350円、住所：麻布鳥居坂町11番地鮫島尚信内（『資料御雇外国人』）。1881年（明治14）にジャパンウィークリーメール紙（1870年創刊）を買収し経営者兼主筆となって親日的に海外に紹介している。1841年11月9日～1912年10月22日。享年71。
古川氏	慶応2年12月、3年11月に峯源次郎が診察した人物（日暦）。
古川源太郎	佐賀県士族古川与一の長男。明治3年家督相続、旧佐賀藩主鍋島侯爵家家令を勤め兼ねて三十銀行頭取、都銀行監査役たり。妻キヨは佐賀士族福地嘉太郎姉、嗣子与四吉明治9年12月生（『大正過去帳』）。天保13年（1842）1月20日～大正6年（1917）3月17日。享年76。
古川氏	明治21年12月29日、病を冒して峯源次郎が訪ねた人物（日暦）。
古川常一郎	旧佐賀藩士、明治初年大隈重信の書生となった。明治3年10月神奈川県英学句読師並、4年4月佐賀藩から英学修業を申請、3年間のイギリス留学が許可。実際にはウラジオストックで個人教授からロシア語を学んだとされる。6年12月官費留学制度停止、7年4月1日ペテルブルグ日本公使館附、9年5月9日同書記二等見習、11年6月11日帰朝命令、12年3月7日東京外国語学校露語学校教員、14年7月15日東京外国語学校教諭、18年10月20日学校改組により東京商業学校教諭、19年2月10日非職、同年5月18日内閣属内閣官報局勤務、局長は高橋健三、同僚に陸羯南、21年12月黒田清隆『環遊日記』の編集翻訳に携わり慰労金受領、22年8月官報局に二葉亭四迷を翻訳官として斡旋、同年10月18日官報局編集課長、30年内閣官報局を退職、東京外国語学校露語科講師、31年同教授、二葉亭四迷を教諭として招聘、32年9月から肺患が増悪し欠勤、33年5月9日休職、ロシア語学の先駆者としてはじめて活字出版されたロシア語辞書『露和字彙』の編纂と増補にあたった、教育者・官吏としても活動したが、功名栄達を顧みず、内田魯庵に「卓落不羈の逸民」と評された。二葉亭四迷とは師弟として互を敬愛し、四迷の人格形成にも大きな影響があった（佐賀県人名辞典）。『佐賀県教育史』には、明治5年の「洋行生徒人名其外取調御届」21名中に「古川常一郎、ロシア留学」とあり、「留学期間は3年間で1年の学費金千両、但しロシア国行は千三百両。留学先はロシア2人、フランス4人、ドイツ4人、イギリス11人」古川常一郎は明治4年6月からロシアに留学している記録である（1巻689㌻）。峯源次郎は明治19年6月5日、内閣官報局勤務となったばかりの古川常一郎を訪ねている。同年7月16日金曜日午後、大蔵省報告課の峯のところに古川常一郎が来訪し、「推叩（敲）其訳稿熱甚」とあるので、峯が依頼した翻訳の原稿がよく推敲されていて感歎したものであろう（日暦）。安政元年（1854）6月25日～明治34年（1901）1月27日。享年48。
古川傳安・古川愼吾	佐賀藩「医業免札姓名簿」532番に安政3年11月、内科、松隈元南門人、周防殿（家老姉川鍋島）家来、古川傳安、26歳。とあるので、傳安は天保2年生れである。峯源次郎は明治2年1月30日、傳安に佐賀渋谷良次塾で会う。4年11月23日、芝西久保の傳安宅を訪れ、郷里の家族への手紙を託している。5年9月7日、札幌病院に赴く峯は兎狩森（後の室蘭）で、傳安が院長を務める建築病院に泊る。明治20年9月1日源次郎は渋谷良次の為に古川を訪ねる。21年1月8日峯が古川を訪問。22年1月13日古川が峯を訪ねる。23年12月28日、29日来訪。24年1月11日には峯が愼吾の国雅（和歌）会に出席。同5月6日・6月24日・10月12日は傳安が

	峯を訪れている（日暦）。明治31年『帝国医籍宝鑑』には「従来開業医佐賀、鍋島村古川愼吾」とある。開拓使記録に、古川融、佐賀県貫属士族、39歳、開拓使御用掛、月給40円、6年2月11等出仕建築掛（室蘭～札幌間道路建設隊付）兼任室蘭郡詰、11月室蘭詰専任、6年12月退任（『烏ん枕90号』11㌻）。
古川松根・古川與一	江戸詰の佐賀藩士古川与兵衛の三男として江戸桜田の藩邸（上屋敷）に生れ、文化12年3歳にして10代佐賀藩主鍋島直正の御相手役に選ばれ、天保元年直正が藩主に就任すると側に召され、佩刀・衣装をはじめ書簡や贈答の手配まで直正の身辺用務を担当した。11年、9代藩主斉直の肖像画をはじめ弘化元年直正がオランダ軍艦に乗船したときの様子を描くなど御抱え絵師の任務も担った。文久元年直正隠居後も側につかえ、明治4年直正病没後の3日後殉死を遂げた。和歌国学に優れ有職故実に精通するほか、書画篆刻など多方面に才能を発揮、なかでも和歌は京都の香川景樹に学び多くの和歌を詠み、佐賀で和歌結社「小車社」を主催した。画は幕府絵師の住吉弘貫に大和絵を、江戸の柴田是真に写生画を学び、人物画・水墨山水画まで幅広く制作し、鍋島藩窯の意匠をも手掛けた（佐賀県人名辞典）。文化10年（1813）10月16日～明治4年（1871）1月21日。享年59。
古田	明治元年（1868）9月16日、峯静軒死去の弔問に訪れた有田の人（日暦）。
フルベッキ Guido Herman Fridolin Verbeck	フルベッキはオランダに生まれ、青年時代にアメリカに渡って、オーバン神学校に学んだ。1859年（安政6）オランダ改革教会の宣教師として長崎に来て、幕府直轄の済美館と佐賀藩が長崎に設立した致遠館との二つの学校で教えた。大隈重信、副島種臣らが学んだ。1869年（明治2）上京して同年4月から大学南校の語学、学術の教師となり、のちに教頭となった。月給600円（当時のお雇い教師の最高額）を支給された。1873年12月開成学校を退任した。彼は1869年大学南校教師就任と同時に公儀所（のち集議院）に列席し、当時の最高立法機関の諮問に応じ、開成学校退職後は法律顧問として正院（いまの内閣）と左院（立法府）に勤務し、1875年左院廃止後はその後身の元老院に勤めて法典翻訳などにあたったが、1877年政府顧問の地位を去って、もとの宣教師にもどり、伝道に主力をおき、1891年（明治24）からおよそ十ヵ年間、明治学院神学部で教えた。晩年は不遇のうちに東京で死去した。1830年～1898年。68歳（『お雇い外国人⑤教育・宗教』）。
フヲンブラント Brandt Max August Scipio Von	Brandt Max August Scipio Vonはドイツ人、駐日ドイツ全権公使。1835年10月8日プロイセンの有名な将軍で軍事評論家でもあったハインリッヒ・フォン・ブラントの子として生まれた。プロシア陸軍に入り中尉で退官したのち、エジプトなどに旅行した。プロイセン使節のF．オイレンブルグ伯爵の随員として1859年日本・プロイセン条約締結のため来日。1863年プロイセンの初代駐日領事として横浜に赴任し、1867年にはプロイセン代理公使に昇任した。1868年北ドイツ連邦総領事に就任、1872年には駐日ドイツ全権公使となり、1875年に駐シナ公使に転任するまで対日外交および日独文化交流のため活躍した。1873年6月在日ドイツ人のためにドイツ東亜細亜協会が設立され初代会長に就任した。同会は英米人を対象として設立されたアジア協会に対抗したものといわれる。1893年引退しヴァイマールに移住し1920年死去（『来日西洋人名事典』）。1825～1920。享年95。
文英（鐘ヶ江文英）⇔ 鐘ヶ江晴朝	鐘ヶ江文英の欄で解説している。
文圭	峯静軒の住込みの門人で長崎出身、源次郎の日暦には安政6年（1859）5月24日から登場し、兄弟子に従い往診に廻り、静軒の授業を受ける日々であったが、万延元年（1860）7月14日早朝、母親死去の知らせを受けて長崎に帰る。同年10月8日、長崎に遊学した源次郎が文圭を訪ねる。この後文圭の名が記されることは無い（日暦）。
文友	明治3年2月26日、峯源次郎と共に佐賀藩邸の相良柳庵に面会した人物（日暦）。
平吾	万延元年（1860）12月29日、峯静軒を訪ねて来た人物（日暦）。
ベルツ Baelz, Erwin Von	Baelz, Erwin Vonはドイツ人。医学（東京医学校、東京大学医学部、帝国大学医科大学：内科）ドイツのシュワーベンの小さな町出生れた。1866年チュービンゲン大学で基礎医学を修め、同郷の著名なウンデルリヒに師事するためライプチヒ大学に転じた。1876年ベルリンにおいて東京医学校教師の雇用契約を結んだ。同年4月ドイツを出発し、6月に横浜に到着し6月10日から医学校において講義を開始した。1886年東京大学医学部は帝国大学医科大学と改称され、内科と産婦人科を担当した。この頃荒井はつ（後に花）と結婚した。（『来日西洋人名事典』）。1849年1月13日～1913年8月31日。享年64。
ヘンネッシー John Pope Hennessy	John Pope Hennessyは、英国国会議員。1834年生れ、1878香港大守となり明治24年10月8日没す。享年58（『明治過去帳』）。大蔵卿大隈重信は明治12年7月11日、香港鎮台ヘンネッシー氏箱館巡覧同行辞令を太政官より受ける（大隈関係文書イ14D0263）。峯源次郎は明治12年7月13日Sunday、新橋（駅）に大隈重信を見送った。それは、大隈氏が夫人同伴で香港太守ヘンネッシー氏と北海道に赴くためであった（日暦）。
ヘンリーシーボルト Von Siebold, Henry	Von Siebold Henryは国籍①ドイツ、②～④オーストリア。雇主①博覧会事務局（6年1月－9月）②③④大蔵省（③12年6月1日より出分出務④12年6月1日より無期限）職種①オーストリア国より付人②在東京オーストリア国公使館付、オーストリア国公使館兼博覧会事務助補④書記通弁。給料①月給200円②250円③④150円。住所④赤坂氷川町35番地、アレキサンドル・シーボルトの弟（『資料御雇外国人』）。アレクサンダーの再訪日に同伴して明治2年初来日、兄と共に諸外国と日本政府との条約締結などに従事。オーストリア＝ハンガリー帝国公使館に奉職。1852年7月21日～1908年8月11日。享年57。出典①②太二③太三④外一
ボードイン Bauduin, Antonius Franciscus	Bauduin Antnius Franciscusは、国籍オランダ。雇主①大阪軍事病院（6ヶ月期限を以て相雇）②大阪府医学校（1ヶ年）③④大学東校（③3年9月24日より2ヶ月、④3年閏10月15日解約帰国二付参内予定）職種①陸軍診療（大阪病院罷在大学校管轄ノ儀）、②④⑤蘭医、③蘭医教師。月給③従前の通600元。住所③ホテル（『資料御雇外国人』。オランダのドルドレヒトに生れ、ユトレヒト陸軍軍医学校で生理学教授としてポンペらを指導していた。出島でオランダ貿易会社駐日筆頭代理人を務めていた弟アルベルト・ボードインの薦めでポンペの後任として文久2年（1862）に長崎養生所教官として赴任した。慶応元年（1865）に養生所と医学所が統合し精得館と改称され、分析窮理所も新設され、後の江戸の開成所や大阪舎密局に引き継がれた。佐賀藩医相良知安は文久3年から養生所でボードインに師事し、やがて戸塚文海の後任として精得館頭取となり島田芳橘・永松東海・江口梅亭を指導した（『佐賀医人伝』）。峯源次郎は慶応2年（1866）4月、13歳年上の兄亨の出張（長崎のボードインのもとに行く）に同道して、4月5日病院（精得館）で江口梅亭に面会した。同年10月2日にはボードインが伊万里で直正を診察することになったため、師の侍医渋谷良次と佐賀を発ち伊万里の宿泊所武富邸（妻仲の実家）に入った（日暦）。1820年6月20日～1885年6月7日。享年65。出典①～④太一⑤太二
ホフマン Hoffmann, Theodor Edward	Hoffmann, Theodor Edwardは国籍ドイツ。雇主①④⑪⑫⑭大学東校、②③⑥⑨⑩⑫東京医学校、⑦⑧文部省、⑩宮内省。②③4年7月7日－7年8月17日⑤4年7月15日より3年。職種東校教師②③医学⑤医学教師④東校本科教授⑥内科学教師⑨東京医学校教官の長⑩医師⑭医師、医学の教導。月給②③⑤600元⑨600ドル（『資料御雇外国人』）。1840年～？。出典①太一②③④⑨⑩⑪⑫⑭太二⑤外七⑥東四⑦⑧⑬外八
宝積寺住持和尚	現、伊万里市東山代町脇野の岩戸山宝積寺。宗派高野山真言宗、本尊不動明王、開山快辨。大正4年に住職であった杉山亮慶が著した「岩戸山寶積寺創立史」に川原左大臣源融の末裔に源太夫判官直という人あり、久寿元年（1154）地方の監使に任ぜられ松浦郡を賜り地頭となる。判官此地にあるとき当寺を建立して武運長久宗支繁栄を祈らしめ郷中の祈願道場とし不動明王を本尊として山林その他四町八反を寺領とせられたり（『伊万里市史』民俗・生活・宗教編）。
堀口昇	明治23年10月5日、峯源次郎が大蔵省の上司、蘆高朗（文書課長兼貨幣課長兼官報報告主任）に紹介しようとした人物（日暦）。『衆議院議員候補者列伝第二編』によれば群馬県高崎町に生れ、父は才次郎、母は富子。12歳で丁稚奉公に出て15歳で維新に遭遇、官軍で立身出世を図ろうと出奔し、熊谷・江戸と知己を便り万里小路小弁通房公に随従することができ、明治2年1月士分に取り立てられ、2年10月主公に従い護持院原の開成所に通い英語を学ぶ。3年3月早稲田の北門社に入り尺振八先生に就き、4年尺先生設立の共立学舎へ移り5年4月同舎の助教となる。6年尺先生が大蔵省翻訳局長就任にともない同舎塾頭教頭となる。10年同舎を辞し神田区今川町で翻訳業を始める。12年嚶鳴社に入り討論・演説を学ぶ。14年4月朝野新聞社に入り末広重泰（鉄腸）の顧問となり併せて同社の翻訳官・論説記者となる。21年10月政治雑誌「政治の与論」を発行。23年、37歳にして群馬県第四区の衆議院議員の候補者なり。これにより堀口昇は安政元年（1854）生れであろう。

堀中徹造	堀中徹造は別名堀中東洲・堀中東州・教育散史。明治14年『俊秀詩文』第1-8編、第9編、『皇朝百家詩選七言絶句之部』、『明治詩華新集』を堀中東洲の名で編集して出版。15年は『唐詩選』、『五経訳語』乾、『五経訳語』坤、『明治千家絶句』を編集出版（国立国会図書館デジタルコレクション）。堀中徹造は明治15年1月15日と16年1月7日に峯源次郎を訪問した（日暦）。
ホルツ Holtz, V.	Holtz, V.は、明治6年（1873）当時27歳、国籍：ドイツ。雇入場所：東京、雇主：大学南校、雇用期間：明治4年4月～6年12月31日、職種：ドイツ語学教師、住所：ドイツ学教場構内官舎、月給200ドル、5年5月250元。（『資料御雇外国人』）。1846年～？。峯源次郎は明治4年1月19日、南校教授ワグネルに新人のドイツ語教師ホルツ氏を紹介してもらう。この日より峯はホルツ氏宅に住み込んでドイツ語を学ぶ。5月の留学出発予定に合せてドイツ語を特訓したのであろう（日暦）。
ま行	
前川善太夫	前川家は伊万里津下町で焼物を商う大店であったが、大地主に転じ二里村江湖辻に移った。前川善太夫は、その9代目である。享保頃（1716～36）佐賀藩家老多久氏の被官となったが、6代善太郎は寛政8年（1796）以後足軽の身分を得て、文政4年（1821）には手明鑓に昇格した。6代富道善太郎（善左衛門）→7代富義善三郎→8代富親綱太郎（善左衛門）→善太夫→10代善一。善太夫の二女れい（明治20年生）は、昭和32年（1957）、筑紫流箏曲技能者として、重要無形文化財に指定された（『葉隠研究』87号）。明治43年『帝国医鑑第一編』に「佐賀藩平民、前川文平、芝区公園地5号地の2、明治16年3月10日生れ、佐賀県西松浦郡大里に生れ、東京慈恵院医学校を卒業して明治41年10月6日開業免状を下付され開業」。文平は善太夫の子と思われる。
前田亀助	明治15年11月上京した前田乕之助の同行人、印刷局を見たいというので峯が斡旋した（日暦）。
前田儀右衛門	『肥前陶磁史考』によれば、明治25年3月、新村外尾宿に協立銀行が創立され、前田儀右衛門が頭取となる。昭和4年に有田銀行と合併した。実は久富與次兵衛昌利（橘斎）の弟で、里青と号した。嗣子儀右衛門（貞八、号里風）は、明治38年7月有田村の村長となった。『佐賀藩褒賞録第一集』には明治2年9月8日、五拾両の献金に対し、一生八木（米）三俵充拝領とある。文政7年（1824）～明治21年（1888）8月25日。享年65。
前田権中主典 **（前田清照）**	明治9年3月『開拓使職員録』に「権大主典、前田清照、鹿児島県士族」とある。
前田作次郎利方	前田作次郎利方は、字は子義、萬里と号す。代々佐賀藩伊万里郷大庄屋を務める前田家六代前田作右衛門利苗の長男に生まれ、23歳で足の病にかかり、七代を継ぐこと叶わず、塾を営み多くの門弟を育てた。没後編集された「萬里遺稿完」には草場佩川、柴田花守、峯喬（静軒）、今泉千秋、武富圯南が寄稿しており、巻頭には教え子代表大川内昭（戸渡島神社神主カ）が、先生の人となりを伝え、塾生は四千余人という。先生60歳のとき、部屋を新築し、草場先生に「得朋樓」と名付けてもらい、翌慶応元年には納富介堂に肖像画を画がかしめ、柴田翁の詞を請うて書かしめ、六十一の賀を祝われたという。この「萬里遺稿完」には肖像画を縮め写したものが綴り込まれている（『葉隠研究』80号94㌻）。文化2年(1805) 3月17日～慶応2年(1866) 7月24日。享年62。
前田重蔵	中里村米山に住む峯静軒の田畑の耕作管理をしてくれている人物（日暦）。
前田乕之助	諱利之、文久元年(1861) 伊万里郷大庄屋就任、明治22年(1889) から大正5年まで大坪村の村長を務める。天保13年(1842) 4月15日～大正5年(1916) 5月30日。享年75。法名般若院壽岳雄仙居士。（『葉隠研究』80号94㌻）。
前田正名	薩摩藩士前田善安（漢方医）の末子。兄5人、姉1人、慶応元年（1865）長崎に藩費留学を果たし4月12日何礼之の英学塾に入門、この後正名の三兄前田献吉と高橋新吉らが自費で長崎に出て来た。慶応2年4月幕府は学術・商業のための海外渡航を解禁した。献吉と高橋新吉は新しい英和辞書を作り海外留学を果たそうと思い立ち正名も加わった。正名は大隈が実質運営する長崎の佐賀藩英学校でも学ぶ、正名たちの『和訳英辞書』は通称「薩摩辞書」と呼ばれ、正名は政府に買上げてもらうことに成功し、この金に外務省補助金を加えて、3月には大学校より留学生の命を受け、6月大久保利通・大隈重信のはからいでフランス留学を果たした。大隈は洋銀2千枚を貸与した。外国御用掛としてモンブラン伯爵随行の渡航であった。明治7年6月の文部省留学生整理にかかることなく外務省二等書記官としてフランス公使館に在勤しつつ、フランス農商務省次官で農業経済の実証的研究者ユジェーヌ＝スッチランに就き行政と農業経済の知識を吸収した。7年間の留学を終え大量の種苗をみやげに、明治10年3月帰国。三田育種場の開設と万国博覧会準備に忙殺され、10月10日パリ万国博覧会事務官長として11年5月1日開幕のパリへ出発した。12年5月大蔵省御用掛・商務局勤務を命ぜられ帰国した。祖田修によれば、正名は帰国後起草した「直接貿易意見一班」によって、大蔵卿大隈重信の強力なイデオローグの一人となった。日暦によれば、正名は大蔵省本省二等属藤井善言と同雇峯源次郎に明治12年10月14日に面会し、峯はこの後11月20日まで連日正名の所へ通っている。11月11日には大隈重信夫人に陪席して正名と峯は観劇している。正名は明治12年12月17日から24日までミラノ領事中島才吉と峯源次郎を従え上野・下野を巡り「上州出張記憶書」を書いた。13年1月3日から8日まで大隈英麿と峯源次郎と共に流山に至り十余二村を巡り「卑見」を書いた。13年1月14日に大蔵省書記局に転じた正名は、1月17日から4月27日まで内務属衣笠豪谷と大蔵省雇峯源次郎を従え十六県を調査した（「前田正名の上州出張記憶書と卑見」)。嘉永3年（1850）3月12日～大正10年（1921）8月11日。享年72。
前田元温 まえだげんおん	元権少警視正七位、鹿児島県士族にして医士、旧名杏斎・信輔、松園と号す。夙に医術を修め嘉永2年藩命により島津忠義等七八人に種痘を施す。是より藩内初めて種痘行われる。元治元年、蛤御門の変の際、病院を設備士負傷者を治療、これ戦傷者施療の始めなり、慶応元年命を承けて大宰府に至り、三条実美の疾に侍し明治戊辰の役請いて英国医師ウィリスを聘す、洋医雇用の初めなり。この年2月御親兵病院医師を拝命、大病院の設置を建言し、医学館医学所御薬園病院の御用取締となる。明治5年文部省八等出仕、8年頃警視庁七等出仕を以て警視医学校院長となり、裁判医学の基を開き、10年権少警視、16年司法省代言人となり同省御用掛兼務、17年12月26日非職となる（『明治過去帳』）。明治7年『官員録』71㌻「文部省、七等出仕、前田元温」この時相良知安は文部省四等出仕である。明治12年12月30日、峯源次郎は相良知安の為に前田元温の所へ使いをしている（日暦）。文政4年（1821）3月15日～明治34年（1901）9月6日。享年81。
前田弥吉	明治10年9月30日、伊万里で峯源次郎が診察した人物（日暦）。『伊万里市史続編』に、明治5年9月「諸御免札渡方扣」に唐物屋として5年8月に新たに出願した前田弥吉、住所は中町（801㌻）。明治11年上期の伊万里問屋取締、前田弥吉（507㌻）。
前田利器	明治7年西村隼太郎編『官員録』18㌻大蔵省「十等出仕、アイチ、前田利器」月給は40円。明治15年1月『大蔵省職員録』213㌻「常平局、御用掛、前田利器、愛知県士族、牛込区市ヶ谷加賀町二丁目28番地」、18年6月『大蔵省職員録』65㌻「国債局、御用掛、准判任、前田利器、東京府士族、住所前に同じ」、19年7月『大蔵省職員録』200㌻「非職、元準判任、前田利器」。
前田利鬯 まえだとしか	加賀大聖寺藩第十四代最後の藩主、加賀金沢藩主前田斉泰の七男。明治15年9月『太政官職員録』99㌻に「修史館、四等編修官、太政官御用掛准奏任従四位、前田利鬯、本郷区本郷弓町2丁目1番地」（日本人名大辞典）。峯源次郎の日暦によれば、峯は明治10年6月18日、本郷弓町前田利鬯氏邸内に転居している。前田利鬯とは旧大聖寺藩主で、詳しい住所は弓町2丁目1番地であった。天保12年（1841）6月12日～大正9年（1920）7月28日。享年80。
マエット Mayet, Paul	Mayet, Paulは国籍ドイツ、年齢明治10年当時30歳7ヶ月、雇主①②③⑦⑧⑨⑩⑪東京医学校、⑤⑥東京大学、⑫⑬⑭⑮大蔵省、⑯太政官会計部。大蔵省へ雇入れ12年4月8日-17年4月7日。職種⑫理財事務調査並びに質問⑬顧問⑭省中事務並びに火災保険事務顧問。月給⑫100円⑬600円⑭銀貨600円、住所④⑩⑬上野山内四軒番⑫上野山内四（『資料御雇外国人』）。峯源次郎の日暦には明治15年12月29日、旧大蔵省雇用のマイエトに借用官邸を引き渡すように交渉する事態のため盧課長は休みにもかかわらず峯を呼び出した。1847年～？。出典①⑪東一②太二③⑧⑨東三④⑫⑬外一⑤⑥⑭太三⑦東四⑩外一二⑮⑯太四
牧（牧春堂）	文久元年（1861）5月24日、父静軒の命で源次郎が使いした人物、好生館教導方牧春堂カ（日暦）。
牧氏（牧亮四郎）	明治5年3月14日、峯源次郎を訪ねて来た人物。牧春堂の子牧亮四郎カ（日暦）。
蒔田	明治5年8月29日、札幌に赴任途中の寒風沢（さぶさわ）港（現宮城県塩竈市浦戸寒風沢）で同船した旧幕府の人物（日暦）。
孫三郎	万延2年（1861）2月16日、峯静軒の診察を受けに来た早岐（現佐世保市早岐）の人物（日暦）。

真崎長兵衛・真崎健	慶応4年（1868）戊辰6月29日、軍監下役を申し付けられ下総野従軍、同年9月28日東京府御用掛となり諸税局貸付所・町会所兼務、同年12月22日窮民撫育米買入に大阪出張、明治2年4月11日東京府町会所係頭取、3年閏10月窮民撫育米買方尽力に対し金5千匹下賜、4年5月4日米国サンフランシスコ博覧会に品物持参渡航、同年12月21日帰国、5年8月22日開拓使8等出仕、6年2月2日仮学校兼務、同年9月22日札幌出張、8年フィラデルフィア府博覧会出品取調、9年2月19日仮博物掛兼務、11年一等属、14年開拓使御用係真崎健の住所は東京府麹町平川町5丁目26番地。14年12月26日農商務省から、16年水産博覧会開設事務を委嘱され15年2月8日農商務御用係奏任に准じ月俸80円の辞令を受け、同時に開拓使残務取扱を命じられ多年にわたる開拓使奉職に対し350円を下賜される。16年1月水産博覧会審査部長、同年2月1日北海道事業管理局事務取扱、2月19日物産課長。15年2月管業課長（早稲田大学エクステンションセンター日本近代史研究会『会報27号』101㌻）。北海道立公文書館の開拓使簿書に真崎健採用の件として「佐賀県士族、真崎健、申四十五才、八等出仕申付候事、壬申（明治5年）七月二十二日、開拓使」（5716-92）。明治10年8月『開拓使職員録』に「一等属、真崎健、長崎県士族」、12年4月と同年8月も変わらず、13年4月には97㌻東京出張所の欄に「一等属、真崎健」とある。『幕末明治海外渡航者総覧』によれば真崎健は1828年1月生れ、渡航先はアメリカ、渡航時期は1871年5月、帰国は1872年、渡航目的は全般・外交交渉、渡航形態は公費団体視察、留学先等はサンフランシスコ博覧会、出身地佐賀県、帰国後勤務先は開拓使八等出仕、死亡年月日明治28年。（『北海道人名字彙』・『明治過去帳』）。文政11年（1828）1月～明治28年（1895）。享年68。
馬島譲	函館病院長馬島譲。明治7年5月4日、峯源次郎は東京へ戻る途中、函館病院長の馬島譲を訪問している（日暦）。明治15年6月『内務省免許全国医師薬舗産婆一覧』66㌻、「内外科、履歴、免状番号555、京都、馬島譲」、22年『日本医籍』北海道「小樽郡山ノ上町、馬島譲」、31年8月の『帝国医籍宝鑑』開業医北海道246㌻に「馬島譲、小樽郡色内町」。明治5年6月『官員全書開拓使』に「開拓使七等出仕、従七位馬島譲、京都府人、明治壬申（5年）正月拝」。10年8月『開拓使職員録』5㌻、「御用掛准奏任官、従七位、馬島譲、京都府士族」、12年4月「札幌在住、従七位馬島譲」。『北海道人物誌第一編』には馬島譲は山家藩士として天保9年2月丹波国何鹿郡老富村生れとあるが、「デジタル版日本人名大辞典」では「天保5年生まれで明治35年死去。69歳」とある。馬島は嘉永3年京都皆川酒園・香川太仲に漢学・医学を学び、安政3年から文久2年まで長崎で西洋医学を学び翌年松本良順に学び、慶応2年幕府の撒平組附医官となり、同4年奥羽戦役で創傷者の治療にあたる。明治2年開拓使一等医として函館病院在勤、同年大学助教。5年開拓使七等、エルドリッチを聘して病院内で数十人の生徒を教育した。14年札幌病院長、15年札幌県衛生課長兼札幌病院長、20年辞職して小樽港色内町に愛生病院を創立（『北海道人物誌第一編』）。
馬田永成	中島広足の橿園社中の名簿中、馬田永成は肥前長崎の長崎会所吟味役で通称又次右衛門とある。長男永親（又蔵）も長崎会所吟味役助で父とともに名簿にあがる（「幕末異国情報の伝播と長崎橿園社中（上）」）。馬田永成の六男は七才で柴田家の養子となり、オランダ通詞名村花蹊にオランダ語を学び、18歳で、長崎奉行所立山役所隣の岩原屋敷の語学伝習所に入学し、上達が早く安政6年4月には英語伝習所世話役助に採用され、維新後、横浜日就社で柴田辞書と呼ばれる英和辞書を出した柴田昌吉（大介）である（『郷土の先覚者たち-長崎県人物伝-』）。
又吉	安政6年（1859）9月28日、同7年1月6日、有田谷口藍田の塾生（日暦）。
又三郎	安政7年（1860）3月16日、峯静軒の診察を受けに来た早岐（現佐世保市早岐）人（日暦）。
松	明治21年3月2日、峯源次郎に贈物をした伊万里の女性（日暦）。
松井善三郎・ 松井藤八⇔松居	峯静軒の国雅同好の友人で有田の人。「白縫集姓名録」初編に、「松居、初成美、松居善三郎」とある（『今泉蠏守歌文集』）。有田皿山「窯沽券状の存人」（『有田町史』陶Ⅰ、998㌻）。
松浦詮 まつらあきら	肥前平戸藩知事、貴族院議員、麝香間祗候、御歌所参候、正二位勲二等、伯爵。石州流の一派鎮信流茶道の家元。天保11年（1840）10月18日～明治41年（1908）4月12日享年69（『明治過去帳』）。
松浦良春⇔三浦良春	松浦良春は三浦良春と同一人物である。明治4年『袖珍官員録』83㌻「文部省、十三等出仕三浦良春」、明治9年5月の『官員鑑』には「東京外国語学校三等教諭三浦義春」、明治10年5月『文部省職員録』に「東京外国語学校、三浦良春、東京府平民、猿楽丁19番地」、明治13年3月『大蔵省職員録』に「翻訳課、御用掛、准判任、三浦良春、東京府平民、神田区猿楽町12番地」とある。明治18年11月16日、三浦良春は次の改姓届を内閣書記官へ提出した「良春儀　今般其筋願済之上松浦ト改姓候ニ付以来松浦ト相称候間此段御届仕候也　四等駅逓官兼農商務権少書記官三浦良春事　四等駅逓官兼農商務権少書記官松浦良春　明治十八年十一月六日内閣書記官御中」（国立公文書館公04049100）。明治18年11月6日、四等駅逓官兼農商務権少書記官三浦良春は松浦良春と改姓したことを届け出ている（国立公文書館公04049100）。松浦は峯源次郎を明治23年11月19日に訪れて話をしているが、この時松浦は法制局参事官である。24年4月27日、峯が松浦を訪問している。同年11月7日の松浦の来訪は峯の帰郷が迫ってのことであったろう（日暦）。松浦良春は27年法制局参事官兼内閣書記官、27年行政裁判所評定官を43年まで勤めている（国立公文書館公文録）。
松尾卯之助	明治24年5月9日、峯源次郎を訪れた伊万里の人物（日暦）。
松岡不翁	明治11年2月3日、峯源次郎が訪ねた人物（日暦）。
松尾嘉十	松尾貞吉の弟。明治20年1月から横浜在住。21年11月24日、帰国（伊万里に帰る）挨拶に峯源次郎を訪れた。松尾嘉十が明治23年1月14日に死亡したことを源次郎は1月23日に知る（日暦）。
松尾嘉十の弟	日暦によれば、松尾嘉十の弟は明治20年7月17日に兄嘉十に連れられ峯家を訪れた。嘉十とその弟の兄は松尾貞吉である（日暦）。松尾貞吉の長女は武富熊助の嗣子茂助の妻で、峯源次郎の妻仲は、松尾熊助のいとこである。
松岡彦四郎	明治3年3月7日、峯源次郎が入院先を周旋した人物（日暦）。
松岡守信	明治13年3月『大蔵省職員録』17㌻に「翻訳課、六等属、松岡守信、長崎県士族、本所区本所相生町4丁目17番地」、16年4月『大蔵省職員録』14㌻には「報告課、御用掛准判任」となり、19年7月『大蔵省職員録』には非職「元準判任御用掛、松岡守信、佐賀県士族」と記載されている。峯源次郎は明治19年1月18日、同僚松岡守信の非職を知る（日暦）。松岡守信の著書は「肥後人高瀬新十郎探索書並履歴書」、荘村省三との共著は「明治天皇及大臣参議等ニ関スル聞書」・「西南事件ニ於ケル立志社動静報告書」（早稲田大学図書館蔵）。『英語作文新誌第1号』（1885）の著者、『清律彙纂』（1874年明法寮）の校訂者として国会図書館デジタルコレクションに確認できる。『大隈重信関係文書9』に大隈重信宛松岡守信差出書簡が一通収まる。明治30年4月7日付で、「明治の初年より二十有余歳の久しき痛心焦慮して輩の密策を探求して」と松岡が大隈の身辺警護のため密かに不穏の輩を探索していたことが分かる。「十四五年前閣下御閑居後は漸次落魄に陥り」とは明治14年の政変で大隈重信失脚後は次第に落魄し19年非職となったことを言っている。「廿六年に至り職を神奈川県庁に奉し今年五十七歳」明治26年に神奈川県庁に就職し今年（1897年）57歳という。これにより、松岡守信は天保12年生れである。松岡はこれからも「暗に閣下の御身辺を警戒致し度精神にこれあり候に付、此義御黙許に附し置き被下度く奉懇願候」とあくまで「密策を探求」を継続する旨を訴えている。
松尾寛三	父松尾藤九郎、母はサメ、有田郷大木宿に生れた。代々庄屋を務めた家であったが、佐賀藩が実施した加地子猶予令によって打撃を受け、寛三が生まれた頃は窮状に陥っていた。14歳の頃学問を志し、有田白川の漢学塾江越礼太のもとに寄宿して学問を修めた。伊万里銀行創立のとき、雇員に採用され、16年7月佐賀県議会に西松浦郡から立候補して当選した。19年伊万里町の道山チヨと結婚。22年伊万里運輸会社の社長に就任、26年シカゴ万国博覧会の佐賀県出品者総代に選ばれ渡米、27年第4回衆議院選挙に立憲革新党から立候補し当選。佐賀県五二会陶磁器部発会式が伊万里尋常高等小学校で開催されたとき前田正名五二会会頭代理として演説した。31年第5回衆議院議員選挙に立憲自由党から立候補して当選、この年に政界を去り実業家として活躍した。日本勧業銀行創立委員、のちに監査役、帝国瓦斯電灯会社創立、取締役社長就任。小樽漁港株式会社創立、取締役社長就任。松尾鉱山鉱業所、愛宕山ホテルなどを経営。深川製磁、北九州鉄道、東京醤油、浦賀ドックなどの監査役や相談役を歴任。森永太一郎・藤山雷太・川原茂輔らと小石川に西松浦郡出身者の学生寮丘隅舎を設立した（佐賀県人名辞典）。大正4年当時の住所は豊多摩郡中野町1583（人事興信録）。安政6年（1859）9月13日～大正11年（1922）6月15日。享年64。

松尾儀助	佐嘉藩下級武士松尾儀八の長男に生れ、７歳で父の死去にともない伯父野中元右衛門に養育された、17歳のとき長崎御番の番兵を経験し、その後長崎で外国人に茶を販売した。明治２年に東京に出て開成所で英語習得、７年ウィーン万国博覧会に茶商として参加、会期終了後現地で佐野常民の監督のもと起立工商会社を立上げ展示物の日本庭園と茶室をロンドンのアレキサンダーバーグ社に売却、ウィーンのタラオ商会との間に年間20トンの嬉野茶の輸出契約を結ぶ。８年東京銀座竹川町に起立工商会社の本社を浅草に工場を設立、技工150人を雇用し美術品の製作輸出に邁進した。９年フィラデルフィア万国博覧会に香蘭社の製品を出展し会期終了後販売し40万ドルを売り上げ外貨を獲得した。10年ブロードウェイに年３千ドルの家賃の店を構え以降18年わたり外貨を獲得し。同年パリに支店を設けた。12年龍池会役員就任、東京商工会議所貿易部長、日本製鉄会社役員を歴任し、明治35年東京日赤病院で死去、墓は賢崇寺（佐賀県人名辞典）。天保８年（1837）10月18日～明治35年(1902) １月15日。享年66。
松尾熊助	明治６年11月22日生れ、大正14年から15年まで一年五ヶ月伊万里町長を務める（『伊万里市史』608㌻）。大正４年１月伊万里町商工会の発起人５名の中の一人が松尾熊助（『伊万里市史教育・人物編』520㌻）。大正７年１月伊万里鉄道株式会社発起人、佐賀県西松浦郡伊万里町196番地、松尾熊助」（『伊万里市史資料編』424㌻）。
松尾光徳	明治５年６月『官員全書改開拓使』に「開拓使十一等出仕、松尾光徳、肥前佐賀県人、明治壬申五月拝」とある。「東京寄留人名簿」の松尾光徳は糀町平川町六丁目七番地寄留。明治６年８月30日、札幌病院・医学校勤務の峯源次郎を訪ね、７年５月13日には東京に戻った峯を神田連雀町に訪ねている。11年１月20日、峯源次郎・吉尾秀策と会う（日暦）。佐賀県士族松尾光徳の妻は中野致明の妹チエ（安政２年９月生）である（人事興信録大正４年）。『長崎大学百年史』323㌻に「明治10年12月、厳原支庁長松尾光徳」とある。明治18年９月、唐津治安裁判所判事補松尾光徳（『佐賀近代史年表』明治編上56㌻）。
松尾貞吉	佐賀藩の藩札を取扱う伊万里下町両替商松尾家に誕生。明治４年から６年まで、明治政府から貨幣切り替えをする「掛屋」に任命され伊万里や佐賀で業務に当る。明治10年上海へ渡航し近代的経済活動の推進役が銀行であると悟り、銀行設立の機運を盛り上げるため有志53人の講会を石丸源左衛門と共に立ち上げた。明治15年３月伊万里銀行は発足し松尾は副頭取に就任、16年から17年迄初代頭取、22年から23年迄三代頭取を務める（『幕末・明治と伊万里の人』）。天保10年（1839）～明治25年（1892）。享年54。
松尾丈吉	明治24年12月10日、帰郷した峯源次郎が訪れた有田の人物（日暦）。安政７年３月大川内山日峯大明神祠台石に刻された御手伝釜焼、16人中の一人、松尾丈吉（『伊万里市史続編』179㌻）。
松尾仙益	明治５年２月15日、峯源次郎が受け取った手紙の差出人（日暦）。
松尾牡	明治24年６月30日午後、峯源次郎を訪れた人物（日暦）。
松方（松方正義）	明治15年１月１日、16年１月１日、17年１月１日、18年１月１日、19年１月１日峯源次郎は大蔵卿松方正義に新年の挨拶をした。15年７月７日には峯は二等属昇任のお礼を述べる。17年８月７日、駅逓局で会う18年８月２日会ったと記す（日暦）。松方正義は、公爵正二位大勲位。天保６（1835）年２月～大正13年（1924）７月２日。享年90。明治14年の政変後大蔵卿に就任。大蔵大臣二回、内務大臣二回、内閣総理大臣二回、枢密院顧問官等歴任。明治17年伯爵、30年侯爵、世界大戦平和克復の際公爵となる（『大正過去帳』）。
松隈謙吾	「安政年間の佐賀藩士」の松隈安哉16歳が謙吾と推定され、安政３年（1856）に16歳として天保12年（1841）生れであろう。「元治元年佐賀藩拾六組侍着到」には松隈安哉は「元南倅」と明記されている。峯源次郎日暦には明治４年12月６日相良知安の転居を手伝い、５年１月29日にはドイツ留学中の相良元貞の件で峯を呼び出している。同年２月20日に峯は相良氏のために文部省の松隈謙吾を訪ねた。14年７月15日好生館同窓会を好生会と称し、この日は松隈謙吾が幹事で永田町に参集。16年11月３日観菊の会に永松東海・池田玄泰・松隈謙吾・秀島文圭・北島常泰・峯源次郎が集う。「東京寄留人名簿」に「北島尚貞、永田町二丁目一番地、鍋島直大邸内」。国立公文書館の太政類典・外編に明治５年９月29日「文部省官員松隈尚貞洋籍若干献納金十円を給す」がある。洋籍12冊を献納した松隈に10円を差し遣わしたいと文部省伺文である（太00865100）。結果は伺いの通り正院に裁可された（公00672100）。野中家文書の中に明治８年３月６日、松隈尚貞の「借金証文76円」（『佐賀藩幕末関係文書調査報告書』318㌻）。明治７年の西村隼太郎編『官員録』71㌻に「文部省、九等出仕、サガ松隈尚貞」とある。『渋沢栄一伝記資料』第13巻には「東京株式取引所の肝煎５人のうちのひとりに選ばれているその期間は明治13年９月25日から16年１月まで四選されている。明治16年の佐賀藩関係者株主は深川亮蔵・相良剛造・中山信彬・大島稽介である（376・377㌻）。峯源次郎は松隈謙吾の別名に言及していないが、松隈謙吾は元南の倅で、幼名安哉、明治５年に尚貞の名で文部省に勤務している人物と考えられる。明治11年の『官員録』文部省欄に松隈尚貞の名前は無い。また、医籍録にも見つけることができなかった。
松隈元南	文化12年（1815）８月１日～明治11年（1878）２月20日、享年64、佐賀藩医松隈甫庵の長男として誕生。幼少より読書を好み藩校弘道館で精励し、長じて京都・大坂・江戸の諸医家に学ぶこと10年、帰郷し医業を継いだ。10代藩主直正の方針に従い漢方医であった松隈家も漢蘭折衷派に転換し、全領内へ西洋医学普及を推進、好生館の教師として多くの門人を指導し種痘普及に努めた。文久２年頃から直正の侍医となり、各地に随行、直正の主治医として慶応３年（1867）から直正死去の明治４年までの「診療御日記」を残した。維新後は好生館病院長などを歴任、元南は誠実で軽佻浮薄のところがなく、尊敬を集め周りには人が寄ってきたという。没後の11年６月友人・門人が「于圓松隈國手之碑」を光圓寺に建立した。東京寄宿13人、渋谷良次・相良知安・永松東海・北島常泰・鐘ヶ江晴朝・秀島文圭・城島陳善・西牟田豊親・大石良乙・峯源次郎・森永友健・高木文種・牧亮四郎が含まれている（『佐賀医人伝』）。文化12年（1815）８月１日～明治11年（1878）２月20日。享年64。
松源楼 **まつげんろう**	「物故者記事小絲源太郎」によれば、本家は代々小糸源七を名乗り江戸末以来懐石茶屋松源楼を経営」。松源楼は浮世絵にもなっている「開化三十六会席下谷松源楼、絵師豊原国周、武川清吉板、明治11年（東京都立図書館デジタルアーカイブ）。明治７年８月10日峯源次郎は犬塚駒吉と池之端松源楼で飲む。20年４月３日同人社同窓会の会場（日暦）。
松崎雲耕・松崎豊	明治15年６月『内務省免許全国医師薬舗産婆一覧』65㌻に「内外科、履歴、免状番号457、兵庫、松崎豊」。明治５年９月佐賀県士族、海軍省十等出仕松崎豊（『佐賀県教育史第一巻』698㌻）。松崎雲耕（豊）は峯源次郎を明治３年５月９日の午後訪問、同月16日にも訪ねている（日暦）。『多久の歴史』に松崎豊（廉義）は医学勉学のため東京へ他出との「口上覚」が明治３年９月、佐賀藩庁へ提出されている（701㌻）。佐賀藩「医業免札姓名簿」嘉永６年（1853）11月５日の162番目に載る「内科、長門殿家来故松崎雲皓門人、松崎雲皓、50歳」、文化元年生れの松崎雲皓が豊の父親と考えられる。
松平太郎	幕末の幕臣。慶応４年鳥羽伏見の戦いに敗れ江戸に帰り、陸軍奉行に任命され４月、大鳥圭介を下野国今市に訪ね資金を渡して自重を求めた。８月榎本武揚らと共に軍艦を率いて江戸湾を脱出し、仙台で大島らを乗せて函館を占領、12月仕官以上の投票で副総裁に選出される。明治２年５月政府軍に敗れ降伏。５年に特赦後開拓使に勤務、その後官を辞して実業を志したが成功しなかった。天保10（1839）～明治42（1909）５月24日。享年71（朝日日本歴史人物事典）。明治５年６月『官員全書開拓使』に「開拓使五等出仕、松平太良、東京府人、明治壬申（５年）正月任」。
松之助	安政４年（1857）10月１日、峯静軒に従い国見山(776,2㍍）に登った五人の一人（日暦）。
松野某 **（松野剛九郎）**	明治５年６月22日、峯源次郎が往診した患者、佐賀から白幡上松（しらはたうえまつ）に移住して来たという（日暦）。
松林駒次郎	万延元年（1860）１月17日、峯源次郎が入門した谷口藍田塾の文会で題に当った人物（日暦）。松林駒次郎とは大村藩幕末の志士で大村氏の偉人松林飯山（まつばやしはんざん）の幼名である。天保10年（1839）２月筑前早良郡金武村羽根戸（現福岡市西区羽根戸373）に生まれた。飯山の号は飯盛山の麓に生まれたことにちなむ（福岡市西区役所HP）。大村市指定史跡「松林飯山の墓」の解説には、飯山の父は筑前国医者松林杏哲で、９歳のとき母の郷里大村領に移り住んだ。３歳で字を書き６歳で孟子、７歳で詩経を読み神童といわれる。安政３年藩命で昌平黌に学び、三河の松本圭堂・仙台の岡千仭と並び三秀才といわれ、後に、この三人で大坂に雙松岡塾を開く。安政６年帰藩して藩校五教館学頭となり４年後祭酒（教授）に昇進。勤王運動に尽し大村藩勤王三十七士に数えられ。慶応３年（1867）１月３日刺客に倒れた享年29（大村市教育委員会）。

松林昌九⇔中村精一・中村養安⇔佐藤昌九⇔精一	中村精一欄で解説している。
松村勝正	アジア歴史資料センターの叙位裁可書（明治36年）添付の履歴書によれば、松村勝正は、文久３年７月18日、佐賀県佐賀市大字赤松町で生まれた。履歴書の住所は佐賀県西松浦郡西山代村大字福河内22番地副島三平方同居。士族旧佐賀藩。旧名彦六。明治15年９月14日大蔵省記録局に十等属として入り、20年６月三重県出向、29年11月新潟、30年５月丸亀税務管理局勤務と歴任している（A10110119300)。明治16年４月『大蔵省職員録』記録局に「十等属、松村勝正、長崎県士族、芝区西ノ久保巴町６番地」、19年７月『大蔵省職員録』125㌻記録局には「判任官十等、松村勝正、佐賀県士族、小石川区金富町17番地」とある。明治20年４月４日月曜日、大蔵省報告課の峯源次郎は主税局松村勝正の来訪を受け、連れ立って大手町の大蔵省へ登庁している（日暦）。
松村辰昌	有田新村郷外尾村出身の松村辰昌は東京に於て大正４年１月28日卒、78歳、壮年のころ大川野（現伊万里市大川町）の郡代役を務め後に兵庫県一等属租税課長となるが、明治10年姫路に永世社という製陶業を起業し、有田から事務員・工人を迎え、一時は男女工人280余人、三日毎窯入れする盛況であった。15年、東京の長尾景弼は田代屋の手塚五平と知合い、神戸栄町に田代商会の名義で肥前陶磁の貿易問屋を開業した。長尾は播州龍野藩士股野琢の舎弟で、曾て同藩の大参事であった。銀座四丁目一番地に博聞社という印刷社を経営し、明治８年９月太政官布達の法令印刷で巨利を得て、傍ら神戸において有田焼の貿易を開始したのであった。松村は神戸の長尾景弼経営の田代商会に貿易を託した。（長尾は明治28年卒56歳）。松村辰昌は晩年、佐賀県勧業課長を務めた（『肥前陶磁史考』)。天保９年（1838）～大正４年（1915）１月28日。享年78。
松本寛作	明治16年１月12日、峯源次郎が訪ねた人物（日暦)。
松本喜一（松本機一）	喜一（松本機一）の欄で解説している。
松本善助	安政４年（1857）５月20日、峯静軒の診察を受けに長崎から訪れた人物（日暦)。
松本判官（松本十郎）	松本十郎は元庄内藩士で、明治２年（1869)、黒田清隆に推薦され開拓判官（根室詰）となった。明治５（1872）10月に黒田次官と岩村大判官とが意見衝突し、松本は同14日から札幌本庁兼務となる。明治６年１月に岩村が辞職すると、その後を受けて札幌本庁主任、開拓大判官に任ぜられた。札幌本庁では綱紀粛正や官吏の大幅減員などで負債をなくす一方、緊急政策で不景気となった札幌の景気回復のため救済工事を実施し、また農民の保護対策に力を尽くした。９年６月、黒田長官は松本の地方視察中に、宗谷に移住させていた樺太アイヌを強制的に対雁（江別）に移させ、松本はこれに反対して郷里の鶴岡に帰省し辞表を提出、その後は農耕と著述で余生を送った（北海道立文書館所蔵松本十郎文書)。明治５年６月『官員全書改開拓使』に「開拓判官従五位、松本直温、羽前酒田県人、明治己巳年八月任」とある。天保10年～大正５年。享年78。
松本某	明治９年７月30日、峯源次郎を訪れた同僚（日暦)。
松本與右衛門	通称豊、屋号中酒屋、明治27年士族授産社から四軒屋地先海面築堤工事の権利を譲り受け、翌年完成させた（『山代町史』18㌻)。松本機一（川久保豫章）の兄。
松屋與兵衛	万延元年（1860）７月24日、峯静軒が往診した長崎の患者（日暦)。
松吉楼	明治14年12月18日、峯源次郎の大蔵省同僚が茶画会と忘年会を兼て開催した本郷二丁目の店（日暦)。
真野康安	万延元年（1860）８月11日夜、長崎遊学中の峯源次郎を訪ねて来た人物（日暦)。
真野文圭	万延元年（1860）８月21日、長崎で峯源次郎・小川為次郎・佐々木浅次郎と共に烽火山に登った人物（日暦)。
丸駒 まるこま	犬塚駒吉欄で解説している。
馬渡作十・馬渡作二郎	馬渡作二郎、盛岡大隊区司令官心得陸軍歩兵大尉従六位勲六等。佐賀県士族、明治７年頃大尉に任じ、正七位に叙し、13年頃歩兵第五連隊第二大隊中隊長を以て青森営所に在勤、19年11月30日勲六等に、ついで従六位に昇り、仙台鎮台軍法会議判士を歴任、24年２月２日盛岡大隊区司令官心得に補し12月３日没す（『明治過去帳』)。明治４年６月14日、ニューヨークで峯源次郎の留学を止めた佐賀藩留学生の一人（日暦)。アジア歴史資料センターの「各県雑」に馬渡の帰朝報告書が綴られている「明治四年第五月海外視察の命を奉じ、欧米各部略経歴の後、普魯士（プロイセン）の都府霊林（ベルリン）に於て留学致し、然る末去る癸酉（明治６年）の第九月帰朝仕り候　明治七年第九月十日　佐賀県貫属士族　馬渡作二郎　当甲戌二十九才七ヶ月」(C09121450900)。「東京寄留人名簿」に馬渡作次郎「新道一番地27番地寄留」。弘化３（1846）～明治24年（1891）12月３日。享年46。
馬渡八郎・馬渡俊邁	出納頭従五位、長崎県士族、明治２年外務少丞、３年権大丞正六位、大蔵権大丞兼造幣頭、４年８月造幣権頭、５年頃出納頭、８年12月９日没（『明治過去帳』)。馬渡八郎は父佐賀藩士馬渡又兵衛、母俊として天保９年生まれた。安政５年21歳で長崎海軍伝習生に選ばれ、西洋型帆船飛雲丸、蒸気船電流丸に乗組む。文久３年（1863）10月３日長崎留学中の峯源次郎に英学伝習、慶応元年（1865）10月17日石丸虎五郎と共にイギリス密航留学、慶応４年（1868）帰国し９月22日御船方附役差次として佐賀藩に復帰した。明治２年（1869）武富菊子と結婚したが８年（1875）４月19日に菊子は僅か19歳８ヶ月で死去した（『日本電信の祖石丸安世』)。明治７年西村隼太郎編『官員録』24㌻大蔵省「出納寮二等、頭、サガ、従五位馬渡俊邁」月給250円。峯源次郎は明治８年10月に作成した履歴書に「文久３年秋長崎に遊び石丸虎五郎・馬渡八郎氏に従て英学を脩す」と書いている。同年12月10日青山で執り行われた馬渡俊邁（曾称八郎）の葬儀に峯は列席した（日暦)。天保９年（1838）～明治８年（1875）12月９日、享年38。
馬渡某	吉田七郎の実弟。明治24年11月27日、峯源次郎宅を訪れた（日暦)。
万次郎	峯静軒家の使用人（日暦)。
万年山青松寺	万年山青松寺（せいしょうじ）は芝公園の北にあり曹洞宗の禅刹にして東京三ヶ寺の一なり。本尊は釈迦如来にして文明年間太田左衛門佐持資（もちすけ）の草創する所という。当寺の後の山を含海山といい、愛宕山と同じく眺望佳絶にして会場の風景一望の中にあり（『東京名所図会』66㌻)。
三浦玄活	明治12年３月30日、峯源次郎の郷里の廣厳寺僧三浦玄活来訪、駒込吉祥寺に入学のため上京とのこと。15年２月５日、玄活が帰京の為挨拶に来る。３月16日、肥前国杵島郡中野村満徳庵から玄活の手紙が届く。22年５月19日自費研修（50日）の為上京したという（日暦)。佐賀県立図書館には、明治36年12月12日、「去る秋学部編入の件落第仕り申し訳ない」との三浦玄活差出、石丸勝一（佐賀市長）宛書簡がある（鬼丸北川家資料図北10864)。大正４年５月15日には三浦玄活の亡妻四十九日の挨拶状が石丸勝一宛に出されている（鬼丸北川家資料図北06197)。
三浦元碩	明治初年、佐賀県が作成した「東京寄留人名簿」に「三浦元碩、桜川町三番地坂部長照方寄留」とある。明治５年（1872）10月開拓使病院一等付属医拝命、28歳。同11月月給15円、御用掛、後志国忍路郡病院出張所詰。６年、十四等出仕、以後小樽岩内病院詰。７年１月依願退職。８年４月再渡道、宗谷郡詰。10年札幌病院詰月給15円（『烏ん枕』90号12㌻)。明治15年６月『内務省免許全国医師薬舗産婆一覧』91㌻に「内外科、履歴、免状番号801、長崎、三浦元碩」、22年『日本医籍』の北海道小樽郡「住初町、三浦元碩」。31年８月の『帝国医籍宝鑑』246㌻北海道「三浦元碩、小樽住初町」と三浦元碩は重松裕二と並び小樽の医師として登録されている。その後の大正８年『帝国医師名簿』に三浦元碩の名は無い。明治24年11月18日、帰郷の迫った峯源次郎を三浦元碩が訪ねて来ている（日暦)。明治５年（1872）28歳とあるので、弘化２年（1845）生まれである。
三浦良春⇔松浦良春	松浦良春欄で解説している。
三浦渡世平	明治18年12月８日、愛知県学校へ勤務となり峯源次郎に告別に来た人（日暦)。安政３年12月25日生れ。中村正直の家塾同人社に学ぶ。愛知師範教諭心得となり付属小学校長、鹿児島師範校長など歴任後、明治36年愛知第一師範校長となる。徳育を重視し、愛知県師範教育の原型をつくった（デジタル版日本人名大辞典)。安政３年（1856）12月25日～昭和13年（1938）５月25日。享年83。

三浦某	明治18年3月1日小石川多福院に住み、4月19日には中村敬宇先生・東條世三と一緒に居る。24年11月11日渋谷良次と共に峯を訪ねる（日暦）。
三河屋	横浜の丸駒（犬塚駒吉）の親戚（日暦）。
御厨寛治	「慶応四年(1868) 松浦郡武雄内浜町屋舗人別竈数改帳、地、別当兵蔵」の中に「七班御厨寛治（四九才）武雄家来、浄土宗西福寺」『伊万里市史』近世・近代編151㌻)。武雄領鍋島茂昌（上総）家来、切米五石、現米壱石七斗五升、明治2年(1869) 50歳、文化3年(1820) 生れ、代官助役町方懸、居所鳥海村（『武雄領着到』176㌻）。雅名昭、慶応元年ころ今泉千秋から和歌を教授された（「伊万里歳時記・花島芳樹随筆抄写」）。
三島季三郎→ 三島末太郎	万延元年（1860）7月28日、長崎遊学の峯源次郎が東脩（入門の際贈る謝礼金品）を納めたオランダ通詞。峯は三島季三郎と書いているが、「季（末）太郎」と書くべきところを「季三郎」と書き間違えたものと考えられる。三島末太郎（後の為嗣）は、佐賀藩の海軍伝習生などにオランダ語、英語を教導した長崎のオランダ通詞のことである。再度遊学した元治元年(1864)12月1日の日暦には三島末太郎と明記している（日暦）。
三島末太郎・ 三島為嗣	造幣局博物館文書によると、三島為嗣（末太郎）は1837年（天保8）生れで、慶応4年年2月16日長崎府通弁役、4月3日長崎府取締助役、9月2日大阪府吟味役、2年1月11日大阪府外国事務局二等役、10月4日大阪府大属、4年1月20日造幣允、3月17日造幣権助、叙従七位、8月25日大蔵省七等出仕、12月22日七尾県権参事、12月7日大阪在勤、5年2月12日大蔵省六等出仕、5月22日造幣寮六等出仕、10年1月11日大蔵少書記官大阪在勤、3月29日叙従六位、13年11月7日病死（『幕末佐賀科学技術史研究5号』63㌻）。三島為嗣はブラガ（造幣寮に到着以来会計事務を指導）の簿記を体得し、『造幣簿記の法』2冊を著した（『造幣局百年史』95㌻）。オランダ通詞について書かれた『明細分限帳慶応元年』には、三島末太郎は、天保2年（1831）生れで、12年、11歳で稽古通詞、嘉永6年23歳のとき小通詞末席、文久元年31歳で小通詞兼勤方、文久3年小通詞助勤方、慶応元年（1865）35歳、「享保10年先祖より8代当丑年まで141年相勤・・・三島末太郎、丑35歳、受用高弐貫七百目」とあり、生年に6年の相違がある。『鍋島直正公伝5編』文久元年2月11日、「秀島藤之助・中牟田倉之助・石丸虎五郎を呼び出し英学稽古を命じたり、三人は長崎に赴き通詞三島末太郎に就いてこれを学ぶ」（17㌻）。明治7年西村隼太郎編『官員録』19㌻大蔵省「造幣寮、六等出仕、ナガサキ、従七位三島為嗣」、明治13年3月『大蔵省職員録』303㌻に「造幣局、書記官、従六位、三島為嗣、長崎県士族」とある。峯源次郎は明治10年4月23日に「三島為嗣（長崎人）曾て季太郎と称し、和蘭譯官を為す、今造幣局に勤務する余の旧師なり」と記録している（「京阪雞肋日記」）。
水町久兵衛	明治3年（1870）8月7日より30日間、オランダ人ヤンソン（28歳）を舵取深浅測量方として横浜で雇入れた。雇主は佐賀県支配所商人伊丹文左衛門・水町久兵衛・古川与四右衛門（『資料御雇外国人』）。広島県士族吉田豊文（第六十六銀行相談役）の弟彦六郎の妻キク（明治元年生）は、東京平民水町久兵衛長女（『人事興信録』大正4年）。明治4年11月弾直樹は水町久兵衛の援助で「弾・水町組」と改組、5年1月弾・水町組は大蔵省勧業司所属地浅草橋場の旧銀座跡を借用し、滝野川から移転する。同年3月兵部省から軍靴製造を申し付けられる（皮革産業資料館副館長稲川實「靴の歴史散歩」112）。
水町三省・水町新介 （水町新輔）	「安政年間の佐賀藩士」には、水町芸庵、物成50石、54歳、八幡小路在住、鍋島隼人組、三省、21歳。とあり安政3年（1856）に21歳の三省は天保7年生れの水町芸菴の子である。象先堂入門帳には「安政3年10月27日、佐賀、水町三省」（『佐賀県教育史第1』139㌻）。「元治元年佐賀藩拾藩拾六組侍着到」には「水町三省、昌庵倅、鷹之助組」とある。峯源次郎日暦には元治元年（1864）10月24日、峯が訪ねた長崎養生所に水町三省は相良弘庵（知安）・江口梅亭と共に修学中である。慶応4年（1868）閏4月10日水町は東征に従軍という。翌11日東門太夫（鍋島伊豆茂朝）東征。明治5年（1872）4月2日齋藤治平招待の席に水町新介（嘗称三省）父子が来会、峯は同年5月3日往診の帰途水町新介を訪ね、8年（1875）11月2日大木駅水町氏に往診し、11月6日にも往診した。昭和30年刊『好生館史』に明治2年7月職制改革により、好生館「準三等医官副教導水町新輔」（12㌻）、3年1月には「軍中中病院医監水町新輔」（13㌻）、とある。この後好生館人事に名前は無い。『佐賀医人伝』によれば、有田町大木龍泉寺裏山の水町昌庵（芸庵）の墓碑は、明治11年12月23日、行年76。しかし水町新輔の墓碑は無い（『烏ん枕』99号15～17㌻）。天保7年（1836）～？。
水町芸菴・水町昌庵	佐賀藩「医業免札姓名簿」には嘉永4年（1851）12月16日、第一番目に「内科・口科、水町昌庵」と登録されている。「元治元年（1864）佐賀藩拾藩拾六組侍着到」には「水町昌庵、物成50石、本道、御側無役、鷹之助組」とある。峯源次郎日暦には明治5年4月2日、水町昌庵と水町三省の父子が有田郷山谷村に現れ、明治8年には有田郷大木宿に住んでいることが分かる。同年11月2日と6日に峯は水町氏を往診しているが、患者が誰であったか書いていない。昌庵は明治11年12月23日76歳で没し、大木宿龍泉寺裏山に葬られた。13代酒井田柿右衛門夫人がしばしば墓掃除に訪れた（柿右衛門窯旧職員直話）。享和3年（1803）～明治11年（1878）12月23日、享年76。
溝上	万延2年（1861）2月17日、峯完一・峯源次郎兄弟が参加した扶氏経験遺訓会の会員の一人（日暦）。
三田道筑	佐賀藩医三田道筑（前名昌仙）は、文化12年（1815）生れで天保12年（1831）に片田江横小路南側4番屋敷を購入し、天保8年に同屋敷を売却し、天保9年（1838）華岡青洲に入門、嘉永5年（1852）医業免札を取得「42番、嘉永5年8月14日、外科、佐野孺仙門人、三田昌仙、37歳」。安政3年（1856）三田道筑41歳、米18石、通小路在住、志摩組。安政6年8月2日三田道筑は佐賀藩種痘医として中里村古子に出張し峯静軒を訪ね一晩中古楽合奏を楽しんだ。文久元年2月17日扶氏経験遺訓読会に出る。同年5月29日褒賞録に一類代表として花房三柳（花房元淑の父）の褒美を頂戴した。元治元年（1864）三田道筑49歳、米18石但10人扶持無落米皆白、外科、志摩組。文化3年（1820）の『江戸今世医家人名録』に、「本（本道）／赤坂溜池中邸／肥前佐賀／三田道筑」と記録されている。この三田道筑は、文化9年（1812）に死去した元璞花房梅庵の後妻の父親である。江戸詰め中の文化3年に蘭方を学んだ三田道筑の子孫昌仙は、華岡青洲門に学び、帰藩後道筑と改称して扶氏経験遺訓を読み種痘医として活躍した（『佐賀医学史研究会報』160号「三田道筑と花房家」）。
三田直吉	明治18年6月『大蔵省職員録』報告課「九等属、三田直吉、東京府士族、下谷区上野西黒門町13番地」。
三田直吉弟	明治17年3月15日、峯源次郎は三田直吉の弟の死を弔問（日暦）。
三田直吉父	明治18年2月7日、峯源次郎は三田直吉のためにその父親を訪ねた（日暦）。
三田弥吉	明治7年西村隼太郎編『官員録』24㌻大蔵省「出納寮二等、大属、カナガワ、三田彌吉」、明治11年2月の『大蔵省職員録』出納局「二等属、三田弥吉、東京府士族、下谷車阪町34番地」、19年7月には非職欄に「元二等属、三田彌吉、東京府士族」とある。
迪四郎 （金ヶ江利平鎮道） みちしろう	安政7年（1860）1月26日、峯家を訪れた有田の人物（日暦）。迪四郎は、正司碩渓の四男で後の金ヶ江利平鎮道のことである。金ヶ江利平鎮道（迪四郎）の三男は明治4年6月早世した久富與平昌起（子藻）の跡に入り久富宗家（蔵春亭）を継いだ久富季九郎である。迪四郎の国雅の師は柴田花守である（「峯家所蔵の中島廣足書簡」）。
光武俊造・光武春斉	明治22年『日本医籍』には、「佐賀県西松浦郡伊万里町、光武俊造」。『伊万里市史建築編』の妙顕寺（日蓮宗：伊万里市立花町3471）の明治32～34年4月18日建棟木、世話人の中に光武俊造の名前がある（158㌻）。
光武春庭	明治元年4月28日、大川内（現伊万里市大川内町）の開業医で峯家を訪れている。2年1月18日峯完一と峯源次郎兄弟は光武を訪ねその夜泊る。同年12月9日源次郎は長崎に開業した春庭を訪ねた（日暦）。
三橋與兵	明治13年7月17日、大隈三井子・英麿・熊子一行が宿泊した鎌倉大仏前の宿屋（日暦）。
水上元道・水上玄洞 みずかみげんどう	峯静軒の門人、安政6年1月19日に退塾した。日暦に源次郎は、元道と書いているが、水上家の記録は玄洞である。菩提寺の妙顕寺（伊万里市立花町）には玄洞の父親古賀彌右衛門（明治17年没）、母親サト（明治22年没）の記録がある。玄洞が何故水上姓になったのか不明。水上玄洞の子隼一郎は明治41年西松浦郡西山代村立岩の山本乙女と結婚した。乙女の兄左源太は、明治36年長崎医学専門学校を卒業し長崎市榎津町に山本外科病院を開業し成功した後、帰郷して浦ノ崎に開業した。左源太が昭和16年1月没した後は乙女の息子水上隼太（九州歯科医学専門学校卒）と水上一（京城医学専門学校卒）に継承され、現在は隼太の二男忠弘が叔

	父一の水上医院を継いで地域医療を担っている。水上（みずかみ）忠弘は、平成30年（2018）「赤ひげ大賞」を受賞した。水上家の文書から玄洞は杵島郡小田村下小田出身で、子隼一郎（明治６年～大正７年）の本籍は西松浦郡牧島村大字松島搦である。玄洞は明治38年５月９日没した（佐賀医学史研究会報112号）。
南隈雄	南隈雄の名前が峯源次郎日暦に初めて出るのは、明治15年９月３日、大隈重信が伊香保温泉から戻るのでその迎えに停車場まで行くという。17年２月５日、大隈家は雉子橋の屋敷から早稲田へ引越した。南隈雄・杉本軾之助・横尾金一・峯源次郎の４人は輪番制で、空家となった大隈家の宿直を明治20年２月まで続ける。18年１月11日隣人南隈雄一家と峯一家は共に川崎大師に詣でる。大隈邸家屋番号第２番、二階建て長屋に南と峯は住んで居たと思われる。明治22年10月12日を最後に、その後日暦に南隈雄の名は出ない（烏ん枕100号）。国立公文書館デジタルアーカイブによれば、南隈雄は奈良県中宮寺元家来で、明治３年（1870）に23歳であるので、嘉永元年（1848）生まれである。明治11年２月『大蔵省職員録』294㌻記録局「八等属、南隈雄、堺県士族某厄介、飯田町１丁目１番地」、住所は麹町区飯田町一丁目一番地で大隈重信邸と同住所である。13年11月『大蔵省職員録』は「常平局の八等属」、18年６月『大蔵省職員録』には「記録局七等属」、23年『職員録』甲、大蔵省総務局「属、五等上、南隈雄」。『大隈重信関係文書４』の大隈重信宛北畠治房差出書簡、明治14年10月３日付と同年10月８日付の内容は「開拓使払下問題に伴う薩長諸参議の情勢・東京の情勢」で南隈雄が書いており、それは北畠治房から大隈重信へ届けられている。明治14年10月12日大隈重信失脚寸前の書簡である。
源久 みなもとのひさし	源久、摂津渡辺の荘に在りしが、三條天皇の延久元年（1069）肥前松浦御厨検校となり、検非違使に補し、従五位に叙せられ（よって大夫判官と称す）、下松浦郡志佐郷今福に下向して一郷の主となり、松浦郡・彼杵郡の一部及び壱岐を治し、後に鷹島・福島・山代・有田を併有した（『西有田町史上巻』536㌻）。峯静軒は安政６年に大里の道観屋敷に「源太夫判官久公之古蹟」の石碑を建てた（『烏ん枕89号』２㌻）。峯源次郎は安政７年３月８日、源久公旧跡（道観屋敷に父静軒が建てた「源太夫判官久公之古蹟」の石碑に立寄っている（日暦）。
峯惟一・峯俊蔵	峯源次郎の兄完一の長男。中里村竈帳（安政６年：1859）の「是一郎三歳」が後の俊蔵と思われるので、俊蔵は安政４年（1857）生まれである。明治17年（1884）10月１日、長崎新町三番吉雄氏の所に居る（日暦）。『佐賀県教育史第１』の明治８年好生館、原書通学生、峰俊蔵」（880㌻）。明治22年『日本医籍』によれば、「長崎県本紺屋町」で登録されている。42年12月『日本杏林要覧』1249㌻長崎県長崎市「峰俊蔵、18年５月、佐賀士族、安政４年生、浦上淵立神郷506」。大正８年『帝国医師名簿』114㌻長崎県長崎市「立神町、峯俊蔵」、この時俊蔵は62歳である。この後大正14年８月の『日本医籍録』にはこの住所に名前は無い。
峯一郎	明治３年４月５日、峯源次郎の誘いで浅草へ出かけた人物で、５月１日には大石良乙・鐘ヶ江晴朝・峯とともに浅草に遊んだ（日暦）。
峯栄	峯源次郎の三女。明治19年９月20日午前３時、源次郎の妻仲は女児を出産した。源次郎にとって８人目の子供であった。翌日、渋谷夫人と犬塚夫人が祝に訪れ、23日には横浜の妹米夫妻も訪れている。栄と名付けられた三女は10月24日、肺カタルと診断され、25日危篤となり、26日午後往診した医師片桐重明に「既にすくうべからず」と言われ、27日午前５時栄は息絶えた。「悲哀無己」と源次郎は書いた。幸運にも源次郎の７人の子供は無事に育ち、幼くして亡くすのは初めてのことであった。駒込追分町西教寺に埋葬した。29日に仲39歳、澄８歳、清５歳が墓に詣で、11月９日、14日にもお詣りした。22年10月26日峯は妻と栄の墓参りをした（『烏ん枕』93号５㌻・95号３㌻）。明治19年（1886）９月20日～同年10月27日没。
峯清	峯源次郎の二女清は、長女澄に次いで東京雉子橋（飯田町一丁目一番地）の大隈重信邸内に一家揃って暮し始めて長女澄に次いで、明治15年８月16日に生まれた。明治24年12月に二里村作井手に帰郷するまで東京で暮した。29年４月24日に母仲が死去すると、源次郎53歳と姉澄18歳との三人暮しとなる。清は15歳であった。29年５月６日頃、帰郷中の大隈重信と綾子夫人が仲死去の弔問に、峯家を訪問した。澄と清はお土産を貰っている。34年７月９日、清は伊万里町168番地、田丸リウの養子松太郎と結婚した。清も国柱会の信仰に入り、姉とともに源次郎の晩年を看取った。清の五男正平が姉澄の嗣子となった。兄弟姉妹の中で最も長生きし83歳で永眠（『烏ん枕』91号16㌻・93号５㌻・95号２・３・12㌻）。明治15年（1882）８月16日～昭和39年（1964）５月18日。享年83。
峯謙益	好生館資料に、明治４年（1871）６月改革以後成業ノ者28名の中の一人である（『佐賀県医事史』40㌻）。
峯源太郎	源次郎の長男に生れた源太郎は、日暦にも一番多く記録されている。誕生、命名、の記録があるのは長男源太郎のみである。源次郎が妻子を東京に呼び寄せるのは明治11年５月である。５月16日先ずは源次郎が大隈邸内に転居して仲と子供の到着を待ち、５月24日に妻仲と二子が到着した。養子に出している直次郎・為四郎を除き、幼い五郎を弟夫妻に預けたとすると、長男源太郎13歳と昇三郎９歳の二人を連れて来たものであろう。15年９月３日源太郎の病を池田謙斎に診てもらう。11月12日源太郎は病の為医学予備校を退学した。23年８月５日「源太郎さんも今にては独力にて事業を勉強中なり」、24年11月９日の夜、帰郷が迫った源次郎は源太郎に「甚だ熟談の書」を書き贈る。峯家資料によれば、源太郎は、明治33年４月21日離籍して同年５月30日東京市神田区南神保町10番地へ一家創立し富田源太郎となった（『烏ん枕』91号16㌻・93号５㌻・95号２・３・15㌻）。慶応２年（1866）２月25日～昭和19年（1944）１月25日。享年79。
峯五郎	峯五郎は峯源次郎の五男である。日暦の明治23年（1890）８月５日、源次郎の五男五郎の存在が現れる。仲の弟信太郎夫妻を、「父母と心得、御命令に背かず、誠実を旨とし、粉骨砕齋（ママ）身、耐え忍んで業務を勉強すべし」と、叔父信太郎に商売を学ぶ14歳の五郎に言い聞かせている。この時、東京に長男源太郎・二男直次郎・三男昇三郎が居り、四男為四郎は吉永家に養子に入り、為一郎と改名して農業に励んでいた。五郎の近くには四歳上の兄吉永為一郎しか居なかった。大正３年（1914）11月16日、37歳の五郎は故吉永為一郎の二男儀四郎（明治33：1900年１月８日生）と養子縁組した（『烏ん枕』91号16㌻・93号５㌻・95号２・３・12㌻）。明治10年（1877）１月３日～昭和18年（1943）10月15日。享年67。
峯貞⇔嫂	静軒の長男亨（完一）の妻、亨と貞の結婚は安政元年であった（日暦）。
峯昇三郎	昇三郎は峯源次郎の三男である。日暦に、昇三郎が生まれた記事は見当たらない。明治３年８月は、源次郎は東校に通学し医学の勉強に励んでいる時で、４年に入るとドイツ留学を目指し、南校に寄宿して語学の勉強にいそしんでいる。日暦の昇三郎に関する記事は、明治20年３月３日「三男昇三郎を大隈氏に託す」、23年８月20日「昇三郎を早稲より引取る」、23年８月５日「昇さんも卒業したれば是から業務に取り掛るべし」、24年７月11日「昇三郎赴北海道」、同５月12日「北海道昇三郎より来状あり」と明治20年以降である。峯家文書記録は、明治20年４月30日牛込区市ヶ谷砂土原町３丁目渡邊元三郎養子相続人、23年10月13日離縁に付復籍。26年10月有田町田代サト養子となる、28年７月離縁復籍。34年９月牛込区山伏町櫻井かくへ入夫婚姻。源次郎（昭和６年９月６日逝去）遺稿「東北従遊私録」の奥付に、「昭和６年10月７日櫻井昇印刷所納」とある。昇三郎は父源次郎に先立ち昭和５年１月23日に死去している。享年61（『烏ん枕』91号16㌻・93号５㌻・95号２・３・12㌻）。明治３年（1870）８月26日～昭和５年（1930）１月23日。享年61。
峯季三郎	峯完一の三男である。明治21年４月23日、峯源次郎は兄完一から三男季三郎の遊学について頼むとの手紙を受取る。同年７月11日、季三郎が源次郎宅へ来る留学の為という（日暦）。
峯澄	峯源次郎の長女澄は、一家が東京雉子橋の大隈重信邸内に一緒に住み始めた翌年、明治12年７月18日に生れた。明治24年12月に一家で帰郷するまで東京で暮らし、帰郷先の中里村で、29年４月24日、母親と死別した。29年４月25日、大隈重信が30年ぶりに母三井子の一周忌のため佐賀に帰郷した。５月17日佐賀駅から帰路につくが、その滞在中（有田は５月５日～７日）大隈夫妻が峯仲を喪ったばかりの峯家を弔問に訪れ、霊前に香典を供え、澄と清の二人に土産の品を渡した。あいにく留守をしていた源次郎は、戻って事情を知るとその場で感泣拝伏したのであった。長じて、明治32年９月20日、伊万里町四百三拾番地柳ケ瀬六次長男勝市と結婚するが、34年に発病した勝市は35年９月29歳で死去。35年１月誕生した一人娘静子と別れ、37年９月27日峯家へ復籍した。しかし、静子は５歳で死去。絵の才能もあった澄は日本画家村田丹陵に入門師事し、鵬暁（りぎょう）の号を得た。国柱会創立者田中智学に入門し、内弟子として信仰を支えに生きた。大正２年源次郎の世話のために作井手（つくいで）の峯家に帰り、妹清とともに、手厚い看護をした。昭和４年７月17日、源次郎は国柱会田中智学師を家に招く。庭で撮った写真が『母峯鵬暁のこと』に掲載されている。源次郎は「命終らば、国柱会の方式に依り、殯葬を行うべし」と遺命し、源次郎の正葬儀は、昭和６年９月10日村

	内の巨刹曹洞宗廣巌寺を式場として、国柱会本部保坂智宙統務式長の下に執行された。昭和20年67歳で亡くなる。平成６年（1994）澄の嗣子正平が『母峯鸝暁のこと』を刊行し、澄の一生の物語が遺された。正平は清の五男である。(『鳥ん枕』91号16㌻・93号５㌻・95号２・３・12㌻)。明治12年（1879）７月18日～昭和20年（1945）７月14日。享年67。
峯静軒	峯静軒は寛政３年（1791）９月22日、医師道庵の長男として有田郷中里村作井手に生まれ、佐賀藩医花房氏の学璞となり、弘道館古賀穀堂に学ぶ機会を得る。次に熊本藩の村井琴山に入門し古医方を学ぶ。23歳で京都に学び一家の門に限定せず諸家に出入してその療法を学び、阿片・硝酸等の用法、刺絡烙鉄等の技に及ぶ。厳冬の深夜管を吹いて廻り按摩をして稼ぎながらの苦学であった。医学の他、和歌を千種有功卿に、音楽を東儀伊勢守に学び、愛用の横笛「秋の夜」は東儀氏を介して購入した佳品であった。常に錦の袋に入れ帯刀代わりに腰間に挟みて往診した。嘉永年間近村は勿論伊万里・有田・宮野・川古・大村・針尾島・早岐・日宇・佐世保・佐々・生月・大島・福島等より患者輻輳。安政以後長崎人の信頼を得て遠く往診した。文久元治に至りては長崎居留地の清国人にも診療を頼む者多く、画家王克三・徐雨亭・憑鏡如・商沈篤齋など最も信頼した。慶応元年６月長崎に往診して７月帰宅したが宿痾肝臓腫瘍増悪して床に就き９月10日逝去。享年75。長男完一は本藩家老須古氏に徴せられ、二男源次郎が家を継いだ。寛政３年（1791）９月22日～慶応元年（1865）９月10日。享年75。
峯為⇔萱堂（源次郎母）	墓碑銘によれば、正面「峯静軒妻墓」、裏面「名為徳久氏也、明治二年七月六日没、春秋六十八」、為は峯家の隣家、多久長門家臣徳久嘉兵衛の二女である。長女直（よし）は吉永伊左衛門に嫁ぎ、二女菊は多久長門公家臣徳久太兵衛の妻となる（『鳥ん枕94号』６・13㌻）。徳久為は隣家峯静軒の妻となり、為の娘菊は母の実家徳久家に嫁した。峯菊と徳久太兵衛の結婚はいとこ同士であったようだ。文久元年12月10日長女吉永直に先立たれた。明治２年７月佐賀に居た長男完一と二男源次郎は為危篤の報で、作井手に急行するが、間に合わなかった。享和２年（1802）～明治２年（1869）７月６日。享年68。
峰長兵衛	安政２年（1855）12月８日、12歳の峯源次郎と父静軒は峰長兵衛から蕎麦を振舞われた（日暦）。峯長兵衛は鍋嶋又次郎被官（『佐賀県近世史料』第１編第５巻481㌻）。
峯道庵（源次郎祖父）	峯道庵は峯静軒の父、峯源次郎の祖父である。墓碑銘正面「釋了専」右側「文化丁丑（十四年）十二月二十七日」左側「峯道菴、春秋八十二」。文化14年（1817）に82歳なので、元文元年（1736）生れである（『鳥ん枕94』10㌻）。源次郎の日暦には12月27日の道庵の命日には静軒に従い墓参りする記録が続く。
峯道庵妻	峯道庵妻の墓碑は正面「釋恵全」、右側「天保癸午十二月十二日」、左側「峯道庵妻春秋八十二」とある。天保年間に癸午という年は無く、天保４年（1833）が癸巳で、天保５年（1834）が甲午である。天保４年か５年に死亡している（『鳥ん枕』94号）。
峯文太郎・峯亨・峯雲庵・峯雲臺・峯完一	峯静軒の長男である。二男源次郎より13歳年上。中里村竈帳（安政６年：1859）に「文太郎二十九歳」とあるので、天保２年（1831）生れである（『鳥ん枕94号』６㌻）。『草場船山日記』の弘化２年（1845）８月３日、峯静軒は長男文太郎を草場塾に入門させる。文太郎15歳。安政２年５月１日、峯文太郎は草場船山を京都木屋町借宅に訪ね、安政３年１月16日までに10回訪問している。船山は５月１日「峰雲菴来過」と書き、峰生・峰氏・雲庵・雲菴等と書いている。雲庵25歳。佐賀藩「医業免札姓名簿」322番目嘉永７年（1854）６月10日「内科、松隈元南門人鍋島市佑被官、峯亨、24歳、貼紙雲臺と改名の事」。山本読書室の『門人名簿』に安政２年３月27日№754峯雲庵の名で寄宿している。同日入門№753原田玄龍も肥前の人で紹介者も共に秋元龍伯である。№761村田玄道（蓮池藩）を紹介している。明治22年の『日本医籍』によれば、「長崎県北松浦郡平戸村」で開業しており、長男俊蔵は長崎区本紺屋町に登録されている。31年（1898）８月の『帝国医籍宝鑑』には従来開業医長崎「峰完一、北松浦郡平戸村」とある。完一68歳。その後42年の『日本杏林要覧』に名前は無い。
峯直次郎	峯源次郎の二男直次郎は、明治21年７月５日、伊万里町岩永仁三郎との養子縁組を解除して復籍している。明治39年９月かうと結婚。日暦に直次郎の名が出るのは、明治16年４月20日で、書籍を買って欲しいと父源次郎に手紙で頼んでくる。17年５月20日直次郎を迎えに源次郎は横浜へ赴き、21日一番列車で連れて来る。21年４月９日直次郎は徴兵検査のため伊万里へ発つ、仲は横浜まで見送る。７月18日直次郎が伊万里より戻る。この時、養子先の岩永家と離縁が成立している。源次郎はこの夜、世話になった伊万里の関係者に手紙を書いている。峯家に残る直次郎の履歴書は明治16年５月、東京神田同朋町医学予備校に入学したとある。これは、源次郎の日暦では確認することができない、17年の間違いか、16年と書かざるを得ない事情があったのだろうか。18年６月独乙協会学校へ転学、19年８月東京医学専門学校済生会舎へ入学、21年10月医術開業前期試験に及第、23年４月医術開業後期試験に及第して23年８月29日医術開業免状4865号を下付された。27年９月陸軍三等軍医、28年陸軍軍医学校へ入学。30年10月陸軍二等軍医、33年11月陸軍一等軍医、台湾陸軍軍医部員、37年７月広島予備病院附、38年４月第十三師団野戦病院長、陸軍三等軍医正、39年関東都督府陸軍軍医部部員、旅順陣没露兵遺骸合理委員、40年９月旅順臨時防疫委員、同年12月歩兵第二十四連隊附兼福岡衛戍病院長、41年８月露西亜皇帝陛下より贈与したる神聖スタニラス第二等勲章を受領、42年京都帝国大学福岡医科大学依託学生取締、44年陸軍二等軍医正、金沢衛戍病院長、大正２年勲三等瑞宝章、３年３月論文優秀の為東京医学会会頭表彰、同年４月旅順衛戍病院長兼旅順要塞司令部、４年４月論文優秀の為東京医学会会頭表彰、８月従五位。５年３月第六師団軍医部長、11月陸軍一等軍医正。６年九州帝国大学で医学博士の学位を得て、７年父の待つ峯医院に戻った。長男静夫が医師となり、静夫の長女堪子は東京浅草橋で夫と林医院を営んだ（『佐賀医人伝』）。明治元年（1868）９月26日～昭和13年（1938）３月７日。享年71。
峯仲	仲は峯源次郎の妻である。嘉永元年（1848）９月10日、伊万里の大店堀七の武富七太郎の二男武富栄助の二女に生れ、峯源次郎と慶応元年４月に結婚し五男三女に恵まれた。明治11年５月24日に源次郎の待つ飯田町一丁目一番地大隈邸内の家屋に入り、漸く一家そろっての生活が始まり、長女、二女、三女が誕生する。明治19年９月20日三女栄を生後四十日で肺カタルで亡くした。産後の仲自身も健康状態は良くなかったようで、23年５月15日には池田謙斎に受診して結核ではないと診断された。明治24年12月、医術開業免状を取得した二男直次郎・長女澄・二女清と共に大蔵省を非職となった源次郎に従い作井手に戻り、29年４月24日49歳で没した。
峯春	峯完一の娘（日暦）。
峯柳立	明治２年11月27日、峯源次郎が有田から佐賀まで同道した人物で医師（日暦）。佐賀藩「医業免札姓名簿」533番目に、安政３年（1856）11月13日「内科、花房三柳門人、鍋島市佑被官、峯柳達、28歳、有田泉山」。文政12年（1829）生れ。
蓑田助之允	天保14年10月１日、小城畑田に生れ、幕末の頃山代郷の目付となり、山代海岸の干拓事業・石炭・製塩業の育成に尽し、のち御用人として窮乏した（小城）藩政を担当した。廃藩置県後は小城鍋島家の家扶となり上京、佐賀の乱後の旧小城藩家臣団の救済と授産に尽した。東京第三十国立銀行取締役として、小城、佐賀の国立銀行創立にも協力した。明治17年鍋島家が出資していた伊万里銀行の頭取に就任。松方財政の深刻なデフレ期にあたり、銀行経営にも困難な問題が多く、よく危機を乗切りその手腕は高く評価される。20年、同銀行頭取を辞任、同行横浜支店開設に活躍した（『小城町史』)。「渭陽存稿」の大正５年（1916）に「寄懐蓑田翁称助之允小城人住京都」と題し京都在住の蓑田と風俗頽廃の世を歎いている。蓑田も健在である。天保14年（1843）10月１日～？
三宅秀	江戸本所緑町生れ、父は蘭医三宅艮斎、安政５年11歳で川島元成に初学、細川潤次郎、高島秋帆、手塚律蔵等の家塾で蘭学・英学を修め、横浜に出て英医ウールの外来患者診察所に通学し、傍ら米国海軍ウェッドの家塾に入りヘボンに就いて医学を修めた。文久３年池田筑後守等の遣欧使節随員となり西欧の文化に接した。帰国後慶応３年金沢藩に招かれ、父は佐倉藩医、子は金沢藩医となる。明治３年七尾で英国人オスボンに就いてフランス語を修めていたが、大学出仕を命じられ中教授となり理化学の講義を担当。９年アメリカで開催された万国医学会で我国最初の医学会講演者となる。14年７月東京大学医学部長に挙げられ22年11月まで就任。18年12月学士会員に挙げられ私費を以て学校衛生取調のため欧州へ出張し22年３月帰国、医学博士の学位を得る。24年貴族院議員、28年錦鶏間祗候、29年藍綬褒章、36年帝国大学名誉教授、謙譲温雅如何なる人にも懇切を極め大徳の風貌があった（『蘭医佐藤泰然』106㌻）。明治15年６月『内務省免許全国医師薬舗産婆一覧』91㌻に「内外科、履歴、免状番号772、東京、三宅秀」、34年『日本東京医事通覧』55㌻小石川区「三宅秀、(従来）博士、17年５月登録、東京府士族、嘉永元年11月生、竹早町81」、43年『帝国医鑑第一編』東京み部「東京府士族、医学博士、三宅秀、小石川区竹早町81、電話番町266」。嘉永元年（1848）～昭和13年（1938）３月16日。享年91。
三宅秀司	明治９年１月４日、峯源次郎は三宅秀司と司馬盈之（凌海）を訪ねたとあるので、この三宅秀司とは三宅秀のことではないだろう

	か（日暦）。
三宅頼輔	明治16年4月『大蔵省職員録』に「受付課、七等属、三宅頼輔、東京府士族、神田区今川小路3丁目9番地」、17年8月『大蔵省職員録』16㌻に「受付課、六等属、三宅頼輔、東京府士族、神田区神保町12番地」、18年6月『大蔵省職員録』27㌻には住所が「本郷区本郷田町11番地」に変わり、19年7月『大蔵省職員録』184㌻「非職、元六等属、三宅頼輔」。18年の『東京府内区郡分医師住所一覧』に三宅の住所は「今川小路3丁目9番地」。22年『日本医籍』東京府小石川区18㌻に「初音町、三宅頼輔」、31年8月の『帝国医籍宝鑑』の開業医東京19㌻に「三宅頼輔、本郷区田町24番地」とあり、34年『日本東京医事通覧』と42年『日本杏林要覧』の本郷区に名前は無い。
宮崎	明治7年6月14日、峯源次郎の所へ永井喜炳が連れて来た人物（日暦）。
宮崎	明治15年8月10日、秀島（文圭）が連れて来た人物。16年10月21日に秀島文圭が飲み会に招いた医師（日暦）。
宮崎養策	明治11年の履歴書によれば、肥前国藤津郡吉田村四番地、平民宮崎太助弟、以前の通称名は敬恕。明治5年10月に開拓使御用係月給20円、札幌詰。6年2月十四等、4月当分厚田詰、5月札幌詰免除、6月厚田郡詰を免除され石狩郡詰となる。札幌病院石狩出張所在勤を続け、8年3月、十三等出仕となる。11年1月、医術開業免状願書を提出し、同年3月に免状を取得した。10年夏に永住を志し二町歩を購入、15年6月辞職し石狩で医院開業、18年当別に移り兼業を続け、十三町五反歩の農地所有者となり逝去、享年80（『佐賀医人伝』）。弘化4年（1847）8月～大正15年（1926）5月10日。享年80。
宮崎嘉國	明治23年12月6日、24年2月8日、同9月4日に峯源次郎を訪ねた人物（日暦）。明治12年『西洋列女伝』、明治20年『英語 女用かがみ大全』等を編集・和訳している。『英語 女用かがみ大全』は中村正直が題辞を書いているところから、峯源次郎の同人社同窓生であろう。宮崎嘉国（みやさきよしくに）は生年1854、没年1913（国立国会図書館デジタルコレクション）。
宮田去疾	明治11年2月の『大蔵省職員録』17㌻に「八等属、宮田去疾、新潟県士族、神田佐久間町2丁目11番地」、17年3月『太政官職員録』15㌻「第一局、三等属、兼内務三等属、宮田去疾、新潟県士族、麹町区三番町14番地」。明治25年11月11日「熊本県参事官、宮田去疾」（官報2814号）。
宮田春岱	宮田春岱は佐賀藩医宮田魯斎（高致）の二男である。文久4年1月25日に佐賀藩松浦郡有田郷中里村の峯源次郎宅を訪れ宿泊した好生館同窓の医学生4人のうちの一人で、源次郎は翌26日、隣村の佐賀藩精煉方が安政4年に建設した白幡鉄山（しらはたかなやま：製鉄所）に案内した（日暦）元治元年佐賀藩拾六組侍着到」によれば、宮田春岱は魯斉倅と書かれており、「宮田魯斉、切米60石、内治、殿様御医師、好生館教導方差次」の跡継ぎである。「東京寄留人名簿」の宮田春岱寄留先は「永田町二丁目一番地鍋島直大邸内」で、宮田高致（宮田魯斎）と同一である。『明治過去帳』によれば「雇船静岡丸軍医長海軍軍医副、宮田春岱は弘化2年生れ、明治7年頃織田新一等と海軍軍医寮十三等出仕となり、10年軍医副に任じ、西南の役で静岡丸に乗組み10月14日死去、年33」とある。明治7年西村隼太郎編『官員録』69㌻海軍省「軍医寮二等、十五等出仕、サガ、宮田春岱」月給12円。弘化2年（1845）～明治10年（1877）10月14日。享年33。
宮田某	明治14年3月2日、峯源次郎が武富熊助の依頼で訪ねた人物（日暦）。
宮田魯斉・宮田高致	実父は佐賀藩医石井自伯藤原忠啓、母は坂田氏、二男として文政4年(1821)生れ、佐賀藩医宮田魯哉の養子となる。維新時海軍に従事、従六位に叙せられ海軍中医監に任じられ、明治8年(1875) 1月東京で死去、享年55、墓碑は白金台海軍埋葬地にあり（『佐賀医学史研究会報』144号、佐賀藩医石井長庵その(1)」。高致は嘉永元年8月に緒方洪庵塾に入塾し、翌嘉永2年11月2日に象先堂に入門、安政4年に来日したオランダ海軍軍医ポンペに松本良順門人として学び、帰郷後佐賀藩医学校の教師としてポンペ式西洋医学を教授した（『佐賀藩の医学史』79㌻）。「小城藩日記」には元治元年（1864）2月24日、直亮の病気に直正が宮田魯斎を派遣したこと(270㌻)、慶応2年(1866) 2月26日には種痘医宮田魯斎が小城朝日町無量寺に出張している(302㌻）記録がある。「東京寄留人名簿」に宮田高致の住所は宮田春岱と同じく鍋島直大邸内としている。明治7年西村隼太郎編『官員録』68㌻海軍省「軍医寮二等、少医監、サガ、従六位宮田高致」月給百円。宮田魯斉（高致）は明治8年に、その子宮田春岱は明治10年に相次いで没した。文政4年（1821）～明治8年1875）1月。享年55。
明善寺 みょうぜんじ	現、伊万里市二里町大里甲2253番地、宗派浄土真宗本願寺派、本尊阿弥陀如来、開基井関越前守（伝）。創建の年代は明らかではないが当地方の多くの真宗寺院と同様に16世紀末、戦国時代の終わりごろと考えられる。本山本願寺からの本尊木仏下付と寺号御免は、寛永17年（1640）第二世慶雲の代になされている。当寺に「嘉永元年乗輪院様御位牌御安置訳合書出内評録」と題する文書がある。佐賀藩二代藩主光茂の位牌を安置している理由について藩寺社方から質問された際の顛末を記したものである（『伊万里市史』民俗・生活・宗教編）。
三輪某	明治24年7月1日と9月23日に峯源次郎を訪ねて来た人物（日暦）。
向	明治22年5月24日金曜日に峯源次郎を訪ねて来た郷里の人物（日暦）。
向誠一	明治12年4月『開拓使職員録』53㌻、「御用掛、医、向誠一、長崎県平民」、13年4月には、「准判任官、月給25円」が加わり記載されている。明治15年6月『内務省免許全国医師薬舗産婆一覧』に「内外科、東京、免状番号1296、長崎、向誠一」とある。峯源次郎は明治11年10月4日、向誠一の来訪後真崎健と山崎幸平を訪ねている（日暦）。
向井義勝	休職海軍大尉正七位、佐賀県士族。明治7年頃少尉補となり、10年西南の役では東艦に乗組み、12年頃少尉に任じ正八位、16年11月5日中尉に任じ従七位、運用術富士山員外乗組みを経て18年4月2日富士山分隊長に、12月横須賀屯営分隊長、19年2月航海練習艦石川丸分隊長、3月大尉に、22年5月休職となり、23年2月19日特旨を以て正七位にのぼり、20日没す（『明治過去帳』）。明治14年6月12日峯源次郎は大隈重信の依頼で向井義勝を訪ねている（日暦）。？～明治23年（1890）2月19日。
迎当規	峯源次郎は明治5年4月9日、好生館教師と酒を飲んだその中の一人（日暦）。佐賀医学校好生館小寮監（月給10円）迎当規（『佐賀県医事史』40㌻）。
牟田	万延2年（1861）2月17日、峯完一・峯源次郎兄弟が参加した扶氏経験遺訓読会の会員（日暦）。
牟田口元學	貴族院議員、函館水電株式会社等取締役。かねて心臓病のため東京府下大崎町上大崎609の自宅で加療中逝去。旧佐賀藩士牟田口利左衛門の長男、明治12年出仕して、文部省大書記官となり、のち山林局長、14年大隈重信と共に辞職、改進党を組織する。爾来実業界に身を投じ、馬車鉄道会社社長、39年三電車の合同するにあたり推されて社長となり、42年辞す。現今諸会社の重役を兼ねていた。妻けい：安政元年生、長男淳介：明治10年生、二男新一：明治12年)、三男俊夫：明治18年生（『大正過去帳』）。明治7年西村隼太郎編『官員録』2㌻太政官正院「権少外史、サガ、牟田口元學」月給百円。明治14年11月23日、峯源次郎は牟田口と神山（聞）と共に大隈氏の書類を整頓した。14年10月13日大隈氏辞職後であるので、この牟田口は牟田口元學であろう。この後元學の記事が増えている（日暦）。牟田口は河野敏鎌らと共に修進社を設立して訴訟鑑定に従事する（人事興信録大正4年）。修進社は改進党の経済的支援を担った。明治17年3月16日、峯は日暦に、大隈重信・相良剛造を訪問後、牟田口元學と穴八幡社までの帰り道、「行交相語心事」と書く。このときの峯と牟田口は、共に大隈重信のために尽す弘化元年生まれの旧佐賀藩の後輩であった。弘化元年（1844）12月26日～大正9年（1920）1月13日。享年77。
牟田洋林	明治14年1月16日夜峯源次郎を訪ねて来た人物（日暦）。明治22年の『日本医籍』の南豊島郡に「内藤新宿一丁目、牟田洋林」。明治42年12月の『日本杏林要覧』139㌻東京豊多摩郡「牟田洋林、試験17年5月、佐賀平民、嘉永2年生、内藤新宿1ノ13」とある。大津山国夫の「武者小路実篤の系族下」によれば、実篤の叔母毎（万延元年1月生）は最後に「新宿の漢方医牟田洋林・佐賀県人」と結婚した。
武藤某	明治4年7月26日夜、サンフランシスコのウェルスパルマ氏宅で峯源次郎が会った近江藩の人物（日暦）。
村上定房	織田良益の弟（日暦）。
村上藤兵衛	長崎本博多町の貿易商村上藤兵衛の先祖は播州加古郡二子村（現兵庫県明石市）の出身で、菩提寺は長崎の延命寺である（「近世長

	崎における両替商の出自について」)。安政３年11月、長崎で陶器類の売り込みを許可されていた三人の一人である（『有田町史商業Ⅰ』124㌻）。峯家には10月９日付のお悔み状が残っている。慶応元年９月10日に亡くなった静軒への生前の感謝を藤兵衛と武兵衛連名で述べている。文政４年（1821）～明治11年（1878）。享年58。
村上武兵衛	「近世長崎における両替商の出自について」によれば、村上家は藤兵衛と武兵衛を交互に名乗っていたようだ。峯源次郎日暦には、万延元年長崎遊学中の源次郎が８月24日、武兵衛に懇ろに歓待される。慶応元年５月21日武兵衛が妻を連れて静軒の診察を受けに長崎からやって来る。23日静軒は村上氏を伊万里に連れて行く。５月26日村上夫妻は帰って行った（日暦）。天保２年（1831）～明治元年（1868）。享年38。
紫朴斎→村崎卜齋	村崎卜齋藤原、小城下岡小路、宗粛、文政十一戊子四月十日生、号薫園、明治二己巳十二月十四日死、寿四十二（『今泉蠏守歌文集』743㌻）。『佐賀県歴史人名事典』には、小城に生れ、通称を卜齋という、家世々小城藩主の茶道役たり、資性顕悟才学衆に秀で、深く国学を究め、和歌を善くし、花道、有楽流の茶道に達す。藩主鍋島直堯に仕え信任頗る厚し。其名は一茶道に過ぎざれども政治の枢機に参じ、常に藩主の懐刀となり釐正する所多かりしという。遺稿に『花筐』四十余巻、『海人の呼声』一巻あり。長男中野宗宏（1849～1892は）通信省電信局第一部長。二男は中野初子（1859～1914）東京帝国大学教授（電気工学）である。文政11年（1828）４月10日～明治２年（1869）12月14日。享年42。
村田玄洞	安政３年12月11日、峯家を訪れている（日暦）。京都山本読書室の『門人名簿』によれば村田玄道は峯雲庵（享・雲臺・完一）の紹介で安政２年６月８日入門した蓮池藩の人物。『若木百年史』に、村田玄道は嬉野町に生れ、若木村菅牟田部落で医師を開業していたが明治初年、本部宿に村田医院を開業、村民の信頼は厚かった。息女は明治天皇の側近に奉仕した女官であったといわれる。長男周一は長崎医学専門学校卒業後、順天堂で学びその後熱海で開業していたが家庭の事情で帰郷し本部宿の医院を継承。孫村田朔郎は東京大学卒業後農林省に入り、年少で特産課長に昇進し能吏として尊敬されていたが若くして他界した。
村田周一	明治24年５月15日、峯直次郎の音信を伝えに来た人物（日暦）。『若木百年史』によれば、村田周一は本部宿の開業医村田玄道の長男で、長崎医学専門学校卒業後東京の順天堂に入って研究を続け、その後熱海で開業したが家庭の事情で帰郷し本部宿で医院を開業、明治42年に死去したため医院は閉鎖された。子息玄一は長崎医学専門学校卒業後八幡製鉄病院に勤め続いて朝鮮南原道立病院の副院長として勤務中昭和７年７月に死去。玄一の長男玄英は長崎医学専門学校在学中原爆で死去その後絶家となったとある。
村田龍吉郎	「佐賀県近世史料第一編第九巻」所載の村田家系図によれば、政匡村田龍吉郎は、鍋島家の三支藩に次ぐ御親類四家の一つ、龍造寺隆信嫡男龍造寺政家の二男、安良龍造寺八助を初代とする久保田領村田家の最後の当主である。永松亨氏の労作『肥前佐賀藩太保郷資料集』によれば、龍吉郎が明治２年８月、常備軍第四番大隊長の命を受け、辞退を申し出た文書が収められている。解題によれば、漸くこれまでのしがらみから解放され江戸遊学の最中であったが、その願いは却下されそのまま就任した。峯源次郎日暦には明治４年１月６日に１度だけ記録されている。この日、龍吉郎は佐賀藩出身の書生連中と散歩している。天保14年（1843）10月24日～？。
村地才一郎・村地正治	佐賀城下多布施において村地成珍の長男として誕生。嘉永６年弘道館入学、文久元年弘道館寄宿舎に入る、藩命により長崎の蕃学所（後の致遠館）に転学、英学を始める。明治２年、22歳のときフルベッキ先生と共に在学生一同、東京の開成校に移された。明治３年佐賀藩士秀島権太夫の三女初袈裟と結婚、12月末、詞訟課勤学のため米国へ留学を命じられ20人ばかりの同行者と出発した。佐賀藩士丹羽龍之介君、長州の児玉淳一郎君が居た。ニューヨーク州オルバニー市の学校で租税に関する研究をして明治５年の夏帰国した。５年８月２日付で大蔵省租税寮へ出仕、米国人ウィリアム兄弟二人のお雇い外国人との仕事は木が進まなかったが大隈先輩の斡旋であったから数寄屋橋の亀甲寿司に下宿して通勤した。しかし征韓論者として江藤・副島等諸先輩の驥尾に附して活動することになり、大蔵省は10ヶ月で辞めた。６年11月下旬、江藤新平・山中一郎・中島鼎蔵・朝倉弾蔵・香月経五郎・村地才一郎の６人は江藤宅で、西郷隆盛桐野利秋と協力して非征韓者派を排撃することを決め、中島と村地が鹿児島へ使者に発った。塩浸で会った桐野の返事は時期尚早であった。中島・村地は12月３日に佐賀に帰着して旧弘道館に事務所を設け、有志数百名が集まった。中島・山田平蔵・生田源八・櫛山叙臣が上京して江藤・副島の帰県を請うた。江藤は帰県許可を待たず１月13日東京を出発、明治７年２月13日佐賀征韓党宣戦の檄文は発せられた。しかし、村地はこの時、チブスに罹って佐賀病院に入院、ある日中島と山中一郎が「今夜憂国党と協力して城兵を夜襲するので君は日没までに避難されよ」と勧告して帰った。これが莫逆の友との別れとなった。九死に一生を得て病院から出た村地に下された判決は改定律令・雑犯律違制の条により百日間の禁固であった。大木先輩（喬任）から佐賀県知事北島秀朝氏に極内密に口入してあったので、優遇を受け、禁固はほんの名義だけで済ませてもらったばかりか多額の小遣い銭まで与えられた。北島氏には感激し感謝した。その後無職無禄の貧乏士族の救済策に奔走すること６年。しかし成功することはなかった。大木先輩の一方ならぬ斡旋で、13年11月元老院勤務、15年司法省雇、17年判事拝命、傍ら禅宗寺院に参詣し講義を聞き始める。仙台、名古屋、札幌と裁判所長を歴任し32年辞職。公証人役場を仙台で始め、40年横須賀と浦賀の中間大津へ引退した。村地の93年の生涯は、四男信夫（明治45年帝大卒、高等文官試験合格）が、昭和11年７月元気に九十を迎えた父の為に刊行した『蟬蛻物語』で知ることができる。弘化４年（1847）４月19日～昭和14年（1939）５月19日。享年93。
村松守義	明治17年８月『大蔵省職員録』報告課「御用掛、准判任、村松守義、東京府平民、深川区深川大島町４番地」、18年６月『大蔵省職員録』には住所が深川区東門前町７番地に変わっている。国会図書館の第152回常設展示「辞書を片手に世界へ―近世デジタルライブラリーにみる明治の語学辞書―」（平成20年２月21日～４月15日）によれば、「村松守義著『英和双解隠語彙集』（東京：金港堂、1887：明治20年）、Slang Dictionary, Etymological, Historical, and Anecdotal（J、C、Hotten著 1873（明治６）年当館未所蔵）に準拠するスラング辞書。双解とは英語、日本語両方の訳が記載されているということで、訳語による意味のずれを正すことが出来るという点で有益で明治期に人気があった。（定価１円）」奥付の村松守義住所は北豊島郡金杉村22番地である。1885年（明治18）には丸善から『明治会話編第１－３』を出している。奥付には編者 東京府平民 邨松守義 深川区大島町４番地とある（国会図書館サーチ）。
村山三郎	明治14年６月17日、横浜税関で邂逅した人物（日暦）。明治13年３月の『大蔵省職員録』20㌻に「翻訳課、御雇、村上三郎、石川県平民、京橋区元数寄屋町二丁目４番地」とある。1878（明治11）年、露・ソワールナルの「万国貨幣会議誌」（２冊）を翻訳している（早稲田大学図書館古典籍総合データベース）。1882（明治15）年には『明法志林21』（明法志林社）に「酩酊ノ口実果シテ犯罪並ニ契約ノ責ヲ免ルルノ具トナスニ足ル乎ノ疑問ニ答（十九號續）」を村山三郎は書いており、ビンガム著『銀券発行ノ議案：完：「ビンガム」氏演説』大蔵省出版（出版年月日不明）を翻訳している（国会図書館サーチ）。
村山貴正	明治７年２月６日、峯源次郎は村上貴正に招かれ酒を飲み、３月１日には村上の家に赴き国雅（和歌）会に参加した（日暦）。明治５年６月『開拓使官員全書』に「開拓少主典、村山貴正」、明治７年西村隼太郎編『官員録』97㌻開拓使「十一等出仕、シカマ（飾磨：明治９年兵庫県に統合）、村山貴正」とある。
茂吉	安政３年４月19日、峯家を訪れ29日に帰って行った佐世保の人。４年閏５月５日、５年10月８日にも来訪（日暦）。
持田直澄	明治18年２月の『富山県職員録』に、「収税長、持田直澄、栃木県平民」とある。国立公文書館の官吏進退によれば、「持田直澄（嘉永６年８月生）は明治23年６月、会計検査院検査官正七位」に叙せられた（A00230100）。
本岡儀八	佐賀の橋本家で生れ、万延元年（1860）伊万里町本下町の本岡儀左衛門の長女エンと結婚、明治10年（1877）穀物商の本岡家を継いだ。伊万里銀行設立の際には発起人11人の一人となる。19年１月から６年11ヶ月間伊万里銀行取締役就任、19年６月17日に伊万里銀行横浜支店が開設された。松尾貞吉の後任として、24年第四代伊万里銀行頭取に就任。30年伊万里鉄道起工式、31年８月開業、12月に九州鉄道に譲渡。30年西松浦郡会議員に当選。33年伊万里銀行本店を新築、壮麗な洋館造りは伊万里銀行の信用を高めた。35年、横浜支店で17万円の欠損金と回収見込みの無い３万円の貸付金が発覚し、その責任をとって本岡儀八頭取と横浜支店取締役古川源太郎は辞任。後任の頭取に藤田與兵衛が就任し、横浜支店は８月に閉鎖された（『幕末・明治と伊万里の人』）。天保９年（1838）～大正９年（1920）。享年83。
本居宣長	江戸中期の国学者、語学者。伊勢国松坂の人。通称彌四郎、号は鈴屋（すずのや）。京に出て堀景山に漢学を学び、堀元厚について医学を修業したが、契沖の書に啓発されて古典の学に志し、「源氏物語」「万葉集」などを講じた。賀茂真淵に会ってから古道研究

	の素志を固め、「古事記」の研究に着手し「古事記伝」を完成した。彼の家学は、子春庭、養子太平に継承され、後世に大きな影響を与えた。著作は他に「源氏物語玉の小櫛」「古今集遠鏡」「てにをは紐鏡」「詞の玉緒」「玉勝間」「うひ山ぶみ」など多数（精選版国語大辞典）。享保15年（1730）～享和元年（1801）。享年72。
本野（本野盛亨）	明治11年1月14日月曜日午後、峯源次郎が大蔵省上司の蘆（高朗）と横浜に訪ねた人物（日暦）。この人物は「本野盛亨：もとのもりみち」である。明治11年2月『大蔵省職員録』86㌻、「横浜税関長・権大書記官、正六位、本野盛亨、長崎士族」。本野盛亨は佐賀藩久保田領八田晋の子、後に本野権太夫の婿養子となる。谷口藍田塾、緒方洪庵の適塾で学び、万年元年8月佐賀藩士石丸虎五郎の勧めで英学を学び始め、慶応元年10月石丸と馬渡八郎がイギリスへ密航留学後は、長崎で佐賀藩の英学者第一人者として活躍する。維新後神奈川県、外国管、英国駐在、帰国後は横浜税関に勤務した。明治41年2月28日、盛亨の二男英吉郎の六男季雄と石丸虎五郎の長男龍太郎と養子縁組をした。42年12月10日没。盛亨の一人娘富士子は岩佐新（岩佐純の子）に嫁した（『日本電信の祖石丸安世』）。天保7年（1836）8月15日～明治42年（1909）12月10日。享年74。
本村陽碩	慶応元年（1865）7月2日、中里村の峯源次郎を訪ねた伊万里の医生（日暦）。
百田某	明治24年12月27日、中里村に帰郷したばかりの峯源次郎を訪ねて来た人物（日暦）。
森井正之	明治7年西村隼太郎編『官員録』25㌻大蔵省「統計寮二等、権中属、トウキョウ、森井正之」月給30円。明治10年3月の『大蔵省職員録』33㌻に御雇として峯源次郎の次に森井正之の名がある。11年2月の『大蔵省職員録』13㌻「七等属、森井正之、東京府士族、飯田町5丁目1番地」、19年7月『大蔵省職員録』には「属、判任官四等、森井正之、東京府士族、飯田町5丁目23番地」。
森源造	明治4年8月、サンフランシスコで峯源次郎が知り合った人物で、5年1月1日東京で邂逅した（日暦）。国会図書館デジタルコレクションには東京府平民森源造（浅草区北富坂丁十三番地）が編輯兼出板人の『袖珍広玉字典』（明治19年）が存在する。
森尻高禮	明治11年2月の『大蔵省職員録』12㌻に「七等属、森尻高禮、栃木県平民、下谷区車坂町21番地」。
森永見岳	慶応元年（1865）7月2日、中里村の峯源次郎を訪ねて来た伊万里の医生、同年10月4日には源次郎の父静軒死去の弔問に訪れた（日暦）。
森永見有	佐賀藩「医業免札姓名簿」には206番、「嘉永6年11月6日、長門殿家来故於保高周門人、内科、（森永）見有、伊万り津、四拾六才」とある。文久3年（1863）6月14日伊万里医会が開かれ、その中のメンバーの一人。慶応元年（1865）8月25日源次郎の父静軒の病が重くなり、伊万里の森永見有に往診を頼んでいる（日暦）。文化5年（1808）～？。
森永豊吉	明治21年4月9日、峯直次郎は徴兵検査のために伊万里に帰省し、7月18日に東京に戻っている。その晩父の源次郎は8人に手紙を書くがその中の一人（日暦）。
森永某	明治11年1月13日、小石川春日町12番地大黒屋に寄寓する峯源次郎を相良都と共に訪ねた人物（日暦）。
森永有健→森永友健	明治8年4月19日、峯源次郎を訪ねた人物（日暦）。源次郎は森永有健と書いているが、森永友健のことと思われる。
森永友健	実父は佐賀県士族森永長蔵、その二男。明治5年森永友松の養子となり、29年家督相続、宮内省侍医正六位、妻みか（安政4年生）、長男友碩（明治3年生）、住所は東京市京橋区南金六町15（人事興信録初版明治36年）。『肥前佐賀藩太保郷資料集』には、森永友松は久保田領村田家の御医師17名の一人として記録されている。「佐賀藩医業免札姓名簿」には、259番内科・若狭殿家来江口伯仙民門人・36歳とある「東京寄留人名簿」には、森永友健は、「神田和泉町一番地 第一大学医学校書生舎寄留」とある。『東と西の医療文化』によれば、森永友健は東大医学部を出て内科医師として明治27年侍医として任用され、昭和11年没した。明治17年12月18日に海軍中将中牟田倉之助の診断書を書いている。医学士森永友健の住所は京橋区南金六町拾五番地である。明治18年9月海軍機関士補の診断書、27年1月海軍少佐の、36年2月海軍大佐の診断書を書いている。海軍省に係る者ばかりである（アジア歴史資料センター公文録）。大正3年4月10日、陸軍省の昭憲皇太后崩御記録の侍医頭以下8名の医師の3番目に森永友健が書かれている。明治18年の『東京府内区郡分医師住所一覧』の住所は「白金台町1丁目17番地」。明治43年『帝国医鑑第一編』に森永友健は「東京府士族、麻布区龍土町14、電話芝2270、佐賀県士族森永長蔵の二男、弘化4年5月17日生れ、明治5年東京府士族森永友松の養子となり、29年家督相続、宮内省に出仕して侍医となり現に其職を奉仕し正五位勲五等に叙せる」、同書に侍医森永友健の長男として「ドクトル森永友碩、明治3年12月5日生れ、千葉医学専門学校卒業後、ドイツ留学し、ドクトル、メヂチーネの学位を取得し、産婦人科医として開業、京橋区南金六町5、電話新橋41」。弘化4年（1847）5月17日～昭和11年（1936）。享年90。
森永與七	明治24年12月27日、帰郷したばかりの峯源次郎を訪ねて来た人（日暦）。
森某	文久3年（1863）5月24日、峯静軒が往診した早岐（現、佐世保市早岐）の患者（日暦）。
森文部大臣 （森有礼）	父は鹿児島藩士で、藩校造士館、藩洋学校開成所に学ぶ。慶応元年（1865）藩の留学生として英国に留学、米国を経て明治元年（1868）帰国した。新政府において徴士、外国官権判事、公議所議長心得、制度寮副総裁心得等をつとめ、一時離職し郷里に戻るが、再度出仕、米国在勤後の6年、明六社を設立するなど欧米思想の啓蒙に尽す。8年商法講習所設立に参画、以後駐清公使、外務大輔、駐英公使、参事院議官兼文部省御用掛等を歴任。第一次伊藤、黒田各内閣の文相となる。憲法発布当日国粋主義者に襲われ翌日死去（近代日本人の肖像）。弘化4年（1847）8月23日～明治22年（1889）2月12日。享年43。
森山某（森山武光）	明治7年3月23日、札幌で峯源次郎が訪ねた人物（日暦）。明治7年西村隼太郎編『官員録』97㌻開拓使「九等出仕、サガ、森山武光」と、峯源次郎、安達清風と並んで書かれている。
諸岡某	元治元年（1864）4月10日、峯静軒・今泉千秋と共に古楽を合奏した人（日暦）。
諸熊好足	「幕末異国情報の伝播と長崎檑園社中（上）」によれば、諸熊好足とは、長崎の御役所附船番で通称祐助。中島広足一行の「長崎日記」によれば、諸熊は万延元年（1860）9月10日中島広足に会う。9月28日広足一行は長崎を立つのだが、その前日、広足は藤村光鎮と諸熊を同伴して浦上・西坂を経て平宿を散策した。
や行	
八百善 やおぜん	明治17年4月25日渋谷良次の送別会を開催（日暦）。「明治二十七年改正新版東京商家花長者」に「山谷懐石料理八百善」が堂々と中央部にある（台東区立図書館デジタルアーカイブ）。『新撰東京実地案内』に浅草区「会席・山谷、八百善」。
八尾正文	明治11年2月の『大蔵省職員録』36㌻「御雇、八尾正文、一番町27番地、長崎県平民」、14年1月『太政官職員録』28㌻に「一等属、八尾正文、一番町27番地、長崎県平民」。早稲田大学図書館古典籍総合データベースで八尾正文が翻訳した図書が21冊確認できる。英・バジョット『ロンバート・ストリート論』（1873）、米・リゼンドル『日本富強策第一至九章』（1874）、墺・A. シーボルト『兵害賠償論』（1877）、英・グラドストーン『自由貿易・鉄道並商業論』（1880）、ジャパンヘラルド新聞「円銀流通利害ヲ論ズ」（1879）などである。
八百松楼	明治26年『新撰東京実地案内』に本所区「料理・枕橋（まくらばし）八百松」。明治12年5月4日渋谷良次・相良知安・峯源次郎が会食した（日暦）。
安田定則	貴族院議員正四位勲三等、鹿児島県士族安田喜藤太の二男。弘化元年（1844）6月17日生れ、明治4年陸軍大尉、5年頃馬島譲・新宮拙蔵・竹内正恒等と開拓使七等出仕、7年開拓幹事、10年開拓使権大書記官、12年開拓大書記官、明治15年農商務大書記官、18年札幌県令、19年元老院議官、茨城県令（『明治過去帳』）。明治5年6月『官員全書改開拓使』に「開拓使七等出仕、安田定則、薩摩鹿児島県人、明治壬申五月拝」とある。弘化元年（1844）6月17日～明治25年（1892）3月8日没。享年49。
安太郎	安政6年（1859）11月5日午後、富太郎と共に峯静軒宅を訪れた人物（日暦）。
梁川星巌	江戸後期の漢詩人。美濃国（岐阜県）の人。名は孟緯、字は公図、また伯兎、通称新十郎。星巌はその号。古賀精里、山本北山に

	学ぶ。初め宋詩を学びのちに唐詩に開眼、広く元・明・清諸家の精を探り、律絶を得意とした。妻の紅蘭と足かけ五年西游し、各地の名士と交わり、天保３年（1832）江戸に玉地吟社を開いた。のち京都で勤王の志士と交わり尊王攘夷を唱えた。著書に「星巌集」「春雷余響」など。寛政元年（1789）～安政５年（1858）享年70（精選版日本国語大辞典）。
柳下巳成	明治24年７月14日夕方、峯源次郎を訪ねて来た人物（日暦）。
矢野次郎	幕臣富永惣五郎の二男として生れ、矢野氏に移籍、英語を学んで外国方訳官となり、文久３年（1863）遣欧使節に随行し翌年帰国した。維新後は横浜に翻訳所を開くが、明治３年（1870）森有礼の推薦で外務省に入り渡米、一時駐米代理公使となった。８年帰国すると外務省を辞し、森が開設した日本最初の商業教育機関である商法講習所の初代所長となり、以後商法講習所を継承した東京商業学校、高等商業学校（現一橋大学）の校長を26年までつとめ、日本の商業教育の基礎を築いた。37年貴族院議員に勅選された（近代日本人の肖像）。弘化２年（1845）１月15日～明治39年（1906）６月17日。享年62。
矢野文雄	豊後国佐伯鶴屋城三の丸櫓門前出身、学歴は藩校四教室、田口江村塾、慶應義塾（明治４-６）。職歴は慶應義塾教師（1873-1875）、「郵便報知新聞」副主筆（1876-）、大蔵省少書記官（1878-）第三回地方官会議内閣委員（1880-）、太政官書記官（1880-）、会計検査院三等検査官（1880-）、太政官権大書記官兼二等検査官（1880.5）、太政官大書記官兼統計院幹事（1881.6）報知社（1881.10-）、報知社社長（1882.1-1888.2）、（1889.2-1890）、立憲改進党事務委員（1887.4-）、立憲改進党評議員（1889.9-）、新聞用達会社設立（のち帝国通信社、1890.1-）、宮内省出仕（1890.11-）（早稲田人名データベース）。峯源次郎の日暦に登場するのは14年政変で下野後、矢野が報知社時代の明治16年(1883）から24年(1891）までの間である。嘉永３年（1850）12月１日～昭和６年（1931）６月18日。享年81。
山内訳官 （山内堤雲）	明治５年６月『官員全書改開拓使』の「開拓使五等出仕、山内堤雲、東京府人、明治壬申六月拝」。山内堤雲（六三郎）は『順天堂史上』633㌻に、「旗本伊奈遠江守の臣、山内徳右衛門（豊城）の三男。嘉永５年15歳から佐倉の叔父佐藤泰然のもとで蘭学を学ぶ。在塾５年で江戸に帰り、箕作阮甫に入門しさらに蘭学を研究。幕府の蕃書調所開設と同時に通学し、句読教授を命ぜられた。ペルリ日本紀行の翻訳分担を命ぜられた際、漢学の素養なくしては立派な国語に直すことができないと気づき、安政６年２月安井息軒に入門し昼は蕃学調所の教師、夜は漢文の学んだ。文久元年６月神奈川奉行手付翻訳方となり、２年佐藤泰然夫妻が同居した。慶応３年パリ万国博覧会一行の随員に加わる。戊辰戦争では榎本武揚の麾下に投じ、五稜郭が落ちると禁固の身になったが、明治３年４月10日赦免される。明治５年下谷茅町二丁目に家を買ったがこの家に泰然夫妻も同居した」とある。赦免後明治５年６月に山内堤雲は開拓使に出仕した。天保９年（1838）９月17日～大正12年（1923）２月５日。享年86。
山形参議 （山県有朋）	公爵、元帥陸軍大将、枢密院議長、軍事参議官、正二位大勲位功一級、日比谷で国葬、護国寺に埋葬。長州藩士山県三郎長男、兵部大輔、陸軍大輔、近衛都督、陸軍省第六局長、陸軍参謀局長、佐賀賊徒征討参軍、鹿児島県逆徒征討参軍、参謀本部長、参事院議長、農商務大臣、司法大臣、枢密院議長、陸軍大臣、内務大臣、枢密院顧問官、参謀総長、兵站総監等歴任、内閣総理大臣たること二回。明治17年華族に列し伯爵、28年侯爵、31年元帥、40年公爵（『明治過去帳』）。天保９年（1838）４月～大正11年（1922）２月２日。享年85。
山口春暢	明治２年５月24日、峯源次郎と鍋島村の原文郁を訪ねた人物（日暦）。
山口千枝 やまぐちちえだ	相良知安は、文久元年（1861）佐倉順天堂へ入門直前、浅草で有名な千枝（ちえだ）に占ってもらったところ、奇妙にもこの男の言う事が一々的中し気味の悪い位であった。その①玄朴さんを貴公が乗っ取ります。②御一新の革命を予知。結果は①これより８年目に知安は下谷の伊東邸に移った。②1868年９月８日明治に改元。峯源次郎は明治３年（1870）４月11日、浅草寺畔の山口千枝を訪ね、「自身の学問の到達」を占って貰った。千枝は暫く待たせた後「苦労を重ねて努めれば達する」と答えた。相良知安は副島種臣邸で山口千枝に会う。彼は妙見の信者だそうで、なんでも後年七十余歳に目を患い没したそうだ（佐賀医学史研究会報150号）。
山口半蔵（山口尚芳） やまぐちますか	貴族院議員正三位勲一等。佐賀縣士族三井物産会社支配人工学士山口俊太郎の父、通称範藏。明治戊辰外国事務局御用係、外国官判事、３年頃太政官中辨、４年外務少輔、この年、岩倉使節団特命全権副使として欧米を巡歴、８年元老院議官、14年会計検査院長、参事院議官一等官、21年勅任一等を以て従三位、明治27年６月12日肺患で死去享年56（『明治過去帳』）。嘉永６年（1853）、15歳のとき、28代武雄領主鍋島茂義の命で長崎へ蘭学修業（『海に火輪を山口尚芳の米欧回覧』）。元治２年（1865）何礼之の英語塾入門（「長崎唐通詞何礼之の英語習得」）。「東京寄留人名簿」に「山口尚芳、神田裏神保町三番地」。天保10年（1839）５月～明治27年（1894）６月12日。享年56。
山口某	明治14年12月28日夜、峯源次郎を訪れた有田の人物（日暦）。
山口頼二	明治15年12月５日、峯源次郎を訪れた有田の人物（日暦）。
山崎幸平	明治15年６月『内務省免許全国医師薬舗産婆一覧』に「内外科、履歴、免状番号965、鹿児島、山崎幸平」とある。明治５年９月12日、山崎幸平は、重松裕二・渋谷文次郎らと札幌本陣において峯源次郎と秀島文圭の到着を出迎える。８年11月28日峯源次郎は、山崎幸平と邂逅「幸平は鹿児島医生也」と言う。９年３月１日に峯は山崎幸平と向島の梅を見物して、翌月の４月２日には峯は山崎幸平に新宮拙蔵、竹内正恒が加わり桜の花見をしている。11年１月27日峯は山崎と枕橋に遊び、同年10月４日に真崎健と山崎幸平を訪問した。12年７月６日の日曜日、公務の為山崎幸平を訪ねる（日暦）。
山崎彦六	明治24年10月31日、峯源次郎を訪れた富士見小学校校長（日暦）。
山中一郎	峯源次郎が明治４年６月14日に書いた「中山一郎」は「山中一郎」の誤りである。山中一郎はニューヨークで峯源次郎の留学を止めた佐賀藩士の中の一人である（日暦）。国立公文書館公文録によれば「辛未の歳（明治４年）４月に海外視察の命を奉じ欧米各国回歴の末、仏蘭西滞学罷り在り、今度帰朝仕、委細は追って御届け申し上げ候」と明治６年９月28日に佐賀県士族山中一郎は帰朝届を提出している（公01010100）。山中一郎は藩校弘道館を経て慶応４年英学校致遠館入学、明治４年４月欧米諸国視察の為出国、５年９月留学切替を願出るも却下、６年９月帰国、７年２月15日江藤新平を首領とする征韓党の一員として参戦、３月20日捕縛、４月13日臨時裁判で除族の上斬罪即日刑死した。江藤新平に師事し香月経五郎と並び藤門の双璧と称され、明治４年藩の推薦により政府視察団の一員として渡航した。ドイツ・フランスでの留学を政府に申請したが認められずやむなく帰国、帰国後提出した「海外視察御届」は高い評価を受けた（佐賀県人名辞典）。嘉永元年(1848）～明治７年(1874）４月13日。享年27。
結城國足	明治７年２月26日、札幌在任中峯源次郎が国雅（和歌）会に赴いた会場主で、牧場経営者（日暦）。『新札幌市史第２巻通史２』によれば、「（明治）５年に札幌に移り住んだ旧会津藩関係の結城国足が、札幌の人たちに短歌を教授し、また「札幌八景の歌」を含む、多くの短歌を詠んだ」（597㌻）とある。
幽仙	安政７年（1860）１月13日、峯源次郎が入門した有田の谷口藍田塾に来塾（日暦）。
有明楼 ゆうめいろう	明治４年２月27日、旧佐賀藩医学生、吉武桂仙・納富六郎・古賀元益・峯源次郎が向島で梅を観た後酒を飲んだ料亭（日暦）。国会図書館サーチによれば、小林雄三郎『自由鏡第２編』(金港堂、1889：明治22年）に有明楼（ゆうめいろう）とフリガナがある。小林清親筆「今戸有明楼之景」(福田熊次郎、1879：明治12年）に「ユウメイロウ」とフリガナを付してある。しかしながら、落合芳幾「春色三十六会席」「今戸有明楼」(玉屋惣助、1868：明治元年）に「アリアケロウ」と、豊原国周「開化三十六會席今戸有明楼」(沢村屋清吉、1878：明治11年）に「アリアケロウ」とフリガナを付してある（東京都立図書館デジタルアーカイブ）。
遊佐尚一	明治７年６月24日、峯源次郎を訪ねた人物、芝山内で飲んで別れる（日暦）。
湯村卓次⇔安藤卓爾	『北海道医学教育史攷』に、湯村卓爾は、明治６年１月21日、札幌医学校入学式の出席者、官費生徒の一人、同年６月退校処分となる。後に京橋区開業医安藤（湯村）卓爾（『烏ん枕90号』13㌻）。明治18年の『東京府内区郡分医師住所一覧』27㌻、「畳町五番地、奉職履歴、安藤卓爾」とある。国立国会図書館デジタルコレクションに「明治12年、独逸国大博士デーニッツ氏講義、安藤卓爾・三浦常徳・齋藤准聞書き、『断訟医学』、出版人齋藤准」が存在する。明治15年３月の増補版奥付には「東京府士族・安藤卓爾、東京京橋区畳町５番地」・「札幌県平民、齋藤准、東京京橋区築地２丁目16番地」。「北陸における法医学の源流」によれば「明治八年九月、東京浅草猿屋町の警視庁病院に裁判医学校が開設され、東京医学校の解剖学雇ドイツ人教師Wilhelm Doenitzにより裁判医

	学が講ぜられ、実際の事件について解剖も行われた。日本における系統的教科としての法医学の濫觴である。彼から裁判医学の講義を受けた湯村卓爾・三浦常徳・齋藤准は後年デーニッツの講義録をまとめ、「断訟医学」を公刊した（『日本医史学雑誌』1482号206㌻）。
由利某	明治８年12月４日、鐘ヶ江晴晴のために、秀島文圭と訪ねた人物（日暦）。
与倉（與倉守人）	前日本銀行総裁心得、正五位勲四等、東京府平民、旧鹿児島県士族、文政11年生れ、明治５年頃東京府七等出仕、７年頃出納寮六等出仕正五位に、９年頃出納助従六位、10年大蔵少書記官、11年権大書記官に昇進常平局長、14年大書記官、出納局長従五位、17年勲六等に叙し単光旭日章を受け、19年１月金庫局長心得。22年正五位に昇り、日本銀行理事となり、29年11月日本銀行総裁心得を免じ32年２月25日病没（『明治過去帳』）。明治７年西村隼太郎編『官員録』24㌻大蔵省「出納寮二等、権助、カゴシマ、正七位與倉守人」月給百円。明治11年２月の『大蔵省職員録』に出納局少書記官、従六位、與倉守人、鹿児島県士族、大手町１丁目１番地大蔵省構内」、19年７月『大蔵省職員録』では「非職、金庫局長、従五位勲六等、與倉守人、鹿児島県平民」とある。文政11年（1828）～明治32年（1899）２月25日。享年72。
横尾寛蔵	慶応３年（1867）２月17日と４年３月２日に、好生館で修業中の峯源次郎を招き酒を飲ませた人物。慶応４年３月２日には書画を書いて楽しんだ（日暦）。明治27年設立の佐賀米穀取引所の、所属仲買人12名の中の一人が横尾寛蔵である（『佐賀市史』第３巻514㌻）。
横尾金一	「東京寄留人名簿」の横尾金一は神田美土代町２丁目１番地 吉村泰将方寄留とある。アジア歴史資料センターの明治７年11月の「蕃地事務局職員録」に、大蔵省十三等出仕とある。明治13年３月の『大蔵省職員録』には「受付課、六等属、横尾金一、長崎県士族、住所麹町区飯田町一丁目一番地」。住所の「麹町区飯田町一丁目一番地」とは大隈重信の雉子橋邸のことである。峯源次郎の日暦には横尾金一は31回出ている。横尾と峯は共に大蔵省勤務で住所も隣同士なので、しばしば行き来がある。明治17年２月25日大隈家が早稲田へ引越した翌日から、残った住人、横尾金一・杉本軾之助・南隈雄・峯源次郎の４人輪番制で、空家となった大隈家の宿直をする事になった。これは20年２月まで続いた（『烏ん枕』100号10～12㌻）。国立公文書館の記録によれば、明治７年12月大蔵省十三等出仕横尾金一は、上海出張を命じられ、翌８年１月に石炭売捌きの実態をはじめとして経済活動全般の見聞記を作成して大隈参議へ提出している。明治18年６月『大蔵省職員録』26㌻「受付課、五等属、横尾金一、長崎県士族、麹町区飯田町１丁目１番地」、23年『職員録』甲、「大蔵省総務局、属、三等下、横尾金一」。明治24年３月31日、横尾金一と峯源次郎は非職となった（日暦）。
横尾謙吾・横尾謙⇔川原謙吾	横尾謙は有田皿山で、酒造業・柞灰（ゆすばい：釉薬の原料）の請元鑑札を持ち、貸窯も所有する川原家12代川原善之助清の二男として天保７年10月３日、大樽に生れた。祖父は有田十唱十番に「十徳は黙斎」と謳われた和歌・茶道・俳諧・筑紫箏に秀でた人物であった。謙は幼名を謙吾、字子益、介石と号した。兄善八や弟忠次郎と共に谷口藍田に学び、大坂緒方洪庵の適塾に、安政５年（1858）11月25日入門した。明治となり兵庫県庁に勤務し明治16・17年頃有田に帰郷した。帰郷後の謙は、『有田陶業史』を著し、20年９月佐賀県陶磁器業組合取締人に選出され、22年には輸出陶磁器の課税に配慮を願う建白書を元老院へ提出した。謙は明治26年実弟渡辺源之助逝去の後任として町長に選出され、明治32年４月再度町長に就任した。有田皿山で権勢を誇った川原家は明治22年１月26日14代忠次郎が死去した時点で一気に翳りを帯び、横尾謙の二男川原寿雄が16代を継いでいた明治36年に倒産した。寿雄は26歳であった。横尾謙は明治39年９月25日71年の生涯を終えた（『葉隠研究』85号84～93㌻）。
横山某（佐瀬）	明治４年10月29日、峯源次郎がサンフランシスコから帰国の為乗船した郵船の甲板で出会った熊本藩士（日暦）。
横山勇之助・横山奉盈	横山勇之助は堀達之助の三男である。母親フサが嘉永３年、勇之助（弘化４年：1847生）が３歳のときに死亡したので、阿蘭陀通詞横山又次右衛門（得齋）の養子となり、得齋の娘幸と結婚した。慶応元年明細分限帳に「無給、又次右衛門倅、横山勇之助、丑19歳」とあり、蘭通詞横山家を継いでいる。『兵庫県史料』明治４年７月６日の項に「少属奉盈・・・を句読師と為し各一月金五両を与ふ」とある。西吉十郎が明治３年作成した「親類書」に、堀達之助三男「兵庫県少属、元阿蘭陀通詞、横山又次右衛門養子、横山勇之助」とある。勇之助と幸の間に勇が生まれたが、その後離婚して勇と共に大阪へ出た。堀家に「時下御伺、壬申（明治５年）９月18日、孝之／奉盈／貞一」と裏書された堀達之助の二男・三男・四男の集合写真がある。その後の二男横山勇之助（奉盈）の消息は不明（『開国と英和辞書』）。
吉雄氏（吉雄圭齋）	罷役陸軍一等軍医正七位、長崎県平民、文政６年生れ、嘉永元年オランダ国軍医モーニッケに就き種痘術の伝習を乞い、これを四方に伝授しその隆盛をはかり、明治10年陸軍軍医に抜擢され、12年正七位に叙す、18年１月多年種痘普及の功績を褒賞せらる。27年３月15日病没（『明治過去帳』）。明治22年の『日本医籍』77㌻長崎家長崎区「新町」に吉雄齋、吉雄圭齋、吉雄敬の三人が登録されている。しかしその後の長崎の名簿には記載は無い。明治26年佐藤進の年賀状送付先リストに「長崎市新町三番地、吉雄桂斎」とある。文政６年（1823）～明治27年（1894）３月15日。享年72。
吉尾秀策⇔野中元	野中元の欄で解説している。
吉田	明治４年２月18日に大学南校寄宿舎で峯源次郎と同室の人物（日暦）。
吉田市十郎	明治時代の社会事業家、官吏。父の跡を継ぎ、武蔵国幡羅郡奈良村（現埼玉県熊谷市）の名主となる。貧民救済、道路橋梁新設などに尽くす。福島県半田銀山管理の業績を認められ、明治10年内務省に入り、のち大蔵少書記官、会計検査官などを務めた（デジタル版日本人名大辞典）。明治17年８月と18年６月の『大蔵省職員録』には「調査局少書記官、従六位、吉田市十郎、麹町区富士見町５丁目13番地」、19年７月『大蔵省職員録』15㌻、「監督課課長、従六位奏任官三等、吉田市十郎、埼玉県平民、麹町区富士見町５丁目13番地」とある。弘化２年（1845）10月９日～明治39年（1906）10月２日。享年62。
吉武桂仙	峯源次郎日暦に吉武桂仙が現れるのは文久２年（1862）３月20日で、二人で酒を飲んでいる。次は明治２年（1869）３月18日長崎病院に峯が訪問している。峯は好生館最終学年の年である、４年２月17日東京相良知安邸に吉武が訪ねて来る。同年５月６日峯は吉武と浅田逸次と同じ船に乗り、留学に旅立つ。５月29日サンフランシスコに上陸し、６月４日に一緒に散歩をした後、吉武桂仙の名前は日歴に出てこない。『洪庵適塾の研究』に「大日本西肥佐賀藩医員吉武桂仙が和蘭海軍第二等医官マンスフェルト先生の口授を弁訳した組織学巻之一」について書かれている。『長崎医学百年史』には明治元年10月12日吉武は精得館で長与専斎の留守をあずかる位置に居り、同年長崎府医学校と改称され吉武と大石良乙は助教として25両の月給であった。３年10月大石はドイツ留学に出発し翌４年５月吉武が出発した。アジア歴史資料センターの太政類典第１編には佐賀藩留学生10人に渡海免状が発行され吉武桂仙はドイツ学と書かれている。佐賀県立図書館に明治５年（1872）５月20日付吉武功成から吉武桂仙宛の手紙が江藤家文書に含まれている（請求番号エ013―762）。江藤新平には洋行予定があったが行かなかったために手紙はそのまま江藤家に残されたものであろう。アジア歴史資料センター（c14020134300）には吉武功成は明治４年11月任官し、出納寮大属として明治５年の大蔵省官員全書にあり、明治６年４月19日には開拓使採用となり大主典となり（北海道立公文書館の開拓使公文録簿書5739―21）、その後同年７月に辞職し、明治７年11月27日大蔵卿大隈重信から開拓長官黒田清隆へ吉武功成を大蔵省採用するにつき不都合がないか問合せをしている（前書簿書5774-70）。新訂増補版『海を越えた日本人名事典』によれば、吉武桂仙は生年不詳、佐賀県出身で明治４年（1871）に伊万里県の県費留学生としてドイツに留学する。６年に帰国するが同年11月13日死去とある。この出典となった『幕末明治海外渡航者総覧』を読むと渡航時期1871年～帰国時期1873年、死亡年月日は1873（明治６）年11月13日とあり、「公文録」を根拠とし、「太政類典」を参考としている。？～明治６年（1873）11月13日。
吉田謙次郎	明治18年６月『大蔵省職員録』13㌻「報告課三等属、吉田謙次郎、東京府士族、本郷区丸山新町11番地」。明治19年７月『大蔵省職員録』に「報告課属、判任官三等、吉田謙次郎、東京府士族、本郷区丸山新町11番地」。
吉田鴻齋	明治15年12月24日、峯源次郎が訪ねた人物（日暦）。
吉田七郎	明治19年10月17日、峯源次郎が大隈重信家（飯田町１丁目１番地）の宿直を依頼した人物（日暦）。
吉田豊文	明治16年４月『大蔵省職員録』24㌻、議案局「少書記官、従六位、吉田豊文、広島県士族、麹町区飯田町３丁目33番地」、18年６月の『大蔵省職員録』37㌻に議案局少書記官として吉田豊文の名前があり、住所が「小石川区大塚窪町２番地」に変わっている。明

	治19年７月の『大蔵省職員録』には非職欄177㌻に「元少書記官、従六位勲六等、吉田豊文、広島県士族」とある。吉田豊文は広島県士族吉田豊辰の長男で、現在は株式会社第六十六銀行相談役、弟彦六郎（安政６年１月生）は妻キク（明治元年９月生、東京平民水町久兵衛長女）と分家（『人事興信録』大正４年）。天保13年（1842）１月23日～？。
吉田春吉	明治12年２月12日、峯源次郎宅に宿泊した。妻仲の実家武富家の関係者カ。武富熊助養子として東京専門学校に進学した林田忠吉の問題の折々に登場する（日暦）。明治５年９月「諸御免札渡方扣・陶器鑑札並荷仕札」84名中に（住所）兵助面、吉田春吉（『伊万里市史続編』970㌻）。
吉田文碩	安政４年（1857）10月10日に峯静軒が訪ねて宿泊した有田の人物（日暦）。
吉田兵助	『伊万里焼流通史の研究』625㌻によれば、芦屋岡湊神社に天保10年８月に伊万里町人73名が奉納した石燈籠に吉田兵助の名が中段正面に刻されている。73人は当時の伊万里津のおもだった商人である。明治５年９月、伊万里津の「諸御免札渡方扣、陶器鑑札並荷仕札」によれば、吉田春吉の住所は「兵助面」である（『烏ん枕95号』９㌻）。
吉田某	明治９年３月４日、峯源次郎と隅田川の梅見物に出かけた人物（日暦）。
吉田柳軒	藤山柳軒の欄で解説している。
吉富㡢助⇔判屋	屋号判屋で薬舗を営む伊万里町の吉富㡢助（日暦）。
吉永	明治21年１月15日、峯源次郎が書画鑑定結果を送った中里村作井手の吉永（日暦）。
吉永伊吉郎	松尾貞吉の甥熊助と一緒に明治23年８月11日に峯源次郎を訪れた人物（日暦）。明治31年３月29日、天理教伊万里出張所設置御願を佐賀県知事へ提出した信徒総代三人中の一人、「佐賀県西松浦郡伊万里町字黒尾273番戸、吉永伊吉郎」（『伊万里市史資料編』428㌻）。
吉永伊左衛門	伊左衛門の欄で解説している。
吉永伊作	伊作の欄で解説している。
吉永伊兵衛（先代）	佐賀藩松浦郡有田郷中里村の有力者で峯静軒の隣人。安政６年（1859）９月13日、暴瀉（コレラ）で死去（日暦）。吉永源兵衛の兄で酒造業（現地調査）。
吉永伊兵衛 （先代の子）	安政６年に病死した吉永伊兵衛の嗣子。峯源次郎は明治５年４月６日と８年７月12日の帰省のたびに、24年12月11日帰郷した日も酒宴に招かれている（日暦）。中里村の大地主（伊万里市史473㌻）。明治11年の廣厳寺棟札に吉永伊兵エの名（『伊万里市史建築編』190㌻）。吉永伊兵衛は有田家被官有田郷中里村組頭である（「文久三年御被官着到」）。
吉永岩蔵・ 吉永源兵衛	佐賀藩松浦郡有田郷中里村峯静軒の伊万里側三軒目の隣人で後に源兵衛に改称した（現地調査）。明治11年の廣厳寺棟札に吉永源兵エの名がある（『伊万里市史建築編』190㌻）。
吉永為一郎・ 峯為四郎	為四郎は峯源次郎の四男で、吉永家に入り為一郎と称した。日暦には、明治22年（1889）12月18日、唐突に四男為四郎（吉永為一郎）の存在が書かれている。「為一郎の養祖母のために、香典を１円送る」という。23年（1890）８月５日に、５人の息子の事が書かれている。これまで一度も日暦に出て居ない五男五郎の存在と同時に、長男から五男までの状況が初めて分かるのである。すなわち、中里村野副（のぞえ）の吉永家養子となった為一郎は「農業に勉強し大に功績見えたり」と源次郎は言う。明治６年１月23日、図らずも札幌医学校開校式翌日に生れた為一郎は、実父に抱かれることも無く中里村の農家で育ち、フチと結婚して、長女ヒデ、長男覺、二男儀四郎に恵まれた。しかしながら、為一郎は二男儀四郎が二歳八ヶ月のとき、29歳の若さで死去した。大正３年11月、儀四郎は実父の弟峯五郎と養子縁組をして峯五郎の家（二里村中里甲487番地）を継承した（『烏ん枕』95号２㌻）。明治６年（1873）１月23日～明治35年（1902）９月23日。享年30。
吉永時	峯源次郎の姪。吉永伊左衛門の娘。文久３年（1863）12月結婚した。慶応３年（1867）５月２日に源次郎は子宮出血が甚だしい時を診ている（日暦）。
吉永武兵衛	佐賀藩松浦郡有田郷中里村の人物（日暦）。
吉永政右衛門	佐賀藩松浦郡有田郷中里村の人物（日暦）。有田家被官で有田郷中里村吉永伊兵衛組の一員（「文久三年御被官着到」）。
吉永万兵衛	佐賀藩松浦郡有田郷中里村の峯静軒の家から数軒西隣（現地調査）。
吉永直 よしながよし	峯源次郎長姉。夫は吉永伊左衛門。文久元年12月10日没（日暦）。
吉永米一	明治23年11月30日、峯源次郎宅を訪問した有田郷の人物（日暦）。
吉野家儀七	万延元年（1860）閏３月８日、峯静軒宅に入院した筑前陶器商人を心配し訪れた同業の人物（日暦）。弘化３年の焼物商調によると、吉野家儀七は、芦屋の吉野家儀兵衛の使用人である（『有田町史商業Ⅰ』74㌻）。
吉野家儀兵衛 （倉野儀兵衛）	『伊万里焼流通史の研究』から吉野家儀兵衛を読むと、文久２年（1862）筑前山鹿の陶器商人として活躍（321㌻）、慶応元年（1865）大塚（丸駒）と百両ずつ出し合い新しく造船（875㌻）。明治３年12月13日から４年２月７日まで焼物買付に伊万里を訪れ滞在した（900㌻）。明治５年、芦屋町関屋清次郎の七男小野貞次郎（17歳）を３年ほど従えて商売を教えた。貞次郎は「山鹿の陶商吉野家倉野儀兵衛」と書いている（635㌻）。
吉原権兵衛	安政４年（1857）10月17日、大里八幡祠に峯静軒が和歌を板に書き奉納した際同道し、宴会にも参加した人物（日暦）。
吉原重俊	鹿児島藩士で文久２年４月24日伏見寺田屋騒動に座す、、慶応２年３月森有礼・吉田清成らと藩命で洋行、６年３月帰朝し４月19日外務省五等出仕。外務一等書記官に転じ米国に駐在、左院三等議官租税助。７年８月大久保全権弁理大臣に随行し清国へ。一等法制官地租改正局四等、10年大蔵大書記官兼太政官大書記官、13年大蔵少輔、２月横浜正金銀行管理長、14年租税局長に復す。17年12月日本銀行総裁となる（『明治過去帳』）。弘化２年（1845）４月～明治20年（1887）12月19日。享年43。
吉村	明治12年３月８日土曜日の午後、峯源次郎・岡田・久松と浅草に遊んだ人物（日暦）。
依田百川	下総佐倉藩士依田貞剛の二男。母は齋藤氏、江戸八丁堀に生れ、初称七郎、学海と号す。詩文・戯曲・伝記小説に秀で、牧野天嶺に書を藤森天山に入門。嘉永５年小姓、文久３年代官に進み、維新時尊王を唱え入京。明治２年９月藩少参事、11月権大参事、集議院幹事の後、８年地方官会議書記官、修史局三等修撰、同局四等編集官を経て11年三等編集官。東京府に移り、14年文部権少書記官、15年文部少書記官に進み、18年３月非職となる。牛込区新小川町３丁目の自宅で逝去、77歳（『明治過去帳』）。妻は藤井善言の長姉淑。峯源次郎は藤井善言から紹介してもらい、明治14年６月３日向島の依田百川を訪問して、15年の正月には大隈邸にて百川に新年の挨拶をしている（日暦）。明治13年４月『太政官職員録』に「修史館、三等編修官、従六位、依田百川、千葉県士族、南葛飾郡須崎村212番地」、14年12月の依田の住所は「四谷区四谷鹽町１丁目18番地」となっている。天保４年（1833）11月24日～明治42年（1909）12月27日。享年75。
米⇔丹羽米	丹羽米の欄で解説している。
米倉清族 よねくらきよつぐ	米倉清族は佐賀藩士米倉清之允の子。弘道館で学び佐賀の乱では父と共に憂国党に加わるが、幼少を理由に罰せられなかった。父が除族の上終身禁獄に処せられ生活は大変厳しい状況となった。叔父杉本芳熙から援助を受け長崎英語学校、同人社を経て明治19年４月帝国大学工科大学採鉱冶金科を卒業、北海道の鉱山開発に携わった。北海道庁技手、のち技師。22年５月退官し北有社に入社、技師長として空知炭坑試掘に従事、同年11月同社解散。北海道炭礦鉄道に入社、空知炭鉱・夕張炭鉱などの炭鉱長、技師長、監事などを務める。この間社命により欧米各国の採炭事業を視察した。42年５月退職、農商務省嘱託として製鉄所二瀬炭鉱業鉱長。43年スマトラ・ジャワ・ボルネオ・インド・ビルマ・中国に出張し鉄鉱・石炭に関する調査に従事。44年南満州鉄道株式会社撫順炭鉱長。大正４年２月工学博士。８年３月社用で英国・米国へ出張、11月退社。昭和５年山東鉱業株式会社及び魯大公司の招聘で

	中国青島に赴任、６年９月現地で病となり10月26日病死した、69歳（佐賀県人名辞典）。清族の母親君子の父杉本楽山は大隈三井子（重信の母）と兄弟、君子の弟が杉本芳熙で、大隈重信・杉本芳熙・米倉君子はいとこである。清族は杉本芳熙の娘芳子と結婚し三男一女をもうけた（『多久古文書の村村だよりNo.22』）。文久３年（1863）１月12日～昭和６年（1931）10月26日。享年69。
米助	伊万里の焼物商丸駒の手代（日暦）。
ヨングハンス Junghans, T. H.	Junghans, T. H.は国籍アメリカ、雇入場所②横浜、①５年３月１日より１ヶ年②伊万里県（５年３月より３ヶ年）③６年５月１日より３ヶ年職種②医師、伊万里県病院教師②医道③医学教師、給料①月給500ドル②500元③400ドル、住所①築地居留地③愛知県下（『資料御雇外国人』）。名古屋大学「近代医学黎明期デジタルアーカイブ」によれば、明治６年(1873）５月、佐賀県好生館病院教師を退任したばかりのヨングハンスを３年契約で教師に迎えた。名古屋大学の最初のお雇い外国人教師・・・1876年４月、ヨングハンス、足立盛至、鈴木宗泰の雇用任期が終了。アメリカに帰国後は福沢諭吉の子息（一太郎、捨次郎、桃介）の大学留学中の面倒をみていた（名古屋市図書館名古屋なんでも調査団)。鈴木宗泰の履歴書には慶応元年(1865）からおよそ２年間蘭医ヨング氏に博物学の大意を学ぶとあるこのヨング氏が愛知県医学校のヨングハンス教師と同一人物と思われる（「虎脚気校医鈴木宗泰先生」)。峯源次郎は伊万里県の依頼で明治５年２月21日に築地にヨングハンスを訪ね、同月29日横浜港から同伴乗船して長崎港経由で佐賀の医学校好生館にヨングハンスを無事に送り届ける役目が伊万里県が峯に課した依頼であった。３月11日ヨングハンスと峯は佐賀に到着し好生館の医師たちに迎えられた（日暦)。ヨングハンスが佐賀県に雇用されることになったのは、鍋島直正の治療にあたり、明治３年11月24日から死去する前日の４年１月17日まで延べ８回往診した。それが機縁となり、伊万里縣（明治５年５月から佐賀県）に招かれたのであろう（『佐賀県教育史』１巻704㌻、４巻566㌻）。出典①太二②外一五③外二
ら行	
樂只	峯静軒の門人で平戸の人（日暦）。
リゼンドル・李仙得 Le Gender, Charies William	Le Gendre, Charles Williamは1830年８月26日フランスの名門の家柄に生まれた。パリ大学で学んだ後アメリカに渡り帰化した。この間アメリカ女性と結婚して一男を設けた。南北戦争に従軍してグラント将軍の知遇を得て少将にまで昇進。1866年厦門領事として清国に赴任、1872年任期満ちて帰国の途中横浜に立寄り、アメリカ公使を介して副島外務卿より、日本政府の外交顧問に請われて日本に在留した『来日西洋人名事典』。アメリカ国籍、雇主①②③外務省（①５年11月19日より不定②５年11月中旬より④旧蕃地事務局⑤⑦長崎県士族⑥⑧東京府下⑤⑥⑦⑧大隈重信。職種①顧問②准二等出仕③准二等官④雇准二等出仕⑤～⑦事務取調⑧事務取扱⑤９年８月より１ヶ年⑥９年８月-12年９月-12年９月-17年８月、17年９月１日-20年８月30日（『資料御雇外国人』)。フランス生れのアメリカ人、外交顧問、お雇い外国人、リゼンドン、李仙得とも呼ぶ。1872年（明治５）厦門（アモイ）駐在アメリカ領事を満期になり帰国途中に来日。アメリカ公使を介して副島種臣外務卿に請われ外務省顧問となる。1873年台湾で日本人漂流民が殺害される事件が発生すると、台湾事情を熟知していたことから台湾処理に貢献、着任当初の月給1000円、1889年満期となり韓国に赴任（日本歴史大事典)。1830年～1899年。享年69。出典①～④太二⑤⑦外三⑥外四⑧外九⑨太三
李忠次郎	「幕末における長崎唐通事の体制」によれば、李忠次郎は、元治元年（1864）～慶応元年（1865）の間に唐小通事助である。慶応３年には名前が無い。「唐通事家系論考」に李八官を祖とする李氏の末裔に「李忠次郎、諱忠均」とある。
李某	長崎唐訳司李某が万延元年（1860）９月21日、峯静軒の診察を受けるために来訪した（日暦）。
龍菴	元治元年（1864）５月８日に峯源次郎を訪ねて来た人物（日暦）。
柳光亭	明治22年６月３日、鬼頭悌二郎のニューヨーク副領事赴任の送別会会場（日暦）。『明治期銅版画東京博覧 東京商工博覧絵』38㌻に「割烹店、柳光亭（両国柳橋）」とある。
六郎	峯源次郎が有田の谷口藍田塾で安政６年（1859）10月、同門の五島出身の人物（日暦）。
蘆高朗→盧高朗 ろたかあきら	明治36年４月の「人事興信録」に、盧高朗は大村藩士岩永要庵の三男にして弘化４年１月25日の出生なり、11歳にして盧氏を継ぐ。戊辰の役功あり兵庫県に出仕し、神奈川県典事に任ず。明治７年台湾の役に西郷総督に従い台湾南部に渡る。爾後大蔵省に出仕し少書記官、大書記官に進み正六位勲六等たりしも25年病の為辞職した。爾後都新聞社長、北越石油株式会社取締役たりしが今は辞して雑業に従事。妻こう（嘉永４年５月生）は長崎県人荒木昌三長女。男貞吉（明治５年１月生)。女八穂（明治23年８月生)。女おとへ（明治11年生）は長崎県人荒木俊次郎と、しげへ（明治13年生）は日本銀行員成川義太郎と結婚した。大正４年１月の「人事興信録」で六女八穂は「男爵岩崎小彌太弟俊彌に嫁せり」とある。住所は東京市芝区西久保城山町。明治11年２月の『大蔵省職員録』には「権少書記官、正七位、盧高朗、長崎県平民、上二番町42番地」、16年４月『大蔵省職員録』は「報告課長、少書記官、従六位、」に昇進、明治23年『職員録』甲の大蔵省「総務局、書記官奏二等下、文書課長兼貨幣課長・官報報告主任、従六位勲六等、盧高朗、芝区城山町11番地」。明治24年３月27日、峯源次郎は盧高朗非職の内命を知る。同３月31日には峯自身が非職の命を受ける（日暦)。『唐通事家系論攷』661㌻に「盧高朗、先名は篤三郎、弘化４年８月８日大村藩侍医岩永養庵の第三子として生まれた。安政６年４月28日父（八代）跡相続稽古通事となる。篤三郎は明治元年兵庫県在勤のとき、高朗と改名した。そのときの県知事は伊藤俊介、すなわち博文なりと書いている。明治５年５月大蔵省租税寮に転じた。７年西郷従道の牡丹社討伐に従軍し、マラリアに罹り九死に一生を得る。８年１月大蔵省七等出仕、その後累進し25年３月29日依願免本官、46歳」。高朗は大正11年５月、76歳で自叙伝を書いている。長崎県立図書館には盧高朗氏寄贈の本が多いという。弘化４年（1847）８月８日～？。
老侯⇔老公（鍋島直正）	鍋島従二位殿下（鍋島直正）の欄で解説している。
わ行	
若先生及夫人⇔中村正修・中村幸	中村正修（『中村敬宇』281㌻）。国会図書館サーチによれば、明治24年６月７日に60歳で没した中村敬宇の自選文集『敬宇文集』の扉裏に、「‥明治35年７月、及門渋谷啓凡例。明治36年４月印刷・発行、著者（故）中村敬宇、相続者 中村正修‥」とある。中村幸（『中村敬宇』281㌻）。
若林幸吉	峯源次郎は明治18年９月６日日曜日に伊万里人若林幸吉の訪問を受ける。新規に募集された兵役に応じて上京したという（日暦）。
若林末吉	安政４年（1857）10月17日、峯静軒は和歌を隣村の大里八幡宮に奉納しその祠前で宴会を催したが、その席に参加した一人（日暦）。
ワグネル Wagener, Gottfried	Wagener, Gottfriedは国籍ドイツ、雇主①②③④大学南校①３年10月16日-８年３月15日②３年10月16日-４年11月９日、４年９月16日-５年３月15日、５年３月16日-８年４月20日。大学東校②④⑤⑥。東京開成学校④⑩⑫⑬⑭⑮。東京医学校②⑨⑯。東京大学④⑳㉑㉒。商法学校⑥。博覧会事務局⑦⑧⑨。内国勧業博覧会事務局⑰。内務省勧業寮⑪⑫。京都府⑱⑲。職種①予科教師②南校教師、東校予科教師、東京医学校、医学③語学教師④英語学及び普通学教師、ドイツ語学及び普通学教師。月給①②300元（４年９月16日～５年３月15日は250元③メキシコ洋銀200枚（『資料御雇外国人』)。これより以前佐賀藩はワグネルと雇用契約を結び、有田皿山の技術革新に取り組んだ。その成果は釉薬・絵具コバルト・石炭窯等々その後の発展に大きく寄与した。ワグネルが長崎に来たのは1868年（明治元）５月37歳のとき、弟ワルシに石鹸製造所設立に招かれてのことであった。ワグネルは1831年、ハノーバーの官吏の家に生れゲッチンゲン大学で数学・物理・地質・結晶・機械学等を修めドクトルの学位を22歳で得た。ワグネル来日の頃、イギリス密航留学から戻ったばかりの佐賀藩士石丸安世は長崎に居て、有田の豪商蔵春亭久富與平と図り有田焼の改良のためにワグネルを有田皿山に招聘したのであった。明治22年ワグネルは有田に再遊し日本語で演説した。「当地の磁質の堅緻なること世界無比というを憚らず」(『肥前陶磁史考』)。峯源次郎が初めてワグネルに接触するのは明治４年１月７日で、５月にドイツ留学に出発するためのドイツ語修得の目的があった。大学南校教師のワグネルは、同年１月19日ドイツ語の新任教師ホルツを紹介している。ドイツ語を猛烈に学んだものと思われる。1831年７月５日～1892年11月８日。享年62。出典①外七②⑤～⑩⑫太二③太一④東四⑪⑮外一二⑬⑰⑱⑲外一⑭⑯東一⑳太五㉑東二㉒東五

鷲沢隼人	横井寛編「東京府内区郡分医師住所一覧」明治18年刊には、「鷲澤隼人、試東京府、南豊島郡下戸塚村70番地」とある。その後明治22年刊の『日本医籍』、明治31年の『帝国医籍宝鑑』、明治43年『帝国医鑑第一編』にも東京都では見つけることができない。明治26年『順天堂医学』155号に、鷲沢隼人の順天堂医事研究会会員報告実験録「筋萎性側索硬化症実験」が掲載されている（国会図書館サーチ）。
和田伊兵衛	元治元年（1864）９月25日、長崎本石灰町から佐賀藩松浦郡有田郷中里村の峯静軒に診察を求めてやって来た人物（日暦）。
渡瀬秀一郎	明治11年２月の『大蔵省職員録』長崎税関「九等監吏、渡瀬秀一郎、鹿児島県士族」、19年７月『大蔵省職員録』では「報告課属、判任官六等、渡瀬秀一郎、鹿児島県士族、麹町区飯田町６丁目９番地」、23年『職員録』甲では、「大蔵省属、四等上、渡瀬秀一郎」であるが、24年３月31日渡瀬秀一郎は峯源次郎・横尾金一と共に非職となった（峯源次郎日暦）。国会図書館デジタルコレクションには、『関税論』を井上勤と共に翻訳（明治14年：1881）。『海軍士官必讀』1.2.3.4.5.6.7を吉川賢吉と共に翻訳（年月日不明）。とある。1893年（明治26）４月５日の官報2925号には「侍医局勤務被仰付、４月４日宮内省、但奏任待遇、渡瀬秀一郎」とある。
渡瀬正秀	峯源次郎が明治22年５月13日の夕方訪問した人物（日暦）。
渡辺	明治３年６月４日、大学東校を欠席した峯源次郎を渡辺と中村孝一郎が訪ねて来た（日暦）。
渡辺云云	峯源次郎は明治23年８月29日、渡辺云云のために、永松東海を訪問した（日暦）。
渡辺魁	明治21年１月５日、峯源次郎は横尾金一・左納岩吉・渡辺魁と一緒に酒を飲んだ（日暦）。渡辺魁とは明治20年に判事登用試験に及第し同年12月24日判事試補となった人物カ
渡辺洪基	越前南條郡氏家村渡邉新兵衛の二男。母は蔦氏、元治元年18歳で佐倉の佐藤舜海に入門、開成所で英学を箕作麟祥に受け、慶応２年福沢諭吉の塾に入る。３年西洋医学所句読師となり、明治２年大学少助教、中助教を経て３年外務大録に転じ、４年岩倉大使に随行し欧州に赴き５年７月帰朝後、琉球使臣接判掛となる。６年外務書記官を以てイタリア・オーストリアに駐劄。10年外務権大書記官となり勧業博覧会事務局御用係を兼勤、外務大書記官を経て11年学習院次長、15年元老院議官、17年工部少輔に転じ、東京府知事を経て19年帝国大学総長兼法科大学長、23年オーストリア瑞西特命全権大使。後に代議士に選ばれ貴族院議員錦鶏間祇候大学名誉教授となり、腎臓炎により逝去、55歳（『明治過去帳』）。峯源次郎は明治10年の「京阪雜肋日記」に渡辺洪基のことを「かつて在学した大学東校で中助教の渡辺氏に薫陶を受けた」、渡辺氏の人となりは「磊落好酒、議論風生」と書いている。弘化４年（1847）12月23日～明治34年（1901）５月24日。享年54。
渡辺元三郎	渡辺元三郎は渋谷良次の三男。住所は本郷森川町46番地。渋谷の後妻の渡辺家を継いだ。明治19年11月18日没し、20日に賢崇寺で葬儀が行われた（日暦）。
和田信郎	明治７年西村隼太郎編『官員録』18丁大蔵省「十二等出仕、サカタ、和田信郎」月給は25円。明治19年『職員録』甲に「大蔵省属、判任官五等、和田信郎」、23年『職員録』甲には、「属、四等上、和田信郎」とある。
渡部欽一郎	明治７年西村隼太郎編『官員録』24丁大蔵省「出納寮二等、大属、ギフ、渡邊欽一郎」、明治11年２月の『大蔵省職員録』に「出納局、権少書記官、正七位、渡部欽一郎、岐阜県士族、小日向水道端２丁目19番地」、19年７月『大蔵省職員録』には、非職「元権大書記官、渡部欽一郎」とある。

御雇外国人の出典及び略号

外務省記録

- 外一　官雇入表（自明治９年）
- 外二　華士庶外国人雇入鑑（自明治5年10月至明治６年12月）
- 外三　私雇入表（自明治９年７月）
- 外四　各庁並人民雇外国人明細表（自明治18年）
- 外七　外国人雇入鑑（自明治５年１月至同年９月）
- 外八　外国人雇入鑑（自明治５年９月至明治７年７月）
- 外九　外国人雇入鑑（自明治９年至明治10年）
- 外一二　外国人雇入取扱参考書、第二巻（自明治９年至明治10年）
- 外一五　外国人傭免状扣（明治４年８月改）

太政類典

- 太一　第一編（自慶応３年至明治４年７月）
- 太二　第二編（自明治４年８月至明治10年12月）
- 太三　第三編（自明治11年至明治11年）
- 太四　第四編（明治13年）
- 太五　第五編（明治14年）
- 太六　第六編（明治15年）

東京大学関係雇外国人教師書類

- 東一　外国教師一切之件（明治９年中）
- 東二　外人教師記念品贈呈賛辞草案
- 東三　外国教師一切之件（明治10年中）
- 東四　傭外国人教師講師名簿（自明治２年至昭和２年）
- 東五　雇外国人教師関係書類（明治17年分）

出典一覧

古文書

書名	所蔵者等
「嘉永四年辛亥千山楼開塾門生姓名簿」	多久市郷土資料館蔵
「萬里遺稿完」	多久市郷土資料館蔵
「伊万里歳時記・花島芳樹随筆抄写」	長崎歴史文化博物館渡辺文庫所蔵、明治29年（1896）10月
「東京寄留人名簿」	佐賀県立図書館蔵、請求番号17-131
「映雪軒富麓日記」	山本進氏蔵、文久２年（1862）
「香港鎮台ヘンネッシー氏箱館巡覧同行辞令」	明治12年、早稲田大学図書館蔵、請求番号イ14D0263
「大隈家旧邸宅地建物売渡証及期約証」写	明治12年、早稲田大学図書館蔵、請求番号イ14A4741
「大隈家雉子橋旧邸諸建築及修繕入費等書類」写	明治13年、早稲田大学図書館蔵、請求番号イ14A4743
「近衛砲兵暴挙について」：大隈閣下執事	早稲田大学図書館蔵、請求番号イ14A5220
「建物御届并宅地売渡証（控）」	明治15年７月、早稲田大学図書館蔵、請求番号イ14A5229
「加藤友三郎書簡：近藤喜作宛」	早稲田大学図書館蔵、請求番号チ06 03890 0294
「西村新七書翰：大隈重信宛」	明治31年、早稲田大学図書館蔵、請求番号イ14B5454
「学館専業名簿」	佐賀県立図書館蔵、請求番号坊062 58-2279
「明治16年西村新七」	鬼丸北川家資料、佐賀県立図書館蔵、請求番号図北02166 21-14386
「明治36年三浦玄活」	鬼丸北川家資料、佐賀県立図書館蔵、請求番号図北10864 22-14237
「大正４年三浦玄活」	鬼丸北川家資料、佐賀県立図書館蔵、請求番号図北10864 21-18417
「御被官着到」	文久三年亥、佐賀県立図書館蔵、請求番号有田家資料21
「渭陽存稿」	峯源次郎著、峯直次郎編、峯家蔵、文久３年（1863）～昭和６年(1931)

書冊（書名の50音順）

書名	著者・発行者・刊行年
あ行	
『有田町史』商業編Ⅰ	有田町史編纂委員会、有田町、昭和63年（1988）
『有明町史』	有明町教育委員会、有明町、昭和44年（1969）
『伊東玄朴伝』	伊東榮、玄文社、大正５年（1916）
『今泉蠏守歌文集』	中原勇夫編、昭和46年（1971）
『伊万里銀行史』	大串誠三郎編、伊万里銀行、昭和14年（1939）
『伊万里市史』民俗・生活・宗教編	伊万里市史編さん委員会、平成17年(2005)
『伊万里市史』近世・近代編	伊万里市史編さん委員会、平成19年(2007)
『伊万里市史』資料編	伊万里市史編さん委員会、平成19年(2007)
『伊万里市史』建築編	伊万里市史編さん委員会、平成14年(2002)
『伊万里市史本篇』	伊万里市市史編纂委員会、伊万里市役所、昭和38年（1963）
『伊万里市史続篇』	伊万里市市史編纂委員会、伊万里市役所、昭和40年（1965）
『伊万里焼流通史の研究』	前山博、前山博、平成２年（1990）
『上村病院二五〇年史』	上村春甫、平成27年（2015）
『新訂増補海を越えた日本人名事典』	富田仁、日外アソシエーツ、平成17年（2005）
『江藤新平』	星原大輔、佐賀県立佐賀城本丸歴史館、平成24年（2012）
『江藤南白下』	的野半介、南白顕彰会、大正３年（1914）
『蝦夷地醫家人名字彙』	島田保久、島田保久、平成27年（2015）
『大隈重信』	大園隆二郎、西日本新聞社、平成17年（2005）
『小城藩日記にみる近世医学・洋学史料』前編	青木歳幸・野口朋隆・田久保佳寛、佐賀大学地域学歴史文化研究センター、平成21年（2009）
『小城藩日記にみる近世医学・洋学史料』後編	青木歳幸・野口朋隆、佐賀大学地域学歴史文化研究センター、平成22年（2010）
『小城町史』	小城町史編集委員会、小城町、昭和49年（1974）
『阿蘭陀通詞加福氏事略』	渡辺庫輔、長崎学会叢書第二輯、昭和31年（1956）
『大里村・中里村庄屋史料』	前山博翻刻・校註、伊万里市二里公民館、平成５年（1993）
『大分県人士録』	佐藤巌、佐藤巌、大正３年（1914）
『大隈重信関係文書』１～11	早稲田大学大学史資料センター編、みすず書房、2004～2015年
『お雇い外国人』⑤教育・宗教	重久篤太郎、鹿島研究所出版会、昭和43年（1968）
か行	
『懐旧九十年』	石黒忠悳、岩波書店、昭和59年（1984）
『開国と英和辞書―評伝堀達之助―』	堀孝彦、港の人、平成23年（2011）
『鹿児島市史』２	鹿児島市史編さん委員会、鹿児島市、昭和45年（1970）
『角川日本地名大辞典41佐賀県』	角川日本地名大辞典編纂委員会編、昭和57年（1982）
『加太邦憲自歴譜』	加太邦憲、加太重邦、昭和６年（1931）
『峡中名士月旦暗剣殺』第１巻	斬馬剣客、山梨文社、明治27年（1894）
『九州史料落穂集』第五冊	秀島選三編、文献出版、昭和61年（1986）
『郷土の先覚者たち－長崎県人物伝－』	長崎県立長崎図書館、長崎県教育委員会、昭和43年（1968）
『慶應義塾入社帳』第二巻	福澤研究センター編、慶応義塾、昭和61年（1986）

『草場珮川日記』下巻　三好嘉子校註・解題、西日本文化協会、昭和55年（1980）
『草場船山日記』　三好嘉子校註、文献出版、平成９年（1997）
『慶応元年明細分限帳』　越中哲也編、長崎歴史文化協会、昭和60年（1985）
『慶應義塾出身名流列伝』　三田商業研究会編、実業之世界社、明治42年（1909）
『洪庵適塾の研究』　梅溪昇、思文閣、平成５年（1993）
『国文学大講座』第17　国文学大講座刊行会編、日本文学社、昭和10年（1935）
『皇国銘誉人名録』　宮田宇兵衛編、東花堂、明治10年（1877）
『好生館史』　好生館史編纂委員会、佐賀県立好生館、昭和30年（1955）

さ行
『佐賀医人伝』　佐賀医学史研究会編、佐賀新聞社、平成30年（2018）
『佐賀県医事史』　吉見貞章編、郷土新報社、昭和32年（1957）
『佐賀藩幕末関係文書調査研究報告書』　村山和彦、佐賀県立図書館、昭和56年（1981）
『佐賀藩の医学史』　青木歳幸、佐賀大学地域学歴史文化研究センター、平成31年（2019）
『佐賀県人名辞典』　佐賀城本丸歴史館編、令和３年（2021）
『佐賀県の地名』　下中邦彦、平凡社、昭和55年（1980）
『佐賀藩褒賞録』第一集　公益財団法人鍋島報效会、令和２年（2020）
『佐賀新聞に見る佐賀近代史年表明治編』上　佐賀近代史研究会、佐賀新聞社、昭和63年（1988）
『佐賀新聞に見る佐賀近代史年表明治編』下　佐賀近代史研究会、佐賀新聞社、平成23年（2011）
『佐賀県歴史人名事典』　小宮博康、洋学堂書店、平成５年（1993）
『佐賀の文学』　佐賀の文学編集委員会、新郷土刊行協会、昭和62年（1987）
『佐賀藩海軍史』　秀島成忠、原書房、大正６年知新会刊復刻版、昭和47年（1972）
『佐賀県教育史』１・２・４巻　佐賀県教育委員会、佐賀県教育委員会、１巻令和元年（1989）２・４巻平成３年（1991）
『佐賀県近世史料』第一編第五巻　佐賀県立図書館、平成９年（1997）
『佐賀県近世史料』第一編第九巻　佐賀県立図書館、平成13年（2001）
『佐賀県近世史料』第五編第一巻　佐賀県立図書館、平成20年（2008）
『佐嘉城下町竈帳』　三好不二雄・三好嘉子編、九州大学出版会、平成２年（1990）
『佐賀市史』３巻　佐賀市編さん委員会、佐賀市、昭和53年（1978）
『佐賀県議会史』下巻　佐賀県議会史編さん委員会、佐賀県議会事務局、昭和33年（1958）
『佐賀藩戊辰戦争史』　宮田幸太郎、佐賀藩戊辰戦争史刊行会、昭和51年（1976）
『佐賀県警察史』上　佐賀県警察史編さん委員会、佐賀県警察本部、昭和50年（1975）
『佐賀銀行百年史』　総合企画部編、株式会社佐賀銀行、昭和57年（1982）
『佐賀藩御境目方・御山方御用日記』　前山博・多久島澄子編、多久島澄子、平成31年（2019）
『昭和新修華族家系大成』　霞会館諸家資料調査委員会、霞会館、吉川弘文館、昭和59年（1984）
『衆議院議員列伝』　山崎謙編、衆議院議員列伝発行所、明治34年（1901）
『歯科沿革史調査資料』　大日本歯科医学会編、大日本歯科医学会、昭和元年（1926）
『衆議院議員候補者列伝』第二編　大久保利夫、六法館、明治23年（1890）
『新撰東京実地案内』　薫志堂、明治26年（1893）
『白石町史』　白石町史編纂委員会、白石町、昭和49年（1974）
『資料お雇外国人』　ユネスコ東アジア文化研究センター、小学館、昭和50年（1975）
『仁露滴滴』　久富二六著久富桃太郎編、久富桃太郎、昭和47年（1972）
『順天堂史』上巻　学校法人順天堂編、学校法人順天堂、昭和55年（1980）
『順天堂の系譜―佐藤家関連書簡集―』　順天堂史料研究会編、順天堂大学医学部医史学研究室、平成28年（2016）
『政商松尾儀助伝』　田川永吉、文芸社、平成21年（2009）
『西洋医術伝来史』　古賀十二郎、日新書院、昭和17年（1942）
『西洋医師番付表』　宮田宇兵衛、東花堂、明治18年（1885）
『戦国の肥前と龍造寺隆信』　川副義敦、宮帯出版社、令和30年（2018）
『青雲の果て―武人黒田清隆の戦い―』　奥田静夫、北海道開発協会、平成19年（2007）
『造幣局百年史』　大蔵省造幣局、大蔵省造幣局、昭和51年（1976）

た行
『大正過去帳』　稲村徹元、東京美術、昭和48年（1973）
『武雄領着到鍋島茂義・茂昌の家臣たち』　武雄市図書館・歴史資料館、平成24年（2012）
『多久市史人物編』　多久市編さん委員会、多久市、平成23年（2011）
『多久市史』第２巻　多久市編さん委員会、多久市、平成14年（2002）
『多久の歴史』　多久市史編纂委員会、多久市、昭和39年（1964）
『大日本国立銀行一覧』　三原孫七編、三原孫七、明治11年（1878）
『大日本医家実伝』　石戸頼一、石戸頼一、明治26年（1893）
『鎮西町史上』　新版鎮西町史編纂委員会、鎮西町、平成13年（2001）
『地方長官人物評』　大岡力、長島為一郎、明治25年（1892）
『東京名所図会』　中野了随、小川尚栄堂、明治23年（1890）
『東大医学部初代綜理池田謙斎―池田文書の研究―』上　池田文書研究会、思文閣出版、平成18年（2006）

『唐通事家系論攷』　宮田安、長崎文献社、昭和54年（1979）
『東北従遊私録』　峯源次郎、櫻井昇印刷所、昭和６年（1931）

な行
『中野武営翁の七十年』　薄田貞敬編、中野武営伝編纂会、昭和９年（1934）
『中村敬宇』　高橋昌郎、吉川弘文館、平成10年（1998）
『長崎医学百年史』　長崎大学医学部、昭和36年（1961）
『鍋島直正公傳』全七巻　中野禮四郎編、侯爵鍋島家編纂所、大正９年（1920）
『鍋島夏雲日記』　伊藤昭弘監修、上峰町・上峰町教育委員会文化課、平成31年（2019）
『西松浦郡誌』　西松浦郡役所編、復刻版、名著出版、昭和47年(1972)
『西有田町史』下巻　西有田町史編さん委員会、西有田町、昭和63年（1988）
『日本電信の祖石丸安世』　多久島澄子、慧文社、平成25年（2013）

は行
『幕末佐賀藩の科学技術』下　幕末佐賀藩の科学技術編集委員会編、岩田書院、平成28年（2016）
『幕末・明治期における長崎居留地外国人名簿Ⅲ』　長崎県立長崎図書館編、長崎図書館郷土史料叢書４、平成16年(2004)
『幕末・明治と伊万里の人』　伊万里市郷土研究会、伊万里市教育委員会、平成31年（2019）
『幕末明治海外渡航者総覧』第一～三巻　手塚晃・国立教育会館編、柏書房、1992年
『肥前佐賀藩太俣郷資料集』　永松亨、永松亨、平成29年（2017）
『東と西の医療文化』　吉田忠・深瀬泰旦、思文閣出版、平成13年（2001）
『肥前陶磁史考』　中島浩氣著高野和人編、復刻版、青潮社、昭和60年（1985）
『葡萄培養法摘要』　小沢善平、小沢善平、明治10年（1877）
『墓碑史蹟研究』第９巻　磯ヶ谷紫江、後苑荘、昭和７年（1932）
『北海道人物誌』第１編　岡崎官次郎編、北海道人物誌編纂所、明治27年（1894）
『凡人の半生』　幸田成友、共立書房、昭和23年（1948）

ま行
『前田家文書調査報告書』　佐賀県立図書館編、佐賀県立図書館、昭和57年（1982）
『明和八年佐賀城下屋鋪御帳扣』　財団法人鍋島報效会編、平成24年（2012）
『明治過去帳』　大植四郎編、東京美術、昭和46年（1971）
『明治天皇の侍医池田謙斎』　高崎斐子他編、高崎斐子、平成３年（1991）
『明治医師人名鑑：日本医史学総会発表資料合冊』　樋口輝雄、樋口輝雄、平成18年（2006）
『明治期銅版画東京博覧 東京商工博覧絵』　湘南堂書店、新井藤次郎編明治18年刊の復刻、1987年
『明治期銅版画東京博覧図 東京盛閣録』　湘南堂書店、新井藤次郎編明治18年刊の復刻、1987年

や行
『山代町史』　山代町史編集執筆委員会、山代町史編さん委員会、平成22年（2010）

ら行
『藍田谷口先生全集』　谷口豊季章編、大正13年（1924）
『蘭医佐藤泰然』　村上一郎、佐藤泰然先生顕彰会、昭和61年(1986)
『来日西洋人名事典』　武内博編、日本アソシエーツ、平成７年（1995）
『歴史の残像』　瀬野精一郎、吉川弘文館、平成20年（2008）

わ行
『若木百年史』　若木百年史編集委員会編、佐賀県武雄市若木町若木百年史編集委員会、昭和48年（1973）
『早稲田大学百年史』第１巻　早稲田大学大学史編集所編、早稲田大学出版部、昭和53年（1978）

論文（執筆者の50音順）

著者名「論文名」　**所載書名　刊行年**
青木歳幸「佐賀藩『医業免札姓名簿』について」　佐賀大学地域学歴史文化研究センター『研究紀要』３号、平成21年（2009）
青木歳幸「天然痘と闘う小城藩の医師たち」　『葉隠研究』92号、令和４年(2022)
生馬寛信・串間聖剛・中野正裕「幕末佐賀藩の手明鑓名簿及び大組編制」　『佐賀大学文化教育学部研究論文集』第14集第２号、平成22年（2010）
生馬寛信・中野正裕「安政年間の佐賀藩士」　『佐賀大学文化教育学部研究論文集』第14集第１号、平成21年（2009）
池田文書研究会「池田文書の研究（64）（最終回）」　『日本医史学雑誌』第66巻第３号、令和２年（2020）
石丸隆司「太田北山－忘れられた漢学者－」　『葉隠研究』92号、令和４年(2022)
岩松要輔「戊辰戦争と小城－革新的気運の醸成－」　『小城鍋島家の近代』、佐賀大学文系基礎学研究プロジェクト、平成17年（2005）
大津山国夫「武者小路実篤の系属（下）」　『語文論叢』17号、千葉大学人文学部国語国文学会、平成元年（1989）
蒲原宏「わが国最初のリウマチ学単行書『僂麻窒斯新論』の訳編者八杉利雄と原著者フリント」　『日本医史学雑誌』31巻１号（通巻1437号）、昭和60年（1985）
木下恵太「後藤雅信関係資料─立憲改進党およびその掌事小野梓に関係する党務資料─」　早稲田大学大学史資料センター『早稲田大学史紀要』48、平成29年（2017）
木山実「三井物産草創期の海外店舗展開とその要員」　『経営史学』第35巻第３号、平成12年（2000）

許海華「長崎唐通詞何礼之の英語習得」	関西大学東西学術研究所『紀要』44、平成23年（2011）
許海華「幕末における長崎唐通事の体制」	『東アジア文化交渉研究』５号、平成24年（2012）
吉良史朗「幕末異国情報の伝播と長崎櫃園社中（上）」	九州大学国語国文学会『語文研究』116号、平成25年（2013）
後藤乾一「明治期小笠原諸島の産業開発と鍋島喜八郎」	早稲田大学アジア太平洋研究センター『アジア太平洋討究』36巻、2019年
椎谷孟保・池田徳馬「佐賀藩の馬牧湯田原牧」	『烏ん枕』86号、平成23年（2011）
島善高・重松優「峯源次郎旧蔵・大隈重信関係欧文文書」	『早稲田社会科学総合研究』第７巻第１号、平成18年（2006）
城岡啓二「日本最初のドイツ語お雇い教師カデルリー（1827-1874）というひと」	静岡大学人文学部『人文論集』57巻２号、平成19年（2007）
高木不二「黎明期の日本人米国留学生―横井佐平太と津田静一―」	『近代日本研究』第34巻、平成29年（2017）
高橋昭「司馬凌海－その名古屋時代（明治九～十二年）」	『日本医史学雑誌』47巻３号（通巻1503号）、平成13年（2001）
多久島澄子「山本家所蔵「郭公吟・蕉翁姿情辯」」	佐賀大学地域学歴史文化研究センター『研究紀要』10号、平成28年（2016）
多久島澄子「峯家所蔵の中島廣足書簡」	佐賀大学地域学歴史文化研究センター『研究紀要』12号、平成29年（2017）
多久島澄子「前田正名の上州出張記憶書と卑見」	佐賀大学地域学歴史文化研究センター『研究紀要』13号、平成30年（2018）
多久島澄子「旧百崎家住宅蔵石丸安世家書簡文書」	佐賀大学地域学歴史文化研究センター『研究紀要』15号、令和２年（2020）
多久島澄子「永松東海の実父と養父」	『佐賀医学史研究会報』103号、平成29年（2017）
多久島澄子「大石良英と大石良乙」	『佐賀医学史研究会報』104号、平成29年（2017）
多久島澄子「花房良庵・花房三柳・三田道筑・今泉茶城」	『佐賀医学史研究会報』105号、平成29年（2017）
多久島澄子「浅田逸次・吉武桂仙」	『佐賀医学史研究会報』108号、平成29年（2017）
多久島澄子「水上玄洞」	『佐賀医学史研究会報』112号、平成30年（2018）
多久島澄子「後藤祐碩・相良弘道」	『佐賀医学史研究会報』118号、平成30年（2018）
多久島澄子「飛雲丸乗組み医師中山雲仙」	『佐賀医学史研究会報』122号、平成31年（2019）
多久島澄子「大庭雪斎と大庭良伯・峯龍達」	『佐賀医学史研究会報』123号、平成31年（2019）
多久島澄子「佐賀藩医石井長庵⑴」	『佐賀医学史研究会報』144号、令和２年（2020）
多久島澄子「相良知安と峯源次郎を占った山口千枝」	『佐賀医学史研究会報』150号、令和３年（2021）
多久島澄子「相良翁懐旧譚その⑤相良知安の順天堂入門」	『佐賀医学史研究会報』156号、令和３年（2021）
多久島澄子「相良翁懐旧譚その⑥大石良英と佐藤泰然」	『佐賀医学史研究会報』157号、令和４年（2022）
多久島澄子「相良翁懐旧譚その⑦知安が語らなかった江藤新平遭難」	『佐賀医学史研究会報』158号、令和４年（2022）
多久島澄子「相良翁懐旧譚その⑧知安が語らなかった大隈重信の温泉療治」	『佐賀医学史研究会報』159号、令和４年（2022）
多久島澄子「相良翁懐旧譚その⑨褒賞録に相良弘庵の名はあるか・三田道筑と花房家」	『佐賀医学史研究会報』160号、令和４年（2022）
多久島澄子「相良翁懐旧譚その⑩相良知安・相良宗達」	『佐賀医学史研究会報』161号、令和４年（2022）
多久島澄子「相良翁懐旧譚その⑪相良知安とボードイン」	『佐賀医学史研究会報』162号、令和４年（2022）
多久島澄子「相良翁懐旧譚その⑫相良知安・佐藤進を資料からみる」	『佐賀医学史研究会報』163号、令和４年（2022）
多久島澄子「相良翁懐旧譚その⑬相良知安が使いを出した相手」	『佐賀医学史研究会報』164号、令和４年（2022）
多久島澄子「相良翁懐旧譚その⑭渋谷良次・渋谷虎太郎」	『佐賀医学史研究会報』165号、令和４年（2022）
多久島澄子「相良翁懐旧譚その⑮大庭良伯・大庭哲一・峯雲庵の山本読書室入門」	『佐賀医学史研究会報』166号、令和４年（2022）
多久島澄子「相良翁懐旧譚その⑯宮田魯斎・宮田春岱・織田新一・仁戸田辰胤」	『佐賀医学史研究会報』167号、令和４年（2022）
多久島澄子「多久草場家文書に発見した前田萬里遺稿」	『葉隠研究』80号、平成28年(2016)
多久島澄子「筑紫流箏曲有田郷の伝承者川原黙斎と横尾謙」	『葉隠研究』85号、平成30年(2018)
多久島澄子「筑紫箏曲伝承者花房三柳・川久保雄平と谷口藍田」	『葉隠研究』86号、平成31年(2019)
多久島澄子「最後の秘録伝承野田聴松から村井れい・井上ミナ」	『葉隠研究』87号、令和元年(2019)

多久島澄子「村地才一郎の生涯 蝉蛻物語」　早稲田大学エクステンションセンター近代史研究会（OS会）『会報』15号、平成22年（2010）
多久島澄子「大隈重信の有田陶器工芸学校建設費寄附趣意書」　早稲田大学エクステンションセンター近代史研究会（OS会）『会報』18号、平成25年（2013）
多久島澄子「大隈重信遭難後58日目の写真」　早稲田大学エクステンションセンター近代史研究会（OS会）『会報』19号、平成26年（2014）
多久島澄子「明治３年東京府職員録から見えてくる救育所」　早稲田大学エクステンションセンター近代史研究会（OS会）『会報』26号、令和３年（2021）
多久島澄子「峯源次郎日暦翻刻二」　伊万里市郷土研究会『烏ん枕』88号、平成24年（2012）
多久島澄子「峯源次郎日暦翻刻三」　伊万里市郷土研究会『烏ん枕』89号、平成24年（2012）
多久島澄子「峯源次郎日暦翻刻五」　伊万里市郷土研究会『烏ん枕』91号、平成25年（2013）
多久島澄子「峯源次郎日暦翻刻六」　伊万里市郷土研究会『烏ん枕』92号、平成26年（2014）
多久島澄子「峯源次郎日暦翻刻七」　伊万里市郷土研究会『烏ん枕』93号、平成26年（2014）
多久島澄子「峯源次郎日暦翻刻九」　伊万里市郷土研究会『烏ん枕』95号、平成27年（2015）
多久島澄子「峯源次郎日暦翻刻十二」　伊万里市郷土研究会『烏ん枕』98号、平成29年（2017）
多久島澄子「峯源次郎日暦翻刻十三」　伊万里市郷土研究会『烏ん枕』99号、平成29年（2017）
多久島澄子「峯源次郎日暦翻刻十四」　伊万里市郷土研究会『烏ん枕』100号、平成30年（2018）
多久島澄子「長崎における佐賀藩士の伝習」　『幕末佐賀科学技術史研究』５号、平成22年（2010）
多久島澄子「幕末佐賀藩山代郷長浜村のたたら」　『幕末佐賀科学技術史研究』７号、平成25年（2013）
多久島澄子「深江順暢が書き込まれた葉書」　多久古文書の村『村だよりNo.21』、平成28年（2016）
多久島澄子「米倉権兵衛と大隈重信」　多久古文書の村『村だよりNo.22』、平成29年（2017）
多久島澄子「幕末佐賀藩の英学のはじまりと進展」　佐賀県立佐賀城本丸歴史館『研究紀要』４号、平成21年（2009）
田中貞夫「滞佛研鑽考―小野政吉・敏郎父子の事例」　創価大学一般教育部『一般教育部論集』、平成12年（2000）
田中時次郎「陶器商ききがき一」　『烏ん枕』25号、昭和55年（1980）
田中正義「峯静軒の南遊紀行」　『烏ん枕』80号、平成20年（2008）
谷原秀信「表紙の解説：ライバル達の相剋井上達也と須田哲造」　『眼科』55巻６号、金原出版、平成25年（2013）
田村省三「薩摩藩における蘭学受容とその変遷」　『国立歴史民俗博物館研究報告』116集、平成16年（2004）
津田進三「明治初期石川県の洋学」　『日本英学史研究会研究報告』1966巻65号、昭和41年（1966）
坪井良子「大隈重信の切断手術から健康生活へのセルフケアに関する研究」　『日本医史学雑誌』44巻３号（通巻1491号）、平成10年（1998）
寺畑喜朔「北陸における法医学の源流」　『日本医史学雑誌』42巻２号（通巻1482号）、平成８年（1996）
中尾国雄「いるかの碑」　『烏ん枕』18号、昭和52年（1977）
中西淳朗「ウィリアム・ウィリスと写真師島霞谷」　『日本医史学雑誌』43巻３号（通巻1487号）、平成９年（1997）
中野正裕「幕末佐賀藩の軍制について『元治元年佐賀藩拾六組侍着到』」　佐賀県立佐賀城本丸歴史館『研究紀要』７号、平成24年（2012）
中野正裕「幕末佐賀藩の手明鑓組について『元治元年佐賀藩拾五組侍着到』」　『元治元年佐賀藩拾五組侍着到』」、佐賀県立佐賀城本丸歴史館研究紀要第八号、平成25年（2013）
西留いずみ「近世後期白石鍋島家における蘭学の展開」　公益財団法人鍋島報效会研究助成『研究報告書』第９号、2019年
樋口輝雄「『日本杏林要覧』（明治42年刊）に掲載された九州八県下の医師・歯科医師人名」　第104回日本医史学会総会資料、平成15年（2003）
水原正亨「近世長崎における両替商の出自について」　『彦根論叢』167・168、昭和49年（1974）
山口久範「成富清風に関するいくつかの資料」　佐賀県立佐賀城本丸歴史館『研究紀要』４号、平成21年（2009）

図録等

「岩倉使節団130年 海に火輪を 山口尚芳の米欧回覧」　武雄市図書館・歴史資料館、平成14年（2002）
「大村市指定史跡松林飯山の墓」　大村氏教育委員会.平成９年３月の案内板、平成９年（1997）
『幕末佐賀の家老たち』　公益財団法人鍋島報效会編、公益財団法人鍋島報效会、平成28年（2016）
『生誕二〇〇年記念展鍋島直正公』　公益財団法人鍋島報效会、平成26年（2014）
「沼津兵学校とその人材52 高藤三郎－伊豆の農民から旗本・大蔵官僚へ－」　沼津明治史料館、『沼津市明治史料館通信』56号、平成11年（1999）

デジタル資料

国立公文書館アジア歴史資料センター　https://www.jacar.go.jp/
国立公文書館デジタルアーカイブ　https://www.digital.archives.go.jp/
国立国会図書館デジタルコレクション　https://www.dl.ndl.go.jp/
国立国会図書館サーチ　https://iss.ndl.go.jp/
国立国会図書館「古典籍書誌データベース」　https://trc-adeac.trc.co.jp/

国立国会図書館「近代日本人の肖像」https://www.ndl.go.jp/portrait/datas
北海道立文書館「開拓使公文録デジタルアーカイブス」 https://www.pref.hokkaido.lg.jp/
名古屋大学大学院法学研究科『人事興信録』 https://jahis.law.nagoya-u.ac.jp/
東京大学学術資産等アーカイブズポータル https://da.dl.itc.u-tokyo.ac.jp/portal
東京外国語大学附属図書館「附属図書館」 http://www.tufs.ac.jp/common/archives/TUFShistory-library-all.pdf
国立歴史民俗博物館「れきはくデータベース（江戸商人・職人）」 https://www.rekihaku.ac.jp/up-cgi/login.pl?p=param/edos/db_param
早稲田大学大学史資料センター『早稲田人名データベース』 https://archive.waseda.jp/
鹿児島大学司法政策教育研究センター「明治官僚・官職データベース」（國岡DB） https://shokuinroku.ls.kagoshima-u.ac.jp/
西尾市岩瀬文庫古典籍書誌データベース https://trc-adeac.trc.co.jp/WJ1200/WJJS21U/2321315100
レファレンス協同データベース https://crd.ndl.go.jp/reference/
官報1892年11月12日、2814号、大蔵省印刷局編、明治25年 https://dl.ndl.go.jp/info:ndljp/pid/2946079/3
官報1894年６月２日、3276号、大蔵省印刷局編、明治27年 https://dl.ndl.go.jp/info:ndljp/pid/2946541
宮崎嘉國編『英語女用かがみ大全』、宮崎嘉國、明治20年 https://iss.ndl.go.jp/books/R100000002-I000000501068-00
大野直輔 https://www.jacar.archives.go.jp/aj/meta/term/00000430
東京都立図書館デジタルアーカイブ「開化三十六會席下谷松源楼」請求番号0797-23（17）／東0797-023（017）
中嶋久人「雉子橋邸を知っていますか第３回雉子橋邸、襲撃される」早稲田大学史資料センター、2022年７月29日 https://www.waseda.jp/top/news/60918
銀座公式ウェブサイト「GINZAOFFICIAL]VOL.45亀岡幸子（対鶴館代表取締役）×高嶋ちさ子（対談シリーズ） https://www.ginza.jp/connective/3086
皮革産業資料館副館長稲川實「靴の歴史散歩」112、東京都立皮革技術センター台東支所『かわとはきもの』 https://www.hikaku.metro.tokyo.lg.jp/
尾崎紅葉「硯友社の沿革」、『明治の文学』第６巻、筑摩書房、2001年 https://www.aozora.gr.jp/cards/000091/files/3830_17027.html
宮田宇兵衛編『皇国銘誉人名録』、東花堂、明治10年 https://dl.ndl.go.jp/info:ndljp/pid/779597
土佐博文「佐倉順天堂門人とその広がり」、『国立歴史民俗博物館研究報告』第116集、2004年
デジタル版『渋沢栄一伝記資料』第13巻、公益財団法人渋沢栄一記念財団、2016年 https://eiichi.shibusawa.or.jp/denkishiryo/digital/main/index.php?preface
森源造編『袖珍広玉字典』、前橋書店、明治19年 https://dl.ndl.go.jp/info:ndljp/pid/862806
中島広足「拾八番歌合」 https://trc-adeac.trc.co.jp/WJ11F0/WJJS07U/2321315100/2321315100100010/mp01396700
エリッサベス・スターリング著、宮崎嘉國訳『西洋列女伝』、錦森堂、明治12年 https://iss.ndl.go.jp/books/R100000002-I000000433198-00
『精養軒150年史』 https://www.seiyoken.co.jp/c/150th-message
日本橋コラム「第４回 日本橋本町はなぜ「くすりの街」になったのか～サクラグローバルホールディングの事例にみる薬種店の歩み」 https://www.link-j.org/interview/post-786.html
台東区立図書館デジタルアーカイブ、明治廿七年改正新版「東京商家花長者」資料ID2016_u_031
東京高等学校ホームページ https://tokyo-hs.jp/?page_id=44
『東京外国語学校一覧』、明治12年 https://hermes-ir.lib.hit-u.ac.jp/hermes/ir/sc/47482/ichiran18790010.pd
東京大学『東京大学法理文三学部年報・第七年報』（明治11-12年） https://dl.ndl.go.jp/info:ndljp/pid/901637
同窓会報105「"虎脚気"校医・鈴木宗泰先生のこと」廣谷速人（2009） http://www2s.biglobe.ne.jp/~tbc00346/component/new_book4.html
中島広足門人「長崎日記」 https://iss.ndl.go.jp/books/R100000094-I000055098-00
長崎歴史文化博物館「長崎開港450周年記念展展示リスト」、2021年 http://www.nmhc.jp/exhibition/2021/450th/tenjilist.pdf
名古屋市図書館名古屋なんでも調査団「調査報告書№75」 https://www.library.city.nagoya.jp/img/reference/chosahoukoku_75.pdf
長岡市秘書広報課『長岡市政だより』平成15年12月25日発行 https://www.city.nagaoka.niigata.jp/elibrary/kouhou/nagaoka/file/h1601.pdf
鹿児島大学理学部地学教室応用地質学講座「日本人地質技師の草分け－朝倉盛明」2017年 https://www.sci.kagoshima-u.ac.jp/oyo/advanced/geology/asakura.html
交詢社編『日本紳士録』交詢社、1918 https://dl.ndl.go.jp/info:ndljp/pid/1703952
泊園書院（HAKUEN SHOIN） https://www.kansai-u.ac.jp/hakuen/about/people_archive/1835-1884.html
鈴木雄雅「幕末・明治期の欧字新聞と外国人ジャーナリスト」、『コミュニケーション研究』第21号、1991年 http://pweb.cc.sophia.ac.jp/s-yuga/Article/1991a.htm
東京文化財研究所「物故者記事、小絲源太郎」 https://www.tobunken.go.jp/materials/bukko/9672.html
磯ヶ谷紫江『墓碑史蹟研究第９巻』、後苑荘、昭和７年（1932） https://dl.ndl.go.jp/info:ndljp/pid/1242843
福岡市西区役所総務部企画振興課「松林飯山生誕地と石碑」 https://www.city.fukuoka.lg.jp/nishiku/c-shinko/charm/nisikunotakara/matsubayashi_hanzan_birth.html
遠藤正治・松田清・益満まを「山本読書室門人名簿の分析と紹介」、近世京都学会『近世京都』、2014年 https://www.jstage.jst.go.jp/article/kinseikyoto/0/1/0_45/_pdf/-char/ja
日比野重郎『横浜商工名鑑』横浜通信社、大正12年 https://dl.ndl.go.jp/info:ndljp/pid/958693
『令和元年度佐賀県立図書館年報』、令和２年（2020） https://www2.tosyo-saga.jp/kentosyo/toshokan/nenpou/!R1.pdf
横井寛編『内務省免許全国医師薬舗産婆一覧』、英蘭堂、明治17年（1884） https://dl.ndl.go.jp/info:ndljp/pid/779826
横井寛編『東京府内区郡分医師住所一覧』、島村利助、明治18年（1885） https://dl.ndl.go.jp/info:ndljp/pid/779964
内務省衛生局編『日本医籍』、忠愛社、明治22年（1889） https://dl.ndl.go.jp/info:ndljp/pid/780081
工藤鉄男編『日本東京医事通覧』、日本医事通覧発行所、明治34年（1901） https://dl.ndl.go.jp/info:ndljp/pid/833368
山口力之助編『帝国医籍宝鑑』、南江堂、明治31年（1898） https://dl.ndl.go.jp/info:ndljp/pid/900127
日本杏林社編『日本杏林要覧』、日本杏林社、明治42年 https://dl.ndl.go.jp/info:ndljp/pid/900147
河野二郎編『帝国医鑑第１編』、旭興信所、明治43年（1910） https://dl.ndl.go.jp/info:ndljp/pid/779910

入江金太郎編『帝国医師名簿』、帝国医師名簿発行所、大正８年　https://dl.ndl.go.jp/info:ndljp/pid/935096
医事時論社編『日本医籍録』、医事時論社、大正14年（1925）　https://dl.ndl.go.jp/info:ndljp/pid/935301
明治４年12月『袖珍官員録』　https://www.digital.archives.go.jp/das/image/F0000000000000067320
明治５年５月『勧工寮官員全書』　https://www.jacar.archives.go.jp/aj/meta/listPhoto?BID=F2014030613034739734&REFCODE=C14020136000
明治５年６月『官員全書改開拓使』　https://www.digital.archives.go.jp/das/image/F0000000000000067329
明治６年１月『袖珍官員録』　https://www.digital.archives.go.jp/file/1645096.html
明治７年西村隼太郎編『官員録』西村組出版局　https://dl.ndl.go.jp/info:ndljp/pid/779236
明治９年５月中島翠堂編『官員鑑』　https://dl.ndl.go.jp/info:ndljp/pid/779213
明治９年３・11・12月『開拓使職員録』　https://www.digital.archives.go.jp/das/image/F0000000000000067363
明治９年12月『開拓使職員録』　https://www.digital.archives.go.jp/file/1639126.html
明治10年５月『文部省職員録』　https://www.digital.archives.go.jp/das/image/F0000000000000067393
明治10年８月『開拓使職員録』　https://www.digital.archives.go.jp/DAS/meta/listPhoto?LANG=default&BID=F0000000000000067396&ID=&
大崎善四郎編『明治官員録』、矢島百太郎、明治11年（1878）　https://dl.ndl.go.jp/info:ndljp/pid/825756
明治12年４・８月『開拓使職員録』　https://www.digital.archives.go.jp/das/image/F0000000000000067448
明治13年４月『開拓使職員録』　https://dl.ndl.go.jp/info:ndljp/pid/1086666
明治12年12月『太政官職員録』　https://www.digital.archives.go.jp/file/1645811.html
明治13年４月『太政官職員録』　https://www.digital.archives.go.jp/das/image/F0000000000000067486
明治14年１月『太政官職員録』　https://dl.ndl.go.jp/info:ndljp/pid/1086734
明治14年12月『太政官職員録』　https://www.digital.archives.go.jp/das/image/F0000000000000067558
明治15年９月『太政官職員録』　https://www.digital.archives.go.jp/das/image/F0000000000000067606
明治16年６月『海軍省職員録』　https://www.digital.archives.go.jp/DAS/meta/listPhoto?LANG=default&BID=F0000000000000067643&ID=&TYPE=
明治17年３月『太政官職員録』　https://dl.ndl.go.jp/info:ndljp/pid/779875
明治17年12月『太政官職員録』　https://www.digital.archives.go.jp/das/image/F0000000000000067691
明治18年５月『海軍省職員録』　https://www.digital.archives.go.jp/file/1640572.html
彦根正三編『改正官員録明治18年下２月』、博公書院　https://dl.ndl.go.jp/info:ndljp/pid/779343
明治10年３月大蔵省編『大蔵省職員録』　https://dl.ndl.go.jp/info:ndljp/pid/779097
明治11年２月大蔵省編『大蔵省職員録』　https://www.digital.archives.go.jp/das/image/F0000000000000067406
明治11年６月大蔵省編『大蔵省職員録』　https://www.digital.archives.go.jp/das/image/F0000000000000067420
明治12年４月大蔵省編『大蔵省職員録』　https://www.digital.archives.go.jp/das/image/F0000000000000067447
明治12年12月大蔵省編『大蔵省職員録』https://www.digital.archives.go.jp/das/image/F0000000000000067461
明治13年３月大蔵省編『大蔵省職員録』　https://www.digital.archives.go.jp/das/image/F0000000000000067484
明治13年11月大蔵省編『大蔵省職員録』　https://www.digital.archives.go.jp/das/image/F0000000000000067498
明治15年１月大蔵省編『大蔵省職員録』　https://www.digital.archives.go.jp/das/image/F0000000000000067595
明治15年５月大蔵省編『大蔵省職員録』　https://www.digital.archives.go.jp/das/image/F0000000000000067602
明治16年４月大蔵省編『大蔵省職員録』　https://www.digital.archives.go.jp/das/image/F0000000000000067639
明治17年８月大蔵省編『大蔵省職員録』　https://www.digital.archives.go.jp/das/image/F0000000000000067704
明治18年６月大蔵省編『大蔵省職員録』　https://www.digital.archives.go.jp/das/image/F0000000000000067763
明治19年７月大蔵省編『大蔵省職員録』　https://www.digital.archives.go.jp/das/image/F0000000000000067824
明治19年『職員録甲』印刷局　https://dl.ndl.go.jp/info:ndljp/pid/779753
明治20年内閣官報局編『職員録甲』　https://dl.ndl.go.jp/info:ndljp/pid/779755
明治21年内閣官報局編『職員録甲』　https://dl.ndl.go.jp/info:ndljp/pid/779757
明治22年内閣官報局編『職員録甲』２　https://dl.ndl.go.jp/info:ndljp/pid/779759
明治22年内閣官報局編『職員録乙』　https://dl.ndl.go.jp/info:ndljp/pid/779758
明治23年内閣官報局編『職員録甲』　https://dl.ndl.go.jp/info:ndljp/pid/779761
明治22年『司法省職員録』　https://www.digital.archives.go.jp/das/image/F0000000000000067972

辞書

『朝日日本歴史人物事典』朝日新聞出版　https://kotobank.jp/word
『精選版日本国語大辞典』小学館、2006年
『デジタル版日本人名大辞典』　https://kotobank.jp/
『20世紀日本人名事典』　https://kotobank.jp/dictionary/japan20/11/
『日本歴史大事典』、小学館、2000年
デジタル版日本人名大辞典　https://kotobank.jp/word/
『ブリタニカ国際大百科事典』　https://kotobank.jp/dictionary/britannica/
デジタル版『日本大百科全書』小学館　https://kotobank.jp/dictionary/nipponica/
『幕末維新人名事典』、新人物往来社、1994年
『日本人物レファレンス事典』、日外アソシエーツ、2013年

編者紹介
多久島　澄子（たくしま　すみこ）

1949年　佐賀県西松浦郡有田町南川原生まれ
1967年　佐賀県職員となる
2009年　定年退職
2013年　『日本電信の祖 石丸安世』（慧文社）
2015年　「峯源次郎日暦」（青木歳幸編『西南諸藩医学教育の研究』科研費報告書）
2016年　「佐賀藩御鋳立方田中虎六郎の事績」（『幕末佐賀藩の科学技術』上、岩田書院）
2016年　「佐賀藩の英学の始まりと進展」（『幕末佐賀藩の科学技術』下、岩田書院）
2017年　「初代電信頭石丸安世」・「早田運平と電信機（エーセルテレカラフ）」
（『近代日本製鉄・電信の源流』岩田書院）
2017年　「峯源次郎」「峯静軒」等13名を執筆（佐賀医学史研究会編『佐賀医人伝』第一刷）
2018年　「谷口藍田」「三宅省陰」等７名を加筆（佐賀医学史研究会編『佐賀医人伝』第二刷）
2019年　『佐賀藩御境目方・御山方御用日記』
（前山博翻刻　松浦郡山代郷大山留永尾家史料抄）

幕末維新の洋医　大隈重信の秘書
峯源次郎日暦（みねげんじろうにちれき）　―安政二年～明治二四年―

2023年（令和５年）３月　第１刷　150部発行　　定価［本体3,000円＋税］

編　者　多久島　澄　子

発行所　有限会社 岩田書院
代　表　岩　田　　博
〒157-0062 東京都世田谷区南烏山4-25-6-103
電話 03-3326-3757　FAX 03-3326-6788
URL http://www.iwata-shoin.co.jp

印刷・製本　大同印刷株式会社
〒849-0902 佐賀県佐賀市久保泉町大字上和泉1848-20

ISBN978-4-86602-827-9 C3021 ¥3000E